बुद्ध और उनका धम्म

D1881437

अम्बेडकर सीरीज 09 का कोष

बुद्ध और उनका धम्म

डॉ. बी. आर. अम्बेडकर

KALPAZ

भारत में सन् 2025 में प्रकाशित

कल्पाज पब्लिकेशन
सी–30, सत्यवती नगर,
दिल्ली–110052
वेब साइट: www.kalpazpublications.com
ई–मेल: kalpaz@hotmail.com

Distribution Network
gyanbooks.com
India, USA, Canada, UK, Australia, France

बुद्ध और उनका धम्म

© डॉ. बी. आर. अम्बेडकर

इस पुस्तक के सर्वाधिकार सुरक्षित हैं। लेखक की लिखित अनुमति के बिना इसके किसी भी अंश को फोटोकॉपी एवं रिकार्डिंग सहित इलेक्ट्रॉनिक अथवा मशीन किसी भी माध्यम से अथवा ज्ञान के संग्रहण एवं पुनप्रयोग की प्रणाली द्वारा किसी भी रूप में पुनरुत्पादित अथवा संचारित–प्रसारित नहीं किया जा सकता।

अनुवादक: सैयद इखलाक हुसैन

ISBN: 978-93-5722-487-1 (PB)

मुद्रित: ज्ञान प्रेस, दिल्ली

अनुक्रम

पुस्तक–**II**: धर्मांतरण अभियान

पुस्तक–III: बुद्ध ने क्या सिखाया

पुस्तक–IV: धर्म और धम्म

पुस्तक–V: संघ

पुस्तक–VII: भटकने वाले की अंतिम यात्रा

पुस्तक–VIII: वह व्यक्ति जो सिद्धार्थ गौतम था

परिचय

भारतीय लोगों के कुछ वर्गों में बौद्ध धर्म में रुचि की मात्रा में वृद्धि के संकेत ध्यान देने योग्य हैं। इसके साथ ही स्वाभाविक रूप से बुद्ध के जीवन और शिक्षाओं के बारे में स्पष्ट और तर्कयुक्त कथन की मांग बढ़ रही है।

जो कोई व्यक्ति बौद्ध नहीं है, उसके लिए बुद्ध के जीवन और शिक्षाओं को इस तरह से प्रस्तुत करना बहुत कठिन है, जिससे वह एक तर्कयुक्त संपूर्ण बन सके। निकायों के आधार पर, न केवल बुद्ध के जीवन की एक तर्कयुक्त कहानी की प्रस्तुति एक कठिन बात बन जाती है, बल्कि उनकी शिक्षाओं के कुछ हिस्सों की प्रस्तुति और भी अधिक कठिन हो जाती है। वास्तव में यह कहना अतिशयोक्ति नहीं होगा कि संसार के सभी धर्मों के संस्थापकों में से बौद्ध धर्म के संस्थापक के जीवन और शिक्षाओं की प्रस्तुति एक ऐसी समस्या प्रस्तुत करती है, जो यदि आश्चर्य करने वाली नहीं तो काफी विस्मयकारी है। क्या यह आवश्यक नहीं है कि इन समस्याओं को हल किया जाना चाहिए और बौद्ध धर्म को समझने का मार्ग स्पष्ट किया जाना चाहिए? क्या यह समय नहीं है कि जो लोग बौद्ध हैं, उन्हें कम से कम सामान्य चर्चा के लिए इन समस्याओं को उठाना चाहिए और इन समस्याओं पर वे जो भी प्रकाश डाल सकते हैं, डालना चाहिए?

इन समस्याओं पर चर्चा शुरू करने के उद्देश्य से मैं इन्हें यहाँ प्रस्तुत करना चाहता हूँ। प्रथम समस्या बुद्ध के जीवन की मुख्य घटना, अर्थात् परिव्राज से संबंधित है। बुद्ध ने परिव्राज क्यों किया? पारंपरिक उत्तर

यह है कि उन्होंने परिव्राज इसलिए किया क्योंकि उन्होंने एक मृत व्यक्ति, एक बीमार व्यक्ति और एक बूढ़े व्यक्ति को देखा था। यह उत्तर प्रथम दृष्टया बेतुका है। बुद्ध ने 29 वर्ष की आयु में परिव्राज किया। यदि उन्होंने इन तीन दृश्यों के परिणामस्वरूप परिव्राज किया, तो ऐसा कैसे हुआ कि उन्होंने ये तीन दृश्य पहले नहीं देखे? ये सैकड़ों बार होने वाली सामान्य घटनाएँ हैं और बुद्ध को इनसे पहले अवश्य ही सामना करना पड़ा होगा। पारंपरिक व्याख्या को स्वीकार करना असंभव है कि यह पहली बार था जब उन्होंने इन्हें देखा था। यह व्याख्या प्रशंसनीय नहीं है और न ही तर्क के अनुकूल है। लेकिन यदि यह प्रश्न का उत्तर नहीं है, तो वास्तविक उत्तर क्या है?

दूसरी समस्या चार आर्य सत्यों द्वारा उत्पन्न होती है। क्या वे बुद्ध की मूल शिक्षाओं का भाग हैं? यह सूत्र बौद्ध धर्म की जड़ को काटता है। यदि जीवन दुःख है, मृत्यु दुःख है और पुनर्जन्म दुःख है, तो सब कुछ समाप्त हो जाता है। न तो धर्म और न ही दर्शनशास्त्र मनुष्य को संसार में सुख प्राप्त करने में मदद कर सकते हैं। यदि दुःख से मुक्ति नहीं है, तो धर्म क्या कर सकता है, बुद्ध मनुष्य को ऐसे दुःख से मुक्ति दिलाने के लिए क्या कर सकते हैं जो जन्म में ही मौजूद है? चार आर्य सत्य गैर–बौद्धों के लिए बौद्ध धर्मसिद्धान्त को स्वीकार करने के मार्ग में एक बड़ी बाधा हैं। क्योंकि चार आर्य सत्य मनुष्य को आशा से वंचित करते हैं। चार आर्य सत्य बुद्ध के धर्मसिद्धान्त को निराशावाद का सिद्धांत बनाते हैं। क्या वे मूल सिद्धांत का भाग हैं या वे भिक्षुओं द्वारा बाद में अभिवृद्धि किये गए सिद्धांत हैं?

तीसरी समस्या आत्मा, कर्म और पुनर्जन्म के सिद्धांतों से संबंधित है। बुद्ध ने आत्मा के अस्तित्व से इनकार किया। लेकिन यह भी कहा जाता है कि उन्होंने कर्म और पुनर्जन्म के सिद्धांत की पुष्टि की। तत्काल एक प्रश्न उठता है। यदि आत्मा नहीं है, तो कर्म कैसे हो सकता है? यदि आत्मा नहीं है, तो पुनर्जन्म कैसे हो सकता है? ये हैरान करने वाले प्रश्न हैं। बुद्ध ने कर्म और पुनर्जन्म शब्दों का प्रयोग किस अर्थ में किया? क्या उन्होंने उनका प्रयोग उस अर्थ में नहीं किया, जिस

अर्थ में उनके समय के ब्राह्मण उनका प्रयोग करते थे? यदि हाँ, तो किस अर्थ में? क्या उन्होंने उनका प्रयोग उसी अर्थ में किया, जिस अर्थ में ब्राह्मण उनका प्रयोग करते थे? यदि हाँ, तो क्या आत्मा के इनकार और कर्म और पुनर्जन्म की पुष्टि के बीच एक भयानक खंडन नहीं है? इस विरोधाभास को हल करने की आवश्यकता है।

चौथी समस्या भिक्षु से संबंधित है। भिक्षु को बनाने में बुद्ध का उद्देश्य क्या था? क्या उद्देश्य एक आदर्श मनुष्य बनाना था? या उनका उद्देश्य एक ऐसा समाज सेवक बनाना था जो अपना जीवन लोगों की सेवा में समर्पित कर दे और उनका मित्र, मार्गदर्शक और दार्शनिक बन जाए? यह एक बहुत ही वास्तविक प्रश्न है। इस पर बौद्ध धर्म का भविष्य निर्भर करता है। यदि भिक्खु केवल एक पूर्ण व्यक्ति है तो वह बौद्ध धर्म के प्रसारण के लिए किसी काम का नहीं है, क्योंकि पूर्ण व्यक्ति होने के बावजूद वह एक स्वार्थी व्यक्ति है। दूसरी ओर, यदि वह एक समाज सेवक है तो वह बौद्ध धर्म की आशा साबित हो सकता है। इस प्रश्न का निर्णय सैद्धांतिक सामंजस्य के हित में नहीं बल्कि बौद्ध धर्म के भविष्य के हित में किया जाना चाहिए।

अगर मैं ऐसा कहूँ तो, महाबोधि समाज की पत्रिका के पृष्ठो, मुझे किसी भी तरह से, पढ़ने में नीरस लगते हैं। ऐसा इसलिए नहीं है कि प्रस्तुत सामग्री रोचक और शिक्षाप्रद नहीं है। नीरसता इसलिए है क्योंकि ऐसा लगता है कि यह निष्क्रिय पाठकों के समूह पर ही पड़ती है। लेख पढ़ने के बाद, कोई भी यह जानना चाहता है कि पत्रिका के पाठक का इस बारे में क्या कहना है। किंतु पाठक कभी अपनी प्रतिक्रिया नहीं देता। पाठक की यह चुप्पी लेखक के लिए बहुत बड़ी निराशा है। मुझे उम्मीद है कि मेरे प्रश्न पाठकों को उत्साहित करेंगे और वे आकर उनके समाधान में अपना योगदान देंगे।

प्रस्तावना

"समय पर मनुष्य स्वयं को वर्तमान और आनुवंशिक में मिली मान्यताओं और विचारों पर पुनर्विचार करने, वर्तमान और अतीत के अनुभव के बीच कुछ सामंजस्य स्थापित करने और ऐसी स्थिति तक पहुँचने के लिए बाध्य पाता है जो भावना और चिंतन की माँगों को पूरा करे और भविष्य का सामना करने के लिए आत्मविश्वास प्रदान करे। यदि वर्तमान समय में, धर्म, व्यावहारिक और सैद्धांतिक दोनों ही महत्व के आलोचनात्मक या वैज्ञानिक जांच के विषय के रूप में, अधिक ध्यान आकर्षित कर रहा है, तो इसका उत्तरदायी (क) वैज्ञानिक ज्ञान और विचार की तीव्र प्रगति को दिया जा सकता है; (ख) विषय में गहन बौद्धिक रुचि कोय (ग) दुनिया के सभी भागों में धर्म को सुधारने या पुनर्निर्माण करने, या यहाँ तक कि इसे किसी ऐसे विचार से बदलने की व्यापक प्रवृत्ति को, जो अधिक 'तर्कसंगत' और 'वैज्ञानिक या कम अंधविश्वासी' हो; और (घ) सामाजिक, राजनीतिक और अंतर्राष्ट्रीय घटनाओं के प्रभाव को, जो अतीत में धर्म से प्रभावित रहे हैं। जब भी गतिविधियों या स्थितियों के नैतिक या नैतिक मूल्य पर प्रश्न उठाया जाता है, तो धर्म का मूल्य शामिल होता है और सभी गहरे–उत्तेजक अनुभव हमेशा सबसे मौलिक विचारों पर पुनर्विचार करने के लिए विवश करते हैं, चाहे वे स्पष्ट रूप से धार्मिक हों या नहीं। अंततः न्याय, मानव नियति, ईश्वर और ब्रह्मांड की समस्याएं उत्पन्न होती हैं; और इनमें बदले में धार्मिक और अन्य विचारों के बीच संबंध, सामान्य ज्ञान की वैधता और अनुभव और 'वास्तविकता' की व्यावहारिक अवधारणाओं की समस्याएं शामिल होती हैं।

— "धर्म और नैतिकता के विश्वज्ञानकोश" से,
खंड X, पृष्ठ 669।

पुस्तक – I

सिद्धार्थ गौतम–कैसे एक बोधिसत्व बुद्ध बन गए

भाग I – जन्म से परिव्राज तक

भाग II – हमेशा के लिए त्याग

भाग III – नए प्रकाश की खोज

भाग IV – ज्ञान प्राप्ति और नए मार्ग की परिकल्पना

भाग V – बुद्ध और उनके पूर्ववर्ती

भाग VI – बुद्ध और उनके समकालीन

भाग VII – तुलना और विरोधाभास

भाग – I

जन्म से परिव्राज तक

1. उनका कुल
2. उनके वंशज
3. उनका जन्म
4. असित का आगमन
5. महामाया की मृत्यु
6. बचपन और शिक्षा
7. प्रारंभिक लक्षण
8. विवाह
9. पिता द्वारा अपने बेटे को बचाने की योजनाएँ
10. राजकुमार को जीतने में महिलाओं की विफलता
11. प्रधानमंत्री द्वारा राजकुमार को दी गई चेतावनी
12. राजकुमार द्वारा प्रधानमंत्री को दिया गया उत्तर
13. शाक्य संघ में दीक्षा
14. संघ से संघर्ष
15. निर्वासन का प्रस्ताव
16. परिव्राजक–रास्ता
17. अंतिम शब्द
18. अपना घर छोड़ना
19. राजकुमार और नौकर
20. चन्ना की वापसी
21. शोक में डूबा परिवार

1. उनका कुल

1. छठीं शताब्दी में वापस जाएं, ईसा पूर्व तक, उत्तरी भारत में एक भी सार्वभौम राज्य नहीं था।
2. देश कई राज्यों में विभाजित था, कुछ बड़े, कुछ छोटे। इनमें से कुछ राजसी और कुछ गैर–राजसी थे।
3. राजसी राज्यों की कुल संख्या सोलह थी। उन्हें अंग, मगध, काशी, कोसल, वृजी, मल्ल, चेदि, वत्स, कुरु, पंचाल, मत्स्य, सौरसेन, अश्मक, अवंती, गांधार और कंभोज के नाम से जाना जाता था।
4. गैर–राजसी राज्य कपिलवत्सु के शाक्य, पावा और कुशीनारा के मल्ल, वैशाली के लिच्छवि, मिथिला के विदेह, रामागम के कोलिय, अल्लकपा के बुलि, रेसापुत्त के कलिंग, पिप्पलवन के मौर्य और सुमसुमारा पहाड़ी पर अपनी राजधानी रखने वाले भग्गस थे।
5. राजसी राज्यों को जनपद और गैर–राजसी राज्यों को संघ या गण के नाम से जाना जाता था।
6. कपिलवत्सु के शाक्य की राजनीति की प्रकृति के बारे में बहुत कुछ ज्ञात नहीं है, चाहे वह गणतंत्रात्मक हो या कुलीनतंत्रात्मक।
7. यद्यपि, इतना तो निश्चित रूप से ज्ञात है कि शाक्य गणराज्य में कई शासक परिवार थे और वे बारी–बारी से शासन करते थे।
8. शासक परिवार के मुखिया को राजा के नाम से जाना जाता था।
9. सिद्धार्थ गौतम के जन्म के समय राजा बनने की बारी शुद्धोदन की थी।
10. शाक्य राज्य भारत के उत्तर–पूर्वी कोने में स्थित था। यह एक स्वतंत्र राज्य था। लेकिन बाद में कोसल के राजा ने इस पर अपनी पराकाष्ठा स्थापित करने में सफलता प्राप्त कर ली थी।
11. इस पराकाष्ठा का परिणाम यह हुआ कि शाक्य राज्य कोसल के राजा की स्वीकृति के बिना कुछ संप्रभु शक्तियों का प्रयोग नहीं कर सकता था।

12. उस समय अस्तित्व में रहे राज्यों में कोसल एक शक्तिशाली राज्य था। मगध का राज्य भी ऐसा ही था। कोसल के राजा पसानेदी और मगध के राजा बिम्बिसार सिद्धार्थ गौतम के समसामयिक थे।

2. उनके वंशज

1. शाक्यों की राजधानी कपिलवत्सु नामक शहर था, जो शायद महान बुद्धिवादी कपिल के नाम पर था।
2. कपिलवत्सु में जयसेन नाम का एक शाक्य रहता था। सिनाहु उसका पुत्र था। सिनाहु का विवाह काकाना से हुआ था। सिनाहु के पाँच पुत्र थे, शुद्धोदन, धोतोदन, सक्कोदन, सुक्कोदन और अमितोदन। पाँच पुत्रों के अलावा सिनाहु की दो पुत्रियां थीं, अमिता और पमिता।
3. परिवार का गोत्र आदित्य था।
4. शुद्धोदन का विवाह महामाया से हुआ था। उनके पिता का नाम अंजना और माता का नाम सुलक्षणा था। अंजना एक कोलिय थी और देवदह नामक गांव में रहती थी।
5. शुद्धोदन एक महान सैन्य कौशल वाले व्यक्ति थे। जब शुद्धोदन ने अपनी सैन्य शक्तियाँ दिखाई तो उन्हें दूसरी पत्नी लेने की अनुमति दी गई और उन्होंने महाप्रजापति को चुना। वह महामाया की बड़ी बहन थीं।
6. शुद्धोदन एक धनी व्यक्ति थे। उनके पास बहुत सारी जमीनें थीं और उनके अधीन बहुत बड़ी संख्या में लोग थे। ऐसा कहा जाता है कि उन्होंने अपनी जमीन जोतने के लिए एक हजार हल चलाए थे।
7. उन्होंने बहुत ही शानदार जीवन जिया और उनके पास कई महल थे।

3. उनका जन्म

1. शुद्धोदन के घर सिद्धार्थ गौतम का जन्म हुआ और गौतम का जन्म इसी तरह हुआ।

2. शाक्यों के बीच एक वार्षिक मध्य ग्रीष्म उत्सव मनाने की प्रथा थी जो आषाढ़ के महीने में पड़ता था। इसे पूरे राज्य में सभी शाक्यों और शासक परिवार के सदस्य मनाते थे।
3. सात दिनों तक उत्सव मनाने की सामान्य प्रथा थी।
4. एक अवसर पर महामाया ने उत्सव को उल्लास, वैभव, पुष्प, सुगंध के साथ मनाने का निश्चय किया, किन्तु मादक द्रव्यों का सेवन नहीं किया।
5. सातवें दिन वह सुबह उठी, सुगंधित जल से स्नान किया, 4,00,000 मुद्राएँ दान में दीं, सभी कीमती आभूषणों से स्वयं को सुसज्जित किया, उत्तम भोजन किया, व्रत–दिवस की शपथ ली, तथा भव्य रूप से सुसज्जित राजसी शयन–कक्ष में सोने के लिए चली गई।
6. उस रात शुद्धोदन और महामाया एक साथ आए और महामाया गर्भवती हो गई। राजसी शय्या पर लेटे–लेटे वह सो गई। सोते समय उसने एक स्वप्न देखा।
7. उसने स्वप्न में देखा कि चार विश्व–रक्षकों ने उसे उठाया, जब वह अपने बिस्तर पर सो रही थी, और उसे हिमालय के समतल क्षेत्र पर ले गए, उसे एक बड़े साल के पेड़ के नीचे रख दिया और एक तरफ खड़े हो गए।
8. फिर चारों विश्व–रक्षकों की पत्नियाँ उसके पास आईं और उसे मानसरोवर झील पर ले गईं।
9. उन्होंने उसे नहलाया, उसे वस्त्र पहनाए, उसे इत्र से अभिषेक किया और उसे फूलों से सजाया, जैसे कि किसी देवता से मिलने के लिए उपयुक्त हो।
10. फिर सुमेधा नाम का एक बोधिसत्व उसके सामने प्रकट हुआ और कहा, "मैंने इस धरणी पर अपना अंतिम और समापक जन्म लेने का फैसला किया है, क्या तुम मेरी माँ बनने के लिए सहमत हो?" उसने कहा, "हाँ, बहुत प्रसन्नता से।" इस समय महामाया जाग उठीं।

11. अगली सुबह महामाया ने अपना सपना शुद्धोदन को बताया। सपने की व्याख्या कैसे करें, यह न जानते हुए, शुद्धोदन ने आठ ब्राह्मणों को बुलाया जो भविष्यवाणी करने में सबसे प्रसिद्ध थे।

12. वे राम, धागा, लक्कन, मंति, यन्ना, सुयामा, सुभोग और सुदत्त थे और उनके लिए एक शानदार स्वागत की व्यवस्था की।

13. उन्होंने उत्सव के फूलों से जमीन को बिखेर दिया और उनके लिए ऊंचे आसन तैयार किए।

14. उन्होंने ब्राह्मणों के कटोरे सोने और चांदी से भर दिए और उन्हें पका हुआ घी, शहद, चीनी और उत्तम चावल और दूध खिलाया। उन्होंने उन्हें नए कपड़े और भूरे रंग की गायें जैसे अन्य उपहार भी दिए।

15. जब ब्राह्मण संतुष्ट हो गए, तो शुद्धोदन ने उन्हें महामाया द्वारा देखे गए स्वप्न के बारे में बताया और कहा, "मुझे बताओ कि इसका क्या अर्थ है।"

16. ब्राह्मणों ने कहाः "चिंता मत करो। तुम्हारा एक पुत्र होगा, और यदि वह गृहस्थ जीवन व्यतीत करेगा तो वह एक विश्व सम्राट बनेगा, और यदि वह अपना घर छोड़कर गृहहीन अवस्था में चला जाएगा, और संन्यासी बन जाएगा, तो वह बुद्ध बन जाएगा, जो दुनिया में भ्रम को दूर करेगा।"

17. बोधिसत्व को दस चंद्र महीनों तक अपने गर्भ में तेल की तरह धारण करके, महामाया, जब उसका प्रसव का समय निकट आ रहा था, तो प्रसव के लिए अपने माता–पिता के घर जाने की इच्छा हुई। अपने पति को संबोधित करते हुए उसने कहाः "मैं देवदह जाना चाहती हूँ, अपने पिता के शहर।"

18. "तुम जानती हो कि तुम्हारी इच्छाएँ पूरी होंगी," शुद्धोदन ने उत्तर दिया। उसे एक स्वर्ण पालकी में बैठाकर, जिसे संदेशवाहक द्वारा ढोया जा रहा था, उसने उसे एक बड़े दल के साथ उसके पिता के घर भेज दिया।

19. देवदह जाते समय महामाया को साल के वृक्षों तथा अन्य पुष्पित तथा अपुष्पित वृक्षों के एक आनंद–वन से होकर गुजरना पड़ा। इसे लुम्बिनी वन के नाम से जाना जाता था।
20. जब पालकी वहाँ से गुजर रही थी, तो पूरा लुम्बिनी वन स्वर्ग के चित्तलता वन या किसी शक्तिशाली राजा के लिए सजाए गए भोज मंडप जैसा लग रहा था।
21. जड़ों से लेकर शाखाओं के सिरे तक वृक्ष फलों, फूलों और सुन्दर रंगों की असंख्य मधुमक्खियों से लदे हुए थे, जो कुतूहली आवाजें निकाल रही थीं, और विभिन्न प्रकार के पक्षियों के झुंड मधुर धुनें गा रहे थे।
22. यह दृश्य देखकर महामाया के मन में कुछ देर वहीं रुककर क्रीड़ा करने की इच्छा हुई। इसलिए उसने दूतों से कहा कि वे उसे साल के बगीचे में ले जाएं और वहीं प्रतीक्षा करें।
23. महामाया पालकी से उतरकर एक शाही साल के वृक्ष के नीचे चली गईं। तेज हवा चल रही थी, जो बहुत तेज नहीं थी और वृक्षों की टहनियां ऊपर–नीचे हिल रही थीं। महामाया को उनमें से एक को पकड़ने का मन हुआ।
24. सौभाग्य से एक शाखा इतनी नीचे झुकी कि वह उसे पकड़ सकी। इसलिए वह अपने पैरों के बल पर उठी और शाखा को पकड़ लिया। तुरन्त ही वह शाखा के ऊपर की ओर बढ़ने से ऊपर उठ गई और हिलने से उसे प्रसव पीड़ा महसूस हुई। साल वृक्ष की शाखा को पकड़े हुए ही खड़े–खड़े ही एक पुत्र को जन्म दिया।
25. बालक का जन्म 563 ई. में वैशाख पूर्णिमा के दिन हुआ।
26. शुद्धोदन और महामाया का विवाह बहुत समय तक चला। लेकिन उनका कोई बच्चा नहीं था। अंततः जब उनके यहाँ एक पुत्र का जन्म हुआ तो उसका जन्म बहुत ही हर्षोल्लास के साथ, शुद्धोदन और उसके परिवार तथा शाक्यों द्वारा धूमधाम से मनाया गया।

27. बच्चे के जन्म के समय कपिलावत्सु के शासक बनने की बारी शुद्धोदन की थी और इस तरह वह राजा की उपाधि का आनंद ले रहा था। स्वाभाविक रूप से लड़के को राजकुमार कहा जाता था।

4. असित का आगमन

1. जिस समय बच्चे का जन्म हुआ, उस समय हिमालय पर असित नाम के एक महान ऋषि रहते थे।
2. असित ने सुना कि आकाश में देवता " बुद्ध" शब्द का उच्चारण कर रहे हैं और उसे प्रतिध्वनित कर रहे हैं। उसने उन्हें अपने वस्त्र लहराते और प्रसन्नता से इधर–उधर दौड़ते हुए देखा। उसने सोचा, क्या होगा यदि मैं जाकर उस भूमि का पता लगाऊँ जहाँ वह जन्म हुआ था?
3. अपनी दिव्य आँखों से जम्बूद्वीप का सर्वेक्षण करते हुए, असित ने देखा कि शुद्धोदन के घर में एक बालक का जन्म हुआ है जो पूरी चमक के साथ चमक रहा है और उसके जन्म से देवता उत्साहित हैं।
4. इसलिए महान ऋषि असित अपने भतीजे नरदत्त के साथ उठे और राजा शुद्धोदन के निवास पर आए और उनके महल के द्वार पर खड़े हो गए।
5. अब असित, ऋषि ने देखा कि शुद्धोदन के महल के द्वार पर कई लाख प्राणी इकट्ठे हुए थे। इसलिए उन्होंने द्वारपाल से संपर्क किया और कहा, "जाओ, मानव, राजा को सूचित करो कि एक ऋषि द्वार पर खड़ा है।"
6. तब द्वारपाल ने शुद्धोदन से संपर्क किया और हाथ जोड़ कहा, "हे राजा, कि एक वृद्ध ऋषि, बूढ़े और उम्र में बड़े दरवाजे पर खड़े है, और कह रहे है कि वह आपको देखने की इच्छा रखते है।"
7. राजा ने असिता के लिए एक आसन तैयार किया और द्वारपाल से कहा, "ऋषि को प्रवेश दो।" इसलिए महल से बाहर आकर द्वारपाल ने असिता से कहा:"कृपया अंदर जाएं।"

8. अब असिता ने राजा शुद्धोदन से संपर्क किया और, उसके सामने खड़े होकर कहा, "जीत, जीत, हे राजा, भगवान करे आप लंबे समय तक जीवित रहे, और अपने राज्य पर शासन करते रहे।"
9. तब असिता के प्रति श्रद्धा में शुद्धोदन पैरों पर गिर गया और उसे आसन की सौगात दी और उसे आराम से बैठते हुए देखते हुए, शुद्धोदन ने कहा, "मुझे याद नहीं है कि इससे पहले आपको देखा था, हे ऋषि! किस उद्देश्य से आप आये है? इसका कारण क्या है?
10. इसके बाद असिता ने शुद्धोदन से कहा, "एक पुत्र का जन्म तुझे है, हे राजा! उसे देखने के इच्छुक हैं, क्या मैं आया हूँ।"
11. शुद्धोदन ने कहा, "लड़का सो रहा है, हे ऋषि! क्या आप थोड़ी देर के लिए इंतजार करेंगे?" ऋषि ने कहा, "लंबे समय तक नहीं, हे राजा, ऐसे महान प्राणी सोते हैं। ऐसे अच्छे प्राणी स्वभाव से जागते हैं।"
12. फिर क्या बच्चे ने महान ऋषि असीता के लिए करूणा से जागृति की निशानी बनाई।
13. यह देखकर कि बच्चा जाग गया था, शुद्धोदन लड़के को दोनों हाथों में दृढ़ता से ले आया और उसे ऋषि की उपस्थिति में ले आया।
14. असिता ने उस बालक को देखा, उसमें महापुरुष के बत्तीस लक्षण थे, अस्सी लघु लक्षण थे, उसका शरीर ब्रह्माजी से भी अधिक बड़ा था और उसकी आभा उनसे एक लाख गुना अधिक थी। तब उन्होंने यह गम्भीर वाणी कही, "इस संसार में प्रकट हुआ यह पुरुष सचमुच अद्भुत है।" और वे अपने आसन से उठे, हाथ जोड़े, चरणों में गिरे, चारों ओर ठीक से चक्कर लगाया और बालक को अपने हाथ में लेकर अवलोकन खड़े हो गए।
15. असिता को यह पुरानी प्रसिद्ध भविष्यवाणी पता थी कि जो व्यक्ति महापुरुष के बत्तीस लक्षणों से संपन्न है, गौतम की तरह, उसके लिए दो आजीविकाएं खुले हैं, और तीसरा नहीं। "यदि वह गृहस्थ

बन जाता है, तो वह एक सार्वभौमिक राजा बन जाएगा। लेकिन यदि वह घर से बेघर जीवन में चला जाता है, तो वह पूरी तरह से प्रबुद्ध बुद्ध बन जाएगा।"

16. असिता को यकीन था कि बच्चा गृहस्थ में नहीं रहेगा।
17. और बच्चे को देखकर वह रो पड़ा, और आँसू बहाते हुए, गहरी साँस ली।
18. शुद्धोदन ने असिता को आँसू बहाते हुए, गहरी साँस लेते हुए देखा।
19. उसे इस प्रकार रोता देखकर उसके शरीर के रोंगटे खड़े हो गए और व्यथित होकर शुद्धोदन ने असिता से कहा, "हे ऋषि, आप क्यों रो रहे हैं, आंसू बहा रहे हैं और इतनी गहरी आह भर रहे हैं? निश्चय ही, बालक के लिए कोई दुर्भाग्य नहीं है।"
20. इस पर असिता ने राजा से कहा, "हे राजन, मैं बालक के लिए नहीं रो रहा हूँ। उसके लिए कोई दुर्भाग्य नहीं होगा। लेकिन मैं अपने लिए रो रहा हूँ।"
21. "क्यों?" शुद्धोदन ने पूछा। असिता ने उत्तर दिया, "मैं बूढ़ा हूँ, वृद्ध हूँ, मेरी आयु बहुत अधिक है, और यह बालक निस्संदेह बुद्ध बनेगा और सर्वोच्च और पूर्ण ज्ञान प्राप्त करेगा और ऐसा करने के बाद, वह संसार के कल्याण और सुख के लिए उस सिद्धांत का सर्वोच्च चक्र घुमाएगा, जिसे संसार में किसी अन्य प्राणी ने नहीं घुमाया है।"
22. "वह जो धार्मिक जीवन, सिद्धांत घोषित करेगा, वह आरंभ में अच्छा होगा, मध्य में अच्छा होगा, अंत में अच्छा होगा, अक्षरशः पूर्ण होगा, आत्मा में पूर्ण होगा, संपूर्ण और शुद्ध होगा।;
23. "जिस प्रकार संसार में किसी समय और स्थान पर एक औदुम्बरा पुष्प उत्पन्न होता है, उसी प्रकार किसी समय और स्थान पर, असंख्य कल्पों के पश्चात, संसार में पूज्य बुद्ध उत्पन्न होते हैं। इसी प्रकार, हे राजन! यह बालक निस्संदेह सर्वोच्च, पूर्ण ज्ञान प्राप्त करेगा, और ऐसा करके असंख्य प्राणियों को दुःख और विपत्ति के सागर से पार करके सुख की स्थिति में ले जाएगा।"

24. "लेकिन मैं उस बुद्ध को नहीं देख पाऊँगा। इसलिए, हे राजा, मैं रोता हूँ और दुःख में गहरी साँस लेता हूँ, क्योंकि मैं उनका सम्मान नहीं कर पाऊँगा।"

25. इसके बाद राजा ने महान ऋषि असिता और उनके भतीजे नरदत्त को उपयुक्त भोजन कराया, और उन्हें वस्त्र देकर उनके चारों ओर दाहिनी ओर परिक्रमा की।

26. इसके बाद असिता ने अपने भतीजे नरदत्त से कहा, "जब तुम सुनोगे, नरदत्त, कि बालक बुद्ध बन गया है, तो जाकर उनकी शिक्षाओं की शरण लो। यह तुम्हारे कल्याण, सुख और समृद्धि के लिए होगा।" ऐसा कहकर असित ने राजा से विदा ली और अपने आश्रम चले गए।

5. महामाया की मृत्यु

1. पाँचवें दिन नामकरण समारोह हुआ। बच्चे के लिए सिद्धार्थ नाम चुना गया। उसका कुलनाम गौतम था। इसलिए लोकप्रिय रूप से उसे सिद्धार्थ गौतम कहा जाने लगा।

2. बच्चे के जन्म और नामकरण की खुशी के बीच महामाया अचानक बीमार पड़ गईं और उनकी बीमारी बहुत गंभीर हो गई।

3. यह महसूस करते हुए कि उनका अंत निकट है, उन्होंने शुद्धोदन और प्रजापति को अपने बिस्तर के पास बुलाया और कहा: "मुझे विश्वास है कि मेरे बेटे के बारे में असिता द्वारा की गई भविष्यवाणी सच होगी। मुझे खेद है कि मैं इसे पूरा होते देखने के लिए जीवित नहीं रहूंगी।"

4. "मेरा बच्चा जल्द ही एक मातृहीन बच्चा होगा। लेकिन मुझे इस बात की जरा भी चिंता नहीं है कि मेरे बाद मेरे बच्चे का पालन–पोषण, उसकी उचित देखभाल और उसके भविष्य के अनुकूल पालन–पोषण होगा या नहीं।"

5. "प्रजापति, मैं अपने बच्चे को आपके हवाले करती हूँ, मुझे इसमें कोई संदेह नहीं है कि आप उसके लिए उसकी माँ से भी बढ़कर होंगी।"
6. "अब दुःखी मत होइए। मुझे मरने दीजिए। भगवान का बुलावा आ गया है और उनके दूत मुझे ले जाने के लिए प्रतीक्षा कर रहे हैं।" इतना कहकर महामाया ने अपनी अंतिम साँस ली। शुद्धोदन और प्रजापति दोनों बहुत दुःखी हुए और फूट–फूट कर रोने लगे।
7. सिद्धार्थ केवल सात दिन के थे जब उनकी माँ की मृत्यु हो गई।
8. सिद्धार्थ का एक छोटा भाई था जिसका नाम नंदा था। वह महाप्रजापति के पुत्र शुद्धोदन का पुत्र था।
9. उसके कई चचेरे भाई भी थे, महानाम और अनुरुद्ध, जो उसके चाचा सुक्लोदन के पुत्र थे, आनंद, जो उसके चाचा अमितोदन का पुत्र था, और देवदत्त, जो उसकी चाची अमिता का पुत्र था। महानाम सिद्धार्थ से बड़ा था और आनंद छोटा था।
10. सिद्धार्थ उनके सानिध्य में बड़ा हुआ।

6. बचपन और शिक्षा

1. जब सिद्धार्थ चलने और बोलने में सक्षम हो गए तो शाक्यों के बुजुर्ग इकट्ठे हुए और शुद्धोदन से कहा कि लड़के को गाँव की देवी अभया के मंदिर में ले जाया जाए।
2. शुद्धोदन सहमत हो गया और उसने महाप्रजापति से लड़के को श्रृंगार–पटल पहनाने को कहा।
3. जब वह ऐसा कर रही थी तो बालक सिद्धार्थ ने बहुत ही मधुर स्वर में अपनी चाची से पूछा कि उसे कहाँ ले जाया जा रहा है। यह जानने पर कि उसे मंदिर ले जाया जा रहा है, वह मुस्कुराया। लेकिन वह शाक्यों की रीति के अनुसार चला गया।
4. आठ वर्ष की आयु में सिद्धार्थ ने अपनी शिक्षा आरंभ की।

5. वे आठ ब्राह्मण जिन्हें शुद्धोदन ने महामाया के स्वप्न की व्याख्या करने के लिए आमंत्रित किया था और जिन्होंने उसके भविष्य की भविष्यवाणी की थी, उसके प्रथम शिक्षक बने।
6. जब उन्होंने उसे जो कुछ भी ज्ञात था, उसे सिखा दिया तो शुद्धोदन ने उदिक्का देश के प्रतिष्ठित वंश और उच्च वंश के सब्बमित्त को बुलाया, जो एक भाषाविद् और व्याकरणविद थे, जो वेदों, वेदांगों और उपनिषदों के अच्छे ज्ञाता थे। स्वर्ण कलश से समर्पण का जल उंडेलकर शुद्धोदन ने बालक को शिक्षा के लिए उसके अधीन कर दिया। वह उसका दूसरा शिक्षक था।
7. उसके अधीन गौतम ने अपने समय में प्रचलित सभी दार्शनिक प्रणालियों में महारत हासिल की।
8. इसके अलावा उन्होंने आरादा कलाम के शिष्य भारद्वाज से संकेंद्रण और ध्यान का विज्ञान सीखा था, जिनका आश्रम कपिलवत्सु में था।

7. प्रारंभिक लक्षण

1. जब भी वे अपने पिता के खेत पर जाते और कोई काम नहीं पाते तो वे एक शांत जगह पर चले जाते और ध्यान का अभ्यास करते।
2. जबकि मन के विकास के लिए सब कुछ उपलब्ध था, क्षत्रिय के योग्य सैन्य विज्ञान में उनकी शिक्षा की उपेक्षा नहीं की गई।
3. क्योंकि शुद्धोदन अपने बेटे के मन को विकसित करने की गलती उसकी मर्दानगी की कीमत पर नहीं करना चाहते थे।
4. सिद्धार्थ दयालु मनोवृत्ति के थे। उन्हें मनुष्य द्वारा मनुष्य का अवशोषण पसंद नहीं था।
5. एक बार वे अपने कुछ दोस्तों के साथ अपने पिता के खेत पर गए और देखा कि मजदूर तपती धूप में कम कपड़े पहने हुए खेत जोत रहे थे, मेड़ बना रहे थे, पेड़ काट रहे थे, आदि।
6. वे यह दृश्य देखकर बहुत प्रभावित हुए।

7. उन्होंने अपने दोस्तों से कहा, क्या यह सही हो सकता है कि एक आदमी दूसरे का शोषण करे? यह कैसे सही हो सकता है कि मजदूर मेहनत करे और मालिक उसके श्रम के फल पर जीवन यापन करे?

8. उसके दोस्तों को समझ में नहीं आ रहा था कि क्या कहें। क्योंकि वे जीवन के पुराने दर्शन में विश्वास करते थे कि मजदूर का जन्म सेवा करने के लिए हुआ है और अपने मालिक की सेवा करके वह केवल अपना भाग्य पूरा कर रहा है।

9. शाक्य लोग वप्रमंगल नामक एक त्यौहार मनाते थे। यह एक देहाती त्यौहार था जो बुवाई के दिन मनाया जाता था। इस दिन प्रथा के अनुसार प्रत्येक शाक्य को खुद हल चलाना अनिवार्य था।

10. सिद्धार्थ हमेशा इस प्रथा का पालन करते थे और हल चलाने में लगे रहते थे।

11. यद्यपि वे विद्वान थे, लेकिन उन्हें शारीरिक श्रम से कोई घृणा नहीं थी।

12. वे योद्धा वर्ग से थे और उन्हें तीरंदाजी और हथियारों का उपयोग सिखाया गया था। लेकिन उन्हें अनावश्यक चोट पहुँचाना पसंद नहीं था।

13. उन्होंने शिकार दलों में शामिल होने से इनकार कर दिया। उनके मित्र अक्सर कहते थेः "क्या तुम बाघों से डरते हो?" वह प्रतिकार में कहते थे, "मैं जानता हूँ कि तुम बाघों को नहीं मारोगे, तुम हिरण और खरगोश जैसे निरीह जानवरों को मारोगे।"

14. "शिकार के लिए नहीं तो, अपने मित्रों का निशाना कितना यथार्थ है, यह देखने के लिए आओ," वे कहते थे। सिद्धार्थ ने ऐसे निमंत्रणों को भी यह कहते हुए अस्वीकार कर दिया, "मुझे निर्दोष जानवरों की हत्या देखना अच्छा नहीं लगता।"

15. सिद्धार्थ के इस रवैये से प्रजापति गौतमी बहुत चिंतित थीं।

16. वह उससे तर्क–वितर्क करती थी: "तुम भूल गए हो कि तुम क्षत्रिय हो और युद्ध करना तुम्हारा कर्तव्य है। युद्ध की कला केवल शिकार करके ही सीखी जा सकती है, क्योंकि शिकार करके ही तुम यथार्थ निशाना लगाना सीख सकते हो। शिकार योद्धा वर्ग के लिए एक प्रशिक्षण मैदान है।"

17. सिद्धार्थ अक्सर गौतमी से पूछते थे: "लेकिन, माँ, एक क्षत्रिय को क्यों लड़ना चाहिए?" और गौतमी उत्तर देती थी: "क्योंकि यह उसका कर्तव्य है।"

18. सिद्धार्थ उसके उत्तर से कभी संतुष्ट नहीं होते थे। वे गौतमी से पूछते थे: "मुझे बताओ, मनुष्य का कर्तव्य मनुष्य को मारना कैसे हो सकता है?" गौतमी ने तर्क दिया, "ऐसा रवैया एक तपस्वी के लिए अच्छा है। लेकिन क्षत्रियों को लड़ना चाहिए। अगर वे नहीं लड़ेंगे, तो राज्य की रक्षा कौन करेगा?"

19. "लेकिन माँ! यदि सभी क्षत्रिय एक दूसरे से प्रेम करते, तो क्या वे बिना हत्या किए अपने राज्य की रक्षा नहीं कर सकते थे?" गौतमी को उसे अपने विचार पर छोड़ देना पड़ा।

20. उसने अपने साथियों को ध्यान का अभ्यास करने के लिए प्रेरित करने का प्रयास किया। उसने उन्हें उचित मुद्रा सिखाई। उसने उन्हें किसी विषय पर अपना मन केंद्रित करना सिखाया। उसने उन्हें ऐसे विचार चुनने की सलाह दी जैसे "मैं सुखी रहूँ, मेरे सम्बन्धी सुखी रहें, सभी जीवित प्राणी सुखी रहें।"

21. लेकिन उसके मित्रों ने इस बात को गंभीरता से नहीं लिया। वे उस पर हँसे।

22. आँखें बंद करने पर वे अपने ध्यान के विषय पर ध्यान केंद्रित नहीं कर सके। इसके बजाय, कुछ लोगों को अपनी आँखों के सामने शिकार करने के लिए हिरण या खाने के लिए मिठाइयाँ दिखाई दीं।

23. उनके पिता और उनकी माँ को उनका ध्यान के प्रति पक्षपात पसंद नहीं था। उन्हें लगा कि यह क्षत्रिय जीवन के बिलकुल विपरीत है।

24. सिद्धार्थ का मानना था कि सही विषयों पर ध्यान करने से सार्वभौमिक प्रेम की भावना का विकास होता है। उन्होंने स्वयं को यह कहकर सही ठहराया जब हम जीवित चीजों के बारे में सोचते हैं, तो हम भेद और भेदभाव से शुरू करते हैं। हम दोस्तों को दुश्मनों से अलग करते हैं, हम अपने द्वारा पाले गए जानवरों को इंसानों से अलग करते हैं। हम मित्रों और पालतू जानवरों से प्रेम करते हैं और शत्रुओं और जंगली जानवरों से घृणा करते हैं।"

25. "हमें इस विभाजन रेखा को पार करना होगा और यह हम तब कर सकते हैं जब हम अपने चिंतन में व्यावहारिक जीवन की सीमाओं से ऊपर उठें।" ऐसा उनका तर्क था।

26. उनके बचपन में करुणा की सर्वोच्च भावना मौजूद थी।

27. एक बार वे अपने पिता के खेत पर गए। अवकाश के दौरान वे एक पेड़ के नीचे आराम कर रहे थे और प्रकृति की शांति और सुंदरता का आनंद ले रहे थे। जब वे बैठे थे, तभी उनके सामने आकाश से एक पक्षी गिरा।

28. पक्षी को एक तीर लगा था जो उसके शरीर में घुस गया था और वह बड़ी पीड़ा में फड़फड़ा रहा था।

29. सिद्धार्थ पक्षी की मदद के लिए दौड़े। उन्होंने तीर निकाला, उसके घाव पर पट्टी बाँधी और उसे पानी पिलाया। उन्होंने पक्षी को उठाया, जहाँ वे बैठे थे, वहाँ आए और पक्षी को अपने ऊपरी वस्त्र में लपेटा और उसे गर्मी देने के लिए अपनी छाती के पास रखा।

30. सिद्धार्थ सोच रहे थे कि इस मासूम पक्षी को किसने मारा होगा। कुछ ही देर में उनके चचेरे भाई देवदत्त हथियारों से भरे हुए निशानेबाजी के उपकरण लेकर वहाँ पहुँचे। तभी उसने सिद्धार्थ को बताया कि उसने आकाश में उड़ते हुए एक पक्षी पर निशाना लगाया था, पक्षी घायल था लेकिन वह कुछ दूर तक उड़ गया और कहीं गिर गया, और उससे पूछा कि क्या उसने उसे देखा था।

31. सिद्धार्थ ने सकारात्मक उत्तर दिया और उसे पक्षी दिखाया जो उस समय तक पूरी तरह से ठीक हो चुका था।

32. देवदत्त ने मांग की कि पक्षी उसे सौंप दिया जाए। सिद्धार्थ ने ऐसा करने से मना कर दिया। दोनों के बीच तीखी बहस हुई।
33. देवदत्त ने तर्क दिया कि वह पक्षी का मालिक है, क्योंकि खेल के नियमों के अनुसार, जो कोई भी पक्षी को मारता है, वह खेल का मालिक बन जाता है।
34. सिद्धार्थ ने नियम की वैधता से इनकार किया। उसने तर्क दिया कि केवल वही व्यक्ति जो पक्षी की रक्षा करता है, उसे ही स्वत्वधारिता का दावा करने का अधिकार है। जो मारना चाहता है, वह कैसे मालिक हो सकता है?
35. कोई भी पक्ष झुकने को तैयार नहीं था। मामला मध्यस्थता के लिए भेजा गया। मध्यस्थ ने सिद्धार्थ गौतम के दृष्टिकोण को बरकरार रखा।
36. देवदत्त उनका स्थायी शत्रु बन गया। लेकिन गौतम की करुणा की भावना इतनी महान थी कि उन्होंने अपने चचेरे भाई की सद्भावना को सुरक्षित रखने के बजाय एक निर्दोष पक्षी के जीवन को बचाना पसंद किया।
37. सिद्धार्थ गौतम के प्रारंभिक जीवन में चरित्र के ऐसे लक्षण पाए गए थे।

8. विवाह

1. दंडपाणि नाम का एक शाक्य था। यशोधरा उनकी पुत्री थी। वह अपनी सुंदरता और अपनी शिला के लिए प्रसिद्ध थी।;
2. यशोधरा सोलह वर्ष की हो चुकी थी और दंडपाणि उसके विवाह के बारे में सोच रहे थे।
3. प्रथा के अनुसार दंडपाणि ने अपनी पुत्री के स्वयंवर के लिए सभी पड़ोसी देशों के युवकों को निमंत्रण भेजा।
4. सिद्धार्थ गौतम को भी निमंत्रण भेजा गया।

5. सिद्धार्थ गौतम ने सोलह वर्ष पूरे कर लिए थे। उनके माता–पिता भी उनका विवाह कराने के लिए उतने ही उत्सुक थे।
6. उन्होंने उनसे स्वयंवर में जाने और यशोधर से अपना हाथ जोड़ने के लिए कहा। वह अपने माता–पिता की इच्छा का पालन करने के लिए सहमत हो गए।
7. युवकों में से यशोधरा ने सिद्धार्थ गौतम को चुना।
8. दण्डपाणि बहुत खुश नहीं थे। उन्हें विवाह की सफलता के बारे में संदेह था।
9. उन्हें लगा कि सिद्धार्थ साधु–संतों की संगति का आदी हो गया है। उसे अकेलापन पसंद था। वह सफल गृहस्थ कैसे हो सकता था?
10. यशोधरा, जो सिद्धार्थ के अलावा किसी से विवाह ना करने के लिए दृढ़ थी, अपने पिता से पूछा कि क्या साधु–संतों की संगति करना कोई अपराध है। उसे नहीं लगा कि यह कोई अपराध है।
11. अपनी बेटी के सिद्धार्थ गौतम के अलावा किसी से विवाह न करने के दृढ़ निश्चय को जानते हुए, यशोधरा की माँ ने दण्डपाणि से कहा कि उसे सहमत होना चाहिए। दण्डपाणि ने ऐसा किया।
12. गौतम के प्रतिद्वंद्वी न केवल निराश थे, बल्कि उन्हें लगा कि उनका अपमान किया गया है।
13. वे चाहते थे कि उनके प्रति निष्पक्षता में यशोधरा को उसके चयन के लिए कोई परीक्षा देनी चाहिए थी। लेकिन उसने ऐसा नहीं किया।
14. कुछ समय तक वे चुप रहे, क्योंकि उन्हें विश्वास था कि दंडपाणि यशोधरा को सिद्धार्थ गौतम को चुनने की अनुमति नहीं देंगे, ताकि उनका उद्देश्य पूरा हो सके।
15. लेकिन जब दंडपाणि असफल हो गए, तो उन्होंने साहस दिखाया और मांग की कि धनुर्विद्या में कौशल की परीक्षा निर्धारित की जाए। दंडपाणि को सहमत होना पड़ा।

16. पहले तो सिद्धार्थ इसके लिए तैयार नहीं थे। लेकिन उनके सारथी चन्ना ने उन्हें बताया कि उनके इनकार से उनके पिता, उनके परिवार और यशोधरा पर कितना अपमान आएगा।
17. सिद्धार्थ गौतम इस तर्क से बहुत प्रभावित हुए और प्रतियोगिता में भाग लेने के लिए सहमत हो गए।
18. प्रतियोगिता शुरू हुई। प्रत्येक उम्मीदवार ने बारी–बारी से अपना कौशल दिखाया।
19. गौतम की बारी सबसे अंत में आई। लेकिन उनका निशानेबाजी कौशल सबसे बढ़िया था।
20. इसके बाद विवाह हुआ। शुद्धोदन और दंडपाणि दोनों खुश थे। यशोधरा और महाप्रजापति भी खुश थे।
21. लंबे समय तक विवाहित जीवन के बाद यशोधरा ने एक बेटे को जन्म दिया। उसका नाम राहुल रखा गया।

9. अपने बेटे को बचाने के लिए पिता की योजनाएँ

1. जब राजा अपने बेटे को विवाहित देखकर खुश था और इस तरह एक गृहस्थ जीवन में प्रवेश कर रहा था, तब ऋषि असिता की भविष्यवाणी उसे परेशान करती रही।
2. भविष्यवाणी को सच होने से रोकने के लिए, उसने उसे जीवन के सुखों और शारीरिक आनंद में लीन करने के बारे में सोचा।
3. इस उद्देश्य को ध्यान में रखते हुए शुद्धोदन ने अपने बेटे के रहने के लिए तीन आलीशान महल बनवाए, एक गर्मियों के लिए, एक बरसात के मौसम के लिए और एक सर्दियों के लिए, जिसमें एक पूर्ण कामुक जीवन के लिए सभी आवश्यकताओं और उत्साह से सुसज्जित थे।
4. प्रत्येक महल के चारों ओर एक सुसंपन्न उद्यान था जिसमें सभी प्रकार के पेड़ और फूल लगे हुए थे।

5. अपने पारिवारिक पुजारी उदयिन के परामर्श से, उन्होंने राजकुमार के लिए बहुत सुंदर रहने वालों के साथ एक महल प्रदान करने के बारे में सोचा।
6. तब शुद्धोदन ने उदयिन से कहा कि वह लड़कियों को सलाह दे कि राजकुमार को जीवन के सुखों के लिए कैसे जीतना है।
7. महल के निवासियों को एकत्र करने के पश्चात उदयिन ने सबसे पहले उन्हें परामर्श दी कि उन्हें राजकुमार को कैसे जीतना चाहिए।
8. उन्हें संबोधित करते हुए उसने कहाः "तुम सभी सुंदर कलाओं में निपुण हो, तुम कामुक भावनाओं की भाषा को समझने में कुशल हो, तुम सुंदरता और शालीनता से संपन्न हो, तुम अपनी–अपनी शैलियों में निपुण हो।
9. "तुम अपनी इन कृपाओं से उन ऋषियों को भी प्रभावित करने में सक्षम हो, जिन्होंने अपनी सभी इच्छाएँ खो दी हैं, और उन देवताओं को भी मोहित करने में सक्षम हो, जो स्वर्ग की अप्सराओं से मोहित हैं।
10. "हृदय की भावनाओं को व्यक्त करने की अपनी कुशलता से, अपनी मधुरता, अपनी कृपा और अपने संपूर्ण सौंदर्य से तुम स्त्रियों को भी मोहित करने में सक्षम हो, पुरुषों को तो और भी अधिक आसानी से।
11. "इस प्रकार, तुम सभी कुशल हो, प्रत्येक अपने–अपने उचित क्षेत्र में स्थित हो, राजकुमार को मोहित करना और उसे अपने बंधन में रखना तुम्हारे लिए असंभव नहीं होना चाहिए।
12. "तुम्हारी ओर से कोई भी कायरतापूर्ण कार्रवाई उन नई नववधू के लिए उचित होगी, जिनकी आँखें शर्म से बंद हो गई हैं।
13. "तथापि यह वीर अपने महान गौरव से उच्च है, फिर भी नारी का पराक्रम महान है।" यह तुम्हारा दृढ़ संकल्प हो।
14. "प्राचीन काल में एक महान ऋषि, जिसे देवता भी नहीं जीत सकते थे, को काशी की सुन्दरी नामक वेश्या ने अपने पैरों से अपमानित किया।

15. "और महान ऋषि विश्वामित्र, यद्यपि घोर तपस्या में लीन थे, अप्सरा घृतकी द्वारा दस वर्षों तक वन में बंदी बनाए गए।
16. ऐसे अनेक ऋषियों ने अपनी स्त्रियों को तुच्छ जाना है, फिर एक सुकुमार राजकुमार की तो क्या बात होगी ?
17. "ऐसी स्थिति में, तुम लोग साहसपूर्वक प्रयत्न करो कि राजा के परिवार की सन्तान उससे विमुख न हो जाये।
18. साधारण स्त्रियाँ साधारण पुरुषों को मोहित कर लेती हैं; लेकिन वे वास्तव में स्त्रियाँ ही हैं, जो उच्च और कठोर स्वभाव को वश में कर लेती हैं।"

10. राजकुमार को जीतने में स्त्रियों की असफलता

1. उदयिन के ये शब्द सुनकर, हृदय से बंधी हुई स्त्रियाँ राजकुमार को जीतने के लिए अपने आप से भी ऊपर उठ गईं।
2. लेकिन अपनी भौंहों, अपनी दृष्टि, अपनी नाज–नखरा, अपनी मुस्कान, अपनी कोमल कौतुक से भी, हरम की लड़कियाँ स्वयं पर आश्वस्त महसूस नहीं कर रही थीं।
3. लेकिन परिवार के पुरोहित की आज्ञा और राजकुमार के सौम्य स्वभाव, तथा नशे और प्रेम की शक्ति के माध्यम से उन्होंने जल्द ही अपना आत्मविश्वास पुनः प्राप्त कर लिया।
4. फिर स्त्रियाँ अपने काम पर लग गईं और राजकुमार को अरण्य में ऐसे घुमाया जैसे हिमवत के जंगलों में हाथी मादाओं के झुंड के साथ घूमता है।
5. स्त्रियों की संगत में, वह उस सुहावने उपवन में ऐसे चमक रहा था जैसे अपने राजसी उद्यान में अप्सराओं से घिरा हुआ सूर्य चमक रहा हो।
6. वहाँ, कुछ लोगों ने आवेग से भरकर, अपनी भरी हुई, दृढ़ छाती से उसे धीरे–धीरे दबाया।

7. कुछ ने लड़खड़ाने का नाटक करके उसे जोर से गले लगाया, फिर अपने कंधों को नीचे झुकाकर, अपनी कोमल लता–जैसी भुजाओं से उस पर झुक गए।
8. कुछ के मुँह से मादक मदिरा की गंध आ रही थी, उनके निचले होंठ तांबे की तरह लाल थे, वे उसके कान में फुसफुसाए, "मेरा रहस्य सुना दो।"
9. कुछ जो पूरी तरह से मलहम से भीगी हुयी थी, मानो उसे आदेश दे रही हों, उत्सुकता से उसका हाथ पकड़ लिया और कहा, "तुम यहाँ अपनी आराधना के अनुष्ठान करो।"
10. एक और महिला अपने नीले वस्त्रों को लगातार नीचे गिराते हुए, नकली नशे में, अपनी जीभ के साथ स्पष्ट रूप से खड़ी थी, जैसे रात में बिजली चमक रही हो।
11. कुछ अन्य अपनी सुनहरी जीभों को खनकते हुए, इधर–उधर घूमते हुए, उसे अपने शरीर को पतले कपड़े से ढके हुए दिखाते हुए।
12. अन्य लोग हाथ में आम की टहनी लिए हुए झुके हुए थे, तथा अपनी छाती को सोने के बर्तनों की तरह दिखा रही थी।
13. कुछ कमल की शयन से कमल लेकर, कमल के समान नेत्रों वाली, कमल की देवी पद्मा की तरह उस कमल मुख वाले राजकुमार के पास खड़ी थीं।
14. एक अन्य ने एक मधुर गीत गाया जो आसानी से समझ में आ गया तथा उचित हाव–भाव के साथ, उसने उसे जगाया, यद्यपि वह स्वयं पर नियंत्रण किए हुए था, उसकी दृष्टि से, मानो कह रही हो, "ओह, तुम कितने भ्रमित हो!"
15. एक अन्य ने, अपने उज्ज्वल चेहरे से, अपने माथे को पूरी तरह से ऊपर उठाकर, नायक की भूमिका निभाते हुए, उसकी हरकतों की नकल की।

16. एक अन्य, सुंदर, भरी हुई छाती वाली, तथा हवा में लहराती हुई बालियों वाली, उस पर जोर से हंस रही थी, मानो कह रही हो, "मुझे पकड़ लो, श्रीमान, यदि तुम पकड़ सको!"
17. जब वह जा रहा था, तो कुछ लोगों ने उसे मालाओं से बाँध दिया, दूसरों ने उसे हाथी–चालक के हुक के समान शब्दों से दण्डित किया, जो कोमल किन्तु अपमानजनक थे।
18. एक अन्य ने, उससे बहस करने की इच्छा से, एक आम की गुठली पकड़ी और भाव–विभोर होकर पूछा, "यह फूल, किसका है?"
19. एक अन्य ने, पुरुष जैसी चाल और मुद्रा अपनाते हुए उससे कहा, "तुम जो स्त्री से जीते गए हो, जाओ और इस पृथ्वी को जीत लो!"
20. फिर एक और ने आँखें घुमाते हुए, नीले कमल को सूँघते हुए, राजकुमार को इस प्रकार संबोधित किया, जैसे कि उसकी उत्तेजना में कुछ अस्पष्ट शब्द थे :
21. देखो, मेरे स्वामी, यह आम अपने शहद–सुगंधित फूलों से ढका हुआ है, जहाँ पक्षी कोकिला गाती है, जैसे कि एक सुनहरे पिंजरे में कैद हो।
22. "आओ और इस अशोक वृक्ष को देखो, जो प्रेमियों के दुःखों को बढ़ाता है, जहाँ मधुमक्खियाँ शोर करती हैं जैसे कि वे आग से झुलस गई हों।
23. "आओ और इस तिलक वृक्ष को देखो, जो एक पतली आम की शाखा से आलिंगित है, जैसे कि एक सफेद वस्त्र पहने हुए पुरुष को पीले अँगूर से सजी एक महिला ने गले लगाया हो।
24. "फूलों में कुरुबाका को देखो, जो ताजे राल–रस की तरह चमकीला है, जो इस तरह झुकता है जैसे कि उसे महिलाओं के नाखूनों के रंग से अपमानित महसूस हो रहा हो।
25. "आओ और इस युवा अशोक को देखो, जो पूरी तरह से नई शाखाओं से ढका हुआ है, जो इस तरह खड़ा है जैसे कि वह हमारे हाथों की सुंदरता पर शर्मिंदा हो।

26. "सिंधुवरा झाड़ियों से घिरी इस झील को देखो, जो अपने किनारों पर उग रही है, जैसे कि एक सुंदर महिला लेटी हुई है, जो बढ़िया सफेद कपड़े पहने हुए है।
27. "महिलाओं की शाही शक्ति को देखो, वहाँ रूडीगूज पानी में है, पीछे–पीछे जा रहा है, उसका साथी एक गुलाम की तरह उसका पीछा कर रहा है।
28. आओ और नशे में धुत कोयल के स्वरों को सुनो जब वह गाती है, जबकि एक और कोयल इस तरह गाती है जैसे कि पूरी तरह से बिना किसी परवाह के सहमति दे रही हो।
29. "काश! तुम वसंत ऋतु में पक्षियों के समान उन्मत्त हो, न कि एक विचारशील व्यक्ति के समान जो हमेशा सोचता रहता है कि वह कितना बुद्धिमान है!"
30. इस प्रकार, प्रेम में बहकर आई इन युवतियों ने राजकुमार पर सभी प्रकार की युक्तियों से आक्रमण किया।
31. यद्यपि इस प्रकार आक्रमण किए जाने पर भी, उसने अपने संयम द्वारा अपनी इंद्रियों को सुरक्षित रखते हुए, न तो प्रसन्नता दिखाई और न ही मुस्कुराया।
32. उन्हें उनकी वास्तविक स्थिति में देखकर, राजकुमार ने अविचलित और स्थिर मन से विचार किया।
33. इन स्त्रियों में क्या कमी है कि वे यह नहीं समझ पातीं कि यौवन परिवर्तनशील है? क्योंकि बुढ़ापा सुंदरता को नष्ट कर देता है।"
34. यह चापलूसी का दौर महीनों और वर्षों तक चलता रहा, लेकिन कोई परिणाम नहीं निकला।

11. राजकुमार को प्रधानमंत्री की चेतावनी

1. उदयिन को एहसास हुआ कि लड़कियाँ असफल हो गई हैं और राजकुमार ने उनमें कोई स्वादुता नहीं दिखाई है।

2. नीति के नियमों में निपुण उदयिन ने राजकुमार से बात करने का विचार किया।
3. राजकुमार से अकेले में मिलते हुए उदयिन ने कहाः "चूँकि राजा ने मुझे तुम्हारा उपयुक्त मित्र नियुक्त किया है, इसलिए मैं तुमसे अपने हृदय की मित्रता के साथ बात करना चाहता हूँ।" उदयिन ने ऐसा कहना आरंभ किया।
4. "जो हानिकारक है, उससे रोकना, जो लाभदायक है, उसे करने के लिए प्रेरित करना और विपत्ति में साथ न छोड़ना, ये मित्र के तीन लक्षण हैं।"
5. "यदि मैं अपनी मित्रता का वचन देकर, जब मनुष्य के महान उद्देश्य से अस्नेही हो जाता है, तब ध्यान न देता, तो मुझमें कोई मित्रता नहीं होती।"
6. "स्त्री को छल से भी मोहित करना उचित है, यह लज्जा से मुक्ति पाने और अपने आनंद के लिए उपयोगी है।
7. "आदरपूर्ण व्यवहार और उसकी इच्छाओं का पालन ही स्त्री के हृदय को बांधता है; अच्छे गुण वास्तव में प्रेम का कारण होते हैं, और स्त्रियाँ सम्मान पसंद करती हैं।
8. "हे बड़ी आँखों वाले राजकुमार, क्या तुम अपने हृदय के अनिच्छुक होने पर भी, अपनी इस सुन्दरता के योग्य शिष्टाचार से उन्हें प्रसन्न करने का प्रयत्न नहीं करोगे?
9. "शिष्टाचार स्त्रियों के लिए मरहम है, शिष्टता सबसे अच्छा आभूषण है; शिष्टता के बिना सौंदर्य फूलों के बिना उपवन के समान है।
10. लेकिन शिष्टता का अपने आप में क्या उपयोग है? उसे हृदय की भावनाओं से सहायता मिलनी चाहिए; निश्चय ही, जब सांसारिक वस्तुएँ इतनी कठिनता से प्राप्त होती हैं, तो तुम उनका तिरस्कार नहीं करोगे।
11. "यह जानते हुए कि सुख ही सबसे अच्छा विषय है, यहाँ तक कि प्राचीन काल में भगवान पुरंदर (इंद्र) ने भी ऋषि गौतम की पत्नी अहिल्या को आकर्षित कर दिया था।

12. "इसी प्रकार अगस्त्य ने सोम की पत्नी रोहिणी को आकर्षित किया था; और इसलिए, जैसा कि श्रुति कहती है, लोपामुद्रा के साथ भी ऐसा ही घटित हुआ।
13. "महान तपस्वी बृहस्पति ने औतथ्य की पत्नी मरुत की पुत्री ममता ने भारद्वाज को जन्म दिया।"
14. "चंद्रमा, जो कि सर्वश्रेष्ठ प्रस्तावक है, बृहस्पति की पत्नी पर दिव्य प्रकृति की कलियाँ बिखेर रहा था, जब वह अर्पण कर रही थी।
15. "इसी प्रकार प्राचीन काल में यमुना के तट पर काम–वासना से अभिभूत पराशर ने युवती काली के साथ विवाह किया, जो वरुण के पुत्र की पुत्री थी।
16. "ऋषि वशिष्ठ ने काम–वासना के कारण एक तुच्छ जाति की अक्षमाला से कपिंगलाद नामक पुत्र उत्पन्न किया।
17. "और ऋषि–राज ययात, जब अपनी युवावस्था की सजीवता खो चुका था, तब भी वह अप्सरा विश्वकी के साथ कैत्रार्थ वन में क्रीड़ा करता था।
18. "और कौरव राजा पांडु, यद्यपि वह जानता था कि उसकी पत्नी के साथ संभोग करने से उसकी मृत्यु हो जाएगी, फिर भी माद्री के सौन्दर्य और अच्छे गुणों से अभिभूत होकर, प्रेम के सुखों के आगे झुक गया।
19. "ऐसे महान वीरों ने सुख के लिए घृणित इच्छाओं का भी पीछा किया, फिर जब वे अपनी तरह की प्रशंसनीय हों, तो वे और भी अधिक क्यों न करें?
20. "और फिर भी, तुम, एक युवा, शक्ति और सौंदर्य से संपन्न, उन सुखों का तिरस्कार करते हो, जो तुम्हारे अधिकार में हैं और जिनके लिए सारा संसार समर्पित है।"

12. राजकुमार का प्रधानमंत्री को उत्तर

1. पवित्र परंपरा द्वारा समर्थित उनके इन दिखावटी शब्दों को सुनकर, राजकुमार ने बादल की गड़गड़ाहट जैसी ध्वनि में उत्तर दिया:

2. "यह स्नेह प्रकट करने वाला भाषण तुम्हारे लिए उपयुक्त है; लेकिन मैं तुम्हें समझाऊंगा कि तुम मुझे कहां त्रुटिपूर्ण समझ रहे हो।
3. "मैं सांसारिक वस्तुओं का परिवाद नहीं करता, मैं जानता हूँ कि सारी मानवजाति उनमें बंधी हुई है। लेकिन यह याद रखते हुए कि संसार क्षणभंगुर है, मेरा मन उनमें आनंद नहीं पा सकता।
4. "फिर भी, भले ही स्त्रियों की यह सुंदरता हमेशा बनी रहे, फिर भी इच्छाओं के सुखों में आनंद लेना बुद्धिमान व्यक्ति के योग्य नहीं होगा।
5. "और जहाँ तक तुम उन महान पुरुषों के बारे में कहते हो जो इच्छाओं के शिकार हो गए हैं, उनके बहकावे में ना आओ, क्योंकि विनाश भी उनका भवितव्यता थी।
6. "वास्तविक महानता वहाँ नहीं पाई जाती, जहाँ विनाश है, या जहाँ सांसारिक वस्तुओं के प्रति आसक्ति है, या आत्म–संयम की कमी है।
7. "और जब तुम कहते हो, स्त्रियों के साथ छल से व्यवहार करना चाहिए, तो मैं छल को जानता हूँ, भले ही उसके साथ शिष्टता भी हो।
8. "यदि सत्य न हो, यदि अपनी सम्पूर्ण आत्मा और प्रकृति के साथ एकता न हो, तो स्त्री की इच्छा के अनुसार भी काम करना मुझे अच्छा नहीं लगता, मैं कहता हूँ।
9. "जो आत्मा वासना से अभिभूत है, मिथ्यात्व में विश्वास करती है, आसक्ति में बह जाती है और अपने विषयों के दोषों के प्रति अंधी है, उसमें धोखा खाने वरणीय क्या है?
10. "और यदि वासना के शिकार एक दूसरे को धोखा देते हैं, तो क्या पुरुष स्त्रियों के लिए और स्त्रियाँ पुरुषों के लिए अनुपयुक्त नहीं हैं?
11. "चूँकि ये बातें ऐसी हैं, तो तुम मुझे अवश्य ही नीच सुखों में नहीं भटकाओगे।"
12. उदयिन राजकुमार के दृढ़ निश्चय से चुप हो गया और उसने यह बात अपने पिता को बताई।

13. जब शुद्धोदन ने सुना कि उसके पुत्र का मन सभी इन्द्रिय विषयों से विमुख हो गया है, तो वह सारी रात सो नहीं सका। हृदय में बाण लगे हाथी की तरह वह पीड़ा से भर गया।

14. उसने और उसके मंत्रियों ने अपना अधिकांश समय परामर्श में बिताया, ताकि सिद्धार्थ को दैहिक जीवन के सुखों की ओर आकर्षित करने का कोई उपाय मिल सके और इस प्रकार उसे अपने जीवन को संभावित मोड़ देने से रोका जा सके। लेकिन उन्हें उनके द्वारा अवलोकन किये गए उपायों के अलावा कोई दूसरा उपाय नहीं मिला।

15. और व्यर्थ में माला और आभूषण पहनने वाली, अपनी सुंदर कलाओं और प्रेम के साथ, अपने हृदय में गहरे प्रेम को छिपाए हुए, स्त्रियों का समूह बिखर गया।

13. शाक्य संघ में दीक्षा

1. शाक्यों का अपना संघ था। बीस वर्ष से अधिक आयु के प्रत्येक शाक्य युवक को संघ में दीक्षित होना पड़ता था और संघ का सदस्य बनना पड़ता था।
2. सिद्धार्थ गौतम बीस वर्ष की आयु तक पहुँच चुके थे। अब उनके लिए संघ में संकल्पपूर्वक अनुष्ठान होने और उसका सदस्य बनने का समय आ गया था।
3. शाक्यों का एक सभागृह था जिसे वे संस्थागार कहते थे। यह कपिलावत्सु में स्थित था। संघ का अधिवेशन भी संस्थागार में ही होता था।
4. सिद्धार्थ को संघ में दीक्षित करने के उद्देश्य से शुद्धोदन ने शाक्यों के पुरोहित से संघ की बैठक बुलाने को कहा।
5. तदनुसार संघ कपिलावत्सु में शाक्यों के संस्थान में मिला।
6. संघ की बैठक में पुरोहित ने प्रस्ताव रखा कि सिद्धार्थ को संघ का सदस्य बनाया जाए।

7. तब शाक्यों के सेनापति अपने स्थान पर खड़े हुए और संघ को इस प्रकार संबोधित कियाः "सिद्धार्थ गौतम, जो शाक्यों के शुद्धोदन के परिवार में पैदा हुए हैं, संघ के सदस्य बनना चाहते हैं। वे बीस वर्ष के हैं और हर तरह से संघ के सदस्य बनने के योग्य हैं। इसलिए मैं प्रस्ताव करता हूँ कि उन्हें शाक्यों संघ का सदस्य बनाया जाए। कृपया, जो लोग इस प्रस्ताव के विरुद्ध हैं, वे बोलें।"
8. इसके विरुद्ध कोई नहीं बोला। सेनापति ने कहा, "मैं प्रस्ताव के विरुद्ध लोगों से दूसरी बार बोलने के लिए कहता हूँ।"
9. प्रस्ताव के विरुद्ध कोई भी बोलने के लिए खड़ा नहीं हुआ। सेनापति ने पुनः कहाः "मैं तीसरी बार उन लोगों से बोलने के लिए कहता हूँ जो प्रस्ताव के विरुद्ध हैं।"
10. तीसरी बार भी किसी ने इसके विरूद्ध कुछ नहीं कहा।
11. शाक्यों में यह नियम था कि बिना प्रस्ताव के कोई तर्क–वितर्क नहीं हो सकती थी और जब तक कोई प्रस्ताव तीन बार पारित न हो जाए, तब तक उसे स्वीकृत नहीं माना जा सकता था।
12. सेनापति के प्रस्ताव को बिना विरोध के तीन बार पारित किए जाने के बाद सिद्धार्थ को शाक्यों संघ का सदस्य घोषित कर दिया गया।
13. इसके बाद शाक्यों के पुरोहित खड़े हुए और सिद्धार्थ से अपने स्थान पर खड़े होने को कहा।
14. सिद्धार्थ को संबोधित करते हुए उन्होंने कहाः "क्या आप जानते हैं कि संघ ने आपको अपना सदस्य बनाकर आपको सम्मानित किया है?" "मैं जानता हूँ, श्रीमान," सिद्धार्थ ने उत्तर दिया।
15. "क्या आप संघ की सदस्यता के दायित्व को जानते हैं?" "मुझे खेद है, श्रीमान, मैं नहीं जानता। लेकिन मुझे उन्हें जानकर खुशी होगी, श्रीमान," सिद्धार्थ ने कहा।
16. "मैं सबसे पहले आपको यह बताऊंगा कि संघ के सदस्य के रूप में आपके क्या कर्तव्य हैं, पुरोहित ने कहा और फिर उन्होंने उन्हें एक–एक करके बतायाः "(1) आपको अपने तन, मन और धन से

शाक्यों के हितों की रक्षा करनी चाहिए। (2) आपको संघ की बैठकों से अनुपस्थित नहीं रहना चाहिए। (3) आपको बिना किसी डर या पक्षपात के शाक्यों के आचरण में कोई भी दोष देखना चाहिए। (4) यदि आप पर कोई अपराध का आरोप लगाया जाता है तो आपको क्रोधित नहीं होना चाहिए, बल्कि यदि आप दोषी हैं तो उसे स्वीकार करना चाहिए या यदि आप निर्दोष हैं तो बताना चाहिए।"

17. आगे बढ़ते हुए पुरोहित ने कहाः "मैं आपको आगे बताऊंगा कि संघ की सदस्यता के लिए आपको क्यों अयोग्य ठहराया जाएगा (1) यदि आप बलात्कार करते हैं तो आप संघ के सदस्य नहीं रह सकते। (2) यदि आप हत्या करते हैं तो आप संघ के सदस्य नहीं रह सकते। (3) यदि आप चोरी करते हैं तो आप संघ के सदस्य नहीं रह सकते। (4) यदि आप झूठा शपथ–पत्र देने के दोषी हैं तो आप संघ के सदस्य नहीं रह सकते।"

18. सिद्धार्थ ने कहा, "श्रीमान्, मैं आपका आभारी हूँ कि आपने मुझे शाक्य संघ के अनुशासन के नियम बताये। मैं आपको विश्वास दिलाता हूँ कि मैं उनका अक्षरतः और आत्मा से पालन करने का भरसक प्रयास करूँगा।"

14. संघ से संघर्ष

1. सिद्धार्थ को शाक्य संघ का सदस्य बने आठ वर्ष बीत चुके थे।
2. वे संघ के बहुत समर्पित और अडिग सदस्य थे। वे संघ के मामलों में भी उतनी ही रुचि लेते थे जितनी अपने मामलों में। संघ के सदस्य के रूप में उनका आचरण अनुकरणीय था और वे सभी के प्रिय थे।
3. उनकी सदस्यता के आठवें वर्ष में एक ऐसी घटना घटी जिसके परिणामस्वरूप शुद्धोदन के परिवार के लिए त्रासदी हुई और सिद्धार्थ के जीवन में संकट आ गया।
4. त्रासदी का आधरभूत यही है।

5. शाक्यों के राज्य की सीमा पर कोलिय राज्य था। दोनों राज्य रोहिणी नदी द्वारा विभाजित थे।
6. रोहिणी के पानी का उपयोग शाक्यों और कोलियो दोनों अपने खेतों की सिंचाई के लिए करते थे। हर मौसम में उनके बीच इस बात को लेकर विवाद होता था कि रोहिणी का पानी पहले कौन और कितना ले। इन विवादों के कारण झगड़े और कभी–कभी मारपीट भी होती थी।
7. जिस वर्ष सिद्धार्थ अट्ठाईस वर्ष के थे, उस वर्ष शाक्यों के सेवकों और कोलियो सेवकों के बीच पानी को लेकर बड़ा संघर्ष हुआ। दोनों पक्षों को क्षति हुई।
8. यह बात पता चलने पर शाक्यों और कोलियो ने महसूस किया कि इस मुद्दे को युद्ध द्वारा हमेशा के लिए सुलझा लिया जाना चाहिए।
9. इसलिए शाक्यों के सेनापति ने शाक्यों संघ का अधिवेशन बुलाया ताकि कोलियो पर युद्ध की घोषणा करने के प्रश्न पर विचार किया जा सके।
10. संघ के सदस्यों को संबोधित करते हुए सेनापति ने कहाः "कोलिया ने हमारे लोगों पर आक्रमण किया है और उन्हें पीछे हटना पड़ा है। कोलिया द्वारा इस तरह के आक्रमण एक से अधिक बार हो चुके हैं। हमने अब तक उन्हें सहन किया है। लेकिन यह प्रवृत्त नहीं रह सकता। इसे रोकना होगा और इसे रोकने का एकमात्र तरीका कोलिया के विरूद्ध युद्ध की घोषणा करना है। मेरा प्रस्ताव है कि संघ कोलिया पर युद्ध की घोषणा करे। जो लोग विरोध करना चाहते हैं, वे बोल सकते हैं।"
11. सिद्धार्थ गौतम अपनी आसन पर खड़े हुए और बोलेः "मैं इस प्रस्ताव का विरोध करता हूँ। युद्ध से कोई समस्या हल नहीं होती। युद्ध करने से हमारा उद्देश्य पूरा नहीं होगा। इससे एक और युद्ध के बीज बोए जाएँगे। मारने वाले को मारने वाला मिलता है, जीतने वाले को जीतने वाला मिलता है; जो लूटता है, वह लुटता है।"

12. सिद्धार्थ गौतम ने आगे कहाः "मुझे लगता है कि संघ को कोलिया लोगों पर युद्ध की घोषणा करने में आवेगशीलता नहीं करनी चाहिए। यह पता लगाने के लिए सावधानीपूर्वक जाँच की जानी चाहिए कि दोषी कौन है। मैंने सुना है कि हमारे लोग भी हमलावर रहे हैं। अगर यह सच है, तो यह स्पष्ट है कि हम भी दोष से मुक्त नहीं हैं।"
13. सेनापति ने उत्तर दियाः "हाँ, हमारे लोग हमलावर थे। लेकिन यह नहीं भूलना चाहिए कि पानी लेने की बारी पहले हमारी थी।"
14. सिद्धार्थ गौतम ने कहाः "इससे पता चलता है कि हम पूरी तरह दोषमुक्त नहीं हैं। इसलिए मैं प्रस्ताव करता हूँ कि हम अपने में से दो लोगों को चुनें और कोलिया लोगों से कहा जाए कि वे अपने में से दो लोगों को चुनें और चारों को पाँचवाँ व्यक्ति चुनना चाहिए और उन्हें विवाद सुलझाना चाहिए।"
15. सिद्धार्थ गौतम द्वारा प्रस्तुत संशोधन का विधिवत समर्थन किया गया। लेकिन सेनापति ने संशोधन का विरोध करते हुए कहाः "मुझे विश्वास है कि कोलिया लोगों का यह आतंक तब तक समाप्त नहीं होगा जब तक उन्हें कड़ा दण्ड नहीं दिया जाता।
16. इसलिए प्रस्ताव और संशोधन पर मतदान होना था। सिद्धार्थ गौतम द्वारा प्रस्तुत संशोधन को पहले रखा गया। इसे भारी बहुमत से खो दिया गया।
17. इसके बाद सेनापति ने अपना प्रस्ताव मतदान के लिए रखा। सिद्धार्थ गौतम फिर से इसका विरोध करने के लिए खड़े हुए। उन्होंने कहा, "मैं संघ से विनती करता हूँ कि प्रस्ताव को स्वीकार न करें। शाक्य और कोलिया लोग घनिष्ठ सम्बन्धी हैं। यह मूर्खता है कि वे एक–दूसरे को नष्ट कर दें।"
18. सेनापति ने सिद्धार्थ गौतम द्वारा की गई युक्ति का सामना किया। उन्होंने जोर देकर कहा कि युद्ध में क्षत्रिय रिश्तेदारों और अपरिचित के बीच अंतर नहीं कर सकते। उन्हें अपने राज्य के निमित्त भाइयों के विरूद्ध भी लड़ना चाहिए।

19. यज्ञ करना ब्राह्मणों का कर्तव्य है, युद्ध करना क्षत्रियों का कर्तव्य है, व्यापार करना वैश्यों का कर्तव्य है और सेवा करना शूद्रों का कर्तव्य है। प्रत्येक वर्ण को अपना कर्तव्य पूरा करना पुण्य है। हमारे शास्त्रों का यही आदेश है।
20. सिद्धार्थ ने उत्तर दिया:"जैसा कि मैं समझता हूँ, धर्म यह स्वीकार करने में है कि शत्रुता शत्रुता से नहीं मिटती। इसे केवल प्रेम से ही जीता जा सकता है।"
21. सेनापति अधीर होकर बोले: "इस दार्शनिक विमर्श में उतरना अनावश्यक है। मुद्दा यह है कि सिद्धार्थ मेरे प्रस्ताव के विरोधी हैं। आइए हम इस पर मतदान करके पता लगाएँ कि संघ इस बारे में क्या कहता है।"
22. तदनुसार सेनापति ने अपना प्रस्ताव मतदान के लिए रखा। इसे भारी बहुमत से पारित घोषित किया गया।

15. निर्वासन का प्रस्ताव

1. अगले दिन सेनापति ने संघ द्वारा अपनी संग्रहण की योजना पर विचार करने के लिए शाक्य संघ की एक और बैठक बुलाई।
2. जब संघ की बैठक हुई, तो उन्होंने प्रस्ताव रखा कि उन्हें 20 से 50 वर्ष की आयु के प्रत्येक शाक्य को कोलिया के विरुद्ध युद्ध के लिए शस्त्रास्त्र उठाने का आदेश देने की अनुमति दी जाए।
3. बैठक में दोनों पक्षों ने भाग लिया– जिन्होंने संघ की पिछली बैठक में युद्ध की घोषणा के पक्ष में मतदान किया था और जिन्होंने इसके विरुद्ध मतदान किया था।
4. जिन लोगों ने पक्ष में मतदान किया था, उनके लिए सेनापति के प्रस्ताव को स्वीकार करने में कोई कठिनाई नहीं थी। यह उनके पहले के निर्णय का स्वाभाविक परिणाम था।
5. लेकिन इसके विरुद्ध मतदान करने वाले अल्पसंख्यकों के सामने एक समस्या थी। उनकी समस्या थी– बहुमत के निर्णय के आगे झुकना या न झुकना।

6. अल्पसंख्यक बहुमत के आगे न झुकने के लिए दृढ़ संकल्पित थे। यही कारण है कि उन्हें बैठक में उपस्थित होना पड़ा। दुर्भाग्य से, उनमें से किसी में भी ऐसा अभिव्यंजक रूप से कहने का साहस नहीं था। शायद उन्हें बहुमत का विरोध करने का परिणाम पता था।
7. अपने समर्थकों को चुप देखकर सिद्धार्थ खड़े हुए और संघ को संबोधित करते हुए कहा: "मित्रो! आप जो चाहें करें। आपके पक्ष में बहुमत है, लेकिन मुझे यह कहते हुए खेद है कि मैं लामबंदी के पक्ष में आपके निर्णय का विरोध करूंगा। मैं आपकी सेना में शामिल नहीं होऊंगा और युद्ध में भाग नहीं लूंगा।"
8. सेनापति ने सिद्धार्थ गौतम को उत्तर देते हुए कहा: "संघ की सदस्यता ग्रहण करते समय आपने जो प्रतिज्ञाएँ ली थीं, उन्हें याद रखें। यदि आप उनमें से किसी को भी तोड़ते हैं, तो आप स्वयं को सार्वजनिक रूप से लज्जित करेंगे।"
9. सिद्धार्थ ने उत्तर दिया "हाँ, मैंने अपने तन, मन और धन से शाक्यों के सर्वोत्तम हितों की रक्षा करने की प्रतिज्ञा की है। लेकिन मुझे नहीं लगता कि यह युद्ध शाक्यों के सर्वोत्तम हित में है। शाक्यों के सर्वोत्तम हितों के आगे मेरे लिए सार्वजनिक लज्जा क्या है?"
10. सिद्धार्थ ने संघ को सावधान करते हुए कहा कि किस तरह शाक्य लोग कोलिया के साथ अपने झगड़ों के कारण कोसल के राजा के अधीन हो गए हैं। उन्होंने कहा, "यह कल्पना करना कठिन नहीं है कि यह युद्ध उन्हें शाक्य लोगों की स्वतंत्रता को और कम करने का एक बड़ा साधन देगा।"
11. सेनापति क्रोधित हो गए और सिद्धार्थ को संबोधित करते हुए कहा: "आपकी वक्तृत्व शक्ति आपकी सहायता नहीं करेगी। आपको संघ के बहुमत के निर्णय का पालन करना चाहिए। आप शायद इस तथ्य पर भरोसा कर रहे हैं कि संघ के पास कोसल के राजा की अनुमति के बिना किसी अपराधी को फांसी पर चढ़ाने या उसे निर्वासित करने का आदेश देने का अधिकार नहीं है और यदि संघ

द्वारा आपके विरुद्ध इन दोनों में से कोई भी सजा पारित की जाती है तो कोसल के राजा इसकी अनुमति नहीं देंगे।"

12. लेकिन याद रखें कि संघ के पास आपको दंडित करने के अन्य तरीके भी हैं। संघ आपके परिवार के विरुद्ध सामाजिक बहिष्कार की घोषणा कर सकता है और संघ आपके परिवार की भूमि जब्त कर सकता है। इसके लिए संघ को कोसल नरेश की अनुमति लेने की आवश्यकता नहीं है।

13. सिद्धार्थ को एहसास हो गया था कि अगर वह कोलिया लोगों के विरुद्ध युद्ध की योजना में संघ का विरोध करना जारी रखेंगे तो उन्हें क्या परिणाम भुगतने पड़ेंगे। उनके पास विचार करने के लिए तीन विकल्प थे: सेना में शामिल होना और युद्ध में भाग लेना, फाँसी या निर्वासन के लिए सहमत होना और अपने परिवार के सदस्यों को सामाजिक बहिष्कार और संपत्ति जब्त करने की निंदा करने की अनुमति देना।

14. वह पहले विकल्प को स्वीकार नहीं करने पर अड़े थे। तीसरे विकल्प के बारे में उन्हें लगा कि यह अकल्पनीय है। परिस्थितियों के अनुसार उन्हें लगा कि दूसरा विकल्प सबसे अच्छा है।

15. तदनुसार, सिद्धार्थ ने संघ से बात की। "कृपया मेरे परिवार को दंडित न करें। उन्हें सामाजिक बहिष्कार के अधीन करके संकट में न डालें। उनकी जमीन अधिहृत करके उन्हें निःसहाय न बनाएँ, जो उनकी आजीविका का एकमात्र साधन है। वे निर्दोष हैं। मैं दोषी हूँ। मेरे गलत कामों के लिए मुझे ही भुगतने दें। मुझे मृत्युदंड या निर्वासन की क्षति दें, जो भी आप चाहें। मैं इसे सहर्ष स्वीकार करूँगा और मैं वचन देता हूँ कि मैं कोसल के राजा से अपील नहीं करूँगा।"

16. सिद्धार्थ को एहसास हो गया था कि अगर वह कोलिय लोगों के खिलाफ युद्ध की योजना में संघ का विरोध करना जारी रखेंगे तो उन्हें क्या परिणाम भुगतने पड़ेंगे। उनके पास विचार करने के लिए तीन विकल्प थे सेना में शामिल होना और युद्ध में भाग लेना फाँसी

या निर्वासन के लिए सहमत होना और अपने परिवार के सदस्यों को सामाजिक बहिष्कार और संपत्ति जब्त करने की निंदा करने की अनुमति देना।

17. वह पहले विकल्प को स्वीकार नहीं करने पर अड़े थे। तीसरे विकल्प के बारे में उन्हें लगा कि यह अकल्पनीय है। परिस्थितियों के अनुसार उन्हें लगा कि दूसरा विकल्प सबसे अच्छा है।
18. तदनुसार, सिद्धार्थ ने संघ से बात की। "कृपया मेरे परिवार को दंडित न करें। उन्हें सामाजिक बहिष्कार के अधीन करके संकट में न डालें। उनकी जमीन जब्त करके उन्हें बेसहारा न बनाएँ, जो उनकी आजीविका का एकमात्र साधन है। वे निर्दोष हैं। मैं दोषी हूँ। मेरे गलत कामों के लिए मुझे ही भुगतने दें। मुझे मृत्युदंड या निर्वासन की सजा दें, जो भी आप चाहें। मैं इसे सहर्ष स्वीकार करूँगा और मैं वचन देता हूँ कि मैं कोसल के राजा से अपील नहीं करूँगा।"

16. परिव्राजक–रास्ता

1. सेनापति ने कहा: "आपके सुझाव को स्वीकार करना कठिन है। क्योंकि यदि आप स्वेच्छा से मृत्युदंड या निर्वासन की दंड भुगतने के लिए सहमत भी हो जाते हैं, तो भी यह बात कोसल के राजा को अवश्य पता चल जाएगी और वे यह निष्कर्ष निकालेंगे कि यह दंड संघ ने दी है और संघ के विरुद्ध कार्रवाई करेंगे।"
2. "यदि यही कठिनाई है, तो मैं आसानी से कोई उपाय सुझा सकता हूँ," सिद्धार्थ गौतम ने कहा। "मैं परिव्राजक बन सकता हूँ और इस देश को छोड़ सकता हूँ। यह एक प्रकार का निर्वासन है।"
3. सेनापति ने सोचा कि यह एक अच्छा उपाय है। लेकिन सिद्धार्थ इसे लागू कर पाएंगे या नहीं, इस बारे में उन्हें अभी भी कुछ संदेह था।
4. इसलिए सेनापति ने सिद्धार्थ से पूछा: "जब तक आप अपने माता–पिता और अपनी पत्नी की सहमति नहीं लेते, तब तक आप परिव्राजक कैसे बन सकते हैं?"

5. सिद्धार्थ ने उन्हें आश्वासन दिया कि वे उनकी अनुमति प्राप्त करने के लिए अपना सर्वश्रेष्ठ प्रयास करेंगे। उन्होंने कहा, "मैं वचन देता हूँ कि चाहे उनकी अनुमति मिले या न मिले, मैं तुरन्त इस देश को छोड़ दूँगा।"
6. संघ को लगा कि सिद्धार्थ द्वारा दिया गया प्रस्ताव ही सबसे अच्छा उपाय है और वे इस पर सहमत हो गए।
7. बैठक से पहले का काम समाप्त करने के बाद, संघ उठने ही वाला था कि एक युवा शाक्य अपनी जगह पर खड़ा हुआ और बोलाः "मुझे सुनने दीजिए, मुझे कुछ महत्वपूर्ण कहना है।"
8. बोलने की अनुमति मिलने पर उसने कहाः मुझे कोई संदेह नहीं है कि सिद्धार्थ गौतम अपना वादा निभाएँगे और तुरन्त देश छोड़ देंगे। हालाँकि, एक प्रश्न है जिसे लेकर मैं बहुत प्रसन्न नहीं हूँ।
9. अब जबकि सिद्धार्थ शीघ्र ही नजरों से ओझल हो जाएँगे, क्या संघ कोलिया के विरुद्ध युद्ध की अपनी घोषणा को तुरन्त प्रभावी करने का प्रस्ताव रखता है?
10. "मैं चाहता हूँ कि संघ इस प्रश्न पर और अधिक विचार करे। किसी भी स्थिति में, कोसल के राजा को सिद्धार्थ गौतम के निर्वासन के बारे में अवश्य पता चलेगा। यदि शाक्य लोग कोलिया लोगों के विरुद्ध तत्काल युद्ध की घोषणा कर देते हैं, तो कोसल के राजा को यह समझ में आ जाएगा कि सिद्धार्थ केवल इसलिए चले गए क्योंकि वे कोलिया लोगों के विरुद्ध युद्ध के विरोधी थे। यह हमारे लिए ठीक नहीं होगा।
11. "इसलिए, मैं प्रस्ताव करता हूँ कि हमें सिद्धार्थ गौतम के निर्वासन और शत्रुता के वास्तविक आरंभ के बीच कुछ अंतराल भी रखना चाहिए, ताकि कोसल के राजा को दोनों के बीच कोई संबंध स्थापित करने का अवसर न मिले।
12. संघ को यह महसूस हुआ कि यह एक बहुत ही महत्वपूर्ण प्रस्ताव था। और सुविधा के लिए संघ ने इसे स्वीकार करने पर सहमति व्यक्त की।

13. इस प्रकार शाक्य संघ का दुःखद अधिवेशन समाप्त हुआ और जो अल्पसंख्यक युद्ध के विरोधी थे, लेकिन उनमें ऐसा कहने का साहस नहीं था, उन्होंने राहत की साँस ली कि वे विपत्तिपूर्ण परिणामों से भरी स्थिति पर काबू पाने में सक्षम थे।

17. अंतिम शब्द

1. शाक्य संघ की बैठक में जो कुछ हुआ, उसकी सूचना सिद्धार्थ गौतम के लौटने से बहुत पहले ही राजा के महल तक पहुँच गई थी।
2. घर पहुँचने पर उसने अपने माता–पिता को रोते हुए और बहुत दुःख में डूबे हुए पाया।
3. शुद्धोदन ने कहाः "हम युद्ध की बुराइयों के बारे में बात कर रहे थे। लेकिन मैंने कभी नहीं सोचा था कि तुम इस परिसीमा तक जाओगे।"
4. सिद्धार्थ ने उत्तर दिया, "मैंने भी नहीं सोचा था कि चीजें इस तरह से बदल जाएँगी। मैं उम्मीद कर रहा था कि मैं अपने तर्क से शाक्यों को शांति के पक्ष में जीत पाऊँगा।
5. "दुर्भाग्य से, हमारे सैन्य अधिकारियों ने लोगों की भावनाओं को इतना भड़का दिया था कि मेरे तर्क का उन पर कोई असर नहीं हुआ।
6. "लेकिन मुझे आशा है कि आप समझ गए होंगे कि मैंने किस तरह स्थिति को और अव्यवस्थित होने से बचाया है। मैंने सत्य और न्याय का पक्ष नहीं छोड़ा है और सत्य और न्याय के लिए खड़े होने की जो भी सजा मुझे मिली है, मैं उसे व्यक्तिगत रूप से भुगतने में सफल रहा हूँ।"
7. शुद्धोदन इससे संतुष्ट नहीं थे। "आपने यह नहीं सोचा कि हमारे साथ क्या होने वाला है।" "लेकिन यही कारण है कि मैंने परिव्राजक बनने का बीड़ा उठाया," सिद्धार्थ ने उत्तर दिया। "यदि शाक्यों ने आपकी भूमि जब्त करने का आदेश दिया होता तो इसके परिणामों पर विचार करें।"

8. "लेकिन आपके बिना इन भूमियों का हमारे लिए क्या उपयोग है?" शुद्धोदन ने कहा। क्यों न पूरा परिवार शाक्यों का देश छोड़कर आपके साथ वनवास चला जाए?"
9. प्रजापति गौतमी, जो रो रही थीं, ने शुद्धोदन के तर्क में शामिल होकर कहा: "मैं सहमत हूँ। तुम हमें इस तरह छोड़कर अकेली कैसे जा सकते हो?"
10. सिद्धार्थ ने कहा: "माता, क्या तुमने हमेशा क्षत्रिय की माँ होने का दावा नहीं किया है? क्या ऐसा नहीं है? तब तुम्हें बहादुर होना चाहिए। यह दुःख तुम्हें शोभा नहीं देता। यदि मैं युद्ध–भूमि में जाकर मर जाता तो तुम क्या करतीं? क्या तुम इस तरह दुःखी होतीं?"
11. "नहीं," गौतमी ने उत्तर दिया। "यह एक क्षत्रिय के लिए उचित होता। लेकिन अब आप लोगों से दूर जंगल में जा रहे हैं, जंगली जानवरों के साथ रह रहे हैं। हम यहाँ शांति से कैसे रह सकते हैं? मैं कहती हूँ कि आप हमें अपने साथ ले जाएँ।"
12. "मैं आप सभी को अपने साथ कैसे ले जा सकता हूँ? नन्द अभी बच्चा है। मेरा बेटा राहुल अभी पैदा हुआ है। क्या आप उन्हें यहाँ छोड़कर आ सकते हैं?" उसने गौतमी से पूछा।
13. गौतमी संतुष्ट नहीं थी। उसने आग्रह किया: "हम सभी के लिए शाक्यों के देश को छोड़कर कोसल देश में उनके राजा के संरक्षण में जाना संभव है।"
14. "लेकिन माँ! शाक्यों क्या कहेंगे?" सिद्धार्थ ने पूछा। "क्या वे इसे राजद्रोह नहीं मानेंगे? इसके अलावा, मैंने वचन दिया था कि मैं कोसल के राजा को अपने परिव्राजक होने का वास्तविक कारण बताने के लिए कुछ भी नहीं करूँगा।
15. "यह सच है कि मुझे जंगल में अकेले रहना पड़ सकता है। लेकिन क्या बेहतर है? जंगल में रहना या कोलिया लोगों की हत्या में भागीदार बनना!"

16. लेकिन यह अधीरता क्यों है?" शुद्धोदन ने पूछा। "शाक्य संघ ने युद्ध की तिथि को कुछ समय के लिए स्थगित करने का निर्णय लिया है।

17. "शायद युद्ध शुरू ही न हो। क्यों न अपने परिव्राजक को स्थगित कर दिया जाए? हो सकता है, संघ की अनुमति प्राप्त करना संभव हो जाए ताकि आप शाक्य लोगों के बीच रह सकें।"

18. यह विचार सिद्धार्थ को अप्रिय लगा। "चूँकि मैंने परिव्राजक होने का वचन दिया था, इसलिए संघ ने कोलिय लोगों के विरुद्ध युद्ध की शुरुआत को स्थगित करने का निर्णय लिया।

19. "यह संभव है कि मेरे परिव्राजक बनने के बाद संघ को युद्ध की घोषणा वापस लेने के लिए राजी कर लिया जाए। यह सब मेरे पहले परिव्राजक बनने पर निर्भर करता है।

20. "मैंने एक वचन दिया है और मुझे इसे पूरा करना होगा। वचन भंग करने के परिणाम हमारे लिए और शांति के लिए बहुत गंभीर हो सकते हैं।

21. माँ, अब मेरे रास्ते में मत खड़ी हो। मुझे अपनी अनुमति और आशीर्वाद दो। जो हो रहा है वह अच्छे के लिए है।"

22. गौतमी और शुद्धोदन चुप रहे।

23. फिर सिद्धार्थ यशोधरा के उपलब्ध कमरे में गए। उसे देखकर वे चुप हो गए, उन्हें समझ में नहीं आ रहा था कि क्या कहें और कैसे कहें। उन्होंने चुप्पी तोड़ते हुए कहा, "मैंने कपिलावत्सु में संघ की बैठक में जो कुछ हुआ, वह सब सुन लिया है।"

24. उन्होंने उनसे पूछा:–"यशोधरा, मुझे बताओ कि तुम परिव्राज लेने के मेरे निर्णय के बारे में क्या सोचती हो?"

25. उन्हें उम्मीद थी कि वह गिर जाएगी। ऐसा कुछ नहीं हुआ।

26. अपनी भावनाओं पर पूरा नियंत्रण रखते हुए उन्होंने उत्तर दिया: "यदि मैं आपकी स्थिति में होती तो मैं और क्या कर सकती थी? मैं निश्चित रूप से कोलिया लोगों के विरुद्ध युद्ध में भागीदार नहीं होती।

27. "आपका निर्णय सही निर्णय है। आपको मेरी सहमति और समर्थन प्राप्त है। मैं भी परिव्राजक को आपके साथ ले जाती। यदि मैं ऐसा नहीं करती, तो केवल इसलिए कि मेरे पास देखभाल करने के लिए राहुल हैं।

28. "काश, यह नौबत न आती। तुम्हें हिम्मत और साहस के साथ परिस्थिति का सामना करना चाहिए। लेकिन हम तुम्हारे माता–पिता और तुम्हारे बेटे के बारे में चिंतित नहीं हैं। मैं जब तक जीवित हूँ, उनकी देखभाल करूँगी।

29. "मेरी बस यही इच्छा है कि अब जब तुम अपने सभी प्रियजनों को छोड़कर परिव्राजक बन रहे हो, तो तुम जीवन का एक नया मार्ग मिलेगा, जिससे मानव जाति को खुशी मिलेगी।"

30. सिद्धार्थ गौतम बहुत प्रभावित हुए। उन्होंने पहले कभी नहीं देखा था कि यशोधरा कितनी बहादुर, साहसी और नेकदिल महिला थी, और वह कितना भाग्यशाली था कि उसे अपनी पत्नी के रूप में पाकर वह कितना भाग्यशाली था और कैसे भाग्य ने उन्हें अलग कर दिया था। उसने उससे राहुल को लाने के लिए कहा। उसने उस पर अपने पिता की तरह नजर डाली और चला गया।

18. अपना घर छोड़ना

1. सिद्धार्थ ने भारद्वाज के हाथों परिव्राज लेने के बारे में सोचा, जिनका कपिलावत्सु में आश्रम था। तदनुसार वह अगले दिन उठे और अपने सेवक के साथ अपने पसंदीदा घोड़े कंथक पर आश्रम के लिए चल पड़े। चन्ना साथ–साथ चल रहा था।

2. जैसे ही वह आश्रम के पास पहुंचा, पुरुष और महिलाएं बाहर निकल आए और नए दूल्हे के रूप में उसका स्वागत करने के लिए द्वार पर उमड़ पड़े।

3. और जब वे उसके पास आईं, तो उनकी आँखें आश्चर्य से खुली हुई थीं, उन्होंने कमल के फूल की तरह हाथ जोड़कर उसे उचित श्रद्धांजलि दी।

4. फिर वे उसके चारों ओर खड़ी हो गईं, उनके मन में काम की भावनाएँ प्रबल हो गईं, मानो वे उसे अपनी आँखों से पी रही हों, जो स्थिर और प्रेम से खिली हुई हों।

5. कुछ स्त्रियों ने सचमुच सोचा कि वह काम का अवतार था, जो अपने चमकीले चिह्नों से सुशोभित था, जैसे कि वह जन्मजात आभूषणों से सुसज्जित था।

6. दूसरों ने उसकी सौम्यता और महिमा से सोचा कि यह चंद्रमा था, जो अपनी अमृत किरणों के साथ पृथ्वी पर उतर आया था।

7. अन्य, उसकी सुंदरता से मोहित होकर, जम्हाई लेने लगीं, मानो उसे निगल जाना चाहती हों, और एक–दूसरे पर अपनी आँखें टिकाए, धीरे से आहें भरने लगीं।

8. इस प्रकार स्त्रियाँ केवल उसे देखती रहीं, बस अपनी आँखों से देखती रहीं। उन्होंने न तो कुछ कहा, न ही मुस्कुराईं। उन्होंने उसे घेर लिया और उसके परिव्राजक बनने के निर्णय के बारे में सोचकर स्तब्ध खड़े हो गए।

9. बड़ी मुश्किल से उसने स्वयं को भीड़ से अलग किया और आश्रम के द्वार में प्रवेश किया।

10. सिद्धार्थ को यह पसंद नहीं था कि शुद्धोदन और प्रजापति गौतमी उसके परिव्राजक बनने के साक्षी बनें। क्योंकि वह जानता था कि वे शोक के बोझ से दबकर टूट जाएँगे। लेकिन वे उसे बताए बिना ही आश्रम पहुँच गए थे।

11. जैसे ही वह आश्रम के परिसर में पहुँचा, उसने भीड़ में अपने पिता और माता को देखा।

12. अपने माता–पिता को देखकर वह सबसे पहले उनके पास गया और उनका आशीर्वाद मांगा। वे इतने भावुक हो गए थे कि वे मुश्किल से एक शब्द भी बोल पाए। वे रोते रहे, उसे कसकर पकड़ लिया और अपने आँसुओं से उसे नहलाया।

13. चन्ना ने कंथक को आश्रम में एक पेड़ से बाँध दिया था और खड़ा था। शुद्धोदन और प्रजापति को आँसू में देखकर वह भी भावुक हो गया और रोने लगा।

14. बड़ी मुश्किल से अपने माता–पिता से खुद को अलग किया। अपने माता–पिता के साथ सिद्धार्थ उस स्थान पर गए, जहाँ चन्ना खड़े थे। उन्होंने उसे अपने वस्त्र और आभूषण दिए, ताकि वह उन्हें घर वापस ले जाए।

15. फिर उन्होंने अपना सिर मुंडवा लिया, जैसा कि एक परिव्राजक के लिए आवश्यक था। उनके चचेरे भाई महानाम ने परिव्राजक के लिए उपयुक्त वस्त्र और एक भिक्षापात्र लाया था। सिद्धार्थ ने उन्हें पहना।

16. इस प्रकार एक परिव्राजक के जीवन में प्रवेश करने के लिए खुद को तैयार करने के बाद, सिद्धार्थ भारद्वाज के पास गए और उन्हें परिव्राजक प्रदान किया।

17. भारद्वाज ने अपने शिष्यों की मदद से आवश्यक समारोह किए और सिद्धार्थ गौतम को परिव्राजक बनने की घोषणा की।

18. यह याद करते हुए कि उन्होंने शाक्य संघ को परिव्राजक बनने और बिना किसी देरी के शाक्य राज्य छोड़ने की दोहरी प्रतिज्ञा दी थी, सिद्धार्थ गौतम ने परिव्राजक समारोह पूरा होने के तुरंत बाद अपनी यात्रा शुरू कर दी।

19. आश्रम में जो भीड़ जमा हुई थी, वह असामान्य रूप से बड़ी थी। ऐसा इसलिए था क्योंकि गौतम के परिव्राजक होने की परिस्थितियाँ बहुत असाधारण थीं। जैसे ही राजकुमार आश्रम से बाहर निकला, भीड़ भी उसके पीछे चल पड़ी।

20. वह कपिलावत्सु से निकलकर अनोमा नदी की ओर चल पड़ा। पीछे मुड़कर देखा तो भीड़ अभी भी उसके पीछे चल रही थी।

21. वह रुका और लोगों से कहाः "भाइयों और बहनों, मेरे पीछे आने का कोई फायदा नहीं है। मैं शाक्यों और कोलिया के बीच विवाद को

सुलझाने में असफल रहा हूँ। लेकिन अगर आप समझौते के पक्ष में जनमत तैयार कर लें तो आप सफल हो सकते हैं। इसलिए, कृपया वापस लौट जाएँ।" उसकी अपील सुनकर भीड़ वापस जाने लगी।

22. शुद्धोदन और गौतमी भी महल में लौट आए।

23. गौतमी सिद्धार्थ द्वारा त्यागे गए वस्त्र और आभूषणों को देखने में असमर्थ थी। उसने उन्हें कमल के तालाब में फेंक दिया।

24. सिद्धार्थ गौतम केवल उनतीस वर्ष के थे जब उन्होंने परिव्राजक (त्याग) किया।

25. लोग उसकी प्रशंसा करते थे और उसके लिए आहें भरते थे, और कहते हैं: "यहाँ एक शाक्य था जो उच्च वंश, कुलीन माता–पिता, प्रचुर धन–संपत्ति से संपन्न, युवा जोश से भरपूर, मन और शरीर से निपुण, विलासिता में पला–बढ़ा था, जिसने पृथ्वी पर शांति और मनुष्यों के प्रति सद्‌भावना बनाए रखने के लिए अपने रिश्तेदारों से युद्ध किया।

26. "यहाँ एक शाक्य युवक था, जिसने अपने रिश्तेदारों द्वारा पराजित होने पर भी समर्पण करने से इनकार कर दिया, लेकिन स्वेच्छा से दंड सहना पसंद किया, जिसमें गरीबी के लिए धन, भिक्षा के लिए आराम, बेघर होने के लिए घर शामिल था। और इसलिए वह दुनिया में किसी की देखभाल करने वाले के बिना चला गया और दुनिया में ऐसा कुछ भी नहीं था जिसे वह अपना कह सके।

27. "उसका कार्य स्वेच्छा से किया गया सर्वोच्च बलिदान था। उसका कार्य बहादुरी और साहसपूर्ण था। दुनिया के इतिहास में इसका कोई समानांतर नहीं है। वह शाक्य मुनि या शाक्य सिन्हा कहलाने का हकदार है।"

28. शाक्य युवती किशा गौतमी के शब्द कितने सत्य थे। सिद्धार्थ गौतम का उल्लेख करते हुए, उसने कहा: "वास्तव में धन्य है वह माँ, वास्तव में धन्य है वह पिता, जिसके पास ऐसा पुत्र है। वास्तव में धन्य है वह पत्नी, जिसके पास ऐसा पति है।"

19. राजकुमार और सेवक

1. चन्ना को भी कंथक के साथ घर वापस जाना चाहिए था। लेकिन उसने जाने से इंकार कर दिया। उसने राजकुमार को कंथक के साथ कम से कम अनोमा नदी के तट तक छोड़ने पर जोर दिया और चन्ना इतना आग्रही था कि गौतम को उसकी इच्छा के आगे झुकना पड़ा।
2. आखिरकार वे अनोमा नदी के तट पर पहुँच गए।
3. फिर चन्ना की ओर मुड़ते हुए उसने कहा: "अच्छा मित्र, मेरे पीछे चलने से तुम्हारी मेरे प्रति भक्ति सिद्ध हो गई है। मैं तुम्हारे द्वारा पूरी तरह से जीत लिया गया हूँ, तुम जो अपने स्वामी के लिए इतना प्यार करते हो।
4. "मैं तुम्हारे प्रति मेरे नेक भावों से प्रसन्न हूँ, भले ही मैं कोई पुरस्कार देने में असमर्थ हूँ।
5. कौन ऐसा होगा जो उस व्यक्ति के प्रति अनुकूल रवैया न रखे जो उसके लिए पुरस्कार लाने वाला हो? लेकिन लेकिन भाग्य के विपरीत होने पर अपने लोग भी प्रायः अजनबी हो जाते हैं।
6. "पुत्र का पालन–पोषण परिवार के लिए होता है, पिता का सम्मान पुत्र द्वारा अपने भविष्य के भरण–पोषण के लिए किया जाता है; संसार आशा के लिए दया दिखाता है, निःस्वार्थ भाव के बिना निःस्वार्थता जैसी कोई चीज नहीं होती।
7. "तुम ही एकमात्र अपवाद हो। अब यह घोड़ा ले लो और लौट जाओ।
8. "राजा को, उसके प्रेममय विश्वास के साथ, अभी भी अडिग, अपने शोक को रोकने के लिए आदेश दिया जाना चाहिए।
9. "उससे कहो, मैंने उसे स्वर्ग की प्यास, प्रेम की कमी या क्रोध की भावना के बिना छोड़ दिया है।
10. "उसे मेरे लिए शोक करने की बात नहीं सोचनी चाहिए जो इस तरह मेरे घर से चला गया है, मिलन चाहे कितना भी लंबा क्यों न हो, समय के साथ समाप्त हो जाएगा।

11. "जब वियोग निश्चित है, तो अपने स्वजनों से बार–बार वियोग क्यों न हो?

12. "मनुष्य की मृत्यु के पश्चात् उसके धन के उत्तराधिकारी अवश्य होते हैं, किन्तु उसके गुणों के उत्तराधिकारी पृथ्वी पर मिलना कठिन है अथवा होते ही नहीं।

13. "मेरे पिता, भूपति को देखभाल की आवश्यकता है। भूपति कह सकते है कि वे गलत समय पर चले गए। किन्तु कर्तव्य के लिए कोई गलत समय नहीं होता।

14. "हे मित्र, भूपति से ऐसे–ऐसे शब्दों में बात करो और ऐसा प्रयत्न करो कि वे मुझे याद भी न करें।

15. "हाँ, मेरी माता से मेरी यह पूर्णतया अयोग्यता दोहराओ कि मैं उनका स्नेह पाने के योग्य नहीं हूँ। वे एक महान व्यक्ति हैं, शब्दों से परे महान।"

16. ये शब्द सुनकर, चन्ना ने दुःख से अभिभूत होकर हाथ जोड़कर उत्तर दिया, उसकी वाणी भावुकता से रुँध गई थी।

17. "यह देखकर कि तुम अपने कुटुम्बियों को कष्ट पहुँचा रहे हो, हे मेरे प्रभु, मेरा मन कीचड़ की नदी में हाथी की भाँति डूब रहा है।

18. "तुम्हारे इस प्रकार के दृढ़ संकल्प से कौन आँसू नहीं बहाएगा, चाहे उसका हृदय लोहे का ही क्यों न हो – और यदि वह प्रेम से धड़क रहा हो, तो और भी अधिक?

19. "यह कोमल अंग कहाँ चला गया, जो केवल महल में ही रह सकता था, और वह तपस्वी वन की भूमि कहाँ चली गई, जो बीहड़ कुश घास की टहनियों से ढकी हुई थी?

20. "हे राजकुमार, मैं अपनी इच्छा से, – तुम्हारे इस निर्णय को जानते हुए, घोड़े को कपिलावत्सु के दुःख में कैसे वापस ले जा सकता हूँ?

21. "तुम निश्चय ही उस प्रिय वृद्ध राजा को, जो अपने पुत्र के प्रति इतना समर्पित था, उसी प्रकार त्याग नहीं दोगे, जिस प्रकार एक पाखंडी सच्चे धर्म को त्याग देता है?

22. "और वह, तुम्हारी दूसरी माँ, जो तुम्हारे पालन–पोषण की चिंता में थक गई है, – तुम निश्चय ही उसे नहीं भूलोगे, जैसे एक कृतघ्न किसी उपकार को भूल जाता है?

23. "तुम अपनी सर्वगुण संपन्न, कुल की ख्याति प्राप्त, पति के प्रति समर्पित तथा छोटे पुत्र वाली सहचारी को अवश्य नहीं त्यागोगे।

24. "तुम यशोधरा के छोटे पुत्र को, जो सब प्रशंसा के योग्य है, धर्म और यश के श्रेष्ठ पोषकों में श्रेष्ठ है, नहीं त्यागोगे, क्योंकि एक लुटेरे ने अपनी श्रेष्ठतम महिमा खो दी है?

25. "यदि तुम्हारा मन अपने कुल और राज्य को त्यागने का भी निश्चय कर ले, तो भी हे स्वामी, तुम मुझे नहीं त्यागोगे, क्योंकि मेरे तो केवल तुम्हारे चरण ही मेरे आश्रय हैं।

26. "मैं तुम्हें वन में छोड़कर, अपनी आत्मा को इस प्रकार जलाकर नगर नहीं जा सकता।

27. "भूपति तुम्हारे बिना नगर में लौटकर मुझसे क्या कहेंगे, अथवा मैं तुम्हारी पत्नी को क्या शुभ समाचार सुनाऊँगा?

28. "तुम जो कह रहे हो, उसे राजा के समक्ष दोहराना होगा, जो उस पर विचार कर सकता है या विश्वास कर सकता है?" चन्ना ने आगे कहा। "यदि मैं लज्जित हृदय और मुँह से चिपकी हुई जीभ के साथ यह कहने का साहस भी करूँ, तो भी वह इसकी सराहना नहीं करेगा।

29. "जो सदैव दयालु है और जो दया करने से कभी नहीं चूकता, उसे प्रेम करने वाले को त्यागना शोभा नहीं देता लौट आओ और मुझ पर दया करो।"

30. चन्ना के इन शब्दों को सुनकर, दुःख से अभिभूत होकर, सिद्धार्थ गौतम ने अत्यंत नम्रता के साथ उत्तर दियाः

31. "चन्ना, मुझसे पृथकत्व के विषय में इस दुःख को त्याग दो, क्योंकि विभिन्न योनियों के अधीन देहधारी प्राणियों में परिवर्तन अवश्यंभावी है।

32. "यदि मैं स्नेह के कारण न भी कहूँ, अपने स्वजनों को न भी छोड़ूं, तो भी मृत्यु हमें असहाय रूप से एक दूसरे को छोड़ने पर मजबूर कर देगी।
33. "वह मेरी माता है, जिसके गर्भ में मैं बड़ी प्यास और पीड़ा के साथ जन्मा, अब मैं उसके प्रति कहां हूं और वह मेरे प्रति कहां है?
34. "जैसे पक्षी अपने बसेरे के वृक्ष पर जाकर फिर विदा हो जाते हैं, वैसे ही प्राणियों का मिलन अनिवार्य रूप से वियोग में ही समाप्त होता है।
35. "जैसे बादल एक साथ आकर फिर विदा हो जाते हैं, वैसे ही मैं जीवों के मिलन और वियोग को समझता हूँ।
36. "और चूंकि यह संसार चला जाता है, और प्रत्येक एक दूसरे को प्रवंचना देता है, इसलिए इस मिलन के समय जो कि भय का समय है, किसी भी चीज को अपना मानना उचित नहीं है।
37. "अतः चूंकि ऐसा ही है, इसलिए मेरे अच्छे मित्र, शोक मत करो, बल्कि चले जाओ या यदि तुम्हारा प्रेम बना रहे, तो चले जाओ और फिर लौट जाओ।
38. "कपिलावत्सु के लोगों से बिना मेरी निन्दा किए कहो, उसके प्रति अपना प्रेम त्याग दो, और उसका संकल्प सुनो।"
39. स्वामी और सेवक के बीच यह वार्तालाप सुनकर, श्रेष्ठतम घोड़ा कंठक ने अपनी जीभ से उसके पैर चाटे और गर्म आँसू गिराए।
40. अपने हाथ से, जिसकी उँगलियाँ सूक्ष्म चर्म से खुली हुई थीं और जिस पर शुभ स्वस्तिक अंकित था, और जिसका मध्य भाग मुड़ा हुआ था, गौतम ने उसे थपथपाया और मित्र की तरह उससे कहा:
41. "आँसू मत बहाओ, कंथक, सहन करो, तुम्हारे परिश्रम का फल शीघ्र ही मिलेगा।"
42. तब चन्ना ने यह जानकर कि मार्ग विदा होने का समय आ गया है, गौतम की जंगली पोशाक का तुरंत सम्मान किया।

43. तब गौतम ने कंथक और चन्ना को विदा करके अपने मार्ग पर चले गए।

44. जब उसका स्वामी इस प्रकार अपने राज्य की परवाह न करते हुए, तुच्छ वस्त्र धारण करके तपस्वी–वन की ओर जा रहा था, तब वर ने अपनी भुजाएँ ऊपर उठाकर, फूट–फूटकर विलाप किया और भूमि पर गिर पड़ा।

45. फिर पीछे मुड़कर उसने जोर से रोते हुए, अपनी भुजाओं से कंथक घोड़े को गले लगा लिया; और फिर निराश होकर बार–बार विलाप करते हुए वह अपनी वापसी यात्रा पर चल पड़ा।

46. रास्ते में वह कभी विचार करता, कभी विलाप करता, कभी प्रहार खाता और कभी गिरता, और इस प्रकार अपने समर्पित लगाव के कारण दुःखी होकर वह रास्ते में सब प्रकार के कार्य करता रहा, यह न जानते हुए कि वह क्या कर रहा है।

20. चन्ना की वापसी

1. जब उसका स्वामी इस प्रकार वन में चला गया, तब चन्ना अत्यंत व्यथित होकर अपने दुःख के बोझ को दूर करने के लिए रास्ते में हर संभव प्रयास करने लगा।

2. उसका हृदय इतना भारी हो गया कि जिस रास्ते को वह कंथक के साथ एक रात में पार करता था, उसी रास्ते को अब उसे अपने स्वामी की अनुपस्थिति के बारे में सोचते हुए आठ दिन लग गए।

3. घोड़ा कंथक, यद्यपि अब भी वीरतापूर्वक आगे बढ़ रहा था, परन्तु वह थक गया था और उसका सारा उत्साह समाप्त हो गया था तथा यद्यपि वह आभूषणों से सुसज्जित था, परन्तु अपने स्वामी की अनुपस्थिति में वह अपनी सारी सुन्दरता खो बैठा था।

4. और जिस दिशा में उसका स्वामी जा रहा था, उस ओर घूमकर उसने बार–बार करुण स्वर में हिनहिनाया और यद्यपि वह भूख से व्याकुल था, फिर भी उसने पहले की तरह रास्ते में घास या पानी का स्वागत नहीं किया, न ही उसका स्वाद लिया।

5. धीरे–धीरे वे दोनों कपिलावस्तु पहुँचे, जो गौतम द्वारा त्याग दिए जाने पर खाली लग रहा था। वे शरीर से तो नगर में पहुँचे, परन्तु आत्मा से नहीं।
6. कमल–आच्छादित जल से चमकते हुए, फूलों से भरे वृक्षों से सुशोभित, नागरिकों ने अपनी सारी प्रसन्नता खो दी थी।
7. जब दोनों अपनी चमक खो चुके थे और उनकी आँखें आँसुओं से धुंधली हो गई थीं, धीरे–धीरे नगर में प्रवेश किया, तो ऐसा लगा कि सब कुछ अंधकार में डूबा हुआ है।
8. यह सुनकर कि वे अपने अंगों को शिथिल करके, शाक्य जाति के गौरव के बिना वापस आ गए हैं, नगर के लोगों ने आँसू बहाए।
9. क्रोध से भरे हुए लोग चन्ना के पीछे–पीछे सड़क पर चल पड़े और उसके पीछे–पीछे आँसू बहाते हुए चिल्लाने लगे, "राजा का पुत्र, उसकी जाति और उसके राज्य का गौरव कहाँ है?"
10. "उसके बिना यह नगर वन है, और वह वन जो उसके पास है, नगर है; उसके बिना नगर में हमारे लिए कोई आकर्षण नहीं है।"
11. फिर स्त्रियाँ खिड़कियों की श्रृंखला के पास जमा हो गईं, और एक–दूसरे से चिल्लाने लगीं, "राजकुमार लौट आया है;" लेकिन जब उन्होंने देखा कि उसके घोड़े की पीठ खाली है, तो उन्होंने फिर से खिड़कियाँ बंद कर लीं और जोर–जोर से रोने लगीं।

21. शोक में डूबा परिवार

1. शुद्धोदन के परिवार के सदस्य उत्सुकता से चन्ना के लौटने की प्रतीक्षा कर रहे थे, इस आशा में कि वह गौतम को घर लौटने के लिए मना लेगा।
2. शाही अस्तबल में प्रवेश करते ही कंथक ने ऊंची आवाज में महल के लोगों को अपनी व्यथा सुनाई।
3. तब राजा के आंतरिक कक्षों के आस–पास के लोगों ने अपने दिल में सोचा, "चूँकि कंथक घोड़ा हिनहिना रहा है, तो इसका मतलब है कि राजकुमार आ गया है।"

4. और जो महिलाएं व्यथा से बेहोश हो रही थीं, अब वे खुशी से पागल हो गई थीं, और राजकुमार को देखने के लिए उनकी आँखें घूम रही थीं, वे आशा से भरी हुई महल से बाहर निकल गईं। लेकिन वे निराश हो गईं। राजकुमार के बिना कंथक वहाँ था।
5. गौतमी ने अपना संयम त्यागकर जोर से चिल्लाकर कहा – वह बेहोश हो गई और रोते हुए चेहरे के साथ बोली
6. "उसकी लम्बी भुजाएँ और सिंह जैसी चाल, उसकी बैल जैसी आँखें, उसका स्वर्ण जैसा सौंदर्य, उसकी चौड़ी छाती और उसकी डमरू या बादल जैसी गहरी आवाज, क्या ऐसे वीर को आश्रम में रहना चाहिए?
7. यह पृथ्वी उस अद्वितीय श्रेष्ठ कर्म करने वाले के लिए वास्तव में अयोग्य है, क्योंकि ऐसा पुण्यात्मा वीर हमसे दूर चला गया है।
8. "उसके वे दो पैर, जिनके पंजों के बीच सुन्दर जाल फैला हुआ है, और जिनके टखने नीले कमल के समान छिपे हुए और कोमल हैं, वे बीच में चक्र का चिह्न लिए हुए, वन की कठोर भूमि पर कैसे चल सकते हैं?
9. "जो मानव शरीर बहुमूल्य वस्त्रों, अगरबत्ती और चंदन से सम्मानित होकर महल की छत पर बैठने या लेटने के योग्य है, वह पुरुष शरीर जंगल में शीत, गर्मी और वर्षा के प्रहारों को सहते हुए कैसे रह सकेगा? वह पुरुष शरीर जंगल में शीत, उष्णता, वर्षा आदि के प्रहारों को झेलते हुए कैसे जीवित रहेगा?
10. "जो अपने कुल, सद्‌गुण, बल, ऊर्जा, पवित्र विद्या, सौन्दर्य और यौवन पर गर्व करता था, जो मांगने के बजाय देने को सदैव तत्पर रहता था, वह दूसरों से भीख कैसे मांगेगा?
11. "जो निर्मल स्वर्णिम शय्या पर लेटा हुआ रात्रि में वाद्यों की ध्वनि से जाग गया, वह कैसा अफसोस! क्या वह, मेरा तपस्वी, आज केवल एक कपड़े के टुकड़े के साथ नंगे जमीन पर सोएगा?"

12. यह करुण विलाप सुनकर, स्त्रियाँ एक दूसरे को अपनी बाहों में भरकर, अपनी आँखों से आँसू बहा रही थीं, जैसे हिलती हुई लताएँ अपने फूलों से शहद गिराती हैं।

13. तब यशोधरा, यह भूलकर कि उसने उसे जाने की अनुमति दी थी, पूरी तरह से घबराहट में जमीन पर गिर पड़ी।

14. उसने मुझे अपनी वैध पत्नी कैसे परित्यक्त, दी? उसने मुझे विधवा छोड़ दिया है। वह अपनी वैध पत्नी को अपने नए जीवन में उसके साथ रहने की अनुमति दे सकता था।

15. "मुझे स्वर्ग की कोई लालसा नहीं है, मेरी एक इच्छा थी कि मेरा प्रिय मुझे इस दुनिया या अगले में कभी न छोड़े।

16. "यदि मैं अपने पति के लम्बे नेत्रों और उज्ज्वल मुस्कान वाले मुख को देखने के भी योग्य नहीं हूँ, तो भी क्या यह बेचारा राहुल अपने पिता की गोद में कभी नहीं लोटैगा?

17. हाय! उस बुद्धिमान वीर का मन बहुत कठोर है, उसकी सुन्दरता जितनी कोमल प्रतीत होती है, वह उतनी ही निर्दयता से क्रूर है। ऐसे शिशु पुत्र को, जो अपनी अस्पष्ट वाणी से शत्रु को भी मोहित कर लेता है, कौन अपनी इच्छा से त्याग सकता है?

18. "मेरा हृदय भी निश्चय ही बहुत कठोर है, हाँ, पत्थर का बना है या लोहे का बना है, जो तब भी नहीं टूटता, जब उसका स्वामी वन में चला जाता है, अपने राजसी वैभव से अनाथ की तरह त्याग दिया जाता है, वह सुख के कितने योग्य है। परन्तु मैं क्या कर सकता हूँ? मेरा दुःख सहन करने के लिए बहुत भारी है।"

19. इस प्रकार अपने दुःख में मूर्छा होकर, यशोधरा फूट–फूटकर रोने लगी–तथापि वह स्वभाव से ही आत्मसंयमी थी, फिर भी दुःख में उसने अपना धैर्य खो दिया था।

20. यशोधरा को इस प्रकार अपने दुःख के उग्र उच्चारण से व्याकुल होकर भूमि पर गिरते देख, सभी स्त्रियाँ रो पड़ीं, उनके चेहरों से वर्षा से पीटे गए बड़े–बड़े कमलों के समान आँसू बह रहे थे।

21. चन्ना और कंथक दोनों के आगमन की सूचना सुनकर, तथा अपने पुत्र के दृढ़ निश्चय को जानकर, शुद्धोदन शोक से व्याकुल हो गया।

22. अपने पुत्र के लिए अपने दुःख से विचलित होकर, अपने सेवकों द्वारा क्षण भर के लिए रोके जाने पर, शुद्धोदन ने आँसू भरी आँखों से घोड़े को देखा, और फिर भूमि पर गिरकर जोर से विलाप करने लगा।

23. तब शुद्धोदन उठकर अपने मंदिर में गया, प्रार्थना की, शुभ अनुष्ठान किए तथा अपने पुत्र की सुरक्षित वापसी के लिए कुछ बलिदान करने की प्रतिज्ञा की।

24. इसलिए शुद्धोदन, गौतमी और यशोधरा ने अपने दिन यह पूछते हुए बिताए "हे भगवान, कितने समय में, हम उसे फिर से देख पाएंगे?"

भाग – II

हमेशा के लिए त्याग

1. कपिलावत्सु से राजगृह तक।
2. राजा बिम्बिसार और उनकी सलाह।
3. गौतम द्वारा बिम्बिसार को उत्तर।
4. गौतम द्वारा उत्तर (समाप्त)।
5. शांति का समाचार।
6. एक नए परिप्रेक्ष्य में समस्या।

1. कपिलावत्सु से राजगृह

1. कपिलावत्सु से निकलकर सिद्धार्थ गौतम ने मगध राज्य की राजधानी राजगृह जाने का विचार किया।
2. वहां का राजा बिम्बिसार था। यह वह स्थान था, जहां महान दार्शनिकों और विचारकों ने अपना मुख्यालय बनाया था।
3. इस विचार को मन में रखते हुए उन्होंने गंगा को पार किया, वह उसके तेज प्रवाह से नहीं डरे।
4. रास्ते में वे साकी नामक ब्राह्मणी के आश्रम में रुके, फिर पद्मा नामक एक अन्य ब्राह्मणी के आश्रम में और फिर रैवत नामक ब्राह्मण ऋषि के आश्रम में रुके। सभी ने उनका सत्कार किया।
5. उनके व्यक्तित्व और गरिमा तथा अन्य सभी पुरुषों से बढ़कर उनकी शानदार सुंदरता को देखकर उस क्षेत्र के सभी लोग उन्हें संन्यासी के वेश में देखकर आश्चर्यचकित हो गए।
6. उन्हें देखकर जो कहीं और जा रहा था, वह रुक गया और जो वहां खड़ा था, वह रास्ते में उनके पीछे–पीछे चला गया, जो धीरे–धीरे और गंभीरता से चल रहा था, वह तेजी से भाग गया, और जो बैठा था, वह तुरंत उठ खड़ा हुआ।
7. कुछ लोगों ने उन्हें हाथों से प्रणाम किया, दूसरों ने पूजा में उन्हें सिर झुका कर प्रणाम किया, कुछ ने उन्हें स्नेह भरे शब्दों से संबोधित किया कोई भी उन्हें प्रणाम किए बिना नहीं गया।
8. जो लोग रंगीन कपड़े पहने हुए थे, वे उन्हें देखकर शर्मिंदा हो गए, जो बेतरतीब विषयों पर बात कर रहे थे, वे चुप हो गए कोई भी अनुचित विचार नहीं करता था।
9. उनकी भौहें, उनका माथा, उनका मुंह, उनका शरीर, उनका हाथ, उनके पैर, या उनकी चाल, उनका जो भी अंग कोई देखता था, वह तुरंत उसकी निगाह को अपनी ओर खींच लेता था।

10. एक लंबी और कठिन यात्रा के बाद गौतम राजगृह पहुंचे, जो पाँच पहाड़ियों से घिरा हुआ था, अच्छी तरह से संरक्षित और पहाड़ों से सुशोभित था, और शुभ और पवित्र स्थानों से समर्थित और पवित्र था।

11. राजगृह पहुंचकर उन्होंने पांडव पहाड़ी की तलहटी में एक स्थान चुना और अपने प्रवास के लिए पेड़ों की पत्तियों से बनी एक छोटी सी झोपड़ी बनाई।

12. कपिलावत्सु राजगृह से पैदल लगभग 400 मील दूर है।

13. सिद्धार्थ गौतम ने यह लंबी यात्रा पैदल ही की थी।

2. राजा बिम्बिसार और उनकी सलाह

1. अगले दिन वे उठे और भिक्षापात्र लेकर नगर में भिक्षा मांगने लगे। उनके चारों ओर बहुत बड़ी भीड़ जमा हो गई।

2. तब मगध राज्य के स्वामी श्रीनिवास बिम्बिसार ने अपने महल के बाहर से लोगों की भारी भीड़ देखी और इसका कारण पूछा और एक दरबारी ने उन्हें यह बात इस प्रकार बताईः

3. "जिसके बारे में ब्राह्मणों ने भविष्यवाणी की थी, वह या तो परम ज्ञान प्राप्त करेगा या पृथ्वी का सम्राट होगा'–यह वही है, शाक्य राजा का पुत्र, जो अब तपस्वी है। यह वही है जिसकी ओर लोग देख रहे हैं।"

4. राजा ने यह सुनकर और अपने मन में इसका अर्थ समझकर, तुरंत उस दरबारी से कहाः "यह बता दो कि वह कहाँ जा रहा है और दरबारी ने आज्ञा पाकर राजकुमार का अनुसरण किया।

5. स्थिर दृष्टि से, सामने केवल एक जूआ भर की दूरी देखकर, धीमी आवाज में, धीमी चाल से, भिक्षुओं में श्रेष्ठ वह व्यक्ति, अपने अंगों और भटकते विचारों को वश में रखते हुए, भिक्षा मांगने चला गया।

6. जो भिक्षा दी गई, उसे पाकर वह पर्वत के एकांत कोने में चला गया और वहीं भोजन करके पांडव पर्वत पर चढ़ गया।

7. उस वन में, जो लोध्र वृक्षों से भरा हुआ था, और जिसकी मोटाई मोरों के स्वरों से गूंज रही थी, वह मनुष्यता का सूर्य, लाल वस्त्र पहने हुए, कानाफूसी पर्वतों के ऊपर प्रातःकाल के सूर्य के समान चमक रहा था।
8. उस राज दरबारी ने उसे वहाँ देखकर सारी बात राजा को बताई और जब राजा ने यह सुना, तो वह अत्यन्त श्रद्धा से अपने एक छोटे से दल के साथ वहाँ जाना शुरू कर दिया।
9. एक पर्वत की तरह, राजा पहाड़ी पर चढ़ गया।
10. वहाँ उसने गौतम को देखा, जो अपने कोहान पर बैठा हुआ तेजस्वी था, उसकी इंद्रियाँ शांत थीं, मानो पर्वत हिल रहा हो, और वह स्वयं उसका शिखर हो।
11. अपने रूप की सुंदरता और पूर्ण शांति से प्रतिष्ठित, विस्मय और स्नेहपूर्ण सम्मान से भरे हुए, पुरुषों के राजा उसके पास आए।
12. बिम्बिसार ने विनम्रतापूर्वक उसके पास आकर उसके शारीरिक हाव–भाव के बारे में पूछा और गौतम ने समान विनम्रता के साथ राजा को उसके मानसिक स्वास्थ्य और सभी रोगों से मुक्ति का आश्वासन दिया।
13. तब राजा चट्टान की स्वच्छ सतह पर बैठ गया, और बैठते ही उसने अपनी मनःस्थिति बताने की इच्छा से इस प्रकार कहाः
14. "तुम्हारे परिवार के साथ मेरी गहरी मित्रता है, जो विरासत में मिली है और अच्छी तरह से सिद्ध है; चूँकि इसी से, मेरे बेटे, तुमसे बात करने की इच्छा मुझमें पैदा हुई है, इसलिए मेरे स्नेह भरे शब्दों को सुनो।
15. "जब मैं सूर्य से लेकर तुम्हारी जाति, तुम्हारी ताजा जवानी और तुम्हारी विशिष्ट सुंदरता पर विचार करता हूँ, तो मुझे आश्चर्य होता है कि तुम्हारा यह संकल्प कहाँ से आया है, जो बाकी सभी से इतना मेल नहीं खाता, जो पूरी तरह से एक भिक्षुक के जीवन पर केंद्रित है, न कि एक राज्य पर?

16. "तेरे अंग लाल चंदन की सुगंध के योग्य हैं, वे लाल कपड़े के अपरिष्कृत स्पर्श के योग्य नहीं हैं, तेरा यह हाथ प्रजा की रक्षा के योग्य है, यह दूसरे के दिए हुए अन्न को पकड़ने के योग्य नहीं है।
17. "अतः, हे सज्जन युवक, यदि तू अपने पैतृक राज्य की इच्छा नहीं करता, तो अपनी उदारता से मेरे राज्य का आधा भाग तुरन्त स्वीकार कर ले।
18. "यदि तू ऐसा करेगा, तो तेरे अपने लोगों को कोई दुःख नहीं होगा, तथा समय के बीतने पर साम्राज्य शक्ति अन्ततः शान्त मन की शरण में चली जाती है; अतः मुझ पर यह कृपा करने की कृपा कर। भलाई की सहायता से भलाई की समृद्धि बहुत शक्तिशाली हो जाती है।
19. "किन्तु यदि अपनी जाति के अभिमान के कारण तुझे मुझ पर अभी भी विश्वास नहीं है, तो अपने बाणों से असंख्य सेनाओं पर आक्रमण करो और मुझे अपना मित्र बनाकर अपने शत्रुओं पर विजय प्राप्त करो।
20. "अतः तुम इनमें से किसी एक लक्ष्य को चुन लो। धर्म, धन और सुख के नियमों के अनुसार आगे बढ़ो प्रेम और आराम को विपरीत क्रम से आगे बढ़ाओ। ये जीवन के तीन लक्ष्य हैं; जब मनुष्य मर जाता है, तो वह इस संसार में विलीन हो जाता है।
21. "अतः तुम जीवन के तीन लक्ष्यों का अनुसरण करके अपने इस व्यक्तित्व को फलित करो वे कहते हैं कि जब धर्म, धन और सुख की प्राप्ति अपने सभी भागों में पूर्ण हो जाती है, तब मनुष्य का लक्ष्य पूर्ण हो जाता है।
22. "ये दोनों बलवान भुजाएँ, जो धनुष चलाने के योग्य हैं, व्यर्थ न जाएँ। ये तीनों लोकों को जीतने के लिए उपयुक्त हैं, और पृथ्वी को तो और भी अधिक।
23. "मैं यह बात तुमसे स्नेहवश कह रहा हूँ, न कि प्रभुता के प्रेम से या अहंकार से, तुम्हारे इस भिक्षु–वेश को देखकर मैं करुणा से भर गया हूँ और आँसू बहा रहा हूँ।

24. "हे भिक्षु–जीवन की अभिलाषा रखने वाले, अभी सुख भोगो, समय आने पर – इससे पहले कि बुढ़ापा आए और तुम्हारी इस सुन्दरता को, जो तुम्हारी श्रेष्ठ जाति के योग्य है, पराजित कर दे।

25. "वृद्ध व्यक्ति धर्म से पुण्य प्राप्त कर सकता है; बुढ़ापा सुख भोगने में असमर्थ है; इसलिए कहा जाता है कि सुख जवान व्यक्ति का है, धन अधेड़ व्यक्ति का है और धर्म वृद्ध व्यक्ति का है।

26. "इस संसार में जवानी धर्म और धन की शत्रु है, क्योंकि सुखों को, चाहे हम कितना ही क्यों न रोकें, रोक पाना कठिन है, इसलिए जहाँ कहीं सुख मिले, वहाँ तुम्हारी जवानी उन्हें पकड़ ले।

27. "बुढ़ापा चिंतनशील, गंभीर और शांत रहने वाला होता है; यह थोड़े से प्रयास से, अपरिहार्य रूप से और बहुत लज्जा के साथ ही निर्विकारता को प्राप्त हो जाता है।

28. "इसलिए, वे जवानी के भ्रामक काल को पार करके, चंचल, बाह्य विषयों में लीन, असावधान, अधीर, दूर की ओर न देखते हुए, जंगल से सुरक्षित बच निकले हुए मनुष्यों के समान साँस लेते हैं।

29. "इसलिए, पहले युवावस्था के इस चंचल समय को गुजर जाने दो, लापरवाह और चक्करदार, हमारे शुरुआती साल मौज–मस्ती के लिए निर्धारित हैं, उन्हें इंद्रियों की शक्ति से दूर नहीं रखा जा सकता।

30. "या, यदि धर्म वास्तव में तुम्हारा एकमात्र लक्ष्य है, तो बलिदान चढ़ाओ, बलिदान द्वारा सर्वोच्च स्वर्ग पर चढ़ना, यह तुम्हारे परिवार की प्राचीन प्रथा है।

31. स्वर्ण के कंगनों से अपनी भुजाओं को दबाए हुए तथा रत्नों की ज्योति से चमकते हुए अपने बहुरंगी मुकुटों से राजर्षियों ने त्याग द्वारा उसी लक्ष्य को प्राप्त किया है, जिस लक्ष्य को महान ऋषियों ने आत्म–दण्ड द्वारा प्राप्त किया था।"

3. गौतम ने बिम्बिसार को उत्तर दिया

1. इस प्रकार मगध के राजा ने कहा, जो इन्द्र के समान सुन्दर तथा दृढ़तापूर्वक बोला, किन्तु यह सुनकर राजकुमार विचलित नहीं हुआ। वह पर्वत के समान दृढ़ था।
2. मगध के राजा द्वारा इस प्रकार संबोधित किए जाने पर गौतम ने मित्रवत मुख से दृढ़ वाणी में, आत्म–संयमी, अपरिवर्तित होकर इस प्रकार उत्तर दियाः
3. "तुमने जो कहा है, उसे तुम्हारे लिए कोई विचित्र बात नहीं कही जा सकती। हे राजन! तुम जिस महान कुल में जन्मे हो, जिसका प्रतीक सिंह है, तथा तुम अपने मित्रों के प्रेमी हो, इसलिए तुम्हारा अपने मित्रों में से एक के प्रति ऐसा दृष्टिकोण अपनाना स्वाभाविक है।
4. "दुष्ट बुद्धि वालों में, उनके कुल के योग्य मित्रता समाप्त हो जाती है, और फीकी पड़ जाती है; केवल अच्छे लोग ही अपने पूर्वजों की पुरानी मित्रता को मित्रता के नए क्रम से बढ़ाते रहते हैं।
5. "परन्तु जो मनुष्य विपरीत परिस्थितियों में भी अपने मित्रों के प्रति अविचल व्यवहार करते हैं, मैं उन्हें अपने ह्रदय में सच्चा मित्र मानता हूँ। धनी व्यक्ति का उसके सुखमय समय में कौन मित्र नहीं होता?
6. "इस प्रकार जो लोग संसार में धन प्राप्त करके उसे अपने मित्रों और धर्मों के लिए लगाते हैं, उनका धन सच्चा होता है, और जब वह नष्ट हो जाता है, तो अंत में कोई दुःख नहीं देता।
7. "हे राजन, मेरे विषय में तुम्हारा यह सुझाव शुद्ध उदारता और मित्रता से प्रेरित है; मैं तुमसे सरल मित्रता से ही मिलूँगा मैं अपने उत्तर में और कुछ नहीं कहूँगा।
8. "मैं इन सांसारिक वस्तुओं से जितना डरता हूँ, उतना साँपों से, आकाश से गिरने वाले वज्रों से, या हवा से उड़ने वाली ज्वालाओं से भी नहीं डरता।

9. "ये क्षणभंगुर सुख, हमारे सुख और हमारे धन के लुटेरे हैं, और जो संसार में रिक्त और भ्रम की तरह तैरते रहते हैं, मनुष्य के मन को तब भी मोहित करते हैं, जब उनकी केवल आशा की जाती है, और तब और भी अधिक, जब वे आत्मा में अपना निवास बना लेते हैं।

10. "सुख के शिकार देवताओं के स्वर्ग में भी सुख प्राप्त नहीं करते, नश्वर संसार में तो और भी कम तृष्णा से तृप्त होने वाला मनुष्य कभी भी सुखों से तृप्त नहीं होता, जैसे वायु की मित्र अग्नि ईंधन से तृप्त होती है।

11. "इस संसार में सुखों के समान कोई विपत्ति नहीं है, लोग मोहवश उनमें आसक्त रहते हैं; जब वह सत्य को जान लेता है और बुराई से डरता है, तो कौन बुद्धिमान मनुष्य अपनी इच्छा से बुराई की इच्छा करेगा?

12. "जब समुद्र से घिरी हुई सारी पृथ्वी को राजा जीत लेते हैं, तब मनुष्य महासागर के उस पार को जीतना चाहते हैं, परन्तु मनुष्य कभी भी सुखों से तृप्त नहीं होता, जैसे समुद्र अपने जल से तृप्त होता है।

13. "जब स्वर्ग से स्वर्ण वर्षा हुई, और जब उसने महाद्वीपों को जीत लिया, और शक्र के सिंहासन का आधा भाग भी प्राप्त कर लिया, तब भी मन्धात्री सांसारिक वस्तुओं की लालसा से भरा हुआ था।

14. "यद्यपि उसने स्वर्ग में देवताओं के राज्य का आनन्द लिया, जब इन्द्र ने वृत्र के भय से अपने को छिपा लिया, और यद्यपि अपने अभिमान में उसने महान ऋषियों से अपने गर्भ को धारण करवाया, तब भी नहुष तृप्त नहीं हुआ।

15. "जिनसे ऋषिगण भी पराजित हो गए हैं, जो अन्य कार्यों में लगे हुए हैं, जिनके वस्त्र केवल चिथड़े हैं, जिनका भोजन मूल, फल और जल है तथा जो सर्पों के समान लम्बी लटें धारण करते हैं, इन भोगरूपी शत्रुओं को कौन खोजेगा?

16. "जब वे भोग–आलिंगनों का आदान–प्रदान में लगे हुए तथा सांसारिक कार्यों में लगे हुए लोगों के दुःखों के बारे में सुनते हैं, तो संयमी व्यक्ति को उसे दूर फेंक देना उचित ही है।

17. "भोग में सफलता को भोगी व्यक्ति के लिए दुःख ही समझना चाहिए, क्योंकि जब उसकी इच्छा के सुख प्राप्त हो जाते हैं, तो वह नशे में आ जाता है; नशे में वह वह करता है, जो नहीं करना चाहिए, न ही वह करता है, जो करना चाहिए; और उससे आहत होकर वह दुःखी अंत को प्राप्त होता है।

18. "ये सुख जो परिश्रम से प्राप्त होते हैं और रखे जाते हैं, जो धोखा देने के बाद तुम्हें छोड़कर चले जाते हैं और जहाँ से आए थे, वहीं लौट जाते हैं, ये सुख जो थोड़े समय के लिए उधार लिए गए हैं, कौन संयमी व्यक्ति, यदि बुद्धिमान हो, उनमें आनन्द लेगा?

19. "कौन संयमी व्यक्ति इन सुखों में तृप्ति पा सकता है, जो घास की मशाल के समान हैं, जिन्हें अन्वेषण और पकड़ने पर प्यास भड़क उठती है?

20. "कौन संयमी मनुष्य इन भोगों से परितुष्टि पा सकता है, जो फेंके हुए मांस के समान हैं, तथा जो राजाओं के समान होने के कारण दुःख उत्पन्न करते हैं?

21. "कौन संयमी मनुष्य इन भोगों से तृप्ति पा सकता है, जो इन्द्रियों के समान विनाशकारी हैं, तथा जो उनमें निवास करने वालों के लिए चारों ओर से विपत्ति लाते हैं?

22. "जो संयमी मनुष्य अपने हृदय में इनसे दब जाते हैं, वे नाश हो जाते हैं, तथा आनन्द को प्राप्त नहीं करते – कौन संयमी मनुष्य इन भोगों से तृप्ति पा सकता है, जो क्रोधी, क्रूर सर्प के समान हैं?

23. "यदि मनुष्य इनका भोग भी कर लें, तो भी वे तृप्त नहीं होते, जैसे कुत्ते हड्डी के लिए भूख से तड़पते हैं, तो कौन संयमी मनुष्य इन भोगों से तृप्ति पा सकता है, जो सूखी हड्डियों से बने कंकाल के समान हैं?

24. "जिसकी बुद्धि भोगों के कारण अंधी हो गई है, वह अभागा, जो भोगों के लिए आशा का दुःखी दास है, वह प्राणी–लोक में भी मृत्यु के दुःख का पात्र है।

25. "मृगों को गाने द्वारा उनके विनाश के लिए लुभाया जाता है। कीड़े–मकोड़े चमक के लिए आग में उड़ जाते हैं, मांस के लालच में मछली लोहे के काँटे को निगल जाती है, इसलिए सांसारिक सुखों का अंत दुःख ही होता है।

26. "जहाँ तक सामान्य परामर्श है, सुख भोग हैं, उनमें से कोई भी स्कुरण पर भोगने योग्य नहीं है; अच्छे वस्त्र और बाकी सब केवल वस्तुओं के सहायक हैं, उन्हें केवल दुःख के उपचार के रूप में माना जाना चाहिए।

27. "प्यास मिटाने के लिए पानी की आवश्यकता होती है, भूख मिटाने के लिए भोजन की आवश्यकता होती है, हवा, धूप और वर्षा से बचने के लिए घर की आवश्यकता होती है, और ठंड से बचने और नग्नता को ढकने के लिए वस्त्र की आवश्यकता होती है।

28. "इसी प्रकार तंद्रा दूर करने के लिए बिस्तर की आवश्यकता होती है, यात्रा की थकान दूर करने के लिए गाड़ी की आवश्यकता होती है, खड़े रहने के दर्द को दूर करने के लिए आसन की आवश्यकता होती है, और स्नान करने से स्वास्थ्य और शक्ति मिलती है।

29. "अतः बाह्य वस्तुएँ मनुष्य के लिए दुःख निवारण के साधन हैं, स्वयं में आनन्द के स्रोत नहीं; कौन बुद्धिमान व्यक्ति यह स्वीकार करेगा कि वह उन सुखों का आनन्द ले, जो केवल उपचार के लिए उपयोग किए जाते हैं?

30. "जो व्यक्ति पित्त ज्वर की गर्मी से जलता हुआ यह मानता है कि ठण्डे उपकरण आनन्द हैं, जबकि वह केवल दुःख निवारण में लगा हुआ है, वह सुखों को आनन्द का नाम दे सकता है।

31. "इसलिए कि सभी सुखों में परिवर्तिता पाई जाती है, इसलिए मैं उन्हें सुख नहीं कह सकता जो परिस्थितियाँ सुख की पहचान कराती हैं, वही दुःख भी लाती हैं।

32. "भारी वस्त्र और सुगन्धित घृत शीत में सुखदायक होते हैं, परन्तु गर्मी में कष्टदायक होते हैं; तथा चन्द्रमा और चन्दन गर्मी में सुखदायक होते हैं, परन्तु ठंड में कष्टदायक होते हैं।

33. "चूँकि लाभ और हानि जैसे सुविदित विपरीत जोड़े इस संसार की प्रत्येक वस्तु से अनिवार्य रूप से जुड़े हुए हैं, इसलिए इस पृथ्वी पर न तो कोई मनुष्य सदैव सुखी रहता है और न ही सदैव दुःखी।

34. "जब मैं देखता हूँ कि सुख और दुःख किस प्रकार मिश्रित हैं, तो मैं राजसीपन और दासता को एक ही समझता हूँ; राजा सदैव मुस्कुराता नहीं रहता, न ही दास सदैव दुःखी रहता है।

35. "चूँकि राजा होने में उत्तरदायित्व का दायरा बहुत बड़ा होता है, इसलिए राजा के दुःख बहुत बड़े होते हैं; क्योंकि राजा खूँटी के समान होता है, वह संसार के लिए कष्ट सहता है।

36. "यदि राजा अपने राजसीपन पर भरोसा करता है, जो त्यागने को तैयार रहता है, टेढ़े–मेढ़े रास्ते पसंद करता है, तो वह अभागा है, और दूसरी ओर यदि वह उस पर भरोसा नहीं करता, तो डरपोक राजा का सुख क्या हो सकता है?

37. "और चूँकि पूरी पृथ्वी पर विजय प्राप्त करने के बाद भी एक ही नगर निवास के रूप में काम आ सकता है और वहाँ भी केवल एक ही घर बसाया जा सकता है, तो क्या राजसीपन दूसरों के लिए केवल श्रम नहीं है?

38. "और राजसी होने पर भी उसे एक जोड़ी वस्त्र से अधिक कुछ नहीं चाहिए, और भूख मिटाने के लिए बस इतना ही भोजन चाहिए; इसी प्रकार राजा को एक ही शय्या और एक ही आसन चाहिए; अन्य भेद केवल अभिमान के लिए हैं।

39. "और यदि ये सभी फल तृप्ति के लिए चाहे जाएं, तो मैं राज्य के बिना भी तृप्त हो सकता हूं और यदि मनुष्य इस संसार में एक बार तृप्त हो जाए, तो क्या सभी भेद अनावश्यक नहीं हैं?

40. "तो जिसने सुख के शुभ मार्ग को प्राप्त कर लिया है, उसे सुखों के

विषय में वंचना नहीं खाना चाहिए। आपकी कही हुई मित्रता को स्मरण करके मैं पूछता हूँ, मुझे बार–बार बताइए, क्या सुखों का कोई मूल्य है?

41. "मैंने क्रोध के कारण घर नहीं छोड़ा है, न इसलिए कि मेरा मुकुट शत्रु के बाण से टूट गया है, न इसलिए कि मैंने अपनी इच्छाएं उच्चतर वस्तुओं पर केन्द्रित की हैं, इसलिए मैं आपके प्रस्ताव को अस्वीकार करता हूँ।

42. "केवल वही व्यक्ति, जो एक बार क्रोध से भरे हुए सर्प को या जलती हुई मशाल को छोड़ देता है, उसे पुनः पकड़ने का प्रयत्न करता है, एक बार सुखों को त्यागने के बाद पुनः सुखों की खोज करेगा।

43. "केवल वह जो देख रहा है, अंधे से, स्वतंत्र से, बंधे से, धनवान से, दरिद्र से, बुद्धि से स्वस्थ से, पागल से ईर्ष्या करेगा – मैं कहता हूँ, केवल वही उस व्यक्ति से ईर्ष्या करेगा जो सांसारिक वस्तुओं के प्रति समर्पित है।

44. "मेरे अच्छे मित्र, जो भिक्षा पर रहता है, उस पर दया नहीं की जानी चाहिए। उसे यहाँ सबसे अच्छा सुख, पूर्ण शांति मिलती है, और उसके बाद उसके लिए सभी दुःख समाप्त हो जाते हैं।

45. "लेकिन वह व्यक्ति दया करने योग्य है जो बहुत धन के बीच में भी तृष्णा से अभिभूत है, – जो यहाँ शांति का सुख प्राप्त नहीं करता है, जबकि उसके बाद दर्द का अनुभव करना पड़ता है।

46. "तुमने मुझसे जो कहा है वह तुम्हारे चरित्र, तुम्हारे जीवन के तरीके और तुम्हारे परिवार के लिए उपयुक्त है; और मेरा संकल्प पूरा करना मेरे चरित्र, मेरी जीवन शैली और मेरे परिवार के लिए भी उपयुक्त है।"

4. गौतम का उत्तर (समाप्त)

1. "मैं संसार के कलह से रोगग्रस्त हो गया हूँ, और मैं शांति पाने की लालसा में बाहर आया हूँ; मैं तीसरे स्वर्ग में किसी भी साम्राज्य को

स्वीकार नहीं करूँगा, मुझे पृथ्वी की सभी बुराइयों से बचाने के लिए मनुष्यों के बीच तो बिल्कुल भी नहीं?

2. "लेकिन हे राजन, तुमने मुझसे जो कहा है कि तीनों वस्तुओं की सार्वभौमिक अन्वेषण ही मनुष्य का सर्वोच्च लक्ष्य है, और तुमने कहा है कि मैं जिसे वांछनीय मानता हूँ वह दुःख है, तुम्हारे तीनों उद्देश्य नाशवान हैं और असंतोषजनक भी हैं।

3. "और तुमने जो कहा है, 'बुढ़ापे तक प्रतीक्षा करो, क्योंकि युवावस्था हमेशा परिवर्तनशील होती है;' – निर्णय की यह कमी अपने आप में अनिश्चित है; क्योंकि उम्र भी अनिश्चित हो सकती है और युवावस्था दृढ़ हो सकती है।

4. "लेकिन चूंकि भाग्य अपनी कला में इतना निपुण है कि वह संसार को उसके सभी युगों में अपनी शक्ति में खींच सकता है, तो बुद्धिमान व्यक्ति, जो शांति चाहता है, बुढ़ापे की प्रतीक्षा कैसे करेगा, जबकि वह नहीं जानता कि मृत्यु का समय कब आएगा?

5. "जब मृत्यु शिकारी की तरह तैयार खड़ी है, बुढ़ापा उसका हथियार है, और रोग उसके बाणों की तरह बिखरे हुए हैं, जो उन जीवों को मार रहे हैं जो भाग्य के जंगल में हिरणों की तरह उड़ रहे हैं, तो किसी के मन में लंबी आयु की क्या इच्छा हो सकती है?

6. "युवा पुत्र, वृद्ध या बालक को यह उचित है कि वे पूरी तत्परता से ऐसा कार्य करें कि वे उस धार्मिक व्यक्ति का मार्ग चुनें, जिसकी आत्मा पूर्णतया दयामय है।

7. "और जो कुछ तुमने कहा है, धर्म के लिए ऐसे बलिदानों में लगन से लगो, जो तुम्हारी जाति के योग्य हों और जिनसे उत्तम फल प्राप्त हो, – ऐसे बलिदानों का आदर करो! मैं उस फल की इच्छा नहीं करता, जो दूसरों को कष्ट पहुँचाकर प्राप्त किया जाता है!

8. "भविष्य में फल की कामना से किसी असहाय को मारना दयालु, भले ही बलिदान का फल शाश्वत क्यों न हो, यह एक अशोभनीय कार्य है।

9. "और भले ही सच्चा धर्म आत्म–संयम, नैतिक आचरण और वासना के पूर्ण अभाव द्वारा आचरण के एक और नियम में निहित न हो, फिर भी बलिदान के नियम का पालन करना उचित नहीं होगा, जहाँ सर्वोच्च पुरस्कार को केवल वध द्वारा प्राप्त किया जाना बताया गया है।
10. "यहाँ तक कि वह सुख भी जो किसी व्यक्ति को, इस संसार में रहते हुए, किसी अन्य को चोट पहुँचाने के माध्यम से प्राप्त होता है, बुद्धिमान दयालु हृदय के लिए घृणित है; यदि वह किसी अन्य जीवन में हमारी दृष्टि से परे हो, तो कितना अधिक?
11. "मैं भविष्य के फल की इच्छा से किसी कार्य में नहीं फंसना चाहता, हे राजन, मेरा मन भविष्य के जन्मों में प्रसन्न नहीं होता ये कार्य अनिश्चित हैं और अपनी दिशा में डगमगाते रहते हैं, जैसे बादल से बरसी वर्षा से पौधे झड़ जाते हैं।"
12. राजा ने स्वयं हाथ जोड़कर उत्तर दिया, "तुम अपनी इच्छा बिना किसी बाधा के प्राप्त कर रहे हो; जब तुम अपना सब कुछ पूरा कर लोगे, तो इसके बाद तुम मुझ पर अपनी कृपा दिखाओगे।"
13. गौतम से पुनः उनसे मिलने का दृढ़ वचन पाकर राजा अपने दरबारियों को साथ लेकर महल में लौट आया।

5. शांति का समाचार

1. जब गौतम राजगृह में रह रहे थे, तब पाँच अन्य परिव्राजक आए, जिन्होंने गौतम द्वारा स्वयं के लिए बनाई गई कुटिया के बगल में एक कुटिया बनाई।
2. ये पाँच परिव्राजक थे – कुण्डिन्य, अश्वजित, कश्यप, महानम और भादुक।
3. वे भी गौतम के रूप को देखकर आश्चर्यचकित हुए और सोचने लगे कि आखिर किस कारण से उन्होंने परिव्राज लिया।
4. उन्होंने राजा बिम्बिसार की तरह ही उनसे इस मुद्दे पर प्रश्न पूछे।

5. जब उन्होंने उन्हें उन परिस्थितियों के बारे में बताया, जिनके कारण उन्होंने परिव्राज लिया, तो उन्होंने कहा, "हमने इसके बारे में सुना है। लेकिन क्या आप जानते हैं कि आपके जाने के बाद क्या हुआ है?" उन्होंने पूछा।

6. सिद्धार्थ ने कहा, "नहीं।" तब उन्होंने उसे बताया कि कपिलावत्सु छोड़ने के बाद शाक्यों में कोलिय लोगों के साथ युद्ध करने के विरूद्ध बहुत बड़ा आंदोलन हुआ था।

7. पुरुष और महिलाएँ, लड़के और लड़कियाँ, झंडे लेकर प्रदर्शन और जुलूस निकाल रहे थे, जिन पर नारे लिखे थे, "कोलिया हमारे भाई हैं", "भाई का भाई से लड़ना गलत है। "सिद्धार्थ गौतम के वनवास के बारे में सोचो", आदि।

8. आंदोलन का परिणाम यह हुआ कि शाक्य संघ को बैठक बुलानी पड़ी और इस प्रश्न पर पुनर्विचार करना पड़ा। इस बार बहुमत कोलिया के साथ समझौते के पक्ष में था।

9. संघ ने अपने दूत के रूप में कार्य करने और कोलिया के साथ शांति वार्ता करने के लिए पाँच शाक्य का चयन करने का निर्णय लिया।

10. जब कोलिया ने यह सुना तो वे बहुत प्रसन्न हुए। उन्होंने भी शाक्य के दूतों से निपटने के लिए पाँच कोलियों का चयन किया।

11. दोनों पक्षों के दूत मिले और रोहिणी नदी के पानी के बंटवारे के बारे में हर विवाद को निपटाने के अधिकार के साथ एक स्थायी मध्यस्थता परिषद नियुक्त करने पर सहमत हुए और दोनों पक्षों को इसके निर्णय का पालन करना पड़ा। इस प्रकार धमकी वाला युद्ध शांति से समाप्त हो गया।

12. कपिलावत्सु में जो कुछ हुआ था, उसके बारे में गौतम को बताने के बाद परिव्राजकों ने कहा, "अब आपको परिव्राजक बने रहने की कोई आवश्यकता नहीं है। आप घर जाकर अपने परिवार के साथ क्यों नहीं चले जाते?"

13. सिद्धार्थ ने कहाः "मुझे यह अच्छी सूचना पाकर प्रसन्नता हुई। यह मेरे लिए जीत की बात है। लेकिन मैं अपने घर वापस नहीं जाऊंगा। मुझे नहीं जाना चाहिए। मुझे परिव्राजक बने रहना चाहिए।"
14. गौतम ने पाँचों परिव्राजकों से पूछा कि उनका कार्यक्रम क्या है। उन्होंने उत्तर दिया, "हमने तपस्या करने का निर्णय लिया है। आप हमारे साथ क्यों नहीं आते?" सिद्धार्थ ने कहा, "धीरे–धीरे; मुझे पहले अन्य तरीकों की जाँच करनी चाहिए।"
15. पाँचों परिव्राजक चले गए।

6. नए परिप्रेक्ष्य में समस्या

1. पाँचों परिव्राजकों द्वारा लाई गई सूचना कि कोलिया और शाक्यों ने शांति स्थापित कर ली है, गौतम को बहुत बेचैन कर गई।
2. अकेले रह जाने पर, वह अपनी स्थिति पर विचार करने लगा और यह सुनिश्चित करने लगा कि क्या उसके पास अपना परिव्राजकत्व जारी रखने का कोई कारण बचा है।
3. उसने अपने लोगों को किस लिए छोड़ा था?, उसने खुद से पूछा।
4. उसने अपना घर इसलिए छोड़ा था क्योंकि वह युद्ध का विरोधी था। "अब जब युद्ध समाप्त हो गया है, तो क्या मेरे लिए कोई समस्या बची है? क्या युद्ध समाप्त हो जाने से मेरी समस्या समाप्त हो गई है?"
5. गहराई से विचार करने पर उसने सोचा कि नहीं।
6. "युद्ध की समस्या मूलतः संघर्ष की समस्या है। यह एक बड़ी समस्या का एक हिस्सा मात्र है।
7. "यह संघर्ष केवल राजाओं और राष्ट्रों के बीच ही नहीं चल रहा है, बल्कि कुलीनों और ब्राह्मणों के बीच, गृहस्थों के बीच, माता और पुत्र के बीच, पिता और पुत्र के बीच, बहन और भाई के बीच, साथी और साथी के बीच भी चल रहा है।

8. "राष्ट्रों के बीच संघर्ष कभी–कभार होता है। लेकिन वर्गों के बीच संघर्ष निरंतर और शाश्वत है। यही तो संसार के समस्त दुःखों और कष्टों की जड़ है।

9. "सच है, मैंने युद्ध के कारण घर छोड़ दिया था। लेकिन मैं घर वापस नहीं जा सकता, हालांकि शाक्य और कोलियों के बीच युद्ध समाप्त हो गया है। मैं देख रहा हूं कि अब मेरी समस्या व्यापक हो गई है। मुझे इसका समाधान ढूंढना होगा सामाजिक संघर्ष की समस्या था।

10. "पुराने स्थापित दर्शन इस समस्या का कहां तक समाधान प्रस्तुत करते हैं?"

11. क्या वह किसी एक सामाजिक दर्शन को स्वीकार कर सकता है?

12. वह हर चीज की स्वयं जांच करने के लिए कृतसंकल्प था।

भाग – III

नई रोशनी की तलाश में

1. ब्रिघू के आश्रम में रुकना।
2. सांख्य का अध्ययन।
3. समाधि मार्ग का प्रशिक्षण।
4. तप का परीक्षण।
5. तप का परित्याग।

1. ब्रिघू के आश्रम में रुकना

1. अन्य मार्गों पर चलने की इच्छा से गौतम राजगृह से निकलकर आरादा कलाम से मिलने चले गए।
2. रास्ते में उन्होंने भृगु के आश्रम को देखा और जिज्ञासावश उसमें प्रवेश कर गए।
3. आश्रम के ब्राह्मण निवासी जो ईंधन के लिए बाहर गए थे, वे ईंधन, पुष्प और कुश घास से भरे अपने हाथों के साथ वापस आए थे, क्योंकि वे तपस्या में निपुण थे और ज्ञान में निपुण थे, वे केवल उनसे मिलने गए, और अपनी कोठरी में नहीं गए।
4. फिर आश्रम के उन निवासियों द्वारा उनका उचित सम्मान किया गया और उन्होंने आश्रम के बुजुर्गों को अपनी श्रद्धांजलि अर्पित की।
5. वह, बुद्धिमान व्यक्ति, मुक्ति की लालसा में, स्वर्ग की इच्छा रखने वाले पवित्र लोगों से भरे उस आश्रम में गया, उनकी विचित्र तपस्या को देखता हुआ।
6. उस सज्जन ने पहली बार उस पवित्र उपवन में तपस्वियों द्वारा किए जाने वाले विभिन्न प्रकार के तपों को देखा।
7. तब तप की विधि में पारंगत ब्राह्मण भृगु ने गौतम को सभी प्रकार के तपों और उनके फलों के बारे में बताया।
8. "पवित्र ग्रंथों के अनुसार, जल में उगने वाला कच्चा अन्न, जड़ और फल, यही संतों का आहार है; परन्तु तपस्या के विभिन्न विकल्प भिन्न–भिन्न हैं।
9. "कुछ लोग एकत्रित अनाज पर पक्षियों की तरह रहते हैं, अन्य हिरणों की तरह घास चरते हैं, अन्य सांपों की तरह हवा में रहते हैं, जैसे कि चींटियों के टीले में बदल गए हों।
10. "कुछ लोग पत्थरों से बड़े प्रयत्न से अपना आहार प्राप्त करते हैं, कुछ अपने दाँतों से पीसा हुआ अन्न खाते हैं; कुछ लोग दूसरों के लिए उबालकर जो बच जाता है उसे अपने लिए रख लेते हैं।

11. "कुछ लोग अपने उलझे हुए बालों को जल से लगातार गीला करके अग्नि को दो बार स्तोत्रों के साथ आहुति देते हैं; कुछ लोग मछलियों की तरह जल में गोते लगाते हैं, और कछुओं से अपने शरीर को नोचते हुए वहाँ रहते हैं।

12. "ऐसे तपों को कुछ समय तक सहन करने से, वे जितना अधिक ऊँचे होते हैं, स्वर्ग को प्राप्त करते हैं, मनुष्यों का संसार जितना ही नीचे होता है, दुःख के मार्ग से वे अंततः सुख में रहते हैं, वे कहते हैं, दुःख ही पुण्य का मूल है।"

13. यह सुनकर गौतम बोलेः "आज मैंने पहली बार ऐसे आश्रम को देखा है और मैं तपस्या के इस नियम को नहीं समझ पा रहा हूँ।

14. "इस समय मैं इतना ही कहूँगा। आपकी यह भक्ति स्वर्ग के लिए है – जबकि मेरी इच्छा है कि पृथ्वी पर जीवन की अवगुण की जाँच की जाए और उनका समाधान निकाला जाए। क्या आप मुझे विदा लेने की अनुमति देंगे। मैं सांख्य दर्शन सीखना चाहता हूँ और समाधि मार्ग में प्रशिक्षित होना चाहता हूँ, और देखना चाहता हूँ कि यह मेरी समस्या के समाधान के लिए मुझे क्या सहायता दे सकता है।

15. "जब मैं सोचता हूँ कि मुझे आपको छोड़कर जाना पड़ेगा, जो इस प्रकार लगे हुए हैं, आप जो ऐसे शरणदाता हैं और जिन्होंने मुझ पर ऐसी अत्यधिक कृपा की है, जैसे मुझे अपने स्वजनों को छोड़कर जाना पड़ा था, तो मुझे दुःख होता है।

16. "इसलिए, यह मेरी ओर से कोई नापसंदगी या किसी अन्य का गलत आचरण नहीं है, जो मुझे इस जंगल से दूर जाने के लिए मजबूर करता है, क्योंकि आप महान ऋषियों की तरह हैं, जो पूर्व ऋषियों के अनुसार धार्मिक कर्तव्यों में दृढ़ हैं।

17. "मैं मुनि अरादा कालम के पास जाना चाहता हूँ, जो इस विषय के गुरु माने जाते हैं।"

18. उनके दृढ़ संकल्प को देखकर आश्रम के प्रमुख भृगु ने कहाः "राजकुमार, वास्तव में आपका उद्देश्य बहादुर है, आप युवा हैं, स्वर्ग

और मुक्ति के बीच पूरी तरह से विचार करने के बाद आपने मुक्ति के लिए अपना मन बना लिया है, आप वास्तव में बहादुर हैं!

19. "यदि तुमने जो कहा है वह तुम्हारा निश्चित उद्देश्य है तो शीघ्र ही विन्ध्यकोष्ठ जाओ, वहाँ मुनि अरादा रहते हैं, जिन्होंने परम आनन्द की अन्तर्दृष्टि प्राप्त कर ली है।

20. "उनसे तुम मार्ग सीखोगे, किन्तु जैसा कि मैं पहले से ही जानता हूँ, उनके सिद्धान्त का अध्ययन करने के बाद तुम्हारा यह उद्देश्य और आगे बढ़ेगा।"

21. गौतम ने उन्हें धन्यवाद दिया, तथा मुनियों की टोली को नमस्कार करके वे चले गये मुनिगण भी उनके लिए विधिवत् सभी शिष्टाचार पूर्ण करके पुनः तपस्वी उपवन में चले गये।

2. सांख्य का अध्ययन

1. भृगु के आश्रम से निकलकर गौतम ने आरादा कलाम के निवास की अन्वेषण शुरू की।

2. आरादा कलाम वैशाली में रह रहे थे। गौतम वहीं गए। वैशाली पहुँचकर वे अपने आश्रम गए।

3. आरादा कलाम के पास पहुँचकर उन्होंने कहा: "मैं आपके सिद्धांत और अनुशासन में दीक्षित होना चाहता हूँ।"

4. इस पर आरादा कलाम ने कहा: "आपका स्वागत है। मेरा सिद्धांत ऐसा है कि आप जैसे बुद्धिमान व्यक्ति बहुत कम समय में ही मेरी शिक्षा को समझ सकते हैं, उसे प्राप्त कर सकते हैं और उसका पालन कर सकते हैं।

5. "वास्तव में आप इस सर्वोच्च शिक्षा को प्राप्त करने के लिए एक योग्य पात्र हैं।"

6. राजकुमार ने आरादा के ये शब्द सुने, बहुत प्रसन्न हुए और इस प्रकार उत्तर दिया।

7. "आपने मुझ पर जो अत्यधिक दया दिखाई है, उससे मुझे, यद्यपि मैं अपूर्ण हूँ, ऐसा लगता है कि मैंने पूर्णता प्राप्त कर ली है।
8. "तो क्या आप मुझे यह बताने की कृपा करेंगे कि आपका सिद्धांत क्या है?"
9. आरादा ने कहा, "मैं आपके महान स्वभाव, आपके चरित्र की ईमानदारी और आपके संकल्प से इतना प्रभावित हूँ कि मुझे आपकी योग्यता को परखने के लिए किसी प्रारंभिक परीक्षा की आवश्यकता नहीं है।"
10. "हे श्रोताओं, हमारे सिद्धांतों को सुनो।"
11. फिर उन्होंने गौतम को सांख्य दर्शन के रूप में जाने जाने वाले सिद्धांतों की व्याख्या की।
12. अपने प्रवचन के समापन पर आरादा कलाम ने कहाः
13. "हे गौतम, ये हमारी प्रणाली के सिद्धांत हैं। मैंने उन्हें संक्षेप में आपको बता दिया है।"
14. गौतम आरादा कलाम द्वारा दिए गए स्पष्ट विवरण से बहुत प्रसन्न हुए।

3. समाधि मार्ग में प्रशिक्षण

1. जिस समय गौतम अपनी समस्या का समाधान अन्वेषण के विभिन्न तरीकों की जांच से कर रहे थे, तब उन्होंने ध्यान मार्ग से स्वयं को परिचित करने के बारे में सोचा (मन की एकाग्रता)।
2. ध्यान मार्ग के तीन विद्यालय थे।
3. उन सभी में एक बात समान थी, अर्थात्, श्वास पर नियंत्रण ही ध्यान प्राप्त करने का साधन था।
4. एक स्कूल श्वास पर नियंत्रण करने के एक तरीके का पालन करता था जिसे आनापानसति कहा जाता है।
5. एक अन्य स्कूल श्वास पर नियंत्रण के तरीके का पालन करता था

जिसे प्राणायाम के रूप में जाना जाता है। इसने श्वास प्रक्रिया को तीन भागों में विभाजित किया (1) श्वास अंदर लेना (पूरक); (2) श्वास को रोकना (कुंभक); और (3) श्वास बाहर छोड़ना (रेचक)। तीसरे स्कूल को समाधि स्कूल के रूप में जाना जाता था।

6. आरादा कलाम ध्यान मार्ग के गुरु के रूप में प्रसिद्ध थे। गौतम को लगा कि अगर उन्हें आरदा कलाम के तहत ध्यान मार्ग में कुछ प्रशिक्षण मिल जाए तो यह उनके लिए अच्छा हो सकता है।
7. इसलिए उन्होंने आरदा कलाम से बात की और उनसे पूछा कि क्या वे ध्यान मार्ग में प्रशिक्षण देने के लिए इतने अच्छे होंगे।
8. आरादा कलाम ने उत्तर दिया, "बहुत खुशी के साथ।"
9. आरादा कलाम ने उन्हें ध्यान मार्ग की अपनी तकनीक सिखाई। इसमें सात चरण शामिल थे।
10. गौतम ने हर दिन इस तकनीक का अभ्यास किया।
11. इस पर पूरी तरह से महारत हासिल करने के बाद गौतम ने आरादा कलाम से पूछा कि क्या कुछ और सीखना बाकी है।
12. आरादा कलाम ने उत्तर दिया: "नहीं मित्र, मुझे बस इतना ही सिखाना है।" इसके साथ गौतम ने आरदा कलाम से विदा ली।
13. गौतम ने उद्दक रामपुत्त नाम के एक अन्य योगी के बारे में सुना था, जिनके बारे में कहा जाता था कि उन्होंने एक ऐसी तकनीक विकसित की थी जिससे ध्यानी आरादा कलाम द्वारा विकसित तकनीक से एक चरण ऊपर जा सकता था।
14. गौतम ने उनकी तकनीक सीखने और समाधि की उच्चतम अवस्था का अनुभव करने के बारे में सोचा। तदनुसार, वे उद्दक रामपुत्त के आश्रम में गए और उनके प्रशिक्षण में शामिल हो गए।
15. कुछ ही समय में गौतम ने उद्दक की आठवीं अवस्था की तकनीक में महारत हासिल कर ली। उद्दक रामपुत्त की विधि में निपुणता प्राप्त करने के पश्चात गौतम ने उनसे वही प्रश्न पूछा जो उन्होंने आरदा कलाम से पूछा था: "क्या और कुछ सीखने की आवश्यकता है?"

16. उद्दक रामपुत्त ने भी वही उत्तर दिया। "नहीं मित्र, मैं तुम्हें और कुछ नहीं सिखा सकता।"
17. आरादा कलाम और उद्दक रामपुत्त कोसल देश में ध्यान मार्ग में निपुणता के लिए प्रसिद्ध थे। लेकिन गौतम ने सुना था कि मगध देश में भी ध्यान मार्ग के ऐसे ही गुरु हैं। उसने सोचा कि उसे भी उनकी विधि में प्रशिक्षण लेना चाहिए।
18. गौतम तदनुसार मगध चले गए।
19. उन्होंने पाया कि उनकी ध्यान मार्ग की विधि, यद्यपि श्वास पर नियंत्रण पर आधारित थी, लेकिन कोसल देश में प्रचलित विधि से भिन्न थी।
20. विधि में श्वास लेना नहीं था, बल्कि श्वास को रोककर एकाग्रता प्राप्त करना था।
21. गौतम ने यह विधि सीखी। जब उन्होंने सांस रोककर एकाग्रता की कोशिश की तो उन्होंने पाया कि उनके कानों से चुभने वाली आवाजें निकलती थीं और ऐसा लगता था जैसे उनके सिर में किसी तेज धारदार चाकू से छेद कर दिया गया हो।
22. यह एक दर्दनाक प्रक्रिया थी। लेकिन गौतम इसमें महारत हासिल करने में विफल नहीं हुए।
23. समाधि मार्ग में उनका प्रशिक्षण ऐसा था।

4. तप का परीक्षण

1. गौतम ने सांख्य और समाधि मार्ग का परीक्षण किया था। लेकिन वे तप का परीक्षण किए बिना ही ब्रज के आश्रम से चले गए थे।
2. उन्हें लगा कि उन्हें इसका परीक्षण करना चाहिए और खुद के लिए अनुभव प्राप्त करना चाहिए ताकि वे इसके बारे में अधिकारपूर्वक बोल सकें।
3. तदनुसार गौतम गया शहर गए। वहाँ से उन्होंने आसपास के देश का पता लगाया और तप का अभ्यास करने के लिए गया के शाही

ऋषि नेगारी के आश्रम में उरुवेला में अपना निवास स्थान तय किया। यह नैरंजना नदी के तट पर तपस्या के लिए एक एकांत और एकान्त स्थान था।

4. उरुवेला में उन्हें पाँच परिव्राजक मिले, जिनसे वे राजगृह में मिले थे और जो शांति का समाचार लेकर आए थे। वे भी तप कर रहे थे।

5. भिक्षुकों ने उन्हें वहाँ देखा और उन्हें अपने साथ ले जाने के लिए उनके पास पहुँचे। गौतम सहमत हो गए।

6. इसके बाद उन्होंने उनकी श्रद्धापूर्वक सेवा की, उनके आदेशों के तहत शिष्यों की तरह रहे और विनम्र और आज्ञाकारी रहे।

7. गौतम द्वारा की गई तपस्या और आत्म–दण्ड सबसे कठोर प्रकार के थे।

8. कभी–कभी वे एक दिन में दो लेकिन सात से अधिक नहीं घरों में जाते थे और प्रत्येक में केवल दो लेकिन सात से अधिक निवाले खाते थे।

9. वे एक दिन में एक तश्तरी भोजन पर रहते थे, लेकिन सात तश्तरियों से अधिक नहीं।

10. कभी–कभी वह दिन में केवल एक बार भोजन करते, या हर दो दिन में एक बार, और इसी तरह, हर सात दिन में एक बार, या केवल पखवाड़े में एक बार, राशन के कठोर पैमाने पर।

11. जैसे–जैसे वह तप के अभ्यास में आगे बढे, उसका एकमात्र आहार हरी जड़ी–बूटियाँ, या जंगली बाजरा और धन के दाने, या छिलके, या जलीय पौधे, या भूसी के भीतर चावल के दाने के लाल रंग का चूर्ण या उबाले हुए चावल का मैल, या तिलहन का आटा था।

12. वह जंगली जड़ों और फलों, या केवल हवा से गिरे हुए फलों पर रहते।

13. उनका वस्त्र भांग या भांग के मिश्रण से बना होता था, जो धूल के ढेर से चिथड़ों, छाल, काले मृग की पूरी या बीच से फटी हुई खाल,

घास, छाल या लकड़ी की पट्टियों, कंबल में बुने हुए मनुष्यों या जानवरों के बालों या उल्लू के पंखों से बना होता था।

14. उन्होने अपने सिर और दाढ़ी के बाल उखाड़ लिए, कभी भी सीधे खड़े होकर बैठने की मुद्रा नहीं छोड़ी, कभी भी उकड़ू बैठा नहीं, केवल उकड़ू बैठा हुआ ही चलता रहा।
15. इसके बाद, उसने विभिन्न तरीकों से अपने शरीर को यातनाएं और यंत्रणा देने के लिए तपस्या की।
16. वह घृणा में इस हद तक डूब गए कि उसके शरीर पर वर्षों तक गंदगी और मैल जमा रहा, जब तक कि वह अपने आप ही गिर नहीं गया।
17. उसने जंगल की भयानक गहराइयों में अपना निवास बनाया, इतनी भयानक गहराइयाँ कि ऐसा माना जाता था कि बिना रोंगटे खड़े हुए कोई भी व्यक्ति वहाँ नहीं जा सकता था।
18. जब ठंड के मौसम में सर्द रातें आती थीं, तो वह महीनों के अंधेरे आधे हिस्से में रात को खुली हवा में और दिन में अंधेरे घने जंगल में रहते थे।
19. लेकिन जब बारिश से पहले गर्मी का अंतिम तपता महीना आता था, तो वह दिन में तपती धूप में और रात में दमघोंटू झाड़ियों में अपना निवास बनाते थे।
20. वह एक श्मशान भूमि में जली हुई हड्डियों का तकिया बनाकर लेटते।
21. इसके बाद गौतम एक दिन में एक सेम, एक तिल का बीज या एक चावल का दाना खाकर जीवन यापन करते।
22. जब वह दिन में एक ही फल खाकर जी रहा था, तो उनका शरीर अत्यंत क्षीण हो गया था।
23. यदि वह अपने पेट को छूना चाहते, तो वह अपनी रीढ़ की हड्डी को अपनी मुट्ठी में पाते। यदि वह अपनी रीढ़ की हड्डी को छूना चाहते, तो वह अपने पेट को पकड़ते, उनका पेट उसकी रीढ़ की हड्डी से इतना चिपका हुआ था और यह सब इसलिए क्योंकि वह बहुत कम खाते।

5. तप का परित्याग

1. गौतम द्वारा की गई तपस्या और तप सबसे कठोर प्रकार के थे। वे छह वर्षों की लंबी अवधि तक चले।
2. छह वर्षों के अंत में उसका शरीर इतना कमजोर हो गया था कि वह पूरी तरह से हिलने–डुलने में असमर्थ था।
3. फिर भी उसने कोई नई रोशनी नहीं देखी थी और वह उस दुनिया में दुःख की समस्या के समाधान के करीब नहीं था, जिस पर उसका मन केंद्रित था।
4. उसने अपने आप को प्रतिबिंबित किया: "यह न तो जुनून, न ही पूर्ण ज्ञान, न ही मुक्ति का रास्ता है।
5. "कुछ लोग इस संसार के लिए दुःख भोगते हैं, कुछ लोग स्वर्ग के लिए कष्ट भोगते हैं; सभी जीव आशा से दुःखी होकर, अपने लक्ष्य से भटककर, सुख के लिए अवश्य ही दुःख भोगते हैं।
6. "क्या मेरे साथ भी ऐसा ही नहीं हुआ है?
7. "मैं प्रयास को दोष नहीं देता, जो आधार को त्यागकर स्वयं ही उच्च मार्ग पर चलता है।
8. "मैं पूछता हूँ, क्या शरीर के कष्ट को धर्म कहा जा सकता है?
9. चूँकि मन के अधिकार से ही शरीर कार्य करता है या करना बंद कर देता है, इसलिए विचार को नियंत्रित करना ही उचित है – विचार के बिना शरीर कुत्ते के समान है।
10. "यदि केवल शरीर का ही विचार किया जाता, तो भोजन की शुद्धता से पुण्य प्राप्त किया जा सकता था, लेकिन तब कर्ता में भी पुण्य होता है। लेकिन इससे क्या लाभ?
11. "वह व्यक्ति नया प्रकाश प्राप्त नहीं कर सकता, जिसने अपनी शक्ति खो दी है और जो भूख, प्यास और थकान से थका हुआ है और जिसका मन थकान के कारण अब आत्म–संयमित नहीं है।

12. "जो पूर्णतया शांत नहीं है, वह अपने मन द्वारा प्राप्त किए जाने वाले लक्ष्य तक कैसे पहुंच सकता है?

13. "सच्ची शांति और मन का आत्म–नियंत्रण शरीर की आवश्यकताओं की निरंतर संतुष्टि से ही प्राप्त होता है।"

14. इस समय उरुवेला में सेनानी नाम का एक गृहस्थ रहता था। सुजाता उसकी पुत्री थी।

15. सुजाता ने एक बरगद के पेड़ से एक इच्छा व्यक्त की थी, और प्रतिज्ञा की थी कि यदि उसे पुत्र की प्राप्ति होगी तो वह प्रतिवर्ष बरगद के पेड़ को अर्पण करेगी।

16. इच्छा पूरी होने पर उसने अपनी दासी पुन्ना को अर्पण के लिए स्थान तैयार करने के लिए भेजा।

17. पुन्ना ने गौतम को बरगद के पेड़ के नीचे बैठे हुए देखा, तो उसने सोचा कि यह पेड़ का देवता है जो नीचे आया है।

18. सुजाता आई और उसने गौतम को एक स्वर्ण कटोरे में अपने द्वारा तैयार किया हुआ भोजन दिया।

19. वह कटोरा लेकर नदी के किनारे गया, एक घाट या सुप्पतिट्ठित नामक स्नान स्थान पर स्नान किया और भोजन खाया।

20. इस प्रकार उनकी तपस्या की परीक्षा समाप्त हुई।

21. गौतम के साथ जो पाँच तपस्वी थे, वे उनसे इस बात के कारण अप्रसन्न हो गए कि उन्होंने तपस्या और आत्म–पीड़ा का जीवन त्याग दिया है और घृणा से उन्हें छोड़कर चले गए।

भाग – IV

ज्ञानोदय और एक नए मार्ग की परिकल्पना

1. नए प्रकाश के लिए ध्यान।
2. आत्मज्ञान
3. एक नए धम्म की खोज।
4. गौतम जो सम्बोधि के बाद बोधिसत्व थे, बुद्ध बन गए।

1. नए प्रकाश के लिए ध्यान

1. भोजन से तरोताजा होकर गौतम अपने पिछले अनुभवों पर विचार करने बैठे। उन्हें एहसास हुआ कि सभी रास्ते विफल हो गए हैं।
2. असफलता इतनी पूर्ण थी कि यह किसी को भी हताशा की स्थिति में ले जा सकती थी। बेशक, उन्हें खेद था। लेकिन हताशा ने उन्हें छुआ तक नहीं।
3. उन्हें हमेशा कोई रास्ता अन्वेषण की उम्मीद थी। इतना कि जिस दिन उन्होंने सुजाता द्वारा भेजे गए भोजन को खाया, उस रात गौतम को पाँच सपने आए और जब वे जागे तो उन्होंने अपने सपनों की व्याख्या इस तरह की कि उन्हें निश्चित रूप से ज्ञान प्राप्त होगा।
4. उन्होंने अपने भविष्य का पूर्वानुमान लगाने की भी चेष्टा की थी। उन्होंने सुजाता की दासी द्वारा लाए गए भोजन के कटोरे को नैरंजा नदी में फेंक दिया और कहा: "अगर मुझे ज्ञान प्राप्त करना है तो कटोरे को धारा में ऊपर जाने दो अगर नहीं तो इसे नीचे जाने दो।" वास्तव में, बर्तन धारा के विपरीत बहने लगा और अंत में नाग राजा काला के निवास के पास डूब गया।
5. आशा और दृढ़ संकल्प से दृढ़ होकर वे उरुवेला से चले और शाम को चौड़ी सड़क के किनारे गया की ओर चल पड़े। वहाँ उन्होंने एक बरगद का पेड़ देखा। उन्होंने सोचा कि इस पेड़ के नीचे बैठकर ध्यान लगाऊँगा, ताकि उन्हें एक नई रोशनी मिले और वे कोई ऐसा रास्ता ढूँढ़ सकें जो उनकी समस्या का समाधान कर सके।
6. चारों दिशाओं में से प्रत्येक को आजमाने के बाद उन्होंने पूर्व दिशा को चुना, जिसे सभी महान ऋषियों ने सभी दोषों को दूर करने के लिए चुना है।
7. गौतम बरगद के पेड़ के नीचे सीधे पैर करके बैठ गए। आत्मज्ञान प्राप्त करने के लिए दृढ़ संकल्पित होकर उन्होंने अपने आप से

कहा, "त्वचा, नसें और हड्डियाँ चाहे जितनी भी सूख जाएँ, मेरा मांस और रक्त मेरे शरीर में सूख सकता है, लेकिन पूर्ण आत्मज्ञान प्राप्त किए बिना मैं यह आसन नहीं छोड़ूँगा।"

8. तब नागों के राजा काल, जिनका ऐश्वर्य हाथियों के राजा के समान था, तथा उनकी पत्नी सुवर्णप्रभास, वट वृक्ष के नीचे बैठे हुए गौतम के दर्शन से जागृत हुए, उनकी स्तुति में यह वचन कहे, क्योंकि उन्हें विश्वास था कि गौतम को अवश्य ही पूर्ण ज्ञान प्राप्त होगा।

9. "हे मुनि, जब पृथ्वी आपके चरणों से दबी हुई बार–बार गूंजती है और आपकी महिमा सूर्य की तरह चमकती है, तब आप अवश्य ही इच्छित फल प्राप्त करेंगे।

10. "हे कमलनेत्र, जब आकाश में पक्षियों के झुंड उड़ते हुए आपको आदरपूर्वक नमस्कार करते हैं; और जब तक आकाश में मंद–मंद हवाएं चलती रहेंगी, तब तक तुम अवश्य ही अपने उद्देश्य को प्राप्त करोगे।"

11. जब वे ध्यान के लिए बैठे, तो उनके मन में बुरे विचारों और बुरी भावनाओं का एक समूह आया, जिन्हें पौराणिक रूप से मार (काम) की संतान कहा जाता है, जो बुरी भावनाओं का दूसरा नाम है।

12. गौतम बहुत भयभीत थे कि कहीं वे उन पर प्रधान न हो जाएं और उनके उद्देश्य को विफल न कर दें।

13. वे जानते थे कि बुरी भावनाओं के साथ इस युद्ध में कई ऋषि और ब्राह्मण हार गए थे।

14. इसलिए उन्होंने अपना सारा साहस जुटाया और मारा से कहा, "मेरे अंदर विश्वास, वीरता और बुद्धि है। तुम बुरी भावनाएं मुझे कैसे हरा सकती हो? यह हवा नदियों की धाराओं को भी सुखा सकती है। जब मैं इतना दृढ़ निश्चयी हूँ, तो तुम मेरे संकल्पों को नष्ट नहीं कर पाओगे।" मेरे लिए युद्ध में मरना बेहतर है, बजाय इसके कि मैं जीवन में पराजित हो जाऊँ।

15. गौतम के मन में दुष्ट वासनाएँ उसी तरह प्रवेश कर गईं, जैसे कौआ आंगन के कूबड़ जैसे पत्थर के पीछे भागता है, और सोचता है, "यहाँ मुझे कोमल निवाला मिलेगा, शायद यहाँ कुछ मीठा हो।"
16. वहाँ कोई मिठास न पाकर कौआ वहाँ से चला जाता है। इस प्रकार, जैसे कौआ चट्टान पर हमला करता है, दुष्ट वासनाएँ गौतम को घृणा से छोड़ देती हैं।

2. आत्मज्ञान

1. ध्यान की अवधि के दौरान खुद को खिलाने के लिए गौतम ने चालीस दिनों तक चलने के लिए पर्याप्त भोजन एकत्र किया था।
2. अपने मन को परेशान करने वाले बुरे विचारों को भगाने के बाद गौतम ने भोजन से खुद को तरोताजा किया और शक्ति प्राप्त की। इस प्रकार उन्होंने आत्मज्ञान प्राप्त करने के उद्देश्य से खुद को ध्यान के लिए तैयार किया।
3. आत्मज्ञान प्राप्त करने के लिए गौतम को चार सप्ताह का ध्यान करना पड़ा। वे चार चरणों में अंतिम ज्ञान प्राप्त कर चुके थे।
4. पहले चरण में उन्होंने तर्क और जांच का आह्वान किया। उनके एकांत ने उन्हें इसे आसानी से प्राप्त करने में मदद की।
5. दूसरे चरण में उन्होंने संकेंद्रण को जोड़ा।
6. तीसरे चरण में उन्होंने अपनी सहायता के लिए समता और ध्यान को लाये।
7. चौथे और अंतिम चरण में उन्होंने समता में पवित्रता और ध्यान में समता को जोड़ा।
8. इस प्रकार मन को एकाग्र, शुद्ध, निष्कलंक, मलिनता से दूर, कोमल, निपुण, दृढ़, भावशून्य, जो वह चाहते हैं उसे न भूलते हुए, गौतम ने स्वयं को उस प्रश्न का उत्तर खोजने की समस्या पर केंद्रित किया जिसने उन्हें परेशान किया था।

9. चौथे सप्ताह के अंतिम दिन की रात को उन्हें प्रकाश की किरण दिखाई दी। उन्होंने महसूस किया कि दो समस्याएँ थीं। पहली समस्या यह थी कि दुनिया में दुःख था और दूसरी समस्या यह थी कि इस दुःख को कैसे दूर किया जाए और मानव जाति को कैसे खुश किया जाए।
10. अतः अंत में, चार सप्ताह के ध्यान के पश्चात, अंधकार दूर हुआ, प्रकाश उत्पन्न हुआ, अज्ञान दूर हुआ और ज्ञान उत्पन्न हुआ। उन्होंने एक नया मार्ग देखा।

3. एक नए धम्म की खोज

1. गौतम जब नए प्रकाश की प्राप्ति के लिए ध्यान में बैठे थे, तो वे सांख्य दर्शन के प्रभाव में थे।
2. उन्होंने सोचा कि संसार में दुःख और अप्रसन्नता एक अकाट्य तथ्य है।
3. गौतम, हालांकि, यह जानने में रुचि रखते थे कि दुःख को कैसे दूर किया जाए। सांख्य दर्शन इस समस्या से निपटता नहीं था।
4. इसलिए, दुःख और अप्रसन्नता को कैसे दूर किया जाए, इस समस्या पर उन्होंने अपना मन एकाग्र किया।
5. स्वाभाविक रूप से, उन्होंने स्वयं से पहला प्रश्न पूछा– "व्यक्ति को जो दुःख और अप्रसन्नता होती है, उसके क्या कारण हैं?"
6. उनका दूसरा प्रश्न था "दुःख को कैसे दूर करें?"
7. इन दोनों प्रश्नों का उन्हें सही उत्तर मिला जिसे 'सम्मा बोधि' (सही ज्ञान) कहा जाता है।
8. इसी कारण से बरगद के पेड़ को बोधि वृक्ष के नाम से जाना जाता है।

4. गौतम जो सम्माबोधि के बाद बोधिसत्व थे, बुद्ध बन गए

1. ज्ञान प्राप्ति से पहले गौतम केवल बोधिसत्व थे। ज्ञान प्राप्ति के बाद ही वे बुद्ध बने।

2. बोधिसत्व कौन और क्या है?
3. बोधिसत्व वह व्यक्ति होता है जो बुद्ध बनना चाहता है।
4. बोधिसत्व कैसे बुद्ध बनता है?
5. बोधिसत्व को लगातार दस जन्मों तक बोधिसत्व बनना चाहिए। बुद्ध बनने के योग्य होने के लिए बोधिसत्व को क्या करना चाहिए?
6. अपने पहले जन्म में उसे मुदिता (आनंद) प्राप्त होती है। बोधिसत्व ने अपनी अशुद्धियों को उड़ा दिया है, जैसे कि लोहार चाँदी से मैल उड़ा देता है, यह दर्शाता है कि जो व्यक्ति बेपरवाह रहा है और शांत हो गया है वह बादलों से मुक्त चंद्रमा की तरह दुनिया को उज्ज्वल करता है। यह महसूस करते हुए उसके अंदर खुशी पैदा होती है, और वह सभी प्राणियों के लाभ की इच्छा में ऊष्ण हो जाता है।
7. अपने दूसरे जीवन में वह विमला (पवित्रता) प्राप्त करता है। बोधिसत्व ने अब वासना के सभी विचारों को हटा दिया है; वह दयालु है; वह सभी के लिए दयालु है वह न तो मनुष्यों के दोषों की चापलूसी करता है और न ही उनके गुणों का तिरस्कार करता है।
8. अपने तीसरे जीवन में वह प्रभाकरी (उज्ज्वलता) प्राप्त करता है। बोधिसत्व की बुद्धि अब दर्पण की तरह उज्ज्वल हो जाती है। वह अनत्ता और अनिच्चा के सत्य को पूरी तरह से जानता और समझता है। उसकी एकमात्र इच्छा सर्वोच्च ज्ञान की है, और इसके लिए वह कुछ भी त्याग करने के लिए तैयार है।
9. अपने चौथे जीवन में वह अर्चिष्मति (अग्नि की बुद्धि) प्राप्त करता है। इस जीवन में बोधिसत्व अपना मन अष्टांगिक मार्ग, चार चिंतन पर केन्द्रित करता है, इस जीवन में बोधिसत्व अपना मन अष्टांगिक मार्ग, चार अवमाननाएँ, चतुर्भुज प्रतियोगिता, चतुर्भुज इच्छा शक्ति, पंचभुज नैतिकता पर केन्द्रित करता है।
10. अपने पाँचवें जीवन में वह सुदुर्जय (विजय पाना कठिन) प्राप्त करता है। वह सापेक्ष और निरपेक्ष के संबंध को पूरी तरह से समझ लेता है।

11. अपने छठे जीवन में वह अभिमुखी बन जाता है। इस अवस्था में बोधिसत्व अब वस्तुओं के विकास, उसके कारण, बारह निदानों को समझने के लिए पूरी तरह से तैयार हो जाता है; और यह ज्ञान, जिसे अभिमुखी कहा जाता है, अविद्या से अंधे हुए सभी प्राणियों के लिए उसके हृदय में सबसे गहन करुणा को जागृत करता है।
12. अपने सातवें जीवन में बोधिसत्व एक दूरंगमा (दूर जाना) बन जाता है। बोधिसत्व अब समय और स्थान से परे है; वह अनंत के साथ एक है, लेकिन वह अभी भी सभी प्राणियों के लिए अपनी महान करुणा के कारण नाम–रूप को बनाए रखता है। वह दूसरों से एकांत में रहता है, क्योंकि संसार की वासनाएँ कमल के पत्ते से जल की तरह उससे चिपकती नहीं। वह अपने साथियों की इच्छाओं को शांत करता है, दान, धैर्य, व्यवहार कुशलता, ऊर्जा, शांति, बुद्धिमत्ता और सर्वोच्च ज्ञान का अभ्यास करता है।
13. जबकि इस जीवन में वह धर्म को जानता है, लेकिन इसे लोगों द्वारा समझे जाने वाले तरीकों से प्रस्तुत करता है, वह जानता है कि उसे व्यवहार कुशल और धैर्यवान होना चाहिए। लोग उसके साथ जो कुछ भी करते हैं, वह उसे समभाव से सहन करता है, क्योंकि वह जानता है कि अज्ञानता के कारण वे उसके इरादों को गलत समझते हैं। साथ ही वह सभी प्राणियों के लाभ के लिए अपनी ऊर्जा को कभी कम नहीं करता, न ही वह अपने मन को ज्ञान से हटाता है, इसलिए दुर्भाग्य उसे कभी भी धर्म के मार्ग से नहीं हटा सकता।
14. अपने आठवें जीवन में वह अचल हो जाता है। अचल की अवस्था में, बोधिसत्व की ओर से सभी प्रयास समाप्त हो जाते हैं। वह सहज रूप से अच्छाई का अनुसरण करता है; वह जो भी करेगा, उसमें सफल होगा।
15. अपने नौवें जीवन में वह साधुमती बन जाता है। यह उस व्यक्ति की अवस्था या स्थिति है जिसने सभी धर्मों या प्रणालियों, सभी दिशाओं को जीत लिया है और उसमें प्रवेश कर लिया है, और समय में प्रवेश नहीं करता है।

16. अपने दसवें जीवन में वह धर्ममेघ बन जाता है। बोधिसत्व बुद्ध की अनंत दिव्य आँख प्राप्त करता है।
17. बोधिसत्व को ये दस शक्तियाँ प्राप्त होती हैं जो बुद्ध बनने पर उसके लिए आवश्यक होती हैं।
18. बोधिसत्व को न केवल इन दस शक्तियों को प्राप्त करना चाहिए, बल्कि उसे दस पारमिताओं का भी पूर्णता से अभ्यास करना चाहिए।
19. एक पारमिता एक जीवन का अंत है। पारमिताओं में विशेषज्ञता चरण दर चरण होनी चाहिए। एक जीवन में एक पारमिता, न कि एक का थोड़ा और दूसरे का थोड़ा।
20. केवल तभी जब वह दोगुना सुसज्जित होता है, तभी एक बोधिसत्व बुद्ध बनने के योग्य बनता है। बुद्ध एक बोधिसत्व के जीवन में एक चरम बिंदु है।
21. जातक या बोधिसत्व के जन्म चरणों का सिद्धांत अवतारों के ब्राह्मणवादी सिद्धांत, यानी भगवान के अवतारों के सिद्धांत के समान प्रतीत होता है।
22. जातक सिद्धांत बुद्ध के अस्तित्व के सार के रूप में शुद्धता की उच्चतम डिग्री पर आधारित है।
23. अवतार सिद्धांत के लिए यह आवश्यक नहीं है कि भगवान अपने निर्माण में शुद्ध हों। अवतार के ब्राह्मणवादी सिद्धांत में बस इतना ही कहा गया है कि भगवान अलग–अलग रूप धारण करके अपने अनुयायियों को बचाते हैं, भले ही भगवान अपने आचरण में बहुत अशुद्ध और अनैतिक हों।
24. यह सिद्धांत कि बुद्ध बनने के लिए दस जन्मों तक बोधिसत्व बनना एक शर्त है, कहीं भी समान नहीं है। कोई भी अन्य धर्म अपने संस्थापक को इस तरह की परीक्षा का उत्तर देने के लिए नहीं कहता है।

भाग – V

बुद्ध और उनके पूर्ववर्ती

1. बुद्ध और वैदिक ऋषि।
2. कपिल–दार्शनिक।
3. ब्राह्मण।
4. उपनिषद और उनकी शिक्षाएँ।

1. बुद्ध और वैदिक ऋषि

1. वेद मंत्रों का संग्रह हैं, अर्थात भजन या मंत्र। इन भजनों के वाचक ऋषि कहलाते हैं।
2. मंत्र इंद्र, वरुण, अग्नि, सोम, ईशान, प्रजापति, ब्रम्हा, महिधि, यम और अन्य जैसे देवताओं के लिए मात्र आह्वान हैं।
3. आह्वान केवल शत्रुओं के विरुद्ध सहायता, धन के उपहार, भक्त से भोजन, मांस और मदिरा का प्रसाद स्वीकार करने के लिए प्रार्थना मात्र हैं।
4. वेदों में बहुत अधिक दर्शन नहीं है। लेकिन कुछ वैदिक ऋषि थे जिन्होंने दार्शनिक प्रकृति के चिंतन में प्रवेश किया था।
5. ये वैदिक ऋषि थे (1) अघमर्षण (2) प्रजापति परमेष्ठिन (3) ब्राह्मणस्पति, जिन्हें बृहस्पति के नाम से भी जाना जाता है; (4) अनिल (5) दीर्घतमस (6) नारायण (7) हिरण्यगर्भ और (8) विश्वकर्मा।
6. इन वैदिक दार्शनिकों की मुख्य समस्याएँ थी संसार की उत्पत्ति कैसे हुई? अलग–अलग चीजों की रचना किस तरह से हुई? उनमें एकता और अस्तित्व क्यों है? किसने बनाया और किसने आदेश दिया? संसार किससे उत्पन्न हुआ और फिर किसमें लौट जाएगा?
7. अघमर्षण ने कहा कि संसार तपस (गर्मी) से उत्पन्न हुआ। तपस सृजनात्मक सिद्धांत था जिससे शाश्वत नियम और सत्य का जन्म हुआ। इनसे रात्रि (तमस) उत्पन्न हुई। तमस ने जल उत्पन्न किया और जल से काल की उत्पत्ति हुई। काल ने सूर्य और चंद्रमा, स्वर्ग और पृथ्वी, आकाश और प्रकाश को जन्म दिया और दिन और रात को आदेश दिया।
8. ब्रह्मणस्पति ने अस्तित्व की उत्पत्ति को अस्तित्वहीनता से माना। अस्तित्वहीनता शब्द से उन्होंने स्पष्ट रूप से अनंत को निरूपित किया। अस्तित्व मूल रूप से अस्तित्वहीन से उत्पन्न हुआ। अस्तित्वहीन (असत, नॉनेंस) उन सबका स्थायी आधार था जो

विद्यमान हैं (सत, एन्स) और उन सबका भी जो संभव है और फिर भी अस्तित्वहीन हैं (असत)।

9. प्रजापति परमेस्थिन ने समस्या से प्रारम्भ कीः "क्या अस्तित्व अस्तित्वहीनता से आया है?" उनका विचार था कि यह एक अप्रासंगिक प्रश्न था। उनके लिए जल ही अस्तित्व का मूल पदार्थ था। उनके लिए मूल पदार्थ–जल न तो अस्तित्व की परिभाषा के अंतर्गत आता था और न ही अस्तित्वहीनता की परिभाषा के अंतर्गत।
10. परमेस्थिन ने पदार्थ और प्रेरक शक्ति के बीच कोई अंतर नहीं किया। उनके अनुसार जल ने किसी अंतर्निहित सिद्धांत द्वारा स्वयं को विशेष चीजों में बदल लिया, जिसे उन्होंने काम, ब्रह्मांडीय इच्छा नाम दिया।
11. अनिल एक अन्य वैदिक दार्शनिक थे। उनके लिए मुख्य तत्व वायु था। इसमें गति की अंतर्निहित क्षमता होती है। यह उत्पन्न करने वाले सिद्धांत से संपन्न है।
12. दीर्घतमस का मानना था कि सभी जीवित प्राणी आराम करते हैं और अंततः सूर्य पर निर्भर होते हैं। सूर्य अपनी अंतर्निहित शक्ति द्वारा टिका हुआ और आगे की ओर बढ़ता हुआ पीछे और आगे की ओर जाता है।
13. सूर्य एक भूरे रंग के पदार्थ से बना है और इसी तरह बिजली और आग भी।
14. सूर्य, बिजली और अग्नि ने जल के बीज का निर्माण किया। जल पौधों के बीज का निर्माण करता है। ऐसा दीर्घतमास का मत था।
15. नारायण के अनुसार, पुरुष (ईश्वर) ब्रह्मांड का प्रथम कारण है। पुरुष से ही सूर्य, चंद्रमा, पृथ्वी, जल, अग्नि, वायु, मध्य वायु, आकाश, क्षेत्र, ऋतुएँ, वायु के जीव, सभी पशु, सभी वर्ग के मनुष्य और सभी मानव संस्थाएँ उत्पन्न हुई हैं।

16. हिरण्यगर्भ। सिद्धांत की दृष्टि से वे परमेष्ठी और नारायण के बीच में खड़े थे। हिरण्यगर्भ का अर्थ है स्वर्ण बीज। यह ब्रह्मांड की महान शक्ति थी, जिससे अन्य सभी शक्तियाँ और अस्तित्व, दैवीय और सांसारिक, उत्पन्न हुए।
17. हिरण्यगर्भ का अर्थ है अग्नि। यह अग्नि ही है जिसने सौर सार का गठन किया, जो ब्रह्मांड का उत्पादक सिद्धांत है।
18. विश्वकर्मन के दृष्टिकोण से यह मानना पूरी तरह अपर्याप्त और असंतोषजनक था कि जल ही सभी चीजों का आदि तत्व है, और फिर उसमें से इस संसार को एक संपूर्ण रूप में प्राप्त करना, उसे गति की एक निर्विवाद शक्ति देकर। यदि जल वह आदिम पदार्थ है जो परिवर्तन के अंतर्निहित सिद्धांत से संपन्न है, तो हमें अभी भी यह पता लगाना है कि जल ने अपना अस्तित्व किससे प्राप्त किया, और प्रेरक शक्ति, उत्पन्न करने वाला सिद्धांत, तात्विक शक्तियाँ, नियम और बाकी सब कहाँ से प्राप्त किया।
19. विश्वकर्मन का विचार था कि यह ईश्वर ही है जो प्रेरक शक्ति है। ईश्वर प्रथम है और ईश्वर अंतिम है। वह दृश्यमान ब्रह्मांड से भी पहले है; वह सभी ब्रह्मांडीय शक्तियों के अस्तित्व में आने से पहले से उपस्थित था। वह एकमात्र ईश्वर है जिसने इस ब्रह्मांड को बनाया और इसे निर्धारित किया। ईश्वर एक है, और एकमात्र है। वह अजन्मा (अज) है जिसमें सभी मौजूदा चीजें निवास करती हैं। वह वह है जो मन में शक्तिशाली और शक्ति में सर्वोच्च है। वह निर्माता–नियोजक है। पिता के रूप में उसने हमें उत्पन्न किया, और निपटानकर्ता के रूप में वह सभी के भाग्य को जानता है।
20. बुद्ध ने सभी वैदिक ऋषियों को श्रद्धा के योग्य नहीं माना। उन्होंने दस वैदिक ऋषियों को ही सबसे प्राचीन और मंत्रों के वास्तविक रचयिता माना।
21. लेकिन मंत्रों में उन्हें नैतिक रूप से उत्थान करने वाली कोई बात नहीं दिखी।

22. उनके विचार में वेद रेगिस्तान के समान बेकार थे।
23. इसलिए बुद्ध ने मंत्रों को सीखने या उधार लेने के स्रोत के रूप में त्याग दिया।
24. इसी तरह, बुद्ध को वैदिक ऋषियों के दर्शन में कुछ भी नहीं मिला। वे सत्य तक पहुँचने के लिए टटोल रहे थे। लेकिन वे सत्य तक नहीं पहुँच पाए।
25. उनके सिद्धांत केवल अटकलें थीं, न कि तर्क पर आधारित और न ही तथ्यों पर। दर्शन में उनके योगदान ने कोई सामाजिक मूल्य नहीं बनाए।
26. इसलिए उन्होंने वैदिक ऋषियों के दर्शन को बेकार बताकर खारिज कर दिया।

2. कपिल– दार्शनिक

1. भारत के प्राचीन दार्शनिकों में कपिल सबसे श्रेष्ठ थे।
2. उनका दार्शनिक दृष्टिकोण अद्वितीय था, तथा दार्शनिक के रूप में वे अपने आप में एक अलग श्रेणी में थे। उनके दर्शन को सांख्य दर्शन के नाम से जाना जाता था।
3. उनके दर्शन के सिद्धांत आश्चर्यजनक प्रकृति के थे।
4. सत्य को प्रमाण द्वारा समर्थित किया जाना चाहिए। यह सांख्य प्रणाली का पहला सिद्धांत है। प्रमाण के बिना कोई सत्य नहीं है।
5. सत्य को सिद्ध करने के उद्देश्य से कपिल ने प्रमाण के केवल दो साधनों की अनुमति दी (1) प्रत्यक्षीकरण और (2) अनुमान।
6. प्रत्यक्षीकरण से तात्पर्य किसी उपस्थित वस्तु की मानसिक समझ से है।
7. अनुमान तीन प्रकार का होता है (1) कारण से प्रभाव की ओर, जैसे बादलों की उपस्थिति से वर्षा होती है; (2) प्रभाव से कारण की ओर, जैसे घाटियों में नदियों के उफान से पहाड़ियों में वर्षा होती है, तथा सादृश्य द्वारा, जैसे जब हम इस तथ्य से अनुमान लगाते हैं कि जब

कोई व्यक्ति चलता है तो वह अपना स्थान बदलता है, तो तारे भी चलते होंगे, क्योंकि वे अलग–अलग स्थानों पर दिखाई देते हैं।

8. उनका अगला सिद्धांत कार्य–कारण–सृजन और उसके कारण से संबंधित था।
9. कपिल ने इस सिद्धांत का खंडन किया कि कोई ऐसा प्राणी है जिसने ब्रह्मांड का निर्माण किया है। उनके विचार में एक निर्मित वस्तु वास्तव में अपने कारण में पहले से ही मौजूद होती है, जैसे मिट्टी बर्तन बनाने के लिए काम आती है, या धागा कपड़े का टुकड़ा बनाने के लिए काम आते हैं।
10. यह पहला आधार है जिस पर कपिल ने इस सिद्धांत को खारिज कर दिया कि ब्रह्मांड किसी प्राणी द्वारा बनाया गया था।
11. लेकिन ऐसे अन्य आधार भी हैं जिन्हें उन्होंने अपने दृष्टिकोण के समर्थन में आगे बढ़ाया।
12. अस्तित्वहीन किसी क्रिया का विषय नहीं हो सकता कोई नई रचना नहीं है। उत्पाद वास्तव में उस पदार्थ के अलावा और कुछ नहीं है जिससे वह बना है, उत्पाद अपने अस्तित्व में आने से पहले उस पदार्थ के रूप में मौजूद होता है जिससे वह बना है। ऐसी सामग्री से केवल एक निश्चित उत्पाद ही बनाया जा सकता है; और केवल एक विशिष्ट सामग्री ही एक विशिष्ट परिणाम दे सकती है।
13. तो फिर अनुभवसिद्ध ब्रह्मांड का स्रोत क्या है?
14. कपिल ने कहा कि अनुभवसिद्ध ब्रह्मांड में विकसित (व्यक्त) और अविकसित (अव्यक्त) चीजें शामिल हैं।
15. व्यक्तिगत चीजें (व्यक्त वस्तु) अविकसित चीजों (अव्यक्त वस्तु) का स्रोत नहीं हो सकतीं।
16. व्यक्तिगत चीजें सभी परिमाण में सीमित हैं और यह ब्रह्मांड के स्रोत की प्रकृति के साथ असंगत है।
17. सभी व्यक्तिगत चीजें एक दूसरे के समान हैं और इसलिए, किसी को भी दूसरे का अंतिम स्रोत नहीं माना जा सकता है। इसके

अलावा, चूंकि वे सभी एक स्रोत से अस्तित्व में आते हैं, इसलिए वे उस स्रोत का गठन नहीं कर सकते।

18. इसके अलावा, कपिल ने तर्क दिया, एक प्रभाव को उसके कारण से अलग होना चाहिए, हालांकि इसमें कारण शामिल होना चाहिए। ऐसा होने पर, ब्रह्मांड स्वयं अंतिम कारण नहीं हो सकता। यह किसी अंतिम कारण का उत्पाद होना चाहिए।

19. जब उनसे पूछा गया कि अविकसित को क्यों नहीं देखा जा सकता, वह ऐसी गति क्यों नहीं दिखाता जिससे उसे देखा जा सके, तो कपिल ने उत्तर दियाः

20. "यह विभिन्न कारणों से हो सकता है। हो सकता है कि इसकी सूक्ष्म प्रकृति इसे अगोचर बनाती हो, जैसे कि अन्य चीजें जिनके अस्तित्व के बारे में कोई संदेह नहीं है, उन्हें नहीं देखा जा सकता या उनकी बहुत अधिक दूरी या निकटता के कारण या किसी तीसरी वस्तु के हस्तक्षेप के कारण, या समान पदार्थ के साथ मिश्रण के कारण या किसी अधिक शक्तिशाली संवेदना की उपस्थिति के कारण, या इंद्रियों या पर्यवेक्षक के मन के अंधेपन या अन्य दोष के कारण।"

21. जब उनसे पूछा गयाः "तो फिर ब्रह्मांड का स्रोत क्या है? ब्रह्मांड के विकसित और अविकसित भाग के बीच क्या अंतर है?

22. कपिल ने उत्तर दियाः जो चीजें विकसित हुई हैं उनका एक कारण है और जो चीजें विकसित नहीं हुई हैं उनका भी एक कारण है। लेकिन दोनों का स्रोत अकारण और स्वतंत्र है।'

23. "जो चीजें विकसित हुई हैं वे संख्या में बहुत हैं और स्थान और नाम में सीमित हैं। स्रोत एक, शाश्वत और सर्वव्यापी है। विकसित वस्तुओं में क्रियाएँ और भाग होते हैं, स्रोत सभी में निहित है, लेकिन उसमें न तो क्रियाएँ हैं और न ही भाग।"

24. कपिल ने तर्क दिया कि अविकसित के विकास की कार्यविधि तीन घटकों की गतिविधियों के माध्यम से होती है, जिनसे यह बना है, सत्व, रजस और तम। इन्हें तीन गुण कहा जाता है।

25. घटकों या कारकों में से पहला, जिसे हम प्रकृति में प्रकाश कहते हैं, उससे मेल खाता है, जो प्रकट करता है, जो मनुष्यों को आनंद देता है; दूसरा वह है जो प्रेरित करता है और गति करता है, जो क्रिया उत्पन्न करता है; तीसरा वह है जो भारी है और संयम में रखता है, जो उदासीनता या अकर्मण्यता की स्थिति उत्पन्न करता है।

26. तीन घटक अनिवार्य रूप से निकट संबंध में कार्य करते हैं, वे एक दूसरे पर हावी होते हैं और एक दूसरे का समर्थन करते हैं और एक दूसरे के साथ घुलमिल जाते हैं। वे एक दीपक के घटकों की तरह हैं, लौ, तेल और बाती।

27. जब तीनों गुण पूर्ण संतुलन में होते हैं, कोई भी दूसरे पर हावी नहीं होता है, तो ब्रह्मांड स्थिर (अचेतन) प्रतीत होता है और विकसित होना बंद हो जाता है।

28. जब तीनों गुण एक दूसरे पर हावी नहीं होते हैं, तो ब्रह्मांड स्थिर (अचेतन) प्रतीत होता है और विकसित होना बंद हो जाता है। गुण संतुलन में नहीं हैं, एक दूसरे पर हावी हो जाता है, ब्रह्मांड गतिशील (सचेतन) हो जाता है और विकास शुरू हो जाता है।

29. यह पूछे जाने पर कि गुण असंतुलित क्यों हो जाते हैं, कपिल ने जो उत्तर दिया वह यह था कि तीनों गुणों के संतुलन में यह गड़बड़ी दुःख (कष्ट) की उपस्थिति के कारण है।

30. कपिल के दर्शन के सिद्धांत ऐसे थे।

31. सभी दार्शनिकों में से बुद्ध कपिल के सिद्धांतों से बहुत प्रभावित थे।

32. वे एकमात्र दार्शनिक थे जिनकी शिक्षाएँ बुद्ध को तर्क और तथ्यों पर आधारित लगती थीं।

33. लेकिन उन्होंने कपिल की हर बात को स्वीकार नहीं किया। बुद्ध ने कपिल की केवल तीन बातें स्वीकार कीं।

34. उन्होंने स्वीकार किया कि वास्तविकता को प्रमाण पर आधारित होना चाहिए। सोच तर्कवाद पर आधारित होनी चाहिए।

35. उन्होंने स्वीकार किया कि इस धारणा का कोई तार्किक या तथ्यात्मक आधार नहीं है कि ईश्वर मौजूद है या उसने ब्रह्मांड बनाया है।
36. उन्होंने स्वीकार किया कि संसार में दुःख है।
37. कपिल की बाकी शिक्षाओं को उन्होंने अपने उद्देश्य के लिए महत्त्वहीन मानकर अनदेखा कर दिया।

3. ब्राह्मण

1. वेदों के बाद धार्मिक पुस्तकें हैं जिन्हें ब्राह्मण कहा जाता है। दोनों को पवित्र पुस्तकें माना जाता था। वास्तव में ब्राह्मण वेदों का ही एक हिस्सा हैं। दोनों एक साथ चलते थे और उन्हें एक सामान्य नाम श्रुति कहा जाता था।
2. ब्राह्मण दर्शन चार सिद्धांतों पर आधारित था।
3. पहला सिद्धांत यह था कि वेद न केवल पवित्र हैं बल्कि वे अचूक हैं और उन पर सवाल नहीं उठाया जाना चाहिए।
4. ब्राह्मण दर्शन का दूसरा सिद्धांत यह था कि आत्मा की मुक्ति यानी पुनर्जन्म से मुक्ति केवल वैदिक यज्ञों और धार्मिक अनुष्ठानों और समारोहों के उचित प्रदर्शन और ब्राह्मणों को दान देने से ही मिल सकती है।
5. ब्राह्मणों के पास न केवल वेदों में निहित एक आदर्श धर्म का सिद्धांत था बल्कि उनके पास एक आदर्श समाज का सिद्धांत भी था।
6. इस आदर्श समाज के स्वरूप को उन्होंने चतुर्वण नाम दिया। यह वेदों में निहित है और चूंकि वेद अचूक हैं और उनकी प्रामाणिकता पर सवाल नहीं उठाया जा सकता, इसलिए चतुर्वण भी समाज के स्वरूप के रूप में बाध्यकारी और निर्विवाद था।
7. समाज का यह स्वरूप कुछ नियमों पर आधारित था।
8. पहला नियम यह था कि समाज को चार वर्गों में विभाजित किया जाना चाहिएरू (1) ब्राह्मण (2) क्षत्रिय (3) वैश्य और (4) शूद्र।

9. दूसरा नियम यह था कि इन चार वर्गों में सामाजिक समानता नहीं हो सकती। उन्हें श्रेणीबद्ध असमानता के नियम से एक साथ बांधा जाना चाहिए।
10. ब्राह्मण सबसे ऊपर होंगे, क्षत्रिय ब्राह्मण से नीचे लेकिन वैश्य से ऊपर रखे जाएंगे, वैश्य क्षत्रियों से नीचे लेकिन शूद्रों से ऊपर होंगे और शूद्र सबसे नीचे होंगे।
11. अधिकारों और विशेषाधिकारों के मामले में ये चारों वर्ग एक दूसरे के समकक्ष नहीं थे। अधिकारों और विशेषाधिकारों के प्रश्न पर श्रेणीबद्ध असमानता का नियम लागू था।
12. ब्राह्मण को वे सभी अधिकार और विशेषाधिकार प्राप्त थे, जिनका वह दावा करना चाहता था। लेकिन क्षत्रिय उन अधिकारों और विशेषाधिकारों का दावा नहीं कर सकता था, जिनका दावा ब्राह्मण कर सकता था। उसके पास वैश्य से ज्यादा अधिकार और विशेषाधिकार थे। वैश्य के पास शूद्र से ज्यादा अधिकार और विशेषाधिकार थे। लेकिन वह उन अधिकारों और विशेषाधिकारों का दावा नहीं कर सकता था, जिनका दावा क्षत्रिय कर सकता था। और शूद्र किसी भी अधिकार का हकदार नहीं था, किसी भी विशेषाधिकार का तो बिल्कुल भी नहीं। उसका विशेषाधिकार तीन श्रेष्ठ वर्गों को नाराज किए बिना जीवित रहना था।
13. चतुर्वण का तीसरा नियम व्यवसायों के विभाजन से संबंधित था। ब्राह्मण का व्यवसाय अध्ययन और अध्यापन तथा धार्मिक अनुष्ठानों का पालन करना था। क्षत्रिय का व्यवसाय युद्ध करना था। वैश्यों को व्यापार सौंपा गया था। शूद्रों का व्यवसाय तीन श्रेष्ठ वर्गों की सेवा करना था। विभिन्न वर्गों को सौंपे गए ये व्यवसाय अनन्य थे। एक वर्ग दूसरे के व्यवसाय पर अतिक्रमण नहीं कर सकता था।
14. चतुर्वण का चौथा नियम शिक्षा के अधिकार से संबंधित था। चतुर्वर्ण के स्वरूप में पहले तीन वर्गों, ब्राह्मण, क्षत्रिय और वैश्य को शिक्षा का अधिकार दिया गया था। शूद्रों को शिक्षा के अधिकार से वंचित रखा गया था। चतुर्वण के इस नियम ने केवल शूद्रों को ही शिक्षा

के अधिकार से वंचित नहीं किया। इसने ब्राह्मण, क्षत्रिय और वैश्य वर्ग की महिलाओं सहित सभी महिलाओं को शिक्षा के अधिकार से वंचित कर दिया।

15. एक पाँचवाँ नियम था। इसके अनुसार, मनुष्य के जीवन को चार चरणों में विभाजित किया गया था। पहले चरण को ब्रह्मचर्य कहा जाता था दूसरे चरण को गृहस्थाश्रम कहा जाता था तीसरे चरण को वानप्रस्थ कहा जाता था और चौथे चरण को संन्यास कहा जाता था।

16. पहले चरण का उद्देश्य अध्ययन और शिक्षा था। दूसरे चरण का उद्देश्य विवाहित जीवन जीना था। तीसरे चरण का उद्देश्य एक व्यक्ति को एक संन्यासी के जीवन से परिचित कराना, अर्थात, पारिवारिक संबंधों को तोड़ना, लेकिन अपने घर को छोड़े बिना। चौथे चरण का उद्देश्य एक व्यक्ति को ईश्वर की खोज में जाने और उसके साथ एकता की अन्वेषण करने में सक्षम बनाना था।

17. इन चरणों का लाभ केवल तीन श्रेष्ठ वर्गों के पुरुष सदस्यों के लिए उजागर था। पहला चरण शूद्रों और महिलाओं के लिए खुला नहीं था। इसी तरह अंतिम चरण शूद्रों और महिलाओं के लिए खुला नहीं था।

18. चतुर्वण नामक एक आदर्श समाज का दिव्य स्वरूप ऐसा था। ब्राह्मणों ने शासन को आदर्श बनाया था और बिना किसी दरार या खामी के आदर्श को साकार किया था।

19. ब्राह्मण दर्शन की चौथी थीसिस कर्म का सिद्धांत था। यह थीसिस का हिस्सा था। आत्मा का पुनर्जन्म। ब्राह्मणों का कर्म इस प्रश्न का उत्तर था: "आत्मा अपने नए शरीर के साथ नए जन्म पर पुनर्जन्म पर कहाँ उतरी?" ब्राह्मण दर्शन का उत्तर था कि यह मनुष्य के पिछले जन्म के कर्मों पर निर्भर करता है। दूसरे शब्दों में, यह उसके कर्म पर निर्भर करता है।

20. बुद्ध ब्राह्मणवाद के पहले सिद्धांत के प्रबल विरोधी थे। उन्होंने उनकी इस धारणा को अस्वीकृत कर दिया कि वेद अचूक हैं और उनकी प्रामाणिकता पर कभी प्रश्न नहीं उठाया जा सकता।

21. उनके विचार में, कुछ भी अचूक नहीं है और कुछ भी अंतिम नहीं हो सकता। जब भी पुनर्परीक्षण और पुनर्विचार के लिए आधार उत्पन्न होते हैं, तो हर चीज को फिर से जांचने और पुनर्विचार के लिए खुला होना चाहिए।
22. मनुष्य को सत्य और वास्तविक सत्य को जानना चाहिए। उनके लिए विचार की स्वतंत्रता सबसे आवश्यक चीज थी। और उन्हें यकीन था कि विचार की स्वतंत्रता ही सत्य की अन्वेषण का एकमात्र तरीका है।
23. वेदों की अचूकता का मतलब विचार की स्वतंत्रता का पूर्ण खंडन था।
24. इन कारणों से ब्राह्मण दर्शन की यह धारणा उनके लिए सबसे अप्रिय थी।
25. वे ब्राह्मण दर्शन की दूसरी धारणा के भी उतने ही विरोधी थे। बुद्ध ने स्वीकार किया कि बलिदान में पुण्य है। लेकिन उन्होंने सच्चे बलिदान और झूठे बलिदान के बीच अंतर किया।
26. दूसरों की भलाई के लिए आत्म–त्याग के अर्थ में बलिदान को उन्होंने सच्चा बलिदान कहा। व्यक्तिगत लाभ के लिए भगवान को भेंट के रूप में एक जानवर को मारने के अर्थ में बलिदान को उन्होंने झूठा बलिदान माना।
27. ब्राह्मणवादी बलिदान ज्यादातर अपने देवताओं को प्रसन्न करने के लिए जानवरों की बलि थे। उन्होंने उन्हें झूठे बलिदान के रूप में निंदा की। उन्होंने उन्हें अनुमति नहीं दी, भले ही वे आत्मा के लिए मोक्ष प्राप्त करने के उद्देश्य से किए गए हों।
28. बलिदान के विरोधी ब्राह्मणों का उपहास करते हुए कहते थे कि "यदि कोई जानवर की बलि देकर स्वर्ग जा सकता है, तो उसे अपने पिता की बलि क्यों नहीं देनी चाहिए। यह स्वर्ग जाने का एक तेज तरीका होगा।"
29. बुद्ध इस दृष्टिकोण से पूरी तरह सहमत थे।

30. चतुर्वण का सिद्धांत बुद्ध के लिए उतना ही घृणित था जितना कि बलिदान का सिद्धांत।

31. ब्राह्मणवाद द्वारा चतुर्वण के नाम पर स्थापित समाज का संगठन उन्हें स्वाभाविक संगठन नहीं लगा। इसकी वर्ग संरचना अनिवार्य और मनमानी थी। यह एक ऐसा समाज था जो व्यवस्था के अनुसार बनाया गया था। उन्होंने एक खुला समाज और एक स्वतंत्र समाज पसंद किया।

32. ब्राह्मणों का चतुर्वण एक निश्चित क्रम था जिसे कभी नहीं बदला जा सकता था। एक बार ब्राह्मण हमेशा ब्राह्मण। एक बार क्षत्रिय हमेशा क्षत्रिय, एक बार वैश्य हमेशा वैश्य और एक बार शूद्र हमेशा शूद्र। समाज व्यक्ति को उसके जन्म के संयोग से प्राप्त स्थिति पर आधारित था। पाप, चाहे कितना भी जघन्य क्यों न हो, किसी व्यक्ति को उसकी स्थिति से नीचे गिराने का आधार नहीं था और पुण्य, चाहे कितना भी महान हो, उसे उससे ऊपर उठाने का कोई मूल्य नहीं था। मूल्य या विकास के लिए कोई जगह नहीं थी।

33. असमानता हर समाज में मौजूद है। लेकिन ब्राह्मणवाद के साथ यह अलग था। ब्राह्मणों द्वारा प्रचारित असमानता इसका आधिकारिक सिद्धांत था। यह केवल विकास नहीं था। ब्राह्मणवाद समानता में विश्वास नहीं करता था। वास्तव में, यह समानता का विरोधी था।

34. ब्राह्मणवाद असमानता से संतुष्ट नहीं था। ब्राह्मणवाद की आत्मा क्रमिक असमानता में निहित थी।

35. बुद्ध का विचार था कि आनुक्रमिक असमानता सद्भाव पैदा करने के बजाय, समाज में घृणा और अवनति पैदा कर सकती है, तथा यह सतत संघर्ष का स्रोत हो सकती है।

36. चारों वर्णों के व्यवसाय भी निश्चित थे। उनमें चुनाव की कोई स्वतंत्रता नहीं थी। इसके अलावा, वे कौशल के अनुसार नहीं बल्कि जन्म के अनुसार निश्चित थे।

37. चतुर्वण के नियमों की सावधानीपूर्वक समीक्षा करने पर बुद्ध को इस निष्कर्ष पर पहुंचने में कोई कठिनाई नहीं हुई कि ब्राह्मणवाद द्वारा जिस दार्शनिक आधार पर सामाजिक व्यवस्था का निर्माण किया गया था, वह स्वार्थी नहीं तो गलत था।

38. उनके लिए यह स्पष्ट था कि यह सभी के हितों की सेवा नहीं करता था, और इससे सभी का कल्याण तो दूर की बात थी। वास्तव में, इसे जानबूझकर बहुतों को कुछ लोगों के हितों की सेवा करने के लिए बनाया गया था। इसमें मनुष्य को स्वयंभू महापुरुषों के एक वर्ग की सेवा करने के लिए बनाया गया था।

39. यह दुर्बल को अवनत और उनका शोषण करने तथा उन्हें पूर्ण रूप से अधीन रखने के लिए बनाया गया था।

40. बुद्ध का मानना था कि ब्राह्मणों द्वारा बनाए गए कर्म के नियम विद्रोह की भावना को पूरी तरह से खत्म करने के लिए बनाए गए थे। मनुष्य के दुःख के लिए कोई और जिम्मेदार नहीं था, सिवाय उसके खुद के। विद्रोह दुःख की स्थिति को बदल नहीं सकता था, क्योंकि दुःख उसके पिछले कर्मों के कारण इस जीवन में उसका भाग्य बन गया था।

41. शूद्र और महिलाएँ, दो वर्ग जिनकी मानवता ब्राह्मणवाद द्वारा सबसे अधिक विकृत की गई थी, उनके पास व्यवस्था के विरूद्ध विद्रोह करने की कोई शक्ति नहीं थी।

42. उन्हें ज्ञान के अधिकार से वंचित कर दिया गया, जिसके परिणामस्वरूप उनके लागू किए गए अज्ञान के कारण वे यह नहीं समझ पाए कि उनकी स्थिति इतनी खराब क्यों हो गई है। वे यह नहीं जान पाए कि ब्राह्मणवाद ने उनके जीवन के महत्व को पूरी तरह से छीन लिया है। ब्राह्मणवाद के खिलाफ विद्रोह करने के बजाय वे ब्राह्मणवाद के भक्त और समर्थक बन गए थे।

43. हथियार रखने का अधिकार मनुष्य के पास स्वतंत्रता प्राप्त करने का अंतिम साधन है। लेकिन शूद्रों को हथियार रखने का अधिकार नहीं दिया गया।

44. ब्राह्मणवाद के तहत शूद्र स्वार्थी ब्राह्मणवाद, शक्तिशाली और घातक क्षत्रियों और धनी वैश्यों की साजिश के असहाय शिकार बनकर रह गए।

45. क्या इसमें उपांतरण किया जा सकता था? यह जानते हुए कि यह एक दैवीय रूप से निर्धारित सामाजिक व्यवस्था थी, वह जानते थे कि इसमें संशोधन नहीं किया जा सकता। इसे केवल समाप्त किया जा सकता था।

46. इन कारणों से बुद्ध ने ब्राह्मणवाद को जीवन के सच्चे तरीके के विपरीत मानते हुए अस्वीकार कर दिया।

4. उपनिषद और उनकी शिक्षाएँ

1. उपनिषदों ने साहित्य का एक और हिस्सा बनाया। यह वेदों का हिस्सा नहीं है। यह गैर–विहित है।
2. फिर भी वे धार्मिक साहित्य का एक हिस्सा थे।
3. उपनिषदों की संख्या काफी बड़ी है। कुछ महत्वपूर्ण, कुछ काफी महत्वहीन।
4. उनमें से कुछ वैदिक धर्मशास्त्रियों, ब्राह्मण पुजारियों के विरूद्ध थे।
5. सभी ने वैदिक अध्ययन को अविद्या या अज्ञान का अध्ययन मानने पर सहमति जताई।
6. वे सभी चार वेदों और वैदिक विज्ञान को निम्न ज्ञान मानने में सहमत थे।
7. वे सभी वेदों की दिव्य उत्पत्ति पर प्रश्न उठाने में सहमत थे।
8. वे सभी बलिदान, अंतिम संस्कार और पुरोहितों को दिए जाने वाले दान की प्रभावकारिता को नकारने में सहमत थे, जो ब्राह्मण दर्शन के मूल तत्व हैं।
9. हालाँकि, यह मुख्य विषय नहीं था जिससे उपनिषदों का संबंध था। उनकी चर्चाएँ ब्रह्म और आत्मा के इर्द–गिर्द केंद्रित थीं।

10. ब्रह्म सर्वव्यापी सिद्धांत है जो ब्रह्मांड को बांधता है और मोक्ष आत्मा द्वारा यह महसूस करने में निहित है कि वह ब्रह्म है।
11. उपनिषदों का मुख्य सिद्धांत यह था कि ब्रह्म एक वास्तविकता थी और आत्मा ब्रह्म के समान ही थी। आत्मा को यह एहसास नहीं हुआ कि वह ब्रह्म है, क्योंकि वह उपाधियों में उलझी हुई थी।
12. प्रश्न था: क्या ब्रह्म एक वास्तविकता है? उपनिषदों की मान्यता इस सवाल के उत्तर पर निर्भर थी।
13. बुद्ध को इस बात का कोई साक्षी नहीं मिला कि ब्रह्म एक वास्तविकता है। इसलिए उन्होंने उपनिषदों की थीसिस को अस्वीकार कर दिया।
14. ऐसा नहीं है कि इस मुद्दे पर उपनिषदों के लेखकों से सवाल नहीं पूछे गए। वे थे:
15. ऐसे प्रश्न किसी और व्यक्ति से नहीं बल्कि याज्ञवल्क्य से पूछे गए, जो एक महान द्रष्टा हैं और जिन्होंने ब्रहदारण्यक उपनिषद में बहुत महत्वपूर्ण भूमिका निभाई है।
16. उनसे पूछा गया: "ब्रह्म क्या है? आत्मा क्या है?" याज्ञवल्क्य बस इतना ही कह पाए: "नेति! नेति! मैं नहीं जानता! मैं नहीं जानता!"
17. बुद्ध ने पूछा, "कोई भी चीज वास्तविकता कैसे हो सकती है जिसके बारे में कोई भी कुछ नहीं जानता।" इसलिए, उन्हें उपनिषदों की इस धारणा को पूरी तरह से कल्पना पर आधारित बताकर खारिज करने में कोई कठिनाई नहीं हुई।

भाग – VI

बुद्ध और उनके समकालीन

1. उनके समकालीन।
2. अपने समकालीनों के प्रति उनका दृष्टिकोण।

1. उनके समकालीन

1. जिस समय गौतम ने परिव्राजक पद ग्रहण किया, उस समय देश में बौद्धिक उथल–पुथल मची हुई थी। ब्राह्मण दर्शन के अलावा, दर्शन के लगभग बासठ अलग–अलग संप्रदाय थे, जो सभी ब्राह्मण दर्शन के विरोधी थे। उनमें से कम से कम छह ध्यान देने योग्य थे।
2. इन दर्शन संप्रदायों में से एक पुराण कस्सप्पा का था। उनके सिद्धांत को अक्रियावाद के नाम से जाना जाता था। उनका मानना था कि आत्मा किसी भी तरह से कर्म से प्रभावित नहीं होती। कोई कुछ कर सकता है, या करवा सकता है। कोई चोट पहुँचा सकता है या किसी की हत्या करवा सकता है। कोई चोरी या डकैती कर सकता है या करवा सकता है, कोई व्यभिचार कर सकता है या करवा सकता है, कोई झूठ बोल सकता है या झूठ बुलवा सकता है। कोई भी चीज आत्मा को प्रभावित नहीं करती। कोई भी कार्य, चाहे कितना भी अनैतिक क्यों न हो, आत्मा को पाप से प्रभावित नहीं करता। कोई भी कार्य, चाहे कितना भी अच्छा क्यों न हो, आत्मा को पुण्य नहीं पहुँचाता। आत्मा पर किसी भी चीज का कोई क्रिया (परिणाम) नहीं होता। जब कोई व्यक्ति मर जाता है, तो उसके सभी तत्व अपने मूल में मिल जाते हैं। मृत्यु के बाद कुछ भी नहीं बचता, न शरीर, न आत्मा।
3. एक अन्य विचारधारा नियतिवाद के नाम से जानी जाती थी। इसके मुख्य प्रवर्तक मखली घोषाल थे। उनका सिद्धांत एक तरह का भाग्यवाद या नियतिवाद था। उन्होंने सिखाया कि कोई भी कुछ नहीं कर सकता या कुछ भी नहीं बदल सकता। चीजें होती हैं। कोई भी उन्हें घटित नहीं करवा सकता। कोई भी दुःख को दूर नहीं कर सकता, उसे बढ़ा नहीं सकता या घटा नहीं सकता। व्यक्ति को दुनिया के अनुभवों का अपना हिस्सा अवश्य भोगना चाहिए।
4. तीसरी विचारधारा उच्चेदवाद के नाम से जानी जाती थी। इसके मुख्य प्रवर्तक अजित केशकंबल थे। उनका सिद्धांत एक तरह का

विनाशवाद था। उन्होंने सिखाया कि यज्ञ हाओम में कुछ भी हाओम आत्मा द्वारा भोगी या भोगी जाने वाली कर्मों के फल या प्रभाव जैसी कोई चीज नहीं है। न तो स्वर्ग है और न ही नर्क। मनुष्य दुनिया में दुःख के कुछ तत्वों से बना है। आत्मा इससे बच नहीं सकती। संसार में जो भी दुःख या अप्रसन्नता है, आत्मा उससे बच नहीं सकती। यह दुःख या अप्रसन्नता स्वतः ही समाप्त हो जाएगी। आत्मा को चौरासी लाख महाकल्पों में पुनर्जन्म लेना होगा। तभी आत्मा का दुःख और अप्रसन्नता समाप्त होगी, न पहले और न ही किसी अन्य तरीके से।

5. चौथा संप्रदाय अन्योन्यावाद के नाम से जाना जाता था। इस संप्रदाय के प्रमुख पकुधा कच्छयान थे। उन्होंने उपदेश दिया कि सात तत्व हैं जो एक प्राणी को बनाते हैं, अर्थात् पृथ्वी, आपा, तेज, वायु, सुख, दुःख और आत्मा। प्रत्येक एक दूसरे से स्वतंत्र है; एक दूसरे को प्रभावित नहीं करते। वे स्वयंभू हैं और वे शाश्वत हैं। कोई भी उन्हें नष्ट नहीं कर सकते। यदि कोई मनुष्य का सिर काट दे तो वह उसे नहीं मारता। जो कुछ होता है, वह यह है कि हथियार सात तत्वों में प्रवेश कर गया है।

6. संजय बेलपुत्त का अपना दर्शनशास्त्र था। इसे विक्षेपवाद के नाम से जाना जाता था, जो एक प्रकार का संशयवाद था। उन्होंने तर्क दिया, "अगर कोई मुझसे पूछे कि क्या स्वर्ग है, अगर मुझे लगता है कि वहाँ है तो मैं हाँ कहूँगा। लेकिन अगर मुझे लगता है कि कोई स्वर्ग नहीं है तो मैं नहीं कहूँगा। अगर मुझसे पूछा जाए कि क्या मनुष्य की रचना की गई है, क्या मनुष्य को अपने कर्मों का फल भुगतना पड़ता है, चाहे वह अच्छा हो या बुरा, और क्या आत्मा मृत्यु के बाद जीवित रहती है, तो मैं इन सभी के लिए नहीं कहूँगा क्योंकि मुझे नहीं लगता कि वे मौजूद हैं। इस तरह संजय बेलपुत्त ने अपने सिद्धांत को संक्षेप में प्रस्तुत किया।

7. दर्शन के छठे स्कूल को चातुर्यमसंवरवाद के रूप में जाना जाता था। इस स्कूल के प्रमुख जो उस समय जीवित थे जब गौतम

प्रकाश की खोज कर रहे थे, महावीर थे, जिन्हें निगंठ नाथपुत्त भी कहा जाता था। महावीर ने सिखाया कि आत्मा को पिछले जीवन और वर्तमान जीवन में किए गए बुरे कर्मों के कारण पुनर्जन्म से गुजरना पड़ता है। इसलिए, उन्होंने सुझाव दिया कि व्यक्ति को तपश्चर्या द्वारा बुरे कर्मों से छुटकारा पाना चाहिए। इस जीवन में बुरे कर्मों को करने से रोकने के लिए महावीर ने चातुर्यम धर्म का पालन करने का निर्देश दिया, अर्थात, चार नियमों का पालनः (1) हत्या न करना (2) चोरी न करना (3) झूठ न बोलना और (4) संपत्ति न रखना तथा ब्रह्मचर्य का पालन करना।

2. अपने समकालीनों के प्रति उनका दृष्टिकोण

1. बुद्ध ने नए दार्शनिकों की शिक्षाओं को स्वीकार नहीं किया।
2. उनकी शिक्षाओं को अस्वीकार करना बिना किसी कारण के नहीं था। उन्होंने कहा किः
3. यदि पुराण कश्यप या पाकुड़ कच्छयान के सिद्धांत सत्य होते तो कोई भी व्यक्ति कोई भी बुराई या नुकसान कर सकता था; कोई व्यक्ति किसी दूसरे की हत्या करने की हद तक भी जा सकता था, बिना किसी सामाजिक प्रभावग्राहकता या सामाजिक परिणाम के।
4. यदि मखली घोषाल का सिद्धांत सत्य है तो मनुष्य भाग्य का दास बन जाता है। वह स्वयं को मुक्त नहीं कर सकता।
5. यदि अजित केशकंबल का सिद्धांत सत्य है तो मनुष्य को केवल खाना, पीना और मौज–मस्ती करना है।
6. यदि संजय बेलपुत्त का सिद्धांत सत्य होता तो मनुष्य को जीवन के सकारात्मक दर्शन के बिना ही भटकना पड़ता।
7. अगर निगंठ नाथपुत्त का सिद्धांत सच था तो मनुष्य का जीवन तपश्चर्या और तपस्या के अधीन होना चाहिए, मनुष्य की प्रवृत्तियों और इच्छाओं को पूरी तरह से वश में करना और उखाड़ फेंकना।

8. इस प्रकार, दार्शनिकों द्वारा सुझाए गए जीवन के किसी भी मार्ग ने बुद्ध को आकर्षित नहीं किया। उन्होंने सोचा कि ये उन लोगों के विचार हैं जो निराश, असहाय और लापरवाह हो गए हैं। इसलिए उन्होंने कहीं और प्रकाश की तलाश करने का फैसला किया।

भाग – VII

तुलना और विरोधाभास

1. उन्होंने क्या अस्वीकार किया।
2. उन्होंने क्या संशोधित किया।
3. उन्होंने क्या स्वीकार किया।

1. उन्होंने क्या अस्वीकार किया

1. दार्शनिक और धार्मिक विचारों के इस सर्वेक्षण से पता चलता है कि जिस समय बुद्ध ने अपना शासन सूत्र तैयार किया, उस समय कुछ विचार लोगों के मन पर दृढ़ पकड़ रखते थे। वे थे:
   - (i) वेदों की अभ्रांतता में विश्वास;
   - (ii) मोक्ष या आत्मा के उद्धार में विश्वास, अर्थात्, इसका फिर से जन्म न लेना;
   - (iii) मोक्ष प्राप्त करने के साधन के रूप में अनुष्ठानों, समारोहों और बलिदानों की प्रभावकारिता में विश्वास;
   - (iv) सामाजिक संगठन के लिए आदर्श के रूप में चतुर्वण में विश्वास;
   - (v) ईश्वर को सृष्टिकर्ता के रूप में और ब्राह्मण को ब्रह्मांड के मूल सिद्धांत के रूप में मानना।
   - (vi) आत्मा में विश्वास।
   - (vii) संसार में विश्वास, (एक साथ भटकना), अर्थात् आत्मा का पुनर्जन्म।
   - (viii) कर्म में विश्वास, अर्थात् मनुष्य के पिछले जन्म में किए गए कर्मों के आधार पर वर्तमान जीवन में उसकी स्थिति का निर्धारण।
2. अपने शासन के सिद्धांतों को तैयार करते समय बुद्ध ने विचारों के इस पुराने भंडार को अपने तरीके से निपटाया।
3. निम्नलिखित विचार हैं जिन्हें उन्होंने अस्वीकार कर दिया:
   - (i) उन्होंने इस बारे में भविष्य–कथन में लिप्त होने की निंदा की कि मैं कहाँ से, कहाँ और क्या हूँ?
   - (ii) उन्होंने आत्मा के बारे में विधर्मियों को त्याग दिया और इसे शरीर, संवेदनाओं, इच्छाओं और चेतना के साथ पहचानने से परहेज किया।

(iii) उन्होंने सभी शून्यवादी विचारों को त्याग दिया जो कुछ धार्मिक शिक्षकों द्वारा प्रचारित किए गए थे।

(iv) उन्होंने ऐसे विचारों की निंदा की जो विधर्मियों द्वारा रखे गए थे।

(v) उन्होंने इस सिद्धांत को खारिज कर दिया कि ब्रह्मांडीय प्रगति की एक ज्ञात शुरुआत थी।

(vi) उन्होंने इस सिद्धांत को खारिज कर दिया कि किसी भगवान ने मनुष्य को बनाया या वह किसी ब्रह्म के शरीर से निकला।

(vii) आत्मा के अस्तित्व को उन्होंने या तो दूरस्थ किया या नकार दिया।

2. उन्होंने क्या संशोधित किया

(i) उन्होंने कारण और प्रभाव के महान कानून को उसके परिणामों के साथ स्वीकार किया।

(ii) उन्होंने जीवन के भाग्यवादी दृष्टिकोण और अन्य समान रूप से मूर्खतापूर्ण दृष्टिकोण को अस्वीकार कर दिया कि ईश्वर ने मनुष्य और दुनिया के लिए क्या होना चाहिए, यह पहले से ही निर्धारित कर रखा है।

(iii) उन्होंने इस सिद्धांत को खारिज कर दिया कि किसी पूर्व जन्म में किए गए सभी कर्मों में दुःख पैदा करने की क्षमता होती है, जो वर्तमान गतिविधि को नपुंसक बना देता है। उन्होंने कर्म के भाग्यवादी दृष्टिकोण को अस्वीकार कर दिया। उन्होंने कर्म के दृष्टिकोण को कर्म के अधिक वैज्ञानिक दृष्टिकोण से बदल दिया। उन्होंने पुरानी बोतल में नई शराब डाली।

(iv) पुनर्जन्म के सिद्धांत ने संसार को बदल दिया।

(v) उन्होंने मोक्ष या आत्मा के उद्धार के सिद्धांत को निर्वाण के सिद्धांत से बदल दिया।

(vi) इस प्रकार बुद्ध का शासन एक मौलिक रचना है। इसमें जो थोड़ा पुराना है, उसे या तो संशोधित किया गया है या फिर से कहा गया है।

3. उन्होंने क्या स्वीकार किया

1. उनकी शिक्षाओं की पहली विशिष्ट विशेषता मन को हर चीज का केंद्र मानने में निहित है।
2. मन चीजों से पहले आता है, उन पर हावी होता है, उन्हें बनाता है। अगर मन को समझ लिया जाए तो सभी चीजें समझ में आ जाती हैं।
3. मन अपनी सभी क्षमताओं का नेता है। मन अपनी सभी क्षमताओं का प्रमुख है। मन ही उन क्षमताओं से बना है।
4. सबसे पहले ध्यान देने वाली बात है मन की संस्कृति।
5. उनकी शिक्षाओं की दूसरी विशिष्ट विशेषता यह है कि मन ही वह सभी अच्छाई और बुराई का स्रोत है जो हमारे भीतर पैदा होती है और बाहर से हम पर आती है।
6. जो कुछ भी बुराई से जुड़ा है, बुराई से संबंधित है, वह मन से निकलता है। जो कुछ भी अच्छा है, अच्छाई से जुड़ा है, अच्छाई से संबंधित है– सभी मन से निकलते हैं।
7. यदि कोई व्यक्ति अपने मन को थकाकर बोलता या काम करता है, तो दुःख उसका पीछा करता है, जैसे गाड़ी के पहिए गाड़ी खींचने वाले बैलों के पैरों का पीछा करते हैं। इसलिए मन की सफाई ही धर्म का सार है।
8. उनकी शिक्षाओं की तीसरी विशिष्ट विशेषता सभी पाप कर्मों से बचना है।
9. उनकी शिक्षाओं की चौथी विशिष्ट विशेषता यह है कि वास्तविक धर्म धर्म की पुस्तकों में नहीं, बल्कि धर्म के सिद्धांतों के पालन में निहित है।
10. क्या कोई यह कह सकता है कि बुद्ध का धर्म उनकी अपनी रचना नहीं थी?

पुस्तक – II
धर्मांतरण अभियान

भाग I– बुद्ध और उनका विशाद योग।

भाग II– परिव्राजकों का धर्मांतरण।

भाग III– उच्च और पवित्र लोगों का धर्मांतरण।

भाग IV– घर से बुलावा।

भाग V– धर्मांतरण अभियान फिर से शुरू हुआ।

भाग VI– निम्न और नीच लोगों का धर्मांतरण।

भाग VII– महिलाओं का धर्मांतरण।

भाग VIII– पतित और अपराधियों का धर्मांतरण।

भाग – I

बुद्ध और उनका विशाद योग

1. उपदेश देना या न देना।
2. ब्रह्मा सहमपति द्वारा शुभ समाचार की घोषणा।
3. धर्मांतरण के दो प्रकार।

1. उपदेश देना या न देना

1. ज्ञान प्राप्ति के पश्चात् तथा अपना मार्ग निर्धारित करने के पश्चात् बुद्ध के मन में संदेह उत्पन्न हुआ। क्या उन्हें आगे बढ़कर अपने सिद्धांत का प्रचार करना चाहिए या उन्हें स्वयं को अपनी व्यक्तिगत पूर्णता के लिए समर्पित करना चाहिए।
2. उसने अपने आप से कहाः "सच है, मैंने एक नया सिद्धांत प्राप्त किया है। लेकिन आम आदमी के लिए इसे स्वीकार करना और इसका पालन करना बहुत कठिन है। यह बुद्धिमानों के लिए भी बहुत सूक्ष्म है।
3. "मानव जाति के लिए ईश्वर और आत्मा के बंधन से खुद को मुक्त करना कठिन है। मानव जाति के लिए अनुष्ठानों और समारोहों में अपने विश्वास को छोड़ना कठिन है। मानव जाति के लिए कर्म में अपने विश्वास को छोड़ना कठिन है।
4. "मानव जाति के लिए आत्मा की अमरता में अपने विश्वास को छोड़ना और मेरे सिद्धांत को स्वीकार करना कठिन है कि आत्मा एक स्वतंत्र इकाई के रूप में मौजूद नहीं है और मृत्यु के बाद जीवित नहीं रहती है।
5. "मानव जाति अपने स्वार्थ पर सोत्कण्ठ है और इसमें आनंद और प्रसन्नता महसूस करती है। मानव जाति के लिए स्वार्थ पर हावी होने वाले धार्मिकता के मेरे सिद्धांत को स्वीकार करना कठिन है।
6. "यदि मैं अपना सिद्धांत सिखाऊँ और दूसरे लोग इसे न समझें या इसे समझकर स्वीकार न करें या इसे स्वीकार करके इसका पालन न करें, तो यह दूसरों के लिए थकान और मेरे लिए झुंझलाहट होगी।
7. "क्यों न मैं संसार से दूर एक संन्यासी बनकर रहूँ और अपने स्वयं के आत्म को पूर्ण करने के लिए मेरे उपदेश का उपयोग करूँ?" उसने स्वयं से पूछा। "कम से कम मैं अपना भला तो कर सकता हूँ।"

8. इस प्रकार जब उसने विचार किया, तो उसका मन उपदेश की ओर न होकर निष्क्रियता की ओर मुड़ गया।

9. तब ब्रह्मा सहमपति ने बुद्ध के मन में चल रही बात को जानते हुए सोचा, "वास्तव में संसार नष्ट हो रहा है, वास्तव में संसार विनाश की ओर जा रहा है, यदि तथागत, पूर्णतः प्रबुद्ध, अपने उपदेश की ओर न बढ़कर निष्क्रियता की ओर मुड़ते हैं।"

10. चिंता से भरे हुए ब्रह्मा सहमपति ब्रह्मा जगत को छोड़कर बुद्ध के समक्ष उपस्थित हुए। और अपने ऊपरी वस्त्र को एक कंधे पर रखकर वे नीचे झुके और हाथ जोड़कर कहाः "अब तुम सिद्धार्थ गौतम नहीं हो। तुम बुद्ध हो। तुम धन्य हो जिसे पूर्ण ज्ञान प्राप्त है। तुम तथागत हो। तुम संसार को ज्ञान देने से कैसे मना कर सकते हो? तुम भटकती मानवता को बचाने से कैसे मना कर सकते हो?

11. "अशुद्धि से भरे हुए प्राणी हैं जो सिद्धांत को न सुनने के कारण भटक रहे हैं।

12. "जैसा कि भगवान जानते हैं," ब्रह्मा सहमपति ने कहा, "प्राचीन काल में मगधों में कई अशुद्ध सिद्धांत उत्पन्न हुए, जिनमें कई दोष थे।

13. "क्या भगवान उनके लिए अपने अमर सिद्धांत का द्वार नहीं खोलेंगे?

14. "जैसे कोई चट्टानी पहाड़ पर खड़ा होकर अपने चारों ओर के सभी लोगों को देखता है, वैसे ही हे तू, जो बुद्धि से भरा हुआ है, सब पर चढ़ता है, हे शोकरहित, उन पर दृष्टि डाल जो अपने दुःखों में डूबे हुए हैं।

15. "उठो, हे वीर, युद्ध में विजयी, हे कारवां–नेता, जन्म के ऋण से मुक्त हो, संसार में जाओ और उससे विमुख मत हो।

16. "प्रभु अपनी करुणा में मनुष्यों और देवताओं को अपना सुसमाचार सिखाने की योजना बनाए।"

17. हे ब्रह्मा, मनुष्यों में श्रेष्ठ और श्रेष्ठ, यदि मैंने अपने धर्मोपदेश का सार्वजनिक रूप से प्रचार नहीं किया, तो इसका कारण यह है कि मैंने क्रोध का अनुभव किया," बुद्ध ने उत्तर दिया।

18. यह जानते हुए कि संसार में बहुत दुःख है, बुद्ध ने महसूस किया कि संन्यासी की तरह हाथ जोड़कर बैठना और चीजों को वैसे ही रहने देना गलत था।
19. उन्होंने तप को व्यर्थ पाया। संसार से भागने का प्रयास करना व्यर्थ था। एक तपस्वी के लिए भी संसार से भागने का कोई रास्ता नहीं है। उन्होंने महसूस किया कि जो आवश्यक है, वह संसार से भागना नहीं है। जो आवश्यक है, वह संसार को बदलना और इसे बेहतर बनाना है।
20. उन्होंने महसूस किया कि उन्होंने संसार इसलिए छोड़ा क्योंकि वहाँ बहुत संघर्ष था, जिसके परिणामस्वरूप दुःख और अप्रसन्नता थी और जिसके लिए उन्हें कोई उपाय नहीं पता था दुःख और अप्रसन्नता से मुक्ति के लिए उन्हें कोई कष्ट–निवारण नहीं मालूम था। यदि वे अपने सिद्धांत के प्रचार से संसार से दुःख और अप्रसन्नता को दूर कर सकते हैं, तो उनका कर्तव्य है कि वे संसार में लौटकर इसकी सेवा करें और निष्क्रियता के प्रतिरूप बनकर चुप न बैठें।
21. इसलिए बुद्ध ने ब्रह्मा सहमति के अनुरोध को स्वीकार कर लिया और संसार को अपने सिद्धांत का उपदेश देने का निश्चय किया।

2. ब्रह्मा सहमपति द्वारा शुभ समाचार की घोषणा

1. तब ब्रह्मा सहमपति ने सोचा, "मैंने बुद्ध को अपने सिद्धांत को जन–जन तक पहुँचाने के लिए राजी करने में महत्वपूर्ण भूमिका निभाई है," और उन्हें बहुत खुशी हुई। उन्होंने बुद्ध को प्रणाम किया, उनके दाहिनी ओर से परिक्रमा की, एक नजर डाली और चले गए।
2. वापस लौटते समय वे दुनिया को यह घोषणा करते रहेः "खुशखबरी सुनकर खुश हो जाओ। बुद्ध, हमारे भगवान, ने दुनिया में सभी

बुराई और दुःख की जड़ को खोज लिया है। वे इससे बाहर निकलने का रास्ता जानते हैं।

3. "बुद्ध थके हुए और दुःख से भरे लोगों को आराम पहुँचाएँगे। वे युद्ध से पीड़ित लोगों को शांति देंगे। वे उन लोगों को साहस देंगे जो दिल से टूटे हुए हैं। वे उन लोगों को विश्वास और आशा देंगे जो दबे और पीड़ित हैं।

4. "हे जो जीवन के कष्टों से पीड़ित हैं, हे जो संघर्ष करते हैं और सहते हैं, हे जो न्याय के लिए तरसते हैं, खुशखबरी सुनकर आनन्दित हो।

5. "हे जो घायल हैं, अपने घावों को भर लो। हे जो भूखे हैं, पेट भर खाओ। हे जो थके हुए हैं, आराम करो और हे जो प्यासे हैं, अपनी प्यास बुझाओ। हे जो अंधकार में हैं, प्रकाश अन्वेषण करो। हे जो निराश हैं, प्रसन्न रहो।

6. "उनके सिद्धांत में उन लोगों को अपनाने की लालसा पैदा करने का प्रेम है जो त्यागे गए हैं या जिनके कोई स्वामी नहीं हैं: अपमानित लोगों के लिए उन्हें ऊपर उठाने के लिए हमेशा मौजूद उत्कृष्टता है, वंचितों और दलितों के लिए समानता है जो उनकी उन्नति का मार्ग प्रशस्त करती है।

7. "उनका सिद्धांत धार्मिकता का सिद्धांत है और उनका उद्देश्य पृथ्वी पर धार्मिकता का राज्य स्थापित करना है।

8. "उनका सिद्धांत सत्य है, संपूर्ण सत्य है, और सत्य के अलावा कुछ भी नहीं है।

9. "धन्य हैं बुद्ध, क्योंकि उनका मार्ग तर्क का है और उनका मार्ग अंधविश्वास से मुक्ति का है। धन्य हैं वे बुद्ध जो मध्यम मार्ग सिखाते हैं। धन्य हैं वे बुद्ध जो धार्मिकता का नियम सिखाते हैं। धन्य हैं वे बुद्ध जो निर्वाण की शांति सिखाते हैं। धन्य हैं वे बुद्ध जो साथी प्राणियों को मोक्ष प्राप्त करने में मदद करने के लिए प्रेम, दया और संगति का उपदेश देते हैं।"

3. धर्मांतरण के दो प्रकार

1. बुद्ध की योजना में धर्मांतरण के दो अर्थ हैं।
2. भिक्षुओं के संघ नामक संप्रदाय में रूपांतरण।
3. दूसरे, इसका अर्थ है गृहस्थ का बुद्ध के धम्म के उपासक या सामान्य अनुयायी के रूप में धर्मांतरण।
4. चार बिंदुओं को छोड़कर भिक्षु और उपासक की जीवन–शैली में कोई अंतर नहीं है।
5. उपासक गृहस्थ रहता है। भिक्षु गृहहीन अस्थिरवासी बन जाता है।
6. उपासक और भिक्षु दोनों को अपने जीवन में कुछ नियमों का पालन करना चाहिए।
7. यहाँ भी भिक्षु के लिए वे व्रत हैं, जिनका उल्लंघन दंड में परिणत होता है। उपासक के लिए वे उपदेश हैं। उन्हें अपनी क्षमता के अनुसार पालन करना चाहिए।
8. उपासक के पास संपत्ति हो सकती है। भिक्षु के पास नहीं हो सकती।
9. उपासक बनने के लिए कोई समारोह नहीं है।
10. भिक्षु बनने के लिए उसे उपसम्पदा नामक समारोह से गुजरना होगा।
11. बुद्ध ने अपने पास आने वाले लोगों को उनकी इच्छा के अनुसार भिक्षु या उपासक के रूप में परिवर्तित किया।
12. एक उपासक जब चाहे तब भिक्खु बन सकता था।
13. और एक भिक्खु को भिक्खु होना बंद करना पड़ता था जब वह प्रमुख प्रतिज्ञाओं का उल्लंघन करता था या जब भी वह संघ की अपनी सदस्यता छोड़ना चाहता था।
14. यह नहीं समझना चाहिए कि बुद्ध ने केवल उन लोगों को धर्मांतरित किया जिनके नाम निम्नलिखित पृष्ठों में हैं।

15. ये उदाहरण केवल यह दिखाने के लिए चुने गए हैं कि उन्होंने अपने संघ में लोगों को शामिल करने या अपने धम्म का प्रचार करने में जाति या लिंग के आधार पर कोई भेदभाव नहीं किया।

भाग – II

परिव्राजकों का धर्मांतरण

1. सारनाथ में आगमन।
2. बुद्ध का प्रथम उपदेश।
3. बुद्ध का प्रथम उपदेश (जारी)। पवित्रता का मार्ग
4. बुद्ध का प्रथम उपदेश (जारी)। अष्टांग मार्ग या धर्म का मार्ग
5. बुद्ध का प्रथम उपदेश (जारी)। पुण्य का मार्ग
6. बुद्ध का प्रथम उपदेश (समाप्त)।
7. परिव्राजकों की प्रतिक्रिया।

1. सारनाथ में आगमन

1. अपने सिद्धांत का प्रचार करने का निर्णय लेने के बाद बुद्ध ने खुद से पूछा "मैं सबसे पहले किसे सिद्धांत सिखाऊँ?" अलारा कलाम के बारे में सोचा, जिसे बुद्ध विद्वान, बुद्धिमान, बुद्धिमान और कम अशुद्ध मानते थे; "क्या होगा यदि मैं पहले उसे सिद्धांत सिखाऊँ?" लेकिन उन्हें बताया गया कि आरादा कलाम मर चुका है।
2. फिर उन्होंने उद्दक रामपुत्त को उपदेश देने के बारे में सोचा। लेकिन वह भी मर चुका था।
3. फिर उन्होंने अपने पाँच पुराने साथियों के बारे में सोचा जो उनके साथ निरंजना में तपस्या करते समय थे और जो तपस्या छोड़ने पर क्रोधित होकर उन्हें छोड़कर चले गए थे।
4. "उन्होंने मेरे लिए बहुत कुछ किया, मेरी सेवा की और मेरी देखभाल की, क्या होगा यदि मैं पहले उन्हें सिद्धांत सिखाऊँ?" उन्होंने स्वयं से कहा।
5. उन्होंने उनका पता पूछा। यह जानने के बाद कि वे सारनाथ में इसिपताना के हिरण उद्यान में रह रहे थे, वह उनकी तलाश में निकल पड़े।
6. उन्हें आते देख पाँचों ने आपस में निर्णय लिया कि उनका स्वागत न किया जाए। उनमें से एक ने कहा, "मित्रो, यह तपस्वी गौतम आ रहे हैं, जिन्होंने तपस्या त्याग दी है और वैभव तथा विलासिता का जीवन अपना लिया है। उन्होंने पाप किया है। इसलिए हमें उनका अभिवादन नहीं करना चाहिए, न ही सम्मान में उठना चाहिए, न ही उनका कटोरा और वस्त्र लेना चाहिए। हम केवल उनके लिए एक आसन अलग रखेंगे। यदि वे चाहें, तो बैठ सकते हैं।" और वे सभी सहमत हो गए।
7. लेकिन जब बुद्ध आए, तो पाँचों परिव्राजक अपने निर्णय पर कायम नहीं रह सके, वे उनके व्यक्तित्व से इतने प्रभावित थे कि वे सभी अपने स्थान पर खड़े हो गए। एक ने उनका कटोरा लिया, एक ने

उनका वस्त्र लिया, एक ने आसन तैयार किया, और एक उनके पैर धोने के लिए जल लाया।

8. यह वास्तव में एक अवांछित अतिथि का बहुत अच्छा स्वागत था।
9. इस प्रकार जो लोग उपहास करना चाहते थे, वे प्रार्थना करते रहे।

2. बुद्ध का पहला उपदेश

1. अभिवादन के आदान–प्रदान के बाद पाँच परिव्राजकों ने बुद्ध से पूछा कि क्या वे अब भी तप में विश्वास करते हैं। बुद्ध ने नकारात्मक उत्तर दिया।
2. उन्होंने कहा कि दो चरम सीमाएँ हैं, एक सुखमय जीवन और दूसरा आत्म–पीड़ा का जीवन।
3. एक कहता है कि चलो खाओ और पियो, क्योंकि कल हम मर जाएँगे। दूसरा कहता है, सभी वासनाओं (इच्छाओं) को मार डालो क्योंकि वे पुनर्जन्म लाती हैं। उन्होंने दोनों को मनुष्य के लिए अनुपयुक्त बताकर अस्वीकार कर दिया।
4. वे मध्यम मार्ग (मज्झिमा पाटीपद) में विश्वास करते थे, जो न तो सुख का मार्ग है और न ही आत्म–पीड़ा का मार्ग।
5. उन्होंने परिव्राजकों से कहा, "मुझे इसका उत्तर दो," "जब तक तुम्हारा आत्म क्रियात्मक रहता है और सांसारिक या स्वर्गीय सुखों की लालसा करता रहता है, क्या सभी पीड़ाएँ व्यर्थ नहीं हैं?" और उन्होंने उत्तर दिया, "जैसा तुम कहते हो वैसा ही है।"
6. "यदि तुम वासना की आग को बुझाने में सफल नहीं होते तो तुम आत्म–पीड़ा का दयनीय जीवन जीकर स्वयं से कैसे मुक्त हो सकते हो?" और उन्होंने उत्तर दिया, "जैसा तुम कहते हो वैसा ही है।"
7. "केवल जब तुम्हारे भीतर का अहंकार जीत लिया जाता है तभी तुम वासना से मुक्त हो सकते हो, तब तुम सांसारिक सुखों की इच्छा

नहीं करोगे, और तुम्हारी प्राकृतिक इच्छाओं की पूर्ति तुम्हें अशुद्ध नहीं करेगी। तुम अपने शरीर की जरूरतों के अनुसार खाओ और पियो।

8. "सभी प्रकार की कामुकता दुर्बल करने वाली है। कामुक व्यक्ति अपनी वासना का गुलाम होता है। सभी सुख–भोग अपमानजनक और अश्लील हैं। लेकिन मैं तुमसे कहता हूँ कि जीवन की जरूरतों को पूरा करना कोई बुराई नहीं है, शरीर को स्वस्थ रखना एक कर्तव्य है, अन्यथा तुम अपने मन को मजबूत और स्पष्ट नहीं रख पाओगे और ज्ञान का दीपक जला नहीं पाओगे।

9. "हे परिव्राजकों! यह जान लो कि ये दो चरम हैं जिनका मनुष्य को अनुसरण नहीं करना चाहिए – एक ओर उन वस्तुओं का अभ्यस्त भोग, जिनका आकर्षण वासनाओं पर, और विशेष रूप से विषय वासना पर निर्भर करता है – संतुष्टि पाने का एक निम्न और मूर्तिपूजक तरीका, अयोग्य, लाभहीन और इसका अभ्यस्त अभ्यास, और दूसरी ओर, तप या आत्म–मृत्यु, जो दर्दनाक, अयोग्य और लाभहीन है।

10. "एक मध्यम मार्ग है जो इन दोनों अतिवादों से बचाता है। तुम जान लो कि यही वह मार्ग है जिसका मैं उपदेश देता हूँ।"

11. पाँचों परिव्राजकों ने ध्यानपूर्वक उनकी बात सुनी। बुद्ध के मध्यम मार्ग के उत्तर में क्या कहें, यह न जानते हुए उन्होंने उनसे पूछा कि उनके चले जाने के बाद वे क्या कर रहे थे। तब बुद्ध ने उन्हें बताया कि वे कैसे गया चले गए, कैसे वे बरगद के पेड़ के नीचे ध्यान में बैठे और कैसे चार सप्ताह के ध्यान के बाद उन्हें ज्ञान की प्राप्ति हुई जिसके परिणामस्वरूप वे जीवन का एक नया मार्ग अंवेषण में सक्षम हुए।

12. यह सुनकर परिव्राजक यह जानने के लिए अत्यंत अधीर हो गए कि मार्ग क्या है और उन्होंने बुद्ध से इसे समझाने का अनुरोध किया।

13. बुद्ध सहमत हो गए।

14. उन्होंने यह कहकर शुरुआत की कि उनका मार्ग जो उनका धम्म (धर्म) है, उसका ईश्वर और आत्मा से कोई लेना–देना नहीं है। उनके धम्म का मृत्यु के बाद के जीवन से कोई लेना–देना नहीं है। न ही उनके धम्म का अनुष्ठानों और समारोहों से कोई संबंध है।
15. उनके धम्म का केन्द्र मनुष्य और पृथ्वी पर मनुष्य के साथ मनुष्य का सम्बन्ध है।
16. यह उन्होंने कहा कि यह उनका पहला सिद्धांत था।
17. उनका दूसरा सिद्धांत था कि मनुष्य दुःख, वेदना और दरिद्रता में जी रहे हैं। संसार दुःख से भरा हुआ है और इस दुःख को संसार से कैसे दूर किया जाए, यही धम्म का एकमात्र उद्देश्य है। इसके अलावा और कुछ भी धम्म नहीं है।
18. दुःख के अस्तित्व को पहचानना और दुःख को दूर करने का उपाय बताना ही उनके धम्म का आधार है।
19. यही धम्म का एकमात्र आधार और औचित्य हो सकता है। जो धर्म इसे नहीं पहचानता, वह धर्म ही नहीं है।
20. "वास्तव में, परिव्राजकों! कोई भी संन्यासी या ब्राह्मण (अर्थात धर्म के प्रचारक) यह नहीं समझते कि संसार में दुःख है और इससे बचना ही धम्म की मुख्य समस्या है, ऐसे संन्यासियों और ब्राह्मणों को मेरे मत में संन्यासी और ब्राह्मण नहीं माना जाना चाहिए; न ही वे महानुभाव स्वयं इस जीवन में यह जान पाए हैं कि धम्म का वास्तविक अर्थ क्या है।"
21. तब परिव्राजकों ने उनसे पूछा: "यदि आपके धम्म का आधार दुःख के अस्तित्व को पहचानना और दुःख को दूर करना है, तो हमें बताएं कि आपका धम्म दुःख को कैसे दूर करता है!"
22. तब बुद्ध ने उनसे कहा कि उनके धम्म के अनुसार यदि प्रत्येक व्यक्ति (1) पवित्रता के मार्ग, (2) धर्म के मार्ग और (3) सदाचार के मार्ग का अनुसरण करे, तो इससे सभी दुःखों का अंत हो जाएगा।
23. और उन्होंने यह भी कहा कि उन्होंने ऐसा धम्म खोज लिया है।

3. बुद्ध का पहला उपदेश–(जारी)

पवित्रता का मार्ग

1. तब परिव्राजकों ने बुद्ध से उनके धम्म की व्याख्या करने के लिए कहा।
2. और बुद्ध ऐसा करने में प्रसन्न हुए।
3. उन्होंने सबसे पहले उन्हें पवित्रता के मार्ग पर संबोधित किया।
4. उन्होंने कहा, "पवित्रता का मार्ग" परिव्राजक, "सिखाते हैं कि जो व्यक्ति अच्छा बनना चाहता है, उसे जीवन के सिद्धांतों के रूप में कुछ सिद्धांतों को पहचानना चाहिए।"
5. "मेरे पवित्रता के मार्ग के अनुसार, इसके द्वारा पहचाने जाने वाले जीवन के सिद्धांत हैं: चोट न पहुँचाना या मारना नहीं किसी दूसरे की चीज को चुराना या अपने लिए हड़पना नहीं, झूठ न बोलना: वासना में लिप्त न होना नशीले पेय का सेवन न करना।
6. "मैं कहता हूँ, इन सिद्धांतों की पहचान हर आदमी के लिए सबसे जरूरी है। क्योंकि हर आदमी के पास एक मानक होना चाहिए जिसके द्वारा वह जो कुछ भी करता है उसका न्याय करे। और मेरी शिक्षाओं के अनुसार ये सिद्धांत मानक का निर्माण करते हैं।
7. "हर जगह ऐसे लोग हैं जो पतित (गिरे हुए) हैं। लेकिन पतित के दो वर्ग हैं: पतित जिसके पास मानक है और पतित जिसके पास कोई मानक नहीं है।
8. "जिस पतित के पास कोई मानक नहीं होता, वह नहीं जानता कि वह गिर गया है। परिणामस्वरूप वह हमेशा गिरा हुआ ही रहता है। दूसरी ओर, जिस पतित के पास मानक होता है, वह अपनी गिरी हुई अवस्था से ऊपर उठने का प्रयास करता है। क्यों? इसका उत्तर यह है कि वह जानता है कि वह गिर गया है।
9. "यही अंतर है किसी व्यक्ति के जीवन को विनियमित करने के लिए मानक होने और कोई मानक न होने के बीच। जो बात मायने

रखती है, वह व्यक्ति का पतन नहीं है, बल्कि किसी मानक का अभाव है।

10. "हे परिव्राजकों! तुम पूछ सकते हो कि ये सिद्धांत जीवन के मानक के रूप में मान्यता के योग्य क्यों हैं?
11. "इस प्रश्न का उत्तर तुम्हें स्वयं ही मिल जाएगा, यदि तुम पूछो "क्या ये सिद्धांत व्यक्ति के लिए अच्छे हैं?" और यदि तुम पूछो: "क्या ये सामाजिक भलाई को बढ़ावा देते हैं?"
12. "यदि इन प्रश्नों के तुम्हारे उत्तर सकारात्मक हैं, तो इसका अर्थ है कि मेरे पवित्रता के मार्ग के सिद्धांत जीवन के सच्चे मानक के रूप में मान्यता के योग्य हैं।"

4. बुद्ध का पहला उपदेश (जारी)

अष्टांग मार्ग या धर्म का मार्ग

1. बुद्ध ने इसके बाद परिव्राजकों को अष्टांग मार्ग पर संबोधित किया। उन्होंने कहा कि अष्टांग मार्ग में आठ घटक हैं।
2. उन्होंने अपना प्रवचन सम्मा दिति (सही दृष्टिकोण) की व्याख्या के साथ शुरू किया, जो अष्टांग मार्ग का पहला और सबसे महत्वपूर्ण तत्व है।
3. "सम्मा दिति के महत्व को समझने के लिए," बुद्ध ने परिव्राजकों से कहा:
4. "हे परिव्राजकों, तुम्हें यह समझना होगा कि संसार एक कालकोठरी है और मनुष्य कालकोठरी में कैदी है।
5. "यह कालकोठरी अंधकार से भरी है। यह इतनी अंधकारमय है कि कैदी को ठीक से कुछ भी दिखाई नहीं देता। कैदी यह नहीं देख सकता कि वह एक कैदी है।
6. "वास्तव में, मनुष्य न केवल लम्बे समय तक अंधकार में रहने के कारण अंधा हो गया है, बल्कि उसे इस बात पर भी बहुत संदेह है

कि क्या प्रकाश जैसी कोई विचित्र चीज कभी अस्तित्व में भी हो सकती है।

7. "मन ही एकमात्र साधन है जिसके माध्यम से मनुष्य तक प्रकाश पहुँच सकता है।
8. लेकिन इन भू–गर्भित कारागार वासियों का मन किसी भी तरह से इस उद्देश्य के लिए एक आदर्श साधन नहीं है।
9. यह केवल थोड़ा सा प्रकाश ही आने देता है, जो देखने वालों को यह दिखाने के लिए पर्याप्त है कि अंधकार जैसी कोई चीज है।
10. "इस तरह की समझ अपने स्वभाव में दोषपूर्ण है।
11. "लेकिन हे परिव्राजकों, जान लो! कैदी का मामला उतना निराशाजनक नहीं है जितना कि वह दिखाई देता है।
12. "क्योंकि मनुष्य में इच्छाशक्ति नामक एक चीज होती है। जब उचित उद्देश्य उत्पन्न होते हैं तो इच्छाशक्ति को जागृत किया जा सकता है और उसे गति दी जा सकती है।
13. "इच्छा की गति को किस दिशा में निर्देशित करना है, यह देखने के लिए पर्याप्त प्रकाश के आने से मनुष्य उन्हें इस प्रकार निर्देशित कर सकता है कि वे स्वतंत्रता की ओर ले जाएँ।
14. "इस प्रकार यद्यपि मनुष्य बंधा हुआ है, फिर भी वह स्वतंत्र हो सकता है, वह किसी भी क्षण पहला कदम उठाना शुरू कर सकता है जो अंततः उसे स्वतंत्रता की ओर ले जाएगा।
15. "ऐसा इसलिए है क्योंकि मन को किसी भी दिशा में प्रशिक्षित करना संभव है। यह मन ही है जो हमें जीवन के घर में कैदी बनाता है, और यह मन ही है जो हमें इस तरह रखता है।
16. "लेकिन मन ने जो किया है, वह मन ही उसे उलट सकता है। यदि इसने मनुष्य को दासता में ला दिया है, तो यह उसे, सही दिशा में निर्देशित होने पर, स्वतंत्रता भी दिला सकता है।
17. "यही वह है जो सम्मा दिति कर सकती है।"

18. "सम्मा दिति का अंत क्या है?" परिव्राजकों ने पूछा। बुद्ध ने उत्तर दिया, "सम्मा दिति का अंत अविद्या (अज्ञान) का नाश है।" यह मिच्छा दिति के विपरीत है।

19. "और अविद्या का अर्थ है महान सत्यों को समझने में विफलता, दुःख के अस्तित्व और दुःख के निवारण के बारे में।

20. "सम्मा दिति के लिए अनुष्ठानों और समारोहों की प्रभावकारिता में विश्वास को त्यागना, शास्त्रों की पवित्रता में अविश्वास करना आवश्यक है।

21. सम्मा दिति के लिए मिथ्या धर्म और अलौकिकता का परित्याग आवश्यक है।

22. सम्मा दिति के लिए उन सभी सिद्धांतों का परित्याग आवश्यक है जो बिना किसी तथ्य या अनुभव के आधार के केवल अटकलें हैं।

23. "सम्मा दिति के लिए स्वतंत्र मन और स्वतंत्र विचार की आवश्यकता होती है।

24. "हर व्यक्ति के पास लक्ष्य, आकांक्षाएँ और महत्वाकांक्षाएँ होती हैं। सम्मा संकप्पो सिखाता है कि ऐसे लक्ष्य, आकांक्षाएँ और महत्वाकांक्षाएँ महान और प्रशंसनीय होनी चाहिए, न कि नीच और अयोग्य।

25. "सम्यक वाक् (सही वाणी) सिखाता है: (1) कि व्यक्ति को केवल वही बोलना चाहिए जो सत्य है; (2) कि व्यक्ति को वह नहीं बोलना चाहिए जो झूठ है; (3) कि व्यक्ति को दूसरों की बुराई नहीं करनी चाहिए (4) कि व्यक्ति को निंदा से बचना चाहिए; (5) कि व्यक्ति को किसी भी साथी व्यक्ति के प्रति क्रोधी और अपमानजनक भाषा का प्रयोग नहीं करना चाहिए (6) कि व्यक्ति को सभी के साथ विनम्रता और दयालुता से बात करनी चाहिए; (7) कि व्यक्ति को व्यर्थ, मूर्खतापूर्ण बातें नहीं करनी चाहिए, बल्कि उसकी वाणी विवेकपूर्ण और उद्देश्यपूर्ण होनी चाहिए।

26. "सम्यक वाणी का पालन, जैसा कि मैंने समझाया है, भय या पक्षपात का परिणाम नहीं होना चाहिए। इसका यह अर्थ नहीं है कि

कोई श्रेष्ठ व्यक्ति उसके कार्य के बारे में क्या सोच सकता है या सम्यक वाणी से होने वाली किसी हानि का इसमें जरा भी संदर्भ नहीं होना चाहिए।

27. "सही वाणी का आदर्श श्रेष्ठ का आदेश या व्यक्ति का व्यक्तिगत लाभ नहीं है।

28. सम्मा कामंतो सही व्यवहार सिखाता है। यह सिखाता है कि हर कार्य दूसरों की भावनाओं और अधिकारों के सम्मान पर आधारित होना चाहिए।

29. "सम्मा कामंतो का आदर्श क्या है? आदर्श आचरण का वह तरीका है जो अस्तित्व के मूल नियमों के साथ सबसे अधिक तारतम्य रखता है।

30. "जब उसके कार्य इन नियमों के अनुरूप होते हैं तो उन्हें सम्मा कामंतो के अनुरूप माना जा सकता है।

31. प्रत्येक व्यक्ति को अपनी आजीविका अर्जित करनी होती है। लेकिन आजीविका कमाने के कई तरीके हैं। कुछ बुरे हैं; कुछ अच्छे हैं। बुरे तरीके वे हैं जो दूसरों को चोट पहुँचाते हैं या अन्याय करते हैं। अच्छे विधि वे हैं जिनके द्वारा व्यक्ति दूसरों को चोट पहुँचाए या अन्याय किए बिना अपनी आजीविका कमाता है। यह सम्मा अजीवो है।

32. सम्मा व्यायामो (सही प्रयास) अविजा को दूर करने का प्राथमिक प्रयास है; इस दर्दनाक कारावास से बाहर निकलने वाले दरवाजे तक पहुँचना, उसे खोलना।

33. सही प्रयास के चार उद्देश्य हैं।

34. "एक है मन की उन स्थितियों को रोकना जो अष्टांगमार्ग के साथ संघर्ष में हैं।

35. दूसरा है ऐसी मन की स्थितियों को दबाना जो पहले से ही उत्पन्न हो सकती हैं।

36. "तीसरा है मन की ऐसी स्थितियों को अस्तित्व में लाना जो व्यक्ति को अष्टांगमार्ग की आवश्यकताओं को पूरा करने में मदद करेगी।

37. "चौथा है मन की ऐसी अवस्थाओं के और विकास और वृद्धि को बढ़ावा देना जो पहले से ही उत्पन्न हो चुकी हों।
38. सम्मा सत्ती में ध्यान और विचारशीलता की आवश्यकता होती है। इसका अर्थ है मन का निरंतर जागना। बुरी वासनाओं पर मन द्वारा निगरानी रखना सम्मा सत्ती का दूसरा नाम है।
39. "हे परिव्राजकों, सम्मा दित्ती, सम्मा संकप्पो, सम्मा वच्चा, सम्मा कामंतो, सम्मा अजीवो, सम्मा व्ययमो और सम्मा सत्ती प्राप्त करने का प्रयास करने वाले व्यक्ति के मार्ग में पाँच बंधन या बाधएँ आती हैं।
40. "ये पाँच बाधाएँ हैं लोभ, दुर्भावना, आलस्य और सुस्ती, संदेह और अनिर्णय। इसलिए, इन बाधाओं पर विजय पाना आवश्यक है, जो वास्तव में बंधन हैं और इन पर विजय पाने का साधन समाधि है। लेकिन हे परिव्राजकों, जान लो कि सम्माधि और समाधि एक ही नहीं हैं। यह बिलकुल भिन्न है।
41. "समाधि मात्र एकाग्रता है। इसमें कोई संदेह नहीं कि यह ध्यान की अवस्थाओं की ओर ले जाती है, जो स्व–प्रेरित होती हैं, जो पाँच बाधाओं को रोककर रखती हैं।
42. "लेकिन ये ध्यान की अवस्थाएँ अस्थायी हैं। परिणामस्वरूप बाधाओं का निलंबन भी अस्थायी है। जो आवश्यक है वह है मन को स्थायी रूप से एकाग्र करना। ऐसा स्थायी मोड़ केवल सम्मा समाधि द्वारा ही प्राप्त किया जा सकता है।
43. "मात्र समाधि नकारात्मक है क्योंकि यह बाधाओं को अस्थायी रूप से स्थगित कर देती है। इसमें मन को कोई प्रशिक्षण नहीं दिया जाता। सम्मा समाधि सकारात्मक है। यह मन को एकाग्र करने और एकाग्रता के दौरान कुछ कुशल कर्म (अच्छे कर्म और विचार) के बारे में सोचने के लिए प्रशिक्षित करती है और इस तरह बाधाओं से उत्पन्न अकुशल कर्म (बुरे कर्म और बुरे विचार) की ओर आकर्षित होने की मन की प्रवृत्ति को समाप्त करती है।

44. सम्मा समाधि मन को अच्छा सोचने और हमेशा अच्छा सोचने की आदत देती है। सम्मा समाधि मन को अच्छा करने के लिए आवश्यक प्रेरक शक्ति देती है।"

5. बुद्ध का पहला उपदेश–(जारी)

पुण्य का मार्ग

1. फिर बुद्ध ने परिव्राजकों को पुण्य का मार्ग समझाया।
2. उन्होंने उन्हें बताया कि पुण्य के मार्ग का अर्थ है (1) शील; (2) दान (3) उपपेख; (4) नेक्खामा; (5) वीर्य; (6) खांति; (7) शुक; (8) अधिथाना; (9) करुणा; और (10) मैत्री नामक गुणों का पालन करना।
3. परिव्राजकों ने बुद्ध से पूछा कि वे उन्हें बताएं कि इन गुणों का क्या अर्थ है।
4. बुद्ध ने तब उनकी इच्छा को पूरा करने के लिए आगे बढ़े।
5. "शील नैतिक स्वभाव है, बुराई न करने की प्रवृत्ति और अच्छा करने की प्रवृत्ति गलत करने पर शर्मिंदा होना। सजा के डर से बुराई करने से बचना शील है। शील का अर्थ है गलत करने का डर।
6. "नेक्खामा दुनिया के सुखों का त्याग है।
7. "दान का अर्थ है अपनी संपत्ति, रक्त, अंग और यहां तक कि अपने जीवन को भी दूसरों की भलाई के लिए बिना किसी बदले की उम्मीद के दे देना।
8. "वीर्य का अर्थ है सही उद्यम इसका अर्थ है जो कुछ भी करने का बीड़ा उठाया है, उसे पूरी शक्ति से करना, पीछे मुड़ने का विचार न करना।
9. "खांति का अर्थ है सहनशीलता। घृणा का जवाब घृणा से न देना ही इसका सार है। क्योंकि घृणा का समाधान घृणा से नहीं होता। यह केवल सहनशीलता से ही होता है।

10. "सच्चा का अर्थ है सत्य। व्यक्ति को कभी झूठ नहीं बोलना चाहिए। उसका भाषण सत्य होना चाहिए और सत्य के अलावा कुछ भी नहीं।
11. "अधिष्ठान का अर्थ है लक्ष्य तक पहुँचने का दृढ़ निश्चय।
12. करुणा का अर्थ है मनुष्यों के प्रति प्रेमपूर्ण दया।
13. मैत्री का अर्थ है सभी प्राणियों के प्रति सहानुभूति रखना, न केवल उस व्यक्ति के प्रति जो मित्र है, बल्कि उस व्यक्ति के प्रति भी जो शत्रु है।
14. "उपेक्षा उदासीनता से भिन्न वैराग्य है। यह मन की एक ऐसी अवस्था है, जहाँ न तो कोई पसंद है और न ही कोई नापसंद। परिणाम से अप्रभावित रहते हुए भी उसके अनुसरण में लगे रहना।
15. "इन गुणों का अभ्यास व्यक्ति को अपनी पूरी क्षमता से करना चाहिए। इसीलिए इन्हें पारमिता (पूर्णता की अवस्था) कहा जाता है।

6. बुद्ध का पहला उपदेश (समाप्त)

1. अपने धम्म और उसमें क्या शामिल है, यह समझाने के बाद, बुद्ध ने परिव्राजकों से पूछा
2. "क्या व्यक्तिगत पवित्रता दुनिया में अच्छाई का आधार नहीं है?" और उन्होंने उत्तर दिया, "जैसा आप कहते हैं वैसा ही है।"
3. और उन्होंने आगे कहा: "क्या व्यक्तिगत पवित्रता लोभ, वासना, अज्ञानता, जीवन का नाश, चोरी, व्यभिचार और झूठ से कम नहीं होती? क्या व्यक्तिगत पवित्रता के लिए चरित्र की पर्याप्त शक्ति का निर्माण करना आवश्यक नहीं है ताकि इन बुराइयों को नियंत्रण में रखा जा सके? यदि मनुष्य में व्यक्तिगत पवित्रता नहीं है तो वह भलाई का साधन कैसे बन सकता है?" और उन्होंने उत्तर दिया, "यह वैसा ही है जैसा आप कहते हैं।"

4. "फिर, मनुष्य दूसरों को गुलाम बनाने या उन पर हावी होने से क्यों नहीं कतराते? मनुष्य दूसरों के जीवन को दुःखी बनाने से क्यों नहीं कतराते? क्या इसका कारण यह नहीं है कि मनुष्य एक–दूसरे के प्रति अपने व्यवहार में धार्मिक नहीं हैं?" और उन्होंने सकारात्मक उत्तर दिया।

5. "क्या अष्टांग मार्ग का अभ्यास, सही दृष्टिकोण, सही लक्ष्य, सही भाषण, सही आजीविका, सही साधन, सही ध्यान, सही दृढ़ता और सही चिंतन का मार्ग, संक्षेप में, धर्म का मार्ग, यदि हर कोई अपनाए, तो मनुष्य द्वारा मनुष्य के प्रति किए जाने वाले सभी अन्याय और अमानवीयता को दूर नहीं कर देगा?" और उन्होंने कहा, "हाँ।"

6. पुण्य के मार्ग की ओर मुड़ते हुए, उन्होंने पूछा, "क्या जरूरतमंदों और गरीबों की पीड़ा को दूर करने और सामान्य भलाई को बढ़ावा देने के लिए दान आवश्यक नहीं है? क्या करुणा को दरिद्रता और पीड़ा को दूर करने के लिए आवश्यक नहीं है, जहाँ कहीं भी यह मौजूद है? क्या निःस्वार्थ कार्य के लिए नेक्कम्मा आवश्यक नहीं है? क्या व्यक्तिगत लाभ न होने पर भी निरंतर प्रयास के लिए उपपेक्का आवश्यक नहीं है?

7. "क्या मनुष्य के लिए प्रेम आवश्यक नहीं है?" और उन्होंने कहा "हाँ।"

8. "मैं आगे कहता हूँ, "प्रेम पर्याप्त नहीं है; मैत्री की आवश्यकता है।" यह प्रेम से भी व्यापक है। इसका अर्थ है केवल मनुष्यों के साथ नहीं, बल्कि सभी जीवित प्राणियों के साथ संगति। यह केवल मनुष्यों तक ही सीमित नहीं है। क्या ऐसी मैत्री आवश्यक नहीं है? और क्या सभी जीवित प्राणियों को वही खुशी दे सकता है जो कोई अपने लिए चाहता है, मन को निष्पक्ष रखना, सभी के लिए खुला रखना, सभी के लिए स्नेह और किसी के लिए घृणा नहीं रखना?"

9. उन्होंने सभी ने कहा "हाँ।"

10. "इन गुणों के अभ्यास के साथ–साथ प्रज्ञा, बुद्धि भी होनी चाहिए।

11. "क्या प्रज्ञा आवश्यक नहीं है?" परिव्राजकों ने कोई उत्तर नहीं दिया। उन्हें अपने प्रश्न का उत्तर देने के लिए बाध्य करने के लिए बुद्ध ने आगे कहा कि एक अच्छे व्यक्ति के गुण हैं: "कोई बुराई न करें, कोई भी बुरी बात न सोचें, अपनी आजीविका किसी भी बुरे तरीके से न चलाएँ और कोई भी ऐसी बात न कहें जो बुरी हो या जिससे किसी को चोट पहुँचने की संभावना हो।" और उन्होंने कहा, "हाँ, ऐसा ही है।"
12. "लेकिन क्या आँख मूंदकर अच्छे कर्म करना स्वागत योग्य है?" बुद्ध ने पूछा "मैं कहता हूँ, नहीं। यह पर्याप्त नहीं है," बुद्ध ने परिव्राजकों से कहा। "यदि यह पर्याप्त होता," बुद्ध ने परिव्राजकों से कहा, "तो एक छोटे से शिशु को हमेशा अच्छा करने वाला घोषित किया जा सकता था। क्योंकि अभी तक, शिशु को यह नहीं पता कि शरीर का क्या अर्थ है, वह अपने शरीर से लात मारने के अलावा और भी बुरा काम नहीं करेगा, वह नहीं जानता कि वाणी क्या है, वह रोने के अलावा और भी बुरा कुछ नहीं कहेगा, वह नहीं जानता कि विचार क्या है, प्रसन्नता से रोने के अलावा और भी बुरा वह नहीं जानता कि आजीविका क्या है, वह अपनी माँ को दूध पिलाने के अलावा और भी बुरे तरीके से अपना जीवन यापन नहीं करेगा।
13. "इसलिए, पुण्य के मार्ग को प्रज्ञा की परीक्षा के अधीन होना चाहिए जो समझ और बुद्धि का दूसरा नाम है।
14. "प्रज्ञा–पारमिता इतनी महत्वपूर्ण और आवश्यक क्यों है, इसका एक और कारण भी है। दान अवश्य होना चाहिए। लेकिन प्रज्ञा के बिना, दान की मनःस्थिति गिर सकती है। करुणा अवश्य होनी चाहिए। लेकिन प्रज्ञा के बिना, करुणा बुराई को बढ़ावा दे सकती है। पारमिता के प्रत्येक कार्य की परीक्षा प्रज्ञा पारमिता द्वारा की जानी चाहिए, जो ज्ञान का दूसरा नाम है।
15. "मैं यह मानता हूँ कि गलत आचरण क्या है, यह कैसे उत्पन्न होता है, इसका ज्ञान और चेतना होनी चाहिए; इसी प्रकार, सही आचरण और गलत आचरण क्या है, इसका ज्ञान और चेतना भी होनी

चाहिए। ऐसे ज्ञान के बिना वास्तविक अच्छाई नहीं हो सकती, भले ही कार्य अच्छा हो। इसलिए मैं कहता हूँ कि प्रज्ञा एक आवश्यक गुण है।"

16. बुद्ध ने परिव्राजकों को निम्नलिखित उपदेश देकर अपने उपदेश का समापन किया।
17. "आप मेरे धम्म को निराशावादी कह सकते हैं, क्योंकि यह मानव जाति का ध्यान दुःख के अस्तित्व की ओर आकर्षित करता है। मैं आपको बताता हूँ कि मेरे धम्म के बारे में ऐसा दृष्टिकोण गलत होगा।
18. "इसमें कोई संदेह नहीं कि मेरा धम्म दुःख के अस्तित्व को स्वीकार करता है, लेकिन यह मत भूलो कि यह दुःख को दूर करने पर भी समान जोर देता है।
19. "मेरे धम्म में आशा और उद्देश्य दोनों हैं।
20. "इसका उद्देश्य अविजा को दूर करना है, जिसका अर्थ है दुःख के अस्तित्व के बारे में अज्ञानता।
21. "इसमें आशा है क्योंकि यह मानवीय पीड़ा को समाप्त करने का मार्ग दिखाता है।
22. "क्या आप इससे सहमत हैं या नहीं?" और परिव्राजकों ने कहा, "हाँ, हम सहमत हैं।"

7. परिव्राजकों की प्रतिक्रिया

1. पाँचों परिव्राजकों ने तुरन्त संवेदन किया कि यह वास्तव में एक नया धम्म था। वे जीवन की समस्याओं के प्रति इस नए दृष्टिकोण से इतने प्रभावित हुए कि उन्होंने एकमत होकर कहा: "विश्व के इतिहास में कभी भी किसी धर्म के संस्थापक ने यह नहीं सिखाया कि मानवीय दुःख की पहचान ही धर्म का वास्तविक आधार है।
2. "विश्व के इतिहास में कभी भी किसी धर्म के संस्थापक ने यह नहीं सिखाया कि इस दुःख को दूर करना ही इसका वास्तविक उद्देश्य है!

3. "विश्व के इतिहास में कभी भी मोक्ष की ऐसी योजना नहीं बनाई गई थी, जो अपनी प्रकृति में इतनी सरल हो, अलौकिक और अतिमानवीय एजेंसी से इतनी मुक्त हो, आत्मा में विश्वास, ईश्वर में विश्वास और मृत्यु के बाद जीवन में विश्वास से इतनी स्वतंत्र, यहां तक कि इतनी विरोधी हो!
4. "विश्व के इतिहास में कभी भी धर्म की ऐसी योजना नहीं बनाई गई थी, जिसका रहस्योद्घाटन से कोई लेना–देना न हो और जिसके आदेश मनुष्य की सामाजिक आवश्यकताओं की जांच से पैदा हुए हों और जो ईश्वर के आदेश न हों!
5. दुनिया के इतिहास में मोक्ष को कभी भी इस जीवन में और इस धरती पर मनुष्य द्वारा अपने स्वयं के प्रयासों से उत्पन्न धर्म द्वारा प्राप्त की जाने वाली खुशी के आशीर्वाद के रूप में नहीं माना गया है!"
6. ये वे भावनाएँ थीं जो परिव्राजकों ने बुद्ध के नए धम्म पर उपदेश सुनने के बाद कही थीं।
7. उन्होंने महसूस किया कि उनमें उन्हें एक सुधारक मिला है, जो सबसे गंभीर नैतिक उद्देश्य से भरा हुआ है और अपने समय की सभी बौद्धिक संस्कृति में प्रशिक्षित है, जिसके पास मौलिकता और साहस है कि वह जानबूझकर और विरोधी विचारों के ज्ञान के साथ, आत्म–संस्कृति और आत्म–नियंत्रण के अभ्यास द्वारा लाए जाने वाले हृदय के आंतरिक परिवर्तन में मोक्ष के सिद्धांत को सामने रखे।
8. उनके प्रति उनकी श्रद्धा इतनी असीम हो गई कि उन्होंने तुरंत उनके सामने आत्मसमर्पण कर दिया और उनसे अपने शिष्यों के रूप में स्वीकार करने का अनुरोध किया।
9. बुद्ध ने उन्हें "एहि भिक्कवे" (भिक्षुओं में आओ) सूत्र का उच्चारण करके अपने संघ में स्वीकार कर लिया। वे जाने जाते थे पंचवर्गीय भिक्खु के रूप में।

भाग – III

उच्च और पवित्र लोगों का धर्मांतरण

1. यश का धर्मांतरण,
2. कश्यपों का धर्मांतरण।
3. सारिपुत्त और मोग्गलन का धर्म परिवर्तन।
4. राजा बिम्बिसार का धर्मांतरण।
5. अनाथपिंडिका का धर्मांतरण।
6. राजा पसेनजित का धर्मांतरण।
7. जीवक का धर्मांतरण।
8. रथपाल का धर्मांतरण।

1. यशस का धर्म परिवर्तन

1. बनारस शहर में यशस नामक एक कुलीन व्यक्ति का बेटा रहता था। वह जवान था और दिखने में बहुत आकर्षक था। वह अपने माता–पिता का प्रिय था। वह बहुत धन–संपत्ति में रहता था। उसके पास एक बड़ा दल और एक बड़ा हरम था और वह अपना समय नाचने, शराब पीने और शारीरिक सुखों में ही बिताता था।
2. जैसे–जैसे समय बीतता गया, उसके मन में घृणा की भावना घर करती गई। वह इस तांडव से कैसे बच सकता था? क्या वह जिस तरह से जी रहा था, उससे बेहतर कोई और जीवन–शैली थी? न जानते हुए क्या करना है, उसने अपने पिता का घर छोड़ने का फैसला किया।
3. एक रात वह अपने पिता का घर छोड़कर इधर–उधर भटक रहा थाय वह संयोग से इसिपथाना की ओर चला गया।
4. थककर वह बैठ गया और बैठते ही उसने अपने आप से ऊँची आवाज में कहाः मैं कहाँ हूँ, रास्ता क्या है? हाय! क्या संकट है; हाय! क्या खतरा है!
5. यह उसी दिन की रात को हुआ जिस दिन भगवान ने इसिपथाना में पंचवर्गीय भिक्षुओं को अपना पहला उपदेश दिया था। जब यशस इसिपथाना के पास पहुँच रहा था, तो भगवान जो इसिपथाना में ठहरे हुए थे, भोर में उठकर खुली हवा में इधर–उधर टहल रहे थे। तभी भगवान ने देखा कि यशस नामक एक कुलीन युवक अपनी भावनाओं को व्यक्त करके आ रहा है।
6. और धन्य भगवान ने उसकी संकट भरी पुकार सुनी, और कहाः "कोई संकट नहीं है, कोई खतरा नहीं है। आओ, मैं तुम्हें रास्ता दिखाता हूँ, और धन्य भगवान ने यशस को अपना उपदेश दिया।
7. और यशस ने जब यह सुना, तो वह प्रसन्न और आनंदित हुआ और उसने अपनी सोने की चप्पल उतार दी, और जाकर धन्य भगवान के पास बैठ गया और उन्हें आदरपूर्वक नमस्कार किया।

8. बुद्ध के वचन सुनकर यशस ने धन्य भगवान से अनुरोध किया कि वे उसे अपना शिष्य बना लें।
9. फिर उन्होंने उसे आने के लिए कहा और उसे भिक्षु बनने के लिए कहा, जिस पर यशस सहमत हो गया।
10. यशस के माता–पिता अपने बेटे को गायब पाकर बहुत दुःखी हुए। पिता ने ढूँढ़ना शुरू किया। यशस के पिता उसी स्थान से गुजरे जहाँ भीकू के आगा में भगवान और यशस बैठे थे, और गुजरने में, उन्होंने धन्य व्यक्ति से पूछाः "क्या तुमने यशस, मेरे बेटे को देखा है?"
11. प्रभु ने जवाब दियाः "आओ, महोदय, तुम अपने बेटे को पाओगे।" वह अंदर गया और अपने बेटे के पास बैठ गया लेकिन वह उसे नहीं जानता था।
12. प्रभु ने उन्हें समझाया कि कैसे यशस ने उनसे मिलन की और कैसे उन्हें सुनकर वह भीकू बन गए। पिता ने तब अपने बेटे को पहचान लिया और खुश था कि उसके बेटे ने सही रास्ता चुना था।
13. "मेरे बेटे, यशस," पिता ने कहा, "तुम्हारी माँ विलाप और दुःख में अवशोषित हो गई है। घर लौटें और अपनी माँ को जीवन में बहाल करें।"
14. तब यशस ने धन्य को देखा, और धन्य व्यक्ति ने यशस के पिता से कहा, "क्या आपकी इच्छा है कि यशस को दुनिया में लौटना चाहिए और एक सांसारिक जीवन के सुखों का आनंद लेना चाहिए जैसा कि उसने पहले किया था?"
15. और यशस के पिता ने जवाब दियाः "अगर यशस, मेरे बेटे, यह आपके साथ रहने के लिए एक लाभ पाता है, तो उसे रहने दो।" यशस ने भीकू बने रहना पसंद किया।
16. यशस के पिता से प्रस्थान करने से पहलेः "धन्य, हे भगवान, मेरे परिवार के सदस्यों के साथ मेरे घर पर अपना भोजन लेने के लिए सहमति दे सकते है।"

17. धन्य अपने वस्त्र दान करने के बाद, अपने भिक्षा कटोरे ले लिया और यशस के साथ अपने पिता के घर में चला गया।
18. जब वे वहां पहुंचे, तो वे मां से मिले और यशस की पूर्व पत्नी भी। भोजन के बाद धन्य व्यक्ति ने परिवार के सदस्यों को अपने सिद्धांत को प्रचारित किया। वे बहुत खुश हो गए और इसमें शरण लेने का वादा किया।
19. अब बनारस के धनी परिवार से संबंधित यशस के चार दोस्त थे। उनके नाम विमला, सुबहु, पुण्यजीत और गावम्पति थे।
20. जब यशस के दोस्तों को पता चला कि यशस ने बुद्ध और उसके धम्म में शरण ली थी। उन्होंने महसूस किया कि यशस के लिए जो अच्छा है वह उनके लिए अच्छा होना चाहिए।
21. इसलिए वे यशस के पास गए और उन्हें अपने शिष्यों के रूप में उन्हें प्राप्त करने के लिए उनकी ओर से बुद्ध से संपर्क करने के लिए कहा।
22. यशस सहमत हो गया और वह बुद्ध के पास गया और बोलाः "भगवान मेरे इन चार मित्रों को धम्म का उपदेश दें।" भगवान सहमत हो गए और यशस के मित्रों ने धम्म की शरण ली।

2. कश्यपों का धर्मांतरण

1. बनारस में एक परिवार रहता था जिसे कश्यप परिवार के नाम से जाना जाता था। परिवार में तीन बेटे थे। वे बहुत उच्च शिक्षित थे और कठोर धार्मिक जीवन जीते थे।
2. कुछ समय बाद सबसे बड़े बेटे ने संन्यास लेने का विचार किया। तदनुसार उसने अपना घर छोड़ दिया, संन्यास लिया और उरुवेल्ला की ओर चला गया जहाँ उसने अपना आश्रम स्थापित किया।
3. उसके दो छोटे भाई उसके पीछे चले गए और वे भी संन्यासी बन गए।
4. वे सभी अग्निहोत्री या अग्नि के उपासक थे। उन्हें जटिला कहा जाता था क्योंकि वे लंबे बाल रखते थे।

5. तीनों भाई उरुवेल्ला कश्यप, नदी कश्यप (नदी के कश्यप, यानी निरंजना) और गया कश्यप (गाँव गया के) के नाम से जाने जाते थे।

6. इनमें से उरुवेल्ला कश्यप के अनुयायी पाँच सौ जटिला थे। नदी कश्यप के तीन सौ जटिल शिष्य थे और गया कश्यप के दो सौ जटिल। इनमें से प्रमुख उरुवेल्ला कश्यप थे।

7. उरुवेल्ला कश्यप की ख्याति दूर–दूर तक फैली हुई थी। वे जीवित रहते हुए मुक्ति (मोक्ष) प्राप्त करने के लिए जाने जाते थे। दूर–दूर से लोग उनके आश्रम में आते थे जो फल्गु नदी के तट पर स्थित था।

8. धन्य भगवान ने उरुवेल्ला कश्यप के नाम और प्रसिद्धि के बारे में जानकर, उन्हें अपना धर्म उपदेश देने और यदि संभव हो तो उन्हें अपने धम्म में परिवर्तित करने का विचार किया।

9. अपने ठिकाने के बारे में पता करने के बाद धन्य प्रभु उरुवेला चले गए।

10. धन्य व्यक्ति ने उनसे मुलाकात की और उन्हें निर्देश देने और उन्हें बदलने का मौका देना चाहते हैं, कहाः "अगर यह आपके लिए असहनीय नहीं है, तो कास्यपा, मुझे एक रात को अपने आश्रम में रहने दें।

11. "मैं इसके लिए सहमत नहीं हूं," कास्यापा ने कहा। वहाँ एक बर्बर नागा राजा है जिसे मुचालिंडा कहा जाता है, जो इस जगह पर शासन करता है। वह भयानक शक्तियों से युक्त है। वह आग पूजा करने वाले सभी तपस्वियों का घातक दुश्मन है। वह अपने आश्रमों के लिए निशाचर यात्रा करता है और उन्हें बहुत नुकसान पहुंचाता है। मुझे डर है। आप मेरे साथ वैसा ही नुकसान कर सकते हैं।"

12. कास्यापा को यह नहीं पता था कि नागा धन्य के दोस्त और अनुयायी बन गए थे। लेकिन धन्य व्यक्ति यह जानता था।

13. इसलिए धन्य व्यक्ति ने अपने अनुरोध के लिए कहा, "वह मुझे कोई नुकसान करने की संभावना नहीं हैः प्रार्थना, कास्यापा, मुझे एक रात के लिए, अपने उष्म कमरे में एक जगह की अनुमति दें।"
14. कास्यापा ने कई कठिनाइयों को जारी रखा और धन्य व्यक्ति ने अपने अनुरोध को दबाया।
15. तब कास्यापा ने कहाः "मेरा मन कोई विवाद नहीं चाहता है, केवल मुझे अपने डर और आशंकाएं हैं, लेकिन अपने अच्छे आनंद का पालन करें।"
16. धन्य भगवान ने उष्म निकुंज में कदम रखा और अपना मंच ले लिया।
17. नागा राजा मुचालिंडा अपने सामान्य समय पर कमरे में आ गया। लेकिन कास्यापा को खोजने के बजाय उसने धन्य को अपनी जगह पर बैठा पाया।
18. मुचालिंडा, यह देखकर कि प्रभु को बैठा हुआ, उसका चेहरा शांति और स्थिरता के साथ चमक रहा था, ऐसा लगा जैसे वह एक महान दिव्यता की उपस्थिति में था, और अपना सिर झुकाना, पूजा करना शुरू कर दिया।
19. उस रात कास्यापा की नींद बहुत परेशान थी कि उनके मेहमान के साथ क्या हुआ होगा। इसलिए वह इस बात से बड़ी भ्रान्ति के साथ उठ गया कि उसके मेहमान को जला दिया गया हो सकता है।
20. तब सुबह की रोशनी में कास्यापा और उनके अनुयायियों ने एक और सभी को एक नजर डाल दी। मुचालिंडा द्वारा घायल हुए प्रभु को देखकर, उन्होंने मुचालींडा को यहोवा की पूजा करते हुए पाया।
21. यह दृश्य देखकर, कश्यप को लगा कि वे कोई महान चमत्कार देख रहे हैं।
22. इस चमत्कार से प्रभावित होकर, कश्यप ने भगवान से अपने पास रहने और आश्रम बनाने का अनुरोध किया, और उनकी देखभाल करने का वादा किया।

23. भगवान वहीं रहने के लिए सहमत हो गए।
24. हालाँकि, दोनों के उद्देश्य अलग–अलग थे। कश्यप का उद्देश्य मुचालिंडा नाग से सुरक्षा प्राप्त करना था। भगवान ने सोचा कि एक दिन कश्यप उन्हें अपना धर्म प्रचार करने का अवसर देंगे।
25. लेकिन कश्यप ने ऐसा कोई झुकाव नहीं दिखाया। उन्होंने सोचा कि भगवान केवल चमत्कार करने वाले हैं और इससे अधिक कुछ नहीं।
26. एक दिन भगवान ने स्वयं पहल करने का विचार किया और कश्यप से पूछा, "क्या आप अर्हंत हैं?
27. "यदि आप अर्हंत नहीं हैं, तो इस अग्निहोत्र से आपको क्या लाभ होगा?"
28. कश्यप ने कहाः "मैं नहीं जानता कि अर्हंत होना क्या होता है? क्या आप मुझे समझाएँगे?"
29. तब भगवान ने कश्यप से कहा, "अर्हंत वह है जिसने उन सभी वासनाओं पर विजय प्राप्त कर ली है जो मनुष्य को अष्टांगिक मार्ग का अनुसरण करने से रोकती हैं। अग्निहोत्र मनुष्य को उसके पापों से शुद्ध नहीं कर सकता।"
30. कश्यप एक अभिमानी व्यक्ति थे। लेकिन उन्होंने भगवान के तर्क की ताकत महसूस की। अपने मन को लचीला और समर्पित बनाते हुए, अंततः सच्चे कानून का वाहन बनने के लिए तैयार हो गए, उन्होंने स्वीकार किया कि उनकी कम बुद्धि विश्व–पूज्य भगवान की बुद्धि के साथ तुलना नहीं कर सकती।
31. और इस प्रकार, अंततः आश्वस्त होकर, विनम्रतापूर्वक प्रस्तुत होकर, उरुवेल्ला कश्यप ने भगवान के सिद्धांत को स्वीकार कर लिया और उनके अनुयायी बन गए।
32. अपने गुरु का अनुसरण करते हुए, कश्यप के अनुयायियों ने, सदाचारी रूप से विनम्र होकर, कानून की शिक्षा प्राप्त की। इस प्रकार कश्यप और उनके सभी अनुयायी पूरी तरह से परिवर्तित हो गए।

33. तब उरुवेल्ला कश्यप ने अपने सामान और अपने सभी यज्ञ पात्रों को उठाकर, उन्हें एक साथ नदी में फेंक दिया, जो धारा की सतह पर तैर रहे थे।

34. नदी के किनारे रहने वाले नादी और गया ने इन कपड़ों को (और बाकी को) नदी में अस्त–व्यस्त तरीके से बहते हुए देखा और कहा, "ये हमारे भाई के सामान हैं; उसने इन्हें क्यों फेंक दिया? कोई बड़ा परिवर्तन हुआ है," और वे बहुत दुःखी और बेचैन हो गए। दोनों, जिनमें से प्रत्येक के पास पाँच सौ अनुयायी थे, अपने भाई को ढूँढने के लिए नदी के ऊपर चले गए।

35. उसे और उसके सभी अनुयायियों को अब साधुओं के वेश में देखकर, उनके मन में अजीब विचार आए और उन्होंने कारणों का पता लगाने की कोशिश की। उरुवेल्ला कश्यप ने उन्हें बुद्ध के धम्म में अपने धर्म परिवर्तन की कहानी सुनाई।

36. उन्होंने कहा, "हमारे भाई ने इस तरह से समर्पण किया है, हमें भी उसका अनुसरण करना चाहिए।"

37. उन्होंने अपनी इच्छा अपने सबसे बड़े भाई को बताई। फिर दोनों भाइयों को उनके अनुयायियों के साथ भगवान के प्रवचन सुनने के लिए लाया गया, जिसमें उन्होंने अग्नि–यज्ञ की तुलना अपने सुसमाचार से की थी।

38. अपने प्रवचन में भगवान ने दोनों भाइयों से कहा: "अज्ञान का काला धुआँ उठता है, जबकि भ्रमित विचार, लकड़ी में छेद करके बनाई गई लकड़ी की तरह, आग पैदा करते हैं।

39. "काम, क्रोध, मोह, ये सब आग के समान हैं, और ये सभी अन्य चीजों को जला देते हैं, जो दुनिया में दुःख और पीड़ा का कारण बनती हैं।

40. "यदि एक बार यह मार्ग मिल जाए और काम, क्रोध और मोह नष्ट हो जाएं, तो उसके साथ ही दृष्टि, ज्ञान और शुद्ध आचरण का जन्म होता है।

41. "अतः जब मनुष्य के हृदय में पाप के प्रति अरुचि उत्पन्न हो जाती है, तो यह अरुचि लोभ की इच्छा को दूर कर देती है, लोभ की इच्छा समाप्त हो जाती है, वैराग्य आ जाता है।"
42. उनकी बात सुनकर महान ऋषियों ने अग्नि पूजा के प्रति सारा सम्मान खो दिया और बुद्ध के शिष्य बनने की इच्छा की।
43. कश्यपों का धर्मांतरण भगवान के लिए एक महान विजय थी। क्योंकि लोगों की कल्पना पर उनकी बहुत मजबूत पकड़ थी।

3. सारिपुत्त और मोग्गलन का धर्मांतरण

1. जब भगवान राजगृह में थे, तब संजय नाम के एक प्रसिद्ध व्यक्ति वहाँ रहते थे, जिनके शिष्यों में लगभग दो सौ पचास परिव्राजकों का एक बड़ा दल था।
2. उनके शिष्यों में सारिपुत्त और मोग्गलन दो युवा ब्राह्मण थे।
3. सारिपुत्त और मोग्गलन संजय की शिक्षाओं से संतुष्ट नहीं थे और कुछ बेहतर की तलाश में थे।
4. अब एक दिन पंचवर्गीय भिक्षुओं में से एक आदरणीय अस्साजी ने दोपहर के समय अपने अधोवस्त्र पहने, अपना भिक्षापात्र और बाहरी वस्त्र लिया और भिक्षा के लिए राजगृह शहर में प्रवेश किया।
5. सारिपुत्त अस्साजी के गरिमामय आचरण को देख रहे थे और इससे प्रभावित हुए। पूज्य अस्साजी को देखकर सारिपुत्त ने सोचा, "वास्तव में यह व्यक्ति उन भिक्षुओं में से एक है जो संसार में योग्य हैं। क्या होगा यदि मैं इस भिक्षु के पास जाऊँ और उससे पूछूँ कि हे मित्र, तुम किसके नाम पर संसार से संन्यास ले चुके हो? तुम्हारा गुरु कौन है? तुम किसके धम्म का पालन करते हो?"
6. अब सारिपुत्त ने सोचा "इस भिक्षु से पूछने का यह समय नहीं है; यह भिक्षा के लिए एक घर के भीतरी आँगन में प्रवेश कर गया है। क्या होगा यदि मैं इस भिक्षु के साथ कदम से कदम मिलाकर चलूँ, जो कुछ चाहने वालों द्वारा मान्यता प्राप्त मार्ग के अनुसार हो?"

7. और पूज्य अस्साजी राजगृह से अपनी भिक्षा तीर्थयात्रा पूरी करके, प्राप्त भोजन के साथ वापस चले गए। फिर सारिपुत्त उस स्थान पर गए जहाँ पूज्य अस्साजी उनके पास आए थे, उन्होंने अभिवादन किया और प्रसन्न शब्दों में उनके पास खड़े हो गए।

8. उनके पास खड़े होकर भ्रमणशील तपस्वी सारिपुत्त ने पूज्य अस्साजी से कहा, "मित्र! आपका मुखमंडल शान्त है, आपका रंग निर्मल और उज्ज्वल है। किसके नाम पर, मित्र, आपने संसार से संन्यास लिया है? आपका गुरु कौन है? आप किस धम्म का पालन करते हैं?"

9. अस्साजी ने उत्तर दियाः "मित्र, शाक्य कुल के महान संन्यासी हैं; इस धन्य के नाम पर, मैंने संसार से संन्यास लिया है; ये धन्य मेरे गुरु हैं, और यह इन धन्य के धम्म का ही पालन है।

10. "और, आदरणीय महोदय, आपके गुरु का सिद्धांत क्या है? और वे आपको क्या उपदेश देते हैं?"

11. "मैं केवल एक युवा शिष्य हूँ, मित्र मुझे अभी हाल ही में दीक्षा मिली है; और मैंने इस धम्म और अनुशासन को हाल ही में अपनाया है। मैं आपको धम्म के बारे में विस्तार से नहीं बता सकता लेकिन मैं तुम्हें संक्षेप में बताऊंगा कि इसका क्या अर्थ है।"

12. तब भटकते हुए तपस्वी सारिपुत्त ने आदरणीय अस्साजी से कहाः "तो ठीक है, मित्र, मुझे जितना चाहो उतना बताओ या जितना चाहो उतना कम बताओ, लेकिन मुझे अर्थ बताओ, मैं तो बस अर्थ चाहता हूँ। पत्र को इतना महत्व क्यों देना?"

13. तब आदरणीय अस्साजी ने सारिपुत्त को बुद्ध की शिक्षाओं का सार समझाया और सारिपुत्त पूरी तरह संतुष्ट हो गए।

14. सारिपुत्त और मोग्गलन, यद्यपि भाई नहीं थे, फिर भी एक दूसरे से इस तरह बंधे हुए थे मानो वे भाई हों। उन्होंने एक दूसरे को वचन दिया था। जो पहले सत्य प्राप्त करेगा, वही दूसरे को भी बताएगा। यही उनका आपसी समझौता था।

15. तदनुसार सारिपुत्त उस स्थान पर गए जहाँ मोग्गलन थे। उन्हें देखकर उन्होंने सारिपुत्त से कहा "मित्र, तुम्हारा चेहरा शांत है; तुम्हारा रंग शुद्ध और उज्ज्वल है। तो क्या तुम सच में सत्य तक पहुँच गए हो?"

16. "हाँ, मित्र, मैं सत्य तक पहुँच गया हूँ।" "और कैसे, मित्र, तुमने ऐसा किया?" तब सारिपुत्त ने उसे बताया कि उसके और अस्साजी के बीच क्या हुआ था।

17. तब मोग्गल्लन ने सारिपुत्त से कहा, "चलो, मित्र, हम भगवान के पास चलें ताकि वे, भगवान हमारे गुरु बन सकें।"

18. सारिपुत्त ने उत्तर दियाः "यह हमारे लिए है, मित्र, यहाँ ये दो सौ पचास पर्यटक परिव्राजक रहते हैं, और ये हमको ही मानते हैं; उनसे विदा लेने से पहले हम उन्हें बता दें वे जो उचित समझेंगे, वही करेंगे।"

19. तब सारिपुत्त और मोग्गलन उस स्थान पर गए जहाँ वे थे उनके पास जाकर उन्होंने उनसे कहा, "मित्रों, हम भगवान से मिलने जा रहे हैं; वे, भगवान हमारे गुरु हैं।"

20. उन्होंने उत्तर दियाः "महाराज, हम आपके कारण ही यहाँ रहते हैं, और हम आपको ही मानते हैं; यदि आप, महाराज, महान समाना के अधीन पवित्र जीवन व्यतीत करेंगे, तो हम सब भी ऐसा ही करेंगे।"

21. तब सारिपुत्त और मोग्गलन उस स्थान पर गए जहाँ संजय था उसके पास जाकर उन्होंने कहाः "मित्र, हम भगवान से मिलने जा रहे हैं; वे, भगवान हमारे गुरु हैं।"

22. संजय ने उत्तर दिया "नहीं, मित्रों, मत जाओ हम तीनों इस समूह की देखभाल करेंगे।"

23. दूसरी और तीसरी बार सारिपुत्त और मोग्गलान ने ऐसा कहा और संजय ने पहले की तरह उत्तर दिया।

24. तब सारिपुत्त और मोग्गलन अपने साथ दो सौ पचास घुमक्कड़ तपस्वियों को लेकर राजगृह के वेलुवन में गए, जहाँ भगवान रह रहे थे।

25. और भगवान ने उन्हें देखा – सारिपुत्त और मोग्गलन, उन्हें देखकर दूर से आए और भिक्षुओं से इस प्रकार कहा, "भिक्षुओं, दो साथी आ रहे हैं," सारिपुत्त और मोग्गलन की ओर व्यंजक करते हुए, "ये मेरे मुख्य शिष्य और शुभ जोड़ी होंगे।"

26. जब वे बांस के बाग में पहुँचे, तो वे उस स्थान पर गए जहाँ भगवान थे उनके पास पहुँचकर, उन्होंने भगवान के चरणों में सिर रखकर प्रणाम किया और भगवान से कहाः "भगवान, आइए हम भगवान से दीक्षा प्राप्त करें।"

27. तब भगवान ने प्रवेश का संकेत देते हुए सामान्य सूत्र कहा, "एहि भिक्खु" (आओ भिक्षुओ), और सारिपुत्त और मोग्गलाना तथा दो सौ जटिला बुद्ध के शिष्य बन गए।"

4. राजा बिम्बिसार का धर्म परिवर्तन

1. राजगृह सेनिया मगध के राजा बिम्बिसार की राजधानी थी।
2. इतनी बड़ी संख्या में जतिलों के धर्म परिवर्तन के बारे में सुनकर, शहर में हर कोई धन्य के बारे में बात करने लगा था।
3. इस प्रकार राजा बिम्बिसार को शहर में उनके आगमन के बारे में पता चला।
4. "सबसे रूढ़िवादी और सबसे जिद्दी जाटिला को धर्म परिवर्तन कराना कोई आसान काम नहीं था।" राजा बिम्बिसार ने अपने आप से कहा, "सचमुच, वह अवश्य ही धन्य, पवित्र, पूर्ण बुद्ध, ज्ञान और आचरण में निपुण, पथिक, संसार को समझने वाला, सर्वोच्च, मनुष्यों का मार्गदर्शन करने वाला, देवताओं और मनुष्यों का शिक्षक होगा। उसे अवश्य ही उस सत्य की शिक्षा देनी चाहिए, जिसे उसने स्वयं समझा है।
5. "उसे अवश्य ही उस धम्म का उपदेश देना चाहिए जो आरंभ में सुंदर है, मध्य में सुंदर है, अंत में सुंदर है, आत्मा और अक्षर में वह पूर्णतया परिपूर्ण, शुद्ध और पवित्र जीवन की घोषणा कर रहा होगा। उसके जैसे व्यक्ति का दर्शन प्राप्त करना अच्छा है।

6. तब राजा बिम्बिसार, मगध के बारह सहस्र ब्राह्मणों और गृहस्थों से घिरे हुए, उस स्थान पर गए, जहाँ भगवान थे। उनके पास जाकर, उन्हें आदरपूर्वक प्रणाम करके, वे उनके पास बैठ गए। उन बारह सहस्र मगध के ब्राह्मणों और गृहस्थों में से भी कुछ ने भगवान को आदरपूर्वक प्रणाम किया और उनके पास बैठ गए कुछ ने भगवान को नमस्कार किया और ऐसा करके वे भी उनके पास प्रसन्नतापूर्वक बैठ गए, कुछ ने भगवान की ओर हाथ जोड़कर उनके पास बैठ गए कुछ ने भगवान के सामने अपना नाम और कुलनाम बताया और उनके पास बैठ गए, कुछ चुपचाप उनके पास बैठ गए।

7. अब उन बारह सहस्र मगध के ब्राह्मणों और गृहस्थों ने भगवान के साथ आए भिक्षुओं में उरुवेल्ला कश्यप को देखा। उन्होंने सोचाः "अब यह कैसे हो गया? क्या महान समाना उरुवेल्ला कश्यप के अधीन पवित्र जीवन का पालन करते हैं, या उरुवेल्ला कश्यप महान समाना के अधीन पवित्र जीवन का पालन करते हैं?"

8. और धन्य भगवान, जिन्होंने अपने मन में उन बारह असंख्य मगध ब्राह्मणों और गृहस्थों के मन में उठे प्रतिबिंब को समझा, आदरणीय उरुवेल्ला कश्यप को संबोधित कियाः "हे उरुवेल्ला के निवासी, तुमने क्या देखा है कि तुम जो महान कहलाते हो, ने अग्नि पूजा को त्याग दिया है? यह कैसे हुआ कि तुमने अग्नि यज्ञ को त्याग दिया है?"

9. कश्यप ने उत्तर दिया "यज्ञों में दृश्य और ध्वनियाँ, स्वाद और इंद्रिय–संपन्न स्त्रियाँ इच्छाएँ होती हैं; क्योंकि मैंने समझ लिया था कि ये चीजें अशुद्ध हैं, इसलिए मुझे अब बलि और प्रसाद में कोई आनंद नहीं आता।"

10. "लेकिन अगर आप बुरा न मानें, तो हमें बताइए कि आपने ऐसा क्यों सोचा?"

11. तब आदरणीय उरुवेल्ला कश्यप अपने आसन से उठे, अपने ऊपरी वस्त्र को इस तरह से समायोजित किया कि वह एक कंधे को ढक

सके, स्वयं को दंडवत किया, अपना सिर भगवान के चरणों में झुकाया, और भगवान से कहा: "मेरे गुरु भगवान हैं, मैं उनका शिष्य हूँ।" तब उन बारह सहस्रों मगध ब्राह्मणों और गृहस्थों ने समझा: "उरुवेल्ला कश्यप महान समाना के अधीन पवित्र जीवन का पालन करते हैं।"

12. और भगवान ने, उन बारह सहस्रों मगध ब्राह्मणों और गृहस्थों के मन में उठे प्रतिबिंब को अपने मन में समझ लिया, उन्हें अपना धम्म उपदेश दिया। जिस प्रकार काले धब्बों से मुक्त स्वच्छ वस्त्र रंग को ठीक से सोख लेता है, उसी प्रकार उन ग्यारह सहस्रों मगध ब्राह्मणों ने और बिम्बिसार के नेतृत्व में गृहस्थों ने वहाँ बैठकर धम्म की शुद्ध और निष्कलंक रंगत प्राप्त की। असंख्य लोगों ने घोषणा की कि वे धर्म के अनुयायी बन गए हैं।

13. तब मगध के राजा सेनिया बिम्बिसार ने यह दृश्य देखा, धम्म को समझा, धम्म में प्रवेश किया, अनिश्चितता पर विजय प्राप्त की, सभी संदेहों को दूर किया, पूर्ण ज्ञान प्राप्त करने के पश्चात, उन्होंने भगवान से कहा: "पूर्वकाल में, प्रभु, जब मैं राजकुमार था, तब मैंने पाँच आकांक्षाएँ रखी थी वे अब पूरी हो गई हैं।

14. "पूर्वकाल में, प्रभु, जब मैं राजकुमार था, तब मेरे मन में यह विचार आया काश मैं राजा बन जाता! यह मेरी पहली आकांक्षा थी, प्रभुय वह अब पूरी हो गई है। और तब कोई पवित्र व्यक्ति, कोई पूर्ण ज्ञानी व्यक्ति मेरे राज्य में आ सकता है! यह मेरी दूसरी आकांक्षा थी, प्रभु वह अब पूरी हो गई है। और मैं उस धन्य व्यक्ति की सेवा कर सकता हूँ! यह मेरी तीसरी आकांक्षा थी, प्रभु वह अब पूरी हो गई है। और वह, धन्य व्यक्ति, मुझे धम्म का उपदेश दे! यह मेरी चौथी आकांक्षा थी, प्रभु और वह अब पूरी हो गई है। और मैं उस धन्य व्यक्ति के धम्म को समझ सकता हूँ! यह मेरी पाँचवीं आकांक्षा थी, प्रभु यह अब पूरी हो गई है। ये मेरी पाँच आकांक्षाएँ थीं, प्रभु, जो मैंने पूर्वकाल में राजकुमार रहते हुए रखी थीं।

15. "अद्‌भुत है, प्रभु! अद्‌भुत है, जैसे कोई उलटी हुई वस्तु को स्थापित कर दे, या जो छिपा हुआ है उसे प्रकट कर दे, या जो भटक गया है उसे मार्ग दिखा दे, या अंधेरे में दीपक जला दे, ताकि आंखें हों वे सब देख सकें, इस प्रकार भगवान ने अनेक प्रकार से धम्म का उपदेश दिया है। हे प्रभु, मैं उस भगवान की, उस धम्म की, और भिक्षुओं की बिरादरी की शरण लेता हूँ। भगवान आज से लेकर जब तक मेरा जीवन है, तब तक मुझे एक ऐसे शिष्य के रूप में स्वीकार करें, जिसने उनकी शरण ली है।"

5. अनाथपिंडिका का धर्मांतरण

1. सुदत्त कोसल राज्य की राजधानी श्रावस्ती का निवासी था। इस पर राजा पसेनजित का शासन था। सुदत्त राजा का कोषाध्यक्ष था। गरीबों को दिए गए दान के कारण सुदत्त अनाथपिंडिका के नाम से जाना जाता था।
2. जब भगवान राजगृह में थे, अनाथपिंडिका अपने किसी निजी काम से वहां आए। वे अपनी बहन के साथ रुके थे जिसका विवाह राजगृह के संघ प्रमुख से हुआ था।
3. जब वह वहाँ पहुँचा तो उसने पाया कि संघ प्रमुख भगवान और उनके भिक्षुओं के लिए इतने बड़े पैमाने पर भोजन तैयार कर रहा है कि उसे लगा कि कोई विवाह समारोह चल रहा है या राजा को आमंत्रित किया गया है।
4. सच्चाई जानने पर वह भगवान के दर्शन के लिए बहुत उत्सुक हो गया और वह उसी रात भगवान से मिलने के लिए निकल पड़ा।
5. और भगवान ने तुरन्त अनाथपिंडिका के हृदय की उत्तम गुणवत्ता को देखा और उसे सांत्वना भरे शब्दों से अभिवादन किया। अपना आसन ग्रहण करने के बाद अनाथपिंडिका ने किसी धार्मिक विषय पर प्रवचन सुनने की इच्छा व्यक्त की।
6. भगवान ने उनकी इच्छाओं का उत्तर देते हुए प्रश्न उठाया, "हमारे जीवन को आकार देने वाला कौन है? क्या ईश्वर, एक व्यक्तिगत

निर्माता? यदि ईश्वर निर्माता है, तो सभी जीवित चीजों को चुपचाप अपने निर्माता की शक्ति के अधीन होना चाहिए। वे कुम्हार के हाथ से बने बर्तन की तरह होंगे। यदि दुनिया ईश्वर द्वारा बनाई गई होती, तो दुःख, या विपत्ति, या पाप जैसी कोई चीज नहीं होती क्योंकि शुद्ध और अशुद्ध दोनों कर्म उसी से आते हैं। यदि नहीं, तो उसके अलावा कोई और कारण होगा, और वह स्वयं–अस्तित्व वाला नहीं होगा। इस प्रकार, आप देखते हैं, ईश्वर का विचार खत्म हो जाता है।

7. "फिर से, यह कहा जाता है कि निरपेक्ष एक कारण नहीं हो सकता। हमारे आस–पास की सभी चीजें एक कारण से आती हैं जैसे कि पौधा बीज से आता है; निरपेक्ष सभी चीजों का एक समान कारण कैसे हो सकता है? यदि यह उनमें व्याप्त है, तो निश्चित रूप से यह उन्हें नहीं बनाता है।

8. "फिर से, यह कहा जाता है कि आत्मा निर्माता है। लेकिन अगर आत्मा निर्माता है, तो उसने चीजों को सुखद क्यों नहीं बनाया? दुःख और खुशी के मामले वास्तविक और वस्तुनिष्ठ हैं। वे आत्मा द्वारा कैसे बनाए जा सकते हैं?

9. "फिर से, यदि आप तर्क को अपनाते हैं, तो कोई निर्माता नहीं है, या ऐसी स्थिति में भाग्य नहीं है, और कोई कारण नहीं है, हमारे जीवन को आकार देने और अंत के लिए साधनों को समायोजित करने का क्या उपयोग होगा?

10. "इसलिए, हम तर्क देते हैं कि सभी चीजें जो मौजूद हैं, बिना कारण के नहीं हैं। हालाँकि, न तो ईश्वर, न ही निरपेक्ष, न ही आत्मा, न ही अकारण संयोग, निर्माता, बल्कि हमारे कर्म अच्छे और बुरे दोनों तरह के परिणाम उत्पन्न करते हैं।

11. "सारा संसार कार्य–कारण के नियम के अधीन है, और जो कारण कार्य करते हैं वे मानसिक नहीं हैं, क्योंकि जिस सोने से प्याला बना है वह सर्वत्र सोना है।

12. "तो, आइए हम ईश्वर की पूजा करने और उनसे प्रार्थना करने के कपट को त्याग दें आइए हम लाभहीन सूक्ष्मताओं के व्यर्थ अनुमानों

में स्वयं को न खोएं आइए हम स्वयं और सभी स्वार्थों को त्याग दें, और जैसे सभी चीजें कार्य–कारण द्वारा तय की जाती हैं, आइए हम अच्छे का अभ्यास करें ताकि हमारे कार्यों से अच्छा परिणाम निकले।"

13. और अनाथपिंडिका ने कहा: "मैं धन्य ने जो कहा है उसकी सच्चाई को देखता हूँ और मैं अपना पूरा दिमाग खोलना चाहता हूँ। मेरे शब्दों को सुनने के बाद भगवान मुझे सलाह दें कि मुझे क्या करना चाहिए।

14. "मेरा जीवन काम से भरा हुआ है, और बहुत सारा धन अर्जित करने के बाद, मैं चिंताओं से घिरा हुआ हूँ। फिर भी मैं अपने काम का आनंद लेता हूँ, और पूरी लगन से उसमें लगा रहता हूँ। बहुत से लोग मेरे काम में लगे हैं और मेरे काम की सफलता पर निर्भर हैं।

15. "अब, मैंने आपके शिष्यों को संन्यासी के आनंद की प्रशंसा करते और दुनिया की अशांति की निंदा करते सुना है। वे कहते हैं, धन्य व्यक्ति ने अपना राज्य और अपनी विरासत छोड़ दी है, और धर्म का मार्ग पा लिया है, इस प्रकार पूरी दुनिया के लिए निर्वाण प्राप्त करने का एक उदाहरण प्रस्तुत किया है।"

16. "मेरा दिल वही करने के लिए तरसता है जो सही है और अपने साथियों के लिए एक आशीर्वाद बनना चाहता है। तो मैं आपसे पूछता हूँ, क्या मुझे धार्मिक जीवन का आनंद प्राप्त करने के लिए अपनी संपत्ति, अपना घर और अपने व्यवसाय को छोड़ देना चाहिए, और आपकी तरह बेघर हो जाना चाहिए?"

17. और धन्य भगवान ने उत्तर दिया: "धार्मिक जीवन का आनंद हर उस व्यक्ति को प्राप्त हो सकता है जो महान अष्टांगिक मार्ग पर चलता है। जो व्यक्ति धन से चिपका रहता है, उसे अपने हृदय को इसके द्वारा विषाक्त होने देने के बजाय इसे त्याग देना बेहतर है; लेकिन जो व्यक्ति धन से नहीं चिपका रहता है, और धन रखते हुए, उसका सही उपयोग करता है, वह अपने साथियों के लिए आशीर्वाद बन जाएगा।

18. "मैं तुमसे कहता हूँ, अपने जीवन के स्थान पर रहो और अपने उद्यमों में लगन से लग जाओ। यह जीवन, धन और शक्ति नहीं है जो मनुष्यों को गुलाम बनाती है, बल्कि जीवन, धन और शक्ति से चिपके रहना है।

19. "जो भिक्षु आराम की जिंदगी जीने के लिए संसार से संन्यास ले लेता है, उसे कोई लाभ नहीं होता। क्योंकि आलस्य का जीवन घृणित है और ऊर्जा की कमी घृणित है।

20. "तथागत का धम्म किसी व्यक्ति को बेघर होने या संसार से त्यागपत्र देने की आवश्यकता नहीं रखता है, जब तक कि वह ऐसा करने के लिए प्रेरित महसूस न करे तथागत का धम्म प्रत्येक व्यक्ति से यह अपेक्षा करता है कि वह स्वयं के भ्रम से मुक्त हो जाए, अपने हृदय को शुद्ध करे, सुख की प्यास को त्याग दे और धार्मिकता का जीवन जिए।

21. "और मनुष्य जो भी करें, चाहे वे संसार में कारीगर, व्यापारी या राजा के अधिकारी बनकर रहें, या संसार से संन्यास लेकर धार्मिक ध्यान के जीवन में स्वयं को समर्पित कर दें, उन्हें अपना पूरा मन अपने कार्य में लगाना चाहिए; उन्हें परिश्रमी और ऊर्जावान होना चाहिए, और, यदि वे कमल की तरह हैं, जो पानी में उगता है, फिर भी पानी से अछूता रहता है, यदि वे ईर्ष्या या घृणा को पोषित किए बिना जीवन में संघर्ष करते हैं, यदि वे संसार में स्वार्थ का नहीं बल्कि सत्य का जीवन जीते हैं, तो निश्चित रूप से उनके मन में आनंद, शांति और परम आनंद का वास होगा।"

22. अनाथपिंडिका ने देखा कि यह सत्य की सबसे उत्कृष्ट प्रणाली थी, सरल और ज्ञान से उत्पन्न।

23. इस प्रकार सच्चे सिद्धांत में दृढ़ निश्चय करके वह धीरे–धीरे धन्य के चरणों में झुक गया और बंद हाथों से अपना अनुरोध किया।

6. राजा पसेनजित का धर्म परिवर्तन

1. तब राजा पसेनजित ने सुना कि भगवान आए हैं, वे अपने शाही परिधन में जेतवन विहार में गए। हाथ जोड़कर उन्हें प्रणाम करते हुए उन्होंने कहाः
2. "धन्य है मेरा अयोग्य और अस्पष्ट राज्य, जो इतना बड़ा सौभाग्य प्राप्त कर रहा है। क्योंकि संसार के स्वामी, धर्मराज, सत्य के राजा की उपस्थिति में इस पर विपत्तियाँ और खतरे कैसे आ सकते हैं।
3. "अब जब मैंने आपके पवित्र स्वरूप को देखा है, तो मुझे आपकी शिक्षाओं के शीतल जल का सेवन करने दीजिए।
4. "सांसारिक लाभ अल्पकालिक और नाशवान है, लेकिन धार्मिक लाभ शाश्वत और अक्षय है। एक सांसारिक व्यक्ति, भले ही राजा हो, परेशानियों से भरा होता है, लेकिन एक साधारण व्यक्ति जो पवित्र है, उसके मन में भी शांति होती है।"
5. लोभ और भोग–विलास से दबे राजा के हृदय की प्रवृत्ति को जानते हुए, धन्य ने अवसर का लाभ उठाया और कहाः
6. यहाँ तक कि जो लोग निम्न कोटि में जन्मे हैं, वे जब किसी पुण्यवान व्यक्ति को देखते हैं, तो उनके प्रति कितना अधिक आदर महसूस करते हैं, एक स्वतंत्र राजा को, जिसने अपने पिछले जीवन की परिस्थितियों से बहुत अधिक पुण्य अर्जित किया है, कितना अधिक आदर महसूस करना चाहिए?
7. "और अब जब मैं संक्षेप में कानून की व्याख्या कर रहा हूँ, तो महाराजा मेरी बातों को ध्यान से सुनें और जो मैं कहता हूँ, उसे दृढ़ता से थामे रहें।
8. "हमारे अच्छे या बुरे कर्म छाया की तरह निरंतर हमारा पीछा करते रहते हैं।
9. "जिसकी सबसे अधिक आवश्यकता है, वह है प्रेमपूर्ण हृदय!
10. अपने लोगों का वैसा ही सत्कार रखो जैसा हम अपने इकलौते बेटे का रखते हैं। उन पर अत्याचार मत करो, उनका विनाश मत करो

अपने शरीर के हर अंग पर नियंत्रण रखो, अधर्म के सिद्धांतों को त्याग दो और सीधे रास्ते पर चलो दूसरों को रौंदकर खुद को बड़ा मत बनाओ। पीड़ित को सांत्वना दो और उससे दोस्ती करो।

11. "राजसी गरिमा के बारे में ज्यादा मत सोचो, न ही चापलूसों की चिकनी–चुपड़ी बातें सुनो।
12. "तपस्या करके खुद को परेशान करने से कोई लाभ नहीं है, बल्कि धर्म का ध्यान करो और धर्म के नियमों पर विचार करो।
13. "हम चारों तरफ से दुःख और बुराई की चट्टानों से घिरे हुए हैं और केवल सच्चे नियम पर विचार करके ही हम इस दुख भरे पहाड़ से बच सकते हैं।
14. "तो फिर अन्याय करने से क्या लाभ?
15. "जो लोग बुद्धिमान हैं वे शरीर के सुखों को ठुकरा देते हैं। वे वासना से घृणा करते हैं और अपने आध्यात्मिक अस्तित्व को बढ़ावा देने की कोशिश करते हैं।
16. "जब कोई पेड़ भयंकर लपटों से जल रहा हो, वहाँ पक्षी कैसे एकत्र हो सकते हैं? जहाँ वासना रहती है, वहाँ सत्य नहीं रह सकता। इस ज्ञान के बिना, विद्वान व्यक्ति, चाहे उसे ऋषि के रूप में क्यों न सराहा जाए, अज्ञानी है।
17. "जिसके पास यह ज्ञान है, उस पर सच्चा ज्ञान प्रकट होता है। इस ज्ञान को प्राप्त करना ही एकमात्र लक्ष्य है। इसकी उपेक्षा करने का अर्थ है जीवन की विफलता।
18. "सभी मतों की शिक्षा यहीं केन्द्रित होनी चाहिए, क्योंकि इसके बिना कोई तर्क नहीं है।
19. "यह सत्य केवल संन्यासी के लिए नहीं है; यह प्रत्येक मनुष्य, पुरोहित और सामान्य व्यक्ति, सभी के लिए समान रूप से प्रासंगिक है। व्रत लेने वाले संन्यासी और परिवार के साथ रहने वाले संसारी व्यक्ति में कोई अंतर नहीं है। कुछ संन्यासी ऐसे हैं जो नरक में चले जाते हैं, और कुछ विनम्र गृहस्थ ऐसे हैं जो ऋषियों के पद पर पहुँच जाते हैं।

20. काम की लहर सभी के लिए एक खतरा है; यह संसार को बहा ले जाती है। जो इसके भंवर में फँस जाता है, वह बच नहीं पाता। लेकिन बुद्धि ही नाव है, चिंतन ही पतवार है। धर्म का नारा तुम्हें शत्रु मार के आक्रमणों से अपने आपको बचाने के लिए पुकारता है।
21. "चूँकि अपने कर्मों के फल से बचना असंभव है, इसलिए हमें अच्छे कर्म करने चाहिए।
22. "हमें अपने विचारों की जाँच करनी चाहिए कि हम कोई बुरा काम न करें, क्योंकि हम जैसा बोएँगे, वैसा ही काटेंगे।
23. प्रकाश से अंधकार में और अंधकार से प्रकाश में जाने के रास्ते हैं। अंधकार से और भी अधिक अंधकार में जाने के रास्ते हैं, और भोर से और भी अधिक प्रकाश में जाने के रास्ते हैं। बुद्धिमान व्यक्ति प्रकाश का उपयोग करेगा क्योंकि उसे और अधिक प्रकाश प्राप्त करना है। वह सत्य के ज्ञान की ओर निरंतर आगे बढ़ेगा।
24. "सद्‌गुणी आचरण और तर्क के प्रयोग द्वारा सच्ची श्रेष्ठता प्रदर्शित करें सांसारिक चीजों की व्यर्थता पर गहराई से विचार करें, और जीवन की चंचलता को समझें।
25. "मन को ऊंचा उठाएँ, और दृढ़ निश्चय के साथ सच्चे विश्वास की तलाश करें राजसी आचरण के नियमों का उल्लंघन न करें, और अपनी खुशी को बाहरी चीजों पर नहीं बल्कि अपने मन पर निर्भर रहने दें। इस प्रकार आप दूर के युगों तक एक अच्छा नाम कमाएँगे।
26. राजा ने श्रद्धापूर्वक भगवान के सभी वचनों को सुना और अपने हृदय में उनका स्मरण किया तथा उनका सामान्य शिष्य बनने का वचन दिया।

7. जीवक का धर्म परिवर्तन

1. जीवक राजगृह की एक वेश्या सालवती का पुत्र था।
2. जन्म के तुरंत बाद, बच्चा नाजायज होने के कारण, उसे एक टोकरी में रखकर धूल के ढेर पर फेंक दिया गया।

3. धूल के ढेर के पास बड़ी संख्या में लोग खड़े होकर बच्चे को देख रहे थे। राजा–कुमार अभय उस स्थान से गुजरे। उन्होंने लोगों से पूछा, जिन्होंने कहाः "यह जीवित है।"
4. इस कारण से बच्चे का नाम जीवक रखा गया। अभय ने उसे गोद लिया और उसका पालन–पोषण किया।
5. जब जीवक बड़ा हुआ तो उसने जाना कि उसे कैसे बचाया गया था और दूसरों को बचाने के लिए खुद को योग्य बनाने की तीव्र इच्छा उसके मन में पैदा हुई।
6. इसलिए वह अभय की जानकारी और अनुमति के बिना तक्षशिला विश्वविद्यालय चले गए और सात साल तक चिकित्सा का अध्ययन किया।
7. राजगृह लौटकर उन्होंने एक चिकित्सक के रूप में अपना अभ्यास शुरू किया और बहुत ही कम समय में इस पेशे में एक बड़ा नाम और प्रसिद्धि प्राप्त की।
8. उनका पहला रोगी साकेत के एक सेठी की पत्नी थी और उसके इलाज के लिए उन्होंने सोलह हजार कहापन, एक नौकर, एक दासी और एक घोड़ा गाड़ी प्राप्त की।
9. उनकी श्रेष्ठता को जानते हुए, अभय ने उन्हें अपने निवास में निवास दिया।
10. राजगृह में उन्होंने बिम्बिसार को एक कष्टदायक फिस्टुला से ठीक किया और कहा जाता है कि उन्हें बिम्बिसार की पाँच सौ पत्नियों के सभी आभूषण पुरस्कार के रूप में मिले।
11. जीवक के अन्य उल्लेखनीय उपचारों में राजगृह के सेठी का उपचार शामिल था, जिस पर उन्होंने ट्रेपनिंग का ऑपरेशन किया था और बनारस के सेठी के बेटे का उपचार भी शामिल था, जो गलत उपचार के कारण पुरानी आंत की समस्या से पीड़ित था।
12. जीवक को राजा और राजा की महिलाओं का चिकित्सक नियुक्त किया गया।

13. लेकिन जीवक भगवान से बहुत जुड़ा हुआ था। परिणामस्वरूप वह भगवान और संघ के लिए एक चिकित्सक के रूप में भी काम करता था।
14. वह भगवान का शिष्य बन गया। भगवान ने उसे भिक्षु नहीं बनाया क्योंकि वह चाहता था कि वह बीमार और घायलों की देखभाल करने के लिए स्वतंत्र रहे।
15. जब बिम्बिसार की मृत्यु हो गई तो जीवक ने उसके बेटे अजातशत्रु की सेवा जारी रखी और उसके द्वारा किए गए पितृहत्या के अपराध के बाद उसे भगवान के पास लाने में मुख्य रूप से सहायक रहा।

8. रथपाल का धर्म परिवर्तन

1. एक बार जब भगवान भिक्षा मांगने के लिए कुरु देश गए थे, तो वे थुल्लाकोट्ठिता में रुके, जो कि कुरुओं की एक बस्ती थी।
2. उन्हें इस बात का पता चला और वे उनके पास गए और उन्हें श्रद्धांजलि दी।
3. जब वे बैठ गए, तो भगवान ने उन्हें धर्म पर प्रवचन दिया। भगवान से शिक्षा प्राप्त करने के बाद, थुल्लाकोट्ठिता के ब्राह्मण प्रमुखों ने कृतज्ञतापूर्वक उनका धन्यवाद किया, उठे और गहरी श्रद्धा के साथ विदा हुए।
4. उनमें से एक युवक रथपाल बैठा था, जो उस स्थान के एक प्रमुख परिवार का वंशज था, जिसके मन में यह विचार आया: "जहाँ तक मैं समझता हूँ, भगवान ने जो सिद्धांत प्रचारित किया है, वह घर में रहने वाले व्यक्ति के लिए उसकी संपूर्णता, पवित्रता और पूर्णता में उच्च जीवन जीने के लिए आसान बात नहीं है।
5. क्या होगा यदि मैं बाल और दाढ़ी कटवा दूँ, पीले वस्त्र पहनूँ और तीर्थयात्री के रूप में घर से बेघर हो जाऊँ!"

6. जब ब्राह्मणों को गए हुए कुछ समय ही हुआ था, तब रथपाल आया और प्रणाम करने के बाद, भगवान को जो विचार आया था, उसे बताया और अपने अधीन संघ में प्रवेश और पुष्टि करने के लिए कहा।
7. "क्या तुम्हारे माता–पिता इस कदम के लिए सहमत हैं, रथपाल?" भगवान ने पूछा।
8. "नहीं, श्रीमान।"
9. "मैं उन लोगों को प्रवेश नहीं देता जिनके पास अपने माता–पिता की सहमति नहीं है।"
10. "वह सहमति, सर, मैं प्राप्त करने के लिए कदम उठाऊंगा," युवक ने कहा, जो उठकर भगवान से श्रद्धापूर्वक विदा लेता है, अपने माता–पिता के पास जाता है, उन्हें अपने विचार बताता है और भिक्षु बनने के लिए उनकी सहमति मांगता है।
11. माता–पिता ने उत्तर दियाः "प्रिय रथपाल, तुम हमारे इकलौते पुत्र हो, हमें बहुत प्रिय हो, तुम सुख–सुविधाओं से रहते हो, सुख–सुविधाओं से ही बड़े हुए हो, तुम्हें किसी प्रकार की असुविधा का अनुभव नहीं हुआ। चले जाओ, खाओ, पियो, मौज करो और सुखपूर्वक अच्छे काम करो। हम तुम्हारी बात मानने से इनकार करते हैं।
12. "तुम्हारी मृत्यु हमें उजाड़ कर रख देगी, जीवन में कोई आनंद नहीं बचेगा जब तक तुम हमारे पास हो, हम तुम्हें भिक्षु के रूप में घर से बेघर होने की अनुमति क्यों दें?
13. रथपाल ने दूसरी और तीसरी बार भी अपना अनुरोध दोहराया, लेकिन उसके माता–पिता ने फिर से यही मना कर दिया।
14. अपने माता–पिता की सहमति प्राप्त करने में विफल होने पर, युवक ने खुद को नंगे जमीन पर फेंक दिया, और घोषणा की कि वह या तो वहीं मर जाएगा या भिक्षु बन जाएगा।
15. उसके माता–पिता ने उसे भिक्षु बनने पर अपनी आपत्ति दोहराते हुए उठने के लिए कहा, लेकिन युवक ने एक शब्द भी नहीं कहा।

दूसरी और तीसरी बार उन्होंने उससे विनती की, लेकिन फिर भी उसने एक शब्द भी नहीं कहा।

16. इसलिए माता–पिता ने रथपाल के साथियों को ढूंढा, जिन्हें उन्होंने यह सब बताया और उनसे अनुरोध किया कि वे खुद से पूछें कि उसके माता–पिता ने उससे क्या कहा था।

17. उसके साथियों ने तीन बार उससे अपील की, लेकिन फिर भी उसने एक शब्द भी नहीं कहा। इसलिए उसके साथी उसके माता–पिता के पास यह रिपोर्ट लेकर आए: "वह वहीं खाली जमीन पर लेटा है और कह रहा है कि या तो वह मर जाएगा या भिक्षु बन जाएगा। अगर आप अपनी सहमति से इनकार करते हैं, तो वह कभी जीवित नहीं उठेगा। लेकिन, अगर आप अपनी सहमति देते हैं, तो आप उसे तब देखेंगे जब वह भिक्षु बन जाएगा। क्या उसे भीकू होना पसंद नहीं करना चाहिए, उसके पास क्या विकल्प होगा! क्यों, केवल यहाँ वापस आने के लिए। अपनी सहमति दें! "उन्होंने आग्रह किया।

18. "हाँ, हम सहमति देते हैं; लेकिन जब वह भीकू होता है, तो उसे आकर हमें देखना होगा।"

19. अब उनके साथी रथपाल के पास चले गए, और उन्होंने उन्हें बताया कि उनके माता –पिता ने उनकी सहमति दी है, लेकिन जब वह भीकू थे तो उन्हें आने और उन्हें देखने के लिए आना था।

20. इसके बाद युवक उठ खड़ा हुआ और जब उसे शक्ति प्राप्त हुई, तब वह भगवान के पास गया और प्रणाम करने के बाद एक ओर बैठ गया और बोला "मुझे भिक्षु बनने के लिए अपने माता–पिता की अनुमति मिल गई है; मैं भगवान से प्रार्थना करता हूँ कि मुझे प्रवेश दें।"

21. भगवान के अधीन उसे प्रवेश और पुष्टि प्रदान की गई और एक पखवाड़े के बाद भगवान, थुल्लाकोट्ठिता में अपनी इच्छानुसार रहने के बाद, श्रावस्ती की ओर भिक्षा यात्रा पर चले गए, जहाँ उन्होंने

अनाथपिंडिका की प्रसन्नता में जेत के उपवन में अपना निवास बनाया।

22. अकेले और एकांत में रहने वाले, कठोर परिश्रम करने वाले, उत्साही और आत्मशुद्ध, पूज्य रथपाल ने शीघ्र ही वह पुरस्कार जीत लिया, जिसकी खोज में युवा लोग भिक्षुओं के रूप में घर से बेघर हो जाते हैं, वह पुरस्कारों का पुरस्कार जो सर्वोच्च जीवन का मुकुट है।

23. फिर वह भगवान के पास गया और प्रणाम करने के बाद एक ओर बैठ गया और कहा कि भगवान की अनुमति से वह अपने माता–पिता से मिलने जाना चाहता है।

24. अपने हृदय से रथपाल के विचारों को परखते हुए, तथा यह समझते हुए कि वह अपनी शिक्षा को त्यागकर एक साधारण व्यक्ति के निम्न जीवन में लौटने में असमर्थ है, भगवान ने उसे जब चाहे जाने को कहा।

25. इसके बाद, उठकर और भगवान से गहरी श्रद्धा के साथ विदा लेते हुए, रथपाल ने अपना बिस्तर ठीक से बिछा दिया और अपने वस्त्र और कटोरे के साथ थुल्लाकोट्ठिता की तीर्थ यात्रा पर निकल पड़ा, जहाँ उसने कुरु राजा के मृग–पात्र में अपना निवास बनाया।

26. अगले दिन प्रातःकाल, वस्त्र पहने और हाथ में कटोरा लेकर, वह भिक्षा के लिए नगर में गया और वहाँ वह अपने विवेक से घर–घर घूमता हुआ अपने पिता के घर पहुँचा।

27. घर के अन्दर, बीच के दरवाजे के अन्दर हॉल में, उसके पिता अपने बालों में कंघी कर रहे थे और दूर से रथपाल को आते देख कर उन्होंने कहाः "यह संन्यासियों की दाढ़ी ही थी जिसने मेरे एकमात्र प्रिय और प्यारे बेटे को भिक्खु बना दिया।"

28. इसलिए अपने पिता के घर पर रथपाल को कुछ नहीं दिया गया, यहाँ तक कि मना भी नहीं किया गया उसे केवल गालियाँ ही मिलीं।

29. इस समय परिवार की एक दासी पिछले दिन का बासी चावल फेंकने वाली थी; और उससे रथपाल ने कहाः "बहन, अगर इसे फेंकना है, तो इसे मेरे कटोरे में डाल दो।"

30. जब लड़की ऐसा कर रही थी, तो उसने उसके हाथ–पैर और आवाज पहचान ली, और सीधे अपनी मालकिन के पास जाकर चिल्लाईः "क्या तुम जानती हो, मैडम, युवा स्वामी वापस आ गया है।"

31. "अगर तुम जो कह रही हो वह सच है, तो तुम अब दास नहीं हो," माँ ने कहा, जो जल्दी से अपने पति को यह बताने के लिए चली गई कि उसने सुना है कि उनका बेटा वापस आ गया है।

32. रथपाल बाड़ के नीचे बासी चावल खा रहा था, जब उसके पिता वहाँ पहुँचे और चिल्लाए क्या यह हो सकता है, मेरे प्यारे बेटे, कि तुम बासी चावल खा रहे हो? क्या तुम्हें अपने घर नहीं आना चाहिए था?"

33. रथपाल ने कहा, "गृहस्थ, हम अपना कौन–सा घर पा सकते हैं, जो घर से बेघर हो गए हैं? मैं तुम्हारे घर आया था, जहाँ मुझे कुछ नहीं दिया गया, यहाँ तक कि मना भी नहीं किया गया मुझे केवल गालियाँ ही मिलीं।"

34. आओ, मेरे बेटे हम घर के अन्दर चलें। ऐसा नहीं है, गृहस्थ मैंने आज का भोजन समाप्त कर लिया है। रथपाल ने कहा।

35. तो ठीक है, मेरे बेटे, कल यहाँ भोजन करने का वचन दो।"

36. अपने मौन से पूज्य रथपाल ने सहमति दे दी।

37. तब पिता घर के अन्दर गए, जहाँ पहले उन्होंने चटाई के नीचे सोने के बड़े–बड़े ढेर लगाने का आदेश दिया और फिर उन्होंने अपनी बहुओं से, जो पहले पूज्य रथपाल की पत्नियाँ थीं, कहा कि वे अपने पति द्वारा पसंद किए जाने वाले सभी सज–धज कर तैयार हों।

38. जब रात्रि बीत गई, तब पिता ने अपने घर में उत्तम भोजन तैयार करने का आदेश देकर, अपने पुत्र को बताया कि भोजन तैयार हो गया है। उसी दिन प्रातःकाल, पूज्य रथपाल, वस्त्राभूषण धारण

करके, हाथ में कटोरा लेकर, आए और अपने लिए निर्धारित आसन पर बैठ गए।

39. इसके पश्चात, कोष के ढेर को खोलने का आदेश देते हुए पिता ने कहाः यह तुम्हारी माता का भाग्य है, यह तुम्हारे पिता का है और यह तुम्हारे दादा से आया है। तुम्हारे पास आनंद मनाने और अच्छे कार्य करने के लिए साधन हैं।

40. आओ, मेरे पुत्र, अपनी शिक्षा को त्याग दो सामान्य व्यक्ति के निम्न जीवन में लौट जाओ अपने धन का आनंद लो और अच्छे कार्य करो।'

41. यदि तुम मेरी सलाह मानोगे, गृहस्थ, तो तुम इस ढेर किए गए धन को ले जाकर गंगा के बीच में डुबो दोगे। और क्यों? क्योंकि वहां से तुम्हें केवल दुःख और विलाप, बीमारियाँ, मन की पीड़ा, शरीर की पीड़ा और क्लेश ही मिलेगा।

42. पूज्य रथपाल की पत्नियों ने उनके चरणों से लिपटकर पूछा कि वे कौन सी दिव्य अप्सराएँ हैं, जिनके लिए वे उच्च जीवन व्यतीत कर रहे हैं।

43. "बिना किसी अप्सरा के, बहनों," उन्होंने कहा।

44. स्वयं को बहन कहते सुनकर, सभी स्त्रियाँ बेहोश हो गईं और भूमि पर गिर पड़ीं।

45. रथपाल ने अपने पिता से कहाः "यदि भोजन देना है, गृहस्थ, तो दे दो मुझे कष्ट मत दो।"

46. "भोजन तैयार है, मेरे बेटे; शुरू करो," पिता ने कहा और अपने बेटे को तृप्त होने तक बिना रुके वह उत्तम भोजन परोसा।

47. भोजन करने के पश्चात वे कुरु राजा के मृग–वन में चले गए, जहाँ वे दोपहर की गर्मी के दौरान एक वृक्ष के नीचे बैठ गए।

48. अब राजा ने अपने शिकारी को निर्देश दिया था कि वे उसके आने से पहले उद्यान को साफ कर दें; आज्ञाकारी शिकारी अपने कार्य में लगा हुआ था, जब उसने दोपहर की गर्मी के दौरान रथपाल को

एक पेड़ के नीचे बैठे देखा, और राजा को सूचना दी कि उद्यान तो व्यवस्थित है, लेकिन एक पेड़ के नीचे रथपाल बैठा है। वह युवा सज्जन जिसके बारे में महामहिम ने अक्सर सुना था।

49. "आज उद्यान की चिंता मत करो," राजा ने कहाय "मैं महामहिम से मिलने जाऊंगा।" इसलिए, जो भोजन तैयार किया गया था, उसे तैयार करने का आदेश देते हुए, वह एक रथ पर सवार हुआ और रथपाल को देखने के लिए शाही तरीके से जुलूस के साथ शहर से बाहर निकल गया।

50. जहाँ तक भूमि उनके रथ के लिए चलने योग्य थी, वहाँ तक सवार होकर और वहाँ से अपने राजसी दल के साथ पैदल आगे बढ़ते हुए, राजा आखिरकार श्रद्धेय रथपाल के पास पहुँचे, जिन्हें विनम्र अभिवादन के बाद, राजा ने–अभी भी खड़े–खड़े–फूलों के एक समूह पर बैठने के लिए आमंत्रित किया।

51. "नहीं, महाराज आप वहीं बैठिए, मुझे एक सीट मिल गई है।"

52. राजा ने अपने बताए गए आसन पर बैठते हुए कहाः "रथपाल, चार प्रकार की हानियाँ हैं जो लोगों को बाल और दाढ़ी कटवाने, पीले वस्त्र पहनने और घर से बेघर होने के लिए प्रेरित करती हैं – अर्थात्, (i) बुढ़ापा, (ii) खराब स्वास्थ्य, (iii) दरिद्रता और (iv) सगे–संबंधियों की मृत्यु।

53. "एक ऐसे व्यक्ति को लें जो बूढ़ा और वृद्ध है, जीवन में बहुत आगे बढ़ चुका है, वर्षों से त्रस्त है, और जीवन के अंत में, अपनी स्थिति को पहचानता है, और नया धन अर्जित करने या जो उसके पास है उससे अच्छा जीवन जीने में कठिनाई का एहसास करता है; इसलिए वह बेघर होने का फैसला करता है। इसे बुढ़ापे की हानि के रूप में जाना जाता है। लेकिन यहाँ आप युवावस्था के चरम पर हैं, आपके पास कोयले के समान काले बाल हैं, जो भूरे रंग से अछूते हैं, और आप अपनी युवावस्था की पूरी सुंदरता में हैं; बुढ़ापे

की हानि आपकी नहीं है। आपने क्या जाना, देखा या सुना है जो आपको बेघर होने के लिए मजबूर करता है?

54. "या एक ऐसे व्यक्ति को लें जो अस्वस्थ या पीड़ा में है, या गंभीर रूप से बीमार है, अपनी स्थिति को पहचानता है और नई संपत्ति अर्जित करने या जो उसके पास पहले से है उससे अच्छा करने में कठिनाई का एहसास करता है; इसलिए वह बेघर होने का फैसला करता है। इसे खराब स्वास्थ्य के कारण होने वाली हानि के रूप में जाना जाता है। लेकिन यहाँ आप न तो बीमार हैं और न ही आपका पाचन तंत्र खराब है जो न तो बहुत गर्म है और न ही बहुत ठंडा है। खराब स्वास्थ्य के कारण होने वाली हानि आपकी नहीं है। आपने क्या जाना या देखा या सुना है जो आपको बेघर होने के लिए मजबूर करता है?

55. "या फिर एक ऐसे व्यक्ति को लीजिए, जो धनवान, धनवान और बहुत धनवान होने के बाद, धीरे–धीरे उसे खो देने के बाद, अपनी स्थिति को पहचानता है और उसे नई संपत्ति प्राप्त करने या जो उसके पास है, उससे अच्छा जीवन जीने में कठिनाई का एहसास होता है; इसलिए वह तीर्थयात्री बनने का फैसला करता है। इसे वह नुकसान कहा जाता है, जो रिश्तेदारों की मृत्यु के कारण होता है। लेकिन यहाँ आप दोस्तों और रिश्तेदारों के साथ हैं; रिश्तेदारों की मृत्यु के कारण होने वाला नुकसान आपका नहीं है। आपको ऐसा क्या पता है, देखा है या सुना है, जो आपको बेघर होने पर मजबूर कर दे?"

56. "मैं घर से बेघर होने के लिए निकल पड़ा हूँ," रथपाल ने उत्तर दिया, "महाराज, क्योंकि मैंने निम्नलिखित चार प्रस्तावों को जाना, देखा और सुना है, जो सर्वज्ञानी भगवान ने बताए हैं, जो जानते और देखते हैं:

(i) दुनिया निरंतर प्रवाह और परिवर्तनशील है।

(ii) दुनिया का कोई रक्षक या संरक्षक नहीं है।

(iii) हमारे पास कुछ भी नहीं है, हमें सब कुछ पीछे छोड़ देना चाहिए।

"(iv) संसार अभावग्रस्त है और लालसा में बंधा हुआ है।"

57. "यह अद्‌भुत है, यह अनोखा है," राजा ने कहा, "इसमें प्रभु कितने सही थे!"

भाग – IV

घर से बुलावा

1. शुद्धोदन और अंतिम दर्शन।
2. यशोधरा और राहुला से मुलाकात।
3. शाक्यों द्वारा स्वागत।
4. उन्हें गृहस्थ बनाने का अंतिम प्रयास।
5. बुद्ध का उत्तर।
6. मंत्री का उत्तर।
7. बुद्ध का निश्चय।

1. शुद्धोदन और अंतिम दर्शन

1. सारिपुत्त और मोग्गल्लन के धर्म परिवर्तन के बाद भगवान दो महीने तक राजगृह में रहे।
2. यह सुनकर कि भगवान राजगृह में निवास कर रहे हैं, उनके पिता शुद्धोदन ने उन्हें संदेश भेजा कि "मैं मरने से पहले अपने पुत्र को देखना चाहता हूँ। दूसरों को उनके उपदेश का लाभ मिला है, लेकिन उनके पिता या उनके रिश्तेदारों को नहीं।"
3. जिस व्यक्ति के माध्यम से संदेश भेजा गया था, वह कालूदायिन था, जो शुद्धोदन के दरबारियों में से एक का पुत्र था।
4. और दूत ने आते ही कहाः "हे विश्व–सम्मानित तथागत, आपके पिता आपके आगमन की प्रतीक्षा कर रहे हैं, जैसे कि कुमुदिनी सूर्योदय की प्रतीक्षा करती है।"
5. भगवान ने अपने पिता के अनुरोध को स्वीकार कर लिया और अपने बहुत से शिष्यों के साथ अपने पिता के घर की यात्रा पर निकल पड़े।
6. भगवान ने धीमी गति से यात्रा की। लेकिन कालूदायिन ने उनसे पहले जाकर शुद्धोदन को सूचित किया कि भगवान आ रहे हैं और अपने मार्ग पर हैं।
7. जल्द ही यह समाचार शाक्य देश में फैल गया। "राजकुमार सिद्धार्थ, जो आत्मज्ञान प्राप्त करने के लिए घर से बेघर होकर भटक गया था, वह अपने उद्देश्य को प्राप्त करके कपिलावत्सु में अपने घर आ रहा है।" यह हर किसी के होठों पर था।
8. शुद्धोदन और महाप्रजापति अपने रिश्तेदारों और मंत्रियों के साथ अपने बेटे से मिलने के लिए निकले। जब उन्होंने अपने बेटे को दूर से देखा, तो वे उसकी सुंदरता और गरिमा और उसकी चमक से चकित हो गए और उनके दिल में खुशी हुई, लेकिन उनके पास कहने के लिए कोई शब्द नहीं थे।

9. यह वास्तव में उनका पुत्र था ये सिद्धार्थ की विशेषताएं थीं! महान समाना उनके दिल के कितने करीब थे और फिर भी उनके बीच कितनी दूरी थी! वह महान मुनि अब उनका पुत्र सिद्धार्थ नहीं था, वह अब बुद्ध, धन्य, पवित्र, सत्य का भगवान और मानव जाति का शिक्षक था!

10. शुद्धोदन ने अपने बेटे की धार्मिक गरिमा पर विचार करते हुए रथ से उतरे और पहले उसे प्रणाम किया, कहाः "अब आपको देखे हुए सात साल हो गए हैं। हम इस पल के लिए कैसे तरस रहे हैं।"

11. तब बुद्ध ने अपने पिता के सामने एक आसन लिया, और राजा ने उत्सुकता से अपने बेटे को देखा। वह उसे अपने नाम से पुकारने के लिए तरस गया लेकिन उसने हिम्मत नहीं की। सिद्धार्थ, "उन्होंने अपने दिल में चुपचाप, सिद्धार्थ, अपने पुराने पिता के पास वापस आओ और फिर से उसका बेटा बनो।" लेकिन अपने बेटे के दृढ़ संकल्प को देखते हुए, उसने अपनी भावनाओं को दबा दिया। उजाड़ ने उस पर और महाप्रजापति पर कब्जा पा लिया।

12. इस प्रकार पिता अपने बेटे के साथ आमने–सामने बैठे, अपने उदासी में आनन्दित होकर और उसके आनन्द में दुःखी। खैर वह अपने बेटे पर गर्व कर सकता है, लेकिन उसका गौरव इस विचार पर टूट गया कि उसका महान बेटा कभी भी उसका उत्तराधिकारी नहीं होगा।

13. राजा ने कहा, "मैं तुझे अपना राज्य अर्पित करूंगा, "परन्तु यदि, मैं ऐसा करता, तो तू उसका हिसाब कर देता, परन्तु राख के रूप में।"

14. और प्रभु ने कहाः "मुझे पता है कि राजा का दिल प्यार से भरा हुआ है और अपने बेटे के लिए वह गहरा दुःख महसूस करता है। लेकिन प्यार के संबंधों को जो आपको उस बेटे से बांधता है, जिसे आप खो देते हैं, समान दयालुता के साथ गले लगाएं आपके साथी, और आप अपने बेटे सिद्धार्थ की तुलना में अधिक से अधिक उसकी जगह प्राप्त करेंगे;"

15. शुद्धोदन प्रसन्नता से कांप गया जब उसने अपने बेटे, बुद्ध के मधुर शब्दों को सुना, और अपने हाथों को पकड़ते हुए, उसकी आँखों में आँसू के साथ कहाः अद्भुत परिवर्तन है! भारी दुःख का निधन हो गया है। सबसे पहले मेरा दुःखद दिल भारी था, लेकिन अब मैं आपके महान त्याग का फल काटता हूँ। यह सही था कि आपकी शक्तिशाली सहानुभूति से आगे बढ़े, आपको सत्ता के सुखों को अस्वीकार करना चाहिए और धार्मिक भक्ति में अपने महान उद्देश्य को प्राप्त करना चाहिए। वह रास्ता खोजने के बाद अब आप अपने धम्म को उस सभी को उपदेश दे सकते हैं जो उद्धार के लिए है।

16. शुद्धोदन अपने घर लौट आए, जबकि बुद्ध अपने साथियों के साथ कुंज में रहे।

17. अगली सुबह धन्य स्वामी ने अपना कटोरा लिया और कपिलावत्सु में अपने भोजन के लिए भीख माँगने के लिए निकला।

18. और समाचार प्रसारः "सिद्धार्थ उस शहर में घर–घर जाकर भिक्षा मांग रहे हैं, जहां वे अपने अनुचरों के साथ रथ पर सवार होकर जाते थे। उनका वस्त्र लाल ढेले जैसा है और उनके हाथ में मिट्टी का कटोरा है।"

19. यह अजीब अफवाह सुनकर, शुद्धोदन बहुत जल्दी में आगे बढ़े और चिल्लाएः तुम मुझे इस तरह अपमानित क्यों कर रहे हो? क्या तुम नहीं जानते कि मैं तुम्हें और तुम्हारे भिक्षुओं को आसानी से भोजन उपलब्ध करा सकता हूं?"

20. और भगवान ने उत्तर दियाः "यह मेरे संघ की प्रथा है।"

21. "लेकिन यह कैसे हो सकता है? तुम उनमें से नहीं हो जिन्होंने कभी भोजन के लिए भीख मांगी हो।"

22. "हाँ, पिताजी," भगवान ने कहा, "आप और आपकी जाति राजाओं से वंश का दावा कर सकती है; मेरा वंश प्राचीन बुद्धों से है। वे अपना भोजन भीख से मांगते थे, और हमेशा भिक्षा पर रहते थे।"

23. शुद्धोदन ने कोई उत्तर नहीं दिया, और भगवान ने आगे कहा: "जब किसी को कोई छिपा हुआ खजाना मिल जाता है, तो उसके लिए अपने पिता को सबसे कीमती रत्न भेंट करना प्रथा है। इसलिए, मुझे अपना यह कोष जो कि धम्म है, आपको अर्पित करने दीजिए।"

24. और भगवान ने अपने पिता से कहा: "यदि आप स्वप्नों से मुक्त हो जाते हैं, यदि आप सत्य के लिए अपना मन खोलते हैं, यदि आप ऊर्जावान होते हैं, यदि आप धर्म का पालन करते हैं, तो आपको शाश्वत आनंद मिलेगा।"

25. शुद्धोदन ने चुपचाप शब्दों को सुना और उत्तर दिया: "मेरे बेटे! आप जो कहते हैं, मैं उसे पूरा करने का प्रयास करूंगा।"

2. यशोधरा और राहुला से मुलाकात

1. फिर शुद्धोदन भगवान को अपने घर में ले गए और परिवार के सभी सदस्यों ने उनका बहुत सम्मान के साथ स्वागत किया।

2. लेकिन राहुला की माँ यशोदरा ने अपना दर्शन नहीं दिया। शुद्धोदन ने यशोधरा को बुलाया, लेकिन उसने उत्तर दिया: "यदि मैं किसी सम्मान की पात्र हूँ, तो निश्चित रूप से सिद्धार्थ मुझसे मिलने आएंगे।"

3. भगवान ने अपने सभी रिश्तेदारों और मित्रों को नमस्कार करके पूछा: "यशोधरा कहाँ है?" और जब उन्हें बताया गया कि उसने आने से इनकार कर दिया है, तो वे तुरंत उठे और उसके कमरे में चले गए।

4. "मैं मुक्त हूँ," भगवान ने अपने शिष्यों सारिपुत्त और मोग्गलना से कहा, जिन्हें उन्होंने अपने साथ यशोधरा के कमरे में आने के लिए कहा था "लेकिन, यशोधरा अभी भी मुक्त नहीं हुई है। मुझे बहुत दिनों से न देखने के कारण, वह बहुत दुःखी है। जब तक उसके दुःख को अपने मार्ग पर चलने नहीं दिया जाता, उसका हृदय टूट जाएगा। यदि वह पवित्र तथागत को छू ले, तो आपको उसे रोकना नहीं चाहिए।"

5. यशोधरा अपने कमरे में गहन चिंतन में बैठी थी। जब भगवान अंदर आए, तो वह अपने स्नेह की अधिकता के कारण, एक छलकते हुए बर्तन की तरह, अपने आप को रोक नहीं पा रही थी।

6. यह भूलकर कि वह जिस व्यक्ति से प्रेम करती थी, वह बुद्ध थे, जो विश्व के स्वामी, सत्य के उपदेशक थे, उसने उनके पैर पकड़ लिए और फूट–फूट कर रोने लगी।

7. लेकिन, जब उसे याद आया कि शुद्धोदन भी वहां मौजूद है, तो उसे शर्म महसूस हुई और वह उठकर थोड़ी दूरी पर आदरपूर्वक बैठ गई।

8. शुद्धोदन ने यशोधरा के लिए क्षमा मांगी, और कहाः "यह उसके गहरे स्नेह से उत्पन्न हुआ है, और यह एक अस्थायी भावना से अधिक है। सात वर्षों के दौरान जब उसने अपने पति को खो दिया, जब उसने सुना कि सिद्धार्थ ने अपना सिर मुंडा लिया है, तो उसने भी वैसा ही किया जब उसने सुना कि उसने इत्र और आभूषणों का उपयोग करना छोड़ दिया है, तो उसने उनका उपयोग करने से भी इनकार कर दिया। अपने पति की तरह उसने भी नियत समय पर मिट्टी के बर्तन से ही भोजन किया है।

9. "यदि यह एक अस्थायी भावना से अधिक है, तो यह साहस की कमी के कारण नहीं है।"

10. और धन्य ने यशोधरा से बात की और उसके महान गुणों और परिव्राजक बनने पर उसके द्वारा दिखाए गए महान साहस के बारे में बताया। उसकी पवित्रता, उसकी सौम्यता, उसकी भक्ति एक बोधिसत्व के रूप में उसके लिए अमूल्य थी जब वह ज्ञान प्राप्त करने के लिए मानव जाति के सर्वोच्च लक्ष्य की आकांक्षा रखता था। यह, फिर, उसका कर्म था, और यह महान गुणों का परिणाम था।

11. उसका दुःख अकथनीय था, और उसकी आध्यात्मिक विरासत के चारों ओर जो महिमा थी, वह उसके महान दृष्टिकोण से बढ़ गई थी। उनके जीवन में अनेक महत्वपूर्ण घटनाएं घटीं और अपने जीवन के दौरान अपने नेक व्यवहार से उसे एक अद्वितीय व्यक्ति बनाया था।

12. तब यशोधरा ने सात साल के राहुला को राजकुमार के सभी वैभव से सुसज्जित किया और उससे कहाः
13. "यह पवित्र व्यक्ति, जिसका रूप इतना शानदार है कि वह महान ब्रह्मा जैसा दिखता है, तुम्हारा पिता है। उसके पास धन की बड़ी खदानें हैं जिन्हें मैंने अभी तक नहीं देखा है। उसके पास जाओ और उससे विनती करो कि वह तुम्हें उस पर अधिकार दे दे क्योंकि बेटे को पिता की संपत्ति विरासत में मिलनी चाहिए।"
14. राहुला ने उत्तर दियाः "मेरा पिता कौन है? मैं शुद्धोदन के अलावा किसी और पिता को नहीं जानता।"
15. यशोधरा ने लड़के को अपनी बाँहों में लिया और खिड़की से भगवान की ओर इशारा किया, जो भिक्षुओं के बीच भोजन करते हुए पास में थे, और उन्हें बताया कि वे उसके पिता हैं, शुद्धोदन नहीं।
16. तब राहुल उसके पास गया और उसके चेहरे की ओर देखते हुए बिना किसी डर और बहुत स्नेह के साथ बोलाः
17. क्या तुम मेरे पिता नहीं हो!" और उसके पास खड़े होकर उसने कहाः "हे समाना, तुम्हारी छाया भी आनंद से भरी है!" भगवान चुप रहे।
18. जब तथागत ने अपना भोजन समाप्त कर लिया, तो उन्होंने आशीर्वाद दिया और महल से चले गए, लेकिन राहुला ने उनका पीछा किया और उनसे उनकी विरासत मांगी।
19. किसी ने भी लड़के को नहीं रोका, न ही भगवान ने खुद।
20. तब भगवान ने सारिपुत्त की ओर मुड़कर कहाः "मेरा बेटा अपनी विरासत मांगता है। मैं उसे नाशवान खजाने नहीं दे सकता जो चिंता और दुःख लाएंगे, लेकिन मैं उसे एक पवित्र जीवन की विरासत दे सकता हूँ, जो एक ऐसा कोष है जो नष्ट नहीं होगा।"
21. राहुल को गंभीरता से संबोधित करते हुए भगवान ने कहाः "सोना, चांदी और जवाहरात मेरे पास कुछ भी नहीं है। लेकिन अगर आप आध्यात्मिक खजाने प्राप्त करने के लिए तैयार हैं, और उन्हें ले

जाने और उन्हें रखने के लिए मजबूत हैं, तो मेरे पास बहुत कुछ है। मेरा आध्यात्मिक खजाना धार्मिकता का मार्ग है। क्या आप उन लोगों के भाईचारे में शामिल होना चाहते हैं जो अपने जीवन को मन की संस्कृति के लिए समर्पित करते हैं और उच्चतम आनंद प्राप्त करने की तलाश करते हैं?"

22. और राहुला ने दृढ़ता से उत्तर दियाः "मैं करता हूँ।"

23. जब शुद्धोदन ने सुना कि राहुला भिक्षुओं के भाईचारे में शामिल हो गए हैं, तो उन्हें बहुत दुःख हुआ।

3. शाक्यों द्वारा स्वागत

1. शाक्यों के देश में वापस लौटने पर भगवान ने पाया कि उनके देशवासी दो खेमों में बंटे हुए हैं। एक उनके पक्ष में और दूसरा उनके विरुद्ध।

2. इससे उनके मन में शाक्यों संघ में हुए पुराने मतभेद की याद आ गई, जब शाक्यों और कोलियों के बीच युद्ध का मुद्दा उठा था और जिसमें उन्होंने बहुत महत्वपूर्ण भूमिका निभाई थी।

3. उनके विरुद्ध लोगों ने अब भी उन्हें प्रणाम करने और उनकी महानता को स्वीकार करने से इनकार कर दिया। उनके पक्ष में लोगों ने पहले ही तय कर लिया था कि वे उनके लिए एक अनुचर बनाने के लिए प्रत्येक घर से एक पुत्र समर्पित करेंगे। अब उन्होंने संघ में प्रवेश करने का फैसला किया और राजगृह लौटने पर भगवान के साथ चल पड़े।

4. जिन परिवारों ने पुत्र समर्पित करने का फैसला किया था, उनमें अमितोदन का परिवार भी था।

5. अमितोदन के दो पुत्र थे। एक अनुरुद्ध था, जिसका पालन–पोषण बहुत ही नाजुक तरीके से किया गया था और दूसरा महानामा था।

6. और महानामा अनुरुद्ध के पास गए और कहाः "या तो आप संसार का त्याग करें, या मैं ऐसा करूंगा।" और अनुरुद्ध ने उत्तर दिया, "मैं

आलोचनात्मक हूँ। मेरे लिए गृहस्थ जीवन से गृहहीन अवस्था में जाना असंभव है। आप ऐसा करें।"

7. "लेकिन अब आओ, प्रिय अनुरुद्ध, मैं तुम्हें बताता हूँ कि गृहस्थ जीवन से क्या संबंधित है। सबसे पहले, तुम्हें अपने खेतों की जुताई करनी होगी। जब वह हो जाए, तो तुम्हें उन्हें बोना होगा। जब वह हो जाए, तो तुम्हें उन पर पानी डालना होगा। जब वह हो जाए, तो तुम्हें फिर से पानी निकालना होगा। जब वह हो जाए, तो तुम्हें बीज उखाड़ने होंगे। जब वह हो जाए, तो तुम्हें फसल काटनी होगी। जब यह हो जाए, तो आपको फसल को ले जाना होगा। जब यह हो जाए, तो आपको इसे बंडलों में व्यवस्थित करना होगा। जब यह हो जाए, तो आपको इसे रौंदना होगा। जब यह हो जाए, तो आपको भूसा निकालना होगा। जब यह हो जाए, तो आपको भूसा हटाना होगा। जब यह हो जाए, तो आपको इसे फटकना होगा। जब यह हो जाए, तो आपको फसल को इकट्ठा करना होगा। जब यह हो जाए, तो आपको अगले साल भी यही करना होगा, और उसके बाद के साल में भी यही करना होगा।

8. "काम कभी खत्म नहीं होता, कोई अपने श्रम का अंत नहीं देखता। अरे, हमारा काम कब खत्म होगा? हम अपने श्रम का अंत कब देखेंगे? हम कब अपनी पाँच इंद्रियों के सुखों को धारण करते हुए भी विश्राम में रहेंगे? हाँ, प्रिय अनुरुद्ध, काम कभी खत्म नहीं होता हमारे श्रम का कोई अंत नहीं दिखता।"

9. "तो फिर तुम घर के कामों के बारे में सोचो। मैं गृहस्थ जीवन से निकलकर गृहहीन अवस्था में चला जाऊँगा," अनुरुद्ध ने कहा।

10. और अनुरुद्ध, शाक्य, अपनी माँ के पास गया, और उससे कहा। "माँ, मैं गृहस्थ जीवन से निकलकर गृहहीन अवस्था में जाना चाहता हूँ। मुझे ऐसा करने की अनुमति दें।"

11. और जब उसने ऐसा कहा, तो उसकी माँ ने शाक्य अनुरुद्ध को उत्तर देते हुए कहाः "प्रिय अनुरुद्ध, तुम दोनों मेरे दो पुत्र हो, मेरे प्रिय और निकटस्थ हो, जिनमें मुझे कोई बुराई नहीं दिखती। मृत्यु

के द्वारा मैं किसी दिन, अपनी इच्छा के विरुद्ध, तुमसे अलग हो जाऊँगी, लेकिन जब तक तुम जीवित हो, मैं कैसे चाहूँगी कि तुम गृहस्थ जीवन से निकलकर गृहहीन अवस्था में चले जाओ?"

12. और दूसरी बार अनुरुद्ध ने वही अनुरोध किया, और उसे वही उत्तर मिला। और तीसरी बार अनुरुद्ध ने अपनी माँ से वही अनुरोध किया।

13. अब उस समय शाक्य राजा भद्दिया शाक्य लोगों पर शासन करते थे और वे अनुरुद्ध के मित्र थे। और अनुरुद्ध की माँ ने यह सोचकर कि ऐसा होने पर, राजा संसार का त्याग करने में सक्षम नहीं होगा, अपने बेटे से कहाः "प्रिय अनुरुद्ध, यदि शाक्य राजा भद्दिया संसार त्याग दें, तो आप भी उनके साथ चले जाइए।"

14. तब अनुरुद्ध भद्दिया के पास गए और उनसे कहाः "प्रिय मित्र, मेरे संसार त्याग में आपके कारण बाधा आ रही है।"

15. "तो प्रिय मित्र, उस बाधा को दूर कर दीजिए। मैं आपके साथ हूँ। अपनी इच्छानुसार संसार त्याग दीजिए।"

16. "आओ, प्रिय मित्र, हम दोनों मिलकर संसार त्याग दें।

17. "प्रिय मित्र, मैं गृहस्थ जीवन का त्याग करने में समर्थ नहीं हूँ। आप मुझसे जो भी माँगेंगे, मैं करूँगा। आप अकेले ही जाएँ," भद्दिया ने कहा।

18. "माँ, प्रिय मित्र, ने मुझसे कहा है कि यदि आप ऐसा करेंगे, तो मैं भी कर सकता हूँ। और आपने अभी भी कहा है, यदि मैं आपके त्याग में बाधा डालता हूँ, तो वह बाधा दूर हो जाए। मैं भी आपकी इच्छानुसार संसार का त्याग करूँगा। तो आओ, प्रिय मित्र, हम दोनों संसार का त्याग करें।"

19. और भद्दिया, शाक्य राजा ने अनुरुद्ध से कहा, "मेरे मित्र, सात वर्ष तक प्रतीक्षा करो। सात वर्ष के अंत में हम दोनों एक साथ संसार का त्याग करेंगे।"

20. "सात वर्ष बहुत लंबे हैं, प्रिय मित्र। मैं सात वर्ष तक प्रतीक्षा करने में सक्षम नहीं हूँ।"

21. भद्दिया ने प्रस्ताव को घटाकर छह वर्ष कर दिया और इसी तरह एक वर्ष, सात महीने और इसी तरह एक महीने और एक पखवाड़ा कर दिया। प्रत्येक प्रस्ताव पर अनुरुद्ध ने उत्तर दिया, "प्रतीक्षा करने के लिए बहुत लंबा समय है।"

22. तब राजा ने कहाः मेरे मित्र, सात दिन प्रतीक्षा करो, जब तक मैं अपने बेटों और भाइयों को राज्य सौंपता हूँ।"

23. उत्तर था, "सात दिन बहुत लंबे नहीं हैं। मैं इतनी देर तक प्रतीक्षा करूँगा।"

24. इसलिए शाक्य राजा भद्दिया और अनुरुद्ध और आनंद और भागू और किम्बिल और देवदत्त – जैसे वे पहले भी कई बार चार प्रकार की वेश–भूषा में भोग–भूमि पर गए थे, वैसे ही वे इस बार भी चार प्रकार की वेश–भूषा में गए और उपाली नामक नाई उनके साथ गया, कुल मिलाकर सात दिन हो गए।

25. और जब वे कुछ दूर चले गए तो उन्होंने अपने अनुचरों को वापस भेज दिया और पड़ोसी जिले में चले गए, और अपनी अच्छी–अच्छी चीजें उतारकर अपने वस्त्रों में लपेट लीं, और उनकी एक गठरी बनाकर नाई उपाली से कहाः उपाली, कपिलावस्तु वापस लौट जाओ। तुम्हारे जीने के लिए पर्याप्त है। "अब तुम अच्छा करो, ये चीजें होंगी हम जाकर धन्य भगवान से मिलेंगे।" और इसलिए वे आगे बढ़ गए।

26. वे आगे बढ़ गए और उपाली घर वापस जाने के उद्देश्य से अलग हो गए।

4. उन्हें गृहस्थ बनाने का अंतिम प्रयास

1. शुद्धोदन अपने बेटे के चले जाने के बारे में सोचकर फूट–फूट कर रोए और फिर कभी नहीं दिखे।

2. फिर शुद्धोदन ने अपने सलाहकार और अपने परिवार के पुरोहित से बात की और उनसे पूछा कि क्या वे जाकर उनके बेटे को वापस रहने और परिवार में शामिल होने के लिए मना सकते हैं।

3. कुल पुरोहित ने राजा की इच्छा के अनुसार, पार्षद के साथ जाकर उसे रास्ते में पकड़ लिया।
4. उन्होंने उसे उचित सम्मान दिया और उसकी अनुमति प्राप्त करके उसके पास बैठ गए।
5. कुल पुरोहित ने भगवान को संबोधित किया, जो वृक्ष के नीचे बैठे थे।
6. "हे राजकुमार, एक क्षण के लिए राजा की भावनाओं पर विचार करें, जिसकी आँखों से आँसू बरस रहे हैं और तुम्हारे वियोग का बाण उसके हृदय में चुभ गया है। उसने तुम्हें घर वापस आने के लिए कहा है। तभी वह शांति से मर सकता है।
7. "मैं जानता हूँ कि तुम्हारा संकल्प धर्म पर टिका हुआ है, और मुझे विश्वास है कि तुम्हारा यह उद्देश्य अपरिवर्तनीय है; लेकिन मैं तुम्हारे इस बेघर अवस्था में जाने से अग्नि के समान पीड़ा की ज्वाला से जल रहा हूँ।
8. आओ, तुम जो कर्तव्य को पसंद करते हो, कर्तव्य के लिए इस उद्देश्य को त्याग दो।
9. "कुछ समय तक पृथ्वी का राज्य भोगो, शास्त्रों द्वारा निर्धारित समय पर वन में जाओ, अपने दुःखी बंधु–बांधवों की उपेक्षा मत करो। सभी प्राणियों पर दया करना ही सच्चा धर्म है।
10. "धर्म केवल वन में ही नहीं होता, तपस्वियों का उद्धार नगर में भी हो सकता है; विचार और प्रयत्न ही सच्चे साधन हैं; वन और बिल्ला तो केवल कायरों के चिह्न हैं।
11. "शाक्यों का राजा दुःख के गहरे समुद्र में डूबा हुआ है, जो तुम्हारे भीतर से उठती हुई संकट की लहरों से भरा हुआ है; इसलिए तुम उस असहाय और रक्षकहीन को समुद्र में डूबते हुए बैल के समान बचाओ।
12. "उस रानी पर भी विचार करो, जिसने तुम्हें पाला–पोसा, जो अभी तक अगस्त्य के निवास–स्थान पर नहीं गई है–क्या तुम उसका

ध्यान नहीं रखोगे, जो बछड़े को खो देने वाली गाय की तरह निरंतर शोक मनाती रहती है?

13. "तुम अपनी पत्नी को देखकर अवश्य ही उसकी सहायता करोगे, जो अब विधवा की तरह विलाप कर रही है, जबकि उसका स्वामी अभी जीवित है, जैसे हंस अपने साथी से बिछड़ गया हो या हथिनी अपने साथी द्वारा जंगल में छोड़ दी गई हो।"

14. कुल पुरोहित के वचन सुनकर भगवान ने क्षण भर विचार किया, क्योंकि वे पुण्यात्माओं के सभी गुणों को जानते थे, और फिर इस प्रकार अपना कोमल उत्तर दियाः

5. बुद्ध का उत्तर

1. "मैं राजा की पितृवत कोमलता को भली–भाँति जानता हूँ, विशेष रूप से वह जो उसने मेरे प्रति प्रदर्शित की है, फिर भी यह जानते हुए भी, संसार में व्याप्त दुःख और क्लेश से भयभीत होकर, मैं अनिवार्य रूप से अपने स्वजनों को छोड़ने के लिए विवश हूँ।

2. "यदि प्रियजनों से यह वियोग न होता, तो कौन अपने प्रिय स्वजनों से मिलना नहीं चाहेगा? किन्तु चूंकि एक बार वियोग हो जाने पर भी फिर से वियोग होगा, इसलिए मैं अपने पिता को, चाहे वे कितने भी प्रिय क्यों न हों, त्याग देता हूँ।

3. "परन्तु मैं यह स्वीकार नहीं करता कि तुम राजा के दुःख को मेरे कारण समझो, जबकि वह स्वप्न–सदृश विवाहों के बीच में भविष्य में वियोग के विचार से ग्रसित है।

4. "इस प्रकार, इस नाना रूपों को देखकर, अपने विचारों को निश्चयपूर्वक स्थिर करो; न तो पुत्र और न ही स्वजन दुःख का कारण हैं, यह दुःख केवल अज्ञान के कारण होता है।

5. चूँकि समय के साथ सभी प्राणियों का वियोग निश्चित हो जाता है, जैसे मार्ग में साथ चलने वाले यात्रियों का वियोग निश्चित हो जाता है, अतः कौन बुद्धिमान व्यक्ति अपने कुल–सम्बन्धियों को खोकर दुःखी होगा, भले ही वह उनसे कितना ही प्रेम क्यों न करता हो।

6. "वह अपने कुल–सम्बन्धियों को परलोक में छोड़कर यहाँ चला जाता है, और यहाँ से चोरी करके फिर चला जाता है; वहाँ जाकर फिर कहीं और भी चला जाता है, ऐसी ही मनुष्य की नियति है, मुक्त पुरुष उनके लिए क्या विचार कर सकता है?
7. "चूँकि गर्भ से निकलते ही मृत्यु एक स्वाभाविक संयोग बन जाती है, तो अपने पुत्र के स्नेह में तूने मेरे वन जाने को अनुचित क्यों कहा?
8. "किसी व्यक्ति के सांसारिक वस्तु की प्राप्ति में कोई बुरा समय आ सकता है, – वास्तव में समय को सभी चीजों के साथ अविभाज्य रूप से जुड़ा हुआ बताया गया है; समय दुनिया को उसके सभी विभिन्न समयों में खींचता है; लेकिन सभी समय एक ऐसे आनंद के अनुकूल हैं जो वास्तव में प्रशंसा के योग्य है।
9. "राजा को अपना राज्य मुझे सौंपने की इच्छा होनी चाहिए, यह एक महान विचार है, एक पिता के योग्य लेकिन मेरे लिए इसे स्वीकार करना उतना ही अनुचित होगा, जितना कि एक बीमार व्यक्ति लालच के कारण अस्वास्थ्यकर भोजन स्वीकार करता है।
10. "बुद्धिमान के लिए राजघराने में प्रवेश करना कैसे उचित हो सकता है, जो भ्रम का घर है, जहां चिंता, जुनून और थकान पाई जाती है; और दूसरे की सेवा के माध्यम से सभी अधिकारों का उल्लंघन होता है?
11. "सुनहरे महल में मुझे आग लग रही है; सबसे स्वादिष्ट भोजन में जहर मिला हुआ लगता है; शांत कमल–शय्या मगरमच्छों से भरी हुई है।"

6. मंत्री का उत्तर

1. बुद्ध के प्रवचन को सुनकर, जो उनके गुणों और ज्ञान के अनुकूल था, सभी इच्छाओं से मुक्त, ठोस कारणों से भरा और वजनदार था, परामर्शदाता ने इस प्रकार उत्तर दिया:
2. "तुम्हारा यह संकल्प एक उत्तम आधिवक्ता है, जो अपने आप में अनुपयुक्त नहीं है, परन्तु केवल वर्तमान समय में अनुपयुक्त है। यह

तुम्हारा कर्तव्य नहीं हो सकता, जैसा कि तुम कर रहे हो, कि अपने पिता को बुढ़ापे में दुःख में छोड़ दो।

3. "निश्चय ही तुम्हारा मन बहुत तीक्ष्ण नहीं है, अथवा वह कर्तव्य, धन और सुख की जांच करने में अयोग्य है, – जब तुम अदृश्य परिणाम के लिए प्रत्यक्ष लक्ष्य की उपेक्षा करते हो।

4. "फिर कुछ लोग कहते हैं कि दूसरा जन्म है,– अन्य लोग विश्वासपूर्वक कहते हैं कि ऐसा नहीं है, क्योंकि तब मामला संदेह में है, इसलिए जो सौभाग्य तुम्हारे हाथ में आता है, उसका आनंद लेना उचित है।

5. "यदि परलोक में कोई कर्म है, तो हम उसमें अपने आपको आनंदित करेंगे, जैसा कि वह दे सकता है अथवा यदि इस जीवन के बाद कोई कर्म नहीं है, तो बिना किसी प्रयास के ही समस्त संसार को मुक्ति मिल जाएगी।

6. "कुछ लोग कहते हैं कि भविष्य में जीवन है, लेकिन वे मुक्ति की संभावना को स्वीकार नहीं करते जैसे अग्नि स्वभाव से गर्म होती है और जल तरल, वैसे ही वे मानते हैं कि हमारी क्रिया शक्ति में एक विशेष प्रकृति है।

7. "कुछ लोग मानते हैं कि सभी चीजें अंतर्निहित गुणों से उत्पन्न होती हैं, अच्छाई और बुराई और अस्तित्व और अनस्तित्व दोनों और चूंकि यह सारा संसार इस प्रकार स्वतः उत्पन्न होता है, इसलिए हमारा सारा प्रयास भी व्यर्थ है।

8. "चूंकि इंद्रियों की क्रिया निश्चित है, और इसी प्रकार बाह्य वस्तुओं की अनुकूलता या अप्रियता भी निश्चित है, तो जो बुढ़ापे और पीड़ाओं से जुड़ा है, उसे बदलने के लिए कौन सा प्रयास काम आ सकता है? क्या यह सब स्वतः उत्पन्न नहीं होता?

9. "अग्नि जल से बुझ जाती है, और अग्नि जल को वाष्पित कर देती है और विभिन्न तत्व, एक शरीर में एकजुट होकर, एकता उत्पन्न करते हुए, संसार को धारण करते हैं।

10. "गर्भ में भ्रूण की प्रकृति हाथ, पैर, पेट, पीठ और सिर से बनी होती है, और यह आत्मा के साथ भी एक है, बुद्धिमान लोग कहते हैं कि यह सब अपने आप ही होता है।
11. "काँटे की तीक्ष्णता कौन पैदा करता है? या पशु–पक्षियों की विभिन्न प्रकृतियाँ? यह सब अपने आप ही उत्पन्न हुआ है; इच्छा से कोई कार्य नहीं होता, फिर इच्छा जैसी कोई चीज कैसे हो सकती है?
12. दूसरे कहते हैं कि सृष्टि ईश्वर से आती है,–तो फिर चेतन आत्मा के प्रयत्न की क्या आवश्यकता है? जो जगत् के कार्य का कारण है, वही उसके कार्य न करने का कारण भी निश्चित है।
13. कुछ लोग कहते हैं कि जीवात्मा का जन्म और विनाश दोनों ही जीवात्मा के कारण होते हैं, किन्तु वे कहते हैं कि जीवात्मा का जन्म बिना प्रयत्न के होता है, जबकि मोक्ष की प्राप्ति प्रयत्न से होती है।
14. "मनुष्य सन्तान उत्पन्न करके पितरों का, शास्त्रों द्वारा ऋण चुकाता है, तथा यज्ञों द्वारा देवताओं का ऋण चुकाता है; वह इन तीनों ऋणों को लेकर जन्म लेता है, जो इनसे मुक्त हो जाता है, उसे मोक्ष अवश्य मिल जाता है।
15. "इस प्रकार इन नियमों के द्वारा बुद्धिमान पुरुष प्रयत्न करने वाले को मोक्ष प्रदान करते हैं; किन्तु जो लोग अपनी पूरी शक्ति से प्रयत्न करने के लिए तत्पर रहते हैं, वे मुक्ति की खोज में थक जाते हैं।
16. "अतः हे सज्जन युवक, यदि तुममें मुक्ति के प्रति प्रेम है, तो तुम उचित रीति से निर्धारित नियम का पालन करो इस प्रकार तुम स्वयं ही उसे प्राप्त कर लोगे, और राजा का दुःख समाप्त हो जाएगा।
17. "और जहाँ तक तुम्हारे जीवन की बुराइयों पर ध्यान देने की बात है, जो तुम्हारे वन से अपने घर लौटने पर समाप्त हो जाएँगी, – इस विचार से तुम परेशान मत हो, मेरे बेटे, – प्राचीन काल में वे लोग भी वन से अपने घर लौट आए थे।" उन्होंने अम्बरीष द्रुमकेश, राम और अन्य का उल्लेख किया।

7. बुद्ध का निश्चय

1. तब मंत्री के स्नेहपूर्ण और निष्ठापूर्ण शब्दों को सुनकर, जो राजा की आँखों के समान दृढ़ निश्चयी थे, राजपुत्र ने अपना उत्तर दिया, जिसमें कुछ भी छूटा या हटाया नहीं गया था, न तो उबाऊ और न ही जल्दबाजी में:
2. "यह संदेह कि कुछ भी है या नहीं, मेरे लिए किसी और के शब्दों से हल नहीं हो सकता तप या वैराग्य द्वारा सत्य का निर्धारण करके, मैं स्वयं ही उससे संबंधित जो भी सत्य है, उसे समझ लूंगा।
3. "ऐसा सिद्धांत स्वीकार करना मेरे लिए उचित नहीं है जो अज्ञात पर आधारित हो और पूरी तरह से विवादित हो, और जिसमें सैकड़ों पूर्वधारणाएँ उपस्थित हैं; कौन बुद्धिमान व्यक्ति दूसरे के विश्वास के अनुसार चलेगा? मनुष्य जाति अंधे के समान है जिसे अंधे ने अंधकार में मार्ग दिखाया।
4. "परन्तु यद्यपि मैं सत्य को नहीं पहचान सकता, फिर भी यदि अच्छाई और बुराई में संदेह हो, तो अपना मन भलाई पर लगाओ, यहाँ तक कि जिसका मन अच्छा है, उसे व्यर्थ परिश्रम भी चुनना चाहिए।
5. "परन्तु यह देखकर कि यह पवित्र परंपरा अनिश्चित है, जान लो कि केवल वही सत्य है जो विश्वसनीय व्यक्ति द्वारा कहा गया है और जान लो कि विश्वसनीय होने का अर्थ है दोषों का अभाव: जो दोषरहित है, वह असत्य नहीं बोलेगा।
6. "और जहाँ तक मेरे घर लौटने के सम्बन्ध में तुमने मुझसे जो कुछ कहा है, उसके उदाहरण तुम्हारे द्वारा दिए गए हैं, वे प्रमाण नहीं हैं, क्योंकि कर्तव्य का निर्धारण करते समय तुम उन लोगों को प्रमाण के रूप में कैसे उद्धृत कर सकते हो जिन्होंने अपनी प्रतिज्ञाएँ तोड़ दी हैं?
7. "सूर्य भी पृथ्वी पर गिर जाए, हिमावत पर्वत भी अपनी दृढ़ता खो दे परन्तु मैं संसारी मनुष्य के रूप में कभी अपने घर नहीं लौट सकता, क्योंकि मेरी इन्द्रियाँ केवल बाह्य वस्तुओं के प्रति सजग रहती हैं।

8. "मैं धधकती हुई अग्नि में प्रवेश कर सकता हूँ, परन्तु अपने उद्देश्य को पूरा किए बिना अपने घर में नही जा सकता।" अपने निःस्वार्थ भाव से उठकर वह अपने मार्ग पर चला गया।

9. तब मंत्री और ब्राह्मण दोनों ही आँसू से भरे हुए, उसके दृढ़ निश्चय को सुनकर, कुछ देर तक उदास दृष्टि से उसके पीछे–पीछे चलते हुए, और दुःख से अभिभूत होकर, धीरे–धीरे कपिलावत्सु लौट आए।

10. राजकुमार के प्रति अपने प्रेम और राजा के प्रति अपनी भक्ति के कारण वे लौट आए, और बार–बार पीछे मुड़कर नहीं देखा, वे न तो उसे मार्ग में देख पाए, और न ही उसे देख पाए, क्योंकि वह अपने तेज से चमक रहा था और अन्य सभी की पहुँच से परे था, सूर्य के समान।

11. उसे घर लौटने के लिए मनाने में असफल होने पर, मंत्री और पुजारी लड़खड़ाते कदमों से वापस चले गए, और एक–दूसरे से कहने लगे, "हम कैसे वापस लौटेंगे? राजा के पास जाकर उसे देखो, जो अपने प्रिय पुत्र के लिए तरस रहा है?"

भाग – V

धर्मांतरण अभियान फिर से शुरू हुआ

1. देहाती ब्राह्मणों का धर्मांतरण।
2. उत्तरावती के ब्राह्मणों का धर्मांतरण।

1. देहाती ब्राह्मणों का रूपांतरण

1. ग्रिध्रकत्ता पर्वत के पीछे, राजग्रिहा के पास, एक गाँव था, कुछ सत्तर परिवारों का, ये सभी ब्राह्मण थे।
2. बुद्ध, इन लोगों को बदलने की इच्छा रखते हुए, जगह पर आकर एक पेड़ के नीचे बैठ गए।
3. उनकी उपस्थिति की गरिमा को देखकर, और उनके शरीर की शानदार उपस्थिति ने उन्हें घेरे में किया, जिस पर उन्होंने ब्राह्मणों से पूछा कि वे वहां पहाड़ में कितनी देर तक घिर गए थे, और उनका कब्जा क्या था।
4. इसके लिए उन्होंने उत्तर दियाः "हम तीस पीढ़ियों के दौरान अतीत के दौरान यहां से गुजर चुके हैं, और हमारा व्यवसाय मवेशियों को चराने का है।"
5. अपने धार्मिक विश्वास के रूप में आगे पूछने पर उन्होंने कहाः "हम कई मौसमों के अनुसार, सूर्य और चंद्रमा, बारिश (पानी), और आग को श्रद्धांजलि और बलिदान देते हैं।
6. "यदि हम में से कोई मर जाता है, तो हम इकट्ठा होते हैं और प्रार्थना करते हैं कि वह ब्रह्मा के स्वर्ग में पैदा हो, और इसलिए आगे स्थानांतरण से बचें।"
7. बुद्ध ने उत्तर दियाः "यह एक सुरक्षित तरीका नहीं है, न कि इससे आप लाभ उठा सकते हैं। सही तरीका है कि मेरा अनुसरण करें, सच्चे तपस्वी बनें, और निर्वाण प्राप्त करने के लिए पूर्ण आत्म–साम्य का अभ्यास करें"; और फिर उन्होंने इन पंक्तियों को जोड़ाः
8. "वे जो सत्य को मानते हैं, जो असत्य है, और जो कि सत्य के रूप में असत्य है, वह है, लेकिन यह विधर्मी राय को अपनाने के लिए है, और कभी भी सच्चा लाभ नहीं उठा सकता है।
9. "लेकिन सत्य के रूप में जानने के लिए जो कि सत्य है, और गलत के रूप में माना जाता है कि जो गलत है, यह एकदम सही है, और यह सच्चा लाभ लाएगा।

10. "दुनिया में हर जगह मौत है– इससे कोई बच नहीं सकता है।
11. "इसे सभी राज्यों की स्थिति के रूप में विचार करने के लिए कि कुछ भी पैदा नहीं है, लेकिन मरना चाहिए, और इसलिए, जन्म और मृत्यु से बचने की इच्छा करने के लिए, यह धार्मिक सत्य में स्वयं का प्रयोग करना है।"
12. सत्तर ब्राह्मण इन शब्दों को सुनकर, वे तुरंत ही शमन बनना चाहते थे और बुद्ध द्वारा स्वागत किए जाने पर उनके बाल झड़ गए, और वे सच्चे शिष्यों की तरह दिखने लगे।
13. फिर वे सभी विहार की ओर लौटने लगे, और रास्ते में उन्हें अपनी पत्नियों और परिवारों के बारे में कुछ विचार परेशान करने लगे, जबकि उसी समय भारी बारिश ने उन्हें आगे बढ़ने से रोक दिया।
14. सड़क के किनारे लगभग दस घर थे, जिनमें उन्होंने शरण ली लेकिन उनमें से एक में प्रवेश करने पर उन्हें जल्दी ही पता चल गया कि छत के माध्यम से बारिश ने अपना रास्ता बना लिया है, और बारिश से बहुत कम सुरक्षा थी।
15. इस पर बुद्ध ने ये पंक्तियाँ जोड़ीं और कहा, "जैसे घर की छत ठीक से सुरक्षित न हो तो वर्षा उसमें से होकर भीतर गिरती है, वैसे ही जब विचारों पर सावधानी से नियंत्रण न हो तो इच्छाएँ (यौन इच्छाएँ) शीघ्र ही हमारे सभी अच्छे संकल्पों को भेद देती हैं।
16. "लेकिन जैसे छत अच्छी तरह बंद हो जाने पर पानी अंदर नहीं आ सकता, वैसे ही विचारों पर नियंत्रण करके और चिंतनपूर्वक कार्य करने से ऐसी कोई इच्छा उत्पन्न नहीं हो सकती या हमें विचलित नहीं कर सकती।"
17. ये पंक्तियाँ सुनकर सत्तर ब्राह्मणों को यद्यपि विश्वास हो गया था कि उनकी इच्छाएँ निंदनीय हैं, फिर भी वे पूरी तरह संदेह से मुक्त नहीं थे, फिर भी वे आगे बढ़ गए।
18. आगे बढ़ने पर उन्होंने भूमि पर कुछ सुगंधित लपेटा हुआ देखा और बुद्ध ने अवसर पाकर उनका ध्यान उस ओर आकर्षित किया इसके बाद, कुछ मछली की आंत भी पड़ी हुई देखकर उन्होंने उनका

ध्यान उसकी दुर्गंध की ओर आकर्षित किया और फिर ये पंक्तियाँ जोड़ते हुए कहाः

19. "जो नीच और नीच लोगों के साथ रहता है, उसका वही स्वभाव होता है जो किसी गंदे पदार्थ को छूने वाले का होता है; वह बद से बदतर होता जाता है, और बिना किसी कारण के, वह दुष्टता में खुद को पूर्ण बनाता है।
20. "लेकिन बुद्धिमान व्यक्ति (बुद्धिमानों के साथ संगति करके) वही चरित्र प्राप्त करता है, जैसे कि मीठी सुगंध उसे छूने वाले पर चिपक जाती है; ज्ञान में आगे बढ़ते हुए, सद्गुणों का अभ्यास करते हुए, वह पूर्णता की ओर बढ़ता है, और संतुष्ट होता है।"
21. इन श्लोकों को सुनकर सत्तर ब्राह्मणों को विश्वास हो गया कि घर लौटकर भोग विलास करने की उनकी इच्छा ही उनके ऊपर लगा हुआ कलंक है, इसलिए उन्होंने ऐसे विचारों को त्याग दिया और आगे बढ़कर विहार में आये तथा अंततः अरहतों की स्थिति प्राप्त की।

2. उत्तरवती के ब्राह्मणों का धर्मांतरण

1. एक बार बुद्ध श्रावस्ती के जेतवन में निवास कर रहे थे और मनुष्यों तथा देवताओं के लाभ के लिए अपने सिद्धांत का विज्ञापन कर रहे थे, उत्तरवती नामक पूर्व दिशा में एक देश में 500 ब्राह्मणों का एक समूह था।
2. वे गंगा के तट पर एक निर्ग्रन्थ तपस्वी के निवास पर साथ–साथ जाने के लिए सहमत हुए थे, जो गंदगी आदि से खुद को प्रदूषित करके ऋषि बनने की आकांक्षा रखता था।
3. रास्ते में वे प्यास से रेगिस्तान में घिर गए। एक पेड़ को देखकर, और आस–पास कोई मानव निवास खोजने की आशा करते हुए, वे जल्दी से उसके पास गए, लेकिन जब वे वहाँ पहुँचे तो उन्हें जीवन का कोई संकेत नहीं मिला।
4. इस पर उन्होंने विलाप करते हुए अपनी वाणी ऊँची कीं। अचानक

उन्होंने पेड़ से निवास करने वाली आत्मा की वाणी सुनी, जिसने उनसे पूछा कि वे ऐसा क्यों विलाप कर रहे हैं, और कारण सुनकर, उन्हें भरपूर पेय और मांस दिया।

5. आगे बढ़ने के लिए तैयार ब्राह्मणों ने आत्मा से पूछा कि तुम्हारा पिछला इतिहास क्या था, जो तुम इस तरह पैदा हुए हो।
6. जिस पर उसने बताया कि जब सुदत्त ने बुद्ध को उद्यान प्रदान किया था, तब वह श्रावस्ती में पुरोहितों की सभा में गया था, और सारी रात धम्म–नियम सुनता रहा था तथा जाते समय अपने प्याले में जल भरकर पुरोहितों में दान कर दिया था।
7. अगली सुबह लौटने पर उसकी पत्नी ने क्रोधित होकर उससे पूछा कि उसे क्या झुंझलाहट हुई है कि वह सारी रात बाहर रहा। जिस पर उसने उत्तर दिया कि वह झुंझलाहट नहीं कर रहा था, बल्कि वह जेतवन में बुद्ध का उपदेश सुनने गया था।
8. इस पर उसकी पत्नी ने बुद्ध को गाली देना शुरू कर दिया और कहा, "यह गौतम एक पागल उपदेशक है, जो लोगों को धोखा देता है," इत्यादि।
9. "इस पर" उसने कहा, "मैंने उसके कथनों पर झड़प नहीं जताई, बल्कि उनके आगे समर्पण कर दिया और इसलिए जब मैं मरने के लिए आया तो मैं एक आत्मा के रूप में पैदा हुआ, लेकिन मेरी कायरता के कारण मुझे इस पेड़ पर ही रहना पड़ा," और फिर उसने ये श्लोक पढ़े।
10. "यज्ञ और ऐसी सेवाएं दिन–रात दुःख का कारण हैं, निरंतर बोझ और चिंता का कारण हैं।
11. "दुःख से बचने और शरीर के तत्वों को नष्ट करने के लिए, मनुष्य को (बुद्ध के) नियमों का पालन करना चाहिए, और सभी सांसारिक धर्म के नियमों (विश्व ऋषियों) से मुक्ति प्राप्त करनी चाहिए।"
12. ये शब्द सुनकर ब्राह्मणों ने श्रावस्ती जाने का निश्चय किया, जहाँ बुद्ध थे, और अपनी यात्रा का उद्देश्य बताकर, विश्व–सम्मानित ने उनसे कहाः

13. "यद्यपि कोई व्यक्ति उलझे हुए बालों के साथ नंगा घूमता है, या भले ही वह अपने आप को कुछ पत्तियों या छाल के कपड़े से ढक लेता है, भले ही वह अपने आप को गंदगी से ढक लेता है और पत्थरों पर सोता है, अशुद्ध विचारों से छुटकारा पाने में इससे क्या फायदा है?
14. "परन्तु जो न तो संघर्ष करता है, न हत्या करता है, न अग्नि में जलाता है, जो विजय की इच्छा नहीं रखता, जो समस्त संसार के प्रति सद्‌भावना से प्रेरित है, ऐसे में द्वेष या घृणा का कोई आधार नहीं है।
15. "शान्ति (पुण्य) पाने के लिए आत्माओं को बलि देना, या इस जीवन के बाद पुरस्कार की आशा करते हुए सुख पाना, उस व्यक्ति के सुख का एक चौथाई भी नहीं है, जो अच्छे लोगों को श्रद्धांजलि देता है।
16. "जो सदाचार और दूसरों के प्रति उचित श्रद्धा का भाव रखता है, जो हमेशा बुढ़ापे का सम्मान करता है, उस व्यक्ति को चार सुख–सुविधाएँ मिलती हैं–सुंदरता और शक्ति, जीवन और शांति।"
17. पति की यह बात सुनकर पत्नी ने समझौता कर लिया।

भाग – VI

निम्न और निम्न जातियों का धर्म परिवर्तन

1. नाई उपाली का धर्म परिवर्तन।
2. सफाईकर्मी सुनीता का धर्म परिवर्तन।
3. सोपाका और सुप्पिया, अछूतों का धर्मांतरण।
4. सुमंगला और अन्य निम्न जातियों का धर्म परिवर्तन।
5. कोढ़ी सुप्रबुद्ध का धर्म परिवर्तन।

1. नाई उपाली का धर्म परिवर्तन

1. वापस जाते समय उपाली (नाई) ने सोचाः "शाक्य लोग बहुत ही क्रूर लोग हैं। अगर मैं इन आभूषणों के साथ वापस जाता हूँ तो वे मुझे यह सोचकर मार डालेंगे कि मैंने अपने साथियों को मार डाला है और उनके आभूषण लेकर भाग गए हैं। मैं शाक्य वंश के इन युवकों के रास्ते क्यों न जाऊँ?"
2. "मुझे वास्तव में क्यों नहीं करना चाहिए?" उपाली ने स्वत से पूछा। और उसने आभूषणों की गठरी अपनी पीठ से उतारी और उसे एक पेड़ पर लटका दिया, यह कहते हुएः "जो इसे पा ले, इसे उपहार के रूप में ले ले," और शाक्य युवकों का पीछा करने के लिए वापस चला गया।
3. और शाक्य लोगों ने उसे दूर से आते देखा, और उसे देखकर, उन्होंने उससे कहाः "तुम वापस क्यों आए हो, अच्छे उपाली?"
4. तब उसने उन्हें बताया कि उसे क्या महसूस हुआ और उन्होंने उत्तर दिया "तुमने अच्छा किया, अच्छे उपाली, जो तुम वापस नहीं आए क्योंकि शाक्य लोग बहुत ही क्रूर हैं, और वे तुम्हें मार सकते थे।"
5. और वे उपाली नाई को अपने साथ उस स्थान पर ले गए जहाँ भगवान थे। और वहाँ पहुँचकर, उन्होंने भगवान के सामने सिर झुकाया और एक प्रधान आधार बैठ गए। और इस तरह बैठकर उन्होंने भगवान से कहाः
6. हम शाक्य लोग, भगवान, घमंडी हैं। और यह उपाली, नाई, लंबे समय से हमारे सेवक के रूप में हमारी सेवा कर रहा है, भगवान। भगवान उसे हमसे पहले संघ में शामिल करें, ताकि हम उसे सम्मान और आदर दे सकें, और अपने वरिष्ठ के रूप में उसके सामने हाथ फैलाकर झुक सकें और इस तरह शाक्य का अभिमान हमारे सामने कम हो जाएगा!"
7. फिर भगवान ने पहले उपाली नामक नाई को और उसके बाद शाक्य वंश के उन युवकों को संघ की श्रेणी में शामिल किया।

2. सफाईकर्मी सुनीता का धर्म परिवर्तन।

1. राजगृह में सुनीता नाम का एक सफाईकर्मी रहता था। वह सड़क किनारे घर के लोगों द्वारा फेंके गए कूड़े–कचरे को साफ करके और सड़क सफाई का काम करके अपना जीवन यापन करता था। उनका पेशा नीचा और वंशानुगत था।
2. एक दिन भोर के समय भगवान उठे, कपड़े पहने और दान–दक्षिणा के लिए राजगृह में चले गए, उनके पीछे–पीछे बहुत से भिक्षु भी थे।
3. अब सुनीता सड़क साफ कर रहा था, खोदना, कूड़ा–कचरा आदि इकट्ठा करके ढेर लगा रहा था और टोकरी में भर रहा था, जिसे वह जूए पर लादे हुए था।
4. और जब उसने गुरु और उनकी टोली को आते देखा, तो उसका हृदय खुशी और विस्मय से भर गया।
5. सड़क पर छिपने के लिए कोई जगह न पाकर उसने अपना जूआ दीवार के एक मोड़ पर रख दिया और दीवार से चिपककर खड़ा हो गया, हाथ जोड़कर भगवान को प्रणाम किया।
6. फिर जब भगवान पास आए, तो उन्होंने दिव्य मधुर वाणी में उनसे कहाः "सुनीता! तुम्हारे लिए यह दयनीय जीवन–शैली क्या है? क्या तुम घर छोड़कर संघ में आने का साहस कर सकती हो?"
7. और सुनीता ने अमृत छिड़के हुए व्यक्ति के आनंद का अनुभव करते हुए कहाः "यदि भगवान जैसे लोग भी इस जीवन में आज्ञा दे सकते हैं, तो मैं क्यों न लूं? भगवान मुझे आने दें।"
8. तब गुरु ने कहाः "आओ भिक्षु!" और सुनीता ने उस वचन से स्वीकृति और दीक्षा प्राप्त की और उसे कटोरा और वस्त्र निवेशित किये गए।
9. गुरु ने उसे विहार में ले जाकर धम्म और अनुशासन सिखाया और कहा, "पवित्र जीवन, संयम और आत्म–नियंत्रण के अनुशासन से, एक व्यक्ति पवित्र बन जाता है।"

10. जब बुद्ध से पूछा गया कि सुनीता इतना महान कैसे बन गया, तो उन्होंने कहा, "जैसे राजमार्ग पर कूड़े के ढेर पर एक सुगंधित और मधुर लिली उग सकती है, वैसे ही कूड़े के ढेर के बीच, अंतर्दृष्टि से अंधे सांसारिक लोगों के बीच बुद्ध का बच्चा चमकता है।"

3. सोपाका और सुप्पिया, अछूतों का धर्मांतरण

1. सोपाका श्रावस्ती का एक निष्कासित व्यक्ति था। उसके जन्म के समय उसकी माँ को बहुत देर तक गहरी बेहोशी में रहना पड़ा, इसलिए उसके पति और रिश्तेदारों ने कहा वह मर गई है!" और वे उसे समाधि स्थल ले गए और उसके शरीर को जलाने की तैयारी की।
2. लेकिन हवा और बारिश के तूफान के कारण आग नहीं जली। इसलिए वे सोपाका की माँ को अंतिम संस्कार की चिता पर छोड़कर चले गए।
3. सोपाका की माँ तब मरी नहीं थी। वह बाद में मर गई। अपनी मृत्यु से पहले उसने एक बच्चे को जन्म दिया।
4. बच्चे को समाधि स्थल के चौकीदार ने गोद ले लिया और अपने बच्चे सुप्पिया के साथ उसका पालन–पोषण किया। बच्चे को सोपाका समुदाय के नाम से जाना जाता था जिससे उसकी माँ संबंधित थी।
5. धन्य भगवान एक दिन समाधि स्थल से गुजरे। सोपाका ने भगवान को देखा, उनके पास गया। भगवान को प्रणाम करने के बाद उसने उनसे शिष्य के रूप में शामिल होने की अनुमति मांगी।
6. सोपाका उस समय केवल सात वर्ष का था। इसलिए भगवान ने उसे अपने पिता की अनुमति लेने के लिए कहा।
7. सोपाका गया और अपने पिता को ले आया। पिता ने भगवान को प्रणाम किया और उनसे अपने बेटे को संघ में शामिल करने का अनुरोध किया।

8. भले ही वह परिया समुदाय से संबंधित था, भगवान ने उसे संघ में शामिल किया और उसे सिद्धांत और अनुशासन की शिक्षा दी।
9. सोपाका बाद में एक भिक्षु बन गया।
10. सुप्पिया और सोपाका बचपन से एक साथ बड़े हुए थे और सोपाका को सुप्पिया के पिता ने गोद लिया और पाला था, सुप्पिया ने अपने साथी सोपाका से भगवान के सिद्धांत और अनुशासन को सीखा और सोपाका से उसे संघ में शामिल करने का अनुरोध किया, हालाँकि सोपाका उस समुदाय से संबंधित था जो सुप्पिया के समुदाय से श्रेणी में निम्न था।
11. सोपाका सहमत हो गया और सुप्पिया, एक सदस्य जो घृणात्मक समुदाय से संबंधित था जिसका पेशा समाधि स्थल में चौकीदार का कर्तव्य निभाना था, एक भिक्षु बन गया।

4. सुमंगला और अन्य निम्न जातियों का धर्मांतरण

1. सुमंगला श्रावस्ती का किसान था। वह हँसिया, हल और कुदाल से खेतों में काम करके, छोटी अपना जीवन यापन करता था।
2. चन्ना कपिलावत्सु का निवासी था और शुद्धोदन के घर में दास था।
3. धन्निया राजगृह का निवासी था। वह कुम्हार था।
4. कप्पाट–कुरा श्रावस्ती का निवासी था। वह अपना भरण–पोषण करने का एकमात्र तरीका जानता था, चिथड़े पहने, हाथ में तवा लेकर चावल के दाने ढूँढ़ना। इसलिए वह कप्पाट–कुरा–"चिथड़े और चावल" के नाम से जाना जाने लगा। बड़ा होने पर उसने घास बेचकर अपना भरण–पोषण किया।
5. उन सभी ने बुद्ध से भिक्षु बनने और संघ में प्रवेश करने की अनुमति मांगी। बुद्ध ने बिना किसी हिचकिचाहट और उनके निम्न जन्म या उनकी पिछली स्थिति की परवाह किए बिना उन्हें संघ में शामिल कर लिया।

5. कोढ़ी सुप्रबुद्ध का धर्म परिवर्तन

1. एक बार भगवान राजगृह के पास बांस के जंगल में गिलहरियों के चारागाह में ठहरे हुए थे।
2. उस समय राजगृह में सुप्रबुद्ध नाम का एक व्यक्ति रहता था, जो कोढ़ी था, वह एक गरीब, घृणायोग्य और दुःखी प्राणी था।
3. और उस समय ऐसा हुआ कि भगवान एक बड़ी भीड़ के बीच में बैठे हुए धम्म की शिक्षा दे रहे थे।
4. और सुप्रबुद्ध कोढ़ी ने दूर से भीड़ को इकट्ठा होते देखा, और यह दृश्य देखकर उसने सोचा, "निःसंदेह वहाँ कठोर और मुलायम दोनों तरह के भोजन का दान किया जा रहा है। अगर मैं उस भीड़ के पास पहुँच जाऊँ, तो मुझे वहाँ खाने के लिए कुछ मिल सकता है, चाहे वह नरम हो या कठोर।"
5. अतः सुप्रबुद्ध कोढ़ी उस भीड़ के निकट आया और उसने भगवान को बड़ी भीड़ के बीच बैठे हुए धर्म का उपदेश देते हुए देखा। इसलिए, भगवान को देखकर उन्होंने सोचाः "नहीं। यहाँ भोजन का दान नहीं किया जा रहा है। यह गौतम समन है जो सभा में धम्म का उपदेश दे रहा है। मान लीजिए मैं उनकी शिक्षा सुनूँ।"
6. इसलिए वह एक तरफ बैठ गया, और सोचा, "मैं भी शिक्षा सुनूँगा।"
7. अब भगवान ने अपने मन से उस पूरी सभा के विचारों को पढ़ते हुए, अपने आप से कहा, "मुझे आश्चर्य है, इन उपस्थित लोगों में से कौन सत्य को समझने में सक्षम है?" फिर उन्होंने भीड़ में बैठे सुप्रबुद्ध कोढ़ी को देखा और उसे देखते ही उन्होंने जान लिया, "यह सत्य को समझ सकता है।"
8. इसलिए सुप्रबुद्ध कोढ़ी के लिए, गुरु ने इन विषयों पर उचित क्रम में उपदेश दिया। भिक्षा देने पर, पवित्र जीवन पर, और स्वर्ग–लोक पर और उन्होंने कामुक इच्छाओं की क्षुद्रता और नीचता और स्वतंत्रता के लाभ की ओर आसव से इशारा किया।

9. अब जब भगवान ने देखा कि सुप्रबुद्ध कोढ़ी का हृदय कोमल, लचीला, मुक्त, प्रसन्न और श्रद्धा से भरा हुआ है, तब उन्होंने उसे बुद्ध का सबसे उत्तम धम्म बताया, अर्थात् दुःख, दुःख का कारण, दुःख का निवारण और मार्ग।
10. फिर, जैसे दाग रहित श्वेत वस्त्र रंग को ग्रहण करने के लिए तैयार रहता है, वैसे ही सुप्रबुद्ध कोढ़ी में, जब वह उसी स्थान पर बैठा, तो सत्य की शुद्ध निर्मल अंतर्दृष्टि उत्पन्न हुई, यह ज्ञान कि जिस चीज का आरंभ होता है, उसका अंत भी अवश्य होता है। और सुप्रबुद्ध कोढ़ी ने सत्य को देखा, सत्य तक पहुंचा, सत्य को समझा, सत्य में डूब गया, संदेह से परे हो गया, सभी प्रश्नों से मुक्त हो गया, आत्मविश्वास प्राप्त किया, और आगे कुछ भी आवश्यकता न होने पर, गुरु की शिक्षा में दृढ़ हो गया, अपने आसन से उठ खड़ा हुआ और उनके निकट आया, और वहीं एक ओर बैठ गया।
11. इस प्रकार बैठे हुए उसने भगवान से कहा, "बहुत बढ़िया, हे प्रभु बहुत बढ़िया, हे प्रभु, जैसे कि, हे प्रभु, कोई गिरे हुए को उठाए, छिपे हुए को खोजना, भ्रमित व्यक्ति को मार्ग दिखाये, अंधकार में प्रकाश दिखाये, कहो, 'अब जिनके पास देखने की आंखें हैं वे आकृतियां देख सकते हैं, इसी प्रकार महान् ने अनेक प्रकार से सत्य का प्रतिपादन किया है। मैं, मैं, हे प्रभु, महान् की शरण में जाता हूँ, आदर्श की और बन्धु–मण्डल की। महान् मुझे अपना अनुयायी स्वीकार करें, क्योंकि मैं अब से लेकर जीवन के अंत तक उनकी शरण में गया हूँ।'
12. तत्पश्चात् सुप्रबुद्ध कोढ़ी ने भगवान् की पवित्र बातों से शिक्षा प्राप्त की, स्थापित हुआ, जागृत हुआ और प्रसन्न हुआ, उनके शब्दों की प्रशंसा की और उनका स्वागत किया, धन्यवाद दिया और अपने आसन से उठे, भगवान् को दाहिनी ओर से प्रणाम किया और चले गए।
13. दुर्भाग्यवश ऐसा हुआ कि एक छोटे बछड़े ने कोढ़ी सुप्रबुद्ध को पटक दिया और सींग मारकर मार डाला।

भाग – VII

महिलाओं का धर्म परिवर्तन

1. महाप्रजापति गौतमी, यशोधरा और उनकी सहचरी का धर्म परिवर्तन
2. धर्मांतरण प्रकृति, एक चांडालिका

1. महाप्रजापति गौतमी और यशोधरा तथा उनकी सहचरी का धर्म परिवर्तन

1. जब भगवान अपने पिता के घर गए थे, तब शाक्य स्त्रियों में संघ में सम्मिलित होने की इच्छा उतनी ही तीव्र थी, जितनी शाक्य पुरुषों में थी।
2. ऐसी स्त्रियों की नेता कोई और नहीं, बल्कि महाप्रजापति गौतमी थीं।
3. अब जब भगवान निग्रोधर्म में शाक्यों के बीच रह रहे थे, महाप्रजापति गौतमी उनके पास गईं और बोलीं: "यह अच्छा होगा, प्रभु, यदि स्त्रियों को परिव्राजक बनने और तथागत द्वारा घोषित सिद्धांत और अनुशासन के अंतर्गत संघ में प्रवेश करने की अनुमति दी जाए!"
4. "बस, हे गौतमी! ऐसा विचार अपने मन में न आने दो।" और महाप्रजापति ने दूसरी और तीसरी बार भी उन्हीं शब्दों में वही अनुरोध किया, और दूसरी और तीसरी बार भी उन्हें वही उत्तर मिला।
5. तब महाप्रजापति गौतमी ने दुःखी होकर भगवान के चरणों में सिर झुकाया और रोते हुए तथा आँसू बहाते हुए चली गयी।
6. भगवान के निग्रोधर्मा से विहार करने के पश्चात् महाप्रजापति तथा शाक्य स्त्रियाँ संघ में प्रवेश के लिए उनके अनुरोध तथा भगवान द्वारा ऐसा अनुरोध स्वीकार करने से इंकार करने पर आगे विचार करने के लिए एक साथ बैठीं।
7. शाक्य स्त्रियों ने भगवान के इनकार को अंतिम मानने से इंकार कर दिया। उन्होंने आगे बढ़कर परिव्राजक का वेश धारण करने तथा भगवान को सत्य का परिचय देने का निश्चय किया।
8. तदनुसार महाप्रजापति गौतमी ने अपने बाल कटवा दिए तथा नारंगी रंग के वस्त्र धारण किए और शाक्य वंश की अनेक स्त्रियों के साथ भगवान से मिलने के लिए यात्रा पर निकल पड़ीं, जो उस समय वैशाली में महावन के कुटागर हॉल में ठहरे हुए थे।

9. समय आने पर महाप्रजापति गौतमी अपनी सहेलियों के साथ वैशाली पहुँचीं और पैरों में सूजन और धूल से लथपथ होकर कुटोगरा भवन में पहुँचीं।

10. उसने फिर वही प्रार्थना भगवान से की जो उसने निग्रोधर्म में निवास करते समय की थी और भगवान ने फिर से मना कर दिया।

11. दूसरी बार मना करने पर महाप्रजापति वहाँ से चली गयी और हॉल के प्रवेश द्वार के बाहर खड़ी हो गयी, उन्हें समझ में नहीं आ रहा था कि क्या करें। जब वह इस तरह खड़ी थी, तब आनंद ने कक्ष की ओर जाते हुए उसे देखा और पहचान लिया।

12. फिर उसने महाप्रजापति से पूछा, "तुम वहाँ, द्वारमण्डप के बाहर, सूजे हुए पैरों के साथ, धूल से लथपथ, दुःखी, रोते हुए और आँसू बहाते हुए क्यों खड़ी हो?" "हे आनंद, क्योंकि भगवान, प्रभु, तथागत द्वारा घोषित सिद्धांत और अनुशासन के तहत महिलाओं को अपने घरों को त्यागने और बेघर अवस्था में प्रवेश करने की अनुमति नहीं देते हैं," महाप्रजापति ने कहा।

13. तब आदरणीय आनंद उस स्थान पर गए जहाँ भगवान थे, और उन्होंने भगवान के सामने झुककर प्रणाम किया, और एक तरफ अपना आसन ग्रहण किया। और, इस प्रकार बैठकर, आदरणीय आनंद ने भगवान से कहाः "देखो, भगवान, महाप्रजापति गौतमी प्रवेश द्वार के नीचे स्थायित्व हैं, उनके पैर सूजे हुए हैं और धूल से ढके हुए हैं, वे दुःखी और शोकाकुल हैं, रो रही है और आंसू बहा रही हैं, क्योंकि भगवान महिलाओं को उनके द्वारा घोषित सिद्धांत और अनुशासन के तहत अपने घर को त्यागने और बेघर अवस्था में प्रवेश करने की अनुमति नहीं देते हैं। यह अच्छा है, भगवान, अगर महिलाओं को उनकी इच्छानुसार करने की अनुमति दी जाती है।

14. "क्या महाप्रजापति ने भगवान की महान सेवा नहीं की है, जब उन्होंने चाची और धाय के रूप में भगवान का पालन–पोषण किया और उन्हें दूध पिलाया, और उनकी माँ की मृत्यु पर भगवान को

अपने स्तन से दूध पिलाया इसलिए, यह अच्छा है, भगवान कि महिलाओं को तथागत द्वारा घोषित सिद्धांत और अनुशासन के तहत गृहस्थ जीवन से बाहर निकलने और बेघर अवस्था में प्रवेश करने की अनुमति दी जानी चाहिए।"

15. "बस हो गया आनंद! कृपया ऐसा न हो कि स्त्रियों को ऐसा करने की अनुमति दी जाए।" आनन्द ने दूसरी बार और तीसरी बार भी वही अनुरोध उन्हीं शब्दों में किया और उन्हें वही उत्तर मिला।

16. तब आदरणीय आनंद ने भगवान से पूछा "प्रभु, महिलाओं को परिव्राजक बनने की अनुमति न देने का आपका क्या मूलतत्त्व हो सकता है?"

17. "भगवान जानते हैं कि ब्राह्मणों का मानना है कि शूद्र और महिलाएं मोक्ष (मुक्ति) तक नहीं पहुंच सकतीं, क्योंकि वे अशुद्ध और हीन हैं। इसलिए वे शूद्रों और महिलाओं को परिव्राजक बनने की अनुमति नहीं देते। क्या भगवान का भी ब्राह्मणों जैसा ही विचार है?

18. क्या भगवान ने शूद्रों को परिव्राजक बनने और संघ में शामिल होने की अनुमति नहीं दी है, जैसा कि उन्होंने ब्राह्मणों को दिया है? भगवान, महिलाओं के साथ अलग व्यवहार करने का क्या आधार है?

19. क्या भगवान का मानना है कि भगवान द्वारा घोषित सिद्धांत और अनुशासन के तहत महिलाएं निर्वाण तक पहुंचने में सक्षम नहीं हैं?"

20. भगवान ने उत्तर दिया: "आनंद! मुझे गलत मत समझो। मेरा मानना है कि महिलाएं निर्वाण तक पहुंचने के मामले में पुरुषों जितनी ही सक्षम हैं। आनंद! मेरी बात को गलत मत समझो, मैं मैथुनिक असमानता के सिद्धांत का समर्थक नहीं हूँ। महाप्रजापति के अनुरोध को अस्वीकार करने का मेरा निर्णय मैथुनिक असमानता पर आधारित नहीं है। यह व्यावहारिक आधार पर है।'

21. "मुझे वास्तविक कारण जानकर संतुष्टि हुई, प्रभु। लेकिन क्या प्रभु को व्यावहारिक कठिनाइयों के कारण उनके अनुरोध को अस्वीकार करना चाहिए? क्या ऐसा करने से धम्म की झूठी निंदा नहीं होगी

और उस पर मैथुनिक असमानता को बनाए रखने का आरोप नहीं लगेगा? क्या प्रभु ऐसी व्यावहारिक कठिनाइयों को दूर करने के लिए कुछ नियम नहीं बना सकते, जिनसे प्रभु चिंतित हैं?"

22. "अच्छा, आनंद, मैं स्वीकार करता हूँ कि यदि महाप्रजापति इस बात पर जोर देते हैं कि महिलाओं को मेरे द्वारा घोषित सिद्धांत और अनुशासन के तहत परिव्राजक बनने की अनुमति दी जानी चाहिए। लेकिन यह आठ शर्तों के अधीन होगा। महाप्रजापति गौतमी आठ मुख्य नियमों को लागू करने की जिम्मेदारी अपने ऊपर लें। यही उनकी दीक्षा होगी।"

23. जब भगवान् आनन्द को भगवान् से ये आठ मुख्य नियम ज्ञात हुए, तो वे महाप्रजापति गौतमी के पास गये और भगवान् ने जो कुछ कहा था, वह सब उन्हें कह सुनाया।

24. "आनंद, जिस प्रकार कोई पुरुष या स्त्री, युवा और कोमल अवस्था में, अपने आपको सजाने का अभ्यास करता है, तथा सिर धोने के पश्चात दोनों हाथों से कमल पुष्प, चमेली पुष्प या उत्तेजक पुष्पों की माला लेकर उसे अपने सिर के ऊपर रखता है, उसी प्रकार मैं भी, आनंद, इन आठ प्रमुख नियमों को अपने ऊपर लेती हूँ, जिनका उल्लंघन मैं जीवन भर कभी नहीं करूंगी," महाप्रजापति ने आनंद से कहा।

25. तब पूज्य आनन्द भगवान के पास लौटे और उन्हें प्रणाम करके एक ओर बैठ गये। और, इस प्रकार बैठकर, आदरणीय आनंद ने भगवान से कहाः महाप्रजापति गौतमी ने आठ मुख्य नियमों के प्रवर्तन का उत्तरदायित्व अपने ऊपर ले लिया है, इसलिए उन्हें उपसम्पदा दीक्षा" (संघ में प्रवेश) प्राप्त हुई मानी जा सकती है।

26. अब महाप्रजापति ने दीक्षा प्राप्त की, और उनके साथ आई 500 शाक्य महिलाओं को भी उसी समय दीक्षा दी गई। इस प्रकार दीक्षा प्राप्त महान प्रजापति गुरु के सामने आईं, और उन्हें प्रणाम करके एक ओर खड़ी हो गईं और भगवान ने उन्हें धम्म, सिद्धांत और अनुशासन सिखाया।

27. अन्य पाँच सौ भिक्षुणियों को भगवान के शिष्यों में से एक नंदक ने शिक्षा दी।
28. महाप्रजापति के साथ भिक्षुणी बनने वाली शाक्य महिलाओं में यशोधरा भी थीं। दीक्षा के बाद उन्हें भद्दा कच्चाना के नाम से जाना जाने लगा।

2. धर्मांतरण प्रकृति, एक चांडालिका

1. एक बार भगवान श्रावस्ती में अनाथपिंडिका के जेतवन आश्रम में रह रहे थे।
2. ऐसा हुआ कि आनंद नामक उनका शिष्य भिक्षा मांगने के लिए शहर में गया हुआ था। भोजन करने के बाद आनंद पानी पीने के लिए नदी पर जा रहा था।
3. उन्होंने नदी के किनारे एक लड़की को अपना बर्तन भरते हुए देखा। आनंद ने उससे पानी मांगा।
4. लड़की, जिसका नाम प्रकृति था, ने यह कहकर मना कर दिया कि वह एक चांडालिका है।
5. आनंद ने कहा, "मुझे पानी से मतलब है। मुझे आपकी जाति से मतलब नहीं है।" तब लड़की ने उन्हें अपने बर्तन से थोड़ा पानी दिया।
6. इसके बाद आनंद जेतवन के लिए रवाना हो गए। लड़की ने उनका पीछा किया और देखा कि वह कहाँ रह रहे थे और पाया कि उनका नाम आनंद था और वह बुद्ध के अनुयायी थे।
7. घर लौटने पर उसने अपनी माँ मातंगी को बताया कि क्या हुआ था और जमीन पर गिरकर रोने लगी।
8. माँ ने उसके रोने का कारण पूछा। लड़की ने पूरी कहानी बताई, और कहा, "यदि आप मुझसे विवाह करना चाहते हैं, तो मैं केवल आनंद से विवाह कर सकती हूँ। मैं किसी और से विवाह नहीं करूँगी।"

9. माँ ने पूछताछ शुरू की। वापस आकर उसने लड़की से कहा कि ऐसा विवाह असंभव है, क्योंकि आनंद ने ब्रह्मचर्य व्रत धारण कर रखा है।
10. यह समाचार सुनकर लड़की अत्यंत दुःखी हो गई और उसने भोजन त्याग दिया। वह इस बात को स्वीकार करने के लिए तैयार नहीं थी कि यह सब भाग्य का फैसला है। इसलिए उसने कहाः "माँ, तुम जादू–टोना करना जानती हो, है न? तुम हमारे उद्देश्य को प्राप्त करने के लिए इसका उपयोग क्यों नहीं करती?" माँ ने कहा, "मैं देखूँगी कि क्या किया जा सकता है।"
11. मातंगी ने आनंद को अपने घर भोजन के लिए आमंत्रित किया। लड़की बहुत खुश हुई। तब मातंगी ने आनंद से कहा कि उसकी बेटी उससे विवाह करने के लिए बहुत उत्सुक है। आनंद ने उत्तर दिया, "मैंने ब्रह्मचारी रहने का व्रत लिया है और इसलिए मैं किसी भी महिला से विवाह नहीं कर सकता।"
12. मातंगी ने आनंद से कहा, "यदि तुम मेरी बेटी से विवाह नहीं करोगे, तो वह आत्महत्या कर लेगी, वह तुमसे बहुत जुड़ी हुई है।" लेकिन मैं कुछ नहीं कर सकता," आनंद ने उत्तर दिया।
13. मातंगी अंदर गई और अपनी बेटी को बताया कि आनंद ने उससे शादी करने से इनकार कर दिया है।
14. लड़की रो पड़ीः "माँ, तुम्हारा जादू कहाँ है?" माँ ने कहा, "मेरा जादू तथागत से नहीं जीत सकता।"
15. लड़की चिल्लाई और बोली, "दरवाजा बंद करो और उसे बाहर मत जाने दो। मैं देखूँगी कि वह आज रात ही मेरा पति बन जाए।"
16. माँ ने वही किया जो लड़की चाहती थी। रात होने पर माँ कमरे में एक बिस्तर ले आई। लड़की अपने सबसे अच्छे कपड़े पहनकर कमरे में चली गई। लेकिन आनंद निस्तब्ध रहा।
17. माँ ने अन्ततः अपनी जादूगरी का प्रयोग किया। परिणाम स्वरूप कमरे में आग लग गई। तब माँ ने आनंद को उसके कपड़ों से

पकड़ लिया और कहा, "यदि तुम मेरी बेटी से शादी करने के लिए सहमत नहीं होगे, तो मैं तुम्हें इस आग में फेंक दूँगी।" हालाँकि, आनंद ने हार नहीं मानी और माँ और बेटी ने असहाय महसूस करते हुए उसे छोड़ दिया।

18. वापस आने पर आनंद ने धन्य भगवान को सारी बात बताई।
19. दूसरे दिन लड़की आनंद की खोज में जेतवन आई। आनंद भिक्षा के लिए बाहर जा रहा था। आनंद ने उसे देखा और उससे बचना चाहा। लेकिन वह जहाँ भी जाता, लड़की उसका पीछा करती।
20. जब आनंद जेतवन लौटे तो उन्होंने लड़की को अपने विहार के द्वार पर प्रतीक्षा करते हुए पाया।
21. आनंद ने भगवान को बताया कि लड़की उनका पीछा कैसे कर रही है। भगवान ने उसे बुलाया।
22. जब लड़की उनके सामने आई तो भगवान ने उससे पूछा कि वह आनंद का पीछा क्यों कर रही है। लड़की ने उत्तर दिया कि वह उससे विवाह करना चाहती है "मैंने सुना है कि वह अविवाहित है और मैं भी अविवाहित हूँ।"
23. भगवान ने कहा, "आनंद एक भिक्षु है और उसके सिर पर बाल नहीं हैं। यदि तुम अपने सिर को साफ सुथरा कर सको तो मैं देखूँगा कि क्या किया जा सकता है।"
24. लड़की ने उत्तर दिया, "मैं इसके लिए तैयार हूँ।" भगवान ने कहा, "तुम्हें मुंडन कराने के लिए अपनी माँ की अनुमति लेनी होगी।"
25. लड़की अपनी माँ के पास लौटी और बोली, "माँ! मैंने वह कर दिखाया है जो तुम नहीं कर पाई। भगवान ने वचन दिया है कि यदि मैं मुंडन कराऊँगी तो वे मेरा विवाह आनंद से कर देंगे।"
26. माँ क्रोधित हो गई और बोली, "तुम्हें ऐसा नहीं करना चाहिए। तुम मेरी बेटी हो और तुम्हें बाल रखना चाहिए। तुम आनंद जैसे श्रमण से विवाह करने के लिए इतनी उत्सुक क्यों हो? मैं तुम्हारी विवाह किसी श्रेष्ठतर व्यक्ति से करवा सकती हूँ।"

27. उसने उत्तर दिया, "मैं या तो मर जाऊँगी या आनंद से शादी करूँगी। मेरे पास कोई तीसरा विकल्प नहीं है।"

28. माँ ने कहा, "तुम मेरा अपमान क्यों कर रही हो?" लड़की ने कहा, "अगर तुम मुझसे प्यार करती हो तो तुम्हें मुझे अपनी प्रसन्नता से करने देना चाहिए।"

29. माँ ने अपनी आपत्ति वापस ले ली और लड़की का मुंडन हो गया।

30. फिर लड़की ने स्वतः को धन्य भगवान के सामने पेश किया और कहा, "मैंने आपके निर्देशानुसार अपना सिर मुंडवा लिया है।"

31. तब धन्य भगवान ने उससे पूछा, "तुम क्या चाहती हो? उसके शरीर का कौन–सा अंग तुम्हें प्रिय है?" लड़की बोली, "मुझे उसकी नाक से प्रेम है, मुझे उसके मुँह से प्रेम है, मुझे उसके कानों से प्रेम है, मुझे उसकी ध्वनि से प्रेम है, मुझे उसकी आँखों से प्रेम है और मुझे उसकी चाल से प्रेम है।"

32. तब भगवान ने लड़की से कहा, "क्या तुम जानती हो कि आँखें आँसुओं का घर हैं, नाक गंदगी का घर है, मुँह थूक का घर है, कान गंदगी का घर है और शरीर गोबर और मूत्र का पात्र है।"

33. "जब पुरुष और महिलाएँ एक साथ आते हैं तो वे बच्चे पैदा करते हैं। लेकिन जहाँ जन्म है वहाँ मृत्यु भी है; जहाँ मृत्यु है वहाँ दुःख भी है। मेरी प्यारी लड़की, आनंद से शादी करके तुम्हें क्या मिलेगा। मैं नहीं जानता।"

34. लड़की ने विचार करना शुरू किया और इस बात पर सहमत हुई कि आनंद के साथ उसके विवाह का कोई उद्देश्य नहीं था, जिस पर वह इतनी आतुर थी और उसने भगवान को तदनुसार बताया।

35. भगवान को नमस्कार करने के बाद लड़की ने कहाः "अज्ञानता के कारण मैं आनंद की खोज में जा रही थी। मेरा मन अब प्रबुद्ध हो गया है। मैं उस नाविक की तरह हूँ जिसका जहाज दुर्घटना के बाद दूसरे किनारे पर पहुँच गया है। मैं एक असुरक्षित वृद्ध व्यक्ति की तरह हूँ जिसे सुरक्षा मिल गई है। मैं उस अंधे की तरह हूँ जिसे

नई दृष्टि मिल गई है। भगवान ने अपने बुद्धिमानी भरे उपदेशों से मुझे मेरी नींद से जगा दिया है।

36. "तुम धन्य हो, प्रकृति, क्योंकि यद्यपि तुम एक चांडालिका हो, तुम कुलीन पुरुषों और कुलीन महिलाओं के लिए। एक आदर्श बनोगी। तुम नीच जाति की हो, लेकिन ब्राह्मण तुमसे सबक सीखेंगे। न्याय और धर्म के मार्ग से मत हटो और तुम सिंहासन पर रानियों की शाही शान को मात दोगी।"

37. विवाह विफल हो जाने के बाद, उसके लिए एकमात्र रास्ता भिक्खुनी संघ में शामिल होना था।

38. अपनी इच्छा व्यक्त करने पर उसे इसमें शामिल कर लिया गया, हालाँकि वह सबसे निम्न वर्ग की थी।

भाग – VIII

पतित और अपराधियों का धर्मांतरण

1. एक घुमक्कड़ का धर्मांतरण।
2. डाकू अंगुलिमाल का धर्मांतरण।
3. अन्य अपराधियों का धर्मांतरण।
4. धर्मांतरण का जोखिम।

1. एक घुमक्कड़ का धर्म परिवर्तन

1. पुराने समय में राजगृह में एक अव्यवस्थित व्यक्ति रहता था, जो न तो अपने माता–पिता का आदर करता था और न ही अपने वरिष्ठों का सम्मान करता था, बल्कि जब भी वह गलत काम करता था, तो हमेशा सूर्य, चंद्रमा और अग्नि की पूजा और बलि का सहारा लेता था, ताकि उसे पुण्य मिले और वह स्वतः को सुखमय संवेदन करे।
2. लेकिन अपने सभी शारीरिक अभ्यासों, पूजा और प्रसाद के बावजूद, तीन साल की लगातार दृढ़ता के बाद भी उसे शांति नहीं मिली।
3. अंततोगत्वा उसने बुद्ध से पूछताछ करने के लिए श्रावस्ती जाने का फैसला किया। वहाँ पहुँचकर, उनके व्यक्तित्व की महिमा को देखकर, वह उनके चरणों में गिर पड़ा और कहा कि वह कितना प्रसन्न है।
4. तब भगवान ने पशु बलि की मूर्खता और ऐसे सभी अभ्यासों की निरर्थकता को समझाया, जहाँ हृदय अछूता था, और जहाँ उन लोगों के प्रति कोई अंतिम श्रद्धा या कर्तव्यपूर्ण व्यवहार नहीं था, जिनके पास यह था और अंत में कुछ गाथाएँ सुनाईं, जो महिमा से जगमगा उठीं, तथा उनकी उपस्थिति के द्युति से उस स्थान और आस–पास के पूरे देश को प्रकाशित कर दिया।
5. इस पर, गाँव के लोग, और विशेष रूप से बच्चों के माता–पिता, उनकी पूजा करने के लिए उनके पास आए।
6. माता–पिता को देखकर, और बच्चों के बारे में उनकी कहानी सुनकर, बुद्ध मुस्कुराए, और इन स्तुतिओं को सुनाया।
7. "महापुरुष लोभ से पूरी तरह मुक्त होता है; वह स्वयं सचेतन होकर प्रकाश के स्थान पर निवास करता है। यद्यपि उसे कभी दुःख भी मिलता है, फिर भी वह आनन्दित होता है; बिना किसी चिंता के, वह अपनी बुद्धि का प्रदर्शन करता है।
8. "बुद्धिमान व्यक्ति (भद्र) किसी सांसारिक व्यवसाय से खुद को नहीं जोड़ता वह न तो धन, न ही संतान, न ही संपत्ति (भूमि) की इच्छा

रखता है, हमेशा उपदेशों का ध्यानपूर्वक पालन करता है, और सर्वोच्च ज्ञान के मार्ग पर चलता है, वह अजीब सिद्धांत (या धन या सम्मान) के लिए सोत्कण्ठ नहीं होता है।

9. "बुद्धिमान व्यक्ति अस्थिरता के स्वरूप को जानकर, रेत के बीच में स्थित वृक्ष की तरह अपने अस्थिर मन वाले मित्र को बदलने के लिए हर संभव प्रयास करता है, तथा उसे अशुद्धता से पुण्य (पवित्रता) की ओर वापस लाता है।"

2. डाकू अंगुलिमाल का धर्मांतरण

1. कोसल के राजा पसेनदी के राज्य में अंगुलिमाल नाम का एक डाकू था, जिसके हाथ खून से लाल थे, जो हमेशा हत्या और घाव करता रहता था, और किसी भी जीवित प्राणी पर दया नहीं करता था। उसके कारण, जो गाँव थे वे अब गाँव नहीं रहे, जो कस्बे थे वे अब कस्बे नहीं रहे, और जो ग्रामक्षेत्र था वह अब ग्रामक्षेत्र नहीं रहा।
2. उसने जिस भी मनुष्य को मारा, उसकी एक उंगली लेकर अपने लिए हार बना लिया, और इसलिए उसका नाम "उंगलियों का हार" पड़ा।
3. एक बार जब भगवान श्रावस्ती में जेत के उपवन में रह रहे थे, तो उन्होंने डाकू अंगुलिमाल द्वारा किए गए उत्पातों के बारे में सुना था। धन्य भगवान ने उसे एक धर्मी व्यक्ति में बदलने का फैसला किया। इसलिए एक दिन भोजन करने के बाद, बिस्तर बिछाकर, वस्त्र और कटोरा लेकर, डाकू अंगुलिमाल को खोजने निकल पड़े।
4. उन्हें वहाँ जाते देख चरवाहे, ग्वाले और राहगीर चिल्लाने लगे: "उस रास्ते मत जाओ, संन्यासी! यह तुम्हें डाकू अंगुलिमाल के पास ले जाएगा।
5. "क्यों, जब दस, बीस, तीस या चालीस लोग भी इस रास्ते पर चलने के लिए इकट्ठे होते हैं, तो सारा समूह डाकू के हाथों में पड़

जाता है!" लेकिन, बिना एक शब्द कहे, भगवान अपने रास्ते पर चलते रहे।

6. दूसरी बार, और फिर तीसरी बार जो लोग वहाँ थे और बाकी लोगों ने अपनी चेतावनी दोहराई लेकिन फिर भी, बिना एक शब्द कहे, भगवान अपने रास्ते पर चले गए।

7. कुछ दूर से डाकू ने भगवान को आते देखा और बहुत आश्चर्यचकित हुआ कि, जहाँ दस से पचास यात्रियों का समूह भी उसके रास्ते पर आने की हिम्मत नहीं करता, वहाँ यह अकेला संन्यासी अकेले ही अपना रास्ता बनाता हुआ दिखाई दे रहा है; और डाकू ने इस संन्यासी को मार डालने का मन बना लिया। इसलिए, तलवार और बकल और अपने धनुष और तरकश लेकर, डाकू ने प्रभु चिह्न–रेखा का पीछा किया।

8. प्रभु स्वयं अपनी सामान्य गति से आगे बढ़ रहे थे, अपनी सामान्य गति से चलते हुए, डाकू, अपने सभी प्रयासों के बावजूद, उन्हें पकड़ नहीं सका।

9. डाकू ने सोचाः "यह एक आश्चर्यजनक और अद्‌भुत बात है। अब तक, मैं हमेशा पूरी गति से चलते हुए हाथी, या घोड़े, या गाड़ी, या हिरण को पकड़ सकता था और फिर भी मैं अपने सभी प्रयासों के बावजूद, इस संन्यासी को नहीं पकड़ पा रहा हूँ, जबकि वह अपनी सामान्य गति से आगे बढ़ रहा है।" इसलिए वह रुक गया और भगवान को रुकने के लिए चिल्लाया।

10. जब दोनों मिले तो भगवान ने कहाः "मैं तुम्हारे लिए रुक गया हूँ, अंगुलिमाल, क्या तुम एक बुरे कर्ता के रूप में अपने आजीविका का अनुसरण करना बंद करोगे? मैं तुम्हें जीतने के लिए, तुम्हें धर्म के मार्ग पर लाने के लिए तुम्हारा पीछा कर रहा हूँ। तुम्हारे अंदर की अच्छाई अभी तक मरी नहीं है। अगर तुम इसे केवल एक मौका दोगे तो यह तुम्हें बदल देगी।"

11. अंगुलिमाल धन्य के शब्दों से अभिभूत हो गया, और कहा, "आखिरकार इस ऋषि ने मुझे खोज निकाला है।"

12. "और अब जब आपके पवित्र वचन मुझे बुरे कर्मों को हमेशा के लिए त्यागने के लिए कह रहे हैं, तो मैं वैयक्तिक रूप से परखने के लिए तैयार हूँ," अंगुलिमाल ने उत्तर दिया।

13. अंगुलिमाल ने अपने शिकार की अंगुलियों की डोरी, जिसे वह अपने गले में पहने हुए था, गहरे रसातल में फेंक दी और गुरु के चरणों में गिरकर भाईचारे में प्रवेश की याचना की।

14. देवताओं और मनुष्यों के मार्गदर्शक भगवान ने कहाः "भिक्षु, मेरे पीछे आओ"; और उस आह्वान के बाद से अंगुलिमाल भिक्षापात्र बन गया।

15. अंगुलिमाल को अपने भिक्षापात्र के रूप में लेकर भगवान अब श्रावस्ती में धाम की ओर चल पड़े। इसी समय राजा पसेनदी के आंतरिक महल के द्वार पर एक बड़ी भीड़ ने घेराव कर लिया, जो जोर–जोर से चिल्ला रही थी कि जिस राज्य पर उसने विजय प्राप्त की है, वहाँ अंगुलिमाल नाम का एक लुटेरा है, जो उत्पात मचा रहा है, निर्दोष लोगों को मार रहा है और घायल कर रहा है और जो अपने द्वारा मारे गए लोगों की उंगलियों से बनी माला पहनने में गर्व महसूस करता है। वे चिल्ला रहे थे, "उसे दबा दो, महाराज।" पसेनदी ने उसे धरती पर गिराने का वादा किया। लेकिन वह असफल रहा।

16. एक सुबह राजा पसेनदी भगवान से मिलने के लिए क्रीड़ा–स्थल गए। भगवान के दर्शन पाकर प्रसन्नता हुई। भगवान ने पूछाः क्या बात है, महाराज? क्या मगध के सेनिया बिम्बिसार, वैशाली के लिच्छवियों या किसी अन्य शत्रु शक्ति के साथ कोई समस्या है?"

17. "इस तरह की कोई समस्या नहीं है, महाराज। मेरे राज्य में अंगुलिमाल नाम का एक डाकू है जो मेरे क्षेत्रों में घुसपैठ कर रहा है और मेरे लोगों को परेशान कर रहा है। मैं उसे दबाना चाहता हूँ, लेकिन मैं असफल रहा हूँ।"

18. "अब यदि महाराज, आप अंगुलिमाल को दाढ़ी–बालों सहित, पीले वस्त्र पहने, एक तीर्थयात्री के रूप में देखें जो न तो हत्या करता है,

न चोरी करता है, न झूठ बोलता है, न दिन में केवल एक बार भोजन करता है, तथा सदाचार और भलाई में उच्च जीवन व्यतीत करता है, तो आप उसके साथ क्या करेंगे?"

19. "महाराज, मैं उसे अभिवादन करूँगा, या उससे मिलने के लिए उठूँगा या उसे बैठने के लिए आमंत्रित करूँगा या उसे वस्त्र और अन्य आवश्यक वस्तुएँ स्वीकार करने के लिए आमंत्रित करूँगा, या मैं उसे वह सुरक्षा, संरक्षण और सुरक्षा प्रदान करूँगा जो उसका हक है। लेकिन ऐसे पुण्य की छाया भी ऐसे दुष्ट और भ्रष्ट व्यक्ति तक कैसे पहुँच सकती है?"

20. उस समय पूज्य अंगुलिमाल भगवान के बिल्कुल पास बैठे थे, जिन्होंने अपना दाहिना हाथ आगे बढ़ाते हुए कहाः "यह, महाराज, अंगुलिमाल है!"

21. यह सुनकर राजा भयभीत हो गया, उसके शरीर का हर रोंवा खड़ा हो गया। यह देखकर भगवान ने कहा, "डरो मत महाराज डरो मत यहाँ डरने की कोई बात नहीं है।"

22. इस प्रकार राजा का भय और संत्रास दूर हो गया और वह पूज्य अंगुलिमाल के पास गया, और बोलाः "क्या आप वास्तव में अंगुलिमाल है?" "हाँ, महाराज।"

23. "महाराज, आपके पिता का परिवार क्या था, और आपकी माँ का?" "मेरे पिता एक गग्गा थे, महाराज, और मेरी माँ एक मंटानी थी।"

24. "हौसला रखो, गग्गा मंटानी–पुत्तय मैं तुम्हें सभी आवश्यक वस्तुएं उपलब्ध कराने का ध्यान रखूंगा।"

25. अब उस समय पूज्य अंगुलिमाल ने जंगल में निवास करने, भिक्षा पर निर्वाह करने तथा धूल के ढेर से तीन से अधिक वस्त्र न पहनने का वचन दिया था, उसने राजा के प्रस्ताव को इस आधार पर अस्वीकार कर दिया कि उसे पहले ही अपने पूरे तीन वस्त्र मिल चुके हैं।

26. तब राजा भगवान के पास गया और अभिवादन के बाद वह एक ओर बैठ गया और बोला यह अद्‌भुत है, श्रीमान, यह अद्‌भुत है, प्रभु

प्रचंड को कैसे वश में कर लेते हैं, कैसे वे अदम्य को दबा देते हैं, और कैसे वे अशांत को शांत कर देते हैं! यहाँ एक ऐसा व्यक्ति है जिसे मैं डंडे और तलवार से नहीं वश में कर सकता था लेकिन बिना डंडे या तलवार के प्रभु ने उसे वश में कर लिया है! और अब, श्रीमान, मुझे जाना चाहिए, क्योंकि मुझे बहुत से काम करने हैं और जिनका ध्यान रखना है।"

27. "जब महाराज चाहें।" फिर, अपने आसन से उठकर, राजा ने गहरी श्रद्धा के साथ प्रभु को प्रणाम किया और वापस चला गया।

28. एक दिन जब अंगुलिमाल, वस्त्र पहने और हाथ में कटोरा लेकर भिक्षा मांगने श्रावस्ती गया था, तो एक व्यक्ति द्वारा फेंका गया ढेला, दूसरे द्वारा फेंका गया डंडा और तीसरे द्वारा फेंका गया मिट्टी का टुकड़ा, जिससे उसका सिर टूट गया, खून बहने लगा, कटोरा टूट गया और लबादा फट गया, वह भगवान के सामने आया। उसे पास आते देख भगवान ने अंगुलिमाल से कहाः "सब कुछ भुगत लो, सब कुछ भुगत लो।"

29. इस प्रकार डाकू अंगुलिमाल बुद्ध की शिक्षाओं को स्वीकार करके धर्मात्मा बन गया।

30. मुक्ति के आनंद की खुशी व्यक्त करते हुए उन्होंने कहाः "जो उत्साह दिखाता है, जहाँ कोई उत्साह नहीं था, जो पुण्य के साथ अपने अतीत को छिपाता है, जो युवावस्था में बुद्ध से जुड़ता है, वह, चंद्रमा की तरह, पृथ्वी को प्रकाश से भर देता है।

31. "मेरे शत्रु इस सुसमाचार को सुनें, इस पंथ को अपनाएँ और ज्ञान के पुत्रों का अनुसरण करें जो इससे चिपके रहते हैं। मेरे शत्रु समय पर प्रेम का संदेश सुनें जो नम्र सहनशीलता है और अपने जीवन को इसके अनुरूप ढालें।

32. "मैं, डाकू, उंगली के हार की तरह, नीचे की ओर घूमता रहा, जब तक कि वह मुझे जमीन पर नहीं ले आया। उंगली के हार की तरह, मैं खून में डूबा हुआ था; अब मैं बच गया हूँ।"

3. अन्य अपराधियों का धर्मांतरण

1. राजगृह के दक्षिण में एक बड़ा पहाड़ था, जो शहर से लगभग 200 ली. दूर था।
2. इस पहाड़ से होकर एक दर्रा था, गहरी और सुनसान जगह, जहाँ से दक्षिण भारत का रास्ता जाता था।
3. पाँच सौ लुटेरों ने इस घाटी में अपना ठिकाना बना लिया था, जो उस रास्ते से गुजरने वाले सभी यात्रियों की हत्या और लूटपाट करते थे।
4. राजा ने उन्हें पकड़ने के लिए अपनी सेनाएँ भेजी थीं, लेकिन वे हमेशा बच निकलते थे।
5. बुद्ध, पड़ोस में रहते थे, और इन लोगों के मामले पर विचार करते हुए, कि वे अपने आचरण की प्रकृति को नहीं समझते थे, और कि यद्यपि वह उन्हें सिखाने के लिए दुनिया में आए थे, फिर भी उनकी आँखों ने उन्हें नहीं देखा था, न ही उनके कानों ने उनके कानून की संदेश सुना था, उन्होंने उनके पास जाने का निश्चय किया।
6. परिणामस्वरूप उन्होंने स्वतः को एक समृद्ध व्यक्ति में बदल लिया, जो एक सुसज्जित घोड़े पर सवार था, उसकी तलवार और धनुष था, उसकी काठी पर चांदी और सोने के थैले थे, और उसके घोड़े की बहादुरी में कीमती पत्थर जड़े थे।
7. घाटी में प्रवेश करते ही उसका घोड़ा जोर से हिनहिनाया। आवाज सुनकर 500 लुटेरे भाग खड़े हुए और यात्री को देखते ही चिल्ला उठे, "हमें लूट का ऐसा मौका कभी नहीं मिला उठें और उसे पकड़ लें!"
8. इसलिए उन्होंने यात्री को भागने से रोकने के लिए उसे घेर लिया लेकिन उसे देखते ही वे जमीन पर गिर पड़े।
9. जमीन पर गिरते ही वे चिल्ला उठे, "यह कौन सा भगवान है?" "यह कौन सा भगवान है?"

10. इस पर यात्री ने समझाना शुरू किया कि जो दुख और पीड़ा वे देते और पाते हैं, वे दुनिया पर राज करने वाले दुख और अविश्वास और संदेह के घावों की तुलना में तुच्छ हैं, और यह कि शास्त्रों पर ईमानदारी से ध्यान (श्रवण) से उत्पन्न ज्ञान के अलावा और कुछ भी ऐसे घावों को ठीक नहीं कर सकता है; और फिर उन्होंने ये शब्द जोड़े और कहाः

11. "दुःख से बड़ा कोई दर्दनाक घाव नहीं है, मूर्खता से बड़ा कोई तीखा तीर नहीं है। धार्मिक शिक्षा पर ईमानदारी से ध्यान देने के अलावा कोई भी उपाय इनका इलाज नहीं कर सकता। इससे अंधे को दृष्टि मिलती है, भ्रमित को ज्ञान मिलता है।

12. "मनुष्यों को इसके द्वारा मार्गदर्शित और नेतृत्व किया जाता है, जैसे कि बिना आँखों के उन्हें आँखें दी गई हों।

13. "यह, फिर, अविश्वास को दूर करने, दुःख को दूर करने, आनन्द प्रदान करने में सक्षम है; सर्वोच्च ज्ञान उन लोगों का भाग्य है जो "सुनते हैं।"

14. "यह उस व्यक्ति की उपाधि है जिसने सबसे बड़ा पुण्य (सबसे अधिक पूजनीय) अर्जित किया है।"

15. यह सुनकर लुटेरों ने अपने बुरे जीवन से पश्चाताप किया, और तीर, अपने आप उनके शरीर से निकल गए, और उनके घाव ठीक हो गए।

16. फिर वे शिष्य बन गए, और उन्हें विश्राम और शांति मिली।

4. धर्मांतरण का जोखिम

1. पुराने समय में, बुद्ध राजगृह से लगभग 500 ली. दूर पहाड़ों से भरे देश में रहते थे। इन पहाड़ों में लगभग 122 व्यक्तियों का एक निश्चित समूह रहता था, जो शिकार करते थे, और अपने द्वारा मारे गए जानवरों के मांस पर अपना पेट भरते थे।

2. (बुद्ध उस स्थान पर जाते हैं और उन महिलाओं को धर्मांतरित करते हैं, जो दिन में अकेली रह जाती थीं, जबकि उनके पति शिकार कर रहे होते थे, और फिर ये पंक्तियाँ जोड़ते हैं।)
3. "जो मनुष्य है वह हत्या नहीं करता (या, हत्या न करना मनुष्यता है); वह हमेशा (अपने स्वयं के?) जीवन को सुरक्षित रखने में सक्षम है।
4. "यह सिद्धांत (चू) अविनाशी है; जो कोई इसका पालन करता है, उस आदमी को कोई विपत्ति नहीं आती।
5. "विनम्रता, सांसारिक चीजों के प्रति उदासीनता, किसी को भी चोट नहीं पहुँचाना, झुंझलाहट के लिए कोई जगह नहीं – यह ब्रह्म स्वर्ग (या ब्रह्म देव) का चरित्र है।
6. "बुद्ध की शिक्षा के अनुसार, हमेशा निर्बलों के प्रति प्रेम का अभ्यास करनाय शुद्ध, यह जानना कि कब पर्याप्त हो गया है; यह जानना कि कब रुकना है, यह जन्म और मृत्यु (की पुनरावृत्ति) से बचना है।" महिलाओं ने इन शब्दों को सुना, वे धर्मांतरित हो गईं, और पुरुषों के लौटने पर, यद्यपि वे पहले तो बुद्ध को मारना चाहते थे, लेकिन उनकी पत्नियों ने उन्हें रोक लिया और प्रेम के इन शब्दों को सुनकर वे भी परिवर्तित हो गए।
7. और फिर उन्होंने ये पंक्तियाँ जोड़ीं।
8. "जो व्यक्ति दया का आचरण करता है और सभी प्राणियों के प्रति दयालु होता है, उसे ग्यारह लाभ होते हैं।
9. "उसका शरीर हमेशा स्वस्थ (प्रसन्न) रहता है; उसे शांतिपूर्ण नींद आती है और जब वह अध्ययन में लगा रहता है, तो वह शांत भी रहता है।"
10. "उसे कोई बुरे सपने नहीं आते, वह स्वर्ग (देवों) द्वारा संरक्षित है और मनुष्य द्वारा प्रिय है, वह जहरीली चीजों से अछूता रहता है और युद्ध की हिंसा से बच जाता है; वह आग या पानी से अछूता रहता है।

11. "वह जहाँ भी रहता है, सफल होता है और मरने पर ब्रह्मा के स्वर्ग में जाता है। ये ग्यारह हैं।"
12. इन शब्दों को कहने के बाद, पुरुष और महिला दोनों उसके शिष्यों की संगति में आ गए और उन्हें विश्राम मिला।

पुस्तक – III

बुद्ध ने क्या सिखाया

भाग I उनके धम्म में उनका स्थान।

भाग II बुद्ध के धम्म के विभिन्न दृष्टिकोण।

भाग III धम्म क्या है।

भाग IV धम्म क्या नहीं है।

भाग V सद्धम्म क्या है।

भाग – I

उनके धम्म में उनका स्थान

1. बुद्ध ने अपने धम्म में अपने लिए कोई स्थान नहीं होने का दावा किया।
2. बुद्ध ने मोक्ष देने का वादा नहीं किया। उन्होंने कहा कि वे मार्गदाता (मार्ग खोजने वाले) हैं, मोक्षदाता (मोक्ष देने वाले) नहीं।
3. बुद्ध ने अपने लिए या अपने धम्म के लिए किसी दिव्यता का दावा नहीं किया। यह मनुष्य द्वारा मनुष्य के लिए खोजा गया था। यह कोई रहस्योद्घाटन नहीं था।

1. बुद्ध ने अपने धम्म में अपने लिए कोई स्थान नहीं होने का दावा किया

1. ईसा मसीह ने ईसाई धर्म के पैगम्बर होने का दावा किया।
2. उन्होंने आगे दावा किया कि वे ईश्वर के पुत्र हैं।
3. ईसा मसीह ने यह भी शर्त रखी कि जब तक कोई व्यक्ति यह स्वीकार नहीं कर लेता कि ईसा ईश्वर के पुत्र हैं, तब तक उसका उद्धार नहीं हो सकता।
4. इस प्रकार ईसा मसीह ने ईसाई के उद्धार को इस बात पर निर्भर बनाकर अपने लिए स्थान सुरक्षित कर लिया कि वह ईसा मसीह को पैगम्बर और ईश्वर के पुत्र के रूप में स्वीकार करे।
5. इस्लाम के पैगम्बर मोहम्मद ने दावा किया कि वे ईश्वर द्वारा भेजे गए पैगम्बर हैं।
6. उन्होंने आगे दावा किया कि जब तक कोई व्यक्ति दो अन्य शर्तों को स्वीकार नहीं करता, तब तक उसे मोक्ष नहीं मिल सकता।
7. इस्लाम में मोक्ष चाहने वाले को यह स्वीकार करना चाहिए कि मोहम्मद ईश्वर के पैगम्बर हैं।
8. इस्लाम में मोक्ष चाहने वाले को यह भी स्वीकार करना चाहिए कि वे अंतिम पैगम्बर हैं।
9. इस प्रकार इस्लाम में मोक्ष केवल उन्हीं को मिलता है जो इन दो शर्तों को स्वीकार करते हैं।
10. इस प्रकार मोहम्मद ने मुसलमानों की मुक्ति को मोहम्मद को ईश्वर का पैगम्बर मानने पर निर्भर बनाकर अपने लिए स्थान सुरक्षित कर लिया।
11. बुद्ध ने कभी ऐसी कोई शर्त नहीं रखी।
12. उन्होंने दावा किया कि वे शुद्धोदन और महामाया के स्वाभाविक पुत्र से अधिक कुछ नहीं हैं।

13. उन्होंने अपने धर्म में अपने लिए कोई स्थान नहीं बनाया, क्योंकि उन्होंने मोक्ष के लिए ईसा और मोहम्मद जैसी कोई शर्त नहीं रखी थी।
14. यही कारण है कि प्रचुर मात्रा में सामग्री उपलब्ध होने के बावजूद हमें उनके बारे में बहुत कम जानकारी है।
15. जैसा कि ज्ञात है, राजगृह में बुद्ध की मृत्यु के तुरंत बाद पहली बौद्ध सभा आयोजित की गई थी।
16. काश्यप्पा ने जनसमूह की अध्यक्षता की। आनंद, उपाली और कई अन्य लोग जो कपिलावत्सु के थे और जो उनके साथ जहाँ भी गए और उनकी मृत्यु तक उनके साथ रहे, उपस्थित थे।
17. लेकिन अध्यक्ष काश्यप्पा ने क्या किया?
18. उन्होंने आनंद से धम्म दोहराने को कहा और सभा से पूछा, "क्या यह सही है?" उन्होंने सकारात्मक उत्तर दिया। और फिर काश्यप्पा ने प्रश्न बंद कर दिया।
19. इसके बाद उन्होंने उपाली से विनय दोहराने को कहा और सभा से पूछा, "क्या यह सही है?" उन्होंने सकारात्मक उत्तर दिया। फिर काश्यप्पा ने प्रश्न बंद कर दिया।
20. फिर काश्यप्पा को सभा में उपस्थित किसी व्यक्ति से बुद्ध के जीवन की कुछ महत्वपूर्ण घटनाओं को दर्ज करने के लिए तीसरा प्रश्न पूछना चाहिए था।
21. लेकिन काश्यप्पा ने ऐसा नहीं किया। ये केवल दो प्रश्न थे जिनके बारे में उन्होंने सोचा कि संघ चिंतित था।
22. यदि कश्यप ने बुद्ध के जीवन का अभिलेख एकत्र किया होता तो आज हमारे पास बुद्ध की पूरी जीवनी होती।
23. कश्यप को बुद्ध के जीवन के अभिलेख एकत्र करने का विचार क्यों नहीं आया?
24. यह उदासीनता नहीं हो सकती। इसका एकमात्र उत्तर यही हो सकता है कि बुद्ध ने अपने धर्म में अपने लिए कोई स्थान नहीं बनाया।

25. बुद्ध और उनका धर्म बिल्कुल अलग थे।

26. बुद्ध द्वारा अपने धर्म से खुद को अलग रखने का एक और उदाहरण उनके उत्तराधिकारी नियुक्त करने से इनकार करने में मिलता है।

27. बुद्ध से उनके अनुयायियों ने दो या तीन बार उत्तराधिकारी नियुक्त करने का अनुरोध किया।

28. हर बार बुद्ध ने नकार कर दिया।

29. उनका उत्तर था, "धम्म को अपना उत्तराधिकारी स्वयं बनाना चाहिए।

30. "सिद्धांत को अपने आप में जीना चाहिए, न कि मनुष्य के अधिकार से।

31. "यदि सिद्धांत को मनुष्य के अधिकार की आवश्यकता है तो वह सिद्धांत नहीं है।

32. "यदि हर बार धम्म के अधिकार को लागू करने के लिए संस्थापक के नाम का आह्वान करना आवश्यक हो जाता है तो वह धम्म नहीं है।"

33. अपने धम्म के बारे में अपनी स्थिति के बारे में उनका यही दृष्टिकोण था।

2. बुद्ध ने मोक्ष देने का वादा नहीं किया। उन्होंने कहा कि वे मार्गदाता (मार्ग खोजने वाले) हैं न कि मोक्षदाता (मोक्ष देने वाले)

1. अधिकांश धर्मों को रहस्योद्घाटन के रूप में वर्णित किया जाता है। लेकिन बुद्ध का धर्म रहस्योद्घाटन नहीं है।

2. एक प्रकट धर्म इसलिए कहा जाता है क्योंकि यह ईश्वर का अपने प्राणियों को उनके निर्माता (यानी, ईश्वर) की पूजा करने और उनकी आत्माओं को बचाने का संदेश है।

3. बहुधा संदेश एक चुने हुए व्यक्ति के माध्यम से भेजा जाता है जिसे पैगंबर कहा जाता है जिसके लिए संदेश प्रकट होता है और जो इसे लोगों को प्रकट करता है। इसे धर्म कहा जाता है।
4. पैगम्बर का दायित्व आस्थावानों को मोक्ष सुनिश्चित करना है।
5. आस्थावानों के उद्धार का अर्थ है उनकी आत्माओं को नरक में भेजे जाने से बचाना, बशर्ते कि वे ईश्वर की आज्ञाओं का पालन करें और पैगम्बर को अपना संदेशवाहक मानें।
6. बुद्ध ने कभी यह दावा नहीं किया कि वे पैगम्बर या ईश्वर के संदेशवाहक हैं। उन्होंने ऐसे किसी भी वर्णन को अस्वीकार किया।
7. इससे भी अधिक महत्वपूर्ण बात यह है कि उनका धर्म एक खोज है। इस तरह इसे रहस्योद्घाटन कहे जाने वाले धर्म से स्पष्ट रूप से अलग किया जाना चाहिए।
8. उनका धर्म इस अर्थ में एक खोज है कि यह पृथ्वी पर मानव जीवन की स्थितियों की जांच और अन्वेषण का परिणाम है और मानव की उन प्रवृत्तियों की कार्यप्रणाली को समझता है जिनके साथ मनुष्य जन्म लेता है, मनुष्य ने इतिहास और परंपरा के परिणामस्वरूप अपनी प्रवृत्तियों और स्वभावों को ढाला है और जो उसके लिए हानिकारक हैं।
9. सभी पैगम्बरों ने मोक्ष का वादा किया है। बुद्ध एकमात्र ऐसे शिक्षक हैं जिन्होंने ऐसा कोई वादा नहीं किया। उन्होंने मोक्षदाता और मार्गदाता के बीच स्पष्ट अंतर किया, जो मोक्ष देता है और जो केवल मार्ग दिखाता है।
10. वे केवल मार्गदाता थे। प्रत्येक व्यक्ति को अपने स्वयं के प्रयास से मोक्ष की खोज करनी चाहिए।
11. उन्होंने निम्नलिखित सुत्त में ब्राह्मण मोग्गलन को यह बहुत स्पष्ट रूप से बताया।
12. "एक बार भगवान श्रावस्ती में, पूर्वी उद्यान में, मिगर की माँ के मंजिला घर में ठहरे हुए थे।

13. "तब, ब्राह्मण मोग्गलन, लेखाकार, भगवान के पास आए और उन्हें मित्रतापूर्ण अभिवादन दिया और शिष्टाचार के आदान–प्रदान के बाद एक तरफ बैठ गए। इस प्रकार बैठे हुए, ब्राह्मण मोग्गलन, लेखाकार ने महापुरुष से यह कहाः

14. जिस प्रकार, गुरु गौतम, इस मंजिला घर का क्रमिक दृश्य, प्रगति, क्रमिक पथ, और इसी प्रकार सीढ़ियों के अंतिम चरण तक का दृ श्य मिलता है, ठीक उसी प्रकार हम ब्राह्मणों का प्रगतिशील प्रशिक्षण है, अर्थात् वेदों के अध्ययन के पाठ्यक्रम में।'

15. जैसे धनुर्विद्या के पाठ्यक्रम में, गौतम, हम ब्राह्मणों के लिए प्रशिक्षण, प्रगति, दृष्टिकोण कदम दर कदम होता है, उदाहरण के लिए गिनती में।'

16. जब हम किसी निजी शिष्य को लेते हैं, तो हम उसे इस प्रकार गिनने के लिए कहते हैंः एक एक, दो बार दो, तीन बार तीन, चार बार चार, और इसी प्रकार सौ तक। अब, गुरु गौतम, क्या यह संभव है कि आप अपने अनुयायियों के धम्म में इसी प्रकार के प्रगतिशील प्रशिक्षण की ओर संकेत करें।'

17. "ऐसा ही है, ब्राह्मण। ब्राह्मण, एक चतुर अश्व–प्रशिक्षक का उदाहरण लें। वे एक शुद्ध नस्ल के घोड़े को अपने हाथ में लेते हैं, उसे थोड़ा और लगाम का पहला पाठ पढ़ाते हैं, और फिर आगे की यात्रा पर निकल पड़ते हैं।'

18. ठीक इसी प्रकार, हे ब्राह्मण, तथागत उस व्यक्ति को अपने हाथ में लेते हैं जिसे प्रशिक्षित किया जाना है और उसे उसका पहला पाठ पढ़ाते हैं, प्रथम शिक्षा इस प्रकार हैः आओ भाई! धार्मिक बनो। कर्तव्य के संयम से विवश होकर रहो।'

19. सही आचरण के अभ्यास में पारंगत बनो छोटी–छोटी गलतियों में खतरा देखकर, तुम प्रशिक्षण ग्रहण करो और नैतिकता के शिष्य बनो।'

20. जैसे ही वह इन सबमें पारंगत हो जाता है, तथागत उसे अपना दूसरा उपदेश इस प्रकार देते हैंः आओ भाई! किसी वस्तु को

आँख से देखकर, उसके सामान्य रूप या उसके विवरण से मोहित मत हो।'

21. उस निराशा के संयम में बने रहो जो तृष्णा से उत्पन्न होती है, जो दृष्टि की अनियंत्रितता के कारण उत्पन्न होती है, ये बीमार अवस्थाएँ, जो बाढ़ की तरह व्यक्ति को अभिभूत कर देती हैं। दृष्टि की रक्षा करो, दृष्टि की इंद्रिय पर नियंत्रण पाओ।"

22. "और इसी प्रकार अन्य इन्द्रियों के साथ भी करो। जब तुम कान से कोई ध्वनि सुनते हो, या नाक से कोई सुगंध सूंघते हो, जीभ से कोई स्वाद चखते हो, या शरीर से किसी वस्तु को स्पर्श करते हो, और जब मन से किसी वस्तु के बारे में सचेत होते हो, तो उसके सामान्य रूप या विवरण से मोहित मत हो जाना।'

23. "जैसे ही वह इन सबमें निपुण हो जाता है, तथागत उसे एक और शिक्षा देते हैं, इस प्रकार आओ भाई! खाने में संयम रखो तुम अपना भोजन ईमानदारी और सावधानी से करो, न कि मनोरंजन के लिए, न ही भोग–विलास के लिए, न ही शरीर को आकर्षक बनाने या शरीर को स्वस्थ बनाने के लिए, बल्कि शरीर को स्थिर करने, उसके सहारे के लिए, नुकसान से बचाने के लिए, और धर्ममय जीवन के अभ्यास को बनाए रखने के लिए, इस विचार के साथ करो 'मैं अपनी पिछली भावना को रोकता हूँ। मैं किसी नई भावना को जन्म नहीं दूँगा, ताकि भरण–पोषण और आराम मेरा ही हो।'

24. "फिर हे ब्राह्मण! जब वह भोजन में संयम प्राप्त कर लेता है, तब तथागत उसे आगे की शिक्षा देते हैं: हे भाई! आओ, सजग रहो। दिन में चलते या बैठते समय अपने हृदय को उन बातों से शुद्ध करो जो तुम्हारे लिए बाधा उत्पन्न करती हैं। रात्रि में प्रथम प्रहर में टहलते–फिरते या बैठते हुए बिताओ और इसी प्रकार करो। रात्रि के दूसरे प्रहर में सिंह की मुद्रा में दाहिनी करवट लेट जाओ और एक पैर को दूसरे पर रखते हुए सचेत और संयमित होकर परिश्रम के विचार को एकाग्र करो। फिर रात्रि के तीसरे प्रहर में उठो और

टहलते–फिरते या बैठते हुए अपने हृदय को उन बातों से शुद्ध करो जो तुम्हारे लिए बाधा उत्पन्न करती हैं।

25. फिर, ब्राह्मण, जब भाई सजगता में लग जाता है, तब तथागत उसे एक और शिक्षा देते हैं, इस प्रकार आओ भाई! सजगता और संयम से युक्त रहो। आगे जाते या पीछे जाते समय, अपने को वश में रखो। आगे देखते या पीछे देखते समय, झुकते या आराम करते समय, वस्त्र पहनते या वस्त्र और कटोरा लेकर चलते समय, खाते, चबाते, स्वाद लेते, आराम करते समय, चलते, खड़े, बैठते, लेटते, सोते या जागते, बोलते या चुप रहते समय अपने को वश में रखो।'

26. फिर, ब्राह्मण, जब वह संयम से युक्त हो जाता है, तब तथागत उसे एक और शिक्षा देते हैं, इस प्रकार आओ भाई! एकांत निवास, वन या वृक्ष की जड़, पर्वत या गुफा या ग्रोटो पर्वत, चरागाह, वन में शरण, खुली हवा, घास का ढेर खोजो। और वह ऐसा ही करता है। और जब वह अपना भोजन कर लेता है, तो वह पालथी मारकर बैठ जाता है, और अपने शरीर को सीधा रखते हुए, वह चारों समाधि का अभ्यास करने लगता है।"

27. अब, ब्राह्मण, उन सभी भाइयों के लिए जो शिष्य हैं, जिन्होंने अभी तक मन पर अधिकार नहीं किया है, जो आकांक्षी बने रहते हैं, क्योंकि मेरी शिक्षा का यही तरीका है।"

28. लेकिन उन भाइयों के लिए जो अर्हंत हैं, जिन्होंने आसवों को नष्ट कर दिया है, जिन्होंने जीवन जीया है, अपना कार्य किया है, भार को त्याग दिया है, अपना उद्धार प्राप्त किया है, बनने की बेड़ियों को पूरी तरह से नष्ट कर दिया है, और पूर्ण अंतर्दृष्टि द्वारा मुक्त हो गए हैं, ऐसे लोगों के लिए ये चीजें वर्तमान जीवन में सहजता और साथ ही सचेत आत्म–नियंत्रण के लिए उपकारक हैं।'

29. जब यह कहा गया, तो ब्राह्मण मोगलन, लेखाकार ने महापुरुष से कहा:

30. लेकिन मुझे बताओ, गुरु गौतम। क्या योग्य गौतम के शिष्य सभी उस परम सिद्धि को प्राप्त कर लेते हैं जिसे निर्वाण कहते हैं, या कुछ लोग इस प्रकार प्राप्त करने में असफल हो जाते हैं?"

31. "हे ब्राह्मण, मेरे द्वारा इस प्रकार परामर्श और प्रशिक्षण प्राप्त करने पर मेरे कुछ शिष्य इस प्रकार प्राप्त कर लेते हैं। अन्य नहीं कर पाते।"

32. "लेकिन कारण क्या है। गुरु गौतम? कारण क्या है, गुरु गौतम? यहाँ हमारे पास निर्वाण है। यहाँ हमारे पास निर्वाण का मार्ग है। यहाँ हमारे पास प्रशिक्षक के रूप में योग्य गौतम हैं। मैं पूछता हूँ, क्या कारण है कि कुछ शिष्य इस तरह से सलाह और प्रशिक्षण प्राप्त करके प्राप्त कर लेते हैं, जबकि अन्य प्राप्त नहीं करते?"

33. "यह, ब्राह्मण, एक प्रश्न है जिसका मैं उत्तर दूँगा। लेकिन पहले आप मुझे इसका उत्तर दें, जहाँ तक आप उचित समझें। अब आप कैसे कहते हैं, ब्राह्मण—क्या आप राजगृह के मार्ग में अच्छी तरह से कुशल हैं?"

34. "मैं, गुरु, राजगृह के मार्ग में वास्तव में कुशल हूँ!"

35. "ठीक है, इस तरह से निर्देश दिए जाने पर, इस तरह से सलाह दिए जाने पर, वह गलत रास्ता अपनाता है, और अपना चेहरा पश्चिम की ओर करके चला जाता है।

36. "फिर एक दूसरा व्यक्ति उसी अनुरोध के साथ आता है और आप उसे वही निर्देश देते हैं। वह आपकी सलाह का पालन करता है और राजगृह में सुरक्षित पहुँच जाता है।

37. यह मेरा काम है?'

38. इस मामले में मैं क्या करूँ, ब्राह्मण? तथागत केवल मार्ग दिखाने वाले हैं।

39. यहाँ एक पूर्ण कथन है कि वे मोक्ष का वादा नहीं करते। वे केवल मार्ग दिखाते हैं।

40. इसके अलावा मोक्ष क्या है?

41. मोहम्मद और ईसा के अनुसार मोक्ष का अर्थ है पैगम्बर की मध्यस्थता द्वारा आत्मा को नरक में जाने से बचाना।

42. बुद्ध के अनुसार मोक्ष का अर्थ है निर्वाण और निर्वाण का अर्थ है वासनाओं पर नियंत्रण।
43. ऐसे धम्म में मोक्ष का क्या वादा हो सकता है?

3. बुद्ध ने अपने लिए या अपने धम्म के लिए किसी दिव्यता का दावा नहीं किया। इसे मनुष्य ने मनुष्य के लिए खोजा था। यह कोई रहस्योद्घाटन नहीं था

1. धर्म के प्रत्येक संस्थापक ने या तो अपने लिए या अपनी शिक्षाओं के लिए दिव्यता का दावा किया है।
2. मूसा ने, हालाँकि उन्होंने अपने लिए किसी दिव्य उत्पत्ति का दावा नहीं किया, लेकिन अपनी शिक्षाओं के लिए दिव्य उत्पत्ति का दावा किया। किसी भी दैवीय उत्पत्ति के बिना, उन्होंने अपनी शिक्षाओं के लिए दैवीय उत्पत्ति का दावा किया। उन्होंने अपने अनुयायियों से कहा कि यदि वे दूध और शहद की भूमि तक पहुँचना चाहते हैं तो उन्हें शिक्षाओं को स्वीकार करना चाहिए क्योंकि वे यहोवा परमेश्वर की शिक्षाएँ थीं।
3. यीशु ने खुद के लिए दिव्यता का दावा किया। उन्होंने दावा किया कि वे ईश्वर के पुत्र थे। स्वाभाविक रूप से उनकी शिक्षाओं ने एक दैवीय उत्पत्ति प्राप्त की।
4. कृष्ण ने कहा कि वे स्वयं ईश्वर थे और गीता उनका अपना वचन था।
5. बुद्ध ने न तो अपने लिए और न ही अपने शासन के लिए ऐसा कोई दावा किया।
6. उन्होंने दावा किया कि वे अनेक मनुष्यों में से एक थे और लोगों के लिए उनका संदेश मनुष्य का मनुष्य के लिए संदेश था।
7. उन्होंने अपने संदेश के लिए कभी भी अचूकता का दावा नहीं किया।

8. उन्होंने केवल यही दावा किया कि उनका संदेश मोक्ष का एकमात्र सच्चा मार्ग था, जैसा कि वे इसे समझते थे।
9. यह दुनिया में जीवन के सार्वभौमिक मानवीय अनुभव पर आधारित था।
10. उन्होंने कहा कि कोई भी इस पर सवाल उठा सकता है, इसका परीक्षण कर सकता है और यह पता लगा सकता है कि इसमें क्या सत्य है।
11. किसी भी संस्थापक ने अपने धर्म को इस प्रकार की चुनौती के लिए पूरी तरह से नहीं खोला।

भाग – II

बुद्ध के धम्म के बारे में विभिन्न दृष्टिकोण

1. दूसरों ने क्या समझा है कि उन्होंने क्या सिखाया है।
2. बुद्ध का अपना वर्गीकरण।

1. दूसरों ने क्या समझा है कि उन्होंने क्या सिखाया है।

1. "बुद्ध की शिक्षाएँ क्या हैं?"
2. यह एक ऐसा प्रश्न है जिस पर बुद्ध के कोई भी दो अनुयायी या बौद्ध धर्म के छात्र सहमत नहीं हैं।
3. कुछ लोगों के लिए समाधि उनकी मुख्य शिक्षा है।
4. कुछ लोगों के लिए यह विपश्यना (एक प्रकार का प्राणायाम) है।
5. कुछ लोगों के लिए बौद्ध धर्म गूढ़ है। दूसरों के लिए यह गूढ़ है।
6. कुछ लोगों के लिए यह बंजर तत्वमीमांसा की एक प्रणाली है।
7. कुछ लोगों के लिए यह शुद्ध रहस्यवाद है।
8. कुछ लोगों के लिए यह दुनिया से एक स्वार्थी अमूर्तता है।
9. कुछ लोगों के लिए यह हृदय की हर आवेग और भावना का एक व्यवस्थित दमन है।
10. बौद्ध धर्म के बारे में कई अन्य विचार एकत्र किए जा सकते हैं।
11. विचारों का यह विचलन आश्चर्यजनक है।
12. इनमें से कुछ विचार ऐसे लोगों के हैं जिन्हें कुछ चीजों के लिए शौक है। ऐसे लोग हैं जो मानते हैं कि बौद्ध धर्म का सार समाधि या विपश्यना या गूढ़ विद्या में निहित है।
13. अन्य विचार इस तथ्य के परिणाम हैं कि बौद्ध धर्म पर अधिकांश लेखक प्राचीन भारतीय इतिहास के छात्र हैं। बौद्ध धर्म का उनका अध्ययन आकस्मिक और सामयिक है।
14. उनमें से कुछ बौद्ध धर्म के छात्र नहीं हैं।
15. वे नृविज्ञान के छात्र भी नहीं हैं, जो धर्म की उत्पत्ति और विकास से संबंधित विषय है।
16. जो प्रश्न उठता है वह है– "क्या बुद्ध के पास कोई सामाजिक संदेश नहीं था?"
17. उत्तर के लिए दबाव डालने पर बौद्ध धर्म के छात्र दो बिंदुओं का उल्लेख करते हैं। वे कहते हैं–

18. "बुद्ध ने अहिंसा की शिक्षा दी।"
19. "बुद्ध ने शांति की शिक्षा दी!"
20. पूछा "क्या बुद्ध ने कोई अन्य सामाजिक संदेश दिया?"
21. "क्या बुद्ध ने न्याय की शिक्षा दी?"
22. "क्या बुद्ध ने प्रेम की शिक्षा दी?"
23. "क्या बुद्ध ने स्वतंत्रता की शिक्षा दी?"
24. "क्या बुद्ध ने समानता की शिक्षा दी?"
25. "क्या बुद्ध ने भाईचारे की शिक्षा दी?"
26. "क्या बुद्ध कार्ल मार्क्स का उत्तर दे सकते थे?"
27. बुद्ध के धम्म पर चर्चा करते समय ये प्रश्न शायद ही कभी उठाए जाते हैं।
28. मेरा उत्तर है कि बुद्ध का एक सामाजिक संदेश है। वे इन सभी प्रश्नों का उत्तर देते हैं। लेकिन आधुनिक लेखकों ने उन्हें दबा दिया है।

2. बुद्ध का अपना वर्गीकरण

1. बुद्ध ने धम्म का एक अलग वर्गीकरण अपनाया।
2. पहली श्रेणी को उन्होंने धम्म कहा।
3. उन्होंने अ–धम्म (अधम्म) नामक एक नई श्रेणी बनाई, हालांकि इसे धम्म के नाम से जाना जाता था।
4. उन्होंने एक तीसरी श्रेणी बनाई जिसे उन्होंने सद्धम्म कहा।
5. तीसरी श्रेणी धम्म के दर्शन का दूसरा नाम थी।
6. उनके धम्म को समझने के लिए तीनों धम्म – धम्म, अधम्म और सद्धम्म को समझना आवश्यक है।

भाग – III

धम्म क्या है?

1. जीवन की पवित्रता बनाए रखना ही धम्म है।
2. जीवन में पूर्णता प्राप्त करना ही धम्म है।
3. निर्वाण में जीना ही धम्म है।
4. तृष्णा का त्याग करना धम्म है।
5. यह मानना कि सभी यौगिक चीजें अनित्य हैं, धम्म है।
6. यह मानना कि कर्म ही नैतिक व्यवस्था का साधन है, धम्म है।

1. जीवन की पवित्रता बनाए रखना ही धम्म है

1. "पवित्रता के ये तीन रूप हैं... और शरीर की पवित्रता किस प्रकार की है?
2. इसमें व्यक्ति प्राण लेने, चोरी करने, पाप करने से दूर रहता है। इसे शरीर की पवित्रता कहते हैं।'
3. "और वाणी की पवित्रता किस प्रकार की है?
4. "इसमें व्यक्ति मिथ्यात्व से दूर रहता है।
5. "और मन की पवित्रता किस प्रकार की है?
6. "इसमें यदि किसी साधु में कोई व्यक्तिगत कामुक इच्छा है, तो वह जानता है कि 'मेरे अंदर कामुक इच्छा है। यदि कोई नहीं है, तो भी वह इसके बारे में जानता है। साथ ही वह जानता है कि अभी तक उत्पन्न नहीं हुई कामुक इच्छा कैसे उत्पन्न होती है, और जब वह उत्पन्न हो जाती है, तो उसे कैसे त्याग दिया जाता है, और भविष्य में ऐसी कोई इच्छा उत्पन्न नहीं होती है।
7. "यदि उसके अंदर कोई व्यक्तिगत द्वेष है, तो वह जानता है: मेरे अंदर द्वेष है। साथ ही वह इसके उत्पन्न होने और उसके त्यागने के बारे में भी जानता है, तथा यह भी जानता है कि भविष्य में इसकी पुनरावृत्ति नहीं होगी।
8. "यदि उसके मन में कोई आलस्य, उत्तेजना, बेचैनी, संशय और दुविधा है, तो वह इस तथ्य से भी परिचित है। साथ ही, वह यह भी जानता है कि (इनमें से प्रत्येक) कैसे उत्पन्न होता है, त्यागा जाता है और भविष्य में फिर से नहीं होता। इसे 'मन की पवित्रता' कहते हैं।"
9. ''जो शरीर, वाणी और मन से शुद्ध है, निरपराध और स्वच्छ है तथा पवित्रता से धन्य है, उसे लोग 'पाप धोनेवाला' कहते हैं।"

(ii)

1. "पवित्रता के तीन रूप हैं – शरीर की पवित्रता, वाणी की पवित्रता, मन की पवित्रता।"

2. "और शरीर की पवित्रता किस प्रकार की है?"
3. "इसमें कोई व्यक्ति जीवन लेने, चोरी करने, विषय वासनाओं में गलत व्यवहार करने से विरत रहता है। इसे "शरीर की पवित्रता कहते हैं।"
4. "और वाणी की शुद्धता किस प्रकार की है?"
5. "इसमें एक व्यक्ति झूठ से दूर रहता है... बेकार निरर्थक वचन से। इसे 'वाणी की शुद्धता' कहते हैं।"
6. "और मन की शुद्धता किस प्रकार की है?"
7. "इसमें एक व्यक्ति लालची या द्वेषी हृदय वाला नहीं होता और उसका दृष्टिकोण सही होता है। इसे श्मन की शुद्धता कहते हैं। ये पवित्रता के तीन रूप हैं।"

(iii)

1. ये पाँच दुर्बलताएँ हैं, जो प्रशिक्षण में दुर्बलता का स्रोत हैं। कौन सी पाँच?
2. जीवन लेना, जो नहीं दिया गया है उसे लेना वासना, बुरे कर्म, झूठ बोलना और मादक मदिरा का सेवन करना, जो आलस्य का कारण बनता है।
3. ये पाँच कारण हैं जो असफलता की ओर ले जाते हैं।
4. जब प्रशिक्षण में दुर्बलता के ये पाँच स्रोत दूर हो जाते हैं, तो चार सचेतनता के उदय होने चाहिए।
5. इसमें भिक्षु शरीर को शरीर के रूप में, परिश्रमी, सचेतन और आत्म–संयमी मानते हुए, संसार में व्याप्त लालसा और असंतोष दोनों पर विजय प्राप्त करके निवास करता है।
6. वह भावनाओं को भावनाओं के रूप में चिंतन करता है
7. वह मन को मन के रूप में चिंतन करता है
8. वह विचारों को विचारों के रूप में, परिश्रमी, सचेतन और आत्म–संयमी मानते हुए, संसार में व्याप्त लालसा और असंतोष दोनों पर विजय प्राप्त करके संसार में निवास करता है।

9. जब प्रशिक्षण के प्रति अजितेंद्रियता के इन पाँच स्रोतों को दूर कर दिया जाता है, तो ध्यान की ये चार उत्पत्तियाँ बननी चाहिए।

(iv)

1. ये तीन असफलताएँ हैं। नैतिकता में असफलता, मन में असफलता, दृष्टि में असफलता।
2. और नैतिकता में असफलता किस प्रकार की है? कोई व्यक्ति जीवन लेता है, चोरी करता है, कामुक इच्छाओं में गलत काम करने वाला होता है, झूठा, निंदा करने वाला, कटु भाषण करने वाला, बेकार बकने वाला होता है। इसे "नैतिकता में असफलता" कहा जाता है।
3. और मन की विफलता किस प्रकार की है?
4. एक व्यक्ति लालची और हृदय से उद्विग्न है। इसे "मन की विफलता" कहते हैं।
5. और दृष्टि में विफलता किस प्रकार की है?
6. इसमें एक व्यक्ति भ्रष्ट, विकृत दृष्टिकोण रखता है कि दान में, यज्ञ में, अर्पण में कोई पुण्य नहीं है, कि अच्छे और बुरे कर्मों का कोई फल, कोई परिणाम नहीं हैः कि यह संसार नहीं है, कि परे कोई संसार नहीं हैः कि कोई माता नहीं है, कोई पिता नहीं है, कि कोई सहज जन्म वाले प्राणी नहीं हैं, कि संसार में कोई संन्यासी और ब्राह्मण नहीं हैं जिन्होंने शिखर जीत लिया है, जिन्होंने सिद्धि प्राप्त कर ली है, जिन्होंने स्वयं अपनी अंतज्ञान शक्तियों द्वारा परे के संसार को जान लिया है और उसकी घोषणा कर सकते हैं। इसे, भिक्षुओ, "दृष्टि में विफलता" कहते हैं।
7. भिक्षुओं, नैतिकता में असफलता, मन में असफलता और दृष्टि में असफलता के कारण ही प्राणी मृत्यु के पश्चात शरीर के नष्ट हो जाने पर, नाश में, दुःख के मार्ग में, पतन में, पापमोचन में पुनर्जन्म लेते हैं। ऐसी तीन असफलताएँ हैं।
8. भिक्षुओं, ये तीन सफलताएँ हैं। कौन सी तीन? नैतिकता में सफलता, मन में सफलता, दृष्टि में सफलता।

9. अब नैतिकता में सफलता किस प्रकार की है?
10. कोई व्यक्ति प्राण त्यागने और शेष जीवन से दूर रहता है। कटु भाषण और व्यर्थ बकबक से दूर रहता है। इसे "नैतिकता में सफलता" कहते हैं।
11. और मन में सफलता किस प्रकार की है?
12. इसमें कोई व्यक्ति लोभी या द्वेषी हृदय वाला नहीं होता। इसे "मन में सफलता" कहते हैं।
13. और दृष्टि में सफलता किस प्रकार की है?
14. इसमें एक निश्चित व्यक्ति सम्यक् दृष्टि रखता है: वह निश्चयपूर्वक मानता है कि दान, यज्ञ, हवन में पुण्य है; शुभ और अशुभ कर्मों का फल और परिणाम है; यह संसार है, इससे परे एक संसार है, जिसमें माता, पिता और स्वतः जन्म लेने वाले प्राणी विद्यमान हैं; इस संसार में संन्यासी और ब्राह्मण हैं, जिन्होंने इस पार के संसार को जान लिया है और उसका प्रचार कर सकते हैं। भिक्षुओं, इसे "सफलता की दृष्टि" कहते हैं।
15. इन तीन बातों में सफलता के कारण ही प्राणी, मृत्यु के पश्चात् शरीर त्यागने पर, स्वर्गलोक में, सुखमय जन्म लेते हैं। भिक्षुओं, ऐसी ही तीन सफलताएँ हैं। मृत्यु के पश्चात जब जीव शरीर से अलग हो जाता है, तो वह स्वर्ग लोक में, सुखी जीवन में पुनर्जन्म लेता है। भिक्षुओं, ऐसी ही तीन सिद्धियाँ हैं।

2. जीवन में पूर्णता प्राप्त करना ही धम्म है

1. ये तीन सिद्धियाँ हैं।
2. शरीर, वाणी और मन में पूर्णता।
3. और मन में पूर्णता किस प्रकार की है?
4. आसवों के नाश से, इसी जीवन में स्वयं को अनुभव करके, उसे भली–भाँति जानकर–हृदय की मुक्ति, अंतर्दृष्टि द्वारा मुक्ति जो

आसवों से मुक्त है, उसे प्राप्त करके उसमें निवास करती है। इसे "मन में पूर्णता" कहते हैं। ये तीन शारीरिक सिद्धियाँ हैं।

5. अन्य सिद्धियाँ भी हैं। बुद्ध ने उन्हें सुभूति को समझाया।
6. सुभूतिः बोधिसत्व की देने की सिद्धि क्या है?
7. भगवानः यहाँ बोधिसत्व अपने विचारों को सभी गुणों के ज्ञान से जोड़कर, दान देता है, अर्थात् आंतरिक या बाह्य वस्तुएँ, तथा उन्हें सभी प्राणियों के लिए सामान्य बनाकर, उन्हें परमज्ञान के लिए समर्पित करता है; तथा दूसरों को भी इसके लिए प्रेरित करता है। लेकिन कहीं भी किसी भी चीज की आशंका नहीं है।
8. सुभूतिः बोधिसत्व की पुण्यशीलता की पूर्णता क्या है?
9. भगवानः वह स्वयं भी दस अच्छे कर्मों के दायित्व के तहत रहता है, तथा दूसरों को भी इसके लिए प्रेरित करता है।
10. सुभूतिः बोधिसत्व की धैर्य की पूर्णता क्या है?
11. भगवानः वह स्वयं भी धैर्य प्राप्त कर लेता है, तथा दूसरों को भी धैर्य की ओर प्रेरित करता है।
12. सुभूतिः बोधिसत्व की शक्ति की पूर्णता क्या है?
13. भगवानः वे निरन्तर पाँच पूर्णताओं में निवास करते हैं, तथा दूसरों को भी ऐसा करने के लिए प्रेरित करते हैं।
14. सुभूतिः बोधिसत्व की एकाग्रता (या ध्यान) की पूर्णता क्या है?
15. भगवान स्वयं, साधनों में कुशलता के माध्यम से, समाधि में प्रवेश करते हैं, फिर भी वे रूप के संगत स्वर्ग में पुनर्जन्म नहीं लेते हैं, जैसा कि वे कर सकते थे और दूसरों को भी वे ऐसा करने के लिए प्रेरित करते हैं।
16. सुभूतिः बोधिसत्व की ज्ञान की पूर्णता क्या है?
17. भगवानः वे किसी भी धर्म में स्थिर नहीं होते, वे सभी धर्मों की आवश्यक मूल प्रकृति का चिंतन करते हैं; और दूसरों को भी वे सभी धर्मों के चिंतन के लिए प्रेरित करते हैं।
18. इन पूर्णता को विकसित करना धम्म है।

3. निर्वाण में जीना धम्म है

1. "निर्वाण के समान कोई भी चीज वास्तविक सुख नहीं दे सकती।" ऐसा बुद्ध ने कहा।
2. बुद्ध द्वारा सिखाए गए सभी सिद्धांतों में से निर्वाण का सिद्धांत सबसे केंद्रीय है।
3. निर्वाण क्या है? बुद्ध द्वारा सिखाए गए निर्वाण का अर्थ और विषयवस्तु उनके पूर्ववर्तियों द्वारा दिए गए अर्थ और विषयवस्तु से बिल्कुल अलग है।
4. निर्वाण से उनका तात्पर्य आत्मा के मोक्ष से था।
5. इस प्रकार निर्वाण की चार तरह से कल्पना की गई (1) लौकिक (भौतिक, खाना, पीना और मौज–मस्ती करना); (2) यौगिक; (3) ब्राह्मणिक और (4) उपनिषदिक।
6. निर्वाण की ब्राह्मणिक और उपनिषदिक अवधारणाओं में एक सामान्य विशेषता थी। उनमें आत्मा को एक स्वतंत्र इकाई के रूप में मान्यता देना शामिल था – एक सिद्धांत जिसे बुद्ध ने अस्वीकार कर दिया था। इसलिए बुद्ध को निर्वाण की ब्राह्मणिक और उपनिषदिक शिक्षा को अस्वीकार करने में कोई कठिनाई नहीं हुई।
7. निर्वाण की लौकिक अवधारणा बुद्ध को आकर्षित करने के लिए बहुत भौतिकवादी थीं। इसका मतलब मनुष्य की पशुवत भूख को संतुष्ट करने के अलावा और कुछ नहीं था। इसमें कुछ भी आध्यात्मिक नहीं था।
8. बुद्ध का मानना था कि निर्वाण की ऐसी अवधारणा को स्वीकार करना एक इंसान के साथ किया जाने वाला घोर अन्याय है।
9. क्योंकि भूख की संतुष्टि से केवल और अधिक भूख पैदा हो सकती है। उनका मानना था कि इस तरह की जीवन शैली से कोई खुशी नहीं मिल सकती। इसके विपरीत, इस तरह की खुशी निश्चित रूप से और अधिक दुःख लाएगी।

10. निर्वाण की यौगिक अवधारणा एक पूरी तरह से अस्थायी अवस्था थी। इससे मिलने वाली खुशी नकारात्मक थी। इसमें दुनिया से अलगाव शामिल था। यह दर्द से बचाती थी लेकिन कोई खुशी नहीं देती थी। जो भी खुशी लाने के लिए कहा जा सकता है वह तब तक बनी रहती है जब तक योग चलता है। यह स्थायी नहीं था। यह अस्थायी था।
11. बुद्ध की निर्वाण की अवधारणा उनके पूर्ववर्तियों की अवधारणा से काफी अलग है।
12. निर्वाण की उनकी अवधारणा के पीछे तीन विचार हैं।
13. इनमें से एक है आत्मा के मोक्ष से अलग एक संवेदनशील प्राणी का सुख।
14. दूसरा विचार है संसार में जीवित रहते हुए संवेदनशील प्राणी का सुख। लेकिन आत्मा का विचार और मृत्यु के बाद आत्मा का मोक्ष बुद्ध की निर्वाण की अवधारणा के लिए बिल्कुल विदेशी है।
15. तीसरा विचार जो निर्वाण की उनकी अवधारणा का आधार है, वह है वासनाओं की ज्वालाओं पर नियंत्रण करना जो हमेशा जलती रहती हैं।
16. कि वासनाएँ जलती हुई आग की तरह हैं, यह एक उपदेश का पाठ था जो बुद्ध ने गया में रहने के दौरान भिक्षुओं को दिया था। उन्होंने यही कहा:
17. "हे भिक्षुओं, सभी चीजें जल रही हैं। और हे पुरोहितों, ये सभी चीजें क्या हैं जो जल रही हैं?
18. "हे भिक्षुओं, आँख जल रही है; रूप जल रहे हैं; नेत्र–चेतना जल रही है; आँख द्वारा प्राप्त संस्कार जल रहे हैं; और जो भी संवेदना, सुखद, अप्रिय या उदासीन, प्रकार द्वारा प्राप्त संस्कार पर निर्भर होकर उत्पन्न होती है, वह भी जल रही है।"
19. "और ये किससे जल रही हैं?"

20. "मैं काम की अग्नि से, घृणा की अग्नि से, मोह की अग्नि से कहता हूँ: जन्म, बुढ़ापा, मृत्यु, शोक, विलाप, दुःख, शोक और निराशा से वे जलते हैं।"

21. कान जल रहा है, ध्वनियाँ जल रही हैं; नाक जल रही है, गंध जल रही है; जीभ जल रही है; स्वाद जल रहे हैं, शरीर जल रहा है; विचार जल रहे हैं; और जो भी संवेदना, सुखद, अप्रिय, या उदासीन, मन द्वारा प्राप्त धारणा पर निर्भर करती है, वह भी जल रही है।

22. "और ये किससे जल रहे हैं?"

23. "मैं काम की अग्नि से, घृणा की अग्नि से, मोह की अग्नि से कहता हूँ: जन्म, बुढ़ापा, मृत्यु, शोक, विलाप, दुःख, शोक और निराशा से वे जलते हैं।"

24. "हे भिक्षुओं, यह समझकर विद्वान और कुलीन व्यक्ति द्वेष की भावना करता है। और इस द्वेष की भावना करके वह वासना से रहित हो जाता है, और वासना के अभाव से वह मुक्त हो जाता है, और जब वह मुक्त होता है तो उसे पता चलता है कि वह मुक्त है।"

25. निर्वाण सुख कैसे दे सकता है? यह अगला प्रश्न है जिसके लिए स्पष्टीकरण की आवश्यकता है।

26. आम धारणा यह है कि मनुष्य दुःखी है क्योंकि वह अभाव में है। लेकिन यह हमेशा सच नहीं होता। मनुष्य तब भी दुःखी रहता है, जब वह बहुतायत में होता है।

27. दुःख लोभ का परिणाम है, और लोभ उन लोगों के जीवन का अभिशाप है, जिनके पास है और जिनके पास नहीं है।

28. बुद्ध ने भिक्षुओं को दिए गए उपदेश में इसे स्पष्ट किया है, जिसमें उन्होंने कहा था।

29. "लोभ से उत्तेजित, भाईयों, क्रोध से आगबबूला, मोह से अंधा, मन से अभिभूत, मन के गुलाम, मनुष्य अपने दुर्भाग्य पर विचार करते हैं, मनुष्य दूसरों के दुर्भाग्य पर विचार करते हैं, मनुष्य मानसिक पीड़ा और व्यथा का अनुभव करते हैं।

30. तथापि, यदि लोभ, क्रोध और मोह दूर हो जाएं, तो मनुष्य न तो अपने दुर्भाग्य पर विचार करते हैं, न ही मानसिक पीड़ा और व्यथा पर।

31. इस प्रकार, भाईयों, निर्वाण इस जीवन में ही दिखाई देता है, न कि केवल भविष्य में; बुद्धिमान शिष्य के लिए आमंत्रण, आकर्षक और सुलभ है।

32. इसमें इस बात की व्याख्या अंतर्निहित है कि मनुष्य को क्या भस्म करता है और उसे दुःखी बनाता है। मानवीय वासनाओं के कार्य करने के लिए जलती हुई आग के इस सादृश्य का उपयोग करके बुद्ध ने मनुष्य के दुःख के लिए सबसे सशक्त व्याख्या दी है।

33. मनुष्य को जो दुःखी बनाता है वह है उसका अपने वासनाओं का शिकार हो जाना। इन वासनाओं को बेड़ियाँ कहा जाता है जो मनुष्य को निर्वाण की अवस्था तक पहुँचने से रोकती हैं। जिस क्षण वह अपने वासनाओं के प्रभाव से मुक्त हो जाता है, अर्थात्, वह निर्वाण प्राप्त करना सीख जाता है, मनुष्य के लिए प्रसन्नता का मार्ग खुल जाता है।

34. बुद्ध के विश्लेषण के अनुसार, ये वासनाएँ तीन समूहों में आती हैं।

35. पहला वह जो लालसा या आसक्ति की सभी मात्रा को संदर्भित करता है– जैसे वासना, मोह और लोभ।

36. दूसराः वह जो विरोध की सभी मात्रा को संदर्भित करता है– घृणा, क्रोध, झुंझलाहट या घृणा (दोष)।

37. तीसराः वह जो अज्ञानता, भ्रम, मंदता और मूर्खता (मोह या अविद्या) की सभी मात्रा को संदर्भित करता है।

38. पहली और दूसरी अग्नि भावनाओं और अन्य प्राणियों के प्रति व्यक्ति के दृष्टिकोण और भावनाओं के पूरे पैमाने से संबंधित है, जबकि तीसरी अग्नि उन सभी विचारों से संबंधित है जो किसी भी तरह से सत्य से दूर हैं।

39. बुद्ध के निर्वाण के सिद्धांत के बारे में कुछ गलतफहमियाँ हैं।

40. निर्वाण शब्द का व्युत्पत्तिगत अर्थ है प्रस्फुटित, बुझाना।
41. शब्द के इस मूल अर्थ को पकड़कर, आलोचकों ने निर्वाण के सिद्धांत को बकवास बनाने की कोशिश की है।
42. वे मानते हैं कि निर्वाण का अर्थ है सभी मानवीय भावनाओं का विलुप्त होना जो मृत्यु के बराबर है।
43. उन्होंने इस माध्यम से निर्वाण के सिद्धांत का उपहास उड़ाने की कोशिश की है।
44. निर्वाण का ऐसा अर्थ नहीं है अग्नि उपदेश की भाषा की जाँच करने पर यह बात बिलकुल स्पष्ट हो जाती है।
45. अग्नि उपदेश यह नहीं कहता कि जीवन जल रहा है और मृत्यु विलुप्ति है। यह कहता है कि वासनाएँ जल रही हैं।
46. अग्नि उपदेश यह नहीं कहता कि वासनाओं को पूरी तरह बुझा देना चाहिए। यह कहता है कि ज्वाला में ईंधन मत डालो।
47. दूसरे, आलोचक निर्वाण और परिनिर्वाण के बीच अंतर करने में विफल रहे हैं।
48. जैसा कि उदान में कहा गया है: "परिनिर्वाण तब होता है जब शरीर विघटित हो जाता है, सभी धारणाएँ बंद हो जाती हैं, सभी संवेदनाएँ समाप्त हो जाती हैं, गतिविधियाँ बंद हो जाती हैं और चेतना चली जाती है। इस प्रकार परिनिर्वाण का अर्थ है पूर्ण विलुप्ति।"
49. निर्वाण का यह अर्थ कभी नहीं हो सकता। निर्वाण का अर्थ है वासना पर इतना नियंत्रण कि व्यक्ति धर्म के मार्ग पर चल सके। इसका इससे अधिक कोई अर्थ नहीं था।
50. यह कि निर्वाण धर्मी जीवन का दूसरा नाम है, यह बुद्ध ने स्वयं राधा को स्पष्ट किया है।
51. एक बार पूज्य राधा भगवान के पास आए। ऐसा करने के बाद उन्होंने भगवान को प्रणाम किया और एक ओर बैठ गए। इस प्रकार बैठी हुई पूज्य राधा ने भगवान से इस प्रकार कहा: "प्रभु, निर्वाण किस लिए है?"

52. "निर्वाण का अर्थ है वासनाओं से मुक्ति" भगवान ने उत्तर दिया।
53. लेकिन निर्वाण, भगवान, इसका उद्देश्य क्या है?"
54. "निर्वाण में निहित, राधा, धर्मी जीवन जिया जाता है। निर्वाण इसका लक्ष्य है। निर्वाण इसका अंत है।"
55. यह कि निर्वाण का अर्थ विलुप्त होना नहीं है, यह भी सारिपुत्त द्वारा निम्नलिखित उपदेश में स्पष्ट किया गया है:
56. "एक बार भगवान श्रावस्ती में अनाथपिंडिका के आराम में रह रहे थे, जहाँ सारिपुत्त भी रह रहे थे।
57. प्रभु ने भाइयों से कहा, हे उदार, संसार की वस्तुओं में भागीदार मत बनो, बल्कि मेरे उपदेश में भागीदार बनो तुम सब के प्रति मेरी दया के कारण मैं यह सुनिश्चित करने के लिए उत्सुक हूँ।'
58. "इस प्रकार भगवान बोले, और उसके बाद वे उठे और अपने कक्ष में चले गए।
59. "सारिपुत्त पीछे रह गए और भाइयों ने उनसे पूछा कि निर्वाण क्या है।
60. "तब सारिपुत्त ने भाइयों को उत्तर देते हुए कहा: भाइयों, यह जान लो कि लोभ अतिदुष्ट है और क्रोध अतिदुष्ट है।
61. "इस लोभ और क्रोध को दूर करने के लिए मध्यम मार्ग है जो हमें देखने के लिए आंखें देता है और हमें ज्ञान देता है, जो हमें शांति, अंतर्दृष्टि, ज्ञान और निर्वाण की ओर ले जाता है।
62. यह मध्यम मार्ग क्या है? यह कुछ और नहीं बल्कि सही दृष्टिकोण, सही लक्ष्य, सही भाषण, सही कर्म, सही आजीविका के साधन, सही प्रयास, सही ध्यान और सही एकाग्रता का आर्य अष्टांगिक मार्ग है; यही, भिक्षुओं, माध्यम मार्ग है।
63. "हाँ, सज्जनों: क्रोध निकृष्ट है और द्वेष निकृष्ट है, ईर्ष्या और जलन निकृष्ट हैं, कंजूसी और लोभ निकृष्ट हैं, पाखंड और छल और अहंकार निकृष्ट हैं, चढ़ाव निकृष्ट है, और आलस्य निकृष्ट है।

64. "चढ़ाव और आलस्य को दूर करने के लिए मध्यम मार्ग है– जो हमें देखने के लिए आँखें देता है, हमें ज्ञान देता है, और हमें शांति, अंतर्दृष्टि, ज्ञान की ओर ले जाता है।
65. "निर्वाण जो कि आर्य अष्टांगिक मार्ग के अलावा कुछ नहीं है।"
66. इस प्रकार पूज्य सारिपुत्त बोले– हृदय से प्रसन्न होकर भिक्षा मांगने वाले उनकी बात पर प्रसन्न हुए।
67. निर्वाण के पीछे यह विचार है कि यह धर्म का मार्ग है। कोई भी निर्वाण को किसी और चीज के लिए गलत नहीं समझेगा।
68. पूर्ण विनाश एक अति है और परिनिर्वाण दूसरी अति है। निर्वाण मध्य मार्ग है।
69. इस प्रकार समझ लेने पर निर्वाण के बारे में सभी भ्रम दूर हो जाएंगे।

4. लालसा का त्याग करना धम्म है

1. धम्मपद में बुद्ध कहते हैं: "स्वास्थ्य से बड़ा कोई लाभ नहीं है और संतोष की भावना से अधिक बहुमूल्य कुछ भी नहीं है।"
2. संतोष की इस भावना का अर्थ नम्रता या परिस्थितियों के सामने समर्पण नहीं समझा जाना चाहिए।
3. क्योंकि यह बुद्ध की अन्य शिक्षाओं के बिल्कुल विपरीत होगा।
4. बुद्ध ने यह नहीं कहा है, "धन्य हैं वे जो धनहीन हैं।"
5. बुद्ध ने यह नहीं कहा है कि पीड़ित को अपनी स्थिति बदलने की चेष्टा नहीं करनी चाहिए।
6. दूसरी ओर, उन्होंने कहा है कि धन का स्वागत है और उदासीन पीड़ा के बजाय उन्होंने वीर्य की शिक्षा दी जो ऊर्जावान क्रिया है।
7. जब बुद्ध ने कहा कि संतोष धन का सर्वोच्च रूप है तो उनका मतलब यह था कि मनुष्य को अपने आप को लालच से अभिभूत नहीं होने देना चाहिए जिसकी कोई सीमा नहीं है।

8. जैसा कि भिक्खु रथपाल ने कहा है: "मैं ऐसे धनी लोगों को देखता हूँ जो मूर्खता से प्रेरित होकर कभी नहीं देते, लेकिन फिर भी नए सुखों के लिए प्यासे होकर संग्रह करते हैं; जिस राजा का विजय समुद्र तक फैली हुई है, वह समुद्र पार साम्राज्यों पर आधिपत्य के लिए तरसेगा, फिर भी लालसा में, राजा और प्रजा मर जाते हैं; अभाव में, वे अपने शरीर छोड़ देते हैं; पृथ्वी पर कभी भी सुख की मात्रा पूरी नहीं हो सकती।"
9. महा–निदान–सुत्तंत में बुद्ध ने आनंद को लोभ को नियंत्रित करने की आवश्यकता के बारे में समझाया है। उन्होंने यही कहा।
10. "यही है, आनंद, कि लाभ की इच्छा के कारण लालसा अस्तित्व में आती है, जब लाभ की इच्छा कब्जे के लिए उत्कंठा बन जाती है, जब कब्जे की भावना कब्जे की दृढ़ता को जन्म देती है तो यह लोभ बन जाती है।
11. "अनियंत्रित अधिग्रहण वृत्ति के कारण लोभ या कब्जा सतर्कता और रखवाली की मांग करता है।
12. "इस लालसा या लालच की निंदा क्यों की जानी चाहिए? इसके कारण," बुद्ध ने आनंद से कहा, "कई बुरी और दुष्ट स्थिति पैदा होती है–झटके और घाव, संघर्ष, विरोधाभास और प्रतिवादय झगड़ा, बदनामी और झूठ।"
13. इसमें कोई संदेह नहीं है कि यह वर्ग संघर्ष का सही विश्लेषण है।
14. इसीलिए बुद्ध ने लोभ और तृष्णा पर नियंत्रण करने पर जोर दिया।

5. यह मानना कि सभी यौगिक चीजें अनित्य हैं, धाम्म है

1. अनित्यता के इस सिद्धांत के तीन पहलू हैं।
2. यौगिक चीजों की अनित्यता है।
3. व्यक्ति की अनित्यता है।
4. बद्ध चीजों की आत्म प्रकृति की अनित्यता है।

5. यौगिक चीजों की अनित्यता को महान बौद्ध दार्शनिक असंग ने अच्छी तरह से समझाया है।
6. असंग कहते हैं, "सभी चीजें कारणों और परिस्थितियों के संयोजन से उत्पन्न होती हैं और उनका अपना कोई स्वतंत्र नाम नहीं होता। जब संयोजन विलीन हो जाता है, तो उनका विनाश सुनिश्चित होता है।
7. "जीवित प्राणी का शरीर चार महान तत्वों, अर्थात पृथ्वी, जल, अग्नि और वायु के संयोजन से बना है, और जब यह संयोजन चार घटक तत्वों में विलीन हो जाता है, तो विघटन होता है।
8. "इसे ही समग्र इकाई की अनित्यता कहते हैं।"
9. जीवित व्यक्ति की अनित्यता का सबसे अच्छा वर्णन इस सूत्र द्वारा किया जा सकता है–सत्ता बनना है।
10. इस अर्थ में, भूतकाल का प्राणी जी चुका है, लेकिन जी नहीं रहा है और न ही जीएगा। भविष्यकाल का प्राणी जीएगा, लेकिन जी नहीं पाया है और न ही जीएगा वर्तमानकाल का प्राणी जी तो रहा है, लेकिन जी नहीं पाया है और न ही जीएगा।
11. संक्षेप में, मनुष्य हमेशा बदलता रहता है, हमेशा बढ़ता रहता है। वह अपने जीवन के दो अलग–अलग क्षणों में एक जैसा नहीं रहता।
12. अनित्यता के सिद्धांत का तीसरा चरण एक आम आदमी के लिए समझना थोड़ा मुश्किल है।
13. यह समझना बहुत आसान है कि हर प्राणी कभी न कभी मरेगा।
14. लेकिन यह समझना इतना आसान नहीं है कि एक इंसान जीवित रहते हुए कैसे बदलता–बनता रहता है।
15. "यह कैसे संभव है?" बुद्ध का उत्तर था, "यह संभव है क्योंकि सब कुछ अनित्य है।"
16. इसी से आगे चलकर शून्य वाद की उत्पत्ति हुई।
17. बौद्ध सुन्न्यत का अर्थ पूरी तरह से शून्यवाद नहीं है। इसका अर्थ केवल हर क्षण होने वाले निरंतर परिवर्तन हैं।

18. बहुत कम लोग जानते हैं कि सुन्न्यत के कारण ही सब कुछ संभव है, इसके बिना दुनिया में कुछ भी संभव नहीं होता। सभी चीजों की प्रकृति की अनित्यता पर ही अन्य सभी चीजों की संभावना निर्भर करती है।
19. यदि चीजें निरंतर परिवर्तन के अधीन न होतीं, बल्कि स्थायी और अपरिवर्तनीय होतीं, तो सभी जीवों का एक प्रकार से दूसरे प्रकार में विकास और जीवित चीजों का विकास रुक जाता।
20. यदि मनुष्य मर जाता या बदल जाता, लेकिन हमेशा उसी अवस्था में रहता, तो क्या परिणाम होता? मानव जाति की प्रगति रुक जाती।
21. यदि सुन्न्य को शून्य या खाली माना जाता, तो बहुत बड़ी कठिनाई उत्पन्न हो जाती।
22. लेकिन ऐसा नहीं है। सुन्न्य एक बिंदु की तरह है, जिसमें पदार्थ तो है, लेकिन चौड़ाई नहीं है, लंबाई नहीं है।
23. बुद्ध ने यह सिद्धांत प्रभुत्व–संपन्न किया कि सभी चीजें अनित्य हैं।
24. बुद्ध के इस सिद्धांत का नैतिक क्या है? यह बहुत अधिक महत्वपूर्ण प्रश्न है।
25. अनित्यता के इस सिद्धांत का नैतिक सरल है। किसी भी चीज से आसक्त मत हो।
26. संपत्ति, मित्रों आदि से मतिमंदता, अनासक्ति विकसित करना ही उन्होंने कहा कि "ये सभी अनित्य हैं।"

6. यह मानना कि कर्म ही नैतिक व्यवस्था का साधन है, धम्म है

1. भौतिक जगत में एक व्यवस्था है। यह निम्नलिखित घटना से सिद्ध होता है।
2. तारों की गति और क्रियाओं में एक निश्चित व्यवस्था है।
3. एक निश्चित क्रम है जिसके अनुसार ऋतुएँ नियमित क्रम में आती और जाती हैं।

4. एक निश्चित क्रम है जिसके अनुसार बीज वृक्ष बनते हैं और वृक्ष फल देते हैं और फल बीज देते हैं।
5. बौद्ध शब्दावली में इन्हें नियम कहते हैं, ऐसे नियम जो एक व्यवस्थित क्रम उत्पन्न करते हैं जैसे ऋतु नियम, बीज नियम।
6. इसी प्रकार क्या मानव समाज में भी कोई नैतिक व्यवस्था है। यह कैसे उत्पन्न होती है? इसे कैसे बनाए रखा जाता है?
7. जो लोग ईश्वर के अस्तित्व में विश्वास करते हैं, उन्हें इस प्रश्न का उत्तर देने में कोई कठिनाई नहीं होती। और उनका उत्तर आसान है।
8. वे कहते हैं कि नैतिक व्यवस्था ईश्वरीय व्यवस्था द्वारा बनाए रखी जाती है। ईश्वर ने संसार बनाया है और ईश्वर संसार का सर्वोच्च शासक है। वह नैतिक और भौतिक कानून के भी रचयिता हैं।
9. उनके अनुसार नैतिक कानून मनुष्य के भले के लिए है क्योंकि यह ईश्वरीय इच्छा से उत्पन्न होता है। मनुष्य ईश्वर की आज्ञा मानने के लिए बाध्य है जो उसका निर्माता है और ईश्वर की आज्ञाकारिता ही नैतिक व्यवस्था को बनाए रखती है।
10. नैतिक व्यवस्था ईश्वरीय व्यवस्था द्वारा बनाए रखी जाती है, इस दृष्टिकोण के समर्थन में यही तर्क है।
11. यह स्पष्टीकरण किसी भी तरह से संतोषजनक नहीं है। क्योंकि यदि नैतिक कानून ईश्वर से उत्पन्न हुआ है, और यदि ईश्वर ही नैतिक व्यवस्था का आरंभ और अंत है और यदि मनुष्य ईश्वर की आज्ञा मानने से बच नहीं सकता, तो दुनिया में इतनी नैतिक अव्यवस्था क्यों है?
12. ईश्वरीय कानून का अधिकार क्या है? ईश्वरीय कानून का व्यक्ति पर क्या प्रभाव है? ये प्रासंगिक प्रश्न हैं। लेकिन इनमें से किसी का भी कोई संतोषजनक उत्तर उन लोगों से नहीं मिलता जो नैतिक व्यवस्था के आधार के रूप में ईश्वरीय व्यवस्था पर भरोसा करते हैं।
13. इन कठिनाइयों को दूर करने के लिए थीसिस में कुछ संशोधन किया गया है।

14. कहा जाता है कि सृष्टि की रचना निस्संदेह ईश्वर के आदेश पर हुई। यह भी सच है कि ब्रह्मांड ने अपनी इच्छा और निर्देश से ही जीवन प्राप्त किया। यह भी सच है कि उसने ब्रह्मांड को हमेशा के लिए ऊर्जा प्रदान की जो एक अद्भुत तंत्र की प्रेरक शक्ति के रूप में काम करती है।

15. लेकिन ईश्वर ने इसे प्रकृति पर छोड़ दिया कि वह मूल रूप से उसके द्वारा दिए गए नियमों का पालन करते हुए खुद काम करे।

16. इसलिए यदि नैतिक व्यवस्था ईश्वर द्वारा अपेक्षित रूप से काम करने में विफल रहती है, तो दोष प्रकृति का है, ईश्वर का नहीं।

17. सिद्धांत में यह संशोधन भी कठिनाई का समाधान नहीं करता। यह केवल ईश्वर को उसकी जिम्मेदारी से मुक्त करने में मदद करता है। क्योंकि सवाल यह है कि ईश्वर को अपने नियमों को लागू करने का काम प्रकृति पर क्यों छोड़ना चाहिए? ऐसे अनुपस्थित ईश्वर का क्या उपयोग है?

18. बुद्ध ने इस प्रश्न का जो उत्तर दिया, "नैतिक व्यवस्था कैसे बनाए रखी जाती है?" वह बिल्कुल अलग है।

19. उनका उत्तर सरल था। "यह ईश्वर नहीं बल्कि कर्म नियम है जो ब्रह्मांड में नैतिक व्यवस्था को बनाए रखता है।" बुद्ध ने इस प्रश्न का यही उत्तर दिया।

20. ब्रह्मांड की नैतिक व्यवस्था अच्छी हो सकती है या बुरी। लेकिन बुद्ध के अनुसार नैतिक व्यवस्था मनुष्य पर निर्भर करती है, किसी और पर नहीं।

21. कर्म का अर्थ है मनुष्य का कार्य और विपाक उसका प्रभाव है। यदि नैतिक व्यवस्था खराब है तो इसका कारण यह है कि मनुष्य अकुशल (बुरा) कर्म करता है। यदि नैतिक व्यवस्था अच्छी है तो इसका कारण यह है कि मनुष्य कुशल (अच्छा) कर्म करता है।

22. बुद्ध केवल कर्म के बारे में बात करके संतुष्ट नहीं थे। उन्होंने कर्म के नियम की बात की जो कर्म नियम का दूसरा नाम है।

23. कर्म के नियम की बात करके बुद्ध यह संदेश देना चाहते थे कि कर्म का प्रभाव कर्म के बाद आना तय है, जैसे कि दिन के बाद रात आती है। यह एक नियम या नियम की तरह था।

24. कोई भी व्यक्ति कुशल कर्म के अच्छे प्रभावों से लाभान्वित होने से वंचित नहीं रह सकता, तथा कोई भी व्यक्ति अकुशल कर्म के बुरे प्रभावों से बच नहीं सकता।

25. इसलिए, बुद्ध की नसीहत थी: कुशल कर्म करो ताकि मानवता एक अच्छे नैतिक क्रम से लाभान्वित हो सके जिसे कुशल कर्म बनाए रखने में मदद करता है; अकुशल कर्म मत करो क्योंकि मानवता उस बुरे नैतिक क्रम से पीड़ित होगी जिसे अकुशल कर्म लाएगा।

26. हो सकता है कि कर्म करने के क्षण और प्रभाव महसूस होने के क्षण के बीच एक समय अंतराल हो। ऐसा अक्सर होता है।

27. इस दृष्टिकोण से, कर्म या तो (1) दित्तदम्मा वेदनीय कर्म (तुरंत प्रभावी कर्म); (2) उपपज्जवेदनीय कर्म (दूर से प्रभावी कर्म); और (3) अपरपरिया वेदनीय कर्म (अनिश्चित रूप से प्रभावी कर्म) है।

28. कर्म अहोसी कर्म की श्रेणी में भी आ सकता है, अर्थात्, ऐसा कर्म जो अप्रभावी है। इस अहोसी कर्म में वे सभी कर्म शामिल हैं जो कार्य करने के लिए बहुत कमजोर हैं, या जो उस समय अधिक कर्म द्वारा प्रतिसंतुलित किए जाते हैं, जब उन्हें कार्य करना चाहिए था।

29. लेकिन इन सभी विचारों को ध्यान में रखते हुए, यह किसी भी तरह से बुद्ध द्वारा किए गए दावे से अलग नहीं है कि कर्म का नियम अटल है।

30. कर्म के नियम के सिद्धांत में यह अवधारणा शामिल नहीं है कि कर्म का प्रभाव उसके कर्ता पर पड़ता है और इसके बारे में सोचने के लिए और कुछ नहीं है। यह एक त्रुटि है। कभी–कभी एक की क्रिया कर्ता के बजाय दूसरे को प्रभावित करती है। फिर भी यह कर्म के नियम का कार्य है क्योंकि यह नैतिक व्यवस्था को या तो बनाए रखता है या बिगाड़ता है।

31. व्यक्ति आते हैं और व्यक्ति जाते हैं। लेकिन ब्रह्मांड की नैतिक व्यवस्था बनी रहती है और साथ ही कर्म का नियम भी जो इसे बनाए रखता है।

32. यही कारण है कि बुद्ध के धर्म में नैतिकता को ईश्वर का स्थान दिया गया है।

33. इस प्रकार बुद्ध का इस प्रश्न का उत्तर– "ब्रह्मांड में नैतिक व्यवस्था कैसे कायम रहती है?" बहुत सरल और अकाट्य है।

34. और फिर भी इसका सही अर्थ शायद ही समझा जा सके। अक्सर, लगभग हमेशा, इसे या तो गलत समझा जाता है या गलत तरीके से प्रस्तुत किया जाता है या गलत व्याख्या की जाती है। बहुत से लोग इस बात से अवगत नहीं हैं कि बुद्ध ने कर्म के नियम को इस प्रश्न के उत्तर के रूप में प्रतिपादित किया था– "नैतिक व्यवस्था कैसे बनाए रखी जाती है?"

35. हालाँकि, बुद्ध के कर्म के नियम का उद्देश्य यही है।

36. कर्म के नियम का संबंध केवल सामान्य नैतिक व्यवस्था के प्रश्न से है। इसका किसी व्यक्ति के भाग्य या दुर्भाग्य से कोई लेना–देना नहीं है।

37. इसका संबंध ब्रह्मांड में नैतिक व्यवस्था के रखरखाव से है।

38. यही कारण है कि कर्म का नियम धम्म का एक हिस्सा है।

भाग – IV

धम्म क्या नहीं है

1. अलौकिक में विश्वास धम्म नहीं है।
2. ईश्वर में विश्वास करना धम्म का अनिवार्य अंग नहीं है।
3. ब्रह्म से एकता पर आधारित धम्म मिथ्या धम्म है।
4. आत्मा में विश्वास धम्म नहीं है।
5. बलिदान में विश्वास धम्म नहीं है।
6. अटकलबाजी पर आधारित विश्वास धम्म नहीं है।
7. धम्म की पुस्तकें पढ़ना धम्म नहीं है।
8. धम्म की पुस्तकों की अचूकता में विश्वास धम्म नहीं है।

1. अलौकिक में विश्वास धम्म नहीं है

1. जब भी कोई घटना घटती है, तो मानवता हमेशा यह जानना चाहती है कि यह कैसे हुआ, इसका कारण क्या है।
2. कभी–कभी कारण और प्रभाव इतने समीपस्थ और इतने करीब होते हैं कि घटना के घटित होने की गणना देना मुश्किल नहीं होता।
3. लेकिन कई बार प्रभाव कारण से इतना दूर होता है कि प्रभाव का हिसाब नहीं लगाया जा सकता। सुव्यक्त है कि इसका कोई कारण नहीं है।
4. फिर प्रश्न उठता हैः यह घटना कैसे घटित हुई?
5. सबसे आम जवाब यह है कि घटना का घटित होना किसी अलौकिक कारण से होता है जिसे अक्सर चमत्कार कहा जाता है।
6. बुद्ध के पूर्ववर्तियों ने इस प्रश्न के बहुत अलग उत्तर दिए।
7. पकौडा कात्याना ने इस बात से इनकार किया कि हर घटना के लिए कोई कारण होता है। उन्होंने कहा कि घटनाएँ स्वतंत्र रूप से घटित होती हैं।
8. मखली घोषाल ने स्वीकार किया कि किसी घटना का कोई कारण होना चाहिए। लेकिन उन्होंने उपदेश दिया कि कारण मानवीय एजेंसी में नहीं पाया जा सकता है, बल्कि प्रकृति, आवश्यकता, चीजों के अंतर्निहित नियमों, पूर्वनियति या इसी तरह की चीजों में खोजा जाना चाहिए।
9. बुद्ध ने इन सिद्धांतों को खारिज कर दिया। उन्होंने कहा कि न केवल हर घटना का एक कारण होता है, बल्कि कारण किसी मानवीय क्रिया या प्राकृतिक नियम का परिणाम होता है।
10. किसी घटना के घटित होने का कारण होने के समय, प्रकृति, आवश्यकता आदि के सिद्धांत के खिलाफ उनका तर्क यह था।
11. यदि समय, प्रकृति, आवश्यकता आदि किसी घटना के घटित होने का एकमात्र कारण हैं, तो हम कौन हैं?

12. क्या मनुष्य केवल समय, प्रकृति, संयोग, देवताओं, भाग्य, आवश्यकता के हाथों की कठपुतली है?
13. यदि मनुष्य स्वतंत्र नहीं है, तो उसके अस्तित्व का क्या उपयोग है? यदि वह अलौकिक कारणों में विश्वास करना जारी रखता है, तो मनुष्य की बुद्धि का क्या उपयोग है?
14. यदि मनुष्य स्वतंत्र है, तो प्रत्येक घटना मनुष्य के कार्य या प्रकृति के कार्य का परिणाम होनी चाहिए ऐसी कोई घटना नहीं हो सकती जो अपने मूल में अलौकिक हो।
15. हो सकता है कि मनुष्य किसी घटना के घटित होने के वास्तविक कारण को खोजने में सक्षम न हो। लेकिन यदि उसके पास बुद्धि है, तो वह एक दिन उसे खोज ही लेगा।
16. अलौकिकतावाद का खंडन करते हुए बुद्ध के तीन उद्देश्य थे।
17. उनका पहला उद्देश्य मनुष्य को बुद्धिवाद के मार्ग पर ले जाना था।
18. उनका दूसरा उद्देश्य मनुष्य को सत्य की खोज में जाने के लिए स्वतंत्र करना था।
19. उनका तीसरा उद्देश्य अंधविश्वास के सबसे शक्तिशाली स्रोत को हटाना था, जिसका परिणाम जिज्ञासा की भावना को मारना है।
20. इसे कर्म या कारण का नियम कहा जाता है,
21. कर्म और कारण का यह सिद्धांत बौद्ध धर्म में सबसे केंद्रीय सिद्धांत है। यह बुद्धिवाद का उपदेश देता है और बौद्ध धर्म बुद्धिवाद के बिना कुछ भी नहीं है।
22. इसीलिए अलौकिक की पूजा करना धम्म नहीं है।

2. ईश्वर में विश्वास करना धम्म का अनिवार्य अंग नहीं है

1. संसार को किसने बनाया, यह एक सामान्य प्रश्न है। संसार को ईश्वर ने बनाया, यह भी एक सामान्य उत्तर है।
2. ब्राह्मणवादी योजना में इस ईश्वर को अनेक नामों से पुकारा जाता है– प्रजापति, ईश्वर, ब्रह्मा या महाब्रह्मा।

3. यह ईश्वर कौन है और कैसे अस्तित्व में आया, इस प्रश्न का कोई उत्तर नहीं है।
4. जो लोग ईश्वर में विश्वास करते हैं, वे उसे सर्वशक्तिमान, सर्वव्यापी, सम्पूर्ण ब्रह्माण्ड में व्याप्त तथा सर्वज्ञ बताते हैं, अर्थात् वह सब कुछ जानता है।
5. ईश्वर में कुछ नैतिक गुण भी हैं। ईश्वर को अच्छा कहा जाता है, ईश्वर को न्यायी कहा जाता है और ईश्वर को सर्व–प्रेमी कहा जाता है।
6. प्रश्न यह है कि क्या भगवान ने ईश्वर को ब्रह्मांड का रचयिता स्वीकार किया?
7. उत्तर है, "नहीं।" उन्होंने ऐसा नहीं किया।
8. ईश्वर के अस्तित्व के सिद्धांत को अस्वीकार करने के कई कारण हैं।
9. ईश्वर को किसी ने नहीं देखा। लोग केवल ईश्वर के बारे में बोलते हैं।
10. ईश्वर अज्ञात और अदृश्य है।
11. कोई भी यह साबित नहीं कर सकता कि ईश्वर ने दुनिया बनाई है। दुनिया विकसित हुई है और बनाई नहीं गई है।
12. ईश्वर में विश्वास करने से क्या लाभ हो सकता है? यह लाभहीन है।
13. बुद्ध ने कहा कि ईश्वर पर आधारित धर्म अटकलों पर आधारित है।
14. इसलिए, ईश्वर पर आधारित धर्म रखने योग्य नहीं है।
15. यह केवल अंधविश्वास पैदा करता है।
16. बुद्ध ने प्रश्न को यहीं नहीं छोड़ा। उन्होंने प्रश्न पर उसके विभिन्न पहलुओं पर चर्चा की।
17. उन्होंने इस सिद्धांत को विभिन्न आधारों पर अस्वीकार किया।
18. उन्होंने तर्क दिया कि ईश्वर के अस्तित्व का सिद्धांत सत्य पर आधारित नहीं है।

19. यह बात उन्होंने दो ब्राह्मणों, वसेट्ठ और भारद्वाज के साथ अपने संवाद में स्पष्ट की।

20. अब उनके बीच विवाद उत्पन्न हो गया कि मोक्ष का सच्चा मार्ग कौन–सा है और झूठा कौन–सा है।

21. जिस समय भगवान अपने भाइयों के साथ कोसल से यात्रा कर रहे थे, उस समय वे मनसकट नामक ब्राह्मण गांव में रुके और अकीरावती नदी के तट पर आम के बगीचे में ठहरे।

22. मनसकट वह शहर था, जिसमें वसेट्ठ और भारद्वाज रहते थे। जब उन्हें पता चला कि भगवान उनके शहर में ठहरे हुए हैं, तो वे उनके पास गए और प्रत्येक ने अपना–अपना दृष्टिकोण रखा।

23. भारद्वाज ने कहाः "तरुक्ख का मार्ग सीधा मार्ग है, यह प्रत्यक्ष मार्ग है जो मोक्ष प्रदान करता है, तथा जो इसके अनुसार कार्य करता है, उसे ब्रह्म से एकता की स्थिति में ले जाता है।"

24. वसेट्ठ ने कहाः "विभिन्न ब्राह्मण, हे गौतम, विभिन्न मार्ग बताते हैं। अद्धारिया ब्राह्मण, तित्तिरीय ब्राह्मण, कंचोक ब्राह्मण, भेचुवर्गीय ब्राह्मण। वे सभी उन लोगों को ब्रह्म से एकता की स्थिति में ले जाते हैं जो उनके अनुसार कार्य करते हैं।

25. जिस प्रकार किसी गांव या कस्बे के पास अनेक और विभिन्न मार्ग होते हैं, फिर भी वे सभी गांव में एक साथ मिलते हैं, उसी प्रकार विभिन्न ब्राह्मणों द्वारा बताए गए सभी विभिन्न मार्ग ब्रह्म से एकता की ओर ले जाते हैं।"

26. "क्या तुम कहते हो कि वे सभी सही मार्ग दिखाते हैं, वसेट्ठ?" बुद्ध ने पूछा। "मैं ऐसा कहता हूँ," गौतम, वसेट्ठ ने उत्तर दिया।

27. "लेकिन वसेट्ठ, क्या तीनों वेदों में पारंगत ब्राह्मणों में से एक भी ऐसा है जिसने कभी ब्रह्मा को आमने–सामने देखा हो।"

28. "नहीं, गौतम।"

29. "क्या तीनों वेदों में पारंगत ब्राह्मणों में से एक भी ऐसा है जिसने ब्रह्मा को प्रत्यक्ष देखा हो?"

30. "नहीं, गौतम।"

31. ब्रह्मा को किसी ने नहीं देखा। ब्रह्मा के बारे में कोई प्रत्यक्ष ज्ञान नहीं है।" "ऐसा ही है," वसेट्ठ ने कहा। "तो फिर तुम कैसे मान सकते हो कि ब्राह्मणों का यह दावा कि ब्रह्मा है, सत्य पर आधारित है?

32. "ठीक वैसे ही, वसेट्ठ, जैसे जब अंधे लोगों की एक कतार एक दूसरे से चिपकी हो, तो न तो सबसे आगे वाला देख सकता है, न बीच वाला देख सकता है, न सबसे पीछे वाला देख सकता है—ठीक वैसे ही, वसेट्ठ, मुझे लगता है कि ब्राह्मणों की बातें अंधे की बातें हैं। पहला नहीं देखता, बीच वाला नहीं देखता, न सबसे पीछे वाला देख सकता है। इन ब्राह्मणों की बातें हास्यास्पद, केवल शब्दाडंबरपूर्ण, व्यर्थ और खोखली बातें निकलती हैं।

33. "क्या यह मामला ऐसा नहीं है, वसेट्ठ, कि एक आदमी किसी ऐसी औरत से प्यार करने लगे जिसे उसने देखा ही नहीं?" "हाँ, ऐसा ही है," वसेट्ठ ने उत्तर दिया।

34. "अब तुम क्या सोचती हो वसेट्ठ? अगर लोग आपसे पूछें, अच्छा! अच्छे दोस्त! यह देश की सबसे सुंदर स्त्री, जिसे तुम इतना प्यार करते हो और जिसके लिए तुम लालायित हो, वह कौन है? क्या वह कुलीन स्त्री है, या ब्राह्मण स्त्री है, या व्यापारी वर्ग की है, या शूद्र है?'

35. "महा ब्रह्मा, तथाकथित सृष्टिकर्ता की उत्पत्ति के संबंध में," भगवान ने भारद्वाज और वसेत्ता को संबोधित करते हुए कहा, "मित्रों, वह प्राणी जो सबसे पहले पैदा हुआ था, ऐसा सोचता है कि मैं ब्रह्मा हूँ, महान ब्रह्मा, पराजित करने वाला, अजेय, सर्वज्ञ, नियंत्रक, स्वामी, निर्माता, प्रमुख, नियुक्त करने वाला, अपना स्वामी, जो कुछ है और जो होने वाला है, उसका पिता। ये सभी प्राणी मेरे द्वारा बनाए गए हैं।

36. "इसका अर्थ है कि ब्रह्मा उन सभी का पिता है जो हैं और जो होने वाले हैं।

37. "तुम कहते हो कि पूज्य ब्रह्मा, परास्त करने वाले, अजर, जो सब हैं और जो होने वाले हैं, उन सब के पिता, जिनके द्वारा हम उत्पन्न हुए हैं, वे स्थायी, नित्य, शाश्वत, अपरिवर्तनशील हैं, और वे सदा–सर्वदा ऐसे ही रहेंगे। फिर हम जो उस ब्रह्मा द्वारा उत्पन्न हुए हैं, क्यों यहाँ आए हैं, सभी अनित्य, क्षणभंगुर, अस्थिर, अल्पायु, नष्ट होने वाले?"

38. इसका वासेट्ठा के पास कोई उत्तर नहीं था।

39. उनके तीसरे तर्क में ईश्वर की सर्वशक्तिमानता का संदर्भ था। "यदि ईश्वर सर्वशक्तिमान है और सृष्टि का प्रभावी कारण भी है, तो इस कारण मनुष्य में कुछ भी करने की इच्छा नहीं हो सकती, न ही कुछ करने की आवश्यकता हो सकती है, न ही उसके पास कुछ करने या प्रयास करने की इच्छा हो सकती है। मनुष्य को एक निष्क्रिय प्राणी बने रहना चाहिए, जिसकी दुनिया के मामलों में कोई भूमिका नहीं है। यदि ऐसा है, तो ब्रह्मा ने मनुष्य को बनाया ही क्यों?"

40. इसका भी वासेट्ठा के पास कोई उत्तर नहीं था।

41. उनका चौथा तर्क था कि यदि ईश्वर अच्छा है, तो मनुष्य हत्यारे, चोर, व्यभिचारी, झूठे, निंदक, गाली–गलौज करने वाले, लोभी, दुर्भावनापूर्ण और विकृत क्यों बनते हैं? इसका कारण ईश्वर ही होना चाहिए। क्या यह ईश्वर के रहते संभव है जो अच्छा है?

42. उनका पाँचवाँ तर्क ईश्वर के सर्वज्ञ, न्यायी और दयालु होने से संबंधित था।

43. "यदि कोई सर्वोच्च निर्माता है जो न्यायी और दयालु है, तो फिर दुनिया में इतना अन्याय क्यों है?" धन्य भगवान ने पूछा। "जिसके पास आँखें हैं वह बीमार दृश्य देख सकता है; ब्रह्मा अपने प्राणियों को सही क्यों नहीं करता? यदि उसकी शक्ति इतनी व्यापक है कि कोई सीमा उसे रोक नहीं सकती, तो उसका हाथ आशीर्वाद देने के लिए इतनी कम क्यों फैलता है? उसके सभी प्राणी क्यों दुःख के लिए अभिशप्त हैं? वह सभी को खुशी क्यों नहीं देता? धोखाधड़ी,

झूठ और अज्ञानता क्यों प्रबल होती है? झूठ सत्य पर क्यों विजय प्राप्त करता है? सत्य और न्याय क्यों विफल हो जाते हैं? मैं आपके ब्रह्मा को सबसे अन्यायी मानता हूँ, जिसने केवल गलत को आश्रय देने के लिए दुनिया बनाई।

44. "यदि प्रत्येक प्राणी में, सुख या दुःख, और अच्छे या बुरे कर्म को पूरा करने के लिए कोई सर्वशक्तिमान भगवान मौजूद है, तो वह भगवान पाप से सना हुआ है। या तो मनुष्य अपनी इच्छा से काम नहीं करता है या भगवान न्यायी और अच्छा नहीं है या भगवान अंधा है।"

45. ईश्वर के सिद्धांत के विरुद्ध उनका अगला तर्क यह था कि ईश्वर के अस्तित्व के बारे में इस प्रश्न की चर्चा लाभहीन है।

46. उनके अनुसार धर्म का केन्द्र मनुष्य और ईश्वर के सम्बन्ध में नहीं है। यह मनुष्य और मनुष्य के बीच के सम्बन्ध में है। धर्म का उद्देश्य मनुष्य को यह सिखाना है कि उसे दूसरे मनुष्यों के प्रति कैसा व्यवहार करना चाहिए ताकि सभी सुखी रहें।

47. एक और कारण भी था जिसके कारण भगवान ईश्वर के अस्तित्व में विश्वास के विरुद्ध थे।

48. वे धार्मिक अनुष्ठानों, समारोहों और अनुष्ठानों के विरुद्ध थे। वे इनके विरुद्ध थे क्योंकि वे अंधविश्वास का घर थे और अंधविश्वास सम्मति का शत्रु था, जो उनके अष्टांगमार्ग का सबसे महत्वपूर्ण तत्व था।

49. भगवान के लिए ईश्वर में विश्वास सबसे खतरनाक चीज थीं। क्योंकि ईश्वर में विश्वास ने पूजा और प्रार्थना की प्रभावकारिता में विश्वास को जन्म दिया और पूजा और प्रार्थना की प्रभावकारिता ने पुजारी के पद को जन्म दिया और पुजारी वह दुष्ट व्यक्ति था जिसने सभी अंधविश्वासों को जन्म दिया और इस तरह सम्मति के विकास को नष्ट कर दिया। सभी अंधविश्वासों को जन्म दिया और इस तरह सम्मा दिट्ठि के विकास को नष्ट कर दिया।

50. ईश्वर के अस्तित्व में विश्वास के विरुद्ध इन तर्कों में से कुछ व्यावहारिक थे, लेकिन उनमें से अधिकांश धार्मिक थे। धन्य भगवान जानते थे कि वे ईश्वर के अस्तित्व में विश्वास के लिए घातक नहीं थे।

51. हालांकि, यह नहीं माना जाना चाहिए कि उनके पास कोई ऐसा तर्क नहीं था जो घातक हो। एक ऐसा तर्क था जो उन्होंने आगे बढ़ाया जो निस्संदेह ईश्वर में विश्वास के लिए घातक है। यह उनके पतित समुत्पाद के सिद्धांत में निहित है जिसे आश्रित उत्पत्ति के सिद्धांत के रूप में वर्णित किया गया है।

52. इस सिद्धांत के अनुसार, यह प्रश्न कि ईश्वर है या नहीं, मुख्य प्रश्न नहीं है। न ही यह प्रश्न कि ईश्वर ने ब्रह्मांड बनाया है, वास्तविक प्रश्न है। वास्तविक प्रश्न यह है कि सृष्टिकर्ता ने दुनिया कैसे बनाई। ईश्वर में विश्वास का औचित्य एक निष्कर्ष है जो इस प्रश्न के हमारे उत्तर से निकलता है कि दुनिया कैसे बनाई गई।

53. महत्वपूर्ण प्रश्न यह है कि क्या ईश्वर ने कुछ नहीं से कुछ बनाया या उसने कुछ से कुछ बनाया?

54. यह मानना असंभव है कि कुछ भी नहीं से कुछ बनाया जा सकता है।

55. यदि तथाकथित ईश्वर ने किसी चीज से कुछ बनाया है, तो जिस चीज से कुछ नया बनाया गया है, वह उसके द्वारा कुछ भी बनाने से पहले से ही अस्तित्व में है। इसलिए ईश्वर को उस चीज का निर्माता नहीं कहा जा सकता जो उससे पहले से मौजूद है।

56. यदि ईश्वर द्वारा कुछ बनाने से पहले किसी ने किसी चीज से कुछ बनाया है, तो ईश्वर को निर्माता या पहला कारण नहीं कहा जा सकता।

57. ईश्वर के अस्तित्व में विश्वास के खिलाफ यह उनका अंतिम लेकिन अकाट्य तर्क था।

58. आधारों में मिथ्या होने के कारण, ईश्वर को ब्रह्मांड का निर्माता मानना धम्म नहीं है। यह केवल मिथ्या में विश्वास है।

3. ब्रह्मा से एकता पर आधारित धम्म मिथ्या धम्म है।

1. जब बुद्ध अपने धर्म का प्रचार कर रहे थे, तब वेदान्तवाद नामक एक सिद्धांत प्रचलित था।
2. इस सिद्धांत के सिद्धांत कुछ और ही सरल हैं।
3. ब्रह्मांड के पीछे जीवन का एक सामान्य सिद्धांत सर्वव्यापी है, जिसे ब्रह्म या ब्राह्मण कहा जाता है।
4. यह ब्रह्मा एक वास्तविकता है।
5. आत्मा या व्यक्तिगत आत्मा ब्रह्मा के समान है।
6. मनुष्य की मुक्ति आत्मा को ब्रह्मा के साथ एक करने में निहित है। यह दूसरा सिद्धांत है।
7. आत्मा ब्रह्मा के साथ एकता को तभी प्राप्त कर सकती है, जब उसे यह एहसास हो कि वह ब्रह्म के समान है।
8. और आत्मा को यह एहसास दिलाने का तरीका कि वह ब्रह्मा के समान है, संसार को त्यागना है।
9. इस सिद्धांत को वेदान्तवाद कहा जाता है।
10. बुद्ध को इस सिद्धांत का कोई सम्मान नहीं था। उन्होंने इसे झूठे आधारों पर आधारित और मूल्यवान कुछ भी न देने वाला तथा इसलिए, रखने योग्य नहीं माना।
11. यह उन्होंने दो ब्राह्मणों, भारद्वाज और वसेत्ता के साथ अपनी चर्चा में स्पष्ट किया।
12. बुद्ध ने तर्क दिया कि किसी वस्तु को वास्तविकता मानने से पहले उसका प्रमाण होना चाहिए।
13. प्रमाण के दो तरीके हैं, अनुभूति और अनुमान।
14. बुद्ध ने पूछा, "क्या किसी ने ब्रह्मा को देखा है; क्या तुमने ब्रह्मा को देखा है; क्या तुमने ब्रह्म से बात की है; क्या तुमने ब्रह्मा को सूंघा है?"
15. वसेत्ता ने कहा, "नहीं।

16. "ब्रह्मा के अस्तित्व को सिद्ध करने के लिए प्रमाण का दूसरा तरीका अपर्याप्त है।"
17. "ब्रह्मा का अनुमान किससे लगाया जाता है?" बुद्ध ने पूछा। फिर भी कोई उत्तर नहीं था।
18. कुछ अन्य लोग तर्क देते हैं कि कोई वस्तु अदृश्य होते हुए भी अस्तित्व में है। इसलिए वे कहते हैं कि ब्रह्मा अदृश्य होते हुए भी अस्तित्व में है।
19. इस स्पष्ट कथन में यह एक असंभव स्थिति है।
20. लेकिन तर्क के लिए यह मान लिया जाए कि कोई वस्तु अदृश्य होते हुए भी अस्तित्व में है।
21. इसका सबसे अच्छा उदाहरण बिजली है। यह अदृश्य होते हुए भी अस्तित्व में है।
22. यह तर्क पर्याप्त नहीं है।
23. एक अदृश्य वस्तु को स्वयं को किसी अन्य रूप में दिखाना चाहिए जो दृश्यमान हो। तभी उसे वास्तविक कहा जा सकता है।
24. लेकिन अगर कोई अदृश्य वस्तु स्वयं को किसी दृश्य रूप में नहीं दिखाती है तो वह वास्तविकता नहीं है।
25. हम बिजली की वास्तविकता को स्वीकार करते हैं, हालांकि यह अदृश्य है, क्योंकि यह जो परिणाम उत्पन्न करती है।
26. बिजली प्रकाश उत्पन्न करती है। प्रकाश से हम बिजली की वास्तविकता को स्वीकार करते हैं, हालांकि यह अदृश्य है।
27. यह अदृश्य ब्रह्मा क्या उत्पन्न करता है? क्या यह कोई दृश्य परिणाम उत्पन्न करता है?
28. उत्तर नकारात्मक है।
29. एक और उदाहरण दिया जा सकता है। कानून में भी एक बुनियादी अवधारणा के रूप में एक कल्पना को अपनाना आम बात है– एक प्रस्ताव, जिसका अस्तित्व सिद्ध नहीं है, लेकिन जिसे सत्य माना जाता है।

30. और हम सभी ऐसी कानूनी कल्पना को स्वीकार करते हैं।
31. लेकिन ऐसी कानूनी कल्पना को क्यों स्वीकार किया जाता है?
32. इसका कारण यह है कि कानूनी कल्पना को इसलिए स्वीकार किया जाता है क्योंकि यह फलदायी और न्यायपूर्ण परिणाम देती है।
33. "ब्रह्मा एक कल्पना है। यह क्या फलदायी परिणाम देती है?"
34. वसेठ और भारद्वाज चुप हो गए।
35. तर्क को पुष्ट करने के लिए उन्होंने वसेठ की ओर मुड़कर पूछा "क्या आपने ब्रह्मा को देखा है?"
36. "क्या तीन वेदों में पारंगत ब्राह्मणों में से एक भी ऐसा है जिसने कभी ब्रह्मा को आमने–सामने देखा हो?"
37. "नहीं, वास्तव में गौतम।"
38. "क्या तीन वेदों में पारंगत ब्राह्मणों के शिक्षकों में से एक भी ऐसा है जिसने ब्रह्मा को आमने–सामने देखा हो?"
39. "नहीं, वास्तव में गौतम।"
40. "वासेट्ठ, क्या सातवीं पीढ़ी तक के ब्राह्मणों में से एक भी ऐसा है जिसने ब्रह्मा को प्रत्यक्ष देखा हो?"
41. "नहीं, गौतम।"
42. "तो फिर, वासेट्ठ, क्या प्राचीन ब्राह्मण ऋषियों ने भी ऐसा कहा था – क्या उन्होंने भी ऐसा कहा थाः हम जानते हैं, हमने देखा है, ब्रह्मा कहाँ है, ब्रह्मा कहाँ है?'
43. "ऐसा नहीं है, गौतम।"
44. बुद्ध ने दोनों ब्राह्मण बालकों से प्रश्न करना जारी रखा और कहाः
45. "अब तुम क्या सोचते हो, वासेट्ठ? क्या यह निष्कर्ष नहीं निकलता कि ब्राह्मणों द्वारा ब्रह्मा के साथ मिलन की बात मूर्खतापूर्ण बात है?
46. "ठीक है, वसेठ, जैसे जब अंधे एक दूसरे से चिपके रहते हैं, तो न तो सबसे आगे वाला देख पाता है, न बीच वाला देख पाता है, न

सबसे पीछे वाला देख पाता है—ठीक इसी तरह, वसेठ, क्या ब्राह्मणों की बातें अंधो की बातें हैं? पहला नहीं देखता, बीच वाला नहीं देखता, न ही सबसे पीछे वाला देख पाता है। इन ब्राह्मणों की बातें हास्यास्पद, केवल शब्द, व्यर्थ और खोखली बातें निकलती हैं।

47. "ठीक है, वसेठ, जैसे कोई आदमी कहे, मैं इस देश की सबसे सुंदर स्त्री की कितनी अभिलाषा करता हूँ, मैं उससे कितना प्रेम करता हूँ।"

48. "और लोग उससे पूछें, अच्छा! अच्छे मित्र! इस देश की यह सबसे सुंदर स्त्री, जिसे तुम इस प्रकार प्रेम करते हो और जिसके लिए तुम अभिलाषा करते हो, क्या तुम जानते हो कि वह सुंदर स्त्री कुलीन स्त्री है या ब्राह्मणी, या व्यापारी वर्ग की, या शूद्रा?'

49. "लेकिन जब ऐसा पूछा जाता, तो वह उत्तर देताः 'नहीं।'

50. "और जब लोग उससे पूछें, अच्छा! अच्छे मित्र! यह देश की सबसे सुंदर स्त्री है, जिससे तुम प्रेम करते हो और जिसके लिए तुम लालायित हो, क्या तुम जानते हो कि उस सबसे सुंदर स्त्री का नाम क्या है, या उसका कुलनाम क्या है, वह लंबी है या छोटी या मध्यम कद की, सांवली है या श्यामला या सुनहरे रंग की, या वह किस गांव, कस्बे या शहर में रहती है? लेकिन जब ऐसा पूछा जाता, तो वह उत्तर देताः 'नहीं।'

51. "अब तुम क्या सोचते हो, वासेट्ठ? क्या ऐसा नहीं होगा कि उस आदमी की बातें मूर्खतापूर्ण बातें थीं?"

52. "वास्तव में, गौतम, ऐसा ही होगा," दोनों ब्राह्मणों ने कहा।

53. इसलिए ब्रह्मा सत्य नहीं है और इस पर स्थापित कोई भी धर्म बेकार है।

4. आत्मा में विश्वास धम्म नहीं है

1. बुद्ध ने कहा कि आत्मा पर आधारित धर्म भविष्य–कथन पर आधारित है।

2. आत्मा को किसी ने नहीं देखा है और न ही आत्मा से बातचीत की है।
3. आत्मा अज्ञात और अदृश्य है।
4. जो चीज मौजूद है वह आत्मा नहीं बल्कि मन है। मन आत्मा से अलग है।
5. उन्होंने कहा कि आत्मा में विश्वास करना लाभहीन है।
6. इसलिए आत्मा पर आधारित धर्म रखने लायक नहीं है।
7. यह केवल अंधविश्वास पैदा करता है।
8. बुद्ध ने सवाल को यहीं नहीं छोड़ा। इसके सभी पहलुओं पर चर्चा की।
9. आत्मा के अस्तित्व में विश्वास उतना ही आम है जितना कि ईश्वर के अस्तित्व में विश्वास।
10. आत्मा के अस्तित्व में विश्वास भी ब्राह्मण धर्म का एक हिस्सा था।
11. ब्राह्मण धर्म में आत्मा को आत्मा या आत्मन कहा जाता है।
12. ब्राह्मण धर्म में आत्मा एक ऐसी इकाई को कहा जाता है जिसे शरीर से अलग माना जाता है, लेकिन वह अपने जन्म के क्षण से ही शरीर के अंदर रहती है।
13. आत्मा में विश्वास में उससे जुड़ी अन्य मान्यताएँ भी शामिल हैं।
14. आत्मा शरीर के साथ नहीं मरती। जब वह अस्तित्व में आती है तो दूसरे शरीर में जन्म लेती है।
15. शरीर आत्मा के लिए बाहरी वस्त्र का काम करता है।
16. क्या बुद्ध आत्मा में विश्वास करते थे? नहीं। वे नहीं करते थे। आत्मा के बारे में उनके सिद्धांत को अन–अत्ता, कोई आत्मा नहीं कहा जाता है।
17. एक देहविहीन आत्मा को देखते हुए विभिन्न प्रश्न उठते हैं: आत्मा क्या है? यह कहाँ से आई? शरीर की मृत्यु के बाद इसका क्या होता है? यह कहाँ जाती है? यह "परलोक" में किस रूप में मौजूद

रहती है। यह वहाँ कितने समय तक रहती है? इन प्रश्नों पर बुद्ध ने आत्मा के सिद्धांत के समर्थकों के साथ बहस करने की कोशिश की।

18. उन्होंने पहले यह दिखाने की कोशिश की कि आत्मा के बारे में विचार कितना अस्पष्ट था, अपनी सामान्य जिरह की विधि से।
19. उन्होंने उन लोगों से पूछा जो आत्मा के अस्तित्व में विश्वास करते थे, कि आत्मा आकार और रूप में कैसी है।
20. आनंद से उन्होंने कहा कि आत्मा के बारे में घोषणाएँ बहुत हैं। कुछ लोग घोषणा करते हैं: "मेरी आत्मा का एक रूप है और यह छोटा है।" अन्य लोग आत्मा को आकार और असीम और छोटा होने की घोषणा करते हैं। अन्य लोग इसे निराकार और असीम घोषित करते हैं।
21. "आनंद, आत्मा के बारे में कई तरह की घोषणाएँ की जाती हैं।"
22. "आत्मा में विश्वास करने वाले लोग आत्मा की कल्पना कैसे करते हैं?" बुद्ध द्वारा उठाया गया एक और प्रश्न था। कुछ लोग कहते हैं, "मेरी आत्मा महसूस कर रही है।" दूसरे कहते हैं, "नहीं, मेरी आत्मा महसूस नहीं कर रही है, मेरी आत्मा संवेदनशील नहीं है"; या फिर: "नहीं, मेरी आत्मा न तो भावनाशील है, न ही वह अचेतन है; मेरी आत्मा में भावना है, उसमें चेतना का गुण है।" इन पहलुओं के अंतर्गत आत्मा की कल्पना की जाती है।
23. बुद्ध ने आगे उन लोगों से पूछा जो आत्मा के अस्तित्व में विश्वास करते थे कि शरीर की मृत्यु के बाद आत्मा की क्या स्थिति होती है।
24. उन्होंने यह भी प्रश्न उठाया कि क्या शरीर की मृत्यु के बाद आत्मा दिखाई देती है।
25. उन्हें असंख्य अस्पष्ट कथन मिले।
26. क्या शरीर की मृत्यु के बाद आत्मा अपना रूप बनाए रखती है? उन्होंने पाया कि आठ अलग–अलग अटकलें थीं।
27. क्या आत्मा शरीर के साथ मर जाती है? इस पर असंख्य अटकलें थीं।

28. उन्होंने शरीर के मर जाने के बाद आत्मा के सुख या दुःख का प्रश्न भी उठाया। क्या शरीर की मृत्यु के बाद आत्मा सुखी होती है? इस पर भी संन्यासियों और ब्राह्मणों में मतभेद था। कुछ ने कहा कि यह पूरी तरह से दुखमय है। कुछ ने कहा कि यह सुखमय है। कुछ लोगों ने कहा कि यह सुखद भी है और दुःखद भी, जबकि कुछ ने कहा कि यह न तो सुखद है और न ही दुःखद।

29. आत्मा के अस्तित्व के बारे में इन सभी सिद्धांतों के लिए उनका उत्तर वही था जो उन्होंने कुण्ड को दिया था।

30. कुण्ड से उन्होंने कहाः "अब, कुण्ड, उन संन्यासियों और ब्राह्मणों के पास, जो इन विचारों में से किसी एक को मानते हैं, मैं जाकर उनसे कहता हूँ कि क्या ऐसा है, मित्रों? और यदि वे उत्तर दें: 'हाँ। केवल यही सत्य है, कोई अन्य दृष्टिकोण बेतुका है। मैं उनके दावे को स्वीकार नहीं करता। ऐसा क्यों है? क्योंकि ऐसे प्रश्नों पर लोगों की अलग–अलग राय होती है। न ही मैं इस (या उस) दृष्टिकोण को अपने स्तर पर मानता हूँ, न ही उससे ऊपर।"

31. अब अधिक महत्वपूर्ण प्रश्न यह है कि आत्मा के अस्तित्व के विरुद्ध बुद्ध के तर्क क्या थे।

32. आत्मा के अपने इनकार के समर्थन में उन्होंने जो सामान्य तर्क दिए, वे वही थे जो उन्होंने ईश्वर के अस्तित्व के अपने इनकार के समर्थन में दिए थे।

33. उन्होंने तर्क दिया कि आत्मा के अस्तित्व की चर्चा उतनी ही लाभहीन है जितनी कि ईश्वर के अस्तित्व की चर्चा।

34. उन्होंने तर्क दिया कि आत्मा के अस्तित्व में विश्वास करना सम्मा दिट्ठि की साधना के उतना ही विरुद्ध है जितना कि ईश्वर के अस्तित्व में विश्वास करना।

35. उन्होंने तर्क दिया कि आत्मा के अस्तित्व में विश्वास करना उतना ही अंधविश्वास का स्रोत है जितना कि ईश्वर में विश्वास करना। वास्तव में उनके मत में आत्मा के अस्तित्व में विश्वास करना ईश्वर में विश्वास करने से कहीं अधिक खतरनाक है। क्योंकि यह न

केवल पुरोहित वर्ग को जन्म देता है, न केवल यह सभी अंधविश्वासों की उत्पत्ति है बल्कि यह पुरोहित वर्ग को जन्म से मृत्यु तक मनुष्य पर पूर्ण नियंत्रण प्रदान करता है।

36. इन सामान्य तर्कों के कारण यह कहा जाता है कि बुद्ध ने आत्मा के अस्तित्व पर कोई निश्चित राय व्यक्त नहीं की। दूसरों ने कहा है कि उन्होंने आत्मा के अस्तित्व के सिद्धांत का खंडन नहीं किया। दूसरों ने कहा है कि वे हमेशा इस मुद्दे को टालते रहे।

37. ये कथन बिल्कुल गलत हैं। क्योंकि महाली को उन्होंने सबसे सकारात्मक शब्दों में बताया कि आत्मा जैसी कोई चीज नहीं है। इसीलिए उनके आत्मा संबंधी सिद्धांत को अनत्ता, अर्थात् गैर–आत्मा कहा जाता है।

38. आत्मा के अस्तित्व के विपरीत सामान्य तर्कों के अलावा, बुद्ध के पास आत्मा के अस्तित्व के विपरीत एक विशेष तर्क था जिसे उन्होंने आत्मा के सिद्धांत के लिए घातक माना।

39. आत्मा के एक अलग इकाई के रूप में अस्तित्व के खिलाफ उनके सिद्धांत को नाम–रूप कहा जाता है।

40. यह सिद्धांत संवेदनशील प्राणी के घटक तत्वों के तीखे, कठोर विश्लेषण के विभाज परीक्षण के अनुप्रयोग का परिणाम है, जिसे अन्यथा मानव व्यक्तित्व कहा जाता है।

41. नाम–रूप एक संवेदनशील प्राणी का सामूहिक नाम है।

42. बुद्ध के विश्लेषण के अनुसार, एक संवेदनशील प्राणी एक मिश्रित चीज है जिसमें कुछ भौतिक तत्व और कुछ मानसिक तत्व शामिल हैं। उन्हें खंड कहा जाता है।

43. रूप खंड में मुख्य रूप से पृथ्वी, जल, अग्नि और वायु जैसे भौतिक तत्व शामिल हैं। वे शरीर या रूप का निर्माण करते हैं।

44. रूप खंड के अलावा नाम खंड भी है जो एक सत्व का निर्माण करता है।

45. इस नाम खंड को विनना या चेतना कहते हैं। इस नाम खंड में तीन मानसिक तत्व शामिल हैं: वेदना (संसार के साथ छह इंद्रियों के संपर्क से उत्पन्न होने वाली संवेदना), सन्ना (बोध); संखारा (मन की अवस्थाएँ)। चेतना (चेतना) को कभी–कभी तीन अन्य मानसिक अवस्थाओं के साथ–साथ उनमें से एक के रूप में भी कहा जाता है। एक आधुनिक मनोवैज्ञानिक कहेगा कि चेतना वह मुख्य स्रोत है जिससे अन्य मनोवैज्ञानिक घटनाएँ उत्पन्न होती हैं। विनना एक सत्व का केंद्र है।

46. चेतना चार तत्वों, पृथि, अपा, तेज और वायु के संयोजन का परिणाम है।

47. बुद्ध द्वारा प्रतिपादित चेतना के इस सिद्धांत पर आपत्ति उठाई गई है।

48. जो लोग इस सिद्धांत पर आपत्ति करते हैं वे पूछते हैं, "चेतना कैसे उत्पन्न होती है?"

49. यह सत्य है कि चेतना जन्म के साथ उत्पन्न होती है और मृत्यु के साथ मर जाती है। फिर भी, क्या यह कहा जा सकता है कि चेतना चार तत्वों के संयोजन का परिणाम है?

50. बुद्ध का उत्तर यह नहीं था कि भौतिक तत्वों के सह–अस्तित्व या एकत्रीकरण से चेतना उत्पन्न होती है। बुद्ध ने जो कहा वह यह था कि जहाँ कहीं भी रूप या काया है, वहाँ चेतना उसके साथ है।

51. विज्ञान से एक सादृश्य देने के लिए, एक विद्युत क्षेत्र है और जहाँ कहीं भी विद्युत क्षेत्र है, उसके साथ हमेशा एक चुंबकीय क्षेत्र होता है। कोई नहीं जानता कि चुंबकीय क्षेत्र कैसे बनता है या कैसे उत्पन्न होता है। लेकिन यह हमेशा विद्युत क्षेत्र के साथ मौजूद रहता है।

52. शरीर और चेतना के बीच समान संबंध क्यों नहीं कहा जाना चाहिए?

53. विद्युत क्षेत्र के संबंध में चुंबकीय क्षेत्र को प्रेरित क्षेत्र कहा जाता है। रूप–काया के संबंध में चेतना को प्रेरित क्षेत्र क्यों नहीं कहा जा सकता है?

54. आत्मा के विरुद्ध बुद्ध का तर्क अभी पूरा नहीं हुआ है। उन्हें आगे कुछ महत्वपूर्ण बातें कहनी थीं।
55. चेतना के उत्पन्न होते ही मनुष्य एक संवेदनशील प्राणी बन जाता है। इसलिए चेतना मनुष्य के जीवन में मुख्य चीज है।
56. चेतना संज्ञानात्मक, भावनात्मक और इच्छाशक्तिपूर्ण होती है।
57. चेतना तब संज्ञानात्मक होती है जब वह ज्ञान, सूचना देती है, जैसे कि सराहना या समझ, चाहे वह आंतरिक तथ्यों की सराहना हो या बाहरी चीजों और घटनाओं की।
58. चेतना भावनात्मक होती है जब वह कुछ व्यक्तिपरकता अवस्थाओं में मौजूद होती है, जो सुखद या दर्दनाक स्वरों की विशेषता होती है, जब भावनात्मक चेतना भावना उत्पन्न करती है।
59. चेतना अपनी इच्छाशक्तिपूर्ण अवस्था में प्राणी को किसी लक्ष्य की प्राप्ति के लिए खुद को प्रयास करने के लिए प्रेरित करती है। इच्छाशक्तिपूर्ण चेतना उस चीज को जन्म देती है जिसे हम इच्छा या गतिविधि कहते हैं।
60. इस प्रकार यह स्पष्ट है कि एक सजीव प्राणी के सभी कार्य सजीव प्राणी द्वारा चेतना के माध्यम से तथा उसके परिणामस्वरूप किए जाते हैं।
61. इस विश्लेषण के पश्चात बुद्ध ने पूछा कि आत्मा द्वारा किए जाने वाले कौन से कार्य शेष रह गए हैं? आत्मा को सौंपे गए सभी कार्य चेतना द्वारा किए जाते हैं।
62. बिना किसी कार्य के आत्मा एक बेतुकी बात है।
63. इस प्रकार बुद्ध ने आत्मा के अस्तित्व को गलत सिद्ध किया।
64. इसलिए आत्मा का अस्तित्व धम्म का अंग नहीं हो सकता।

5. बलिदान में विश्वास धम्म नहीं है

1. ब्राह्मण धर्म बलिदान पर आधारित था।
2. कुछ बलिदान नित्य के रूप में वर्गीकृत किए गए थे तथा अन्य बलिदान नैमित्तिक के रूप में वर्गीकृत किए गए थे।

3. नित्य बलिदान दायित्व थे तथा उन्हें करना ही पड़ता था, चाहे उससे कोई फल मिले या न मिले।
4. नैमित्तिक यज्ञ तब किए जाते थे जब कर्ता सांसारिक लाभ के माध्यम से कुछ प्राप्त करना चाहता था।
5. ब्राह्मणीय यज्ञों में मदिरापान, पशुओं की हत्या और मौज–मस्ती करना शामिल था।
6. फिर भी ये बलिदान धार्मिक अनुष्ठान के रूप में मनाए जाते थे।
7. बुद्ध ने बलिदान पर आधारित धर्म को मानने से इनकार कर दिया।
8. उन्होंने कई ब्राह्मणों को अपने तर्क दिए जो उनसे विवाद करने गए थे कि बलिदान धर्म का हिस्सा क्यों नहीं है।
9. ऐसा बताया जाता है कि तीन ब्राह्मण थे जिनका इस विषय पर उनसे विवाद हुआ था।
10. वे थे कुटदंत, उज्जय और तीसरा उदयिन।
11. कुटदंत ब्राह्मण ने धन्य भगवान से अनुरोध किया कि वे उसे बताएं कि वह बलिदान के मूल्य के बारे में क्या सोचते हैं। एक व्यक्ति जो उसे यह बताए कि वह बलिदान के महत्व के बारे में क्या सोचता है।
12. भगवान ने कहाः "तो ठीक है, हे ब्राह्मण, ध्यान से सुनो और मैं बोलूंगा।"
13. "बहुत अच्छा, श्रीमान," कुटदंत ने उत्तर में कहा और भगवान ने इस प्रकार कहाः
14. "बहुत समय पहले, हे ब्राह्मण, महाविगेता नाम का एक राजा था, जो बहुत शक्तिशाली था, जिसके पास बहुत धन और बहुत सारी संपत्ति थी। उसके पास चांदी और सोने के भंडार थे, भोग विलास के साधन थे, माल और अनाज था। उसके खजाने और भण्डार भरे हुए थे।
15. "अब जब राजा महाविगेता एक बार ध्यान में अकेले बैठे थे, तो वे इस विचार से चिंतित हो गएः 'मेरे पास वे सभी अच्छी चीजें हैं

जिनका एक नश्वर आनंद ले सकता है। पृथ्वी का पूरा विस्तृत क्षेत्र मेरे पास विजय द्वारा है। यह अच्छा होगा यदि मैं एक महान बलिदान करूँ जो मुझे कई दिनों तक सुख और कल्याण सुनिश्चित करे।'

16. "तब पुजारी ब्राह्मण ने राजा से कहा, महाराज, राजा का देश अशांत और परेशान है। विदेशों में डाकू हैं जो गांवों और कस्बों को लूट रहे हैं और सड़कों को असुरक्षित बना रहे हैं। जब तक ऐसा है, राजा यदि नया कर लगाते हैं, तो वास्तव में महाराज गलत काम कर रहे होंगे।

17. "लेकिन शायद महामहिम सोच रहे हों मैं जल्द ही इन दुरात्मा के खेल को अपमानित करके, निर्वासन करके, जुर्माना लगाकर, बंधन लगाकर और मौत की सजा देकर रोक दूँगा! लेकिन उनके अनुज्ञप्ति को संतोषजनक ढंग से नहीं रोका जा सकता। जो बचे हुए लोग बिना सजा के रह जाएँगे, वे फिर भी राज्य को परेशान करते रहेंगे।

18. अब इस व्यवस्था को पूरी तरह से समाप्त करने के लिए एक तरीका अपनाया जा सकता है। राजा के राज्य में जो कोई भी व्यक्ति मवेशी पालने और खेती–बाड़ी में लगा है, उसे महामहिम राजा भोजन और बीज–अनाज दें। राजा के राज्य में जो कोई भी व्यक्ति व्यापार में लगा है, उसे महामहिम राजा पूंजी दें। राजा के राज्य में जो कोई भी व्यक्ति सरकारी सेवा में लगा है, उसे महामहिम राजा वेतन और भोजन दें।

19. "तब वे लोग, जो अपने–अपने काम में लगे रहते हैं, राज्य को परेशान नहीं करेंगे राजा का राजस्व बढ़ जाएगा देश शांत और शांतिपूर्ण हो जाएगा; और जनता, एक–दूसरे से प्रसन्न अपने बच्चों को गोद में लेकर नाचते हुए, बिना किसी डर के खुले दरवाजे के साथ रहेगी।

20. "तब राजा महाविजेता, हे ब्राह्मण, ने अपने पादरी की बात मान ली, और जैसा उसने कहा था वैसा ही किया। और वे लोग, जो अपने–अपने काम में लगे रहते हैं, राज्य को परेशान नहीं करेंगे।

और राजा का राजस्व बढ़ गया। और देश शांत और शांतिपूर्ण हो गया। और जनता, एक–दूसरे से प्रसन्न अपने बच्चों को गोद में लेकर नाचते हुए, खुले दरवाजे के साथ रहेगी।

21. "जब शांति और व्यवस्था बहाल हो गई, तो राजा महाविजेता ने अपने पादरी को फिर से बुलाया और कहाः अव्यवस्था समाप्त हो गई है। देश में शांति है। मैं वह महान बलिदान करना चाहता हूं–पूज्यवर मुझे बताएं कि मेरे कल्याण और कई दिनों तक मेरे कल्याण के लिए क्या करना है।'

22. "पुजारी ने राजा को उत्तर देते हुए कहा, ऐसा ही हो। महाराज अपने राज्य के नगर और देहात में जो क्षत्रिय हैं, उनके अधीन हैं; जो उनके मंत्री और अधिकारी हैं, जो उच्च पद के ब्राह्मण हैं, या जो धनी गृहस्थ हैं, उन्हें निमंत्रण भेजें कि मैं एक महान यज्ञ करने का इरादा रखता हूँ। पूज्यवर मुझे बहुत दिनों तक सुख और कल्याण के लिए जो कुछ करना है, उसे स्वीकृति दें।'

23. "तब राजा, हे ब्राह्मण कुटदंत, ने अपने पुरोहित की बात मान ली और जैसा उसने कहा था वैसा ही किया। और उन सभी क्षत्रियों, मंत्रियों, ब्राह्मणों और गृहस्थों ने एक जैसा उत्तर दिया महाराज, यज्ञ का उत्सव मनाएँ। समय उपयुक्त है, हे राजा!'

24. "राजा विगेट कई तरह से बुद्धिमान और प्रतिभाशाली थे। और उनके पुरोहित भी उतने ही बुद्धिमान और प्रतिभाशाली थे।

25. हे ब्राह्मण! यज्ञ आरम्भ होने से पहले ही पुरोहित ने राजा को समझाया कि यज्ञ में क्या–क्या होगा।

26. यदि महामहिम राजा को यज्ञ आरम्भ करने से पहले या यज्ञ करते समय या यज्ञ हो जाने पर ऐसा खेद हो कि 'बड़े अफसोस, इसमें मेरा बहुत–सा धन नष्ट हो गया', तो राजा को ऐसा खेद नहीं होना चाहिए।

27. "और आगे, हे ब्राह्मण, पुरोहित, यज्ञ आरम्भ होने से पहले, उसमें भाग लेने वालों के सम्बन्ध में बाद में उत्पन्न होने वाले किसी भी पश्चाताप को रोकने के लिए, कहाः महाराज, अब आपके यज्ञ में

ऐसे लोग आएंगे, जो जीवों के जीवन को नष्ट करते हैं, और ऐसे लोग जो उससे विरत रहते हैं– जो लोग जो नहीं दिया गया है उसे लेते हैं, और ऐसे लोग जो उससे विरत रहते हैं, जो वासनाओं के सम्बन्ध में दुष्टता से काम करते हैं, और ऐसे लोग जो उससे विरत रहते हैं, जो लोग झूठ बोलते हैं, और ऐसे लोग जो नहीं बोलते, जो लोग निन्दा करते हैं, और ऐसे लोग जो नहीं करते, जो लोग निष्ठुरता से बोलते हैं, और ऐसे लोग जो नहीं बोलते, जो व्यर्थ की बातें करते हैं, और ऐसे लोग जो उससे विरत रहते हैं, जो लोग लोभ करते हैं, और ऐसे लोग जो लोभ नहीं करते, जो लोग द्वेष नहीं रखते, और ऐसे लोग जो द्वेष नहीं रखते, और ऐसे लोग जो द्वेष नहीं रखते, जो लोग गलत विचार रखते हैं, और ऐसे लोग जो सही विचार रखते हैं। इनमें से प्रत्येक को, जो बुरा करते हैं, उनकी बुराई के साथ अकेले रहने दो। जो लोग अच्छा करते हैं, उनके लिए महाराज, अनुष्ठान की व्यवस्था करो, राजा को प्रसन्न करो, उनमें तुम्हारे हृदय को शांति मिलेगी।

28. "और हे ब्राह्मण! उस यज्ञ में न तो कोई बैल मारा गया, न बकरे, न पक्षी, न मोटे सूअर, न किसी प्रकार के जीव मारे गए। न कोई वृक्ष काटा गया, न बलि–स्थल के चारों ओर घास बिछाई गई। और जो दास, दूत और कामगार वहाँ काम पर रखे गए थे, उन्हें न तो डंडे से भगाया गया, न ही उन्हें डराया गया, न ही वे रोते हुए अपना काम करते रहे। जिसने सहायता करना चाहा, उसने काम किया, जिसने सहायता नहीं करना चाहा, उसने काम नहीं किया। जो करना चाहा, उसने किया जो नहीं करना चाहा, उसे छोड़ दिया गया। घी, तेल, मक्खन, दूध, शहद और चीनी से ही वह यज्ञ सम्पन्न हुआ।

29. "यदि तुम कोई भी यज्ञ करना चाहते हो, तो तुम्हारा यज्ञ राजा विगेटा के समान हो। बलि देना व्यर्थ है। पशु बलि क्रूरता है। बलि धर्म का अंग नहीं हो सकती। यह धर्म का सबसे निकृष्ट रूप है जो कहता है कि पशु को मारकर तुम स्वर्ग जा सकते हो।"

30. मैं पूछना चाहता था "हे गौतम, क्या पशु वध से अधिक फल और लाभ वाला कोई अन्य बलिदान है?"

31. "हाँ, हे ब्राह्मण, है।"

32. "और हे गौतम, वह क्या हो सकता है?"

33. "जब कोई व्यक्ति विश्वासपूर्ण हृदय से उपदेशों को अपने ऊपर ले लेता है–जीवन को नष्ट करने से परहेज जो नहीं दिया गया है उसे लेने से परहेज वासनाओं के संबंध में बुरे आचरण से परहेज झूठे शब्दों से परहेज मजबूत, मादक, पागल करने वाले पेय से परहेज, लापरवाही की जड़ जो कि खुले दान से बेहतर है, शाश्वत दान से बेहतर है, निवास स्थानों के दान से बेहतर है, मार्गदर्शन स्वीकार करने से बेहतर है।"

34. और जब उसने ऐसा कहा, तो ब्राह्मण कुटदंत ने धन्य से कहाः "सबसे उत्कृष्ट। हे गौतम, आपके मुंह के शब्द सबसे उत्कृष्ट हैं।"

(ii)

1. अब ब्राह्मण उज्जय ने महापुरुष से यह कहाः

2. "कृपया योग्य गौतम बलिदान की प्रशंसा करें?"

3. "नहीं ब्राह्मण, मैं हर बलिदान की प्रशंसा नहीं करता। फिर भी मैं हर बलिदान की प्रशंसा को रोक नहीं सकता। हे ब्राह्मण, जिस किसी यज्ञ में गायें, बकरे और भेड़ें, मुर्गे और सूअर आदि मारे जाते हैं और नाना प्रकार के जीव नष्ट हो जाते हैं, ऐसे यज्ञ की मैं प्रशंसा नहीं करता, जिसमें कसाई शामिल हो। "ऐसा क्यों?"

4. "हे ब्राह्मण, जिस किसी यज्ञ में कसाई शामिल हो, उसके निकट न तो योग्य लोग आते हैं और न ही योग्य मार्ग पर चल पड़े हुए लोग।

5. परन्तु हे ब्राह्मण, जिस किसी यज्ञ में गायें नहीं काटी जातीं और जीव नष्ट नहीं होते, ऐसे यज्ञ की जिसमें कसाई शामिल न हो, मैं प्रशंसा करता हूँ; जैसे, उदाहरण के लिए, एक लंबे समय से स्थापित दान, परिवार के कल्याण के लिए एक आहुति।"

6. "ऐसा क्यों?" "क्योंकि, ब्राह्मण, योग्य लोग, जो योग्य मार्ग पर चले हैं, वे ऐसे यज्ञ के निकट आते हैं जिसमें संहार शामिल नहीं है।"

(iii)

1. ब्राह्मण उदयिन ने महापुरुष से वही प्रश्न पूछा जो ब्राह्मण उज्जय ने पूछा था:
2. "कृपया, क्या योग्य गौतम यज्ञ की प्रशंसा करते हैं?" बुद्ध ने वही उत्तर दिया जो उन्होंने उज्जय को दिया था।
3. उन्होंने कहा:

   "समय पर किया गया उचित बलिदान और क्रूरता से मुक्त, ऐसे लोगों के पास आते हैं जो ईश्वर–जीवन में अच्छी तरह से प्रशिक्षित हैं, यहां तक कि जिन्होंने (अभी भी पृथ्वी पर रहते हुए) पर्दा हटा दिया है, जो समय और जाने से परे हैं। ऐसे प्रबुद्ध लोग प्रशंसा करते हैं, जो पुण्य में कुशल हैं। "चाहे बलिदान हो या विश्वास का कार्य, ह्रदय से भक्तिपूर्वक किया गया हवन पुण्य के उस अच्छे क्षेत्र में, जो लोग अच्छा जीवन जीते हैं, बलिदान करते हैं, प्रदान करते हैं, इस प्रकार दिए गए हवन को उदारता से करते हैं; इससे देवता प्रसन्न होते हैं। इस प्रकार आहुति देने वाला, विचारशील, जिससे बुद्धिमान बन जाता है, दुःख से मुक्त होकर आनंदमय संसार को जीत लेता है।"

6. अटकलों पर आधारित विश्वास धम्म नहीं है

(i)

1. ऐसे प्रश्न पूछना आम बात थी जैसे (1) क्या मैं अतीत में था? (2) क्या मैं अतीत में नहीं था? (3) तब मैं क्या था? (4) मैं कहाँ से कहाँ पहुँच गया? (5) क्या मैं आने वाले युगों में रहूँगा? (6) क्या मैं आने वाले युगों में नहीं रहूँगा ? (7) तब मैं क्या होऊंगा? (8) तब मैं कैसे होऊंगा? (9) मैं कहां से कहां जाऊंगा? या, फिर, यह आत्मा

है जिसके बारे में आज वह संदेह में है, खुद से पूछ रहा है (1) क्या मैं हूँ? (2) क्या मैं नहीं हूँ? (3) मैं क्या हूँ? (4) मैं कैसा हूँ? (5) मेरा अस्तित्व कहां से आया? (6) यह कहां जाएगा?"

2. ब्रह्मांड के संबंध में विभिन्न प्रश्न उठाए गए। उनमें से कुछ इस प्रकार थे:—
3. "ब्रह्मांड कैसे बना? क्या यह शाश्वत है?"
4. पहले प्रश्न के उत्तर में कुछ लोगों ने कहा कि सब कुछ ब्रह्मा द्वारा बनाया गया है—कुछ ने कहा कि यह प्रजापति द्वारा बनाया गया है।
5. दूसरे प्रश्न के उत्तर में कुछ लोगों ने कहा कि यह शाश्वत है। दूसरों ने कहा कि यह नहीं है। कुछ ने कहा कि यह सीमित है। दूसरों ने कहा कि यह अनंत है।
6. बुद्ध ने इन प्रश्नों पर विचार करने से इनकार कर दिया। उन्होंने कहा कि ये प्रश्न केवल गलत सोच वाले लोगों द्वारा ही पूछे जा सकते हैं।
7. इन प्रश्नों का उत्तर देने के लिए सर्वज्ञता की आवश्यकता थी जो किसी के पास नहीं थी।
8. उन्होंने कहा कि वे इन प्रश्नों का उत्तर देने के लिए सर्वज्ञ नहीं हैं। कोई भी व्यक्ति यह दावा नहीं कर सकता कि वह सब कुछ जानता है जो जानना चाहिए और न ही हम जो किसी भी समय जानना चाहते हैं वह उस समय ज्ञात होता है। हमेशा कुछ ऐसा होता है जो अज्ञात होता है।
9. इन्हीं कारणों से बुद्ध ने ऐसे सिद्धांतों को अपने धर्म से बाहर रखा।
10. उन्होंने ऐसे धर्म को धर्म नहीं माना जो ऐसे सिद्धांतों को अपना हिस्सा बनाता है।

(ii)

1. बुद्ध के समकालीनों ने जिन सिद्धांतों को अपनाया था उनके धर्म का आधार (1) स्वयं और (2) ब्रह्मांड की उत्पत्ति से संबंधित था।

2. उन्होंने स्वयं के बारे में कुछ प्रश्न उठाए। उन्होंने पूछाः "(1) क्या मैं अतीत में था? (2) क्या मैं अतीत में नहीं था? (3) तब मैं क्या था? (4) मैं कहाँ से कहाँ गया? (5) क्या मैं आने वाले युगों में रहूँगा? (6) क्या मैं आने वाले युगों में नहीं रहूँगा? (7) तब मैं कैसा होऊँगा? (8) तो मैं कैसा होऊँ? (9) मैं कहाँ से कहाँ जाऊँ? या, फिर, यह आत्मा ही है जिसके बारे में आज वह संदेह में है, अपने आप से पूछ रहा है (1) क्या मैं हूँ? (2) क्या मैं नहीं हूँ? (3) मैं क्या हूँ, (4) मैं कैसा हूँ, (5) मेरा अस्तित्व कहाँ से आया? (6) यह कहाँ तक जाएगा?"
3. अन्य लोगों ने ब्रह्मांड की व्युत्पत्ति के बारे में प्रश्न उठाया।
4. कुछ लोगों ने कहा कि ब्रह्मा ने इसकी रचना की।
5. अन्य लोगों ने कहा कि प्रजापति ने स्वयं बलिदान देकर इसकी रचना की।
6. अन्य शिक्षकों के पास अन्य प्रश्न थेः "संसार शाश्वत है, संसार शाश्वत नहीं है, संसार सीमित है, संसार अनंत है, शरीर जीवन (जीव) है, शरीर एक चीज है और जीवन दूसरी चीज है, सत्य–खोजी मृत्यु के बाद मौजूद है, सत्य–खोजी मृत्यु के बाद मौजूद नहीं है, वह मृत्यु के बाद मौजूद भी है और नहीं भी है, वह मृत्यु के बाद न तो मौजूद है और न ही नहीं है।"
7. ये ऐसे प्रश्न थे जिनके बारे में बुद्ध ने कहा कि ये गलत सोच वाले व्यक्ति पूछ सकते हैं।
8. बुद्ध ने इन धार्मिक सिद्धांतों की निंदा करने के तीन कारण बताए।
9. सबसे पहले, उन्हें धर्म का हिस्सा बनाने का कोई कारण नहीं था।
10. दूसरे, इन प्रश्नों का उत्तर देने के लिए सर्वज्ञता की आवश्यकता थी जो किसी के पास नहीं थीं। बुद्ध ने अपने संबोधनों में इस बात पर जोर दिया।
11. उन्होंने कहा कि एक ही समय में कोई भी सब कुछ नहीं जान सकता और न ही देख सकता। ज्ञान कभी अंतिम नहीं होता। हमेशा कुछ और जानने की जरूरत होती है।

12. इन सिद्धांतों के विपरीत तीसरा तर्क यह था कि वे केवल भविष्य–कथन थीं। वे सत्यापित नहीं हैं और न ही वे सत्यापित किए जा सकते हैं।
13. वे कल्पना का परिणाम थे। उनके पीछे कोई वास्तविकता नहीं थी।
14. इसके अलावा, मनुष्य के साथ उसके संबंध में इन अटकलबाज सिद्धांतों का मनुष्य को क्या फायदा था? बिल्कुल भी नहीं।
15. बुद्ध यह नहीं मानते थे कि दुनिया बनाई गई थीं। उनका मानना था कि दुनिया विकसित हुई है।

7. धम्म की पुस्तकें पढ़ना धम्म नहीं है

1. ब्राह्मणों ने अपना सारा जोर ज्ञान पर दिया। उन्होंने सिखाया कि ज्ञान ही हर चीज का सर्वस्व है। इसके अलावा कुछ और नहीं सोचना चाहिए।
2. दूसरी ओर बुद्ध सभी के लिए शिक्षा के समर्थक थे। इसके अलावा, वे ज्ञान के उपयोग से अधिक चिंतित थे, जिसे कोई व्यक्ति ज्ञान से प्राप्त कर सकता है।
3. इसलिए वे इस बात पर विशेष जोर देते थे कि जिसके पास ज्ञान है, उसमें शील (सद्‌गुण) अवश्य होना चाहिए और शील (सद्‌गुण) के बिना ज्ञान सबसे भयहेतुक है।
4. प्रज्ञा के मुकाबले शील का महत्व भिक्षु पाटिसेना को बताई गई बातों से स्पष्ट होता है।
5. पुराने समय में जब बुद्ध श्रावस्ती में निवास कर रहे थे, तो पाटिसेना नामक एक बूढ़ा भिक्षु था। वह स्वभाव से क्रोधी और सुस्त था, इसलिए वह एक गाथा भी कंठस्थ नहीं कर सकता था।
6. बुद्ध ने तदनुसार 500 अरहतों को प्रतिदिन उन्हें शिक्षा देने का आदेश दिया, लेकिन तीन वर्ष बाद भी वे एक भी गाथा याद नहीं कर पाए।

7. तब देश के सभी लोग (चार वर्ण) उनकी अज्ञानता को जानकर उनका उपहास करने लगे, जिस पर बुद्ध ने दया करके उन्हें अपने पास बुलाया और धीरे से निम्नलिखित श्लोक दोहराया: "जो अपने मुख पर नियंत्रण रखता है और अपने विचारों को संयमित करता है, जो अपने शरीर से अपराध नहीं करता, जो मनुष्य इस प्रकार कार्य करता है, वह मोक्ष प्राप्त करता है।"
8. तब पतिसेन को गुरु की कृपा का अनुभव हुआ और उसने महसूस किया कि उसका हृदय खुल गया है और उसने एक बार श्लोक दोहराया।
9. बुद्ध ने फिर उससे कहा– "अब तुम, एक वृद्ध व्यक्ति, केवल एक श्लोक ही दोहरा सकते हो और लोग यह जानते हैं, और फिर भी वे तुम्हारा उपहास करेंगे, इसलिए, मैं अब तुम्हें श्लोक का अर्थ समझाता हूँ और तुम ध्यानपूर्वक सुनो।"
10. फिर बुद्ध ने शरीर से सम्बंधित तीन कारण, मुख से सम्बंधित चार कारण और विचारों से सम्बंधित तीन कारण बताये, जिनके नाश से मनुष्य मोक्ष प्राप्त कर सकता है, और जिस पर साधक इस प्रकार समझाये गये सत्य को पूर्णतः समझकर अरहत की अवस्था प्राप्त कर सकता है।
11. अब, इस समय, उनके विहार में 500 भिक्षुणियाँ निवास कर रही थीं, जिन्होंने अपने में से एक को बुद्ध के पास यह अनुरोध करने के लिए भेजा कि वे उन्हें धम्म में शिक्षा देने के लिए एक पुजारी भेजें।
12. उनके अनुरोध को सुनकर बुद्ध ने वृद्ध भिक्षुक पतिसेन को इस उद्देश्य के लिए उनके पास जाने को कहा।
13. यह जानकर कि यह व्यवस्था की गई थी, सभी भिक्षुणियाँ एक साथ हँसने लगीं, और अगले दिन, जब वह आए, तो गाथा को गलत (उल्टा) कहने पर सहमत हुईं, और इस प्रकार वृद्ध व्यक्ति को भ्रमित किया और उसे शर्मिंदा किया।
14. फिर अगले दिन जब वह आया, तो सभी भिक्षुणियाँ, बड़ी और

छोटी, उसे नमस्कार करने के लिए आगे बढ़ीं और ऐसा करते हुए, वे एक–दूसरे को देखकर मुस्कुराईं।

15. फिर बैठ कर उन्होंने उसे भोजन कराया। भोजन करने और हाथ धोने के बाद उन्होंने उससे उपदेश आरंभ करने की प्रार्थना की। इस पर वृद्ध भिक्षुक ऊंचे आसन पर चढ़ गया और बैठ कर कहने लगाः

16. "बहनों! मेरी प्रतिभा बहुत कम है, मेरा ज्ञान बहुत कम है। मैं केवल एक गाथा जानता हूँ, लेकिन मैं उसे दोहराकर उसका अर्थ समझाऊँगा। तुम ध्यान से सुनो और समझो।"

17. तब सभी युवा भिक्षुणियाँ गाथा को उलटा बोलने का प्रयास करने लगीं लेकिन वे अपना मुँह नहीं खोल सकीं और लज्जा से भर कर उन्होंने दुःख में अपना सिर नीचे झुका लिया।

18. तब पातिसेन ने गाथा को दोहराया और बुद्ध के निर्देशानुसार उसे समझाना आरंभ किया।

19. तब सभी भिक्षुणियाँ उसके वचन सुनकर आश्चर्यचकित हो गईं और ऐसी शिक्षा सुनकर प्रसन्न हुईं, उन्होंने एक मन से उसे ग्रहण किया और अरहत बन गईं।

20. इसके अगले दिन, राजा प्रसेनजित ने बुद्ध और पुरोहितों की पूरी मंडली को आतिथ्य ग्रहण करने के लिए अपने महल में आमंत्रित किया। पुजारियों को अपने महल में आतिथ्य में भाग लेने के लिए इकट्ठा होने के लिए कहा।

21. इसलिए बुद्ध ने पतिसेन के श्रेष्ठ और पूजनीय स्वरूप को पहचानते हुए, उनसे आग्रह किया कि वे अपना भिक्षापात्र लेकर उनके पीछे चलें।

22. लेकिन जब वे महल के द्वार पर पहुँचे, तो द्वारपाल ने, उनके चरित्र (पूर्ववृत्त) को जानते हुए, उन्हें हॉल में जाने नहीं दिया, और कहाः "हम ऐसे पुजारी का आतिथ्य नहीं कर सकते जो केवल एक गाथा जानता हो। तुम्हारे जैसे सामान्य लोगों के लिए कोई जगह नहीं है– अपने से बेहतर लोगों के लिए जगह बनाओ और चले जाओ।"

23. तदनुसार, पतिसेन दरवाजे के बाहर बैठ गए।
24. अब बुद्ध हाथ धोने के बाद मंच पर चढ़े, और देखो! पतिसेन का हाथ, अपने हाथ में भिक्षापात्र लिए, कमरे में प्रवेश कर गया।
25. तब राजा, मंत्री और सारी सभा यह दृश्य देखकर आश्चर्यचकित हो गई और बोली, "आह! यह कौन है?"
26. इस पर बुद्ध ने उत्तर दिया, "यह भिक्षुक पतिसेन है। इसे अभी–अभी ज्ञान प्राप्त हुआ है और मैंने चाहा कि यह मेरा भिक्षापात्र मेरे पीछे रखे लेकिन द्वारपाल ने इसे प्रवेश देने से मना कर दिया।"
27. इस पर उसे प्रवेश दिया गया और वह सभा में प्रवेश कर गया।
28. तब प्रसेनजित ने बुद्ध की ओर मुड़कर कहाः "मैंने सुना है कि यह पतिसेन अल्प–क्षमता वाला व्यक्ति है और केवल एक गाथा जानता है, फिर इसने परम ज्ञान कैसे प्राप्त किया?"
29. इस पर बुद्ध ने उत्तर दिया "बहुत अधिक सीखने की आवश्यकता नहीं है, आचरण (शील) पहली चीज है।
30. "इस पतिसेन ने इस एक गाथा के शब्दों के गुप्त गुण को अपनी आत्मा में प्रवेश करने दिया है; इसके शरीर, मुख और विचारों ने पूर्ण शांति प्राप्त कर ली है; क्योंकि भले ही मनुष्य बहुत कुछ जानता हो, लेकिन अगर उसका ज्ञान उसके जीवन तक नहीं पहुंचता, उसे विनाश की ओर ले जाने वाली शक्ति से नहीं बचाता, तो उसके सारे ज्ञान से क्या लाभ हो सकता है?"
31. तब बुद्ध ने कहाः
32. "भले ही कोई व्यक्ति एक हजार श्लोक (खंड) दोहराता हो, परन्तु जो वाक्य दोहराता है उसका अर्थ नहीं समझता, उसका कार्य एक वाक्य के दोहराने के समकक्ष भी नहीं है, जिसे सुनकर विचार पर नियंत्रण किया जा सके। बिना समझे हजार शब्द दोहराने से क्या लाभ? परन्तु एक सत्य को समझना और उसे सुनकर उसके अनुसार आचरण करना, यही मोक्ष प्राप्ति है।
33. "कोई व्यक्ति अनेक ग्रन्थों को दोहरा सकता है, परन्तु यदि वह

उनकी व्याख्या नहीं कर सकता, तो इससे क्या लाभ? परन्तु धर्म के एक वाक्य की व्याख्या करना और उसके अनुसार आचरण करना, यही परम ज्ञान प्राप्ति का मार्ग है।"

34. ये शब्द सुनकर दो सौ भिक्षु, राजा और उसके मंत्री आनंद से भर गए।

8. धम्म की पुस्तकों की अचूकता में विश्वास करना धम्म नहीं है

1. ब्राह्मणों ने घोषित किया था कि वेद न केवल पवित्र हैं, अपितु अधिकार की दृष्टि से वे अंतिम हैं।
2. ब्राह्मणों ने न केवल वेदों को अंतिम घोषित किया, अपितु उन्हें अचूक भी घोषित किया।
3. बुद्ध इस मुद्दे पर ब्राह्मणों के बिल्कुल विरुद्ध थे।
4. उन्होंने इस बात से इनकार किया कि वेद पवित्र हैं। उन्होंने इस बात से इनकार किया कि वेदों में जो कुछ भी कहा गया है वह अंतिम है। उन्होंने इस बात से इनकार किया कि वेद अचूक हैं।
5. ऐसे कई शिक्षक थे जिन्होंने उनके जैसा ही रुख अपनाया था। हालाँकि, बाद में वे या उनके अनुयायी सभी अपने दर्शन की प्रणालियों के लिए ब्राह्मणों से सम्मान और सद्‌भावना जीतने के लिए झुक गए। लेकिन बुद्ध इस मुद्दे पर कभी नहीं झुके।
6. त्विज सुत्त में बुद्ध ने घोषणा की कि वेद एक जलहीन रेगिस्तान, एक पथहीन जंगल, वास्तव में नरक हैं। बौद्धिक और नैतिक प्यास वाला कोई भी व्यक्ति वेदों में जाकर अपनी प्यास बुझाने की उम्मीद नहीं कर सकता।
7. वेदों की अचूकता के बारे में, उन्होंने कहा कि कुछ भी अचूक नहीं है, यहाँ तक कि वेद भी नहीं। उन्होंने कहा कि हर चीज की जांच और पुनः जांच होनी चाहिए।

8. यह बात उन्होंने कलमाओं को दिए गए अपने उपदेश में स्पष्ट की।
9. एक बार भगवान कोसल देश से होकर अपने शिष्यों के एक बड़े समूह के साथ गुजर रहे थे और केसपुत्त नामक शहर में पहुंचे, जो कलमाओं द्वारा बसा हुआ था।
10. जब कलमाओं को उनके आगमन का पता चला तो वे वहां पहुंचे जहां भगवान थे और एक तरफ बैठ गए। इस प्रकार बैठे हुए, केसपुत्त के कलमाओं ने भगवान से इस प्रकार कहाः
11. "भगवान, कुछ तपस्वी और संन्यासी हैं जो केसपुत्त के पास आते हैं और जो अपने विचारों को स्पष्ट करते हैं और उनका प्रचार करते हैं, लेकिन वे दूसरों के विचारों को तोड़ते हैं, कुचलते हैं, निंदा करते हैं और उनका विरोध करते हैं। और कुछ अन्य तपस्वी और संन्यासी हैं, भगवान, जो केसपुत्त के पास आते हैं, और वे भी अपने विश्वासों की व्याख्या और महिमा करते हैं, लेकिन दूसरों के विश्वासों को नष्ट करते हैं, दबाते हैं, तिरस्कार करते हैं और उनके विरुद्ध खड़े होते हैं।
12. "और इसलिए, भगवान, हम अनिश्चितता और संदेह में हैं, यह नहीं जानते कि इन आदरणीय तपस्वियों में से कौन सच बोलता है और कौन झूठ।"
13. "वास्तव में, तुम कलमाओं के अनिश्चित होने का अच्छा कारण है, तुम्हारे संदेह करने का अच्छा कारण है," भगवान ने कहा। "वास्तव में, उचित अवसर पर ही तुम्हारे भीतर नैदानिक और संदेह उत्पन्न हुआ है।"
14. "आओ, हे कलमाओं," भगवान ने आगे कहा, "केवल इस बात पर मत जाओ कि तुम सत्य बोल रहे हो और कौन झूठ।" जो तुम सुनते हो, केवल उसी पर मत जाओ जो एक से दूसरे को दिया गया है; जो आम तौर पर बताया जाता है, उस पर मत जाओ; केवल उसी पर मत जाओ जो शास्त्रों में लिखा है; तर्क की सूक्ष्मताओं पर मत जाओ, केवल दिखावे पर आधारित विचारों पर मत जाओ केवल स्वीकार्य विश्वासों और विचारों पर मत जाओ

केवल उस पर मत जाओ जो वास्तविक लगता है; केवल किसी तपस्वी या श्रेष्ठ के शब्दों पर मत जाओ।"

15. "तो फिर, हमें क्या करना चाहिए? हमें कौन सी परीक्षा लागू करनी चाहिए?" कलमाओं ने पूछा।

16. "परीक्षण ये हैं," धन्य ने उत्तर दिया "अपने आप से पूछो, क्या हम जानते हैं: ये बातें अहितकर हैं; ये बातें निंदनीय हैं; ये बातें बुद्धिमानों द्वारा निन्दा की जाती हैं; ये बातें करने या करने का प्रयास करने से दुर्दशा और दुःख होता है।'

17. "कलमास, तुम्हें आगे जाकर पूछना चाहिए कि क्या सिखाया गया सिद्धांत लालसा, घृणा, भ्रम और हिंसा को बढ़ावा देता है।

18. "यह पर्याप्त नहीं है, कलमास, तुम्हें आगे जाकर देखना चाहिए कि क्या यह सिद्धांत मनुष्य को उसकी वासनाओं का बंदी बनाने की संभावना नहीं रखता है, और उसे जीवित प्राणियों को मारने की संभावना नहीं रखता है; जो उसे नहीं दिया गया है उसे लेकर किसी और की पत्नी के पीछे जाने की संभावना नहीं रखता है; झूठ बोलना, और दूसरों को भी ऐसे ही कर्म करने के लिए प्रेरित करना?

19. "और अंत में तुम्हें पूछना चाहिए क्या यह सब उसके दुर्दशा और दुःख की ओर नहीं ले जाता है।"

20. "अब, कलमास, तुम क्या सोचते हो?

21. "क्या ये चीजें मनुष्य के लिए दुःख या कल्याण का कारण बनती हैं?"

22. "भगवान, उसके दुःख के लिए," कलमाओं ने उत्तर दिया।

23. "कलमाओं, तुम क्या सोचते हो, ये चीजें लाभदायक हैं या अहितकर?"

24. ये अहितकर हैं, भगवान।"

25. "क्या ये चीजें निन्दनीय हैं?"

26. "भगवान, निन्दनीय हैं," कलमाओं ने उत्तर दिया।

27. "बुद्धिमानों द्वारा निंदित या बुद्धिमानों द्वारा स्वीकृत?"

28. "बुद्धिमानों द्वारा निंदित," कलमाओं ने उत्तर दिया।
29. "क्या ये किए जाने या प्रयास किए जाने पर, ये दुःख और पीड़ा की ओर ले जाते हैं?"
30. "भगवान, किए जाने या प्रयास किए जाने पर, ये दुःख और पीड़ा की ओर ले जाते हैं।
31. "ऐसा कोई शास्त्र जो यह सिखाता है, उसे अंतिम या अचूक नहीं माना जा सकता?"
32. "नहीं, प्रभु," कलमाओं ने कहा।
33. "लेकिन यह, हे कलमाओं, मैंने यही कहा है। मैंने जो कहा है वह यह है कि "केवल जो तुम सुनते हो उस पर मत चलो; केवल जो एक से दूसरे को सौंपा गया है उस पर मत चलो केवल तर्क की सूक्ष्मताओं पर मत जाओ केवल दिखावे पर आधारित विचारों पर मत जाओ केवल सहमत विश्वासों और विचारों पर मत जाओ केवल किसी तपस्वी या श्रेष्ठ के शब्दों पर मत जाओ।
34. "केवल तभी जब तुम वास्तव में अपने आप को जानते हो ये चीजें अस्वास्थ्यकर हैं; ये चीजें निन्दनीय हैं, ये चीजें बुद्धिमानों द्वारा निंदा की जाती हैं; ये चीजें करना या प्रयास करना बुराई और पीड़ा का कारण बनता है तब, कलमास, आपको उन्हें दूर करना चाहिए।"
35. अद्भुत, भगवान, सबसे अद्भुत! हम भगवान, धन्य एक, शरण के लिए, और उनकी शिक्षाओं के लिए जाते हैं। हे प्रभु, हमें भगवान अपने अनुयायी के रूप में स्वीकार करें, आज से लेकर जब तक जीवन रहेगा, हम आपकी शरण में हैं।"
36. तर्क का सार स्पष्ट है। किसी की शिक्षा को प्रामाणिक मानने से पहले इस बात पर मत जाइए कि वह शास्त्रों में है, तर्क की सूक्ष्मताओं पर मत जाइए केवल दिखावे पर आधारित विचारों पर मत जाइए केवल इस बात पर मत जाइए कि प्रचारित विश्वास और विचार स्वीकार्य हैं, केवल इस बात पर मत जाइए कि वे वास्तविक

प्रतीत होते हैं; केवल इस बात पर मत जाइए कि विश्वास और विचार किसी तपस्वी या श्रेष्ठ व्यक्ति के हैं।

37. लेकिन विचार करें कि जो विश्वास और विचार विकसित किए जाने हैं, वे हितकारी हैं या अहितकारी, निन्दनीय हैं या बिना निदा के, कल्याणकारी हैं या अहितकारी।

38. केवल इन आधारों पर ही कोई किसी की शिक्षा को स्वीकार कर सकता है।

भाग – V

सद्धम्म क्या है

खंड I–सद्धम्म के कार्य।

1. मन को उसकी अशुद्धियों से शुद्ध करना।
2. संसार को धर्म का साम्राज्य बनाना।

खंड II–सद्धम्म होने के लिए धम्म की प्रज्ञा को बढ़ावा देना चाहिए।

1. धम्म सद्धम्म है जब यह सभी के लिए सीखने को खुला बनाता है।
2. धम्म सद्धम्म है जब यह सिखाता है कि केवल सीखना पर्याप्त नहीं है। यह पांडित्य की ओर ले जा सकता है।
3. धम्म सद्धम्म है जब यह सिखाता है कि केवल प्रज्ञा की आवश्यकता है।

खंड III–सद्धम्म होने के लिए धम्म को मैत्री को बढ़ावा देना चाहिए।

1. धम्म सद्धम्म तभी है जब यह सिखाता है कि केवल प्रज्ञा पर्याप्त नहीं है। इसके साथ शील भी होना चाहिए।
2. धम्म तब सद्धम्म होता है जब वह सिखाता है कि केवल सीखना ही पर्याप्त नहीं है: यह पांडित्य की ओर ले जा सकता है।
3. धम्म तभी सद्धम्म है जब वह यह सिखाता है कि करुणा से अधिक मैत्री आवश्यक है।

खंड IV–धम्म को सद्धम्म होने के लिए सभी सामाजिक बाधाओं को हटाना होगा।

1. धम्म को सद्धम्म होने के लिए मनुष्य और मनुष्य के बीच की बाधाओं को तोड़ना होगा।
2. धम्म को सद्धम्म होने के लिए यह सिखाना होगा कि मनुष्य का मापदंड उसका मूल्य है, न कि उसका जन्म।
3. धम्म को सद्धम्म होने के लिए मनुष्य और मनुष्य के बीच समानता को बढ़ावा देना होगा।

खंड–I: सद्धम्म के कार्य

1. मन को उसकी अशुद्धियों से शुद्ध करना

1. एक बार जब भगवान श्रावस्ती में निवास कर रहे थे, तो कोसल के राजा प्रसेनजित उस स्थान पर आए जहाँ वे ठहरे हुए थे और अपने रथ से उतरकर, अत्यंत श्रद्धा के साथ गुरु के पास गए।
2. और उन्हें अगले दिन शहर में आने और अपने आतिथ्य का आनंद लेने के लिए आमंत्रित किया, ताकि लोगों को उनके व्यक्तित्व और सिद्धांत की उत्कृष्टता का प्रदर्शन किया जा सके, ताकि वे उन पर विश्वास कर सकें।
3. बुद्ध ने सहमति व्यक्त की, अगले दिन अपने सभी शिष्यों के साथ शहर में प्रवेश किया, और शहर की चार चौराहों से गुजरते हुए, वे नियत स्थान पर आए और बैठ गए।
4. भोजन समाप्त करने के बाद, उन्होंने राजा के अनुरोध पर, चारों राजमार्गों के बीच में उपदेश देना शुरू किया, जबकि उनके श्रोता बहुत थे।
5. इस समय दो व्यापारी उनकी बातें सुन रहे थे।
6. उनमें से एक ने सोचा, "राजा ने इस तरह के उपदेशों को सार्वजनिक रूप से प्रचारित करके कितनी उत्कृष्ट बुद्धि दिखाई है! उनका अनुप्रयोग कितना व्यापक है, उनका चरित्र कितना खोजपूर्ण है!"
7. दूसरे ने इस प्रकार सोचा, "राजा ने इस व्यक्ति को उपदेश देने के लिए यहाँ लाकर कितनी मूर्खता की है!
8. "जैसे बछड़ा गाय के पीछे–पीछे चलता है, जो उसे खींचे जाने वाले वाहन से बंधा हुआ है, और चलते समय रोता है, वैसे ही यह बुद्ध राजा के पीछे चल रहा है।" दोनों व्यापारी शहर से चले गए और एक सराय में पहुँचे जहाँ वे ठहरे।

9. शराब पीने से अच्छे व्यापारी को दुनिया पर नजर रखने वाली चार संरक्षक आत्माओं द्वारा रोका और संरक्षित किया गया।
10. इसके विपरीत, दूसरे को एक दुष्ट आत्मा ने पीने के लिए उकसाया, जब तक कि वह नींद से अभिभूत नहीं हो गया, और सराय के पास सड़क पर लेट गया।
11. सुबह–सुबह व्यापारियों की गाड़ियाँ वहाँ से निकल रही थीं, लेकिन चालकों ने सड़क पर पड़े व्यक्ति को नहीं देखा, और गाड़ी के पहियों से कुचलकर उसे मार डाला।
12. दूसरा व्यापारी, दूर देश में आया था, उसे पवित्र घोड़े के घुटने टेककर राजा के उत्तराधिकारी के रूप में चुना गया और तदनुसार उसे सिंहासन पर नियुक्त किया गया।
13. इसके बाद, घटनाओं के अजीब मोड़ पर विचार करते हुए, वह वापस लौटा और बुद्ध को अपने पास आने और अपने लोगों को उपदेश देने के लिए आमंत्रित किया।
14. इस अवसर पर विश्व–पूज्य भगवान ने दुष्ट–मन वाले व्यापारी की मृत्यु का कारण और बुद्धिमानी से सोचने वाले की समृद्धि की घोषणा की, और फिर ये पंक्तियाँ जोड़ीं:
15. मन ही सबका मूल है, मन ही स्वामी है, मन ही कारण है।
16. "यदि मन में बुरे विचार हैं, तो शब्द बुरे हैं, कर्म बुरे हैं, और पाप से उत्पन्न दुःख उस व्यक्ति का पीछा करता है, जैसे रथ का पहिया उसके पीछे चलता है जो उसे खींचता है।
17. मन ही सब कुछ का मूल है; यह मन ही है जो आदेश देता है, यह मन ही है जो योजना बनाता है।
18. "यदि मन में अच्छे विचार हैं, तो शब्द अच्छे हैं और कर्म अच्छे हैं, और ऐसे आचरण से उत्पन्न सुख उस व्यक्ति का पीछा करता है, जैसे छाया पदार्थ के साथ होती है।"
19. इन शब्दों को सुनकर, राजा और उसके मंत्री, अनगिनत अन्य लोगों के साथ, परिवर्तित हो गए, और शिष्य बन गए।

2. संसार को धर्म का साम्राज्य बनाना।

1. धर्म का उद्देश्य क्या है?
2. विभिन्न धर्मों ने अलग–अलग उत्तर दिए हैं।
3. मनुष्य को ईश्वर की अन्वेषण करने के लिए प्रेरित करना और उसे अपनी आत्मा को बचाने का महत्व सिखाना इस प्रश्न का सबसे आम उत्तर है।
4. अधिकांश धर्म तीन राज्यों की बात करते हैं।
5. एक को स्वर्ग का राज्य कहा जाता है। दूसरे को पृथ्वी का राज्य और तीसरे को नरक का राज्य कहा जाता है।
6. स्वर्ग के इस राज्य पर ईश्वर का शासन माना जाता है। नरक के राज्य को एक ऐसी जगह के रूप में वर्णित किया गया है जहाँ दुष्ट की सर्वोच्चता निर्विवाद है। पृथ्वी का राज्य एक विवादित क्षेत्र है। यह दुष्ट के प्रभुत्व के अधीन नहीं है। साथ ही ईश्वर की संप्रभुता इस तक विस्तारित नहीं होती है। आशा है कि एक दिन ऐसा होगा।
7. कुछ धर्मों में स्वर्ग के राज्य को एक ऐसा राज्य कहा जाता है जिसमें निस्संदेह धार्मिकता प्रबल होती है क्योंकि यह सीधे ईश्वर द्वारा शासित होता है।
8. अन्य धर्मों में स्वर्ग का राज्य पृथ्वी पर नहीं है। यह स्वर्ग का दूसरा नाम है। इसे वह व्यक्ति प्राप्त कर सकता है जो ईश्वर और उसके पैगंबर पर विश्वास करता है। जब वह स्वर्ग में पहुँचता है तो जीवन के सभी सांसारिक सुख उन सभी लोगों की पहुँच में आ जाते हैं जो आस्थावान हैं।
9. सभी धर्म यह उपदेश देते हैं कि स्वर्ग के इस राज्य तक पहुँचना ही मनुष्य का लक्ष्य होना चाहिए और इसे कैसे प्राप्त किया जाए, यही सबका लक्ष्य है।
10. "धर्म का उद्देश्य क्या है?" इस प्रश्न पर बुद्ध का उत्तर बहुत अलग है।

11. उन्होंने लोगों से यह नहीं कहा कि जीवन में उनका उद्देश्य किसी काल्पनिक स्वर्ग तक पहुँचना होना चाहिए। धर्म का राज्य पृथ्वी पर है और मनुष्य को धर्म के आचरण से उस तक पहुँचना है।
12. उन्होंने लोगों से यह कहा कि अपने दुःखों को दूर करने के लिए प्रत्येक व्यक्ति को दूसरों के संबंध में अपने आचरण में धर्मी होना सीखना चाहिए और इस प्रकार पृथ्वी को धर्म का राज्य बनाना चाहिए।
13. यही बात उनके धर्म को अन्य सभी धर्मों से अलग करती है।
14. उनका धर्म पंचशील, अष्टांग मार्ग और पारमिताओं पर जोर देता है।
15. बुद्ध ने इन्हें अपने धर्म का आधार क्यों बनाया? क्योंकि वे एक ऐसी जीवन पद्धति का निर्माण करते हैं जो अकेले ही मनुष्य को धार्मिक बना सकती है।
16. मनुष्य का दुःख मनुष्य के प्रति मनुष्य की अन्यायपूर्ण नीति का परिणाम है।
17. केवल धार्मिकता ही इस अन्यायपूर्ण नीति और उसके परिणामस्वरूप होने वाले दुःख को दूर कर सकती है।
18. इसीलिए उन्होंने कहा कि धर्म को केवल उपदेश ही नहीं देना चाहिए बल्कि मनुष्य के मन में अपने आचरण में धार्मिक होने की सर्वोच्च आवश्यकता को स्थापित करना चाहिए।
19. उन्होंने कहा कि धार्मिकता स्थापित करने के उद्देश्य से धर्म को कुछ अन्य कार्य भी करने होते हैं।
20. धर्म को मनुष्य को यह सिखाना चाहिए कि क्या सही है उसका पालन करना चाहिए।
21. धर्म को मनुष्य को यह सिखाना चाहिए कि क्या गलत है उसका पालन नहीं करना चाहिए।
22. धर्म के इन उद्देश्यों के अलावा उन्होंने दो अन्य उद्देश्यों पर जोर दिया जिन्हें उन्होंने सर्वोच्च महत्व दिया।

23. पहला उद्देश्य मनुष्य की प्रवृत्ति और स्वभाव को प्रशिक्षित करना है जो प्रार्थना करने, अनुष्ठान करने या बलिदान करने से अलग है।
24. बुद्ध ने देवदह सुत्त में जैन धर्म की व्याख्या करते हुए इसे स्पष्ट किया है।
25. जैन धर्म के संस्थापक महावीर ने कहा था कि व्यक्ति जो भी अनुभव करता है, चाहे वह सुखद हो या अप्रिय, वह सब पूर्वजन्मों में किए गए कर्मों का परिणाम है।
26. ऐसा होने पर, पूर्व के पापों के क्षय और शुद्धिकरण से तथा नए पाप न करने से भविष्य के लिए कुछ भी नहीं बचता जैसे भविष्य के लिए कुछ भी नहीं बचता, वैसे ही पाप भी नष्ट हो जाते हैं; जैसे ही पाप नष्ट होते हैं, वैसे ही दुःख भी नष्ट हो जाता है, वैसे ही दुःख भी नष्ट हो जाता है, भावनाएं भी नष्ट हो जाती हैं और जैसे ही भावनाएं भी नष्ट हो जाती हैं, वैसे ही सभी दुःख समाप्त हो जाते हैं और चले जाते हैं।
27. जैन धर्म ने भी यही कहा है।
28. इस पर बुद्ध ने यह प्रश्न पूछाः "क्या तुम जानते हो कि, यहीं और अभी, गलत प्रवृत्तियों से छुटकारा मिल गया है और सही प्रवृत्तियों का अधिग्रहण हो गया है?"
29. उत्तर था "नहीं।"
30. बुद्ध ने पूछा, "पूर्व के पापों के लिए शुद्धिकरण का क्या लाभ है, नए पाप न करने का क्या लाभ है, यदि मन को बुरे स्वभाव को अच्छे स्वभाव में बदलने के लिए प्रशिक्षित नहीं किया गया है।"
31. उनके विचार में यह धर्म में एक बहुत गंभीर दोष था। अच्छा स्वभाव ही स्थायी अच्छाई का एकमात्र स्थायी आधार और गारंटी है।
32. इसीलिए बुद्ध ने मन के प्रशिक्षण को पहला स्थान दिया जो मनुष्य के स्वभाव के प्रशिक्षण के समान है।
33. दूसरी बात जिसे उन्होंने बहुत महत्व दिया वह है अकेले होने पर भी सही बात पर अड़े रहने का साहस।

34. सल्लेख–सुत्त में बुद्ध ने इस बिंदु पर जोर दिया है।

35. उन्होंने यही कहा हैः

36. "तुम्हें यह संकल्प करके मिटाना है कि, भले ही दूसरे हानिकारक हों, लेकिन तुम हानिरहित कौशल वाले होगे।

37. "कि भले ही दूसरे हत्या करें, लेकिन तुम कभी हत्या नहीं करोगे।

38. "कि भले ही दूसरे चोरी करें, लेकिन तुम नहीं करोगे।

39. "कि भले ही दूसरे उच्च जीवन न जीएँ, लेकिन तुम जीओगे।

40. "कि भले ही दूसरे झूठ बोलें, निंदा करें या बकबक करें, लेकिन तुम नहीं करोगे।

41. "कि भले ही दूसरे लालची हों, लेकिन तुम लालच नहीं करोगे।

42. "कि भले ही दूसरे दुष्ट हों, लेकिन तुम दुष्ट नहीं होगे।

43. "कि भले ही दूसरे गलत विचारों, गलत उद्देश्यों, गलत भाषण, गलत कार्यों और गलत एकाग्रता के लिए समर्पित हों, लेकिन तुम्हें सही दृष्टिकोण, सही लक्ष्य, सही भाषण, सही कार्य, सही आजीविका, सही प्रयास, सही ध्यान और सही एकाग्रता में (महान अष्टांगिक मार्ग) का पालन करना चाहिए।

44. "यद्यपि अन्य लोग सत्य के बारे में गलत हैं और उद्धार के बारे में गलत हैं, आप सत्य के बारे में सही होंगे और उद्धार के बारे में सही होंगे।

45. "चाहे दूसरे लोग आलस्य और सुस्ती से ग्रस्त हों, तुम उनसे मुक्त होगे।

46. "चाहे दूसरे लोग घमंडी हों, तुम नम्र होगे।

47. "चाहे दूसरे लोग संदेह से परेशान हों, तुम उनसे मुक्त होगे।

48. "चाहे दूसरे लोग क्रोध, द्वेष, ईर्ष्या, जलन, कंजूसी, लोभ, कपट, छल, अकर्मण्यता, अहंवाद, अहंकार, दुष्टता, बुरे मित्रों की संगति, आलस्य, अविश्वास, निर्लज्जता, बेईमानी, शिक्षा का अभाव, जड़ता, भ्रम और मूर्खता को आश्रय दें, तुम इन सब बातों के विपरीत होगे।

49. "यद्यपि अन्य लोग लौकिक को पकड़ कर गले लगा सकते हैं, तथा उस पर से अपनी पकड़ नहीं हटा सकते, परन्तु तुम उन वस्तुओं को पकड़ कर गले लगाओगे जो लौकिक नहीं हैं, तथा त्याग करोगे।

50. "मैं कहता हूँ कि यह इच्छाशक्ति का विकास है जो चेतना की सही अवस्थाओं के लिए बहुत प्रभावकारी है, कर्म और वाणी की तो बात ही छोड़ो। और इसलिए, कुण्ड, मैंने जिन सभी पूर्वोक्त संकल्पों का विवरण दिया है, उनके लिए इच्छाशक्ति का विकास होना चाहिए।"

51. बुद्ध द्वारा परिकल्पित धर्म का उद्देश्य ऐसा ही है।

खंड–II: धम्म को सद्धम्म होने के लिए प्रज्ञा को बढ़ावा देना चाहिए

1. धम्म सद्धम्म है जब यह सीखना सभी के लिए खुला बनाता है

1. ब्राह्मणवादी सिद्धांत यह था कि ज्ञान प्राप्ति सभी के लिए नहीं खोली जा सकती। इसे अनिवार्य रूप से कुछ लोगों तक ही सीमित रखा जाना चाहिए।
2. उन्होंने केवल ब्राह्मणों, क्षत्रियों और वैश्यों को ज्ञान प्राप्ति की अनुमति दी। लेकिन यह केवल इन तीनों वर्गों के पुरुष लिंग के लिए था।
3. सभी महिलाओं को, चाहे वे ब्राह्मण, क्षत्रिय और वैश्य हों, और सभी शूद्रों को, चाहे वे पुरुष हों या महिला, ज्ञान प्राप्त करने से, यहाँ तक कि साक्षरता प्राप्त करने से भी प्रतिबंधित किया गया था।
4. बुद्ध ने ब्राह्मणों के इस क्रूर सिद्धांत के खिलाफ विद्रोह किया।
5. उन्होंने उपदेश दिया कि ज्ञान का मार्ग सभी के लिए खुला होना चाहिए – पुरुषों के साथ–साथ महिलाओं के लिए भी।

6. कई ब्राह्मणों ने उनके विचारों का खंडन करने की कोशिश की। ब्राह्मण लोहिक्का के साथ उनका विवाद उनके विचारों पर बहुत प्रकाश डालता है।

7. एक बार जब भगवान कोसल जिलों से होकर संघ के सदस्यों की भीड़ के साथ यात्रा कर रहे थे, तो वे साला वृक्षों की एक पंक्ति से घिरे एक गांव सलावतिका में पहुंचे।

8. उस समय, लोहिक्का ब्राह्मण सलावतिका में रह रहे थे, जो जीवन से भरपूर एक स्थान था, जिसमें बहुत सारे घास के मैदान, जंगल और अनाज थे, कोसल के राजा पसेनदी ने उन्हें एक शाही उपहार के रूप में एक शाही क्षेत्र दिया था, जिस पर उनका अधिकार ऐसा था मानो वे राजा हों।

9. लोहिक्का ब्राह्मण का मत था कि यदि कोई समाना या ब्राह्मण ज्ञान प्राप्त कर लेता है, तो उसे महिलाओं या शूद्रों को नहीं बताना चाहिए।

10. तब ब्राह्मण लोहिक्का ने सुना कि धन्य भगवान सलावतिका में रह रहे हैं।

11. यह सुनकर उसने नाई भेसिक से कहाः "अच्छा भेसिक, अब आओ, जहाँ समाना गौतम रहते हैं, वहाँ जाओ जहाँ समाना गौतम ठहरे हुए हैं, और जब आप आएं, तो मेरी ओर से पूछें कि क्या उनकी बीमारी और अस्वस्थता दूर हो गई है, उनका स्वास्थ्य और शक्ति तथा स्थिति कैसी है और इस प्रकार कहें: "आदरणीय गौतम और उनके साथ संघ के भाई–बहन कल का भोजन लोहिक्का ब्राह्मण से स्वीकार करें।"

12. "बहुत अच्छा, श्रीमान, " नाई ने कहा।

13. लोहिक्का ब्राह्मण की बात मानकर उसने वैसा ही किया जैसा उसे आदेश दिया गया था। और भगवान ने चुपचाप उसके अनुरोध को स्वीकार कर लिया।

14. अगली सुबह, भगवान ने वस्त्र पहने और संघ के भाइयों के साथ अपना कटोरा लेकर सलावतिका की ओर प्रस्थान किया।

15. भेसिक नाई, जिसे लोहिक्का ने भगवान को लाने के लिए भेजा था, भगवान के पीछे–पीछे कदम से कदम मिलाकर चल रहा था। रास्ते में उन्होंने भगवान से कहा कि लोहिक्का ब्राह्मण का यह दुष्ट विचार है कि समाना या ब्राह्मण को स्त्रियों और शूद्रों को कोई ज्ञान या शिक्षा नहीं देनी चाहिए।
16. "यह ठीक हो सकता है, भीसिका, यह ठीक हो सकता है," भगवान ने उत्तर दिया।
17. और भगवान लोहिक्का ब्राह्मण के निवास स्थान पर गए और उनके लिए तैयार किए गए आसन पर बैठ गए।
18. और लोहिक्का ब्राह्मण ने अपने हाथों से संघ की सेवा की, जिसका नेतृत्व बुद्ध कर रहे थे, उन्हें कठोर और मुलायम दोनों तरह के मीठे भोजन परोसे, जब तक कि उन्होंने और खाने से मना नहीं कर दिया।
19. और जब भगवान ने अपना भोजन समाप्त कर लिया और कटोरा और अपने हाथ साफ कर लिए, तो लोहिक्का ब्राह्मण एक छोटा आसन लेकर उनके पास बैठ गया।
20. इस प्रकार बैठे हुए भगवान ने उससे कहाः "क्या यह सच है, जैसा कि वे कहते हैं, लोहिक्का, कि तुम्हारा यह विचार है कि एक समाना या ब्राह्मण को महिलाओं और शूद्रों को कोई ज्ञान या शिक्षा नहीं देनी चाहिए?"
21. "यह सच है, गौतम," लोहिक्का ने उत्तर दिया।
22. "अब तुम क्या सोचते हो, लोहिक्का? क्या तुम सलवातिका में स्थापित नहीं है?" "हाँ, ऐसा ही है, गौतम।"
23. "तो मान लीजिए, लोहिक्का, कोई इस प्रकार कहे लोहिक्का ब्राह्मण के पास सलवातिका में एक क्षेत्र है। उसे अकेले ही सलवातिका के सभी राजस्व और सभी उपज का आनंद लेने दें, किसी और को कुछ भी न दें! क्या उस भाषण का उच्चारण करने वाला उन लोगों के लिए खतरा पैदा करने वाला होगा जो आप पर निर्भर रहते हैं या नहीं?"

24. "वह खतरा पैदा करने वाला होगा, गौतम।"

25. "और उस खतरे को पैदा करके, क्या उसे ऐसा व्यक्ति माना जाएगा जो उनके कल्याण के प्रति सहानुभूति रखता है?"

26. "नहीं। वह उनके कल्याण के बारे में नहीं सोच रहा होगा, गौतम," लोहिक्का ने उत्तर दिया।

27. "और उनके कल्याण के बारे में न सोचते हुए, क्या उसका हृदय उनके प्रति प्रेम में दृढ़ रहेगा या शत्रुता में?"

28. "शत्रुता में, गौतम।"

29. "लेकिन जब किसी का हृदय शत्रुता में दृढ़ रहता है, तो वह गलत सिद्धांत है या सही?"

30. "यह एक गलत सिद्धांत है, गौतम।"

31. "अब तुम क्या सोचते हो, लोहिक्का? क्या कोसल के राजा पसेनदी काशी और कोसल पर अधिकार नहीं रखते हैं?"

32. "हाँ, ऐसा ही है, गौतम।"

33. "तो मान लो, लोहिक्का, कोई ऐसा कहे कोसल के राजा पसेनदी काशी और कोसल पर अधिकार रखते हैं। उन्हें काशी और कोसल की सारी आय और सारी उपज का आनंद लेने दो, किसी और को कुछ भी न दो। क्या उस भाषण को बोलने वाला कोसल के राजा पसेनदी पर आश्रित रहने वाले लोगों के लिए खतरा पैदा करने वाला होगा – चाहे आप स्वयं हों या अन्य लोग हों या नहीं?"

34. "वह खतरा पैदा करने वाला होगा, गौतम।"

35. "और उस खतरे को पैदा करके, क्या वह ऐसा व्यक्ति होगा जो उनके कल्याण के प्रति सहानुभूति रखता हो?"

36. वह उनके कल्याण के बारे में नहीं सोच रहा होगा, गौतम।"

37. "और उनके कल्याण के बारे में न सोचकर, क्या उसका हृदय उनके प्रति प्रेम में दृढ़ रहेगा, या शत्रुता में?"

38. "शत्रुता में, गौतम।"

39. "लेकिन जब किसी का हृदय शत्रुता में दृढ़ हो, तो वह सिद्धांत गलत है या सही?"

40. "यह सिद्धांत गलत है, गौतम।"

41. "तो फिर, लोहिक्का, तुम स्वीकार करते हो कि जो यह कहता है कि तुम, शालवाटिका के अधिपत्य में हो, इसलिए तुम्हें स्वयं ही उसकी सारी आय और उपज का उपभोग करना चाहिए, किसी और को कुछ नहीं देना चाहिए; और जो यह कहता है कि कोसल के राजा पसेनदी, काशी और कोसल के अधिपत्य में हो, इसलिए तुम्हें स्वयं ही उसकी सारी उपज का उपभोग करना चाहिए, किसी और को कुछ नहीं देना चाहिए, वह उन लोगों के लिए खतरा पैदा कर रहा है जो तुम पर निर्भर हैं या उन लोगों के लिए, जो तुम और अन्य लोग, राजा पर निर्भर हैं। और जो लोग इस प्रकार दूसरों के लिए खतरा पैदा करते हैं, उनमें सहानुभूति की कमी है और उनका हृदय शत्रुता में दृढ़ है। और यह कि अपने हृदय को शत्रुता में दृढ़ रखना एक गलत सिद्धांत है।

42. "तो फिर, लोहिक्का, जो यह कहे कि समाना या ब्राह्मण को अपना ज्ञान और विद्या स्त्रियों और शूद्रों को नहीं बतानी चाहिए, वह भी ऐसा ही है।

43. "ठीक इसी प्रकार, जो ऐसा कहे, वह दूसरों के मार्ग में बाधा डाल रहा होगा और उनके कल्याण के प्रति सहानुभूति नहीं होगी।

44. "उनके कल्याण के प्रति सहानुभूति से बाहर होने के कारण उसका हृदय शत्रुता में स्थापित हो जाएगा और जब किसी का हृदय शत्रुता में स्थापित हो जाता है, तो वह गलत सिद्धांत है।"

2. धम्म तब सद्धम्म होता है जब वह सिखाता है कि केवल सीखना ही पर्याप्त नहीं हैः यह पांडित्य की ओर ले जा सकता है

1. एक बार जब बुद्ध कौशाम्बी देश में निवास कर रहे थे, तो "सुंदर

वाणी" नामक एक विहार में, वहाँ एकत्रित लोगों को उपदेश देते हुए एक ब्रह्मचारी था।

2. ब्रह्मचारी को लगा कि शास्त्रों के ज्ञान में वह बेजोड़ है और तर्क में अपने बराबर का कोई नहीं मिलने के कारण, वह जहाँ भी जाता, अपने हाथ में एक जलती हुई मशाल लेकर जाता था।
3. एक दिन एक व्यक्ति ने किसी नगर के बाजार में उसे ऐसा देखकर उसके विचित्र आचरण का कारण पूछा, जिस पर उसने उत्तर दियाः
4. "यह संसार इतना अंधकारमय है, और मनुष्य इतने भ्रमित हैं, कि मैं इसे यथासंभव दूर तक प्रकाशित करने के लिए यह मशाल लेकर चलता हूँ।"
5. यह देखकर बुद्ध ने तुरन्त ब्रह्मचारी को पुकारा, "क्या हो! तुम उस मशाल के साथ क्या कर रहे हो?"
6. ब्रह्मचारी ने उत्तर दिया, "सभी मनुष्य अज्ञान और अंधकार में इतने लिपटे हुए हैं, कि मैं उन्हें प्रकाशित करने के लिए यह मशाल लेकर चलता हूँ।"
7. तब भगवान ने उससे पुनः पूछा, "और क्या तुम इतने विद्वान हो कि पवित्र ग्रंथों के बीच में आने वाले चार ग्रंथों (विद्याओं) से परिचित हो, अर्थात् साहित्य पर ग्रंथ (शब्दविद्या); दिव्य निकायों और उनके मार्गों पर ग्रंथ (शासन पर ग्रंथ), और सैन्य कला पर ग्रंथ (सैन्य कला पर ग्रंथ)?"
8. जब ब्रह्मचारी को यह स्वीकार करने के लिए मजबूर किया गया कि वह इन चीजों से अनभिज्ञ है, तो उसने अपनी मशाल फेंक दी, और बुद्ध ने ये शब्द जोड़ेः
9. "यदि कोई व्यक्ति, चाहे वह विद्वान हो या न हो, अपने आप को इतना महान समझता है कि वह अन्य लोगों को तुच्छ समझता है, तो वह उस अंधे व्यक्ति के समान है जो मोमबत्ती पकड़े हुए है– वह स्वयं अंधा है, वह दूसरों को प्रकाशित करता है।"

3. धम्म तब सद्धम्म होता है जब वह यह सिखाता है कि केवल प्रज्ञा की आवयश्कता है

1. ब्राह्मण विद्या (ज्ञान, सीखना) को अपने आप में मूल्यवान मानते थे। केवल ज्ञान और विद्या वाला व्यक्ति उनके लिए सम्मान की वस्तु था, चाहे वह गुणवान हो या न हो।
2. वास्तव में उन्होंने कहा कि राजा का सम्मान उसके अपने देश में होता है, लेकिन विद्वान व्यक्ति का सम्मान पूरी दुनिया में होता है, जिससे यह पता चलता है कि विद्वान व्यक्ति राजा से भी बड़ा होता है।
3. बुद्ध ने विद्या और प्रज्ञा के बीच, यानी ज्ञान और अंतर्दृष्टि के बीच अंतर किया।
4. यह कहा जा सकता है कि ब्राह्मणों ने भी प्रज्ञा और विद्या में अंतर किया है।
5. यह सच हो सकता है। लेकिन बुद्ध की प्रज्ञा और ब्राह्मणों की प्रज्ञा में बहुत अंतर है।
6. इस अंतर को बुद्ध ने अंगुत्तर निकाय में वर्णित अपने उपदेश में अच्छी तरह से उजागर किया है।
7. एक अवसर पर भगवान राजगृह के पास गिलहरी के चारागाह के पास बांस के बगीचे में ठहरे हुए थे।
8. अब उस अवसर पर मगध के एक महान अधिकारी ब्राह्मण वस्साकर भगवान से मिलने आए, और उनके पास आकर उन्हें विनम्रतापूर्वक अभिवादन किया, और अभिवादन और शिष्टाचार के आदान–प्रदान के बाद एक तरफ बैठ गए। इस प्रकार बैठे हुए वस्साकर ब्राह्मण ने भगवान से यह कहाः
9. "गुरु गौतम, हम ब्राह्मण किसी व्यक्ति को, यदि उसमें चार गुण हों, महान बुद्धि वाला, महापुरुष घोषित करते हैं। वे चार गुण क्या हैं?
10. "इसमें, गुरु गौतम, वह विद्वान है। वह जो कुछ भी सुनता है, उसका अर्थ बोलते ही समझ जाता है, और कहता हैः 'यह उस

कथन का अर्थ है! इसके अलावा, उसकी स्मरण शक्ति अच्छी है, वह बहुत पहले की गई और कही गई बात को याद कर सकता है।

11. "फिर, गृहस्थ के सभी कार्यों में वह कुशल और परिश्रमी है, और उसमें वह साधन संपन्न है और यह जांचने में सक्षम है कि क्या करना उचित है, क्या व्यवस्था की जानी चाहिए।

12. "अब, गुरु गौतम, यदि किसी व्यक्ति में ये गुण हों, तो हम उसे महान बुद्धि वाला, महापुरुष घोषित करते हैं। यदि योग्य गौतम मुझे इस बात के लिए प्रशंसा के योग्य समझते हैं, तो वे मेरी प्रशंसा करें। इसके विपरीत, यदि वह मुझे दोषी समझता है, तो वह मुझे दोषी ठहराए।"

13. "ठीक है, ब्राह्मण, मैं न तो आपकी प्रशंसा करता हूँ, न ही आपको दोषी ठहराता हूँ। मैं स्वयं किसी व्यक्ति को महान बुद्धिमान घोषित करता हूँ, यदि उसमें निम्नलिखित चार गुण हों, जो आपके द्वारा बताए गए गुणों से बिल्कुल भिन्न हों।

14. "इसमें, हे ब्राह्मण, हम एक ऐसे व्यक्ति को पाते हैं जो अनेक लोगों के कल्याण के लिए, अनेक लोगों के सुख के लिए समर्पित है। उसके द्वारा अनेक लोग आर्य पद्धति में स्थापित होते हैं, अर्थात्: जो एक सुंदर प्रकृति का है, जो एक लाभदायक प्रकृति का है।

15. "वह जिस भी विचारधारा में अपने को लगाना चाहता है, उस विचारधारा में अपने को लगाता है; जिस भी विचारधारा में अपने को नहीं लगाना चाहता है, उस विचारधारा में अपने को नहीं लगाता है।

16. "वह जो भी इरादा करना चाहता है, चाहे तो करता है या नहीं करता। इस प्रकार वह विचारों के तरीकों से मन का स्वामी है।

17. "वह व्यक्ति भी है जो बिना किसी कठिनाई और परेशानी के अपनी इच्छा से उन चार विचारों को प्राप्त करता है जो उच्च विचार से संबंधित हैं, जिनका पालन करना इस जीवन में भी आनंदमय है।

18. "वह इसी जीवन में आसवों (बंधनों) को नष्ट करके उसे स्वयं अच्छी तरह समझकर हृदय की मुक्ति को, बुद्धि द्वारा मुक्ति को प्राप्त करता है, और उसे प्राप्त करके उसमें निवास करता है।

19. "नहीं ब्राह्मण, मैं इसमें न तो तुम्हारी प्रशंसा करता हूँ और न ही तुम्हारी निंदा करता हूँ, बल्कि मैं स्वयं इन चार विभिन्न गुणों से युक्त व्यक्ति को महान ज्ञानी, महान व्यक्ति घोषित करता हूँ।"

20. "यह अद्‌भुत है, मास्टर गौतम! यह अद्‌भुत है, मास्टर गौतम, योग्य गौतम ने यह कितना अच्छा कहा है!

21. "मैं स्वयं भी यही मानता हूँ कि योग्य गौतम में भी ये ही चार गुण हैं। वास्तव में योग्य गौतम अनेक लोगों के कल्याण के लिए, अनेक लोगों के सुख के लिए समर्पित है। उसके द्वारा अनेक लोग आर्यन पद्धति में स्थापित होते हैं, अर्थात्: जो कुछ भी सुंदर प्रकृति का है, जो कुछ भी लाभदायक प्रकृति का है।

22. "वास्तव में योग्य गौतम जिस भी विचारधारा में अपने को लगाना चाहता है, उसी विचारधारा में अपने को लगाता है। निश्चय ही योग्य गौतम विचारों के मार्ग में मन का स्वामी है।

23. "निश्चय ही योग्य गौतम वह है जो अपनी इच्छा से चारों चिंतन को प्राप्त कर लेता है। योग्य गौतम आसवों के नाश से हृदय की मुक्ति को प्राप्त करते हैं, ज्ञान द्वारा मुक्ति प्राप्त करते हैं और उसे प्राप्त करके उसी में निवास करते हैं।"

24. यहाँ बुद्ध के अनुसार प्रज्ञा और ब्राह्मणों के अनुसार प्रज्ञा के बीच का अंतर स्पष्ट शब्दों में बताया गया है।

25. यहाँ उन्होंने यह तर्क दिया है कि बुद्ध ने प्रज्ञा को विद्या से अधिक महत्वपूर्ण क्यों माना।

खंड–III: धम्म को सद्धम्म होने के लिए मैत्री को बढ़ावा देना चाहिए

1. धम्म तभी सद्धम्म है जब यह सिखाता है कि मात्र प्रज्ञा पर्याप्त नहीं है: इसके साथ शील भी होना चाहिए

1. प्रज्ञा आवश्यक है। लेकिन शील अधिक आवश्यक है। शील के बिना प्रज्ञा खतरनाक है।
2. मात्र प्रज्ञा खतरनाक है।
3. प्रज्ञा मनुष्य के हाथ में तलवार की तरह है।
4. शील वाले व्यक्ति के हाथ में इसका उपयोग खतरे में पड़े व्यक्ति को बचाने के लिए किया जा सकता है।
5. लेकिन शील के बिना व्यक्ति के हाथ में इसका उपयोग हत्या के लिए किया जा सकता है।
6. इसलिए शील प्रज्ञा से अधिक महत्वपूर्ण है।
7. प्रज्ञा विचार धम्म है या सही सोचना है। शील आचार धम्म है, सही तरीके से कार्य करना।
8. बुद्ध ने शील के संबंध में पाँच मूल सिद्धांत निर्धारित किए।
9. एक जीवन लेने से संबंधित है।
10. दूसरा चोरी से संबंधित है।
11. तीसरा यौन अनैतिकता से संबंधित है।
12. चौथा झूठ बोलने से संबंधित है।
13. पाँचवां शराब पीने से संबंधित है।
14. इनमें से प्रत्येक पर भगवान ने लोगों को हत्या न करने, चोरी न करने, झूठ न बोलने, यौन अनैतिकता में लिप्त न होने और शराब न पीने का निर्देश दिया।
15. बुद्ध ने ज्ञान की तुलना में शील को अधिक महत्व क्यों दिया, इसका कारण स्पष्ट है।

16. ज्ञान का उपयोग व्यक्ति की शील पर निर्भर करता है। शील के अलावा ज्ञान का कोई मूल्य नहीं है। यही उन्होंने कहा।
17. एक अन्य स्थान पर उन्होंने कहा, "शील इस संसार में अतुलनीय है।
18. "शील ही आरंभ और शरण है, शील ही सभी अच्छाइयों की जननी है। यह सभी अच्छी स्थितियों में सबसे प्रमुख है। इसलिए, अपनी शील को शुद्ध करो।"

2. धम्म तभी सद्धम्म है जब वह यह सिखाता है कि प्रज्ञा और शील के अलावा जो आवश्यक ही करुणा है

1. बुद्ध के धम्म की नींव के मुद्दे पर कुछ मतभेद रहे हैं।
2. क्या प्रज्ञा ही उनके धर्म की नींव है? क्या करुणा ही उनके धर्म की नींव है?
3. विवाद ने बुद्ध के अनुयायियों को दो संप्रदायों में विभाजित कर दिया था। एक संप्रदाय का मानना था कि प्रज्ञा ही बुद्ध के धर्म की नींव है। दूसरे संप्रदाय का मानना था कि करुणा ही बुद्ध के धर्म की नींव है।
4. ये दोनों संप्रदाय अभी भी विभाजित हैं।
5. बुद्ध के स्वयं के शब्दों के प्रकाश में देखा जाए तो दोनों संप्रदाय गलत प्रतीत होते हैं।
6. इस बात पर कोई मतभेद नहीं है कि प्रज्ञा बुद्ध के धर्म के दो स्तंभों में से एक है।
7. विवाद यह है कि क्या करुणा भी उनके धर्म का एक स्तंभ है।
8. यह कि करुणा उनके धर्म का एक स्तंभ है, विवाद से परे है।
9. इसके समर्थन में उनके अपने शब्द उद्धृत किए जा सकते हैं।
10. पुराने दिनों में गांधार नाम का एक देश था, जिसमें एक बहुत बूढ़ा भिक्षु रहता था, जो एक बहुत ही घृणित बीमारी से पीड़ित था,

जिसके कारण वह जिस भी स्थान पर रहता था, उसे प्रदूषित कर देता था।

11. उस स्थान से संबंधित एक निश्चित विहार में होने के कारण, कोई भी उसके पास नहीं आता था या उसके संकट में उसकी मदद नहीं करता था।

12. इस पर बुद्ध अपने 500 अनुयायियों के साथ आए, और सभी प्रकार के आवश्यक बर्तन और गर्म पानी प्राप्त करके, वे एक साथ उस स्थान पर गए जहाँ बूढ़ा भिक्षु लेटा था।

13. उस स्थान की गंध इतनी खराब थी कि सभी भिक्षु उस व्यक्ति के प्रति घृणा से भर गए लेकिन विश्व–पूज्य, शक्र–देव को गर्म पानी लाने के लिए प्रेरित करते हुए, फिर अपने हाथों से उस भिक्षु के शरीर को धोना शुरू कर दिया और उसकी बीमारियों का इलाज करना शुरू कर दिया। भिक्षुक के शरीर को धोकर उसकी बीमारियों का उपचार करो।

14. तब धरती हिल गई और पूरा स्थान अलौकिक प्रकाश से भर गया, जिससे राजा और मंत्री तथा सभी स्वर्गीय सेना (देव, नाग, आदि) उस स्थान पर उमड़ पड़े और बुद्ध की पूजा करने लगे।

15. ऐसा करने के बाद, वे सभी विश्व–सम्मानित व्यक्ति से मिले और पूछा कि इतना महान व्यक्ति कैसे अपने आप को ऐसे पदों पर गिरा सकता है, जिस पर बुद्ध ने इस मामले को इस प्रकार समझायाः

16. "तथागत का संसार में आने का उद्देश्य उन गरीबों, असहायों और असुरक्षित लोगों से मित्रता करना, शारीरिक कष्ट में पड़े लोगों का पोषण करना है, चाहे वे समाना हों या किसी अन्य धर्म के लोग, ताकि वे दरिद्रों, अनाथों और वृद्धों की सहायता कर सकें और दूसरों को भी ऐसा करने के लिए प्रेरित कर सकें।"

3. धम्म तभी सद्धम्म है जब वह यह सिखाता है कि करुणा से अधिक मैत्री आवश्यक है

1. बुद्ध करुणा की शिक्षा देकर ही नहीं रुके।
2. करुणा केवल मानव मात्र के प्रति प्रेम है। बुद्ध ने उससे भी आगे जाकर मैत्री की शिक्षा दी। मैत्री जीवों के प्रति प्रेम है।
3. बुद्ध चाहते थे कि मनुष्य करुणा तक ही सीमित न रहे, बल्कि मानव मात्र से भी आगे बढ़कर सभी जीवों के प्रति मैत्री की भावना विकसित करे।
4. जब भगवान श्रावस्ती में रह रहे थे, तब उन्होंने एक सुत्त में इसकी अच्छी तरह व्याख्या की थी।
5. मैत्री के बारे में बोलते हुए भगवान ने भिक्षा मांगने वालों से कहाः
6. मान लीजिए कोई व्यक्ति धरती खोदने आता है। क्या धरती नाराज होती है?"
7. "नहीं, भगवान," भिक्षा मांगने वालों ने उत्तर दिया।
8. मान लीजिए कोई व्यक्ति हवा में चित्र बनाने के लिए लाख और रंग लेकर आता है। क्या आपको लगता है कि वह ऐसा कर सकता है?"
9. "नहीं, प्रभु।"
10. "क्यों?" "क्योंकि हवा में कोई काले धब्बे नहीं हैं, " भिक्षुओं ने कहा।
11. "उसी तरह आपके मन में भी कोई काले धब्बे नहीं होने चाहिए जो आपकी बुरी भावनाओं का प्रतिबिंब हों।
12. "मान लीजिए कि कोई व्यक्ति जलती हुई झाड़ी लेकर गंगा नदी में आग लगाने आता है। क्या वह ऐसा कर सकता है?"
13. "नहीं, प्रभु।"
14. "क्यों?" "क्योंकि गंगा के जल में दहनशीलता नहीं है।"
15. अपने संबोधन का समापन करते हुए, भगवान ने कहाः "जिस प्रकार पृथ्वी को चोट नहीं लगती और वह नाराज नहीं होती, जिस प्रकार

वायु उसके विरुद्ध किसी भी क्रिया को सहन नहीं करती, जिस प्रकार गंगा का जल अग्नि से विचलित हुए बिना बहता रहता है, उसी प्रकार आप भिक्षुओं को भी अपने ऊपर किए गए सभी अपमानों और अन्यायों को सहना चाहिए और अपने अपराधियों के प्रति मैत्री का भाव रखना चाहिए।

16. "इसलिए भिक्षुओं, मैत्री सदैव बहती रहनी चाहिए। अपने मन को पृथ्वी की तरह दृढ़, वायु की तरह स्वच्छ और गंगा की तरह गहरा रखना आपका पवित्र कर्तव्य है। यदि आप ऐसा करेंगे तो आपकी मैत्री किसी भी अप्रिय कार्य से आसानी से विचलित नहीं होगी। जो लोग बुराई करते हैं, वे शीघ्र ही थक जाते हैं।

17. "अपनी मैत्री का दायरा संसार के समान असीम रखो और अपने विचार को इतना विशाल और असीम रखो कि उसमें घृणा का विचार न हो।

18. "मेरे धम्म के अनुसार, केवल करुणा का अभ्यास करना ही पर्याप्त नहीं है। मैत्री का अभ्यास करना आवश्यक है।"

19. धर्मोपदेश के दौरान भगवान ने भिक्षुकों को एक कहानी सुनाई जो स्मरण रखने योग्य है।

20. "एक समय की बात है, श्रावस्ती में विदेशिका नाम की एक स्त्री रहती थी, जो बहुत ही कोमल, विनम्र और सौम्य स्वभाव की मानी जाती थी। उसकी एक दासी थी जिसका नाम था डार्की, जो बहुत ही बुद्धिमान लड़की थी, सुबह जल्दी उठती थी और अच्छे काम करती थी। डार्की ने सोचा, मुझे आश्चर्य है कि मेरी स्वामिनी, जिसके बारे में इतनी अच्छी बातें कही जाती हैं, क्या वास्तव में उसका अपना कोई स्वभाव है जो वह प्रकट नहीं करती या फिर उसका स्वभाव ही नहीं है? या फिर मैं अपना काम इतनी अच्छी तरह से करता हूँ कि कि यद्यपि वह गुस्सैल स्वभाव की है, पर वह इसे प्रदर्शित नहीं करती? मैं उसे आजमाऊँगा।

21. "अगली सुबह वह देर से उठी। डार्की! डार्की! मालकिन चिल्लाई।' 'हाँ, मैडम,' लड़की ने उत्तर दिया। तुम इतनी देर से क्यों उठी?

ओह, यह कुछ भी नहीं है, मैडम। वास्तव में कुछ भी नहीं, तुम शरारती लड़की हो! मालकिन ने गुस्से और नाराजगी से भौंहें सिकोड़ते हुए सोचा।

22. 'तो वह गुस्सैल स्वभाव की है, पर वह इसे प्रदर्शित नहीं करती,' नौकरानी ने सोचाः 'ऐसा इसलिए है क्योंकि मैं अपना काम इतने अच्छे से करती हूँ कि वह इसे प्रदर्शित नहीं करती मैं उसे और आजमाऊँगी। इसलिए वह अगली सुबह देर से उठी। 'डार्की! डार्की! मालकिन चिल्लाई। हाँ, मैडम,' लड़की ने उत्तर दिया। तुम इतनी देर से क्यों उठी?' ओह, यह कुछ भी नहीं है, मैडम। कुछ भी नहीं, तुम शरारती लड़की हो! मालकिन ने गुस्से और नाराजगी को शब्दों में व्यक्त करते हुए कहा।

23. हाँ, नौकरानी ने सोचा, उसके पास गुस्सा है, हालाँकि वह इसे नहीं दिखाती क्योंकि मैं अपना काम बहुत अच्छी तरह से करती हूँ; मैं उसे अभी और आजमाऊँगी। इसलिए अगली सुबह वह फिर भी देर से उठी। डार्की! डार्की! उसकी मालकिन चिल्लाई। हाँ, मैडम, 'लड़की ने जवाब दिया। तुम इतनी देर से क्यों उठी?' 'ओह, यह कुछ भी नहीं है, मैडम।'

24. कुछ भी नहीं, तुम शरारती लड़की हो, इतनी देर से उठने के लिए! मालकिन ने कहा और अपने गुस्से और नाराजगी में उसने लिंच–पिन उठाया और लड़की के सिर पर मारा, जिससे खून बहने लगा।

25. "अपने टूटे हुए सिर से खून बह रहा था, डार्की ने चीख–चीख कर आस–पड़ोस को जगायाः 'देखो, लेडी, उस कोमल ने क्या किया है! देखो, लेडी, उस नम्र ने क्या किया है! देखो, लेडी, उस सौम्य ने क्या किया है। किसलिए? सिर्फ इसलिए कि उसकी एकमात्र नौकरानी देर से उठी, वह इतनी नाराज और नाखुश थी कि उसने लिंच–पिन लेकर उसके सिर पर वार करके उसे तोड़ दिया।'

26. "परिणामस्वरूप महिला विदेशिका को हिंसक होने की प्रतिष्ठा मिली, नम्र और सौम्य के अलावा कुछ भी नहीं।

27. "इसी प्रकार एक दानकर्ता भी विनम्र और नम्र हो सकता है, और वह भी तब तक नम्र बना रह सकता है जब तक उसके विरुद्ध कोई अप्रिय बात न कही जाए। जब उसके विरुद्ध कोई अप्रिय बात कही जाए, तभी आप यह परख सकते हैं कि उसमें मैत्री–संगति है या नहीं।

28. फिर उन्होंने कहा, "मैं मैत्री की भावना से युक्त किसी भिक्षापात्र को भिक्षापात्र नहीं कहता, यदि वह केवल वस्त्र और भोजन पाने के लिए मैत्री भावना प्रदर्शित करता है। मैं केवल उसी को सच्चा भिक्षापात्र मानता हूँ, जिसकी मैत्री सिद्धांत से उत्पन्न होती है।"

29. "हे भिक्षुओं, धार्मिक पुण्य प्राप्त करने के लिए उपयोग किए जाने वाले किसी भी साधन का मूल्य प्रेममय दया के सोलहवें भाग के बराबर भी नहीं है। प्रेममय दया, जो हृदय की स्वतंत्रता है, उन सभी को अवशोषित कर लेती है; यह चमकती है, प्रज्वलित होती है।

30. "और इसी प्रकार, हे भिक्षुओं, जैसे सभी तारों का प्रकाश चांदनी के मूल्य का सोलहवां हिस्सा भी नहीं है, लेकिन चांदनी उसे अवशोषित कर लेती है और चमकती है, चमकती है और प्रज्वलित होती है, उसी प्रकार, हे भिक्षुओं, धार्मिक पुण्य प्राप्त करने के लिए नियोजित किसी भी साधन में प्रेममय दया के मूल्य का सोलहवां हिस्सा भी नहीं है। प्रेममय दया, जो हृदय की स्वतंत्रता है, उन्हें अवशोषित कर लेती है; यह चमकती है, चमकती है, प्रज्वलित होती है।

31. "और इसी प्रकार, हे भिक्षुओं, जैसे वर्षा ऋतु के अंत में, सूर्य, स्पष्ट और बादल रहित आकाश में उदय होते हुए, सभी अंधेरे स्थानों को दूर कर देता है और चमकता है, चमकता है और प्रज्वलित होता है और उसी प्रकार, जैसे रात के अंत में सुबह का तारा चमकता है, और प्रज्वलित होता है; उसी प्रकार, हे भिक्षुओं, धार्मिक पुण्य प्राप्त करने के लिए नियोजित किसी भी साधन में प्रेममय दया के मूल्य का सोलहवां हिस्सा भी नहीं है। प्रेमपूर्ण दया, जो हृदय की स्वतंत्रता है, उन्हें अवशोषित कर लेती है, वह चमकती है, वह प्रज्वलित होती है।

खंड–III: धम्म को सद्धम्म होने के लिए सभी सामाजिक बाधाओं को हटाना होगा

1. धम्म को सद्धम्म होने के लिए मनुष्य और मनुष्य के बीच की बाधाओं को तोड़ना होगा

1. आदर्श समाज क्या है? ब्राह्मणों के अनुसार, वेदों ने आदर्श समाज की परिभाषा दी है और वेद अचूक होने के कारण, यही एकमात्र आदर्श समाज है जिसे मनुष्य स्वीकार कर सकता है।
2. वेदों द्वारा निर्धारित आदर्श समाज को चतुर्वर्ण नाम से जाना जाता है।
3. वेदों के अनुसार, ऐसे समाज को तीन शर्तों को पूरा करना होगा।
4. इसमें चार वर्ग होने चाहिए, ब्राह्मण, क्षत्रिय, वैश्य और शूद्र।
5. इन वर्गों के अंतर्संबंधों को श्रेणीबद्ध असमानता के सिद्धांत द्वारा विनियमित किया जाना चाहिए। दूसरे शब्दों में, ये सभी वर्ग समान स्तर पर नहीं होने चाहिए, बल्कि स्थिति, अधिकार और विशेषाधिकारों के मामले में एक दूसरे से ऊपर होने चाहिए।
6. ब्राह्मणों को सबसे ऊपर रखा गया, क्षत्रियों को ब्राह्मणों से नीचे लेकिन वैश्यों से ऊपर रखा गया, वैश्यों को क्षत्रियों से नीचे लेकिन शूद्रों से ऊपर रखा गया और शूद्रों को सबसे नीचे रखा गया।
7. चतुर्वर्ण की तीसरी विशेषता यह थी कि प्रत्येक वर्ग को अपने लिए निर्धारित व्यवसाय में संलग्न होना चाहिए। ब्राह्मणों का व्यवसाय सीखना, पढ़ाना और धार्मिक समारोहों में भाग लेना था। क्षत्रियों का व्यवसाय हथियार चलाना और युद्ध करना था। वैश्यों का व्यवसाय व्यापार और व्यवसाय था। शूद्रों का व्यवसाय तीनों श्रेष्ठ वर्गों के लिए नौकरियाँ करना था।
8. किसी भी वर्ग को अन्य वर्गों के व्यवसाय का अतिक्रमण नहीं करना चाहिए और न ही उस पर अतिक्रमण करना चाहिए।

9. आदर्श समाज के इस सिद्धांत को ब्राह्मणों ने कायम रखा और लोगों को इसका उपदेश दिया।
10. इस सिद्धांत की आत्मा, यह स्पष्ट है, असमानता है यह सामाजिक असमानता ऐतिहासिक विकास का परिणाम नहीं है। असमानता ब्राह्मणवाद का आधिकारिक सिद्धांत है।
11. बुद्ध ने इसका जड़ से विरोध किया।
12. वे जाति के सबसे प्रबल विरोधी और समानता के सबसे आरंभिक और सबसे दृढ़ समर्थक थे।
13. जाति और असमानता के पक्ष में कोई तर्क ऐसा नहीं है जिसका उन्होंने खंडन न किया हो।
14. ऐसे कई ब्राह्मण थे जिन्होंने इस मुद्दे पर बुद्ध को चुनौती दी। लेकिन उन्होंने उन्हें पूरी तरह से चुप करा दिया।
15. अस्सालायन–सुत्त में कहानी सुनाई गई है कि एक बार ब्राह्मणों ने अपने एक व्यक्ति, जिसका नाम अस्सालायन था, को बुद्ध के पास जाकर जाति और असमानता के विरुद्ध उनके विचारों का खंडन करने के लिए राजी किया।
16. अस्सालायन बुद्ध के पास गया और ब्राह्मणों की श्रेष्ठता के पक्ष में तर्क उनके सामने रखा।
17. उन्होंने कहा, "ब्राह्मण मानते हैं, गौतम, कि केवल ब्राह्मण ही श्रेष्ठ वर्ग हैं, अन्य सभी वर्ग निम्न हैं, केवल ब्राह्मण ही श्वेत वर्ग हैं, अन्य सभी वर्ग अश्वेत हैं; शुद्धता केवल ब्राह्मणों में है, गैर–ब्राह्मणों में नहीं; और केवल ब्राह्मण ही ब्रह्मा के वैध पुत्र हैं, उनके मुख से उत्पन्न हुए हैं, उनकी संतान हैं, उनकी रचनाएँ हैं, और उनके उत्तराधिकारी हैं। गौतम इस पर क्या कहते हैं?"
18. बुद्ध के उत्तर ने अस्सालायन को पूरी तरह से चकनाचूर कर दिया।
19. बुद्ध ने कहाः "अस्सालायन, क्या ब्राह्मणों की ब्राह्मण पत्नियाँ मासिक धर्म, गर्भधारण, झूठ बोलना और बच्चे को जन्म देना नहीं जानती हैं? इसके बावजूद क्या ब्राह्मण वास्तव में आपकी कही गई सभी

बातों का पालन करते हैं, जबकि वे भी अन्य लोगों की तरह महिलाओं से पैदा हुए हैं?"

20. अस्सालायन ने कोई उत्तर नहीं दिया।
21. बुद्ध ने आगे बढ़कर अस्सालायन से एक और प्रश्न पूछा।
22. "मान लीजिए, एक युवा कुलीन अस्सालायन एक ब्राह्मण युवती से विवाह करता है, तो संतान क्या होगी? क्या वह पशु होगा या मनुष्य?"
23. फिर से अस्सालायन ने कोई उत्तर नहीं दिया।
24. "नैतिक विकास की संभावना के बारे में, क्या इस देश में केवल ब्राह्मण ही अपने हृदय में ऐसा प्रेम विकसित कर सकता है जिसमें न तो घृणा है और न ही दुर्भावना?"
25. "नहीं। सभी चार वर्ग ऐसा कर सकते हैं," अस्सालायन ने उत्तर दिया।
26. "अस्सालायन! क्या तुमने कभी सुना है," बुद्ध ने पूछा, "कि योना और कम्बोज देशों में और अन्य निकटवर्ती देशों में, केवल दो वर्ग हैं, अर्थात् स्वामी और दास, और स्वामी दास बन सकता है और स्वामी दास बन सकता है?"
27. "हाँ, मैंने ऐसा सुना है," अस्सालायन ने उत्तर दिया।
28. "यदि आपका चतुर्वर्ण एक आदर्श समाज है, तो यह सार्वभौमिक क्यों नहीं है?"
29. इनमें से किसी भी बिंदु पर अस्सालायन जाति और असमानता के अपने सिद्धांत का बचाव करने में सक्षम नहीं था। वह पूरी तरह से चुप हो गया। वह बुद्ध का शिष्य बनकर समाप्त हुआ।
30. वासेट्ठ नाम के एक ब्राह्मण ने भगवान का धर्म अपना लिया था। ब्राह्मण उसके धर्म परिवर्तन के कारण उसे गालियाँ देते थे।
31. एक दिन वह बुद्ध के पास गया और उन्हें बताया कि ब्राह्मण उसके बारे में क्या कहते हैं।

32. तब वसेत्ता ने कहाः "हे प्रभु, ब्राह्मण ऐसा कहते हैं कि केवल ब्राह्मण ही सर्वश्रेष्ठ सामाजिक श्रेणी का होता है, अन्य श्रेणियाँ निम्न हैं। केवल ब्राह्मण ही स्वच्छ वर्ण का होता है, अन्य वर्ण सांवले होते हैं। केवल ब्राह्मण ही शुद्ध नस्ल के होते हैं, वे नहीं जो ब्राह्मणों में से नहीं हैं। केवल ब्राह्मण ही ब्रह्मा की सच्ची संतान हैं, उनके मुख से उत्पन्न, ब्रह्मा की संतान, ब्रह्मा द्वारा सृजित, ब्रह्मा के उत्तराधिकारी।

33. जहाँ तक तुम्हारा प्रश्न है, तुमने सर्वश्रेष्ठ श्रेणी का त्याग कर दिया है और उस निम्न वर्ग में चले गए हो, मुंडा संन्यासियों में, अशिष्ट धनवानों में, सांवले रंग वालों में, पैरों से जन्मे वंशजों में। ऐसा मार्ग अच्छा नहीं है, ऐसा मार्ग उचित नहीं है, यहाँ तक कि यह भी कि तुम उस उच्च वर्ग को त्याग कर, निम्न वर्ग के लोगों में, अर्थात् मुंडा, गोरे लोगों में, दासों में, सांवले रंग वालों में, हमारे कुटुम्बियों की सन्तान में चले जाओ।'

34. "हे प्रभु, इन शब्दों में ब्राह्मण मुझे दोष देते हैं और गाली देते हैं, जो बहुत अधिक है, बिल्कुल भी सीमित नहीं है।

35. "निश्चय ही, वसेत्था," बुद्ध ने कहा, "ब्राह्मण ऐसा कहते समय प्राचीन विद्या को पूरी तरह भूल गए हैं। इसके विपरीत, ब्राह्मणों की पत्नियाँ, अन्य सभी वर्गों की स्त्रियों की तरह, गर्भवती दिखाई देती हैं, बच्चों को जन्म देती हैं और दूध पिलाती हैं। और फिर भी ये गर्भ से जन्मे ब्राह्मण ही कहते हैं कि ब्राह्मण ब्रह्मा की असली संतान हैं, उनके मुख से उत्पन्न हुए हैं; उनकी संतान हैं; उनकी रचना हैं; और उनके उत्तराधिकारी हैं! ऐसा करके वे ब्रह्मा की प्रकृति का उपहास करते हैं।"

36. एक बार ब्राह्मण एसुकारी बुद्ध के पास तीन प्रश्नों पर बहस करने गए।

37. उन्होंने जो पहला प्रश्न उठाया वह व्यवसायों के स्थायी विभाजन से संबंधित था। व्यवस्था के बचाव में उन्होंने यह कहकर शुरुआत कीः "मैं आपसे एक प्रश्न पूछने आया हूँ। ब्राह्मण कहते हैं कि वे किसी की सेवा नहीं करेंगे क्योंकि वे सभी से ऊपर हैं। बाकी सभी उनकी सेवा करने के लिए पैदा हुए हैं।

38. "गौतम, सेवा चार भागों में विभाजित है – ब्राह्मण की सेवा, कुलीन की सेवा, मध्यम वर्ग के व्यक्ति की सेवा, या किसान द्वारा सेवा; जबकि किसान की सेवा केवल किसान द्वारा ही की जा सकती है, क्योंकि और कौन कर सकता है?" इस पर पूज्य गौतम क्या कहते हैं?"

39. बुद्ध ने उन्हें एक प्रश्न पूछकर उत्तर दिया: "क्या पूरा संसार ब्राह्मणों की सेवा के चार प्रकार के विभाजन के अनुसार है?" भगवान ने पूछा।

40. "मेरे लिए, न तो मैं यह दावा करता हूँ कि सभी सेवाएँ की जानी चाहिए, न ही सभी सेवाओं को अस्वीकार किया जाना चाहिए। यदि सेवा किसी व्यक्ति को बुरा बनाती है और अच्छा नहीं, तो उसे नहीं किया जाना चाहिए; लेकिन यदि वह उसे बेहतर बनाती है और बुरा नहीं, तो उसे किया जाना चाहिए।

41. "यह मार्गदर्शक विचार है जो कुलीनों, ब्राह्मणों, मध्यम वर्ग के लोगों और किसानों के आचरण को समान रूप से निर्धारित करना चाहिए; प्रत्येक व्यक्ति को ऐसी सेवा से इनकार करना चाहिए जो उसे बुरा बनाती है और केवल वही सेवा स्वीकार करनी चाहिए जो उसे बेहतर बनाती है।"

42. अगला प्रश्न एसुकारी द्वारा उठाया गया था। "वंश और वंश को मनुष्य की स्थिति निर्धारित करने में स्थान क्यों नहीं मिलना चाहिए?"

43. इस प्रश्न का बुद्ध ने इस प्रकार उत्तर दिया: "वंश के अभिमान के विपरीत, जिस पद पर मनुष्य जन्म लेता है, वह केवल उसकी पदवी निर्धारित करता है, चाहे वह कुलीन हो, ब्राह्मण हो, मध्यम वर्ग हो या किसान हो। जिस प्रकार अग्नि का नाम उस पदार्थ के नाम पर रखा जाता है जिससे वह प्रज्वलित होती है, और इस प्रकार उसे लकड़ी की अग्नि, या चिप–अग्नि, या ब्रैकन–अग्नि, या गोबर की अग्नि कहा जा सकता है, उसी प्रकार श्रेष्ठ, पारलौकिक सिद्धांत, मैं कहता हूँ, प्रत्येक मनुष्य के लिए सच्ची सम्पत्ति का स्रोत है, जन्म केवल चार वर्गों में से किसी एक में उसकी पदवी निर्धारित करता है।

44. "वंश किसी मनुष्य के अच्छे या बुरे होने में बाधा नहीं डालता, न ही अच्छा रूप या धन। क्योंकि, आप पाएंगे कि कुलीन जन्म का व्यक्ति हत्यारा, चोर, व्यभिचारी, झूठा, बदनाम करने वाला, कड़वी बात कहने वाला, चुगलखोर, लालची, द्वेषी या गलत विचारों वाला व्यक्ति है, और इसलिए मैं दावा करता हूँ कि कुलीन जन्म से कोई अच्छा इंसान नहीं बनता। या फिर आप पाएंगे कि कुलीन जन्म का व्यक्ति इन सभी बुराइयों से मुक्त है; और, इसलिए, मैं दावा करता हूँ कि यह वंश नहीं है जो किसी व्यक्ति को बुरा बनाता है।"

45. एसुकारी ने जो तीसरा प्रश्न उठाया वह प्रत्येक वर्ग के लिए निर्धारित जीविकोपार्जन के तरीकों के संबंध में था।

46. ब्राह्मण एसुकारी ने भगवान से कहा: ब्राह्मण चार गुना आय देते हैं, भिक्षा से, ब्राह्मणों के लिए उनके धनुष और बाण से, कुलीनों के लिए हल चलाने और मवेशियों की देखभाल से, मध्यम वर्ग के व्यक्ति के लिए और किसान के लिए, अपने कंधे पर डंडे पर फसल ढोने से। यदि इनमें से कोई भी किसी अन्य चीज के लिए अपने व्यवसाय को छोड़ देता है, तो वह वह करता है जो उसे नहीं करना चाहिए, वह उस संरक्षक से कम नहीं है जो उस चीज को हड़प लेता है जो उसका नहीं है। इस पर श्रद्धेय गौतम क्या कहते हैं?"

47. "क्या सारा संसार इस ब्राह्मण वर्गीकरण के अनुरूप है?" भगवान ने पूछा।

48. "नहीं," एसुकारी ने उत्तर दिया।

49. वासेट्ठा से उन्होंने कहा: "जो महत्वपूर्ण है वह उच्च आदर्श है, न कि कुलीन जन्म।

50. "कोई जाति नहीं, कोई असमानता नहीं, कोई श्रेष्ठता नहीं, कोई हीनता नहीं; सभी समान हैं। यही वह बात है जिसके लिए वे खड़े थे।

51. "खुद को दूसरों के साथ पहचानें। जैसा वे, वैसा मैं। जैसा मैं, वैसा वे," बुद्ध ने कहा।

2. धम्म को सद्धम्म होना चाहिए और यह सिखाना चाहिए कि मनुष्य का मापदंड जन्म नहीं बल्कि योग्यता है

1. ब्राह्मणों द्वारा प्रचारित चतुर्वर्ण का सिद्धांत जन्म पर आधारित था।
2. एक व्यक्ति ब्राह्मण है क्योंकि वह ब्राह्मण माता–पिता से पैदा हुआ है। एक व्यक्ति क्षत्रिय है क्योंकि वह क्षत्रिय माता–पिता से पैदा हुआ है। एक व्यक्ति वैश्य है क्योंकि वह वैश्य माता–पिता से पैदा हुआ है। और एक व्यक्ति शूद्र है क्योंकि वह शूद्र माता–पिता से पैदा हुआ है।
3. ब्राह्मणों के अनुसार एक व्यक्ति का मूल्य जन्म पर आधारित था और किसी और चीज पर नहीं।
4. यह सिद्धांत बुद्ध को चतुर्वर्ण के सिद्धांत जितना ही घृणित लगा।
5. उनका सिद्धांत ब्राह्मणों के सिद्धांत के ठीक विपरीत था। यह उनका सिद्धांत था कि मनुष्य का मापदंड जन्म नहीं बल्कि योग्यता है।
6. जिस अवसर पर बुद्ध ने अपने सिद्धांत को प्रतिपादित किया, उसका अपना एक अलग महत्व है।
7. एक बार धन्य अनाथपिंडिका के आश्रम में रह रहे थे। एक दिन प्रातःकाल वे अपना भिक्षापात्र लेकर भिक्षा के लिए श्रावस्ती में गए।
8. उस समय एक यज्ञ की अग्नि जल रही थी और एक आहुति तैयार की जा रही थी। तब भगवान श्रावस्ती में घर–घर भिक्षा मांगते हुए ब्राह्मण अग्गिका के घर पहुंचे।
9. भगवान को दूर से आते देख ब्राह्मण क्रोधित हो गया और बोलाः "हे शावेलिंग, वहीं रुक जाओ! हे अभागे भिक्षु, वहीं रुक जाओ! हे दुःखी निर्वासित, वहीं रुक जाओ।"
10. जब वह ऐसा कहने लगा, तो भगवान ने उससे इस प्रकार कहाः "हे ब्राह्मण, क्या तुम जानते हो कि निर्वासित कौन होता है, या कौन सी चीजें किसी व्यक्ति को निर्वासित बनाती हैं?"

11. "नहीं, गौतम, मैं नहीं जानता कि बहिष्कृत व्यक्ति कौन होता है। न ही मैं यह जानता हूँ कि कौन सी बातें किसी व्यक्ति को बहिष्कृत बनाती हैं।"

12. भगवान ने निवेदन किया कि बहिष्कृत व्यक्ति कौन है, यह जानने में कुछ भी खो नहीं जाएगा। "अब जब आप मुझसे यह जानने का आग्रह करते हैं," ब्राह्मण अग्गिका ने कहा, "तो चलिए और समझाइए।"

13. ब्राह्मण के उत्तर देने पर भगवान ने इस प्रकार कहाः

14. "जो व्यक्ति चिड़चिड़ा, द्वेषपूर्ण, दुष्ट, दोषयुक्त, विकृत विचारों वाला और कपटी है, उसे तुम बहिष्कृत समझो।

15. "जो कोई इस संसार में एक बार जन्मे या दो बार जन्मे जीवों को कष्ट पहुँचाता है, जिसमें जीवों के प्रति कोई दया नहीं है, उसे तुम बहिष्कृत समझो।

16. "जो कोई गांव और बस्तियों को नष्ट करता है और घेरता है, और अत्याचारी के रूप में जाना जाता है, उसे जान लो कि वह बहिष्कृत है।

17. "चाहे गांव में हो या जंगल में, जो कोई दूसरों की या किसी की न दी हुई चीज को हड़प लेता है, उसे जान लो कि वह बहिष्कृत है।

18. "जो कोई सचमुच कर्ज लेकर, दबाव पड़ने पर यह कहकर भाग जाए कि 'तुम पर कोई कर्ज नहीं है'," – जान लो कि वह बहिष्कृत है।

19. जो कोई तुच्छ वस्तु की लालसा में अकेले जा रहे व्यक्ति को मार डाले और उसे लूट ले– जान लो कि वह बहिष्कृत है।

20. "जो कोई अपने लिए, या दूसरों के लिए, या धन के लिए, साक्षी के रूप में पूछे जाने पर झूठ बोलता है– जान लो कि वह बहिष्कृत है।

21. जो कोई बलपूर्वक या सहमति से अपने सम्बन्धियों या मित्रों की पत्नियों के साथ पाप करता हुआ दिखाई दे, उसे जान लो कि वह बहिष्कृत है।

22. "जो कोई धनवान होकर भी अपनी जवानी से गुजर चुके बूढ़े माता–पिता का भरण–पोषण नहीं करता, उसे जान लो कि वह बहिष्कृत है।

23. "जो कोई पूछे जाने पर भी भलाई के विषय में बुरी बातें बताता है और छुपकर शिक्षा देता है, उसे जान लो कि वह बहिष्कृत है।
24. "कोई भी जन्म से बहिष्कृत नहीं होता–और कोई भी जन्म से ब्राह्मण नहीं होता।"
25. यह सुनकर अग्गिक को भगवान के विरुद्ध की गई गाली के लिए बहुत शर्मिंदगी महसूस हुई।

3. धम्म को सद्धम्म होने के लिए यह सिखाना होगा कि मनुष्य का मापदंड उसका मूल्य है, न कि उसका जन्म।

1. मनुष्य असमान पैदा होते हैं।
2. कुछ मजबूत होते हैं, अन्य कमजोर होते हैं।
3. कुछ में अधिक बुद्धि होती है, अन्य में कम या बिल्कुल नहीं।
4. कुछ में अधिक क्षमता होती है, अन्य में कम।
5. कुछ संपन्न होते हैं, अन्य गरीब।
6. सभी को अस्तित्व के संघर्ष में प्रवेश करना पड़ता है।
7. अस्तित्व के संघर्ष में यदि असमानता को खेल का नियम मान लिया जाए तो सबसे कमजोर हमेशा हार जाएगा।
8. क्या असमानता के इस नियम को जीवन का नियम बनने दिया जाना चाहिए?
9. कुछ लोग इस आधार पर सकारात्मक उत्तर देते हैं कि इससे योग्यतम का अस्तित्व बना रहता है।
10. लेकिन सवाल यह है कि क्या समाज के दृष्टिकोण से योग्यतम ही सर्वश्रेष्ठ है।
11. कोई भी सकारात्मक उत्तर नहीं दे सकता।
12. इसी संदेह के कारण धर्म समानता का उपदेश देता है। क्योंकि समानता सर्वश्रेष्ठ को जीवित रहने में मदद कर सकती है, भले ही सर्वश्रेष्ठ योग्यतम न हो।

13. समाज जो चाहता है वह सर्वश्रेष्ठ है, योग्यतम नहीं।
14. इसलिए यही मुख्य कारण है कि धर्म समानता को कायम रखता है।
15. यह बुद्ध का दृष्टिकोण था और इसी कारण उन्होंने तर्क दिया कि जो धर्म समानता का उपदेश नहीं देता, वह मानने योग्य नहीं है।
16. क्या आप ऐसे धर्म का सम्मान या विश्वास कर सकते हैं जो दूसरों को दुःख पहुँचाकर स्वयं को सुख पहुँचाने या स्वयं को दुःख पहुँचाकर दूसरों को सुख पहुँचाने या स्वयं और दूसरों दोनों को दुःख पहुँचाने की सलाह देता है?
17. क्या वह धर्म बेहतर नहीं है जो दूसरों के सुख के साथ–साथ स्वयं के सुख को भी बढ़ावा देता है और किसी भी प्रकार का अत्याचार बर्दाश्त नहीं करता।
18. ये कुछ सबसे प्रासंगिक प्रश्न थे जो उन्होंने समानता का विरोध करने वाले ब्राह्मणों से पूछे थे।
19. बुद्ध का धर्म पूर्ण न्याय है जो मनुष्य के अपने पुण्य स्वभाव से उत्पन्न होता है।

पुस्तक – IV
धर्म और धम्म

भाग **I**– धर्म और धम्म।

भाग **II**– शब्दावली में समानताएँ किस प्रकार मौलिक अंतर को छिपाती हैं।

भाग **III**– बौद्ध जीवन शैली।

भाग **IV**– उनके उपदेश।

भाग – I

धर्म और धम्म

1. धर्म क्या है?
2. धम्म धर्म से किस प्रकार भिन्न है।
3. धर्म का उद्देश्य और धम्म का उद्देश्य।
4. नैतिकता और धर्म।
5. धम्म और नैतिकता।
6. केवल नैतिकता ही पर्याप्त नहीं है। यह पवित्र और सार्वभौमिक होनी चाहिए।

1. धर्म क्या है?

1. शब्द "धर्म" एक अनिश्चित शब्द है जिसका कोई निश्चित अर्थ नहीं है।
2. यह एक शब्द है जिसके कई अर्थ हैं।
3. ऐसा इसलिए है क्योंकि धर्म कई चरणों से गुजरा है। प्रत्येक चरण में अवधारणा को धर्म कहा जाता है, हालाँकि एक चरण में अवधारणा का वही अर्थ नहीं रहा है जो पिछले चरण में था या अगले चरण में होने की संभावना है।
4. धर्म की अवधारणा कभी भी निश्चित नहीं रही।
5. यह समय–समय पर बदलती रही है।
6. चूँकि बिजली, बारिश और बाढ़ जैसी अधिकांश घटनाएँ, जिनकी घटना आदिम मनुष्य नहीं समझा सकता था, उन्हें नियंत्रित करने के लिए किए गए किसी भी अजीब प्रदर्शन को जादू कहा जाता था। इसलिए धर्म की पहचान जादू से की जाने लगी।
7. फिर धर्म के विकास में दूसरा चरण आया। इस चरण में धर्म की पहचान विश्वासों, अनुष्ठानों, समारोहों, प्रार्थनाओं और बलिदानों से की जाने लगी।
8. लेकिन धर्म की यह अवधारणा व्युत्पन्न है।
9. धर्म में मुख्य बिंदु इस विश्वास से शुरू होता है कि कोई ऐसी शक्ति है जो इन घटनाओं का कारण बनती है जिन्हें आदिम मनुष्य नहीं जानता था और न ही समझ सकता था। इस चरण में जादू ने अपना स्थान खो दिया।
10. यह शक्ति मूल रूप से द्वेषपूर्ण थी। लेकिन बाद में यह महसूस किया गया कि यह परोपकारी भी हो सकती है।
11. विश्वास, अनुष्ठान, समारोह और बलिदान एक परोपकारी शक्ति को प्रसन्न करने और एक क्रोधित शक्ति को शांत करने के लिए आवश्यक थे।

12. बाद में उस शक्ति को ईश्वर या निर्माता कहा गया।
13. फिर तीसरा चरण आया कि यह ईश्वर ही है जिसने इस दुनिया और मनुष्य को भी बनाया है।
14. इसके बाद यह विश्वास आया कि मनुष्य में आत्मा है और आत्मा शाश्वत है और दुनिया में मनुष्य के कार्यों के लिए ईश्वर के प्रति उत्तरदायी है।
15. संक्षेप में, यह धर्म की अवधारणा का विकास है।
16. धर्म यही है और यही इसका अर्थ है–ईश्वर में विश्वास, आत्मा में विश्वास, ईश्वर की पूजा, भटकी हुई आत्मा का उपचार, प्रार्थना, अनुष्ठान, बलिदान आदि द्वारा ईश्वर को प्रसन्न करना।

2. धम्म धर्म से किस प्रकार भिन्न है

1. बुद्ध जिसे धम्म कहते हैं, वह धर्म से मौलिक रूप से भिन्न है।
2. बुद्ध जिसे धम्म कहते हैं, वह यूरोपीय धर्मशास्त्रियों द्वारा धर्म कहे जाने वाले धर्म के समान है।
3. लेकिन दोनों के बीच कोई अधिक समानता नहीं है। दूसरी ओर, दोनों के बीच मतभेद बहुत अधिक हैं।
4. इस कारण कुछ यूरोपीय धर्मशास्त्री बुद्ध के धम्म को धर्म के रूप में मान्यता देने से इनकार करते हैं।
5. इस पर खेद करने की आवश्यकता नहीं है। नुकसान उनका है। इससे बुद्ध के धम्म को कोई नुकसान नहीं होता। बल्कि यह दिखाता है कि धर्म में क्या कमी है।
6. इस विवाद में पड़ने के बजाय धम्म के बारे में एक विचार देना और यह दिखाना बेहतर है कि यह धर्म से किस तरह अलग है।
7. कहा जाता है कि धर्म व्यक्तिगत है और इसे अपने तक ही सीमित रखना चाहिए। इसे सार्वजनिक जीवन में अपनी भूमिका नहीं निभाने देना चाहिए।

8. इसके विपरीत, धम्म सामाजिक है। यह मूल रूप से और अनिवार्य रूप से ऐसा ही है।
9. धम्म धार्मिकता है, जिसका अर्थ है जीवन के सभी क्षेत्रों में मनुष्य और मनुष्य के बीच सही संबंधी।
10. इससे यह स्पष्ट है कि यदि कोई व्यक्ति अकेला है तो उसे धम्म की आवश्यकता नहीं है।
11. लेकिन जब दो व्यक्ति एक–दूसरे के संबंध में रहते हैं तो उन्हें धम्म के लिए जगह मिलनी ही चाहिए, चाहे वे इसे पसंद करें या नहीं। कोई भी इससे बच नहीं सकता।
12. दूसरे शब्दों में, समाज धम्म के बिना नहीं चल सकता।
13. समाज को तीन विकल्पों में से एक चुनना होगा।
14. समाज सरकार के साधन के रूप में धम्म न रखने का विकल्प चुन सकता है। क्योंकि धम्म तब तक कुछ भी नहीं है जब तक वह सरकार का साधन न हो।
15. इसका मतलब है कि समाज अराजकता का रास्ता चुनता है।
16. दूसरा, समाज सरकार के साधन के रूप में पुलिस, यानी तानाशाही को चुन सकता है।
17. तीसरा, समाज धम्म के साथ–साथ मजिस्ट्रेट को भी चुन सकता है, जहाँ लोग धम्म का पालन करने में विफल रहते हैं।
18. अराजकता और तानाशाही में स्वतंत्रता खो जाती है।
19. केवल तीसरे में ही स्वतंत्रता बची रहती है।
20. इसलिए जो लोग स्वतंत्रता चाहते हैं, उन्हें धम्म रखना चाहिए।
21. अब धम्म क्या है? और धम्म क्यों आवश्यक है? बुद्ध के अनुसार, धम्म में प्रज्ञा और करुणा शामिल हैं।
22. प्रज्ञा क्या है? और प्रज्ञा क्यों? प्रज्ञा समझ है। बुद्ध ने प्रज्ञा को अपने धम्म के दो आधारशिलाओं में से एक बनाया क्योंकि वे अंधविश्वास के लिए कोई जगह नहीं छोड़ना चाहते थे।

23. करुणा क्या है? और करुणा क्यों? करुणा प्रेम है। क्योंकि, इसके बिना समाज न तो जीवित रह सकता है और न ही विकसित हो सकता है, इसीलिए बुद्ध ने इसे अपने धम्म की दूसरी आधारशिला बनाया।
24. बुद्ध के धम्म की परिभाषा ऐसी है।
25. धम्म की यह परिभाषा धर्म की परिभाषा से कितनी भिन्न है।
26. बुद्ध द्वारा दी गई धम्म की परिभाषा इतनी प्राचीन, फिर भी इतनी आधुनिक है।
27. इतनी आदिवासी, फिर भी इतनी मौलिक।
28. किसी से उधार नहीं लिया गया, फिर भी इतना सच्चा।
29. प्रज्ञा और करुणा का एक अनूठा मिश्रण बुद्ध का धम्म है।
30. धर्म और धम्म में इतना अंतर है

3. धर्म का उद्देश्य और धम्म का उद्देश्य

1. धर्म का उद्देश्य क्या है? धम्म का उद्देश्य क्या है? क्या वे एक ही हैं? या वे भिन्न हैं?
2. इन प्रश्नों का उत्तर दो संवादों में मिलता है– एक बुद्ध और सुनखट्ट के बीच और दूसरा बुद्ध और ब्राह्मण पोत्तापाद के बीच।
3. एक बार भगवान अनुपिया नामक मल्लों के बीच उनके एक नगर में ठहरे हुए थे।
4. अब भगवान ने प्रातःकाल वस्त्र धारण करके, अपना लबादा पहनकर और अपना कटोरा लेकर भिक्षा के लिए नगर में प्रवेश किया।
5. रास्ते में उन्हें लगा कि भिक्षा के लिए जाने के लिए अभी बहुत जल्दी है। इसलिए वे उस स्थान पर गए जहाँ पथिक भगव रहते थे और उनसे मिलने गए।
6. भगवान को देखकर भगव उठे, उन्हें प्रणाम किया और कहा, "महाराज, आप कृपया बैठिए आपके लिए यहाँ एक आसन तैयार किया गया है।"

7. भगवान वहाँ बैठ गए और भगव एक छोटी सी चौकी लेकर उनके पास बैठ गए। इस प्रकार बैठे हुए, घुमक्कड़ भगव ने भगवान से इस प्रकार कहाः

8. "कुछ दिन पहले, भगवान, बहुत दिन पहले, लिच्छवियों के सुनखट्ट ने मुझे बुलाया और इस प्रकार कहाः 'मैंने अब भगवान भगव को त्याग दिया है। मैं अब उनके अधीन (मेरे गुरु के रूप में) नहीं रहूँगा। क्या यह सच है, जैसा कि उन्होंने कहा?"

9. "यह बिल्कुल ऐसा ही है, भगव, जैसा कि लिच्छवियों के सुनखट्ट ने कहा था," भगवान ने उत्तर दिया।

10. "कुछ दिन पहले, भगव, बहुत दिन पहले, सुनखट्ट, लिच्छवि, मुझसे मिलने आए, और इस प्रकार बोलेः श्रीमान, अब मैं भगवान को त्याग देता हूँ। अब से मैं उनके अधीन (मेरे गुरु के रूप में) नहीं रहूँगा। जब उन्होंने मुझे यह बताया, तो मैंने उनसे कहाः लेकिन अब, सुनखट्ट, क्या मैंने तुमसे कभी कहा है, आओ सुनखट्ट, मेरे अधीन (मेरे शिष्य के रूप में) रहो?'

11. "नहीं, श्रीमान, तुमने ऐसा नहीं कहा है।'

12. या आपने कभी मुझसे कहा हैः 'सर, मैं एक (मेरे शिक्षक के रूप में) के नीचे रहने के लिए निवास करूंगा?'

13. "नहीं, सर, मैंने नहीं किया है।'

14. "तब मैंने उससे पूछा, "अगर मैंने कहा कि एक नहीं है, और आपने कहा कि दूसरे को नहीं, तो आप क्या हैं और मैं क्या हूं कि आप देने की बात करते हैं? देखें, एक मूर्ख, यहां कितनी दूर की गलती है।"

15. "ठीक है, लेकिन, महान व्यक्ति मेरे लिए सामान्य मनुष्यों की शक्ति से बढ़कर कोई रहस्यवादी चमत्कार नहीं करता है।

16. "क्यों, अब सुनख्त, क्या मैंने कभी तुमसे कहा हैः 'आओ, मुझे अपने शिक्षक के रूप में ले जाओ, सुनख्त, और मैं तुम्हारे लिए काम करूँगा

17. 'आपने नहीं किया है, सर।'

18. "या क्या आपने कभी मुझसे कहा है: 'सर, मैं अपने शिक्षक के रूप में एक को छोड़ दूंगा, क्योंकि वह सामान्य पुरुषों की शक्तियों से परे मेरे लिए रहस्यवादी चमत्कार के लिए काम करेगा?"

19. "मैंने नहीं किया, सर।"

20. लेकिन अगर मैंने कहा कि एक नहीं है, और आपने कहा कि दूसरे को नहीं, तो आप क्या हैं और मैं क्या हूँ, मूर्ख आदमी, कि आप हार मानने की बात करते हैं? आप क्या सोचते हैं, सुनख्त? क्या रहस्यवादी चमत्कार सामान्य आदमी की शक्ति से परे है, या क्या वे नहीं हैं, जिसके लिए मैं धम्म को सिखाता हूं: कि यह उसके लिए बीमार के पूरी तरह से विनाश की ओर जाता है? '

21. 'क्या, सर, वे इतने गढ़े हुए हैं या नहीं, यह वास्तव में वह वस्तु है जिसके लिए धम्म को महान व्यक्ति खट्ट द्वारा सिखाया जाता है।'

22. "यदि तब, सुनखट्ट, यह उस वस्तु के लिए मायने नहीं रखता है कि क्या रहस्यवादी चमत्कार गढ़े हुए हैं या नहीं, आपका क्या उपयोग है, तो आप उनका काम करेंगे?

23. "लेकिन, सर, महान व्यक्ति मुझे किसी चीज़ की शुरूआत नहीं बताता

24. "अब क्यों, सुनखट्ट, क्या मैंने कभी तुमसे कहा है: आओ, सुनखट्ट, मेरा शिष्य बनो और मैं तुम्हें चीजों की शुरुआत में प्रकट करूंगा?"

25. "महोदय, आपने नहीं किया है।

26. "या क्या तुमने कभी मुझसे कहा है: 'मैं भगवान का शिष्य बनूंगा, क्योंकि वह मुझे चीजों की शुरुआत बताएगा?'

27. श्रीमान, मैंने ऐसा नहीं कहा।'

28. "लेकिन अगर मैंने एक बात नहीं कही और आपने दूसरी बात नहीं कही, तो आप और मैं क्या हैं, मूर्ख आदमी, कि आप उस कारण से त्याग करने की बात करते हैं? सुनखट्ट, आप क्या सोचते हैं? चाहे चीजों की शुरुआत बताई जाए या नहीं, क्या वह उद्देश्य जिसके लिए मैं धम्म सिखाता हूं वह यह है कि इससे कर्ता के लिए बुराई का पूर्ण विनाश होता है?'

29. चाहे वे बताई जाएं या नहीं, वास्तव में यही वह उद्देश्य है जिसके लिए भगवान द्वारा धम्म सिखाया जाता है।'
30. तो फिर, सुनखट्ट, अगर उस उद्देश्य के लिए चीजों की शुरुआत बताई जाए या नहीं बताई जाए, तो चीजों की शुरुआत बताई जाए तो आपके लिए क्या उपयोगी होगा?'
31. यह दर्शाता है कि धर्म का संबंध चीजों की शुरुआत को प्रकट करने से है, जबकि धम्म का नहीं।

धर्म और धम्म के बीच अन्य अंतर भगवान और पोत्तपाद के बीच चर्चा में सामने आते हैं।

1. भगवान एक बार श्रावस्ती में जेत के जंगल में अनाथपिंडिका की शरण में रह रहे थे। उस समय भटकते हुए भिक्षु पोत्तपाद रानी मल्लिका के उद्यान में दार्शनिक मत की सामान्य प्रणालियों पर बहस के लिए बने हॉल में रह रहे थे।
2. उनके साथ भिक्षुओं का एक बड़ा समूह था यानी तीन सौ। भगवान और पोत्तपाद के बीच एक संवाद हुआ। पोत्तपाद ने पूछा:
3. "तो, श्रीमान, यदि ऐसा है, तो कम से कम मुझे यह तो बताइए: 'क्या संसार शाश्वत है? क्या केवल यही सत्य है, और कोई अन्य दृष्टिकोण केवल मूर्खता है?'"
4. "पोत्तपाद, यह एक ऐसा विषय है जिस पर मैंने कोई राय व्यक्त नहीं की है," भगवान ने उत्तर दिया।
5. फिर, उन्हीं शब्दों में पोत्तपाद ने निम्नलिखित में से प्रत्येक प्रश्न पूछा:

    (i) क्या संसार शाश्वत नहीं है?'

    (ii) क्या संसार सीमित है?'

    (iii) 'क्या संसार अनंत है?'

    (iv) क्या आत्मा और शरीर एक ही हैं?'

    (v) क्या आत्मा एक चीज है और शरीर दूसरी चीज?'

(vi) क्या सत्य को प्राप्त करने वाला व्यक्ति मृत्यु के बाद फिर से जीवित हो जाता है?

(vii) क्या वह मृत्यु के बाद फिर से जीवित नहीं होता?"

(viii) क्या वह मृत्यु के बाद फिर से जीवित होता है और फिर से नहीं जीता है?

(ix) क्या वह मृत्यु के बाद न तो फिर से जीवित होता है और न ही फिर से नहीं जीता है?'

6. और प्रत्येक प्रश्न का भगवान ने एक ही उत्तर दियाः–

7. "वह भी, पोत्तपाद, एक ऐसा विषय है जिस पर मैंने कोई राय व्यक्त नहीं की है।"

8. "लेकिन भगवान ने उस पर कोई राय क्यों नहीं व्यक्त की है?"

9. "क्योंकि यह प्रश्न लाभ के लिए नहीं है, इसका धम्म से कोई संबंध नहीं है, यह न तो सही आचरण के तत्वों से संबंधित है, न वैराग्य से, न वासनाओं से शुद्धि से, न शांति से, न हृदय की शांति से, न वास्तविक ज्ञान से, न अंतर्दृष्टि (मार्ग के उच्च चरणों की), न ही निर्वाण से। इसलिए मैं इस पर कोई राय व्यक्त नहीं करता।"

10. "तो फिर भगवान ने क्या निर्धारित किया है?"

11. "मैंने समझाया है, पोत्तपाद, दुःख क्या है; मैंने समझाया है कि दुःख की उत्पत्ति क्या है; मैंने यह स्पष्ट कर दिया है कि दुःख का निवारण क्या है। मैंने यह स्पष्ट कर दिया है कि वह कौन सी विधि है जिसके द्वारा दुःख का निवारण हो सकता है।"

12. "और भगवान ने इस विषय में कथन क्यों प्रस्तुत किया है?"

13. "क्योंकि यह प्रश्न, पोत्तपाद, लाभ के लिए है, धम्म से संबंधित है, सही आचरण की शुरुआत, वैराग्य, वासनाओं से शुद्धि, शांति, हृदय की शांति, वास्तविक ज्ञान, मार्ग के उच्चतर चरणों की अंतर्दृष्टि और निर्वाण तक पहुंचता है। इसलिए, पोत्तपाद, मैंने इस विषय में कथन प्रस्तुत किया है। हृदय का शुद्धिकरण, वास्तविक ज्ञान, पथ

के उच्चतर स्तरों की अंतर्दृष्टि और निर्वाण तक। इसलिए, पोत्तपाद, मैंने इस बारे में एक वक्तव्य दिया है।"

14. इस संवाद में यह स्पष्ट रूप से बताया गया है कि धर्म का विषय क्या है और धम्म का विषय क्या नहीं है। दोनों एक दूसरे से बिल्कुल अलग हैं।
15. धर्म का उद्देश्य दुनिया की उत्पत्ति की व्याख्या करना है। धम्म का उद्देश्य दुनिया का पुनर्निर्माण करना है।

4. नैतिकता और धर्म

1. धर्म में नैतिकता का क्या स्थान है?
2. सच तो यह है कि धर्म में नैतिकता का कोई स्थान नहीं है।
3. धर्म की विषय–वस्तु में ईश्वर, आत्मा, प्रार्थना, पूजा, अनुष्ठान, समारोह और बलिदान शामिल हैं।
4. नैतिकता तभी आती है जब मनुष्य मनुष्य के संबंध में आता है।
5. नैतिकता धर्म में शांति और व्यवस्था बनाए रखने के लिए एक सहायक के रूप में आती है।
6. धर्म एक त्रिकोणीय टुकड़ा है।
7. अपने पड़ोसी के साथ अच्छा व्यवहार करें क्योंकि आप दोनों ईश्वर की संतान हैं।
8. यही धर्म का तर्क है।
9. हर धर्म नैतिकता का उपदेश देता है, लेकिन नैतिकता धर्म का मूल नहीं है।
10. यह उससे जुड़ी हुई गाड़ी है। यह अवसर के अनुसार जुड़ी और अलग होती है।
11. इसलिए धर्म के कामकाज में नैतिकता की क्रिया आकस्मिक और सामयिक है।
12. इसलिए धर्म में नैतिकता प्रभावी नहीं है।

5. धम्म और नैतिकता

1. धम्म में नैतिकता का क्या स्थान है?
2. इसका सरल उत्तर है नैतिकता ही धम्म है और धम्म ही नैतिकता है।
3. दूसरे शब्दों में, धम्म में नैतिकता ईश्वर का स्थान लेती है, हालाँकि धम्म में ईश्वर नहीं है।
4. धम्म में प्रार्थना, तीर्थयात्रा, अनुष्ठान, समारोह या बलिदान के लिए कोई स्थान नहीं है।
5. नैतिकता धम्म का सार है। इसके बिना धम्म नहीं है।
6. धम्म में नैतिकता मनुष्य द्वारा मनुष्य से प्रेम करने की प्रत्यक्ष आवश्यकता से उत्पन्न होती है।
7. इसके लिए ईश्वर की स्वीकृति की आवश्यकता नहीं है। मनुष्य को ईश्वर को प्रसन्न करने के लिए नैतिक होना नहीं है। मनुष्य को अपने भले के लिए ही मनुष्य से प्रेम करना है।

6. केवल नैतिकता ही पर्याप्त नहीं है। यह पवित्र और सार्वभौमिक होनी चाहिए

1. कोई चीज कब पवित्र होती है? कोई चीज पवित्र क्यों होती है?
2. प्रत्येक मानव समाज में, आदिम या उन्नत, कुछ चीजें या मान्यताएँ होती हैं जिन्हें वह पवित्र मानता है और बाकी को अपवित्र।
3. जब कोई चीज या मान्यता पवित्र (पवित्र) होने की अवस्था में पहुँच जाती है तो इसका मतलब है कि उसका उल्लंघन नहीं किया जा सकता। वास्तव में उसे छुआ नहीं जा सकता। यह वर्जित है।
4. इसके विपरीत, कोई ऐसी चीज या विश्वास जो अपवित्र (अपवित्र) है, यानी पवित्रता के दायरे से बाहर है, उसका उल्लंघन किया जा सकता है। इसका मतलब है कि कोई भी व्यक्ति बिना किसी डर या अंतरात्मा की पीड़ा के इसके विपरीत काम कर सकता है।
5. पवित्र कुछ पवित्र है। इसका उल्लंघन करना अपवित्रता है।

6. किसी चीज को पवित्र क्यों बनाया जाता है? प्रश्न के दायरे को हाथ में मौजूद मामले तक सीमित करने के लिए, नैतिकता को पवित्र क्यों बनाया जाना चाहिए?
7. नैतिकता को पवित्र बनाने में तीन कारकों ने अपनी भूमिका निभाई है।
8. पहला कारक सर्वश्रेष्ठ की रक्षा करने की सामाजिक आवश्यकता है।
9. इस प्रश्न की पृष्ठभूमि अस्तित्व के संघर्ष और योग्यतम के जीवित रहने के संघर्ष में निहित है।
10. यह विकास के सिद्धांत से उत्पन्न होता है। यह सर्वविदित है कि विकास अस्तित्व के संघर्ष के माध्यम से होता है क्योंकि शुरुआती समय में भोजन की आपूर्ति के साधन बहुत सीमित थे।
11. संघर्ष बहुत कठिन है। प्रकृति के बारे में कहा जाता है कि वह नाखून और दांत से लाल है।
12. इस संघर्ष में जो बहुत कठिन और खूनी है, केवल योग्यतम ही जीवित बचता है।
13. समाज की मूल स्थिति ऐसी ही है।
14. प्राचीन काल में किसी ने यह प्रश्न उठाया होगा कि क्या योग्यतम (सबसे मजबूत) ही सर्वश्रेष्ठ है? क्या सबसे कमजोर को यदि सुरक्षित रखा जाए तो वह समाज के लक्ष्यों और उद्देश्यों को आगे बढ़ाने के लिए सर्वश्रेष्ठ नहीं होगा?
15. समाज की तत्कालीन स्थिति ने सकारात्मक उत्तर दिया है।
16. फिर प्रश्न आता है कि कमजोरों की रक्षा का उपाय क्या है?
17. योग्यतम पर कुछ प्रतिबंध लगाने से कम कुछ नहीं।
18. इसमें नैतिकता की उत्पत्ति और आवश्यकता निहित है।
19. यह नैतिकता पवित्र होनी चाहिए क्योंकि इसे मूल रूप से योग्यतम, यानी सबसे मजबूत पर लगाया गया था।
20. इसके बहुत गंभीर परिणाम हैं।

21. सबसे पहले, क्या सामाजिक बनने में नैतिकता असामाजिक हो जाती है?
22. ऐसा नहीं है कि चोरों में नैतिकता नहीं होती। व्यापारियों में नैतिकता होती है। जाति के लोगों में नैतिकता होती है और लुटेरों के गिरोह में भी नैतिकता होती है।
23. लेकिन यह नैतिकता अलगाव और बहिष्कार से चिह्नित होती है। यह "समूह हित" की रक्षा करने की नैतिकता है। इसलिए यह असामाजिक है।
24. यह इस तरह की नैतिकता का अलगाव और बहिष्कार है जो इसकी असामाजिक भावना को उभारता है।
25. यही बात तब भी सच है जब कोई समूह नैतिकता का पालन करता है क्योंकि उसके पास अपने हितों की रक्षा करने के लिए है।
26. समाज के इस समूह संगठन के परिणाम दूरगामी हैं।
27. यदि समाज असामाजिक समूहों से बना रहेगा, तो समाज अव्यवस्थित और गुटीय समाज बना रहेगा।
28. समाज की अव्यवस्थित और गुटीय स्थिति का खतरा यह है कि वह अनेक भिन्न–भिन्न मॉडल और मानक स्थापित करता है।
29. समान मॉडल और समान मानकों के अभाव में समाज एक सामंजस्यपूर्ण समग्र नहीं हो सकता।
30. ऐसे भिन्न मॉडल और मानकों के साथ व्यक्ति के लिए मन की स्थिरता प्राप्त करना असंभव है।
31. एक समाज जो एक समूह के दूसरे पर वर्चस्व पर टिका होता है, चाहे उसके तर्कपूर्ण या आनुपातिक दावे कुछ भी हों, अनिवार्य रूप से संघर्ष की ओर ले जाता है।
32. संघर्ष को रोकने का एकमात्र तरीका नैतिकता के समान नियम बनाना है जो सभी के लिए पवित्र हों।
33. तीसरा कारक है जिसके लिए नैतिकता को पवित्र और सार्वभौमिक बनाना आवश्यक है। यह व्यक्ति के विकास की रक्षा करना है।

34. अस्तित्व के संघर्ष या समूह शासन के तहत व्यक्तियों के हित सुरक्षित नहीं हैं।
35. समूह व्यवस्था व्यक्ति को मन की स्थिरता प्राप्त करने से रोकती है जो तभी संभव है जब समाज के समान आदर्श, समान मॉडल हों। उसके विचार भटक जाते हैं और इससे एक ऐसा मन बनता है जिसकी देखने की एकता जबरदस्ती और विकृत हो जाती है।
36. दूसरे, समूह व्यवस्था भेदभाव और न्याय के हनन की ओर ले जाती है।
37. समूह व्यवस्था वर्गों के स्तरीकरण की ओर ले जाती है। जो स्वामी हैं वे स्वामी ही बने रहते हैं और जो गुलामी में पैदा हुए हैं वे गुलाम ही बने रहते हैं। मालिक मालिक ही बने रहते हैं और कामगार कामगार ही बने रहते हैं। विशेषाधिकार प्राप्त लोग विशेषाधिकार प्राप्त ही बने रहते हैं और दास दास ही बने रहते हैं।
38. इसका मतलब है कि कुछ लोगों के लिए स्वतंत्रता हो सकती है लेकिन सभी के लिए नहीं। इसका मतलब है कि कुछ लोगों के लिए समानता हो सकती है लेकिन बहुसंख्यकों के लिए कोई समानता नहीं।
39. उपाय क्या है? एकमात्र उपाय भाईचारे को सार्वभौमिक रूप से प्रभावी बनाना है।
40. भाईचारा क्या है? यह मनुष्यों के भाईचारे का दूसरा नाम है जो नैतिकता का दूसरा नाम है।
41. यही कारण है कि बुद्ध ने उपदेश दिया कि धम्म नैतिकता है और जैसे धम्म पवित्र है वैसे ही नैतिकता भी है।

भाग – II

शब्दावली में समानताएँ कैसे मौलिक अंतर को छिपाती हैं

खंड I—पुनर्जन्म

1. प्रारंभिक।
2. किस बात का पुनर्जन्म?
3. किसका पुनर्जन्म?

खंड II—कर्म

1. क्या बौद्ध धर्म का कर्म सिद्धांत ब्राह्मणवादी सिद्धांत के समान है?
2. क्या बुद्ध का मानना था कि पिछले कर्मों का भविष्य के जीवन पर प्रभाव पड़ता है?
3. क्या बुद्ध का मानना था कि पिछले कर्मों का भविष्य के जीवन पर प्रभाव पड़ता है? निष्कर्ष।

खंड III—अहिंसा

1. इसके विभिन्न तरीके जिनसे इसकी व्याख्या की जाती है और इसका पालन किया जाता है।
2. अहिंसा का सही अर्थ।

खंड IV—पुनर्जन्म

खंड V—उनकी गलतफहमियों के कारण

खंड–I: पुनर्जन्म

1. प्रारंभिक

1. मृत्यु के बाद क्या होता है, यह एक ऐसा प्रश्न है जो अक्सर पूछा जाता है।
2. बुद्ध के समकालीनों के दो अलग–अलग विचार थे। एक समूह को शाश्वतवादी और दूसरे को विनाशवादी कहा जाता था।
3. शाश्वतवादियों ने कहा कि आत्मा को मृत्यु का ज्ञान नहीं है: इसलिए जीवन शाश्वत है। पुनर्जन्म से इसका नवीनीकरण होता है।
4. विनाशवादियों की थीसिस को एक शब्द, उच्चेद्वाद में अभिव्यक्त किया गया था, जिसका अर्थ था कि मृत्यु हर चीज का अंत है। मृत्यु के बाद कुछ भी नहीं बचता।
5. बुद्ध शाश्वतवादी नहीं थे। क्योंकि इसमें एक अलग, अमर आत्मा के अस्तित्व में विश्वास शामिल था, जिसका वे विरोध करते थे।
6. क्या बुद्ध विनाशवादी थे? आत्मा के अस्तित्व में उनके विश्वास के साथ, बुद्ध से स्वाभाविक रूप से विनाशवादी होने की उम्मीद की जाती थी।
7. लेकिन अलगद्दुपम्मा–सुत्त में बुद्ध शिकायत करते हैं कि उन्हें विनाशवादी कहा जाता है, जबकि वास्तव में वे विनाशवादी नहीं हैं।
8. वे कहते हैं: "यद्यपि मैं यही मानता हूँ और यही उपदेश देता हूँ, फिर भी कुछ संन्यासी और ब्राह्मण, तथ्यों के विपरीत, गलत तरीके से, त्रुटिपूर्ण तरीके से मुझ पर आरोप लगाते हैं कि मैं विनाशवादी हूँ और मानव जाति के विघटन, विनाश और विनाश का उपदेश देता हूँ।
9. "मैं जो नहीं हूँ और जो मैं नहीं मानता हूँ, वही इन अच्छे लोगों द्वारा गलत तरीके से, त्रुटिपूर्ण तरीके से और झूठा आरोप लगाया जाता है, जो मुझे विनाशवादी साबित करना चाहते हैं।"

10. यदि यह कथन वास्तविक है और यह उन लोगों द्वारा जोड़ा गया नहीं है जो बौद्ध धर्म पर ब्राह्मणवादी सिद्धांत थोपना चाहते थे, तो यह कथन एक गंभीर दुविधा उत्पन्न करता है।
11. बुद्ध आत्मा के अस्तित्व में विश्वास क्यों नहीं करते और फिर भी यह कैसे कह सकते हैं कि वे विनाशवादी नहीं हैं?
12. इससे यह प्रश्न उठता है: क्या बुद्ध पुनर्जन्म में विश्वास करते थे?

2. किस बात का पुनर्जन्म?

1. क्या बुद्ध पुनर्जन्म में विश्वास करते थे?
2. इसका उत्तर सकारात्मक है।
3. इस प्रश्न को दो भागों में विभाजित करना बेहतर है (1) किस बात का पुनर्जन्म और (2) किसका पुनर्जन्म।
4. इन दोनों प्रश्नों में से प्रत्येक को अलग–अलग लेना बेहतर है।
5. यहाँ हम पहले प्रश्न पर विचार कर सकते हैं, किसका पुनर्जन्म।
6. इस प्रश्न को लगभग हमेशा अनदेखा किया जाता है। इन दो प्रश्नों के मिश्रण के कारण ही इतना भ्रम पैदा हुआ है।
7. बुद्ध के अनुसार अस्तित्व के चार तत्व हैं जो शरीर का निर्माण करते हैं। वे हैं (1) पृथ्वी; (2) अपा; (3) तेज; और (4) वायु।
8. प्रश्न यह है कि जब मानव शरीर मर जाता है तो इन चार तत्वों का क्या होता है? क्या वे भी मृत शरीर के साथ मर जाते हैं? कुछ लोग कहते हैं कि वे ऐसा करते हैं।
9. बुद्ध ने कहा नहीं। वे (आकाश) अंतरिक्ष में तैरते हुए समान तत्वों के समूह में शामिल हो जाते हैं।
10. जब इस तैरते हुए द्रव्यमान से चार तत्व एक साथ जुड़ते हैं तो एक नया जन्म होता है।
11. बुद्ध का पुनर्जन्म से यही मतलब था।
12. तत्वों का एक ही शरीर से होना जरूरी नहीं है और न ही वे जरूरी हैं जो मृत है। वे अलग–अलग मृत शरीरों से लिए जा सकते हैं।

13. यह ध्यान रखना चाहिए कि शरीर मर जाता है। लेकिन तत्व हमेशा जीवित रहते हैं।
14. यह पुनर्जन्म का वह प्रकार है जिस पर बुद्ध विश्वास करते थे।
15. सारिपुत्त ने महा–कोट्टिता के साथ अपने संवाद में इस विषय पर बहुत प्रकाश डाला है।
16. ऐसा कहा जाता है कि एक बार जब भगवान श्रावस्ती में अनाथपिंडिका के आराम में जेत के उपवन में निवास कर रहे थे, तब महाकोट्ठित संध्या के समय अपने ध्यान से उठकर सारिपुत्त के पास गए और उनसे उन प्रश्नों का स्पष्टीकरण मांगा जो उन्हें परेशान कर रहे थे।
17. निम्नलिखित उनमें से एक था।
18. महा–कोट्ठिता ने पूछाः "प्रथम परमानंद (ध्यान) ने कितने कारक निकाले हैं और कितने को बरकरार रखा है?"
19. सारिपुत्त ने उत्तर दियाः "प्रत्येक के पाँच। वासनाएँ, द्वेष, सुस्ती, चिंता और संदेह दूर हो गए हैं। अवलोकन, चिंतन, उत्साह, संतुष्टि और एकाग्र हृदय बना रहता है।"
20. महा–कोट्ठिता ने पूछाः "दृष्टि, ध्वनि, गंध, स्वाद और स्पर्श की पाँच इंद्रियों को लें, जिनमें से प्रत्येक का अपना विशेष प्रांत और कार्य की सीमा है, जो अलग–अलग और परस्पर भिन्न हैं। उनका अंतिम आधार क्या है? कौन उनके सभी पाँच प्रांतों और सीमाओं का आनंद लेता है?"
21. सारिपुत्त ने उत्तर दियाः "मन (मनो)।
22. महा–कोट्ठिता ने पूछाः "इंद्रिय की ये पाँच शक्तियाँ किस पर निर्भर करती हैं?"
23. सारिपुत्त ने उत्तर दिया "जीवन शक्ति पर।"
24. महा–कोट्ठिता ने पूछाः "जीवन शक्ति किस पर निर्भर करती है?
25. सारिपुत्तः "गर्मी पर।"

26. महा–कोट्ठिता ने पूछाः "गर्मी किस पर निर्भर करती है?"
27. सारिपुत्त ने उत्तर दियाः "जीवन शक्ति पर।"
28. महा–कोट्ठिता ने पूछाः "आप कहते हैं कि जीवन शक्ति गर्मी पर निर्भर करती है, आप यह भी कहते हैं कि गर्मी जीवन शक्ति पर निर्भर करती है! इसका क्या अर्थ लगाया जाना चाहिए? "
29. सारिपुत्त ने उत्तर दियाः "मैं तुम्हें एक उदाहरण देता हूँ। जैसे दीपक के मामले में, प्रकाश लौ को प्रकट करता है और लौ प्रकाश को, वैसे ही जीवन शक्ति ऊष्मा पर निर्भर करती है और ऊष्मा जीवन शक्ति पर।
30. महा–कोट्ठिता ने पूछाः "शरीर को एक बेजान लकड़ी की तरह फेंक दिए जाने और फेंक दिए जाने से पहले कितनी चीजों को छोड़ना पड़ता है?"
31. सारिपुत्त ने उत्तर दियाः "जीवन शक्ति, ऊष्मा और चेतना।"
32. महा–कोट्ठिता ने पूछाः "एक बेजान शव और समाधि में लीन एक भिक्षापात्र में क्या अंतर है, जिसमें बोध और भावनाएँ शांत हो जाती हैं?"
33. सारिपुत्त ने उत्तर दियाः "शव में न केवल शरीर, वाणी और मन की प्लास्टिक शक्तियाँ शांत और निष्क्रिय हो जाती हैं, बल्कि जीवन शक्ति भी समाप्त हो जाती है, गर्मी बुझ जाती है और इंद्रियों की क्षमताएँ टूट जाती हैं; जबकि समाधि में भिक्षा मांगने वाले व्यक्ति में प्राणशक्ति बनी रहती है, ऊष्मा बनी रहती है, तथा क्षमताएं स्पष्ट रहती हैं, यद्यपि श्वसन, अवलोकन और अनुभूति शांत और निष्क्रिय रहती हैं।"
34. यह संभवतः मृत्यु या विनाश का सबसे अच्छा तथा सबसे पूर्ण विवरण है।
35. इस संवाद में केवल एक कमी है। महा–कोट्ठिता को सारिपुत्त से एक प्रश्न पूछना चाहिए था। ऊष्मा क्या है?

36. सारिपुत्त ने क्या उत्तर दिया होगा, इसकी कल्पना करना आसान नहीं है। लेकिन इसमें कोई संदेह नहीं हो सकता कि ऊष्मा का अर्थ ऊर्जा है।

37. इस प्रकार, इस प्रश्न का वास्तविक उत्तरः शरीर के मरने पर क्या होता है? यह हैः शरीर ऊर्जा का उत्पादन करना बंद कर देता है।

38. लेकिन यह उत्तर का केवल एक भाग है। क्योंकि मृत्यु का अर्थ यह भी है कि शरीर से जो भी ऊर्जा निकल गई है, वह ब्रह्मांड में घूम रही ऊर्जा के सामान्य द्रव्यमान में शामिल हो जाती है।

39. इसलिए विनाश के दो पहलू हैं। इसके एक पहलू में इसका अर्थ है ऊर्जा के उत्पादन का बंद होना। दूसरे में पहलू का अर्थ है ऊर्जा के सामान्य अस्थायी द्रव्यमान के भंडार में एक नया जोड़।

40. संभवतः विनाश के इस दोहरे पहलू के कारण ही बुद्ध ने कहा कि वे पूर्ण विनाशवादी नहीं थे। जहाँ तक आत्मा का संबंध था, वे विनाशवादी थे। जहाँ तक पदार्थ का संबंध था, वे विनाशवादी नहीं थे।

41. इस तरह से व्याख्या करने पर यह समझना आसान है कि बुद्ध ने क्यों कहा कि वे विनाशवादी नहीं थे। वे पदार्थ के पुनर्जन्म में विश्वास करते थे, न कि आत्मा के पुनर्जन्म में।

42. इस तरह से व्याख्या करने पर, बुद्ध का दृष्टिकोण विज्ञान के अनुरूप है।

43. केवल इसी अर्थ में कहा जा सकता है कि बुद्ध पुनर्जन्म में विश्वास करते थे।

44. ऊर्जा कभी नष्ट नहीं होती। विज्ञान यही पुष्टि करता है। विनाश इस अर्थ में कि मृत्यु के बाद कुछ भी नहीं बचता, विज्ञान के विपरीत होगा। क्योंकि इसका अर्थ होगा कि ऊर्जा आयतन में स्थिर नहीं है।

45. यही एकमात्र तरीका है जिससे दुविधा हल हो सकती है।

3. किसका पुनर्जन्म?

1. सबसे कठिन प्रश्न है किसका पुनर्जन्म।
2. क्या वही मृत व्यक्ति पुनः जन्म लेता है?
3. क्या बुद्ध इस सिद्धांत पर विश्वास करते थे? उत्तर है "सबसे अधिक असंभव।"
4. उत्तर इस बात पर निर्भर करता है कि मृत व्यक्ति के अस्तित्व के तत्व आपस में मिलकर एक नया शरीर बनाते हैं, तब उसी सत्व के पुनर्जन्म की संभावना संभव है।
5. यदि मृत व्यक्तियों के विभिन्न तत्वों के मिश्रण से एक नया शरीर बनता है, तो पुनर्जन्म होता है, लेकिन उसी सत्व का पुनर्जन्म नहीं होता।
6. इस बिंदु को बहन खेमा ने राजा पसेनदी को अच्छी तरह समझाया है।
7. एक बार भगवान सावत्थी के पास अनाथपिंडिका के आराम में जेत ग्रोव में ठहरे हुए थे।
8. अब उस अवसर पर बहन खेमा, कोसलना के बीच अपनी यात्रा पूरी करने के बाद, श्रावस्ती और साकेत के बीच तोरणवत्थु में अपना निवास स्थान बना लिया।
9. अब कोसल के राजा पसेनदी साकेत से श्रावस्ती की यात्रा कर रहे थे, और साकेत और श्रावस्ती के बीच में उन्होंने तोरणवत्थु में एक रात बिताई।
10. कोसल के राजा पसेनदी ने एक व्यक्ति को बुलाया और कहा: "आओ, अच्छे साथी! किसी ऐसे संन्यासी या ब्राह्मण को खोजो, जिससे मैं आज सेवा कर सकूँ।"
11. "ऐसा ही है महाराज," उस व्यक्ति ने कोसल के राजा पसेनदि को उत्तर देते हुए कहा, और पूरे तोरणवत्थु में भटकने के बाद उसे कोई भी संन्यासी या ब्राह्मण नहीं दिखाई दिया, जिस पर राजा पसेनदी भरोसा कर सकें।

12. तब उस व्यक्ति ने बहन खेमा को देखा, जो तोरणवत्थु में रहने के लिए आई थी। और उसे देखकर वह कोसल के राजा पसेनदी के पास वापस गया, और कहाः–

13. "महाराज, तोरणवत्थु में ऐसा कोई संन्यासी या ब्राह्मण नहीं है, जिसकी सेवा आप कर सकें। लेकिन, महामहिम, खेमा नाम की एक बहन है, जो उस महान व्यक्ति की एक महिला शिष्या है। अब इस महिला के बारे में एक प्यारी अफवाह फैल गई है, कि वह ऋषि, निपुण, चतुर, व्यापक रूप से विद्वान, शानदार बात करने वाली, अच्छी तरह से तैयार बुद्धि की है। महामहिम उसकी सेवा करें।

14. इसलिए कोसल के राजा पसेनदी बहन खेमा से मिलने गए, और उनके पास आकर उन्हें प्रणाम किया और एक तरफ बैठ गए। इस तरह बैठे हुए उन्होंने उससे कहाः–

15. "आप क्या कहती हैं, महिला? क्या तथागत मृत्यु के बाद भी विद्यमान रहते हैं?"

16. "यह भी, महाराज, भगवान द्वारा प्रकट नहीं किया गया है।"

17. "तो फिर, महिला? जब पूछा जाता है कि क्या तथागत मृत्यु के बाद भी विद्यमान रहते हैं? तो आप जवाब देती हैं, "यह भगवान द्वारा प्रकट नहीं किया गया है,' और, जब मैं... अन्य प्रश्न पूछती हूँ, तो आप वही उत्तर देती हैं। कृपया, महिला, इसका क्या कारण है, यह बात भगवान द्वारा प्रकट क्यों नहीं की गई है?"

18. "अब इस मामले में, महाराज, मैं आपसे प्रश्न करूँगा। क्या आप उचित समझकर उत्तर देते हैं। अब आप क्या कहते हैं, महाराज? क्या आपके पास कोई लेखाकार, कोई रेडी रेकनर या कैलकुलेटर है, जो गंगा में रेत की गिनती कर सके, इस प्रकार रेत के इतने सौ दाने हैं, या इतने हजार दाने हैं, या इतने लाखों दाने हैं?"

19. "बिल्कुल नहीं, महिला।"

20. तो क्या आपके पास कोई अकाउंटेंट, रेडी रेकनर या कैलकुलेटर है जो विशाल महासागर में पानी की गणना कर सके, इस प्रकार

इतने सारे गैलन पानी हैं, इतने सारे सैकड़ों, इतने सारे हजार, इतने सारे सैकड़ों हजार गैलन पानी है?"

21. "नहीं, वास्तव में, महिला।"

22. "यह कैसे है?"

23. "महासागर बहुत शक्तिशाली है, महिला, गहरा, असीम, अथाह है।"

24. महाराज, यदि कोई तथागत को उनके शारीरिक रूप से परिभाषित करने का प्रयास करे, तो तथागत का वह शारीरिक रूप त्याग दिया गया है, जड़ से काट दिया गया है, ताड़ के पेड़ के तने जैसा बना दिया गया है, कुछ ऐसा बना दिया गया है जो है ही नहीं, भविष्य में फिर से न उगने की प्रकृति से बना दिया गया है। महाराज, शरीर के रूप में गणना से मुक्त तथागत हैं। वे गहरे, असीम, अथाह हैं, जैसे विशाल महासागर। यह कहना कि, तथागत मृत्यु के बाद मौजूद नहीं हैं, लागू नहीं होता। यह कहना कि, तथागत मृत्यु के बाद मौजूद भी हैं और नहीं भी हैं, न तो मौजूद हैं और न ही मौजूद नहीं हैं, लागू नहीं होता।

25. "यदि कोई तथागत को भावना से परिभाषित करने का प्रयास करे, तो तथागत की वह भावना त्याग दी जाती है, जड़ से काट दी जाती है, फिर भी तथागत, महाराज, गहरे, असीम, अथाह हैं, जैसे विशाल महासागर। यह कहना कि 'तथागत मृत्यु के बाद भी विद्यमान रहते हैं', लागू नहीं होता। मृत्यु के बाद भी विद्यमान नहीं होते।

26. इसी प्रकार यदि कोई तथागत को अनुभूति, क्रियाकलापों, चेतना द्वारा परिभाषित करने का प्रयास करे...तो चेतना द्वारा गणना से मुक्त तथागत, गहरे, असीम, अथाह हैं, जैसे विशाल महासागर। यह कहना कि तथागत मृत्यु के बाद भी विद्यमान रहते हैं। लागू नहीं होता।" मृत्यु के बाद भी विद्यमान नहीं होते, लागू नहीं होता

27. तब कोसल के राजा पसेनदी बहन खेमा के शब्दों से प्रसन्न हुए, और उसमें आनंद लिया। और वे अपने आसन से उठे, उन्हें दाहिनी ओर प्रणाम किया और चले गए।

28. अब एक अन्य अवसर पर राजा भगवान के दर्शन करने गया, और उनके पास आकर उन्हें प्रणाम किया और एक ओर बैठ गया। इस प्रकार बैठे हुए उसने भगवान से पूछाः

29. "प्रभु, क्या मृत्यु के बाद तथागत विद्यमान रहते हैं?"

30. "महाराज, यह बात मैंने नहीं बताई है।"

31. "तो प्रभु, तथागत मृत्यु के बाद विद्यमान नहीं रहते।"

32. "महाराज, यह भी मेरे द्वारा प्रकट नहीं किया गया है।"

33. फिर वह अन्य प्रश्न पूछता है और वही उत्तर पाता है।

34. "फिर कैसे, प्रभु? जब मैं प्रश्न पूछता हूँ, क्या तथागत अस्तित्व में हैं? क्या वे मृत्यु के बाद अस्तित्व में नहीं हैं? आप उत्तर देते हैं, यह मेरे द्वारा प्रकट नहीं किया गया है।" हे प्रभु, कृपया बताइए, इसका क्या कारण है, इसका क्या कारण है कि यह बात परमपिता द्वारा प्रकट नहीं की गई है?"

35. अब, महाराज, मैं आपसे प्रश्न करूँगा। आप जैसा उचित समझें, वैसा उत्तर दें। अब आप क्या कहते हैं, महाराज? क्या आपके पास कोई लेखाकार है। बाकी सब पहले जैसा ही है)।"

36. "अद्भुत है, प्रभु! यह अजीब है, प्रभु, कैसे गुरु और शिष्य दोनों की व्याख्या, आत्मा और अक्षर दोनों में, सहमत होगी, सामंजस्य करेगी, असंगत नहीं होगी, यानी सर्वोच्च के बारे में किसी भी शब्द में।

37. "एक निश्चित अवसर पर, प्रभु, मैं बहन खेमा से मिलने गया, और उससे इस मामले का अर्थ पूछा, और उसने मुझे उन शब्दों में, उन अक्षरों में अर्थ बताया, जिनका उपयोग परमपिता ने किया था। अद्भुत है, प्रभु! यह अजीब है, प्रभु, कैसे गुरु और शिष्य दोनों की व्याख्या, आत्मा और अक्षर दोनों में सहमत होगी, सामंजस्य करेगी, कैसे वे असंगत नहीं होंगे, यानी सर्वोच्च के बारे में किसी भी शब्द में।

38. "अच्छा, प्रभु, अब हमें जाना चाहिए। हम लोग व्यस्त हैं। हमारे पास करने के लिए बहुत से काम हैं।

39. "अब आप जो सोचते हैं, महाराज, वही करें।"
40. इसके बाद कोसल के राजा पसेनदी भगवान के शब्दों से बहुत प्रसन्न हुए और उनका स्वागत किया। वे अपने आसन से उठे, भगवान को दाहिनी ओर से प्रणाम किया और चले गए।

खंड–II: कर्म

1. क्या बौद्ध धर्म का कर्म सिद्धांत ब्राह्मणवादी सिद्धांत धर्म के समान है?

1. बुद्ध के धम्म में ऐसा कोई सिद्धांत नहीं है, जिसने कर्म के इस सिद्धांत जितना भ्रम पैदा किया हो।
2. बुद्ध के धम्म में इसका क्या स्थान है और इसका क्या महत्व है, जो पहले ही बताया जा चुका है।
3. अज्ञानी हिंदू केवल शब्दों की समानता की तुलना करके समझ के अभाव में कहते हैं कि बौद्ध धर्म ब्राह्मण धर्म या हिंदू धर्म के समान है।
4. ब्राह्मणों का शिक्षित और रूढ़िवादी वर्ग भी यही करता है। वे अज्ञानी जनता को गुमराह करने के लिए जानबूझकर ऐसा करते हैं।
5. शिक्षित ब्राह्मण अच्छी तरह जानते हैं कि बौद्ध धर्म का कर्म नियम ब्राह्मण धर्म के कर्म नियम से बिल्कुल अलग है। फिर भी वे कहते रहते हैं कि बौद्ध धर्म ब्राह्मण धर्म और हिंदू धर्म के समान है।
6. शब्दावली में समानता उन्हें अपने झूठे और दुर्भावनापूर्ण प्रचार के लिए आसान साधन प्रदान करती है।
7. इसलिए, स्थिति की बारीकी से जांच करना आवश्यक है
8. बुद्ध के कर्म के नियम, चाहे शब्दों में कितनी भी समानता क्यों न हो, ब्राह्मणी कर्म के नियम के अर्थ में समान नहीं हो सकते।
9. दोनों के आधार इतने व्यापक रूप से भिन्न हैं, वास्तव में इतने व्यापक रूप से विरोधी हैं कि दोनों का परिणाम एक जैसा नहीं हो सकता। वे अलग–अलग होने चाहिए।

10. सुविधा के लिए हिंदू कर्म के नियम के सिद्धांतों को क्रमवार बताया जा सकता है।
11. हिंदू कर्म का नियम आत्मा पर आधारित है। बौद्ध धर्म नहीं है। वास्तव में बौद्ध धर्म में कोई आत्मा नहीं है।
12. ब्राह्मणी कर्म का नियम वंशानुगत है।
13. यह जीवन–दर–जीवन चलता रहता है। ऐसा आत्मा के देहांतरण के कारण होता है।
14. यह बौद्ध धर्म के कर्म नियम के लिए सत्य नहीं हो सकता। ऐसा इसलिए भी है क्योंकि आत्मा नहीं है।
15. हिंदू धर्म का कर्म नियम आत्मा के अस्तित्व पर आधारित है जो शरीर से अलग है। जब शरीर मर जाता है तो आत्मा नहीं मरती। आत्मा उड़ जाती है।
16. यह बौद्ध धर्म के कर्म नियम के लिए सत्य नहीं है।
17. हिंदू धर्म के कर्म नियम के अनुसार जब कोई व्यक्ति कर्म करता है तो यह होता है। उसके कर्म से दो तरह के परिणाम निकलते हैं। एक तो यह कर्ता को प्रभावित करता है और दूसरा यह उसकी आत्मा पर प्रभाव डालता है।
18. वह जो भी कर्म करता है, उससे उसकी आत्मा पर प्रभाव पड़ता है।
19. जब कोई व्यक्ति मरता है और जब उसकी आत्मा निकल जाती है, तो आत्मा ऐसे ही प्रभावों से भरी होती है।
20. ये प्रभाव ही उसके जन्म और उसके भावी जीवन में स्थिति को निर्धारित करते हैं।
21. यह हिंदू सिद्धांत बौद्ध धर्म के आत्मा रहित सिद्धांत से असंगत है।
22. इन कारणों से बौद्ध धर्म का कर्म सिद्धांत हिंदू धर्म के कर्म सिद्धांत के समान नहीं हो सकता और न ही है।
23. इसलिए यह कहना मूर्खतापूर्ण है कि बौद्ध धर्म का कर्म सिद्धांत ब्राह्मण धर्म के कर्म सिद्धांत के समान है।
24. बस इतना ही कहा जा सकता है कि इस बाजीगरी से सावधान रहें।

2. क्या बुद्ध का मानना था कि पिछले कर्म का भविष्य के जीवन पर प्रभाव पड़ता है?

1. कर्म के नियम की व्याख्या बुद्ध ने की थी। वे सबसे पहले यह कहने वाले व्यक्ति थे: "जैसा बोओगे वैसा काटोगे।"
2. वे कर्म के नियम के बारे में इतने जोरदार थे कि उन्होंने कहा कि जब तक कर्म के नियम का सख्ती से पालन नहीं किया जाता, तब तक कोई नैतिक व्यवस्था नहीं हो सकती।
3. बुद्ध का कर्म का नियम केवल कर्म और वर्तमान जीवन पर उसके प्रभाव पर लागू होता है।
4. हालांकि, कर्म का एक विस्तृत सिद्धांत है। इसके अनुसार कर्म में पिछले जन्म या जन्मों में किए गए कर्म शामिल हैं।
5. अगर कोई व्यक्ति गरीब परिवार में पैदा होता है तो यह उसके पिछले बुरे कर्मों के कारण होता है। अगर कोई व्यक्ति अमीर परिवार में पैदा होता है तो यह उसके पिछले अच्छे कर्मों के कारण होता है।
6. अगर कोई व्यक्ति जन्मजात दोष के साथ पैदा होता है तो यह उसके पिछले बुरे कर्मों के कारण होता है।
7. यह एक बहुत ही घातक सिद्धांत है। क्योंकि कर्म की इस व्याख्या में मानव प्रयास के लिए कोई जगह नहीं बचती। उसके लिए सब कुछ उसके पिछले कर्मों द्वारा पूर्व निर्धारित होता है।
8. इस विस्तारित सिद्धांत को अक्सर बुद्ध के लिए जिम्मेदार ठहराया जाता है।
9. क्या बुद्ध ऐसे सिद्धांत में विश्वास करते थे?
10. इस विस्तारित सिद्धांत की ठीक से जांच करने के लिए उस भाषा को बदलना बेहतर है जिसमें इसे आमतौर पर व्यक्त किया जाता है।
11. यह कहने के बजाय कि पिछले कर्म संचरित होते हैं, यह बेहतर होगा कि यह कहा जाए कि पिछले कर्म विरासत में मिलते हैं।

12. भाषा का यह परिवर्तन हमें आनुवंशिकता के नियम द्वारा इसका परीक्षण करने में सक्षम बनाता है। साथ ही यह सिद्धांत को न तो इसके विधिक या वास्तविक अर्थ को नुकसान पहुंचाता है।
13. यह पुनर्कथन उन दो प्रश्नों को प्रस्तुत करना संभव बनाता है जो अन्यथा प्रस्तुत नहीं किए जा सकते थे और जिनका उत्तर दिए बिना मामला स्पष्ट नहीं किया जा सकता था।
14. पहला प्रश्न यह है कि पिछले कर्म कैसे विरासत में मिलते हैं? प्रक्रिया क्या है?
15. दूसरा प्रश्न यह है कि आनुवंशिकता के संदर्भ में पिछले कर्म की प्रकृति क्या है? क्या यह एक अंतर्निहित विशेषता है या अर्जित विशेषता है?
16. हमें अपने माता–पिता से क्या विरासत में मिलता है?
17. विज्ञान से शुरू करते हुए, नया व्यक्ति तब शुरू होता है जब एक शुक्राणु अंडे में प्रवेश करता है। निषेचन शुक्राणु के सिर का अंडे के केंद्रक के साथ संलयन होता है।
18. प्रत्येक मनुष्य की उत्पत्ति दो जीवित पदार्थों के मिलन से होती है, माँ से एक अंडा जिसे पिता के एक शुक्राणु द्वारा निषेचित किया गया है।
19. बुद्ध ने एक यक्ष को बताया कि मनुष्य का जन्म आनुवंशिक होता है, जो उनसे इस विषय पर चर्चा करने आया था।
20. तब भगवान राजगृह के पास, इंद्र की चोटी नामक पहाड़ी पर ठहरे हुए थे।
21. अब यक्ष भगवान के पास आया और उनसे इस प्रकार बोला:

भौतिक रूप जीवित आत्मा नहीं है, ऐसा ज्ञानी ने कहा। फिर आत्मा इस शरीर को कैसे धारण करती है?

आत्मा कहाँ से आती है

हमारी हड्डियों और आंतों का गुच्छा?

माँ–गुफा के भीतर आत्मा कैसे लटकी रहती है?

22. इस पर भगवान ने उत्तर दियाः

सबसे पहले थलाला जन्म लेता है, और फिर अंतड़ी। उससे पेसी बढ़ती है, अपनी बारी में घन के रूप में विकसित होती है। अब घन में बाल, नीचे, नाखून दिखाई देते हैं। और जो कुछ भी उसकी माँ खाती है और पीती है, उसी से माँ के गर्भ में मनुष्य जीवित रहता है और बढ़ता है।

23. लेकिन हिंदू सिद्धांत अलग है।

24. यह कहता है कि शरीर आनुवंशिक है। लेकिन आत्मा नहीं है। यह शरीर में बाहर से प्रत्यारोपित होती है, सिद्धांत स्रोत को निर्दिष्ट करने में असमर्थ है।

25. दूसरे प्रश्न की ओर मुड़ते हुए कि पिछले कर्म की प्रकृति क्या है, यह निर्धारित किया जाना चाहिए कि यह एक अंतर्निहित विशेषता है या अर्जित विशेषता है।

26. जब तक इस प्रश्न का उत्तर नहीं मिलता है, तब तक इसे आनुवंशिकता के वैज्ञानिक सिद्धांत द्वारा परखा नहीं जा सकता है।

27. लेकिन मान लें कि इस प्रश्न का एक या दूसरे तरीके से उत्तर है, तो विज्ञान से कोई मदद कैसे मिल सकती है, चाहे वह एक समझदार सिद्धांत हो या बेतुका सिद्धांत।

28. विज्ञान के अनुसार एक बच्चा अपने माता–पिता के गुणों को विरासत में पाता है।

29. कर्म के हिंदू सिद्धांत में एक बच्चे को अपने माता–पिता से शरीर के अलावा कुछ भी विरासत में नहीं मिलता है। हिंदू सिद्धांत में पिछले कर्म बच्चे द्वारा बच्चे के लिए और बच्चे की विरासत है।

30. माता–पिता कुछ भी योगदान नहीं देते हैं। बच्चा सब कुछ लाता है।

31. ऐसा सिद्धांत बेतुकी बात से कम नहीं है।

32. जैसा कि ऊपर दिखाया गया है, बुद्ध ऐसी बेतुकी बात में विश्वास नहीं करते थे।

33. "हाँ, अगर पुनर्जन्म नहीं होता लेकिन अगर होता, तो नहीं।
34. "मुझे एक उदाहरण दें।"
35. "मान लीजिए, हे राजा, एक आदमी दूसरे आदमी के आम चुराता है, तो क्या चोर सजा का हकदार होगा?"
36. "हाँ।"
37. "लेकिन उसने दूसरे के आम नहीं चुराए होंगे। वह सजा का हकदार क्यों होगा?"
38. क्योंकि उसने जो आम चुराए थे, वे उन आमों के फल थे जो उसने उगाए थे।"
39. "ठीक इसी प्रकार, हे महान राजा, यह नाम–रूप, चाहे शुद्ध हो या अशुद्ध, कर्म करता है और उस कर्म से दूसरे नाम–रूप का पुनर्जन्म होता है। और इसलिए क्या यह अपने बुरे कर्मों से मुक्त नहीं हो जाता?"
40. "बहुत अच्छा, नागसेन!"
41. राजा ने कहा: "जब कर्म किए जाते हैं, नागसेन, एक नाम–रूप से। उन कर्मों का क्या होता है?"
42. "हे राजन, कर्म उसका पीछा करते हैं, जैसे छाया उसका पीछा नहीं छोड़ती।"
43. "क्या कोई उन कर्मों को इंगित कर सकता है, यह कहते हुए ये कर्म यहाँ हैं या वहाँ? "
44. "नहीं।
45. मुझे एक उदाहरण दीजिए।"
46. "अब आप क्या सोचते हैं, हे राजन? क्या कोई उन फलों को इंगित कर सकता है जो किसी पेड़ ने अभी तक नहीं दिए हैं, यह कहते हुए:
47. वे यहाँ हैं, या वहाँ? "
48. "निश्चित रूप से नहीं, श्रीमान,"

49. "ठीक है, महान राजा, जब तक जीवन की निरंतरता समाप्त नहीं होती, तब तक किए गए कर्मों को इंगित करना असंभव है।"
50. "बहुत अच्छा, नागसेन।"

3. क्या बुद्ध का मानना था कि पिछले कर्मों का भविष्य के जीवन पर प्रभाव पड़ता है?–निष्कर्ष।

1. इस प्रकार बुद्ध का पिछले कर्मों का सिद्धांत विज्ञान के अनुरूप है।
2. वे पिछले कर्मों की विरासत में विश्वास नहीं करते थे।
3. वे कैसे ऐसा कर सकते हैं, जबकि उनका मानना है कि जन्म आनुवंशिक है और बच्चे को जो भी विरासत मिलती है, वह उसके माता–पिता के माध्यम से मिलती है?
4. तर्क के अलावा, कुल–दुक्ख–खंड–सुत्त नामक एक सुत्त में निहित बिंदु पर अधिक प्रत्यक्ष प्रमाण हैं, जिसमें बुद्ध और जैनियों के बीच एक संवाद है।
5. इस संवाद में बुद्ध कहते हैं: "निघण्टों, तुमने अतीत में पाप किये हैं; इन कठोर तपों से उनका नाश करो। शरीर, वाणी और मन पर वर्तमान में किया गया प्रत्येक संयम अतीत के पाप कर्मों को नष्ट कर देगा। अतः तप द्वारा सभी पिछले पापों को नष्ट करके तथा नए पाप न करके भविष्य साफ हो जाता है; भविष्य साफ हो जाने पर अतीत मिट जाता है; अतीत मिट जाने पर बुराई नहीं रहती बुराई के साथ (दुःखद) भावनाएँ नहीं रहतीं तथा अब दुखद भावनाएँ नहीं रहने पर सभी बुराईयाँ समाप्त हो जाती हैं। यह शिक्षा हमें मान्य है, तथा हम इसमें आनन्दित होते हैं।"
6. तब मैंने उन निघण्टों से कहाः– "क्या आप जानते हैं, पूज्य महोदय, कि इससे पहले आपका अस्तित्व था या आप अस्तित्वहीन थे?"
7. "नहीं, श्रीमान्।"
8. "क्या आप जानते हैं कि पूर्वजन्म में आप दुष्कर्मों के दोषी थे, निर्दोष नहीं?"

9 "नहीं।"

10. "क्या तुम जानते हो कि (उस पूर्व जन्म में) तुम इस या उस विशिष्ट दुष्कर्म के लिए दोषी थे, निर्दोष नहीं?"

11. "नहीं।"

12. दूसरे, बुद्ध कहते हैं कि मनुष्य की स्थिति आनुवंशिकता से नहीं, बल्कि उसके परिवेश से निर्धारित होती है।

13. देवदह सुत्त में बुद्ध कहते हैं: कुछ संन्यासी और ब्राह्मण हैं जो इस बात की पुष्टि करते हैं और मानते हैं कि व्यक्ति जो भी अनुभव करता है, चाहे वह सुखद हो या अप्रिय या दोनों में से कोई भी नहीं, वह सब पूर्व कर्मों का परिणाम है। इसलिए, पूर्व दुष्कर्मों के प्रायश्चित और शुद्धिकरण से और नए दुष्कर्म न करने से, भविष्य के लिए कुछ भी अर्जित नहीं होता, दुष्कर्म समाप्त हो जाते हैं; जैसे–जैसे दुष्कर्म समाप्त होते हैं, बुराई समाप्त होती है; जैसे–जैसे बुराई समाप्त होती है, भावनाएँ समाप्त होती हैं; और जैसे–जैसे भावनाएँ समाप्त होती हैं, सभी बुराई समाप्त हो जाती हैं और समाप्त हो जाती हैं। निगंथ यही पुष्टि करते हैं।

14. यदि जीव अपने जन्म के वातावरण के कारण सुख और दुःख का अनुभव करते हैं, तो निगंठ दोषी हैं, और यदि वातावरण कारण न हो, तो वे भी दोषी हैं।

15. अब बुद्ध के ये कथन बहुत प्रासंगिक हैं। यदि बुद्ध पिछले कर्मों पर विश्वास करते थे, तो वे उस पर संदेह कैसे कर सकते थे? यदि बुद्ध मानते थे कि वर्तमान जीवन में दुःख और सुख पिछले कर्मों के कारण हैं, तो वे वर्तमान जीवन में पर्यावरण के कारण होने वाले दुःख और सुख को कैसे बनाए रख सकते थे?

16. पिछले कर्मों का सिद्धांत विशुद्ध रूप से ब्राह्मणवादी सिद्धांत है। वर्तमान जीवन में पिछले कर्मों का प्रभाव ब्राह्मणवादी आत्मा के सिद्धांत, आत्मा पर कर्म के प्रभाव के साथ काफी सुसंगत है। लेकिन यह बौद्ध धर्म के अ–आत्मा के सिद्धांत के साथ काफी असंगत है।

17. इसे बौद्ध धर्म में किसी ऐसे व्यक्ति द्वारा शारीरिक रूप से पेश किया गया है जो बौद्ध धर्म को हिंदू धर्म के समान बनाना चाहता था या जो यह नहीं जानता था कि बौद्ध सिद्धांत क्या है।
18. यह एक कारण है कि यह क्यों माना जाना चाहिए कि बुद्ध इस तरह के सिद्धांत का प्रचार नहीं कर सकते थे।
19. एक और अधिक सामान्य कारण है जिसके कारण यह माना जाना चाहिए कि बुद्ध ऐसे सिद्धांत का प्रचार नहीं कर सकते थे।
20. भविष्य के जीवन के नियामक के रूप में पिछले कर्म के हिंदू सिद्धांत का आधार एक अन्यायपूर्ण सिद्धांत है। इस तरह के सिद्धांत का आविष्कार करने का उद्देश्य क्या हो सकता है?
21. एकमात्र उद्देश्य जिसके बारे में कोई सोच सकता है वह है राज्य या समाज को गरीबों और निम्न वर्ग की स्थिति के लिए जिम्मेदारी से बचने में सक्षम बनाना।
22. अन्यथा इस तरह के अमानवीय और बेतुके सिद्धांत का आविष्कार कभी नहीं किया जा सकता था।
23. यह कल्पना करना असंभव है कि बुद्ध जिन्हें महाकरुणिक के रूप में जाना जाता था, इस तरह के सिद्धांत का समर्थन कर सकते थे।

खंड–III: अहिंसा

1. इसके विभिन्न तरीके जिनसे इसकी व्याख्या की जाती है और इसका पालन किया जाता है

1. अहिंसा या अहिंसा बुद्ध की शिक्षाओं का एक बहुत ही महत्वपूर्ण हिस्सा है।
2. यह करुणा और मैत्री से घनिष्ठ रूप से जुड़ा हुआ है।
3. हालांकि, यह सवाल उठाया गया है कि क्या उनकी अहिंसा अपने दायित्व में पूर्ण थी या केवल सापेक्ष थी। क्या यह केवल एक सिद्धांत था? या यह एक नियम था?

4. जो लोग बुद्ध की शिक्षाओं को स्वीकार करते हैं, उन्हें अहिंसा को एक पूर्ण दायित्व के रूप में स्वीकार करना मुश्किल लगता है। वे कहते हैं कि अहिंसा की ऐसी परिभाषा में बुराई के लिए अच्छाई का त्याग, बुराई के लिए पुण्य का त्याग शामिल है।
5. इस प्रश्न को स्पष्ट करने की आवश्यकता है। अहिंसा के इस विषय से अधिक भ्रमित करने वाला कोई विषय नहीं है।
6. बौद्ध देशों के लोगों ने अहिंसा को कैसे समझा और उसका अभ्यास किया है?
7. यह एक महत्वपूर्ण प्रश्न है जिस पर विचार किया जाना चाहिए।
8. सीलोन के भिक्षुओं ने विदेशी आक्रमणकारियों के खिलाफ लड़ाई लड़ी और सीलोन के लोगों से लड़ने के लिए कहा।
9. दूसरी ओर बर्मा के भिक्षुओं ने विदेशी आक्रमणकारियों के खिलाफ लड़ने से इनकार कर दिया और बर्मी लोगों से लड़ने के लिए नहीं कहा।
10. बर्मी लोग अंडे खाते हैं, लेकिन मछली नहीं खाते।
11. अहिंसा को इसी तरह समझा और पालन किया जाता है।
12. हाल ही में जर्मन बौद्ध संघ ने एक प्रस्ताव पारित किया जिसके तहत उन्होंने अहिंसा से संबंधित पहले पंच शिला को छोड़कर सभी पंच शिलाओं को स्वीकार कर लिया।
13. अहिंसा के सिद्धांत के बारे में यही स्थिति है।

2. अहिंसा का सही अर्थ।

1. अहिंसा का क्या अर्थ है?
2. बुद्ध ने कहीं भी अहिंसा की कोई परिभाषा नहीं दी है। वास्तव में उन्होंने बहुत कम ही, यदि कभी कहा भी है, तो इस विषय को विशिष्ट शब्दों में संदर्भित किया है।
3. इसलिए, किसी को परिस्थितिजन्य साक्ष्य से उनके इरादे को स्पष्ट करना होगा।

4. इस मुद्दे पर पहला परिस्थितिजन्य साक्ष्य यह है कि बुद्ध को मांस खाने पर कोई आपत्ति नहीं थी, अगर यह उनके भिक्षा के हिस्से के रूप में उन्हें दिया जाता था।
5. भिक्षु उसे दिया गया मांस खा सकता है, बशर्ते कि वह उसे मारने में भागीदार न हो।
6. उन्होंने देवदत्त के विरोध का विरोध किया, जिन्होंने जोर देकर कहा कि भिक्षुओं को भिक्षा के रूप में दिए गए मांस को खाने से प्रतिबंधित किया जाना चाहिए।
7. इस मुद्दे पर अगला साक्ष्य यह है कि वे केवल यज्ञ (बलिदान) में जानवरों की हत्या के विरोधी थे। यह उन्होंने खुद कहा है।
8. अहिंसा परमो धर्म एक चरम सिद्धांत है। यह जैन सिद्धांत है। यह बौद्ध सिद्धांत नहीं है।
9. एक और प्रमाण है जो परिस्थितिजन्य से अधिक प्रत्यक्ष है जो अहिंसा की परिभाषा के बराबर है। उन्होंने कहा है: "सभी से प्रेम करो ताकि तुम किसी को मारने की इच्छा न करो।" यह अहिंसा के सिद्धांत को बताने का एक सकारात्मक तरीका है।
10. इससे यह प्रतीत होता है कि अहिंसा का सिद्धांत यह नहीं कहता है कि "मत मारो। यह कहता है कि सभी से प्रेम करो।"
11. इन कथनों के प्रकाश में यह स्पष्ट रूप से समझना काफी आसान है कि बुद्ध का अहिंसा से क्या अभिप्राय था।
12. यह बिल्कुल स्पष्ट है कि बुद्ध का अभिप्राय मारने की इच्छा और मारने की आवश्यकता के बीच अंतर करना था।
13. उन्होंने वहाँ हत्या करने पर प्रतिबंध नहीं लगाया जहाँ मारने की आवश्यकता थी।
14. उन्होंने उस हत्या पर प्रतिबंध लगाया जहाँ मारने की इच्छा के अलावा कुछ भी नहीं था।
15. इस प्रकार समझा जाता है कि अहिंसा के बौद्ध सिद्धांत में कोई भ्रम नहीं है।

16. यह पूर्णतः सही नैतिक सिद्धांत है जिसका सभी को सम्मान करना चाहिए।
17. निस्संदेह वे यह निर्णय प्रत्येक व्यक्ति पर छोड़ते हैं कि क्या हत्या करने की आवश्यकता है। लेकिन इसे और किसके पास छोड़ा जा सकता है। मनुष्य के पास प्रज्ञा है और उसे इसका उपयोग करना चाहिए।
18. एक नैतिक व्यक्ति पर भरोसा किया जा सकता है कि वह सही बिंदु पर रेखा खींचेगा।
19. ब्राह्मणवाद में हत्या करने की इच्छा होती है।
20. जैन धर्म में कभी हत्या न करने की इच्छा होती है।
21. बुद्ध की अहिंसा उनके मध्यम मार्ग के बिल्कुल अनुरूप है।
22. दूसरे शब्दों में कहें तो बुद्ध ने सिद्धांत और नियम के बीच अंतर किया। उन्होंने अहिंसा को नियम का विषय नहीं बनाया। उन्होंने इसे सिद्धांत या जीवन पद्धति के रूप में प्रतिपादित किया।
23. इसमें निस्संदेह उन्होंने बहुत बुद्धिमानी से काम लिया।
24. एक सिद्धांत आपको कार्य करने की स्वतंत्रता देता है। एक नियम नहीं देता। नियम या तो आपको तोड़ता है या आप नियम को तोड़ते हैं।

खंड–IV: स्थानांतरण

1. भगवान ने उपदेश दिया कि पुनर्जन्म होता है। लेकिन भगवान ने यह भी उपदेश दिया कि संक्रामण नहीं होता।
2. ऐसे लोगों की कमी नहीं थी जिन्होंने भगवान की आलोचना की क्योंकि उन्होंने दो ऐसे विरोधाभासी सिद्धांत बताए।
3. आलोचकों ने पूछा कि संक्रामण के बिना पुनर्जन्म कैसे हो सकता है?
4. उन्होंने कहा कि यहां संक्रामण के बिना पुनर्जन्म का मामला है। क्या ऐसा हो सकता है?

5. कोई विरोधभास नहीं है। संक्रामण न होने पर भी पुनर्जन्म हो सकता है।
6. राजा मिलिंद के प्रश्नों के उत्तर में नागसेन ने इसे अच्छी तरह से समझाया है।
7. बैक्ट्रिया के राजा मिलिंद ने नागसेन से पूछा– "क्या बुद्ध पुनर्जन्म (संक्रामण) में विश्वास करते थे?"
8. उनका उत्तर था "हां।"
9. "क्या यह विरोधाभास नहीं है?"
10. नागसेन ने उत्तर दिया, "नहीं।"
11. "क्या आत्मा के बिना पुनर्जन्म हो सकता है?"
12. नागसेन ने कहा, "हाँ, हो सकता है।"
13. "बताओ कि यह कैसे हो सकता है।"
14. राजा ने कहाः "नागसेन, जहाँ पुनर्जन्म नहीं होता, क्या वहाँ पुनर्जन्म हो सकता है?"
15. "हाँ, हो सकता है।"
16. "लेकिन यह कैसे हो सकता है? मुझे एक उदाहरण बताओ।'
17. मान लीजिए कि कोई व्यक्ति, हे राजन, एक दीपक से दूसरे दीपक को जलाता है, तो क्या यह कहा जा सकता है कि एक दीपक दूसरे दीपक से दूसरे दीपक में चला जाता है?"
18. निश्चित रूप से नहीं।"
19. "ठीक इसी तरह, महान राजा, पुनर्जन्म के बिना पुनर्जन्म होता है।"
20. मुझे एक और उदाहरण दो।"
21. "महान राजा, क्या आपको याद है कि जब आप एक बालक थे, तो आपने अपने गुरु से कोई श्लोक या अन्य सीखा था?"
22. "हाँ, मुझे याद है।"
23. "तो फिर, क्या यह श्लोक आपके गुरु से आया है?"
24. "बिलकुल नहीं।"

25. "ठीक इसी तरह, महान राजा, पुनर्जन्म बिना पुनर्जन्म के होता है।"
26. "बहुत बढ़िया, नागसेन!"
27. राजा ने कहाः "क्या ऐसी कोई चीज है। नागसेन, आत्मा के रूप में?"
28. "हे राजा, सर्वोच्च अर्थ में ऐसी कोई चीज नहीं है।"
29. बहुत बढ़िया, नागसेन!"

खंड–V: इस गलतफहमी के कारण

1. बुद्ध ने जो उपदेश दिया, उसे उनके श्रोताओं ने सुना, जिसमें अधिकांशतः भिक्षु थे।
2. भिक्षु ही थे जिन्होंने किसी विशेष मामले पर बुद्ध द्वारा कही गई बातों को आम जनता को बताया।
3. लेखन कला अभी विकसित नहीं हुई थी। इसलिए भिक्षुओं को जो कुछ भी सुना था, उसे याद रखना पड़ता था। हर भिक्षु जो कुछ भी सुनता था, उसे याद रखने की परवाह नहीं करता था। लेकिन कुछ ऐसे भी थे जिन्होंने याद रखने को अपना पेशा बना लिया था। उन्हें भनक कहा जाता था।
4. बौद्ध धर्म का प्रामाणिक साहित्य समुद्र जितना विशाल है। यह सब याद रखना वास्तव में एक महान उपलब्धि थी।
5. बुद्ध के बारे में रिपोर्ट करते समय अक्सर यह पाया गया है कि उनके बारे में गलत रिपोर्ट की गई है।
6. बुद्ध के जीवित रहते हुए भी गलत रिपोर्ट के कई मामले उनके संज्ञान में आए थे।
7. उदाहरण के लिए ऐसे पाँच मामलों का उल्लेख किया जा सकता है। इनमें से एक का उल्लेख अलगद्दुपमा सुत्त में, दूसरे का महा–कम्मा–विभंग सुत्त में, तीसरे का कन्नकटहल सुत्त में, चौथे का महा–तन्हा–सांख्य सुत्त में तथा पाँचवें का जीवक सुत्त में किया गया है।

8. संभवतः गलत सूचना देने के ऐसे और भी कई मामले थे। क्योंकि हम पाते हैं कि भिक्षु भी बुद्ध के पास जाकर पूछते थे कि ऐसी परिस्थितियों में उन्हें क्या करना चाहिए।
9. कर्म और पुनर्जन्म के संबंध में गलत सूचना देने के मामले आम हैं।
10. इन सिद्धांतों का ब्राह्मण धर्म में भी स्थान है, फलस्वरूप भनक के लिए ब्राह्मण सिद्धांतों को बौद्ध धर्म में शामिल करना आसान था।
11. इसलिए बौद्ध धर्म के प्रामाणिक साहित्य में कही गई बातों को बुद्ध के वचन के रूप में स्वीकार करने में बहुत सावधानी बरतनी चाहिए।
12. हालांकि एक परीक्षण उपलब्ध है।
13. यदि कोई बात विश्वास के साथ कही जा सकती है तो वह यह है कि वह यदि तर्कसंगत नहीं तो कुछ भी नहीं था, यदि अतार्किक नहीं तो कुछ भी नहीं था। यदि तर्कसंगत नहीं है। इसलिए जो कुछ भी तर्कसंगत और तार्किक है, अन्य चीजें समान होने पर, उसे बुद्ध का वचन माना जा सकता है।
14. दूसरी बात यह है कि बुद्ध ने कभी भी ऐसी चर्चा में प्रवेश करने की परवाह नहीं की जो मानव कल्याण के लिए लाभदायक न हो। इसलिए बुद्ध के लिए जिम्मेदार ठहराया गया कोई भी ऐसा विषय जो मानव कल्याण से संबंधित न हो, उसे बुद्ध का वचन नहीं माना जा सकता।
15. एक तीसरी कसौटी है। यह है कि बुद्ध ने सभी मामलों को दो श्रेणियों में विभाजित किया। वे जिनके बारे में वे निश्चित थे और वे जिनके बारे में वे निश्चित नहीं थे। जो मामले वर्ग I में आते थे, उन पर उन्होंने अपने विचार निश्चित और निर्णायक रूप से व्यक्त किए हैं। जो मामले वर्ग II में आते थे, उन पर उन्होंने अपने विचार व्यक्त किए हैं। लेकिन वे केवल अस्थायी विचार हैं।
16. जिन तीन प्रश्नों के बारे में संदेह और मतभेद है, उन पर चर्चा करते समय यह तय करने से पहले कि बुद्ध का क्या दृष्टिकोण था, इन परीक्षणों को ध्यान में रखना आवश्यक है।

भाग – III

बौद्ध जीवन शैली

1. अच्छाई, बुराई और पाप पर।
2. लालसा और वासना पर।
3. चोट और दुर्भावना पर।
4. क्रोध और शत्रुता पर।
5. मनुष्य, मन और अशुद्धियों पर।
6. स्वयं और आत्म–विजय पर।
7. ज्ञान, न्याय और अच्छी संगति पर।
8. विचारशीलता और सावधानी पर।
9. सतर्कता, कामुकता और साहस के बारे में।
10. दुःख और खुशी पर दान और दया पर।
11. पाखंड पर।
12. सही रास्ते पर चलने पर।
13. सत्य धम्म को मिथ्या धम्म से न मिलाएँ।

1. अच्छाई, बुराई और पाप पर

1. अच्छाई करो। बुराई में भागीदार मत बनो। कोई पाप मत करो।
2. यह बौद्ध जीवन पद्धति है।
3. यदि कोई व्यक्ति अच्छा काम करे, तो उसे बार–बार करना चाहिए, अपने हृदय की इच्छाओं को उसी ओर मोड़ना चाहिए। अच्छाई का ढेर लगाना सुख है।
4. अच्छाई के बारे में यह मत सोचो कि "यह मेरे पास नहीं आएगी।" बूंद–बूंद करके पानी का घड़ा भरता है। थोड़ा–थोड़ा करके अच्छाई बढ़ती है।
5. लेकिन अच्छा किया हुआ वह काम है, जिसके करने पर कोई पछतावा नहीं होता, जिसका फल खुशी और संतुष्टि के साथ मिलता है।
6. यदि कोई व्यक्ति अच्छा काम करता है, तो उसे उसे बार–बार करना चाहिए; उसे उसमें आनंद लेना चाहिए; अच्छाई का संचय सुखद होता है।
7. एक अच्छा आदमी भी बुरे दिन देखता है, जब तक उसका अच्छा काम नहीं पकता लेकिन जब उसका अच्छा काम पक जाता है, तब अच्छा आदमी अच्छी चीजें देखता है।
8. कोई भी व्यक्ति भलाई को हल्के में न ले और अपने मन में कहे कि यह मेरे पास नहीं आएगा। पानी की बूंदों के गिरने से भी घड़ा भर जाता है – बुद्धिमान व्यक्ति भले ही उसे थोड़ा–थोड़ा करके इकट्ठा करे, लेकिन वह उससे भर जाता है।
9. चंदन, धूप, कमल या चमेली की सुगंध से कहीं बढ़कर पुण्य की सुगंध है।
10. धूप और चंदन की यह सुगंध फीकी है, लेकिन पुण्य की सुगंध सबसे ऊपर तक जाती है।
11. बुराई को हल्के में न लें और कहें कि यह मेरे पास नहीं आएगी। बूंद–बूंद करके घड़ा भरता है। थोड़ा–थोड़ा करके बुराई बढ़ती जाती है।

12. ऐसा काम करना अच्छा नहीं है जिसे करने के बाद पछतावा हो और जिसका फल आंसुओं और विलाप के साथ मिले।
13. यदि कोई मनुष्य मन से बुरा बोलता या काम करता है, तो दुःख उसका उसी प्रकार पीछा करता है, जैसे गाड़ी खींचने वाले पशु का पहिया।
14. बुरे कामों के पीछे मत भागो। लापरवाही मत करो। झूठे विचार मत पालों।
15. अच्छे कामों की ओर जल्दी करो, बुरे विचारों को दबा दो। जो भलाई करने में पीछे रहता है, उसका मन बुराई में रमता है।
16. जो काम करने से पछताना पड़ता है, उसका फल आँसू और विलाप के साथ मिलता है, उसे करना अच्छा नहीं है।
17. जब तक बुरा काम नहीं पकता, तब तक बुरा काम करने वाला भी सुख देखता है; लेकिन जब उसका बुरा काम पक जाता है, तब बुरा काम करने वाला बुराई देखता है।
18. कोई भी मनुष्य बुराई को हल्के में न ले और अपने मन में यह न कहे कि यह मेरे लिए ठीक नहीं होगा। जैसे पानी की बूँदों से घड़ा भर जाता है, वैसे ही मूर्ख भी बुराई से भर जाता है, चाहे वह उसे थोड़ा–थोड़ा करके ही क्यों न इकट्ठा करे।
19. मनुष्य को भलाई की ओर जल्दी करना चाहिए और अपने विचार को बुराई से दूर रखना चाहिए; यदि मनुष्य आलस्य से अच्छा काम करता है, तो उसका मन बुराई में रमता है।
20. यदि कोई मनुष्य पाप करे, तो उसे फिर न करे, पाप में आनन्द न ले पाप का संचय दुःखदायी है।
21. पुण्य के नियम का पालन करो, पाप के नियम का पालन मत करो। पुण्यात्मा इस संसार में आनन्द में रहता है।
22. काम से दुःख उत्पन्न होता है, काम से भय उत्पन्न होता है। जो काम से सर्वथा मुक्त है, उसे न तो दुःख है, न भय।

23. भूख सबसे बुरा रोग (घटक) है, अस्तित्व सबसे बुरा दुःख है। सत्य और तथ्य के अनुसार यह जानना, निर्वाण सर्वोच्च सुख बन जाता है।
24. स्वयं द्वारा किया गया, स्वयं जन्मा, स्वयं पला–बढ़ा पाप, कर्ता को उसी प्रकार कुचल देता है, जैसे हीरा बहुमूल्य पत्थर को तोड़ देता है।
25. जिसकी दुष्टता बहुत बड़ी है, वह अपने शत्रु की इच्छानुसार अपने को उस स्थिति में ले आता है, जिस स्थिति में लता अपने चारों ओर के वृक्ष को ले जाती है।
26. बुरे कर्म और अपने लिए हानिकारक कर्म करना सरल है; जो लाभदायक और अच्छा है उसे करना कठिन है।

2. लालसा और वासना पर

1. न तो लालसा के वशीभूत हो और न ही वासना के।
2. यही बौद्ध जीवन पद्धति है।
3. धन की वर्षा में भी इच्छा की पूर्ति नहीं होती। "इच्छाएँ अतृप्त और दुःखद होती हैं," ऐसा बुद्धिमान व्यक्ति भली–भाँति जानता है।
4. स्वर्ग–लोक के सुखों में भी उसे आनंद नहीं आता उसका आनंद तो लालसा के अंत में है, वह परम जागृत बुद्ध का शिष्य है।
5. लालसा से दुःख पैदा होता है, लालसा से भय पैदा होता है। जो पूरी तरह से लालसा से मुक्त है, उसे न तो दुःख है और न ही भय।
6. लालसा से दुःख पैदा होता है, लालसा से भय पैदा होता है। जो पूरी तरह से लालसा से मुक्त है, उसे न तो दुःख है और न ही भय।
7. जो व्यक्ति अपने आपको व्यर्थता में झोंक देता है, (जीवन के वास्तविक उद्देश्य को) भूल जाता है और सुखों को पाने की लालसा करता है, वह समय के साथ उस व्यक्ति से ईर्ष्या करेगा जिसने ध्यान में खुद को लगाया है।
8. किसी भी वस्तु में आसक्ति न रखें, क्योंकि उसके खोने से दुःख होता है। जो किसी से प्रेम नहीं करते, और किसी से घृणा नहीं करते, उनके लिए कोई बंधन नहीं है।

9. सुख से दुःख होता है, सुख से भय होता है; जो सुख से मुक्त है, वह न दुःख जानता है, न भय।
10. आसक्ति से दुःख होता है, आसक्ति से भय होता है; जो आसक्ति से मुक्त है, वह न दुःख जानता है, न भय।
11. काम से दुःख होता है, वासना से भय होता है; जो वासना से मुक्त है, वह न दुःख जानता है, न भय।
12. लोभ से दुःख होता है, लोभ से भय होता है; जो लोभ से मुक्त है, वह न दुःख जानता है, न भय।
13. जो सद्गुणी और बुद्धिमान है, जो न्यायप्रिय है, सत्य बोलता है, और जो अपना काम करता है, संसार उसे प्रिय मानता है।
14. जो व्यक्ति बहुत समय से दूर गया हुआ है, और दूर से सुरक्षित लौट आया है, उसे स्वजन, मित्र और प्रेमी नमस्कार करते हैं।
15. वैसे ही जो अच्छा काम करता है, वह इस संसार से चला गया, और उसके अच्छे कर्म उसे ग्रहण करते हैं, जैसे कि सगे–संबंधी अपने मित्र को उसके लौटने पर ग्रहण करते हैं।

3. चोट और दुर्भावना पर।

1. किसी को दुःख न पहुँचाएँ, किसी के प्रति दुर्भावना न पालें।
2. यही बौद्ध जीवन पद्धति है।
3. क्या संसार में कोई ऐसा निर्दोष व्यक्ति है जो किसी को निन्दा का अवसर न दे, जैसे एक उत्साही घोड़ा कोड़े की मार का अवसर न दे?
4. विश्वास से, सद्गुण से, शक्ति से, ध्यान से, सत्य की खोज से, ज्ञान और आचरण में पूर्णता से, स्मरण से, इस महान दुःख को पीछे छोड़ दो।
5. तप साधनाओं में सबसे उत्तम है सहनशीलता, दीर्घकालीन कष्ट सहना "सबसे उत्तम है निर्वाण ऐसा बुद्ध कहते हैं। वह तपस्वी नहीं

है जो दूसरों को दुःख पहुँचाता है; वह कोई शिष्य नहीं है जो दूसरों के दुख का कारण बनता है।

6. बुरा न बोलना, किसी को नुकसान न पहुँचाना, अनुशासन के अनुरूप संयम का अभ्यास करना, यही बुद्ध की सलाह है।
7. न मरो न कत्लेआम कराओ
8. जो अपना सुख चाहने वाले प्राणियों को दण्डित या मार नहीं डालता, जो सुख की इच्छा रखते हैं, वह सुख पाता है।
9. यदि तू टूटी हुई धातु की थाली (घंटा) की तरह कुछ भी नहीं बोलता, तो तू निर्वाण को प्राप्त हो गया है; क्रोध तुझे ज्ञात नहीं है।
10. जो निर्दोष और अहानिकर व्यक्ति को पीड़ा पहुँचाता है, वह शीघ्र ही दुःख में पड़ जाता है।
11. जो शांति के उत्तम वस्त्र पहने हुए, शांत, संयमित, पवित्र है और जिसने अन्य सभी प्राणियों में दोष निकालना बंद कर दिया है, वह वास्तव में एक तपस्वी (समान) और एक भिक्षु (भिक्षु) है।
12. क्या इस संसार में कोई ऐसा मनुष्य है जो लज्जा से इतना संयमित हो कि वह फटकार न लगाए, जैसे एक कुलीन घोड़ा चाबुक से डाँटता है?
13. यदि कोई व्यक्ति किसी निर्दोष और पवित्र व्यक्ति को ठेस पहुंचाता है, तो बुराई उस मूर्ख पर वैसे ही गिरती है, जैसे हवा के विरुद्ध उड़ाई गई हल्की धूल।

4. क्रोध और शत्रुता पर

1. क्रोध को न पालें। अपनी शत्रुता को भूल जाएँ। अपने शत्रुओं को प्रेम से जीतें।
2. यही बौद्ध जीवन पद्धति है।
3. क्रोध की आग को शांत करना चाहिए।
4. जो यह विचार रखता है कि "उसने मुझे बुरा कहा, मेरे साथ बुरा

व्यवहार किया, मुझ पर विजय पाई, मुझे लूटा," उसका क्रोध कभी शांत नहीं होता।

5. जो ऐसा विचार नहीं रखता, उसका क्रोध शांत हो जाता है।
6. शत्रु–शत्रु के साथ बुरा करता है, द्वेषी–द्वेषी के साथ, परन्तु बुराई किसकी है?
7. मनुष्य क्रोध को प्रेम से, बुराई को भलाई से जीत ले लोभी को उदारता से, झूठ को सत्य से जीत ले।
8. सत्य बोलो, क्रोध में मत पड़ो थोड़ा भी मांगा जाए तो दो।
9. मनुष्य क्रोध को छोड़ दे, अभिमान को त्याग दे, सब बंधनों को जीत ले जो मनुष्य नाम और रूप से आसक्त नहीं है, और जो किसी को अपना नहीं कहता, उस पर कोई दुःख नहीं आता।
10. जो बढ़ते हुए क्रोध को लुढ़कते हुए रथ की तरह रोक लेता है, उसे मैं सच्चा सारथी कहता हूँ, दूसरे लोग तो लगाम थामे हुए हैं।
11. विजय से ही लाभ होता है शत्रुता पराजित व्यक्ति संकट में पड़ जाता है। शांत व्यक्ति सुख में लेट जाता है, जीत और हार को समान रूप से त्याग देता है।
12. वासना के समान कोई अग्नि नहीं है, घृणा के समान कोई दुर्भाग्य नहीं है। अस्तित्व के घटकों के समान कोई दुःख नहीं है, निर्वाण की शांति से बढ़कर कोई सुख नहीं है।
13. क्योंकि घृणा कभी भी घृणा से समाप्त नहीं होती घृणा प्रेम से समाप्त होती है, यह एक पुराना नियम है।

5. मनुष्य, मन और अशुद्धियों पर

1. मनुष्य वह है जो उसका मन उसे बनाता है।
2. अच्छाई की तलाश करने के लिए मन का प्रशिक्षण, धर्म के मार्ग में पहला कदम है।
3. यह बौद्ध जीवन पद्धति में मुख्य शिक्षा है।

4. प्रत्येक वस्तु में मूल तत्व मन है। मन सर्वोपरि है।
5. यदि कोई व्यक्ति बुरा बोलता है या बुरा करता है, तो दुख उसके पीछे–पीछे चलता है, जैसे गाड़ी खींचने वाले पशु के खुर का पहिया।
6. यदि कोई व्यक्ति मन की सच्चाई से बोलता है या काम करता है, तो सुख उसके पीछे–पीछे चलता है, जैसे उसकी कभी न छूटने वाली छाया।
7. यह चंचल, अस्थिर मन, जिसे रोकना कठिन है, जिसे मार्ग दिखाना कठिन है, बुद्धिमान व्यक्ति इसे सीधा कर देता है, जैसे कि तीर को सीधा करने वाला।
8. जैसे जल में रहने वाली मछली को जब पानी से बाहर निकाल कर जमीन पर फेंक दिया जाता है, तो वह कांपती है और धड़कती है, वैसे ही मन भी मरुभूमि को छोड़कर कांपता और धड़कता है।
9. यह मन वश में करना कठिन है, अस्थिर है, हमेशा आनंद की तलाश में रहता है। मन को वश में करना अच्छा है। वश में किया गया मन सुख लाता है।
10. अपने आप को एक द्वीप बनाओ, कड़ी मेहनत करो, जब तुम्हारी अशुद्धियाँ दूर हो जाएँगी, और तुम अपराध से मुक्त हो जाओगे, तो तुम चुने हुए लोगों की स्वर्गीय दुनिया में प्रवेश करोगे।
11. एक बुद्धिमान व्यक्ति को अपने अंदर की अशुद्धियों को दूर करना चाहिए, जैसे एक लोहार चाँदी की अशुद्धियों को एक–एक करके, थोड़ा–थोड़ा करके, समय–समय पर उड़ाता है।
12. जैसे लोहे से निकलने वाली अशुद्धियाँ उसे नष्ट कर देती हैं; उसी तरह अपराधी के अपने कर्म उसे बुरे मार्ग पर ले जाते हैं।
13. लेकिन सभी दोषों से भी बदतर एक दोष है। अज्ञान सबसे बड़ा दोष है। हे भिक्षुओं, उस दोष को दूर करो, और दोषरहित बनो।
14. जो व्यक्ति लज्जाहीन है, उसके लिए जीवन जीना आसान है, यहाँ एक कौवा, एक शरारती, एक अपमानजनक, साहसी और दुःखी व्यक्ति है।

15. परन्तु जो मनुष्य सदा पवित्रता की खोज में रहता है, जो निःस्वार्थ, शान्त, निष्कलंक और बुद्धिमान है, उसके लिए जीवन जीना कठिन है।

16. जो जीवन का नाश करता है, जो असत्य बोलता है, जो संसार में जो उसे नहीं दिया गया है उसे ले लेता है, जो पराई स्त्री के पास जाता है।

17. और जो मनुष्य मदिरा पीने में लिप्त रहता है, वह इस संसार में भी अपनी कब्र खोदता है।

18. हे मनुष्य! यह जान ले कि जो संयमी नहीं है, वह बुरी स्थिति में है। सावधान रह कि लोभ और पाप तुझे बहुत दिनों तक दुःखी न करें।

19. संसार अपनी श्रद्धा और अपनी इच्छा के अनुसार देता है; यदि मनुष्य दूसरों को दिए गए भोजन और पेय के बारे में चिन्तित रहता है, तो उसे न दिन में चैन मिलता है, न रात में।

20. जिसके मन में यह भावना नष्ट हो जाती है, और जड़ से ही निकाल दी जाती है, उसे दिन में और रात में चैन मिलता है।

21. काम के समान कोई अग्नि नहीं है, लोभ के समान कोई जलधारा नहीं है।

22. दूसरों के दोष तो आसानी से दिखाई पड़ते हैं, परन्तु अपने दोष कठिन होते हैं। मनुष्य अपने पड़ोसी के दोषों को भूसे के समान छांटता है, परन्तु अपने दोषों को छिपाता है, जैसे धोखेबाज बुरे पासों को खेलने वाले से छिपाता है।

23. यदि कोई व्यक्ति दूसरों के दोषों पर ध्यान देता है, तथा सदैव अपमानित होने की प्रवृत्ति रखता है, तो उसकी अपनी वासनाएँ बढ़ती जाएँगी, तथा वह वासनाओं के नाश से दूर रहेगा।

24. सभी बुराइयों से दूर रहो, अच्छाइयों का पालन करो, अपने विचारों को शुद्ध करो, यही बुद्ध की शिक्षा है।

6. स्वयं तथा आत्म–विजय पर

1. यदि किसी के पास आत्म है, तो उसे आत्म–विजय का अभ्यास करना चाहिए।
2. यही बौद्ध जीवन पद्धति है।
3. आत्मा ही आत्मा का स्वामी है, और कौन स्वामी हो सकता है? आत्मा को अच्छी तरह से वश में करके मनुष्य ऐसे स्वामी को पाता है, जिसे बहुत कम लोग पा सकते हैं।
4. जो मूर्ख व्यक्ति पूज्य (अरहत), चुने हुए (आर्य), पुण्यात्माओं के नियमों का तिरस्कार करता है तथा मिथ्या सिद्धांत का अनुसरण करता है, वह कत्थक ईख के फलों की तरह अपने ही विनाश का फल भोगता है।
5. स्वयं ही बुराई करता है, स्वयं ही दुःख भोगता है; स्वयं के द्वारा ही बुराई समाप्त होती है, स्वयं के द्वारा ही मनुष्य शुद्ध होता है। शुद्ध और अशुद्ध (अपने आप खड़े होते हैं और गिरते हैं) स्वयं के द्वारा ही कोई दूसरे को शुद्ध नहीं कर सकता।
6. जो केवल भोगों की तलाश में रहता है, जिसकी इन्द्रियाँ अनियंत्रित हैं, जो अपने भोजन में असंयमित है, जो आलसी और दुर्बल है, वह अपने ही कर्मों के कारण अवश्य ही नष्ट हो जाएगा, जैसे वायु दुर्बल वृक्ष को गिरा देती है।
7. जो सुखों की आशा न करके जीता है, अपनी इन्द्रियों पर नियंत्रण रखता है, भोजन में संयमी है, विश्वासयोग्य और बलवान है, वह उसी प्रकार नष्ट नहीं होगा, जैसे वायु चट्टानी पर्वत को गिरा देती है।
8. यदि कोई व्यक्ति अपने लिए प्रिय है, तो उसे अपने ऊपर कड़ी निगरानी रखनी चाहिए।
9. पहले अपने आपको धर्म में स्थापित करो, फिर दूसरों को सलाह दे सकोगे। बुद्धिमान व्यक्ति को निन्दा का अवसर नहीं देना चाहिए।
10. कहते हैं कि अपने आप को नियंत्रित करना कठिन है। यदि कोई व्यक्ति दूसरों को सलाह देने के अनुसार अपने आप को ढालता

है, तो इस प्रकार नियंत्रित होने पर वह दूसरों पर नियंत्रण रख सकता है।

11. मनुष्य अपने द्वारा किए गए बुरे कर्मों का भुगतान स्वयं करता है और स्वयं शुद्ध होता है। अच्छाई और बुराई अलग–अलग शुद्ध होती है, कोई भी दूसरे को शुद्ध नहीं करता।
12. युद्ध में चाहे हजारों–हजारों लोगों को जीतना पड़े, पर जो अपने–आप पर विजय पा लेता है, वही सबसे बड़ा योद्धा है।
13. पहले अपने–आप को सही राह पर स्थापित करो, फिर दूसरों को सलाह दो। बुद्धिमान व्यक्ति को निन्दा का अवसर नहीं देना चाहिए।
14. यदि कोई दूसरों को सलाह देने के अनुसार अपने–आप को ढाल ले, इस प्रकार नियंत्रित हो जाए, तो वह दूसरों पर नियंत्रण रख सकता है। वे कहते हैं, अपने–आप को नियंत्रित करना कठिन है।
15. वास्तव में स्वयं ही अपना रक्षक है। दूसरा रक्षक कौन होना चाहिए? स्वयं द्वारा संरक्षित होने पर, ऐसा रक्षक मिलता है, जैसा कि मिलना संभव नहीं है।
16. यदि कोई व्यक्ति अपने–आप को प्रिय है, तो उसे अपने–आप पर कड़ी निगरानी रखनी चाहिए।
17. मनुष्य अपने–आप में किए गए बुरे कर्मों का भुगतान करता है, और स्वयं में शुद्ध होता है। अच्छाई और बुराई अलग–अलग शुद्ध होती है, कोई भी दूसरे को शुद्ध नहीं करता।
18. वास्तव में स्वयं ही अपना रक्षक है, दूसरा रक्षक कौन होना चाहिए? स्वयं की रक्षा करने पर ऐसा संरक्षक मिलता है, जो आसानी से नहीं मिलता।

7. ज्ञान, न्याय और अच्छी संगति पर

1. बुद्धिमान बनो, न्यायप्रिय बनो और अच्छी संगति चुनो।
2. यह बौद्ध जीवन पद्धति है।

3. यदि तुम किसी ऐसे व्यक्ति को देखते हो जो तुम्हें बताता है कि क्या नहीं करना चाहिए, जो फटकार लगाता है, और बुद्धिमान है, तो उस बुद्धिमान व्यक्ति का अनुसरण करो जैसे तुम किसी ऐसे व्यक्ति का अनुसरण करते हो जो छिपे हुए खजानों के बारे में बताता है। यह उसके लिए बेहतर होगा, बुरा नहीं।
4. उसे चेतावनी देनी चाहिए, उसे सिखाना चाहिए, उसे अनुचित बातों से मना करना चाहिए, वह अच्छे लोगों का प्रिय होगा, बुरे लोगों से वह घृणा करेगा।
5. बुरे लोगों को मित्र मत बनाओ, नीच लोगों को मित्र मत बनाओ अच्छे लोगों को मित्र बनाओ, सबसे अच्छे लोगों को मित्र बनाओ।
6. जो धम्म का पान करता है, वह शांत मन से सुखपूर्वक रहता है; ऋषि हमेशा चुने हुए लोगों द्वारा बताए गए धम्म में आनंदित होते हैं।
7. कुआं बनाने वाले पानी को (जहां चाहें) ले जाते हैं, बाण चलाने वाले तीर को मोड़ते हैं; बढ़ई लकड़ी के लट्ठे को मोड़ते हैं; बुद्धिमान लोग स्वयं को गढ़ते हैं।
8. जैसे ठोस चट्टान हवा से नहीं हिलती, वैसे ही बुद्धिमान लोग निंदा और प्रशंसा के बीच में नहीं डगमगाते।
9. बुद्धिमान लोग, धम्म को सुनने के बाद, एक गहरी, चिकनी और स्थिर झील की तरह शांत हो जाते हैं।
10. अच्छे लोग वास्तव में सभी परिस्थितियों में (सावधानी से) चलते हैं; अच्छे लोग कामुक संतुष्टि की इच्छा से नहीं बोलते हैं; चाहे खुशी हो या दुःख, बुद्धिमान लोग कभी भी उत्साहित या उदास नहीं दिखते।
11. जब तक बुराई पक नहीं जाती, तब तक यह शहद की तरह मीठा है, ऐसा मूर्ख सोचता है। लेकिन जब बुराई पक जाती है, तो मूर्ख दुःखी होता है।
12. मूर्ख को पता नहीं होता कि उसने कब अपने बुरे कर्म किए हैं; लेकिन एक दुष्ट व्यक्ति अपने कर्मों से जलता है, जैसे कि आग से जलता है।

13. जो जागता है उसके लिए रात लंबी होती है; जो थका हुआ है उसके लिए एक मील लंबा है; जो मूर्ख सच्चे धर्म को नहीं जानते, उनकी आयु लंबी होती है।
14. यदि किसी यात्री को अपने से श्रेष्ठ या अपने समान का कोई व्यक्ति न मिले, तो उसे अपनी एकान्त यात्रा पर दृढ़ रहना चाहिए; मूर्ख का कोई साथ नहीं होता।
15. "ये पुत्र मेरे हैं, और यह धन मेरा है," ऐसे विचारों से एक यंत्र पीड़ित होता है। वह स्वयं अपना नहीं है; फिर पुत्र और धन तो और भी कम?
16. जो मूर्ख अपनी मूर्खता को जानता है, वह कम से कम इस हद तक तो बुद्धिमान है। परन्तु जो मूर्ख अपने को बुद्धिमान समझता है, वह वास्तव में मूर्ख ही कहलाता है।
17. यदि मूर्ख जीवन भर भी बुद्धिमान व्यक्ति के साथ रहे, तो वह सत्य को उसी प्रकार समझेगा, जैसे चम्मच सूप का स्वाद समझती है।
18. यदि कोई बुद्धिमान व्यक्ति एक मिनट के लिए भी बुद्धिमान व्यक्ति के साथ रहे, तो वह सत्य को उसी प्रकार समझ लेगा, जैसे जीभ सूप का स्वाद समझती है।
19. कम समझ वाले मूर्ख स्वयं ही अपने सबसे बड़े शत्रु होते हैं, क्योंकि वे बुरे कर्म करते हैं, जिनका फल कड़वा होता है।
20. वह काम अच्छा नहीं है, जिसका पश्चाताप मनुष्य को करना पड़े और जिसका फल वह रोते हुए और आंसू भरे चेहरे के साथ प्राप्त करे।
21. जान लो, वह काम अच्छा है, जिसका पश्चाताप मनुष्य को नहीं करना पड़ता और जिसका फल वह प्रसन्नतापूर्वक और प्रसन्नतापूर्वक प्राप्त करता है।
22. जब तक किया गया बुरा काम फल नहीं देता, तब तक मूर्ख उसे शहद के समान समझता है, परन्तु जब वह पक जाता है, तब मूर्ख को दुःख होता है।

23. और जब बुरा काम, ज्ञात हो जाने के पश्चात, मूर्ख के लिए दुःख बन जाता है, तब वह उसके उज्ज्वल भाग्य को नष्ट कर देता है, बल्कि उसके सिर को फाड़ देता है।

24. मूर्ख को झूठी प्रतिष्ठा, भिक्षुओं के बीच श्रेष्ठता, मठों में प्रभुता, अन्य लोगों के बीच पूजा की कामना करनी चाहिए।

25. कोई व्यक्ति इसलिए बूढ़ा नहीं होता कि उसका सिर सफेद हो गया है, उसकी उम्र परिपक्व हो सकती है, परन्तु वह "बूढ़ा और अभिमानी" कहलाता है।

26. जिसमें सत्य, सदाचार, दया, संयम, संयम है, जो अशुद्धि से रहित है और बुद्धिमान है, वह वृद्ध कहलाता है।

27. ईर्ष्यालु, कंजूस, बेईमान आदमी अधिक बोलने से या अपने रंग–रूप के कारण ही कोई व्यक्ति आदरणीय नहीं बन जाता है।

28. जिसके भीतर से यह सब नष्ट हो जाता है, तथा जड़ सहित निकाल दिया जाता है, वह द्वेष से मुक्त होकर बुद्धिमान हो जाता है, वह आदरणीय कहलाता है।

29. यदि कोई व्यक्ति हिंसा द्वारा कोई कार्य करता है, तो वह न्यायी नहीं है; नहीं, जो उचित–अनुचित में भेद करता है, जो विद्वान है तथा हिंसा से नहीं, अपितु उसी धम्म से दूसरों का मार्गदर्शन करता है, जो धम्म का रक्षक तथा बुद्धिमान है, वह न्यायी कहलाता है।

30. केवल अधिक बोलने से ही कोई व्यक्ति विद्वान नहीं कहलाता, जो धैर्यवान है, द्वेष तथा भय से मुक्त है, वह विद्वान कहलाता है।

31. यदि कोई व्यक्ति कम सीखे हुए भी अधिक बोलता है, तो वह धम्म का समर्थक नहीं है, बल्कि धम्म को शारीरिक रूप से देखता है, वह धम्म का समर्थक है, वह व्यक्ति जो धम्म की कभी उपेक्षा नहीं करता।

32. यदि किसी व्यक्ति को कोई ऐसा विवेकशील साथी मिल जाए जो उसके साथ चले, बुद्धिमान हो और संयम से रहे, तो वह उसके साथ सभी खतरों को पार करते हुए, प्रसन्नचित्त होकर, लेकिन विचारशील होकर चल सकता है।

33. यदि किसी व्यक्ति को कोई ऐसा विवेकशील साथी न मिले जो उसके साथ चले, बुद्धिमान हो और संयम से रहे, तो उसे अकेले ही चलना चाहिए, जैसे कोई राजा अपने जीते हुए देश को पीछे छोड़ आया हो, जैसे जंगल में हाथी।

34. अकेले रहना अच्छा है, मूर्ख को साथ नहीं मिलता मनुष्य को अकेले ही चलना चाहिए, कोई पाप नहीं करना चाहिए, कम इच्छाएँ रखनी चाहिए, जैसे जंगल में हाथी।

35. यदि अवसर आए, तो मित्र सुखद होते हैं; कारण चाहे जो भी हो, आनंद सुखद होता है; कारण चाहे जो भी हो, अच्छा काम सुखद होता है; मृत्यु के समय अच्छा काम सुखद होता है; सभी दुःखों का त्याग सुखद होता है।

36. संसार में माता की स्थिति सुखद होती है, पिता की स्थिति सुखद होती है, समाना की स्थिति सुखद होती है।

37. बुढ़ापे तक टिकने वाला पुण्य सुखद है, दृढ़ विश्वास सुखद है, बुद्धि की प्राप्ति सुखद है, पापों से बचना सुखद है।

38. मूर्खों की संगति करने वाला बहुत कष्ट पाता है; मूर्खों की संगति शत्रु के समान दुःखदायी है; बुद्धिमानों की संगति स्वजनों के समान सुखदायी है।

39. इसलिए, बुद्धिमान विद्वान, बहुत धीरज रखने वाले, कर्तव्यनिष्ठ, चुने हुए व्यक्ति का अनुसरण करना चाहिए, ऐसे अच्छे और बुद्धिमान व्यक्ति का अनुसरण करना चाहिए, जैसे चंद्रमा तारों के मार्ग का अनुसरण करता है।

40. व्यर्थता के पीछे न भागो, न ही प्रेम और वासना के भोग के पीछे। जो ईमानदार है, उसे भरपूर आनंद मिलता है।

41. जब विद्वान व्यक्ति ईमानदारी से व्यर्थता को दूर भगाता है, तो वह बुद्धिमान व्यक्ति ज्ञान की सीढ़ीनुमा ऊंचाइयों पर चढ़कर मूर्खों को देखता है, दुःख से मुक्त होकर वह दुखी लोगों को देखता है, जैसे कोई पहाड़ पर खड़ा होकर मैदान पर खड़े लोगों को देखता है।

42. विचारहीनों के बीच ईमानदार, सोने वालों के बीच जाग्रत, बुद्धिमान व्यक्ति है समझदार व्यक्ति सभी को पीछे छोड़ते हुए धनवान की तरह आगे बढ़ता है।

8. विचारशीलता और सावधानी पर

1. हर चीज में विचारशील बनो हर चीज में सावधान रहो; सभी चीजों में ईमानदार और साहसी बनो।
2. यह बौद्ध जीवन पद्धति है।
3. हम जो कुछ भी हैं, वह हमारे विचारों का परिणाम है; यह हमारे विचारों पर आधारित है, यह आपके विचारों से बना है। यदि कोई व्यक्ति बुरे विचार के साथ बोलता या कार्य करता है, तो दर्द उसका पीछा करता है। यदि कोई व्यक्ति शुद्ध विचार के साथ बोलता या कार्य करता है, तो खुशी उसका पीछा करती है। इसलिए शुद्ध विचार महत्वपूर्ण हैं।
4. विचारहीन मत बनो, अपने विचारों पर ध्यान दो! अपने आप को बुरे मार्ग से बाहर निकालो, जैसे कीचड़ में धंसा हुआ हाथी।
5. बुद्धिमान व्यक्ति को अपने विचारों की रक्षा करनी चाहिए, क्योंकि उन्हें समझना मुश्किल है, बहुत चालाक हैं, और जब भी वे अच्छी तरह से संरक्षित विचारों को खुशी लाने के लिए सोचते हैं, तो वे जल्दी से जल्दी आते हैं।
6. जैसे बारिश एक खराब छप्पर वाले घर से होकर गुजरती है, वैसे ही जुनून एक अविचलित मन से होकर निकल जाता है।
7. जैसे वर्षा अच्छे छप्पर वाले घर को नहीं भेद पाती, वैसे ही वासना अच्छे विचार वाले मन को नहीं भेद पाती।
8. मेरा यह मन पहले अपनी इच्छा से, भटकता था पर अब मैं इसे पूरी तरह से रोककर रखूंगा, जैसे कि कांटा पकड़ने वाला बूढ़ा पागल हाथी को पकड़ता है।

9. मन को वश में करना अच्छा है, क्योंकि इसे रोकना कठिन है, यह जहाँ चाहे दौड़ता है; वश में किया हुआ मन सुख लाता है।
10. जो लोग अपने दूरगामी मन को लगाम में रखते हैं, वे मोह के बंधन से मुक्त हो जाते हैं।
11. यदि मनुष्य का विश्वास अस्थिर है, यदि वह सच्चे धम्म को नहीं जानता, यदि उसके मन की शांति भंग होती है, तो उसका ज्ञान कभी पूर्ण नहीं हो सकता।
12. द्वेषी–द्वेषी के साथ या शत्रु–शत्रु के साथ चाहे जो करे, गलत दिशा में निर्देशित मन उसे अधिक हानि पहुँचाएगा।
13. न तो माँ, न ही पिता, न ही कोई अन्य रिश्तेदार उतना कर सकता है जितना एक सुनिर्देशित मन हमारे साथ कर सकता है।

9. सतर्कता, कामुक्ता और साहस के बारे में

1. जब सतर्क होकर बुद्धिमान व्यक्ति लापरवाही को त्याग देता है, तो ज्ञान की मीनार पर चढ़कर वह दुःख से मुक्त होकर, दुःख से भरी मानव जाति को देखता है। जैसे पहाड़ की चोटी से, बुद्धिमान व्यक्ति घाटी में मूर्खों को देखता है।
2. लापरवाहों के बीच सतर्क, सोए हुए लोगों के बीच जागते हुए, जैसे एक तेज घोड़ा एक दुःखी घोड़े को पीछे छोड़ देता है, वैसे ही बुद्धिमान चलते हैं।
3. अपने आप को लापरवाही में न डालें। शरीर की वासना से कोई लेना–देना न रखें। सतर्क व्यक्ति ध्यान में लगा रहता है।
4. तत्परता वहाँ ले जाती है जहाँ मृत्यु नहीं है; असावधानी मृत्यु का मार्ग है। जो लोग ईमानदारी से काम करते हैं वे मरते नहीं हैं, लेकिन असावधान लोग मानो पहले ही मर चुके हैं।
5. दूसरे के लिए अपने उद्देश्य से विचलित न हों, चाहे वह कितना भी बड़ा क्यों न हो। जब एक बार तुम्हें अपना लक्ष्य दिख जाए, तो उसे तेज और दृढ़तापूर्वक थामे रहो।

6. सावधान रहो! आलस्य त्यागो! सत्य मार्ग पर चलो! जो उस पर चलता है, वह संसार में सुखी रहता है।
7. आलस्य अपमान है; निरंतर आलस्य अपवित्रता है। कठोर परिश्रम करके तथा सूझ–बूझ की सहायता से तुम्हें आलस्य के विषैले बाण को निकाल देना चाहिए।
8. अपने आपको लापरवाही में मत डालो। शरीर की वासनाओं से दूर रहो। जो सतर्क हैं, जो ध्यान में लीन हैं, वे अपार सुख प्राप्त करते हैं।
9. यदि कोई ईमानदार व्यक्ति अपने आप को जागृत रखता है, यदि वह भुलक्कड़ नहीं है, यदि उसके कर्म शुद्ध हैं, यदि वह विचारपूर्वक कार्य करता है, यदि वह अपने आप को संयमित करता है, तथा धंम्म के अनुसार जीवन व्यतीत करता है, तो उसकी महिमा बढ़ती है।

10. दुःख और खुशी पर दान और दया पर

1. दरिद्रता दुःख को जन्म देती है।
2. लेकिन गरीबी को दूर करने से जरूरी नहीं कि खुशी मिल जाए।
3. जीवन का उच्च स्तर नहीं बल्कि संस्कृति का उच्च स्तर ही खुशी देता है।
4. यह बौद्ध जीवन पद्धति है।
5. भूख सबसे बुरी बीमारी है।
6. स्वास्थ्य सबसे बड़ा उपहार है, संतोष सबसे बड़ी दौलत है; विश्वास सबसे अच्छा रिश्ता है, निर्वाण सबसे बड़ी खुशी है।
7. हमें खुशी से जीना सीखना चाहिए, उन लोगों से नफरत नहीं करनी चाहिए जो हमसे नफरत करते हैं!
8. हमें बीमार लोगों के बीच बीमारियों से मुक्त होकर खुशी से जीना सीखना चाहिए।

9. हमें लालची लोगों के बीच लालच से मुक्त होकर खुशी से जीना सीखना चाहिए।
10. मनुष्य वासना से बर्बाद हो जाता है, जैसे खरपतवार से खेत बर्बाद हो जाते हैं: इसलिए वासनाहीन लोगों को दिया गया दान महान फल देता है।
11. अहंकार से मनुष्य का नाश होता है, जैसे खरपतवार से खेत नष्ट होते हैं। इसलिए अहंकार से मुक्त लोगों को किया गया दान महान फल देता है।
12. वासना से मनुष्य का नाश होता है, जैसे खरपतवार से खेत नष्ट होते हैं। इसलिए वासना से मुक्त लोगों को किया गया दान महान फल देता है।
13. धम्म का दान सभी दानों से बढ़कर है। धम्म की मधुरता धम्म से बढ़कर है। धम्म में आनंद सभी आनंदों से बढ़कर है।
14. विजय से घृणा उत्पन्न होती है, क्योंकि पराजित व्यक्ति दु:खी होता है। जिसने विजय और पराजय दोनों को त्याग दिया है, वह संतुष्ट व्यक्ति सुखी होता है।
15. वासना के समान कोई अग्नि नहीं है; घृणा के समान कोई पराजय नहीं है; इस शरीर के समान कोई पीड़ा नहीं है; अन्य सभी से बढ़कर कोई सुख नहीं है।
16. दूसरों के बुरे शब्दों और बुरे कामों पर, दूसरों के किए या न किए जाने पर अपनी दृष्टि न लगाएं। बल्कि इस पर ध्यान दें कि आपने क्या किया या नहीं किया।
17. विनम्र, पवित्रता के साधक, विरक्त, एकांतप्रिय, जीवन की शुद्धता, विवेकशील लोगों के लिए जीवन हमेशा कठिन होता है।
18. क्या संसार में कोई ऐसा निर्दोष व्यक्ति है जो किसी को निन्दा का अवसर नहीं देता, जैसे एक उत्साही घोड़ा कोड़े की मार का अवसर नहीं देता? एक उत्साही घोड़े की तरह जिसे कोड़े की आवश्यकता नहीं होती, वह उग्र हो, तेज हो।

19. किसी से कटुता से बात न करें जिनसे बात की जाएगी वे तुम्हें उसी तरह उत्तर देंगे। क्रोध से भरी हुई बातें दुखदायी होती हैं, मार के बदले मार तुम्हें छुएगी।
20. स्वतंत्रता, शिष्टाचार, सद्भावना और निःस्वार्थता–ये संसार के लिए वही हैं जो रथ के लिए डोरी है।
21. यही बौद्ध जीवन पद्धति है।

11. पाखंड पर

1. कोई भी व्यक्ति झूठ न बोले। कोई भी व्यक्ति किसी को झूठ बोलने के लिए प्रेरित न करे, और न ही झूठ बोलने वाले के कार्य का अनुमोदन करे। हर तरह की झूठी और झूठी बातें अपने बीच से दूर करो।
2. जो सिद्ध है, जैसा बोलता है, वैसा ही करता है। जैसा पूर्ण पुरुष करता है, वैसा ही बोलता है। और चूँकि वह जैसा कार्य करता है, वैसा ही बोलता है और जैसा बोलता है, वैसा ही कार्य करता है, इसलिए उसे पूर्ण पुरुष कहा जाता है।
3. यह बौद्ध जीवन पद्धति है।

12. सही रास्ते पर चलने पर

1. सही मार्ग चुनें। उससे विचलित न हों।
2. बहुत से मार्ग हैं; सभी सही मार्ग पर नहीं जाते।
3. सही मार्ग कुछ लोगों के लिए नहीं, बल्कि सभी के लिए सुख के लिए है।
4. यह शुरू में अच्छा, बीच में अच्छा और अंत में अच्छा होना चाहिए।
5. सही मार्ग पर चलना बौद्ध जीवन पद्धति का अनुसरण करना है।
6. सबसे अच्छा मार्ग अष्टांगिक मार्ग है; सत्यों में सबसे अच्छा चार वचन हैं; सद्गुणों में सबसे अच्छा राग–द्वेष है; मनुष्य में सबसे अच्छा वह है जिसके पास देखने की आँखें हैं।

7. यही मार्ग है, बुद्धि को शुद्ध करने वाला कोई दूसरा मार्ग नहीं है। इसी मार्ग पर चलो।
8. यदि तुम इस मार्ग पर चलते रहोगे, तो तुम्हें दुःख का अन्त हो जायेगा! यह मार्ग मैंने तब बताया था, जब मैंने काँटों को निकालने की बात समझ ली थी।
9. तुम्हें स्वयं प्रयास करना चाहिए। तथागत केवल उपदेशक हैं।
10. जो जानता है और देखता है, वह दुःख में निष्क्रिय हो जाता है।
11. सभी रूप मिथ्या हैं, जो जानता है और देखता है, वह दुःख में निष्क्रिय हो जाता है।
12. जो उठने के समय नहीं उठता, जो युवा और बलवान होते हुए भी आलस्य से भरा है, जिसकी इच्छा और विचार दुर्बल हैं, वह आलसी और निष्क्रिय मनुष्य कभी ज्ञान का मार्ग नहीं पाता।
13. अपनी वाणी पर ध्यान देते हुए, मन को संयमित रखते हुए, मनुष्य को अपने शरीर से कभी कोई गलती नहीं करनी चाहिए! मनुष्य को इन तीन कर्म मार्गों को स्पष्ट रखना चाहिए, और वह बुद्धिमानों द्वारा बताये गये मार्ग को प्राप्त करेगा।
14. वास्तविक ज्ञान की प्राप्ति होती है, वास्तविक ज्ञान के अभाव से हानि होती है; जो मनुष्य लाभ और हानि के इस दोहरे मार्ग को जानता है, उसे इस प्रकार अपने को रखना चाहिए, ताकि ज्ञान बढ़ सके।
15. अपने हाथ से शरद ऋतु के कमल की तरह, अपने प्रेम को काट डालो! शांति के मार्ग को संजोओ। निर्वाण सुगत ने दिखाया है।
16. बुरे नियम का पालन मत करो! विचारहीनता में मत रहो! झूठे सिद्धांत का पालन मत करो!
17. अपने आप को जगाओ! निष्क्रिय मत रहो! पुण्य के नियम का पालन करो! पुण्यात्मा इस संसार में आनंद में रहता है।
18. जो पहले लापरवाह था और बाद में शांत हो गया, वह इस दुनिया को रोशन करता है, जैसे बादलों से मुक्त होने पर चंद्रमा।

19. जिसके बुरे कर्म अच्छे कर्मों से ढक जाते हैं, वह इस दुनिया को रोशन करता है, जैसे बादलों से मुक्त होने पर चंद्रमा।
20. यदि कोई व्यक्ति एक नियम का उल्लंघन करता है, और झूठ बोलता है, तो ऐसा कोई बुरा काम नहीं है जो वह न करे।
21. जो लोग हमेशा सावधान रहते हैं, जो दिन–रात अध्ययन करते हैं और जो निर्वाण के लिए प्रयत्नशील रहते हैं, उनकी वासनाएँ समाप्त हो जाती हैं।
22. यह एक पुरानी कहावत है। जो चुप रहता है, उसे लोग दोषी ठहराते हैं, जो बहुत बोलता है, उसे भी लोग दोषी ठहराते हैं, जो कम बोलता है, उसे भी लोग दोषी ठहराते हैं; पृथ्वी पर ऐसा कोई नहीं है, जिस पर दोष न लगाया गया हो।
23. ऐसा कोई व्यक्ति न कभी था, न कभी होगा, और न ही आज है, जिस पर हमेशा दोष लगाया जाता हो, या जिसकी हमेशा प्रशंसा की जाती हो।
24. जीभ के क्रोध से सावधान रहो, और अपनी जीभ को वश में रखो। मन के पापों को छोड़ दो, और मन से पुण्य का अभ्यास करो।
25. गंभीरता निर्वाण का मार्ग है, विचारहीनता मृत्यु का मार्ग है। जो गंभीरता से काम करते हैं, वे मरते नहीं, जो विचारहीन हैं, वे तो पहले से ही मरे हुए हैं।

13. सत्य धम्म को मिथ्या धम्म से न मिलाएँ

1. जो लोग मिथ्या को सत्य और सत्य को मिथ्या समझते हैं, उनमें मिथ्या मानसिकता बनी रहती है – वे सत्य तक नहीं पहुँच पाते।
2. जो लोग झूठ को सच और सच को झूठ समझते हैं, उनमें गलत सोच होती है–वे सत्य तक नहीं पहुँचते।
3. जो लोग सच को सच और झूठ को झूठ जानते हैं, उनमें सही सोच होती है–वे सत्य तक नहीं पहुँचते।

4. जैसे बारिश खराब छप्पर वाले घर में घुस जाती है, वैसे ही लालसा खराब प्रशिक्षित मन में घुस जाती है।
5. जैसे बारिश खराब छप्पर वाले घर में घुस नहीं पाती, वैसे ही लालसा अच्छी तरह प्रशिक्षित मन में नहीं घुस पाती।
6. उठो! लापरवाह मत बनो! शिक्षा के अच्छे मार्ग पर चलो! जो शिक्षा के मार्ग पर चलता है, वह इस लोक में और सभी लोकों में सुखी रहता है।
7. शिक्षा के अच्छे मार्ग पर चलो बुरे मार्गों पर मत चलो। जो शिक्षा के मार्ग पर चलता है, वह इस लोक में और सभी लोकों में सुखी रहता है।

भाग – IV

उनके उपदेश

खंड–I: गृहस्थों के लिए उपदेश।

1. सुखी गृहस्थ।
2. बेटी बेटे से बेहतर हो सकती है।
3. पति और पत्नी।

खंड–II: चरित्र बनाए रखने की आवश्यकता पर उपदेश।

1. मनुष्य के पतन का कारण क्या है।
2. दुष्ट व्यक्ति।
3. श्रेष्ठ व्यक्ति।
4. प्रबुद्ध व्यक्ति।
5. मनुष्य–न्यायप्रिय और अच्छा।
6. अच्छे कर्म करने की आवश्यकता।
7. अच्छे संकल्प लेने की आवश्यकता।

खंड–III: धार्मिकता पर उपदेश।

1. धार्मिकता क्या है।
2. धार्मिकता की आवश्यकता।
3. धार्मिकता और दुनिया के दावे।
4. धार्मिक आचरण में पूर्णता कैसे प्राप्त करें।

5. धर्म के मार्ग पर चलने के लिए किसी साथी की प्रतीक्षा करने की आवश्यकता नहीं है।

खंड–IV: निर्वाण पर उपदेश।

1. निर्वाण क्या है।
2. निर्वाण की जड़ें।

खंड–V: धम्म पर उपदेश।

1. क्यों सही दृष्टिकोण को प्रथम स्थान दिया जाता है।
2. मृत्यु के बाद के जीवन की चिंता क्यों करें।
3. ईश्वर से प्रार्थना और आह्वान व्यर्थ है।
4. आप जो खाते हैं, वह आपको पवित्र नहीं बनाता।
5. भोजन नहीं, बल्कि बुरे कर्म महत्वपूर्ण हैं।
6. बाहरी धुलाई ही पर्याप्त नहीं है।
7. पवित्र जीवन क्या है?

खंड–VI: सामाजिक–राजनीतिक प्रश्नों पर उपदेश।

1. राजकुमारों के अनुग्रह पर निर्भर न रहें।
2. यदि राजा धर्मी है, तो उसकी प्रजा भी धर्मी होगी।
3. यह सामाजिक व्यवस्था है जिस पर राजनीतिक और सैन्य शक्ति निर्भर करती है।
4. युद्ध गलत है।
5. विजेता के कर्तव्य, जिसने शांति जीत ली है।

खंड–I: गृहस्थों के लिए उपदेश

1. सुखी गृहस्थ

1. एक बार अनाथपिंडिका भगवान के पास आए, भगवान को प्रणाम किया और एक तरफ बैठ गए।
2. अनाथपिंडिका यह जानने के लिए उत्सुक थे कि गृहस्थ का सुख कहाँ है।
3. तदनुसार अनाथपिंडिका ने भगवान से गृहस्थ के सुख का रहस्य समझाने के लिए कहा।
4. भगवान ने कहा कि पहला सुख संपत्ति का है। गृहस्थ के पास धन होता है, जो न्यायपूर्वक और धर्मपूर्वक महान परिश्रम द्वारा अर्जित किया जाता है, भुजाओं के बल से इकट्ठा किया जाता है, और पसीने से कमाया जाता है। यह विचार करते ही कि मेरे पास न्यायपूर्वक अर्जित धन है, उसे खुशी मिलती है।
5. दूसरा सुख भोग का है। गृहस्थ के पास न्यायपूर्वक तथा धर्मपूर्वक बाहुबल से अर्जित, तथा माथे के पसीने से अर्जित धन होता है, वह अपने धन का उपभोग करता है तथा पुण्य के कार्य करता है। इस प्रकार यह विचार करके कि मैं अपने न्यायपूर्वक अर्जित धन से पुण्य कर रहा हूँ, इत्यादि उसे सुख मिलता है।
6. तीसरा सुख है ऋणमुक्ति का। गृहस्थ पर किसी का कोई बड़ा या छोटा ऋण नहीं होता, अतः उसे सुख मिलता है, इस प्रकार यह विचार करके कि मैं किसी का ऋणी नहीं हूँ, इत्यादि उसे सुख मिलता है।
7. चौथा सुख है निर्दोषता का। जो गृहस्थ निर्दोष शरीर, निर्दोष वाणी तथा निर्दोष विचार से युक्त है, उसे निर्दोषता का सुख मिलता है।
8. हे अनाथपिंडिका! यदि गृहस्थ इन चारों प्रकार के सुखों के लिए प्रयत्नशील रहे, तो उसे ये सुख निरंतर प्राप्त होते रहते हैं।

2. बेटी बेटे से बेहतर हो सकती है

1. जब भगवान एक बार श्रावस्ती में थे, तो कोसल के राजा पसेंडी उनसे मिलने आए थे।
2. जब राजा भगवान से वार्तालाप कर रहे थे, तभी महल से एक दूत आया और राजा के पास आकर उनके कान में यह समाचार दिया कि रानी मल्लिका ने एक पुत्री को जन्म दिया है।
3. राजा बहुत दुःखी और उदास दिखाई दिए। भगवान ने राजा से उसके दुःख का कारण पूछा।
4. राजा ने उत्तर दिया कि उन्हें अभी–अभी यह दुखद समाचार मिला है कि रानी मल्लिका ने एक पुत्री को जन्म दिया है।
5. तब भगवान ने इस विषय को समझकर कहाः हे पुरुषों के स्वामी, एक स्त्री बालक एक पुरुष से भी अधिक उत्तम संतान सिद्ध हो सकती है। क्योंकि वह बुद्धिमान और गुणवान हो सकती है, उसके पति की माता अपनी सच्ची पत्नी, पुत्री का आदर करती है।
6. वह बालक महान कार्य करेगा और महान राज्यों पर शासन करेगा, हाँ, एक कुलीन पत्नी का ऐसा पुत्र अपने देश का मार्गदर्शक बनता है।

3. पति और पत्नी

1. एक समय भगवान मधुरा और नेरंजा के बीच के मुख्य मार्ग पर आए थे। बहुत से गृहस्थ और उनकी पत्नियाँ भी मधुरा और नेरंजा के बीच के मुख्य मार्ग पर आ गए थे।
2. तब भगवान मार्ग छोड़कर एक वृक्ष के नीचे बैठ गए और इन गृहस्थों और उनकी पत्नियों ने भगवान को उस वृक्ष के नीचे बैठे देखा।
3. यह देखकर वे वहाँ पहुँचे जहाँ भगवान थे। आकर उन्होंने भगवान को प्रणाम किया और एक ओर बैठ गए और भगवान से पति–पत्नी

के बीच उचित सम्बन्ध के बारे में पूछा। इस प्रकार बैठे हुए गृहस्थों और उनकी पत्नियों से भगवान ने इस प्रकार कहा:

4. "गृहस्थों, पति–पत्नी के साथ रहने के चार तरीके हैं। एक नीच आदमी एक नीच स्त्री के साथ रहता है, एक नीच आदमी एक देवी के साथ रहता है, एक देवता एक नीच स्त्री के साथ रहता है और एक देवता एक देवी के साथ रहता है।

5. "गृहस्थों! पति हत्या करता है, चोरी करता है; जो व्यक्ति अपवित्रता करता है, झूठ बोलता है, शराब पीता है, दुष्ट और पापी है, उसका हृदय लोभ से भरा हुआ है, वह गृहस्थ का जीवन जीता है और सज्जन लोगों को गाली देता है और उनकी निन्दा करता है। उसकी पत्नी भी हत्या करती है, चोरी करती है, अपवित्रता करती है, झूठ बोलती है, शराब पीती है, दुष्ट और पापी है, उसका हृदय लोभ से भरा हुआ है, वह गृहस्थ का जीवन जीती है और सज्जन लोगों को गाली देती है और उनकी निन्दा करती है। इस प्रकार, हे गृहस्थों, नीच पुरुष नीच स्त्री के साथ रहता है।

6. "गृहस्थों! जो पति हत्या करता है, चोरी करता है, अपवित्रता करता है, झूठ बोलता है और मदिरापान करता है, वह दुष्ट और पापी होता है, उसका हृदय लोभ से भरा होता है, वह गृहस्थ का जीवन जीता है और सज्जनों को गाली और निन्दा करता है। परन्तु उसकी पत्नी हत्या, चोरी, व्यभिचार, झूठ और मदिरापान से विरत रहती है। उसकी पत्नी सदाचारिणी और अच्छे आचरण वाली होती है; उसका हृदय लोभ के कलंक से मुक्त हो जाता है, वह गृहस्थ जीवन बिताती है और सज्जनों को गाली या निन्दा नहीं करती। इस प्रकार, हे गृहस्थों, नीच मनुष्य देवी के साथ रहता है।

7. "गृहस्थों! जो पति हत्या, चोरी, अपवित्रता, झूठ और मदिरापान से विरत रहता है, वह सदाचारी और अच्छे आचरण वाला होता है; वह अपने मन को लोभ के कलंक से मुक्त करके गृहस्थ जीवन जीता है और सज्जनों को गाली नहीं देता, न ही उनकी निन्दा करता है। परन्तु उसकी पत्नी हत्या करती है, चोरी करती है, अपवित्रता

करती है, झूठ बोलती है, शराब पीती है, दुष्ट और पापी है; वह अपने मन को लोभ से ग्रसित करके गृहस्थ जीवन जीती है और सज्जनों को गाली देती है, न ही उनकी निन्दा करती है। इस प्रकार हे गृहस्थों, देवता नीच स्त्री के साथ रहता है।

8. "गृहस्थों! इसमें पति और पत्नी दोनों ही हत्या, चोरी, अपवित्रता, झूठ और मदिरापान से दूर रहते हैं, सदाचारी और अच्छे आचरण वाले होते हैं, लोभ के कलंक से मुक्त मन से वे गृहस्थ जीवन जीते हैं और सज्जनों को गाली नहीं देते, न ही उनकी निन्दा करते हैं। इस प्रकार हे गृहस्थों, देवता देवी के साथ रहता है।
9. "गृहस्थों, ये साथ रहने के चार तरीके हैं।"

खंड–II: चरित्र बनाए रखने की आवश्यकता पर उपदेश।

1. मनुष्य के पतन का कारण क्या है

1. एक बार भगवान श्रावस्ती के निकट जेतवन में अनाथपिंडिका के मठ में निवास कर रहे थे।
2. जब रात्रि बहुत बीत गई, तो एक देव, जिसकी महिमा से पूरा जेतवन प्रकाशित हो रहा था, भगवान के पास आए और उनके पास आकर उन्हें आदरपूर्वक प्रणाम किया तथा एक ओर खड़े हो गए। इस प्रकार खड़े होकर उन्होंने भगवान से पद्य में कहा:
3. हे गौतम, मैं भगवान से प्रश्न करने आया हूँ, मैं आपसे गिरते हुए मनुष्य के बारे में पूछता हूँ। कृपया मुझे उसके पतन का कारण बताइए।" भगवान ने मनुष्य के पतन के कारणों की व्याख्या करने की सहमति दी।
4. "प्रगतिशील व्यक्ति को आसानी से जाना जा सकता है, धम्म का प्रेमी उन्नतिशील होता है, धम्म का द्वेषी पतनशील होता है।

5. "दुराचारी उसे प्रिय होते हैं, पुण्यात्मा में उसे कुछ भी प्रिय नहीं लगता वह दुराचारियों के मतों का पक्ष लेता है – यह पतन का दूसरा कारण है।
6. जो मनुष्य निद्रालु है, समाज में अरुचि रखता है, परिश्रमी नहीं है, आलसी है, क्रोध प्रकट करता है – यह पतन का तीसरा कारण है।
7. "जो धनवान होकर भी अपनी वृद्ध माता और पिता का भरण–पोषण नहीं करता, जो युवावस्था से गुजर चुके हैं – यह पतन का चौथा कारण है।
8. "जो झूठ बोलकर ब्राह्मण, तपस्वी या अन्य किसी साधक को धोखा देता है – यह पतन का पाँचवीं कारण है।
9. "जो मनुष्य बहुत संपत्ति का स्वामी है, जिसके पास सोना और अन्न है, परन्तु वह अकेले ही अपने व्यंजनों का आनंद लेता है – यह पतन का छठा कारण है।
10. "जो मनुष्य जन्म, धन या कुल का अभिमान करता है, तथा अपने स्वजनों का तिरस्कार करता है, यह पतन का सातवाँ कारण है।
11. "जो मनुष्य व्यभिचारी, शराबी, जुआरी है, जो अपनी सारी सम्पत्ति लुटा देता है, यह पतन का आठवाँ कारण है।
12. "अपनी स्त्रियों से संतुष्ट न होना, यदि वह वेश्याओं तथा दूसरों की स्त्रियों के बीच देखा जाए, तो यह पतन का नौवाँ कारण है।
13. जो व्यक्ति असंयमित खर्चीली स्त्री या उसी प्रकार के पुरुष को अधिकार में रखता है, यह पतन का ग्यारहवाँ कारण है।
14. "जो व्यक्ति अल्प साधन वाला, किन्तु विशाल महत्वाकांक्षा वाला, योद्धा जन्म वाला, राज्य की आकांक्षा रखता है, यह पतन का बारहवाँ कारण है।
15. "हे महान देव, पतन के इन कारणों को जानो और यदि तुम उन पर विजय पाने में सफल हो जाओ तो तुम्हारा उद्धार हो जायेगा।"

2. दुष्ट व्यक्ति

1. यात्रा के दौरान भगवान ने अपने साथ आए भिक्षुओं को हमेशा की तरह यह प्रवचन दिया।
2. भिक्षुओं को संबोधित करते हुए भगवान ने कहाः क्या तुम दुष्ट व्यक्ति को पहचानना जानते हो? नहीं, भगवान" भिक्षुओं ने उत्तर दिया।
3. "मैं तुम्हें दुष्ट व्यक्ति के लक्षण बताऊंगा।
4. "एक ऐसा व्यक्ति होता है जो बिना पूछे ही दूसरे के दोष दिखा देता है, पूछे जाने पर तो छोड़िए। जब उससे प्रश्न पूछे जाते हैं और उससे प्रश्न पूछे जाते हैं, तो वह बिना कुछ छिपाए या छिपाए, बल्कि पूरे विवरण के साथ दूसरे की बुराई करता है। भाइयों, ऐसा व्यक्ति दुष्ट होता है।
5. "ऐसा आदमी है जो पूछे जाने पर भी दूसरे के अच्छे गुणों को नहीं बताता, न पूछे जाने पर भी नहीं। जब उससे सचमुच प्रश्न पूछे जाते हैं और उससे प्रश्न पूछे जाते हैं, तो वह दूसरे के बारे में अच्छी बातें कहता है।
6. "ऐसा आदमी है जो पूछे जाने पर भी अपने बुरे गुणों को नहीं बताता, न पूछे जाने पर भी नहीं। जब उससे सचमुच प्रश्न पूछे जाते हैं और उससे प्रश्न पूछे जाते हैं, तो वह अपने बुरे गुणों को बताता है, लेकिन उन्हें दबाता और छिपाता है और पूरा विवरण नहीं देता। बन्धुओं, ऐसा व्यक्ति दुष्ट है।
7. "फिर बन्धुओं, ऐसा भी व्यक्ति है जो बिना पूछे ही अपने गुणों को प्रकट कर देता है, पूछे जाने पर नहीं। बन्धुओं, पूछे जाने पर और पूछे जाने पर भी वह अपने गुणों को बिना छिपाए या छिपाए बताता है और पूरा ब्यौरा देता है। बन्धुओं, ऐसा व्यक्ति दुष्ट है।"

3. श्रेष्ठ व्यक्ति

1. यात्रा करते समय भगवान ने अपने अभ्यास के अनुसार अपने साथ आए भिक्षुओं को निम्नलिखित प्रवचन दियाः

2. भिक्षुओं को संबोधित करते हुए भगवान ने कहाः "बन्धुओं, संसार में चार प्रकार के व्यक्ति पाए जाते हैं।

3. "जिसने न तो अपने और न ही दूसरों के कल्याण के लिए प्रयास किया है; जिसने दूसरों के कल्याण के लिए प्रयास किया है, लेकिन अपने लिए नहीं; जिसने अपने कल्याण के लिए प्रयास किया है, लेकिन दूसरों के लिए नहीं; जिसने अपने और दूसरों के कल्याण के लिए प्रयास किया है।

4. "जिसने न तो अपने और न ही दूसरों के कल्याण के लिए प्रयास किया है, वह चिता की मशाल के समान है, जिसके दोनों सिरे जल रहे हैं और बीच में गोबर लगा हुआ है। वह न तो गांव में और न ही जंगल में ईंधन जलाता है। वह दुनिया के लिए बेकार है। और वह खुद के लिए भी बेकार है।

5. "जिसने अपने और दूसरों के कल्याण के लिए प्रयास किया है, वह दोनों में से श्रेष्ठ और श्रेष्ठ है।

6. "फिर, भाइयों, इन चार व्यक्तियों में से जो व्यक्ति अपने और दूसरों के कल्याण के लिए प्रयास करता है, उसके लिए यह सबसे अच्छा और मुख्य, सर्वोच्च और सर्वोच्च है।"

4. प्रबुद्ध व्यक्ति

1. एक समय, महान व्यक्ति उक्कट्ठा और सेतब्ब्या (दो शहरों) के बीच के उच्च मार्ग पर पहुँच गया था। तब डोना नामक ब्राह्मण भी उक्कट्ठा और सेतब्ब्या के बीच के उच्च मार्ग पर पहुंच गया था।

2. तभी भगवान् ने मार्ग छोड़ा और एक वृक्ष के नीचे पैर मोड़कर बैठ गए। तब डोना ब्राह्मण ने भगवान् के पदचिन्हों का अनुसरण करते हुए उन्हें उस वृक्ष के नीचे बैठे देखा, जो तेजस्वी और मनोहर रूप वाले थे, जिनकी इन्द्रियाँ वश में थीं, मन शांत था, वे परम वश में थे, संयमी और शक्तिशाली थे। यह देखकर वह भगवान् के पास पहुँच गया।

3. वहाँ आकर उसने उनसे इस प्रकार कहाः क्या पूज्य देव नहीं हैं?

ब्रह्म, मैं वास्तव में देव नहीं हूँ।

"क्या पूज्य गंधर्व नहीं हैं?"

"ब्रह्म, मैं वास्तव में गंधर्व नहीं हूँ।"

क्या पूज्य यक्ष नहीं हैं?"

ब्रह्म, मैं वास्तव में यक्ष नहीं हूँ।"

"क्या पूज्य मनुष्य नहीं हैं?"

"ब्रह्म, मैं वास्तव में मनुष्य नहीं हूँ।"

4. भगवान का यह उत्तर सुनकर ब्राह्मण दाता ने कहाः

जब तुमसे पूछा गयाः क्या तुम देव हो?

तुमने कहाः नहीं।

जब तुमसे पूछा गयाः क्या तुम गंधर्व हो?

तुमने कहाः नहीं।

जब तुमसे पूछा गयाः क्या तुम यक्ष हो?

तुमने कहाः नहीं।

जब तुमसे पूछा गयाः क्या तुम मनुष्य हो?

तुमने कहाः नहीं।

तो फिर पूज्य कौन हो सकते हैं?"

5. "ब्रह्म, वास्तव में मैं एक देव, एक गंधर्व, यक्ष, एक मनुष्य था, जब तक कि मैंने अपने आप को मादक द्रव्यों से शुद्ध नहीं किया था। इन मादक द्रव्यों को मैंने अब ताड़ के पेड़ की तरह जड़ से उखाड़कर त्याग दिया है, जिसका आधार नष्ट हो गया है और फिर से अंकुरित होने में असमर्थ हो गया है, ताकि भविष्य में वे अस्तित्व में न आएं।

6. "जिस प्रकार जल से उत्पन्न कमल या कुमुदिनी जल में ही उगती है, जल से ही बाहर निकलती है, जल से अलिप्त रहती है, उसी

प्रकार मैं भी जगत से उत्पन्न, जगत में ही उगती, जगत को जीत कर, जगत से अलिप्त रहती हूँ।

7. "इसलिए हे ब्रह्म! तुम मुझे ज्ञानवान समझो।"

5. मनुष्य–न्यायप्रिय और अच्छा

1. भाइयों को संबोधित करते हुए, प्रभु ने कहा, "यदि आप यह जानना चाहते हैं कि कौन अच्छे और न्यायपूर्ण हैं, तो आपको चार प्रकार के व्यक्तियों में अंतर करना सीखना चाहिए।

2. भाइयों, ऐसे व्यक्तियों का एक वर्ग है जो अपने स्वयं के कल्याण के लिए प्रयास करते हैं, लेकिन दूसरों के लिए नहीं।

3. "भाइयों, यहाँ एक व्यक्ति अपने भीतर वासना के उन्मूलन का अभ्यास करता है, लेकिन दूसरों के भीतर वासना के उन्मूलन का आग्रह नहीं करता है, अपने भीतर दुर्भावना के उन्मूलन का अभ्यास करता है, लेकिन दूसरों के भीतर दुर्भावना के उन्मूलन का आग्रह नहीं करता है; और अपने भीतर अज्ञान के उन्मूलन का भी अभ्यास करता है, लेकिन दूसरों के भीतर अज्ञान के उन्मूलन का आग्रह नहीं करता है।

4. "वास्तव में, भाइयों, यह वह व्यक्ति है जो अपने कल्याण के लिए प्रयास करता है, लेकिन दूसरों के कल्याण के लिए नहीं।

5. "भाइयों, ऐसे लोगों का एक वर्ग है जो दूसरों के कल्याण के लिए प्रयास करता है, लेकिन अपने कल्याण के लिए नहीं।

6. "भाइयों, इसमें एक व्यक्ति अपने अंदर वासना, दुर्भावना और अज्ञान के उन्मूलन का अभ्यास नहीं करता है, बल्कि दूसरों के अंदर वासना, दुर्भावना और अज्ञान के उन्मूलन का आग्रह करता है।

7. "वास्तव में, भाइयों, यह वह व्यक्ति है जो दूसरों के कल्याण के लिए प्रयास करता है, लेकिन अपने कल्याण के लिए नहीं।

8. "भाइयों, ऐसे लोगों का एक वर्ग है जो न तो अपने कल्याण के लिए प्रयास करता है और न ही दूसरों के कल्याण के लिए।

9. "भाइयों, इसमें एक व्यक्ति अपने अंदर वासना, दुर्भावना और अज्ञान के उन्मूलन का अभ्यास नहीं करता है और न ही दूसरों के अंदर वासना, दुर्भावना और अज्ञान के उन्मूलन का आग्रह करता है।
10. "भाइयों, यह वह व्यक्ति है जिसने न तो अपने और न ही दूसरों के कल्याण के लिए प्रयास किया है।
11. "भाइयों, ऐसे लोगों का एक वर्ग है जो अपने और दूसरों के कल्याण के लिए प्रयास करते हैं।
12. "भाइयों, इसमें एक व्यक्ति न केवल अपने अंदर वासना, दुर्भावना और अज्ञान को दूर करने का अभ्यास करता है, बल्कि दूसरों के अंदर वासना, दुर्भावना और अज्ञान को दूर करने का आग्रह भी करता है।
13. "भाइयों, यह वह व्यक्ति है जिसने अपने और दूसरों के कल्याण के लिए प्रयास किया है।
14. "यह अंतिम व्यक्ति न्यायप्रिय और अच्छा माना जाना चाहिए।"

6. अच्छे कर्म करने की आवश्यकता

1. एक अवसर पर, इस प्रकार महान ने भाइयों से कहा।
2. "भाइयों, अच्छे कर्मों से मत डरो। यह खुशी का दूसरा नाम है, क्योंकि जो वांछित, प्रिय, प्यारा और आनंददायक है, वह शब्द है ''अच्छे कर्म'। मैं खुद भाइयों, कई दिनों तक अच्छे कर्मों का लाभ उठाते हुए वांछित, प्रिय और आनंददायक चीज का अनुभव कर सकता हूँ।
3. "मैं अक्सर पूछता हूँ कि यह सब किस कर्म का फल है? यह किस कर्म का फल है, जिससे मैं अब इतना खुश और संतुष्ट हूँ।'
4. "मुझे जो उत्तर मिलता है वह है: 'तीन कर्मों का यह फल है। तीन कर्मों में से यह कर्म है दान, आत्म–वशीकरण और आत्म–संयम।
5. "शुभ, उत्सवी, प्रसन्न, धन्य भोर! शुभ दिन, प्रसन्न समय वह है जब सत्पात्रों को दान दिया जाता है, जब अच्छे कर्म, शब्द, विचार, सही आकांक्षाएँ, उनका पालन करने वालों को शुभ लाभ पहुँचाती हैं।

6. "वे लोग धन्य हैं जो ऐसा लाभ प्राप्त करते हैं, और मार्ग में समृद्ध होते हैं! इसलिए तुम भी रोग से मुक्त होकर और अपने परिजनों के साथ सुखी होकर मार्ग में समृद्ध बनो।"

7. अच्छे संकल्प लेने की आवश्यकता

1. एक बार जब वे श्रावस्ती में जेत के उपवन में थे, तब महापुरुष ने भाइयों से कहाः
2. "भाइयों, शुद्ध और सुखी जीवन के लिए शुभ रात्रि संकल्प लेने और उनका पालन करने की बहुत आवश्यकता है।
3. "मैं तुम्हें बताता हूँ कि तुम्हारे संकल्प क्या होने चाहिए।
4. "संकल्प करो कि, 'मैं जीवन भर अपने माता–पिता का भरण–पोषण करूँ। मैं अपने कुल के मुखिया का आदर करूँ। मैं कोमल वाणी बोलूँ। मैं किसी की बुराई न करूँ। अपने हृदय से स्वार्थ के दाग को साफ करके, मैं घर में उदार, शुद्ध हस्त वाला, त्याग करने में आनंदित, वरदान माँगने वाला, दूसरों को दान बाँटने में आनंदित रहने वाला बनूँ।
5. "मैं जीवन भर क्रोध रहित रहूँ, और यदि क्रोध आए, तो उसे तुरन्त रोक दूँ।"
6. ये सात संकल्प हैं भाईयों, जिन्हें करने और निभाने से तुम सुख और पवित्रता की स्थिति को प्राप्त करोगे।

खंड–III: धार्मिकता पर उपदेश

1. धार्मिकता क्या है

1. एक बार जब भगवान कोसल में भिक्षा–तीर्थ यात्रा पर थे, तो वे भिक्षा मांगने वालों के एक बड़े समूह के साथ कोसल के एक ब्राह्मण गाँव में पहुँचे, जिसका नाम साला था।
2. साला के ब्राह्मण परिवारों के मुखियाओं के कानों में यह बात पड़ी

कि भगवान कोसल में भिक्षा–तीर्थ यात्रा के दौरान उनके गाँव में आए थे।

3. उन्हें लगा कि उनके पास जाना अच्छा रहेगा। इसलिए साला के ब्राह्मण भगवान के पास गए और नागरिक अभिवादन का आदान–प्रदान करने के बाद, एक तरफ बैठ गए।

4. उन्होंने भगवान से पूछा कि क्या वे उन्हें समझाएँगे कि धार्मिकता से उनका क्या मतलब है।

5. अतः भगवान ने ध्यानपूर्वक ब्राह्मणों से कहाः "शरीर के लिए अधर्म और दुष्टता के तीन रूप हैं; वाणी के लिए चार और विचारों के लिए तीन।

6. "शारीरिक अधर्म के संबंध में, एक व्यक्ति (i) रक्त से नहाए हुए हाथों वाले शिकारी की तरह जीवन ले सकता है, मारने और हत्या करने में लगा रहता है, जीवित प्राणियों के प्रति निर्दयी होता है; या (ii) गाँव और जंगल में दूसरों की संपत्ति को चोरी की तरह अपने लिए हड़प कर, जो उसका नहीं है उसे ले सकता है; या (iii) एक व्यभिचारी हो सकता है, माँ या पिता या भाई या बहन या रिश्तेदारों के अधीन लड़कियों के साथ संभोग कर सकता है, हाँ, उन लड़कियों के साथ जो विवाहित हैं, और यहाँ तक कि सगाई की माला भी पहन सकता है।

7. "वाणी की अधार्मिकता के संबंध में एक व्यक्ति (i) झूठा हो सकता है; जब उसे सभा या ग्राम–सभा या परिवार परिषद् या राजघराने या उसके संघ के समक्ष गवाही देने के लिए कहा जाता है, तो वह कह सकता है कि वह जानता है जब वह नहीं जानता, या यह कि वह नहीं जानता जब वह जानता है, या यह कि उसने देखा जब उसने नहीं देखा, या यह कि उसने नहीं देखा जब उसने देखा, जानबूझकर अपने या अन्य लोगों के हित में या किसी तुच्छ लाभ के लिए झूठ बोल रहा है। या (ii) वह निंदक हो सकता है; वह निंदक हो सकता है; जो उसने कहीं और सुना है उसे यहां दोहराता है ताकि एक समूह के लोगों को ध्यान आए, और जो

उसने यहां सुना है उसे कहीं और दोहराता है ताकि दूसरे समूह के लोगों को ध्यान आए, तो वह सद्भाव को बिगाड़ने वाला और झगड़े को बढ़ावा देने वाला होता है; मतभेद उसके कथनों को प्रेरित करते हैं, मतभेद उसका आनंद, उसका आनंद और उसका सुख होता है। या (iii) वह कड़वी जीभ वाला हो सकता है; वह जो कहता है वह कठोर और कर्कश होता है, दूसरों को चोट पहुंचाने वाला और घायल करने वाला होता है, क्रोध को भड़काने वाला होता है और ध्यान भटकाने वाला होता है। या (iv) वह बेवक्त बकने वाला हो सकता है, तथ्यों पर ध्यान दिए बिना, हमेशा लाभहीन बातें करता है, कभी सिद्धांत की नहीं, कभी नियम की नहीं, बल्कि हमेशा तुच्छ, गलत समय की, तुच्छ बातों की, कहीं न ले जाने वाली और लाभहीन बातों की बात करता है।

8. "विचार की अधार्मिकता के संबंध में, एक व्यक्ति (i) लालची हो सकता है, दूसरों के सामान की लालसा कर सकता है, इस लालसा के साथ कि यह सब उसका अपना है। या (ii) वह द्वेषी और दुष्ट हृदय का हो सकता है, जो चाहता है कि उसके आस–पास के प्राणी मारे जाएं, नष्ट हो जाएं, या अस्तित्वहीन हो जाएं। या (iii) वह दृष्टिकोण में गलत और अपनी धारणाओं में त्रुटिपूर्ण हो सकता है – यह मानते हुए कि भिक्षा या बलिदान या आहुति जैसी कोई चीज नहीं है, कि अच्छे और बुरे कर्मों का फल और फसल जैसी कोई चीज नहीं है, कि यह संसार या कोई अन्य संसार जैसी कोई चीज नहीं है, कि माता–पिता या अन्यत्र संबंधियों जैसी कोई चीज नहीं है, कि संसार में संन्यासी और ब्राह्मण जैसी कोई चीज नहीं है, जिन्होंने सही मार्ग पर चलकर और सही तरीके से चलते हुए, स्वयं ही इस और अन्य संसारों को समझ लिया है और उन्हें दूसरों को भी बता दिया है।

9. "इसके विपरीत, शरीर के लिए धार्मिकता और भलाई के तीन रूप हैं; वाणी के लिए चार और विचारों के लिए तीन।

10. "शारीरिक धार्मिकता के संबंध में, एक व्यक्ति (i) अपने से सभी हत्या को दूर रखता है और किसी भी चीज को मारने से दूर रहता है; डंडे और तलवार को छोड़कर, वह निर्दोषता और दया का जीवन जीता है, जो सभी जीवित प्राणियों के लिए दया और करुणा से भरा है। (ii) वह चोरी को अपने से दूर रखता है और दूसरों से लेने से बचता है, सिवाय उसके जो उसे उनके द्वारा दिया जाता है, वह एक ईमानदार जीवन जीता है। (iii) वह सभी प्रकार के कामुक दुराचारों को त्याग देता है, व्यभिचार से दूर रहता है; वह माता या पिता या भाई या बहन या सम्बन्धियों के अधीन लड़कियों के साथ संभोग नहीं करता है, वह उन लड़कियों के साथ संभोग नहीं करता है जो विवाहित हैं और जिनके गले में सगाई की माला है।

11. "वाणी में धार्मिकता के संबंध में, (i) एक व्यक्ति झूठ बोलना छोड़ देता है और झूठ बोलने से दूर रहता है; जब उसे सभा या ग्राम–सभा या परिवार परिषद् या राजपरिवार या उसके संघ के समक्ष गवाही देने के लिए बुलाया जाता है तो वह कहता है कि उसे नहीं पता कि उसने क्या नहीं किया और उसे पता है कि उसने क्या किया, कहता है कि उसने नहीं देखा तो उसने नहीं देखा और उसने देखा तो उसने देखा, कभी भी अपने या अन्य लोगों के हित में या किसी तुच्छ लाभ के लिए जानबूझकर झूठ नहीं बोलता, (ii) वह अपने से सभी निन्दा को दूर रखता है और निन्दा करने से दूर रहता है; वह जो कुछ यहां सुनता है उसे अन्यत्र इस प्रकार नहीं दोहराता कि एक समूह के लोगों को समझ में आ जाए, और न ही वह जो कुछ अन्यत्र इस प्रकार सुनता है उसे अन्यत्र इस प्रकार नहीं दोहराता कि दूसरे समूह के लोगों को समझ में आ जाए, वह सद्भाव को बढ़ावा देने वाला और मैत्री को पुनःस्थापित करने वाला होता है, क्योंकि सद्भाव ही उसका सुख, उसका आनंद और उसकी प्रसन्नता है। (iii) उसकी जीभ में कोई कड़वाहट नहीं होती और वह कटु भाषण से दूर रहता है; वह जो कुछ कहता है वह कड़वाहट रहित, सुखद, मैत्रीपूर्ण होता है, हार्दिक, सभ्य,

मिलनसार और सभी का स्वागत करने वाला। (iv) कोई बकवास नहीं करता, वह बकवास करने से दूर रहता है, समय पर, तथ्य के अनुसार, हमेशा लाभदायक, सिद्धांत और नियम के बारे में बोलता है, भाषण में जो समय पर और यादगार, प्रकाश डालने वाला, सुव्यवस्थित और बहुत लाभदायक होता है।

12. "विचारों में धार्मिकता के संबंध में, (i) एक आदमी लोभ से रहित होता है, कभी भी दूसरे लोगों के सामान को इस लालसा के साथ नहीं लेता कि वह सब उसका अपना है। (ii) वह विचारों में किसी प्रकार की दुर्भावना या दुष्टता को आश्रय नहीं देता उसकी इच्छा है कि उसके आस–पास के प्राणी शांति और खुशी से, सुरक्षित, सभी शत्रुता और उत्पीड़न से दूर रहें। (iii) वह दृष्टिकोण में सही है और उसकी धारणाएँ सही हैं।
13. "यही मेरा धार्मिकता और अधर्म से तात्पर्य है।

2. धार्मिकता की आवश्यकता

1. तब भगवान ने पातालिगामा के गृहस्थ भाइयों को संबोधित किया:
2. "गृहस्थों को दुष्ट और अनैतिक व्यक्ति से हानि होती है।
3. "दुष्ट, अनैतिक व्यक्ति आलस्य के कारण धन की बहुत हानि करता है।
4. "फिर, उसके बारे में एक बुरी खबर फैलती है जो दुनिया की नजरों में उसे बदनाम करती है।
5. "वह जिस किसी भी समूह में प्रवेश करता है, चाहे वह कुलीनों का समूह हो, या ब्राह्मणों का, या गृह–पिताओं का, या संन्यासियों का, वह शर्मीले और मन से भ्रमित होकर प्रवेश करता है। वह निडर नहीं होता। यह तीसरी हानि है।
6. "फिर, उसे मन की शांति नहीं मिलती और जब वह मरता है तो मन में व्याकुलता होती है। यह चौथी हानि है।

7. "ऐसे ही गृहस्थों को हानि होती है जो दुष्ट और अनैतिक व्यक्ति को होती है।
8. "उस धर्मी व्यक्ति को मिलने वाले लाभों पर विचार करें जो सदाचारी जीवन जीता है।
9. "धर्मी व्यक्ति जो सदाचारी जीवन जीता है, अपने परिश्रम के कारण बहुत सारा धन कमाता है।
10. "फिर, फिर, उसके बारे में एक अच्छी प्रतिष्ठा व्याप्त होती है। वह हर जगह सम्मानित होता है।
11. "वह जिस किसी भी संगत में जाता है, चाहे वह कुलीनों की हो या ब्राह्मणों की या गृहस्थों की या संन्यासियों की, वह निर्भीक और आत्मविश्वासी होकर प्रवेश करता है।
12. "फिर, वह मन की शांति का आनंद लेता है और मन को शांत रखते हुए अंत करता है।
13. "बुराई करने वाला मूर्ख अपनी मूर्खता को नहीं जानता मूर्ख अपने ही कर्मों को आग की तरह जला देता है।
14. जो निर्दोष निर्दोष को ठेस पहुँचाता है, वह शीघ्र ही घोर विपत्ति में पहुँच जाता है, या मन व्याकुल हो जाता है, संबंधियों का नाश हो जाता है, अपनी सारी संपत्ति खो देता है।

3. धार्मिकता और दुनिया के दावे

1. एक बार जब भगवान राजगृह में बांस के बाग में रह रहे थे, जहाँ गिलहरियों को चारा खिलाया जाता था, पूज्य सारिपुत्त भिक्षा मांगने वालों के एक बड़े दल के साथ दक्षिणी पहाड़ियों में भिक्षा यात्रा कर रहे थे।
2. रास्ते में उनकी मुलाकात एक भिक्षा मांगने वाले से हुई, जिसने राजगृह में वर्षा ऋतु बिताई थी। मित्रता और शिष्टाचार के साथ अभिवादन करने के बाद, सारिपुत्त ने गुरु के स्वास्थ्य के बारे में पूछा और उन्हें बताया गया कि वे स्वस्थ हैं, साथ ही संघ भी स्वस्थ

है, और राजगृह में तंदुला–पाल द्वार के ब्राह्मण धनंजनी के बारे में भी सारिपुत्त ने पूछताछ की थी।

3. और क्या ब्राह्मण, धनंजनी, उत्साही और ईमानदार है? सारिपुत्त ने भिक्षा मांगने वाले से आगे पूछा।

4. धनंजनी में ईमानदार उत्साह कैसे हो सकता है? भिक्षा मांगने वाले ने उत्तर दिया। वह राजा का उपयोग ब्राह्मणों और गृहस्थों को लूटने के लिए करता है, और उनका उपयोग राजा को लूटने के लिए करता है। साथ ही, उसकी धर्मपरायण पत्नी जो एक धर्मपरायण वंश से आई थी, अब मर चुकी है; और उसने दूसरी पत्नी ले ली है जो धर्मपरायण नहीं है और न ही धर्मपरायण वंश से है।'

5. यह बुरी खबर है, धनंजनी के उत्साह की कमी के बारे में सुनना बहुत बुरी खबर है, सारिपुत्त ने कहा। शायद, किसी समय और स्थान पर मेरी उनसे मुलाकात हो जाए, मैं उनसे बातचीत करना चाहूंगा।"

6. दक्षिणी पहाड़ियों में अपनी इच्छानुसार रहने के बाद, सारिपुत्त भिक्षाटन के लिए राजगृह पहुंचे, जहां उन्होंने बांस के जंगल में अपना निवास बनाया।

7. सुबह–सुबह, हाथ में कटोरा लेकर और विधिवत वस्त्र पहनकर, वे भिक्षा के लिए राजगृह गए, उस समय ब्राह्मण धनंजनी शहर से बाहर थे और अपनी गायों को गोशाला में दुह रहे थे।

8. भोजन के बाद लौटने पर, सारिपुत्त ने ब्राह्मण को ढूंढ़ा। उसे आते देख, ब्राह्मण यह कहते हुए उससे मिलने आया कि भोजन से पहले उनके पास दूध पीने का समय है।

9. ऐसा नहीं है, ब्राह्मण, मैंने आज अपना भोजन कर लिया है, और दोपहर के समय एक पेड़ की छाया में विश्राम करूंगा। मेरे पास वहीं आओ।

10. धनंजनी सहमत हो गए और भोजन के बाद सारिपुत्त के साथ बैठ गए।

11. सारिपुत्त ने कहाः "धनंजनि, क्या मैं आश्वस्त रह सकता हूँ कि उत्साह, गंभीरता और धार्मिकता आपकी है?

12. "यह कैसे हो सकता है, जब मुझे अपने माता–पिता, अपनी पत्नी और परिवार, और अपने दासों और नौकरों का भरण–पोषण करना है और अपने परिचितों और मित्रों, अपने सगे–संबंधियों और मेहमानों का सत्कार करना है, और अपने मृत रिश्तेदारों और देवताओं और राजा का भी भरण–पोषण करना है, और न ही मांस–पीने से अपना भरण–पोषण करना है?"

13. "धनंजनी, तुम क्या सोचते हो? अगर हम मान लें कि कोई व्यक्ति अपने माता–पिता के कारण धार्मिकता और न्याय से विमुख हो गया है और उसे जेल में डाला जा रहा है, तो क्या उसे अपनी ओर से यह दलील देने से कोई लाभ होगा कि वह अपने माता–पिता के कारण धार्मिकता और न्याय से विमुख हुआ है और इसलिए उसे जेल में नहीं डाला जाना चाहिए? "

14. "नहीं; सभी अपीलों के बावजूद, वार्डन उसे जेल में डाल देंगे।"

15. "क्या यह उसके लिए लाभदायक होगा कि वह अपनी ओर से दलील दे या अपनी पत्नी और परिवार से दलील दे, क्योंकि उनके कारण ही वह धार्मिकता और न्याय से विमुख हुआ था?"

16. "नहीं।"

17. "क्या यह उसके लिए लाभदायक होगा यदि उसके दास और सेवक उसके लिए दलील दें?"

18. बिलकुल भी नहीं।"

19. या यदि उसके मित्र और परिचित उसके लिए दलील दें?"

20. "बिल्कुल भी नहीं।"

21. "या यदि उसके सगे–संबंधी या उसके मेहमान उसके लिए दलील दें?"

22. "बिल्कुल भी नहीं।"

23. "या यदि उसके रिश्तेदार मर चुके हैं और चले गए हैं, तो उसके देवताओं या उसके राजा के दावों के लिए दलील दें?"
24. "बिल्कुल भी नहीं।"
25. "क्या उसे अपनी ओर से दलील देने या दूसरों से दलील लेने से कोई लाभ होगा कि वह भोजन और पेय पर अपना भरण–पोषण करने के लिए धार्मिकता और न्याय से विमुख हो गया है?"
26. "नहीं।"
27. "धनंजनी, तुम क्या सोचते हो? कौन बेहतर आदमी है? वह जो अपने माता–पिता के लिए धर्म और न्याय से विमुख हो जाता है या वह जो उनके साथ चाहे जो भी हो, धर्म और न्याय से चलता है?"
28. "दूसरा," धनंजनी ने उत्तर दिया, "क्योंकि धर्म और न्याय से चलना उनसे विमुख होने से बेहतर है।"
29. "इसके अलावा, धनंजनी, ऐसे अन्य कार्य भी हैं जो अपने आप में न्यायसंगत और धर्मी हैं, जिसके द्वारा वह अपने माता–पिता का भरण–पोषण कर सकता है और फिर भी बुरे कामों से बच सकता है और सीधे रास्ते पर चल सकता है। अब, क्या यही तर्क पत्नी और परिवार तथा अन्य सभी चीजों के भरण–पोषण पर लागू होता है?"
30. "हाँ, सारिपुत्त।"
31. "इसके बाद ब्राह्मण ने पूज्य सारिपुत्त की कही गई बातों पर प्रसन्न होकर उन्हें धन्यवाद दिया, उठकर अपने रास्ते पर चला गया।"

4. धार्मिक आचरण में पूर्णता कैसे प्राप्त करें

1. एक बार जब भगवान श्रावस्ती में जेत के कुंज में रह रहे थे, तो उनके पास पाँच सौ धर्मावलंबी आए। उनमें से एक धम्मिका था।
2. धम्मिका ने भगवान से पूछाः "कौन से सिद्धांत आपके अनुयायियों को धर्मी आचरण में पूर्णता तक पहुँचाते हैं?

3. "मैं आपसे यह प्रश्न इसलिए पूछ रहा हूँ क्योंकि आप मनुष्यों के कल्याण के सबसे बेजोड़ न्यायाधीश हैं।
4. "प्रशिक्षित जैन और भिक्षुक सभी आपको पराजित करने में विफल रहे। प्रशिक्षित ब्राह्मण, जो वर्षों से परिपक्व हैं – और अन्य लोग अपने दृष्टिकोण को व्यक्त करने के लिए उत्सुक हैं, आपके उद्धारक सत्य को अपनाने के लिए प्रेरित होते हैं। क्योंकि, यह आपका उद्धारक सत्य है – सूक्ष्म, लेकिन इतना अच्छा उपदेश दिया गया है जिसके लिए सभी तरसते हैं। हे प्रभु, हमें उत्तर दें!
5. "धर्मावलंबी आपके होठों से आपकी बेदाग विद्या सीखें!"
6. धन्य भगवान ने अपने धर्मावलंबियों के प्रति दया दिखाते हुए कहाः "मुझे अपना कान दो। मैं धर्ममय आचरण के सिद्धांत समझाऊंगा। उन्हें सुनो और उनका पालन करो।
7. "हत्या न करें, न ही मृत्युदंड दें, न ही वध की अनुमति दें। किसी भी जीवित प्राणी पर हिंसा न करें – चाहे वह बलवान हो या दुर्बल।
8. "कोई भी आम आदमी, जानबूझकर चोरी न करे, न ही चोरी का आदेश दे, न ही किसी चोरी की अनुमति दे, केवल वही ले जो दूसरे देते हैं।
9. "और असंयम से दूर रहें, जैसे कि यह आग का गड्ढा हो, या संयम न होने पर, किसी विवाहित पत्नी के साथ व्यभिचार न करें।
10. "सभाओं, न्यायालयों या बातचीत में उसे झूठ नहीं बोलना चाहिए; उसे झूठ को बढ़ावा नहीं देना चाहिए या अनुमति नहीं देनी चाहिए – उसे असत्य का त्याग करना चाहिए।
11. "आम आदमी, इस नियम का पालन करें शराब से दूर रहें किसी को भी शराब न पिलाएँ शराब पीने की अनुमति न दें। देखें कि शराब कैसे पागलपन की ओर ले जाती है।
12. "शराब के माध्यम से मूर्ख पाप करते हैं, और आलसी भाइयों को पाप में डालते हैं। इसलिए इस पागलपन भरे दोष, इस मूर्खता, मूर्खों के आनंद से दूर रहें।

13. "हत्या न करो, चोरी न करो, झूठ न बोलो शराब से दूर रहो व्यभिचार से दूर रहो रात में गलत भोजन न छुओ!
14. "सुगंध और पुष्पमालाओं का त्याग करो अपना बिछौना भूमि पर बिछाओ इसी प्रकार अपने विश्रामदिन की प्रतिज्ञाएँ करो, तथा पवित्र हृदय से इस आठ प्रकार के पर्व को मनाओ।
15. "प्रातःकाल इन प्रतिज्ञाओं का पालन करो, पवित्र और कृतज्ञ हृदय से बुद्धिमान बनो और अपने साधनों से दान–पानी दो।
16. "अपने माता–पिता का भला करो, धर्मी व्यापार करो। इस प्रकार सामान्य व्यक्ति ऊपर प्रकाश के क्षेत्रों में दृढ़तापूर्वक पहुँचेगा।

5. धर्म के मार्ग पर चलने के लिए किसी साथी की प्रतीक्षा करने की आवश्यकता नहीं है

1. युद्ध में हाथी अपने ऊपर फेंके गए बाण को सहता है, मुझे संसार की प्रत्येक बुराई के लिए मनुष्यों की कड़वी भाषाएँ सहनी होंगी।
2. वश में किए गए लोग उसे युद्ध में ले जाते हैं; वश में किए गए राजा की पीठ ऊपर उठती है; वश में किया हुआ व्यक्ति ही सर्वश्रेष्ठ प्राणी है, जब कोई कटु वाणी उसे ठेस नहीं पहुँचाती।
3. अच्छी तरह से पाले गए खच्चर अच्छे होते हैं, तथा प्रसिद्ध सिंधी वंश के घोड़े भी अच्छे होते हैं, तथा शक्तिशाली हाथी भी अच्छा होता है; सभी स्वयं–पालित मनुष्यों में वह सर्वश्रेष्ठ होता है।
4. फिर भी ऐसे घोड़े हमारे लिए कुछ भी लाभ नहीं पहुंचा सकते, वे निर्वाण के मार्गदर्शक नहीं हो सकते। हम केवल आत्म–पालन की गई सवारी पर ही पथ तक पहुंच सकते हैं।
5. तत्परता में आनंद लें, अपने विचारों पर ध्यान दें और कभी थकें नहीं। बुराई के मार्ग से खुद को ऊपर उठाएं, हाथी को कीचड़ से बाहर निकालें।

6. क्या तुम्हें कोई साथी यात्री मिला है, जो ईमानदार, दृढ़, बुद्धिमान है? अपनी सारी चिंताओं को पीछे छोड़कर, खुशी से उसके साथ इरादे से चलो।
7. क्या तुम्हें कोई साथी यात्री नहीं मिला है, जो ईमानदार, बुद्धिमान है? जैसे एक राजा अपनी सीमाओं को छोड़ देता है, दुश्मन द्वारा पीछा किए जाने पर, जंगल में हाथी की तरह, वैसे ही एकांत में अपना रास्ता चलो।
8. एकाकी जीवन बेहतर है, क्योंकि मूर्ख साथी नहीं हो सकते। अकेले रहो और कोई बुराई मत करो, बहुत कम जरूरतों के साथ अकेले रहो, अकेले रहो, जैसे जंगल में एक शक्तिशाली हाथी अकेला चरता है।
9. सभी बुरे विचारों को मिटा दो।
10. मिटाने का तरीका यह है।
11. तुम्हें यह संकल्प करके मिटाना है कि भले ही दूसरे हानिकारक हों, लेकिन तुम हानिरहित रहोगे।
12. भले ही दूसरे हत्या करें, लेकिन तुम कभी हत्या नहीं करोगे।
13. भले ही दूसरे चोरी करें, लेकिन तुम नहीं करोगे।
14. भले ही दूसरे उच्च जीवन न जिएँ, लेकिन तुम जिओगे।
15. भले ही दूसरे झूठ बोलें, निंदा करें, निंदा करें या बकबक करें, लेकिन तुम नहीं करोगे।
16. भले ही दूसरे लालची हों, लेकिन तुम लालच नहीं करोगे।
17. भले ही दूसरे दुष्ट हों, लेकिन तुम दयालु होगे।
18. यद्यपि अन्य लोग मिथ्या दृष्टिकोण, मिथ्या लक्ष्य, मिथ्या भाषण, कार्य, मिथ्या आजीविका, मिथ्या प्रयास, मिथ्या स्मृति और मिथ्या एकाग्रता में लिप्त हो सकते हैं, फिर भी आपको सही दृष्टिकोण, सही लक्ष्य, सही भाषण, सही कार्य, सही आजीविका, सही प्रयास, सही स्मृति और सही एकाग्रता के साथ आर्य अष्टांगिक मार्ग का अनुसरण करना चाहिए।

19. कि, भले ही दूसरे लोग सत्य के बारे में गलत हों और उद्धार के बारे में गलत हों, तुम सत्य के बारे में सही हो और उद्धार के बारे में सही हो।
20. कि, भले ही दूसरे लोग आलस्य और सुस्ती से ग्रस्त हों, तुम खुद को उनसे मुक्त करोगे।
21. कि, भले ही दूसरे लोग घमंडी हों, तुम नम्र स्वभाव के होगे।
22. कि, भले ही दूसरे लोग संदेह से परेशान हों, तुम उनसे मुक्त होगे।
23. कि, भले ही दूसरे लोग क्रोध, द्वेष, ईर्ष्या, जलन, कंजूसी, लोभ, पाखंड, छल, अभेद्यता, अहंकार, आगे बढ़ना, बेईमानी, शिक्षा की कमी, जड़ता, घबराहट और मूर्खता को आश्रय दें – तुम इन सभी चीजों के विपरीत होगे।

खंड–IV: निर्वाण पर उपदेश

1. निर्वाण क्या है

1. एक बार भगवान श्रावस्ती में अनाथपिंडिका के आश्रम में ठहरे हुए थे, जहाँ सारिपुत्त भी ठहरे हुए थे।
2. भगवान ने भाइयों को संबोधित करते हुए कहाः "भिक्षुओ, तुम संसार की वस्तुओं के नहीं, बल्कि मेरे सिद्धांत के भागीदार बनो, तुम सब के प्रति मेरी दया में मैं यह सुनिश्चित करने के लिए उत्सुक हूँ।"
3. इस प्रकार भगवान बोले, जो उसके बाद उठे और अपने कक्ष में चले गए।
4. सारिपुत्त पीछे रह गए और भाइयों ने उनसे पूछा कि निर्वाण क्या है।
5. तब सारिपुत्त ने भाइयों को उत्तर देते हुए कहा" "भाइयों, तुम जानते हो कि लोभ नीच है, और क्रोध नीच है।
6. "इस लोभ और इस क्रोध को दूर करने के लिए, मध्यम मार्ग है जो हमें देखने के लिए आँखें देता है और हमें ज्ञान देता है, जो हमें शांति, अंतर्दृष्टि, ज्ञान और निर्वाण की ओर ले जाता है।

7. "यह मध्यम मार्ग क्या है? यह कुछ भी नहीं बल्कि आर्य अष्टांगिक मार्ग है – सही दृष्टिकोण, सही लक्ष्य, सही वाणी, सही कर्म, सही आजीविका के साधन, सही प्रयास, सही ध्यान और सही एकाग्रता यही, भिक्षापात्रों, मध्यम मार्ग है।
8. "हाँ, सज्जनों क्रोध नीच है और द्वेष नीच है, ईर्ष्या और जलन नीच हैं, कंजूसी और लोभ नीच हैं, पाखंड और छल और अहंकार नीच हैं, और आलस्य नीच है।
9. "ऊँचाई और आलस्य को दूर करने के लिए मध्यम मार्ग है – हमें देखने के लिए आँखें देता है, हमें ज्ञान देता है, और हमें शांति, अंतर्दृष्टि, ज्ञान की ओर ले जाता है।
10. "निर्वाण जो कुछ भी नहीं बल्कि आर्य अष्टांगिक मार्ग है।"
11. इस प्रकार श्रद्धेय सारिपुत्त बोले – हृदय से प्रसन्न, भिक्षापात्रों ने जो कहा उससे प्रसन्नता व्यक्त की।

2. निर्वाण की जड़ें

(i)

1. एक बार पूज्य राधा भगवान के पास आए। ऐसा करने के बाद उन्होंने भगवान को प्रणाम किया और एक तरफ बैठ गए। इस तरह बैठे हुए पूज्य राधा ने भगवान से इस प्रकार कहाः "प्रभु, निर्वाण किस लिए है?"
2. "निर्वाण का अर्थ है वासना से मुक्ति," भगवान ने उत्तर दिया।
3. "लेकिन निर्वाण, भगवान, इसका उद्देश्य क्या है?"
4. "निर्वाण में निहित, राधा, धार्मिक जीवन जिया जाता है। निर्वाण इसका लक्ष्य है। निर्वाण इसका अंत है।"

(ii)

1. एक बार भगवान श्रावस्ती में, जेत के उपवन में, अनाथपिंडिका के उद्यान में निवास कर रहे थे। तब भगवान ने भाइयों को बुलाया और कहा, 'भाइयों।'

हाँ, भगवान, उन भाइयों ने भगवान को उत्तर दिया। भगवान ने इस प्रकार कहा।

2. "भाइयों, क्या तुम उन पाँच बंधनों को ध्यान में रखते हो जो निम्न जगत को बाँधते हैं, जैसा कि मैंने सिखाया है?"
3. तब पूज्य मालुंक्यपुत्त ने भगवान से यह कहा:
4. "मैं, भगवान, उन पाँच बंधनों को ध्यान में रखता हूँ।"
5. "और कैसे, मालुंक्यपुत्त, तुम उन्हें ध्यान में रखते हो?"
6. "भगवान, मैं शरीर के बारे में भगवान द्वारा सिखाई गई दृष्टि को ध्यान में रखता हूँ, तथा ढुलमुलपन, तथा अनुष्ठान और रीति–रिवाज पर निर्भरता का नैतिक कलंक, कामुक आनंद की उत्तेजना, तथा द्वेष, जिन्हें भगवान ने निम्न जगत को बाँधने वाले बंधनों के रूप में सिखाया है। ये पाँच बंधन हैं जिन्हें मैं ध्यान में रखता हूँ, भगवान।"
7. "जैसा कि सिखाया गया है, मालुंक्यपुत्त, तुम इन पाँच बंधनों को किसके लिए याद करते हो? क्या अन्य विचारों के पथिक तुम्हारी निन्दा नहीं करेंगे, कोमल शिशु के दृष्टान्त का उपयोग अपनी निन्दा के लिए करते हुए और इस प्रकार कहते हुए:
8. "लेकिन, मालुंक्यपुत्त, एक कोमल शिशु–लड़के के लिए कोई शरीर नहीं हो सकता, जो बुद्धि से मंद है और अपनी पीठ के बल लेटा हुआ है। फिर, उसमें देह–स्वभाव की कोई दृष्टि कैसे उत्पन्न हो सकती है? फिर भी, उसमें देह–स्वभाव की दृष्टि की प्रवृत्ति अवश्य ही छिपी हुई है।'
9. "इसी प्रकार, मालुंक्यपुत्त, एक कोमल शिशु, जो बुद्धि से मंद है और पीठ के बल लेटा हुआ है, के लिए कोई मानसिक स्थिति नहीं हो सकती। फिर, उसमें मानसिक स्थिति में कोई उतार–चढ़ाव कैसे हो सकता है? फिर भी, उसमें उतार–चढ़ाव की एक छिपी हुई प्रवृत्ति है।"
10. इसी प्रकार, मालुंक्यपुत्त, उसके पास कोई नैतिक आचरण नहीं हो सकता। फिर, उसके अंदर अनुष्ठान और कर्मकांड पर निर्भरता का

कोई नैतिक कलंक कैसे हो सकता है? फिर भी, उसमें इसके प्रति एक छिपी हुई प्रवृत्ति है।"

11. "फिर, मालुंक्यपुत्त, उस कोमल शिशु में कोई कामुक वासना नहीं है। फिर, कामुक आनंद की उत्तेजना कैसे जानी जा सकती है? लेकिन प्रवृत्ति तो है।'
12. "अंत में, मालुंक्यपुत्त, क्योंकि उस कोमल शिशु का अस्तित्व ही नहीं है। फिर वह प्राणियों के प्रति द्वेष कैसे रख सकता है? फिर भी उसमें इसकी प्रवृत्ति है।'
13. "अब, मालुंक्यपुत्त, क्या अन्य विचारों वाले वे पथिक उस कोमल शिशु के दृष्टांत का उपयोग करके तुम्हारी निन्दा नहीं करेंगे?"
14. जब यह कहा गया, तो आदरणीय आनंद ने भगवान को इस प्रकार संबोधित कियाः "अब समय आ गया है, भगवान। हे पथिक, अब भगवान के अस्त होने का समय आ गया है।"

खंड–V: धम्म पर उपदेश

1. क्यों सही दृष्टिकोण को प्रथम स्थान दिया गया है

1. महान अष्टांगिक मार्ग में सबसे महान है, सही दृष्टिकोण।
2. सही सोच उच्च जीवन में हर चीज की प्रस्तावना और कुंजी है, और अज्ञानता।
3. समझ की कमी सभी बुराइयों की जड़ है।
4. सही दृष्टिकोण विकसित करने के लिए व्यक्ति को जीवन की सभी घटनाओं को कारण कानून की प्रक्रिया के रूप में देखना चाहिए। सही दृष्टिकोण रखने का मतलब है कारण और प्रभाव के नियम को पहचानना।
5. "जो भी व्यक्ति, हे भाईयों, विकृत विचारों, विकृत लक्ष्य, विकृत वाणी या कर्म या जीवन, विकृत प्रयास, ध्यान और चिंतन का अनुसरण करता है, जिसका ज्ञान और मुक्ति विकृत है, उसके लिए ऐसे

विकृत विचारों के अनुसार किया गया और प्राप्त किया गया प्रत्येक कर्म, वचन या विचार प्रत्येक इच्छित कार्य, प्रत्येक आकांक्षा, प्रत्येक संकल्प, उसकी सभी गतिविधियाँ, ये सभी चीजें एक साथ अरुचिकर, अप्रिय, प्रतिकारक, लाभहीन और दर्दनाक होती हैं। और ऐसा क्यों? उसके बुरे दृष्टिकोण के कारण।"

6. सही होना पर्याप्त नहीं है। एक बच्चा सही हो सकता है लेकिन इसका मतलब यह नहीं है कि एक बच्चा जानता है कि क्या सही है। सही होने के लिए व्यक्ति को यह जानना चाहिए कि क्या सही है।
7. "आनंदा, किसे सही मायने में भिक्षापात्र कहा जा सकता है? केवल वही जो तर्कसंगत रूप से संभव और असंभव में निपुण हो गया है।"

2. मृत्यु के बाद जीवन की चिंता क्यों करें

1. एक अवसर पर आदरणीय कश्यप महान और आदरणीय सारिपुत्त बनारस के पास इसिपताना नामक हिरण उद्यान में ठहरे हुए थे।
2. तब आदरणीय सारिपुत्त संध्या के समय एकांत से उठकर आदरणीय कश्यप महान के पास गए और एक ओर बैठ गए।
3. इस प्रकार बैठे हुए, पूज्य सारिपुत्त ने पूज्य कश्यप महान से पूछा। अब मित्र कश्यप? क्या तथागत मृत्यु के बाद भी विद्यमान हैं?
4. "मित्र, यह भगवान द्वारा अघोषित है कि तथागत मृत्यु के बाद भी विद्यमान हैं।
5. "तो फिर मित्र? क्या तथागत मृत्यु के बाद भी विद्यमान हैं और नहीं भी?
6. "यह भी, मित्र, भगवान द्वारा अघोषित है।
7. "तो फिर मित्र? क्या तथागत मृत्यु के बाद भी विद्यमान नहीं हैं? यह भी, मित्र, भगवान द्वारा घोषित नहीं किया गया है।
8. "लेकिन, मित्र, भगवान द्वारा इसकी घोषणा क्यों नहीं की गई है?"

9. "यह प्रश्न मानवता के लाभ या पवित्र जीवन के प्रथम सिद्धांतों से संबंधित नहीं है। यह न तो पूर्ण ज्ञान की ओर ले जाता है और न ही निर्वाण की ओर। यही कारण है, मित्र, कि भगवान द्वारा इसकी घोषणा नहीं की गई है।"

3. ईश्वर से प्रार्थना और आह्वान व्यर्थ है

1. एक बार भगवान ने वसेट्ठा से बात करते हुए कहा:
2. "यदि यह अचिरवती नदी पानी से लबालब भरी हो और उसमें पानी भर जाए, और इसके दूसरे किनारे पर कोई काम करने वाला व्यक्ति आए और उसे पार करना चाहे:
3. "और उस किनारे पर खड़े होकर उसे दूसरे किनारे का आह्वान करना चाहिए और कहना चाहिए हे दूसरे किनारे, इधर आओ! इस पार आओ!'
4. "अब तुम क्या सोचते हो, वसेट्ठा? क्या उस व्यक्ति के आह्वान और प्रार्थना, और आशा, और स्तुति से अचिरवती नदी का दूसरा किनारा इस पार आ जाएगा?
5. "ठीक इसी तरह, वसेट्ठा, तीनों वेदों में पारंगत ब्राह्मण, उन गुणों का अभ्यास छोड़ देते हैं जो वास्तव में मनुष्य को ब्राह्मण बनाते हैं, और उन गुणों का अभ्यास अपनाते हैं जो वास्तव में मनुष्य को गैर–ब्राह्मण बनाते हैं, इस प्रकार कहते हैं:
6. "इंद्र को हम पुकारते हैं, ब्रह्मा को हम पुकारते हैं, ईशान को हम पुकारते हैं, प्रजापति को हम पुकारते हैं, ब्रह्मा को हम पुकारते हैं, हम पुकारते हैं, हम पुकारते हैं।'
7. "सचमुच, वासेत्था, ये ब्राह्मण अपने आह्वान, प्रार्थना, आशा और स्तुति के कारण मृत्यु के बाद ब्रह्मा के साथ एक हो जाएं – वास्तव में ऐसी स्थिति किसी भी तरह से नहीं हो सकती।"

4. आप जो खाते हैं, उससे आप पवित्र नहीं बनते

1. एक ब्राह्मण भगवान से मिला और उसने भोजन के मनुष्य के चरित्र पर पड़ने वाले प्रभाव के बारे में प्रश्न उठाया।
2. ब्राह्मण ने कहाः "बाजरा, ताड़, दाल, कंद और जंगली अंकुर – यह आहार सही रूप से लिया गया है, जो हमेशा अच्छे जीवन की ओर ले जाता है। सड़ा हुआ मांस खाना बुरा है।"
3. भगवान ने उत्तर दियाः "हालाँकि आप (भगवान) कहते हैं कि आप सड़ा हुआ मांस नहीं छूते, लेकिन आप पक्षियों के मांस से बने बेहतरीन व्यंजन खाते हैं – मैं पूछता हूँ कि आप सड़ा हुआ मांस किसे कहते हैं।
4. "हत्या और अपंग करना, मारपीट, बंधन, चोरी, झूठ, धोखाधड़ी, छल, व्यभिचार मांस नहीं हैं, लेकिन ये सड़ा हुआ मांस हैं।
5. "सुख की खोज, मद्यपान की लालसा, अशुद्ध जीवन, घोर असहमति–मांस नहीं, बल्कि ये सड़ा हुआ मांस हैं।
6. "चुगली, क्रूरता, विश्वासघात, निर्दयी अभिमान, मतलबी कंजूसी–मांस नहीं, बल्कि ये सड़ा हुआ मांस हैं।
7. क्रोध, दंभ, विद्रोह, छल, ईर्ष्या, शेखी बघारना, अभिमान, नीच संगति–मांस "नहीं, बल्कि ये सड़ा हुआ मांस हैं।
8. "नीच जीवन, बदनामी, धोखाधाड़ी, छल, चालबाजों की चालें, गंदी बदनामी–मांस नहीं, बल्कि ये सड़ा हुआ मांस हैं।
9. "हत्या और चोरी करने का यह क्रोध, ये अपराध, विनाश से भरे हुए हैं और नरक में समाप्त होते हैं – मांस नहीं, बल्कि ये सड़ा हुआ मांस है।
10. "मांस और मछली से परहेज नहीं, कोई नग्नता नहीं, कोई चोटी नहीं, मुंडा हुआ मुकुट या खाल की पोशाक नहीं, पवित्र अग्नि का कोई पंथ नहीं, भविष्य के आनंद को खरीदने के लिए कोई कठोर तपस्या नहीं, कोई कुल्ला नहीं, होम–बलि, अनुष्ठान नहीं, उस व्यक्ति को शुद्ध नहीं कर सकते जो संदेह करता है।

11. अपनी इंद्रियों को नियंत्रित करें, अपनी शक्तियों पर शासन करें, सत्य को धारण करें, दयालु बनें। जो संत सभी बंधनों को त्याग देता है और सभी बुराइयों को जीत लेता है, वह न तो कुछ देखता है और न ही सुनता है, उससे कलंकित होता है।
12. भगवान को इन महान, उद्धारक सत्यों का उपदेश देते हुए, मांसभक्षण का खंडन करते हुए और बुराइयों को दूर भगाते हुए सुनकर, ब्राह्मण ने नम्रतापूर्वक घुटने टेके और तुरंत ही भिक्षा मांगने के लिए कहा।

5. भोजन नहीं, बल्कि बुरे कर्म महत्वपूर्ण हैं

1. अमागंध नाम का एक ब्राह्मण तपस्वी था जो अपने शिष्यों के साथ हिमालय के क्षेत्र में रहता था।
2. वे न तो मछली खाते थे और न ही मांस। हर साल वे नमक और अम्ल की तलाश में अपने आश्रम से नीचे आते थे। गाँव के निवासियों ने उनका सम्मानपूर्वक स्वागत किया और चार महीने तक उनका आतिथ्य किया।
3. फिर भगवान अपने भिक्षुओं के साथ उसी गाँव में आए। भगवान को उनके धम्म का उपदेश देते हुए सुनकर लोग उनके अनुयायी बन गए।
4. उस वर्ष भी अमागंध और उनके शिष्य हमेशा की तरह गाँव वालों के पास गए, लेकिन गाँव वालों ने वैसा उत्साह नहीं दिखाया।
5. यह सुनकर आमागंध निराश हो गया कि भगवान ने मछली और मांस खाने का निषेध नहीं किया है। इस बात की पुष्टि करने की इच्छा से वह श्रावस्ती के जेत वन में गया, जहाँ भगवान उस समय निवास कर रहे थे और उसने कहाः
6. "बाजरा, सिंघाड़ा, मटर, खाने योग्य पत्ते और जड़, किसी भी लता का फल जो धर्मात्मा लोग न्यायपूर्वक प्राप्त इनको खाते हैं, वे भोग के लिए झूठ नहीं बोलते।

7. "तुम दूसरों द्वारा दिया गया वह भोजन खाते हो, जो अच्छी तरह से पकाया हुआ, अच्छी तरह से बना हुआ, शुद्ध और उत्तम हो। जो व्यक्ति ऐसे चावल से बने भोजन का आनंद लेता है, वह आमगंध खाता है। तुम कहते हो कि चावल को अच्छी तरह पकाकर पक्षी के मांस के साथ खाने पर भी मुझ पर आमगंध का आरोप लागू नहीं होता।

8. "मैं तुमसे इसका अर्थ पूछता हूँ, तुम्हारा आमगंध किस प्रकार का है?"

9. भगवान ने उत्तर दियाः "प्राण लेना, मारना, काटना, बाँधना, चोरी करना, झूठ बोलना, छल करना, धोखा देना, व्यर्थ ज्ञान, व्यभिचार यह आमगंध है, मांस खाना नहीं।

10. "इस संसार में जो व्यक्ति विषय–भोगों में असंयमी हैं, जो मीठी चीजों के लालची हैं, जो अशुद्ध कर्मों से जुड़े हैं, जो शून्यवादी विचारों वाले हैं, कुटिल हैं, जिनका पालन करना कठिन है; यह आमगंध है, मांस खाना नहीं।

11. "इस संसार में जो लोग असभ्य, कठोर, चुगली करने वाले, विश्वासघाती, निर्दयी, अत्यधिक अहंकारी, दरिद्र हैं और किसी को कुछ नहीं देते यह आमगंध है, मांस खाना नहीं।

12. "क्रोध, अभिमान, हठ, विरोध, छल, ईर्ष्या, शेखी बघारना, अत्यधिक अहंकार, अधर्मियों की संगतिय यह आमगंध है, मांस खाना नहीं।

13. "जो लोग बुरे आचरण वाले हैं, कर्ज न चुकाने वाले हैं, निंदा करने वाले हैं, अपने व्यवहार में धोखेबाज हैं, ढोंगी हैं, जो इस संसार में सबसे अधिक दुष्ट हैं, ऐसे पाप करते हैं, यह आमगंध है, मांस खाना नहीं।

14. जो लोग इस संसार में जीवों के प्रति अनियंत्रित हैं, जो दूसरों को नुकसान पहुंचाने पर तुले हुए हैं, उनकी संपत्ति छीनने पर तुले हुए हैं; अनैतिक, क्रूर, कठोर, अनादर करने वाले हैं; यह आमगंध है, मांस खाना नहीं।

15. "जो लोग लोभ या शत्रुता के कारण इन जीवों पर आक्रमण करते हैं, और हमेशा (बुराई पर) तुले रहते हैं, वे मृत्यु के बाद अंधकार में जाते हैं और सीधे नरक में गिरते हैं; यह आमगंध है, मांस खाना नहीं।

16. मछली या मांस का परित्याग, नग्नता, सिर मुंडाना, जटाएं, भस्म लगाना, मृगचर्म पहनना, यज्ञ में जाना, अमरता के लिए किए जाने वाले संसार के ये सभी तप, मंत्र, हवन, यज्ञ या ऋतु अनुष्ठान, ये सब उस मनुष्य को शुद्ध नहीं करते, जिसने अपने संशय पर विजय नहीं पाई है।

17. "जो अपनी इन्द्रियों को वश में करके जीता है, तथा धम्म में स्थित है, सदाचार और नम्रता में आनन्दित रहता है, जो आसक्तियों से परे चला गया है और सभी दुःखों पर विजय प्राप्त कर चुका है, वह बुद्धिमान व्यक्ति जो देखा और सुना जाता है, उससे नहीं चिपकता।

18. "अमागन्ध बुरे कर्मों से बनता है, मछली या मांस खाने से नहीं।"

6. बाहरी धुलाई ही पर्याप्त नहीं है

1. एक बार भगवान श्रावस्ती में निवास कर रहे थे। और ब्राह्मण संगरव भी वहीं रहता था। अब वह जल से शुद्धि करता था, और जल से शुद्धि का अभ्यास करता था। रात–दिन वह स्नान करने के लिए नीचे जाने की आदत में रहता था।

2. अब आदरणीय आनंद ने सुबह–सुबह वस्त्र धारण करके, बाहरी वस्त्र और कटोरा लेकर, भिक्षा मांगने के लिए श्रावस्ती की ओर प्रस्थान किया। और जब वह श्रावस्ती में अपनी परिक्रमा कर चुका और भोजन कर चुका, तो वापस आकर, वह भगवान के पास गया, उन्हें प्रणाम किया, और एक ओर बैठ गया। इस प्रकार बैठे हुए, आदरणीय आनंद ने कहाः

3. "भगवान, यहाँ एक संगरव नामक ब्राह्मण रहता है, जो श्रावस्ती में रहता है, जल से शुद्ध करने वाला। वह रात–दिन स्नान करने के

लिए नीचे जाने की आदत में रहता है। अच्छा हो, भगवान, यदि भगवान दया करके ब्राह्मण संगरव के पास जाएँ।"

4. और भगवान ने मौन रहकर सहमति दे दी,

5. इसलिए अगले दिन तड़के भगवान ने वस्त्र पहने और बाहरी वस्त्र तथा कटोरा लेकर ब्राह्मण संगरव के घर गए, और वहाँ पहुँचकर तैयार किए गए आसन पर बैठ गए।

6. तब ब्राह्मण संगरव भगवान के पास आया और उन्हें नमस्कार किया, और परस्पर शिष्टाचार के आदान–प्रदान के बाद एक ओर बैठ गया।

7. जब वह इस प्रकार बैठा था, तब भगवान ने ब्राह्मण संगरव से कहा, "क्या यह सच है, ब्राह्मण, जैसा कि कहा जाता है, कि तुम जल से शुद्ध होने वाले हो, क्या तुम जल से शुद्धि का अभ्यास करते हो, तथा रात–दिन स्नान करने की आदत में रहते हो?"

8. "यह सच है, गुरु गौतम।"

9. "अब, हे ब्राह्मण, तुम किस लाभ की तलाश में स्नान करने की आदत का अभ्यास करते हो?"

10. "यह इस प्रकार है, गुरु गौतम। दिन में मैं जो भी बुरा करता हूँ, वह उसी शाम को स्नान करने से धुल जाता है। रात में मैं जो भी बुरा करता हूँ, वह अगली सुबह स्नान करने से धुल जाता है। जल से शुद्धि करने आदि में मैं यही लाभ चाहता हूँ।"

11. तब भगवान ने कहा:

12. "आदर्श तालाब है। यह निर्मल और निष्कलंक है।"

13. "यहाँ स्नान करने के लिए आने पर विद्या के स्वामी, हर अंग से शुद्ध हो जाते हैं, और आगे के तट पर चले जाते हैं।"

14. तब ब्राह्मण संगरव ने भगवान से कहा: यह बहुत बढ़िया है, भगवान गौतम। भगवान गौतम मुझे आज से लेकर जब तक जीवन है, तब तक अपना अनुयायी स्वीकार करें, क्योंकि मैंने उनकी शरण ली है।"

7. पवित्र जीवन क्या है

1. एक बार जब भगवान यात्रा पर थे, तो उन्होंने, जैसा कि उनका अभ्यास था, अपने साथ आए भिक्षुओं को निम्नलिखित प्रवचन दिया।
2. भिक्षुओं को संबोधित करते हुए भगवान ने कहाः "हे भाइयों, यह पवित्र जीवन लोगों को धोखा देने के लिए नहीं दिया जाता है, न ही उनका पक्ष लेने के लिए, न ही लाभ, फायदा या प्रसिद्धि के उद्देश्य से, न ही विवाद में कठिनाइयों से बाहर निकलने के इरादे से, न ही लोगों द्वारा ऐसा–ऐसा जाना जाए। वास्तव में, भाइयों, यह पवित्र जीवन (शरीर और वाणी के) नियंत्रण, (भ्रष्टाचारों की) सफाई और (तृष्णा की) उदासीनता और समाप्ति के लिए दिया जाता है।"

खंड–VI: सामाजिक–राजनीतिक प्रश्नों पर उपदेश

1. राजकुमारों के अनुग्रह पर निर्भर न रहें

1. एक बार भगवान राजगृह में गिलहरियों के चरने के मैदान में बांस के जंगल में ठहरे हुए थे।
2. उस समय राजकुमार अजातशत्रु देवदत्त का समर्थन कर रहे थे, जो भगवान के प्रति शत्रुतापूर्ण हो गया था।
3. वह देर–सवेर पाँच सौ गाड़ियों के साथ देवदत्त के समर्थकों का भरण–पोषण कर रहे थे, जिनमें पाँच सौ बर्तनों में भोजन लाया जाता था।
4. तब बहुत से भाई भगवान के सामने आए, उन्हें प्रणाम किया, और एक ओर बैठ गए, और वहीं बैठकर उन्होंने भगवान को ये सारी बातें बताईं।
5. तब भगवान ने भाइयों को संबोधित करते हुए कहाः "क्या तुम राजाओं से लाभ, अनुग्रह और चापलूसी की इच्छा नहीं रखते हो? जब तक राजकुमार अजातशत्रु इस प्रकार देर–सवेर देवदत्त का समर्थन करते रहेंगे, पाँच सौ गाड़ियों के साथ, जिनमें पाँच सौ

बर्तनों में भोजन लाया जाता रहेगा, तब तक देवदत्त से यही आशा की जा सकती है कि वह बर्बाद हो जाएगा, न कि अच्छी परिस्थितियों में उसका विकास होगा।

6. "जैसे कि यदि पागल कुत्ते की नाक पर कलेजा कुचल दिया जाए, तो कुत्ता और भी पागल हो जाएगा, उसी प्रकार, भाइयों, जब तक राजकुमार अजातशत्रु इस प्रकार देवदत्त का समर्थन करते रहेंगे, तब तक देवदत्त से यही आशा की जा सकती है कि वह बर्बाद हो जाएगा, न कि अच्छी परिस्थितियों में उसका विकास होगा। इस प्रकार, भाइयों, राजकुमारों से लाभ, अनुग्रह और चापलूसी भयानक हैं।
7. "वे उस निश्चित शांति की प्राप्ति में एक कड़वी, दर्दनाक बाधा हैं जो सभी से परे है।
8. "इसलिए, भाइयों, आपको इस प्रकार खुद को प्रशिक्षित करना चाहिए जब लाभ, अनुग्रह और चापलूसी हमारे पास आती है, तो हम उन्हें अस्वीकार कर देंगे, और जब वे हमारे पास आती हैं, तो वे हमारे दिलों में नहीं टिकेंगी और हमें राजकुमार का गुलाम नहीं बनाएंगी।"

2. यदि राजा धर्मी है तो उसकी प्रजा भी धर्मी होगी

1. एक बार भगवान ने भिक्षा मांगने वालों को संबोधित करते हुए कहा:
2. भाईयों, जब राजा अधर्मी होते हैं तो उनके मंत्री और अधिकारी भी अधर्मी हो जाते हैं। भाईयों, मंत्री और अधिकारी अधर्मी होने के कारण ब्राह्मण और गृहस्थ भी अधर्मी हो जाते हैं। भाईयों, ब्राह्मण और गृहस्थ अधर्मी होने के कारण नगरवासी और ग्रामीण अधर्मी हो जाते हैं।
3. "लेकिन भाईयों, जब राजा धर्मी होते हैं तो राजा के मंत्री और अधिकारी भी धर्मी हो जाते हैं। जब राजा के मंत्री और अधिकारी धर्मी हो जाते हैं तो ब्राह्मण और गृहस्थ भी धर्मी हो जाते हैं। जब

ब्राह्मण और गृहस्थ धर्मी हो जाते हैं तो नगरवासी और ग्रामीण भी धर्मी हो जाते हैं।

4. "जब गायें नदी पार कर रही होती हैं, तो यदि बूढ़ा बैल इधर–उधर हो जाता है, तो वे सब उसके पीछे–पीछे इधर–उधर हो जाती हैं। इसी प्रकार, यदि मनुष्य में से कोई व्यक्ति जिसे प्रधान माना जाता है, टेढ़े–मेढ़े रास्ते पर चलता है, तो अन्य लोग टेढ़े–मेढ़े रास्ते पर चलते हैं।

5. "इसी प्रकार, जब राजा गलत रास्ता अपनाता है, तो पूरा राज्य कष्ट भोगता है। जब गायें पार कर रही होती हैं, तो यदि बैल सीधा चलता है, तो वे सभी सीधे चलते हैं, क्योंकि उसका मार्ग सीधा है। इसी प्रकार, यदि मनुष्य में से कोई व्यक्ति जिसे प्रधान माना जाता है, सही रास्ते पर चलता है, तो अन्य लोग सही रास्ते पर चलते हैं। जब राजा अच्छे होते हैं, तो पूरा राज्य सुखी जीवन व्यतीत करता है।"

3. यह सामाजिक व्यवस्था है, जिस पर राजनीतिक और सैन्य शक्ति निर्भर करती है

1. भगवान एक बार राजगृह में गिद्धों की चोटी नामक पहाड़ी पर निवास करते थे।

2. उस समय, मगध के राजा, विदेह मूल की रानी के पुत्र अजातशत्रु, वज्जिनों पर आक्रमण करने के इच्छुक थे, और उन्होंने मन ही मन कहा, "मैं इन वज्जिनों को जड़ से उखाड़ फेंकूँगा, यद्यपि वे शक्तिशाली और बलशाली हैं, मैं इन वज्जिनों को नष्ट कर दूँगा, मैं इन वज्जिनों को पूरी तरह से बर्बाद कर दूँगा!"

3. इसलिए उन्होंने मगध के प्रधनमंत्री ब्राह्मण वासकार से बात की और कहाः

4. "अब आओ, हे ब्राह्मण, तुम भगवान के पास जाओ, और मेरी ओर से उनके चरणों में प्रणाम करो और मेरी ओर से पूछो कि क्या वे

बीमारी और पीड़ा से मुक्त हैं और आराम और स्वस्थ जीवन का आनंद ले रहे हैं।

5. "फिर उनसे कहो कि मगध के राजा विदेही के पुत्र अजातशत्रु, वज्जिनों पर आक्रमण करने के लिए उत्सुक हैं, भले ही वे शक्तिशाली हों, मैं इन वज्जिनों को नष्ट कर दूँगा, मैं इन वज्जिनों को पूरी तरह बर्बाद कर दूँगा!

6. "और भगवान जो भी भविष्यवाणी करें उसे ध्यान से याद रखो और उसे मेरे सामने दोहराओ। क्योंकि बुद्ध कुछ भी असत्य नहीं बोलते।"

7. तब ब्राह्मण वासकार ने राजा की बात सुनकर कहा, "जैसा आप कहते हैं वैसा ही हो।" और अनेक भव्य गाड़ियाँ तैयार रखने का आदेश देकर वह गृद्ध शिखर पर चला गया।

8. वहाँ पहुँचकर उसने भगवान को बधाई और शुभकामनाएँ दीं और फिर राजा की आज्ञा के अनुसार उन्हें संदेश दिया।

9. उस समय आदरणीय आनंद भगवान के पीछे खड़े थे। भगवान ने उनसे पूछाः "क्या तुमने सुना है, आनंद, कि वज्जिन लोग पूर्ण और लगातार सार्वजनिक सभाएँ करते हैं?"

10. "भगवान, मैंने ऐसा सुना है," उसने उत्तर दिया।

11. "जब तक वज्जिन लोग पूर्ण और लगातार सार्वजनिक सभाएँ करते रहेंगे, आनंद, तब तक उनसे यह आशा की जा सकती है कि वे कम नहीं होंगे, बल्कि समृद्ध होंगे।

12. "आनंद, जब तक वज्जिन लोग एकमत होकर मिलते हैं, एकमत होकर उठते हैं, और एकमत होकर अपने कामों को अंजाम देते हैं।

13. "जब तक वे पहले से स्थापित किसी भी चीज को लागू नहीं करते, पहले से लागू किसी भी चीज को रद्द नहीं करते और पुराने जमाने में स्थापित वज्जिनों की प्राचीन संस्थाओं के अनुसार काम करते हैं।

14. "जब तक वे वज्जिन बुजुर्गों का सम्मान और आदर करते हैं और उनका समर्थन करते हैं, और उनके शब्दों को सुनना अपना कर्तव्य समझते हैं।

15. "जब तक उनके कुल की कोई भी स्त्री या लड़की बलपूर्वक या अपहरण करके उनके बीच में नहीं रखी जाती।
16. "जब तक वज्जिन लोग धर्म का आदर करते हैं और उसका पालन करते हैं।
17. "जब तक आनंद, वज्जिनों से यह अपेक्षा की जा सकती है कि वे पतन की ओर नहीं बल्कि उन्नति की ओर अग्रसर होंगे और कोई भी उन्हें नष्ट नहीं कर सकता।"
18. संक्षेप में, भगवान ने घोषणा की कि जब तक वज्जिन लोग लोकतंत्र में विश्वास करते हैं और लोकतंत्र का पालन करते हैं, तब तक उनके राज्य को कोई खतरा नहीं है।
19. तब भगवान ने वासकारा को संबोधित करते हुए कहा:
20. "हे ब्राह्मण, जब मैं एक बार वैशाली में रह रहा था, तो मैंने वज्जिनों को कल्याण की ये शर्तें बताई थीं।
21. "तब हम वज्जिनों के कल्याण की आशा कर सकते हैं, न कि पतन की, जब तक वे इन शर्तों का पालन करते हैं। अतः गौतम, मगध के राजा द्वारा वज्जिनों को पराजित नहीं किया जा सकता।"
22. अतः वासकार ने भगवान के वचन सुने, अपने आसन से उठे और राजा को यह बताने के लिए राजगृह वापस चले गए कि भगवान ने क्या कहा था।

4. युद्ध गलत है

1. ऐसा हुआ कि मगध के राजा अजातशत्रु ने घुड़सवार और पैदल सेना की सेना एकत्रित करके काशी पर आक्रमण किया, जो राजा पसेनदि के राज्य का एक भाग था। और पसेनदि ने अभियान के बारे में सुना, उसने भी ऐसी ही सेना एकत्रित की और उनसे मिलने गया।
2. दोनों ने आपस में युद्ध किया और अजातशत्रु ने राजा पसेनदि को पराजित किया, जो अपनी राजधनी श्रावस्ती में वापस चला गया।

3. श्रावस्ती में भिक्षाटन से लौट रहे भिक्षुओं ने आकर भगवान को युद्ध और पीछे हटने के बारे में बताया।

4. "भिक्षाटन करने वालों, मगध के राजा अजातशत्रु, जो कुछ भी बुरा है, उसके मित्र हैं। राजा पासेनदी हर अच्छे व्यक्ति के मित्र हैं। जो भी अच्छा है, उसका मित्र बनो। फिलहाल, पसेनदि पराजित व्यक्ति के रूप में दुःख में रात गुजारेगा।

5. "विजय से घृणा उत्पन्न होती है; पराजित व्यक्ति दुःख में जीता है। लेकिन जो शांत और भावशून्य है, वह सुख से रहता है; उसने विजय को त्याग दिया है और पराजित कर दिया है।"

6. फिर ऐसा हुआ कि ये दोनों राजा दूसरी बार युद्ध में मिले। लेकिन उस युद्ध में कोसल राजा पसेनदि ने अजातशत्रु को हरा दिया और उसे जीवित पकड़ लिया। तब राजा पसेनदि ने सोचा: "यद्यपि यह राजा मुझे चोट पहुँचा रहा है, जो इसे चोट नहीं पहुँचा रहा था, फिर भी यह मेरा भतीजा है। क्या होगा यदि मैं अब इसकी पूरी सेना, हाथी, घोड़े, रथ और पैदल सेना जब्त कर लूँ और इसे केवल उसका जीवन छोड़ दूँ?" और उसने ऐसा ही किया।

7. और श्रावस्ती में भिक्षा यात्रा से लौटने वाले भिक्षार्थियों ने महापुरुष को यह संदेश दिया। इस पर भगवान ने कहा: "कोई व्यक्ति किसी दूसरे को बिगाड़ सकता है, बस इतना ही कि वह उसके उद्देश्यों को पूरा कर सके, लेकिन जब वह दूसरों द्वारा बिगाड़ा जाता है, तो वह फिर से बिगाड़ता है।

8. "जब तक बुराई का फल परिपक्व नहीं होता, तब तक मूर्ख सोचता है कि अभी समय है, मौका है! लेकिन जब कर्म फल देता है, तो वह बुरा होता है।

9. मारने वाले को अपनी बारी में मारने वाला मिलता है; जीतने वाले को जीतने वाला मिलता है; गाली देने वाले को दूसरे से गाली मिलती है।

10. "इस प्रकार कर्म के विकास से, बिगाड़ने वाला अपनी बारी में बिगड़ता है।"

5. विजेता के कर्तव्य जिसने शांति जीत ली है

1. जब युद्ध में विजेता शांति जीत लेता है, तो वह पराजित को और अधिक अपमानित करने का अधिकार प्राप्त करता है, यदि उसे गुलाम न बना ले। बुद्ध का इस मामले में बिल्कुल अलग दृष्टिकोण था। उनके विचार में यदि शांति का कोई अर्थ है तो इसका अर्थ है कि विजेता का यह कर्तव्य है कि वह अपनी जीत का उपयोग पराजितों की सेवा में करे। इस विषय पर उन्होंने भिक्षुओं से यही कहाः
2. "जब शांति प्राप्त हो जाती है, तो युद्ध में निपुण व्यक्ति को एक योग्य, ईमानदार व्यक्ति, शालीन वाणी वाला, दयालु स्वभाव वाला, अहंकार से रहित, सहज, कृतज्ञ अतिथि, किसी की दखलंदाजी न करने वाला, लेकिन कुछ अनुशासित, तेज–तर्रार, अहंकार से रहित, कभी भी हठधर्मिता न करने वाला साबित होना चाहिए; और उसे कभी भी नीच या निम्न आचरण नहीं करना चाहिए, जिससे गंभीर फटकार लगे।
3. "सभी प्राणी समृद्ध हों, सुख–शांति में रहें; सभी को हमेशा शांति का आशीर्वाद मिले, सभी प्राणी कमजोर हों या मजबूत, सभी प्राणी बड़े हों या छोटे; अदृश्य या दिखाई न देने वाले प्राणी दूर या पास रहते हों, जन्मे हों या जन्म की प्रतीक्षा कर रहे हों, सभी को शांति का आशीर्वाद मिले!
4. "कोई भी अपने साथियों को कहीं भी बहलाए या उनका अपमान न करे; कोई भी क्रोध या घृणा में दूसरों को नुकसान न पहुंचाए।
5. "जिस तरह एक माँ अपने जीवन के साथ अपने इकलौते बच्चे को चोट से बचाती है, उसी तरह अपने जीवन में सभी जीवित प्राणियों के लिए सर्वव्यापी विचार रखें, पूरे ब्रह्मांड के लिए उसकी सभी ऊंचाइयों, गहराईयों और चौड़ाईयों में एक सर्वव्यापी प्रेम रखें, असीम प्रेम, भीतर से नफरत से अछूता, दुश्मनी न जगाने वाला।
6. "इसलिए, जब आप खड़े हों या चलें, या बैठें, या लेटें, तो अपनी पूरी ताकत से इस पर चिंतन करेंः 'यह एक दिव्य अवस्था मानी जाती है।'"

पुस्तक – V

संघ

भाग I– संघ

भाग II– भिक्षु–बुद्ध की उनके बारे में अवधारणा।

भाग III– भिक्षु के कर्तव्य।

भाग IV– भिक्षु और समाज।

भाग V– समाज के लिए विनय।

भाग – I

संघ

1. संघ और उसका संगठन।
2. संघ में प्रवेश।
3. भिक्खु और उनकी प्रतिज्ञाएँ।
4. भिक्खु और चर्च संबंधी अपराध।
5. भिक्खु और प्रतिबंध।
6. भिक्खु और अच्छे आचरण के नियम।
7. भिक्खु और अपराधों का परीक्षण।
8. भिक्खु और स्वीकारोक्ति।

1. संघ और उसका संगठन

1. भगवान के अनुयायी दो वर्गों में विभाजित थेः भिक्षु और उपासक कहलाने वाले सामान्य अनुयायी।
2. भिक्षुओं को एक संघ में संगठित किया गया था, जबकि उपासकों को नहीं।
3. बौद्ध भिक्षु मुख्य रूप से परिव्राजक होते हैं। परिव्राजक की यह संस्था बौद्ध भिक्षुओं की संस्था से पुरानी है।
4. पुराने परिव्राजक वे लोग थे जिन्होंने पारिवारिक जीवन त्याग दिया था और वे केवल भटकने वालों का समूह थे।
5. वे विभिन्न शिक्षकों और दार्शनिकों के संपर्क में आकर, उनके प्रवचनों को सुनकर, नैतिकता, दर्शन, प्रकृति, रहस्यवाद आदि के मामलों पर चर्चा करके सत्य का पता लगाने के उद्देश्य से घूमते थे।
6. पुराने प्रकार के कुछ परिव्राजक तब तक एक शिक्षक के अधीन रहते थे जब तक उन्हें कोई दूसरा नहीं मिल जाता। अन्य लोग किसी भी गुरु को स्वीकार किए बिना अकेले रहते थे।
7. इन पुराने प्रकार के परिव्राजकों में महिलाएँ भी थीं। महिला परिव्राजक कभी–कभी पुरुष परिव्राजकों के साथ रहती थीं कभी–कभी वे अकेले रहती थीं।
8. इन पुराने प्रकार के परिव्राजकों का कोई संघ नहीं था, अनुशासन के कोई नियम नहीं थे और उनके पास प्रयास करने के लिए कोई आदर्श नहीं था।
9. यह पहली बार था कि धन्य भगवान ने अपने अनुयायियों को एक संघ या बिरादरी में संगठित किया, और उन्हें अनुशासन के नियम दिए और उनके सामने अनुसरण करने और साकार करने के लिए एक आदर्श रखा।

2. संघ में प्रवेश

1. संघ सभी के लिए खुला था।
2. जाति का कोई बंधन नहीं था।
3. लिंग का कोई बंधन नहीं था।
4. पद की कोई सीमा नहीं थी।
5. जाति का संघ में कोई स्थान नहीं था।
6. सामाजिक स्थिति का संघ में कोई स्थान नहीं था।
7. संघ के अंदर सभी समान थे।
8. संघ के अंदर पद का निर्धारण योग्यता के आधार पर होता था, जन्म के आधार पर नहीं।
9. जैसा कि भगवान ने कहा कि संघ समुद्र के समान है और भिक्षु समुद्र में गिरने वाली नदियों के समान हैं।
10. नदी का अपना अलग नाम और अलग अस्तित्व है।
11. लेकिन एक बार जब नदी समुद्र में प्रवेश करती है तो उसका अलग नाम और अलग अस्तित्व समाप्त हो जाता है।
12. वह बाकी लोगों के साथ एक हो जाती है।
13. संघ के साथ भी ऐसा ही है। जब एक भिक्षु संघ में प्रवेश करता है तो वह समुद्र के पानी की तरह बाकी लोगों के साथ एक हो जाता है।
14. उसने अपनी जाति खो दी। उसने अपनी स्थिति खो दी ऐसा भगवान ने कहा।
15. संघ के अंदर एकमात्र भेद लिंग का था। भिक्खु संघ अपने संगठन में भिक्खुनी संघ से अलग था।
16. संघ में प्रवेश करने वाले दो वर्गों में विभाजित थे श्रमणेर और भिक्खु।
17. बीस वर्ष से कम आयु का कोई भी व्यक्ति श्रमणेर बन सकता था।

18. त्रिशरण लेने और दस उपदेश लेने से एक लड़का श्रमणेर बन जाता है।

19. "मैं बुद्ध का अनुसरण करता हूँ; मैं धम्म का अनुसरण करता हूँ; और मैं संघ का अनुसरण करता हूँ " ये त्रिशरण हैं।

20. "मैं हत्या से दूर रहूँगा, मैं चोरी नहीं करूँगा, मैं ब्रह्मचर्य का पालन करूँगा, मैं असत्य नहीं बोलूँगा, मैं शराब से दूर रहूँगा।"

21. "मैं असमय भोजन नहीं करूँगा, मैं अभद्र और अनैतिक कार्यों से दूर रहूँगा, मैं अपने आपको अलंकृत और सजाने से दूर रहूँगा, मैं विलासिता से दूर रहूँगा, मैं सोने और चाँदी के प्रेम से दूर रहूँगा।"

22. ये दस उपदेश हैं।

23. श्रमणेर किसी भी समय संघ छोड़कर एक साधारण व्यक्ति बन सकता है। श्रमणेर एक भिक्षु से जुड़ा होता है और अपना समय भिक्षु की सेवा में बिताता है। वह परिव्राजक व्यक्ति नहीं है।

24. भिक्षु की स्थिति दो चरणों में प्राप्त की जानी चाहिए। पहले चरण को परिव्राजक और दूसरे चरण को उपसम्पदा कहा जाता है। उपसम्पदा के बाद ही वह भिक्षु बनता है।

25. एक उम्मीदवार जो अंततः भिक्षु बनने के उद्देश्य से परिव्राजक पद ग्रहण करना चाहता है, उसे एक ऐसे भिक्षु की तलाश करनी होगी जिसे उपपद्य के रूप में कार्य करने का अधिकार हो। एक भिक्षु केवल तभी उपपद्य बन सकता है जब उसने भिक्षु के रूप में कम से कम 10 वर्ष व्यतीत कर लिए हों।

26. यदि उपपद्य द्वारा ऐसे उम्मीदवार को स्वीकार कर लिया जाता है तो उसे परिव्राजक कहा जाता है और उसे उपपद्य की सेवा और संरक्षण में रहना होता है।

27. संरक्षण की अवधि समाप्त होने के बाद उपाध्य को संघ की बैठक में अपने शिष्य का नाम प्रस्तावित करना होता है, जो उपसम्पदा के लिए विशेष रूप से बुलाई जाती है और शिष्य को संघ से उपसम्पदा के लिए अनुरोध करना होता है।

28. संघ को यह विश्वास हो जाना चाहिए कि वह भिक्खु बनने के लिए योग्य और उचित व्यक्ति है। इस उद्देश्य के लिए कुछ प्रश्न हैं, जिनका उत्तर अभ्यर्थी को देना होता है।
29. संघ द्वारा अनुमति दिए जाने पर ही उपसम्पदा दी जाती है और व्यक्ति भिक्खु बन जाता है।
30. भिक्खुनी संघ में प्रवेश के नियम कमोबेश वही हैं, जो भिक्खु संघ में प्रवेश के नियम हैं।

3. भिक्खु और उसकी प्रतिज्ञाएँ

1. एक आम आदमी या श्रमणेर उपदेश लेता है। उसका कर्तव्य उनका पालन करना है।
2. एक भिक्खु उपदेश लेने के अलावा उन्हें व्रत के रूप में भी लेता है जिसे उसे नहीं तोड़ना चाहिए। अगर वह उन्हें तोड़ता है तो उसे दंड दिया जाता है।
3. एक भिक्खु अविवाहित रहने की प्रतिज्ञा करता है।
4. एक भिक्खु चोरी न करने की प्रतिज्ञा करता है।
5. एक भिक्खु घमंड न करने की प्रतिज्ञा करता है।
6. एक भिक्खु हत्या न करने या जीवन न लेने की प्रतिज्ञा करता है।
7. एक भिक्षु नियमानुसार अनुमति के अलावा किसी भी वस्तु का स्वामित्व न रखने की शपथ लेता है।
8. किसी भी भिक्षु को निम्नलिखित आठ वस्तुओं से अधिक नहीं रखनी चाहिएः–

   (1) अपने शरीर को ढकने के लिए कपड़े के तीन टुकड़ेः

      (i) निचला वस्त्र जिसे अंतर्वासका कहते हैं।

      (ii) ऊपरी वस्त्र जिसे उत्तरासंग कहते हैं।

      (iii) ठंड से बचने के लिए एक वस्त्र जिसे संघति कहते हैं।

   (2) कमर के लिए एक करधनी।

(3) भिक्षापात्र।

(4) एक उस्तरा।

(5) एक सुई।

(6) एक पानी की छलनी।

9. एक भिक्षु निर्धनता का व्रत लेता है। उसे अपना भोजन भीख मांगकर प्राप्त करना चाहिए। उसे भिक्षा पर रहना चाहिए। उसे दिन में केवल एक बार भोजन करके अपना भरण–पोषण करना चाहिए। जहाँ संघ के लिए कोई विहार नहीं बनाया गया है, वहाँ उसे एक पेड़ के नीचे रहना चाहिए।

10. एक भिक्षु आज्ञाकारिता का व्रत नहीं लेता है। नौसिखिए से अपने वरिष्ठों के प्रति बाहरी सम्मान और शिष्टाचार की अपेक्षा की जाती है। उसका अपना उद्धार और शिक्षक के रूप में उसकी उपयोगिता उसके आत्म–संस्कृति पर निर्भर करती है। उसे अपने वरिष्ठ की नहीं, बल्कि धम्म की आज्ञा का पालन करना है। उसके वरिष्ठ के पास ज्ञान या मोक्ष का कोई अलौकिक उपहार नहीं है। उसे स्वयं खड़ा होना या गिरना होगा। इसके लिए उसे विचार की स्वतंत्रता होनी चाहिए।

11. किसी भिक्षु द्वारा ली गई प्रतिज्ञा का उल्लंघन करने पर पराजिका का अपराध होता है। पराजिका के लिए दंड संघ से निष्कासन है।

4. भिक्षु और चर्च संबंधी अपराध

1. किसी भिक्षु द्वारा ली गई प्रतिज्ञा का उल्लंघन धम्म के विरुद्ध अपराध है।

2. इन अपराधों के अतिरिक्त कुछ अन्य अपराध भी थे जिनके लिए वह उत्तरदायी था। उन्हें संघादिसेश चर्च संबंधी अपराध कहा जाता था।

3. विनय पिटक में शामिल ऐसे अपराधों की सूची तेरह है।

4. वे पराजिका से संबद्ध हैं।

5. भिक्षु और प्रतिबंध

1. अपराधों से बचने के अलावा भिक्षु को कुछ प्रतिबंधों का पालन करना चाहिए और वह दूसरों की तरह स्वतंत्र नहीं हो सकता।
2. ऐसे प्रतिबंधों के एक समूह को निस्सगिया–पचितिया कहा जाता है। इसमें भिक्षु द्वारा पालन किए जाने वाले 26 प्रतिबंध हैं।
3. वे वस्त्र, ऊनी चटाई, कटोरा और चिकित्सा संबंधी आवश्यक वस्तुओं के उपहार स्वीकार करने से संबंधित हैं।
4. वे सोने और चांदी की स्वीकृति से भी संबंधित हैं। भिक्षु द्वारा संघ को दी गई संपत्ति को खरीदना और बेचना तथा अपने पास रखना।
5. इन प्रतिबंधों के उल्लंघन की सजा प्रतिपूर्ति (निस्सगिया) और पश्चाताप (पचितिया) की अभिव्यक्ति है।
6. इन प्रतिबंधों के अलावा अन्य प्रतिबंध भी हैं जिनका भिक्षु को पालन करना होता है। उन्हें पचितिया कहा जाता है। उनकी संख्या 92 है।

6. भिक्षु और सदाचार नियम

1. एक भिक्षु को अच्छा आचरण करना चाहिए। उसे अपने आचरण और व्यवहार के तरीके में एक आदर्श व्यक्ति होना चाहिए।
2. इस उद्देश्य को पूरा करने के लिए भगवान ने अनेक सदाचार नियम बनाए।
3. इन सदाचार नियमों को सेखिया धम्म कहा जाता था। इनकी संख्या पचहत्तर है।

7. भिक्षु और अपराधों का परीक्षण

1. इन कृत्यों और चूकों का अधिनियमन मात्र औपचारिकता नहीं थी। वे निश्चित आरोप, परीक्षण और दंड को शामिल करते हुए कानूनी रूप से वैध थे।

2. किसी भी भिक्षु को नियमित रूप से गठित न्यायालय द्वारा परीक्षण के बिना दंडित नहीं किया जा सकता था।
3. न्यायालय का गठन उस स्थान पर रहने वाले भिक्षुओं द्वारा किया जाना था, जहाँ अपराध हुआ था।
4. न्यायालय के गठन के लिए आवश्यक उचित संख्या में भिक्षुओं के बिना कोई भी मुकदमा नहीं चल सकता।
5. निश्चित आरोप के बिना कोई भी मुकदमा वैध नहीं होगा।
6. यदि अभियुक्त की उपस्थिति में कोई मुकदमा न चलाया जाए तो वह वैध नहीं हो सकता।
7. यदि अभियुक्त को अपना बचाव करने का पूरा अवसर न दिया जाए तो कोई भी मुकदमा वैध नहीं हो सकता।
8. दोषी भिक्षु के विरुद्ध निम्नलिखित दंड दिए जा सकते हैं:
   (i) तर्जनिया कर्म (चेतावनी देना और मुक्त करना)।
   (ii) नियाशा कर्म (पागल घोषित करना)।
   (iii) प्रव्रजनीय कर्म (संघ से निष्कासन)।
   (iv) उत्क्षेपणीय कर्म (बहिष्कार)।
   (v) परिवास कर्म (विहार से निष्कासन)।
9. निष्कासन के बाद अब्बाना कर्म किया जा सकता है। अब्बाना कर्म का अर्थ है अंग–भंग को रद्द करना। परिव्राजक कर्म के उचित निष्पादन से संतुष्ट होने के पश्चात संघ द्वारा क्षमा प्रदान करने के पश्चात इसका पालन किया जा सकता है।

8. भिक्षु और स्वीकारोक्ति

1. भिक्षुओं के संगठन के संबंध में धन्य भगवान द्वारा बनाई गई सबसे मौलिक और अनूठी संस्था स्वीकारोक्ति की शुरूआत थी, जिसे उपोसथ कहा जाता है।
2. भगवान ने महसूस किया कि उन्होंने जो अपराध निर्धारित किए हैं, उन्हें लागू करना संभव है। लेकिन उन्होंने कुछ प्रतिबंध लगाए थे

जो अपराध नहीं थे। उन्होंने कहा कि ये प्रतिबंध चरित्र निर्माण और चरित्र को बनाए रखने के साथ सबसे घनिष्ठ रूप से जुड़े हुए हैं; और यह सुनिश्चित करना समान रूप से आवश्यक है कि उनका पालन किया जाए।

3. लेकिन भगवान उन्हें लागू करने का कोई प्रभावी तरीका नहीं खोज पाए। इसलिए उन्होंने खुले तौर पर स्वीकारोक्ति को भिक्षु की अंतरात्मा को संगठित करने और उसे गलत या झूठे कदम उठाने से बचाने के लिए एक प्रहरी के रूप में कार्य करने के साधन के रूप में सोचा।
4. स्वीकारोक्ति प्रतिबंधों के उल्लंघन तक ही सीमित थी (जिसे पतिमोखा कहा जाता था)।
5. स्वीकारोक्ति के लिए किसी दिए गए इलाके के भिक्षुओं की एक बैठक होनी थी। पखवाड़े में तीन ऐसी बैठकें होनी थीं, एक–एक चतुर्दशी, एक पंचदशी और एक अष्टमी को। उस दिन भिक्षु उपवास कर सकते हैं। इसीलिए इस दिन को उपोसथ भी कहा जाता है।
6. बैठक में एक भिक्षु पतिमोखा में निहित प्रतिबंधों को एक–एक करके पढ़ता है। प्रतिबंध पढ़ने के बाद वह इकट्ठे हुए भिक्षुओं से कहता है, "मैं समझता हूँ कि आप में से किसी ने भी इस नियम का उल्लंघन नहीं किया है, इसलिए आप चुप हैं।" वह यह बात तीन बार कहता है। फिर अगले प्रतिबंध पर विचार करता है।
7. भिक्षुणी संघ के लिए भी इसी तरह की स्वीकारोक्ति बैठक की आवश्यकता होती है।
8. स्वीकारोक्ति के बाद आरोप और मुकदमा चलाया जा सकता है।
9. पाप स्वीकार न करने पर, कोई भी भिक्षु यदि स्वयं इसका साक्षी रहा हो, तो अपराध की रिपोर्ट कर सकता है और उसके बाद आरोप तथा मुकदमा चलाया जा सकता है।

भाग – II

भिक्खु–बुद्ध की उनके बारे में अवधारणा

1. बुद्ध की अवधारणा कि एक भिक्खु कैसा होना चाहिए।
2. भिक्खु और तपस्वी।
3. भिक्खु और ब्राह्मण।
4. भिक्खु और उपासक।

1. बुद्ध की अवधारणा कि एक भिक्खु कैसा होना चाहिए।

1. बुद्ध ने खुद को भिक्खों से कहा है कि उन्हें भिक्खों के रूप में उनकी क्या उम्मीद थी। यह वही है जो उसने कहा है।
2. "वह जो पीले रंग की पोशाक पर खुद को पाप से साफ किए बिना रखना चाहता है, जो अव्यवस्था और सत्य भी है, पीले रंग की पोशाक के लिए अयोग्य है।
3. "लेकिन वह जिसने खुद को पाप से साफ किया है, वह सभी गुणों में अच्छी तरह से ग्राउंडेड है, और स्वभाव और सच्चाई के साथ भी संपन्न है, वह वास्तव में पीले रंग की पोशाक के योग्य है।
4. "एक आदमी एक मेंडिसेंट नहीं है (भिक्खु) केवल इसलिए कि वह दूसरों से भिक्षा के लिए पूछता है; वह जो पूरे कानून को अपनाता है वह एक भिक्खु है, न कि वह जो केवल भीख माँगता है।
5. "वह जो बुराई से ऊपर है, जो पवित्र है, जो देखभाल के साथ दुनिया से गुजरता है, उसे वास्तव में एक भिक्खु कहा जाता है।
6. "न केवल अनुशासन और प्रतिज्ञाओं द्वारा, न केवल बहुत अधिक सीखने से, न कि एक ट्रान्स में प्रवेश करने से, अकेले सोने से नहीं, क्या मैं रिलीज की खुशी अर्जित करता हूँ, जिसे कोई भी दुनिया भर में नहीं पता है। हे भिक्खु, जिसने विलुप्त होने का विलुप्त इच्छाओं ने, आत्मविश्वास प्राप्त किया है।
7. "भिक्खु जो अपने मुंह को नियंत्रित करता है, जो बुद्धिमानी और शांति से बोलता है, जो कानून का अर्थ सिखाता है, उसका शब्द मीठा है।
8. "वह जो कानून में निवास करता है, कानून में प्रसन्न होता है, कानून पर ध्यान देता है, कानून को याद करता है, कि भिक्खु कभी भी सच्चे कानून से दूर नहीं होगा।
9. "उसे न तो उसे घृणा करने दें जो उसने प्राप्त किया है, न ही कभी दूसरों से ईर्ष्या करते हैं;

10. "एक भिक्खु जो, हालांकि वह बहुत कम प्राप्त करता है, वह जो मिला है उसे घृणा नहीं करता है, यहां तक कि देवता भी उसकी स्तुति करेंगे, अगर उसका जीवन शुद्ध है, और यदि वह सुस्त नहीं है।

11. "वह जो कभी भी नाम और रूप के साथ खुद की पहचान नहीं करता है, और जो कुछ नहीं है, उस पर शोक नहीं करता है, वह वास्तव में एक भिक्षु कहलाता है।

12. "जो भिक्षु दया से व्यवहार करता है, जो बुद्ध के सिद्धांत में प्रसन्न रहता है, वह स्वाभाविक प्रवृत्तियों के निरोध से उत्पन्न होने वाले निब्बान सुख को प्राप्त करेगा।

13. "हे भिक्षु, इस नाव को खाली कर दो! यदि इसे खाली कर दिया जाए, तो यह शीघ्र ही चली जाएगी, राग–द्वेष को काटकर तुम निर्वाण को जाओगे।

14. "पाँच (बेड़ियाँ) काट दो, पाँचों को छोड़ दो, पाँचों से ऊपर उठो। जो भिक्षु पाँच बेड़ियों से बच गया है, उसे ओघतिन्ना कहते हैं, बाढ़ से बचा हुआ।

15. "हे भिक्षु, ध्यान करो और असावधान मत बनो! अपने विचारों को उस ओर मत लगाओ जो सुख देता है।

16. "ज्ञान के बिना ध्यान नहीं होता, ध्यान के बिना ज्ञान नहीं होता जिसके पास ज्ञान और ध्यान है, वह निर्वाण के निकट है।

17. "जो भिक्षु अपने खाली घर में प्रवेश कर चुका है, और जिसका मन शांत है, वह धम्म को स्पष्ट रूप से देखकर मानवीय आनंद से भी अधिक आनंद का अनुभव करता है।

18. "और यहाँ एक बुद्धिमान भिक्षु के लिए यही शुरुआत है; इंद्रियों पर सतर्कता, संतोष, धम्म के तहत संयम ऐसे महान मित्रों को रखना जिनका जीवन शुद्ध है, और जो आलसी नहीं हैं।

19. "उसे दान पर जीना चाहिए, उसे अपने कर्तव्यों में पूर्ण होना चाहिए; फिर आनंद की पूर्णता में वह दुःख का अंत कर देगा।

20. "अपने आप को जगाओ, अपने आप को स्वयं जांचो, इस प्रकार आत्म–रक्षित और चौकस होकर तुम सुखपूर्वक रहोगे, हे भिक्षु।
21. "क्योंकि आत्मा ही आत्मा का स्वामी है, आत्मा ही आत्मा का आश्रय है; इसलिए अपने आप को नियंत्रित करो जैसे व्यापारी एक महान घोड़े को नियंत्रित करता है।
22. "जो भिक्षु (भिक्खु गंभीरता में आनंद लेता है, जो निर्विचारिता को भय से देखता है, वह अग्नि की तरह घूमता है, अपने सभी बंधनों को जला देता है, चाहे वे छोटे हों या बड़े।
23. "जो भिक्षु (भिक्खु चिंतन में आनंद लेता है, जो निर्विचारिता को भय से देखता है, वह (अपनी पूर्ण अवस्था से) वह विमुख नहीं हो सकता, वह निर्वाण के निकट है।"
24. गौतम (बुद्ध) के शिष्य हमेशा अच्छी तरह से जागे रहते हैं, और उनके विचार दिन–रात हमेशा बुद्ध पर केन्द्रित रहते हैं।
25. गौतम के शिष्य हमेशा अच्छी तरह से जागे रहते हैं और उनके विचार दिन–रात हमेशा चर्च पर केन्द्रित रहते हैं।
26. गौतम के शिष्य हमेशा अच्छी तरह से जागे रहते हैं, और उनके विचार दिन–रात हमेशा धम्म पर केन्द्रित रहते हैं।
27. गौतम के शिष्य हमेशा अच्छी तरह से जागे रहते हैं और उनके विचार दिन–रात हमेशा उनके शरीर पर केन्द्रित रहते हैं।
28. गौतम के शिष्य हमेशा अच्छी तरह से जागे रहते हैं, और उनका मन दिन–रात हमेशा करुणा में रमा रहता है।
29. गौतम के शिष्य हमेशा अच्छी तरह से जागे रहते हैं, और उनका मन दिन–रात हमेशा ध्यान में रमा रहता है।
30. संसार को छोड़ना (भिक्षु बनना) कठिन है, संसार का आनंद लेना कठिन है; मठ कठिन है, घर कष्टदायक हैं; बराबर वालों के साथ रहना (सब कुछ आपस में बाँटना) कष्टदायक है, और भ्रमणशील भिक्षुक दुःख से घिरा रहता है।

31. श्रद्धा से परिपूर्ण व्यक्ति, यदि गुण और महिमा से संपन्न है, तो वह चाहे जिस स्थान पर भी जाए, उसका सम्मान किया जाता है।

2. भिक्षु और तपस्वी

1. क्या भिक्षु तपस्वी है? उत्तर नकारात्मक है।
2. यह नकारात्मक उत्तर स्वयं भगवान ने निग्रोध नामक पथिक के साथ चर्चा में दिया है।
3. एक बार भगवान राजगृह के पास गृद्धकूट पर निवास कर रहे थे। उस समय रानी उदुम्बरिका के उद्यान में पथिकों के लिए निवास स्थान था, पथिक निग्रोध अपने साथ पथिकों के एक बड़े समूह के साथ।
4. अब भगवान गृद्धकूट से उतरकर सुमगध के तट पर मयूर के चरागाह पर आए और वहाँ खुले आसमान में इधर–उधर घूमने लगे। तब निग्रोध ने उन्हें इस प्रकार चलते हुए देखा और उन्हें देखकर अपने साथियों को आदेश दिया, और कहाः "चुप रहो, सज्जनों, और शोर मत करो। समान गौतम सुमगध के तट पर हैं।" जब उन्होंने यह कहा तो पथिक चुप हो गए।
5. तब भगवान पथिक निग्रोध के पास गए और निग्रोध ने उनसे इस प्रकार कहाः "भगवान, भगवान, आएँ। भगवान, भगवान, आपका स्वागत है! भगवान, भगवान, ने यहाँ आने का निर्णय लेने में बहुत समय लगाया है। भगवान, भगवान, कृपया यहाँ बैठें। यहाँ एक तैयार है।"
6. भगवान् तैयार किए गए आसन पर बैठ गए, और निग्रोध उनके पास एक नीची सीट पर बैठ गया।
7. तब निग्रोध ने भगवान् से कहाः "चूँकि समाना गौतम हमारी सभा में आए हैं, इसलिए हम उनसे यह प्रश्न पूछना चाहते हैंः "हे प्रभु, भगवान् का यह धर्म क्या है, जिसके द्वारा वे अपने शिष्यों को प्रशिक्षित करते हैं, और जिसे वे शिष्य, भगवान् द्वारा इस प्रकार

प्रशिक्षित करते हैं कि उन्हें सुख मिलता है, अपना परम आधार और धर्म का मूल सिद्धांत मानते हैं?"

8. निग्रोध, दूसरे दृष्टिकोण, दूसरे विश्वास, दूसरे स्वीकारोक्ति वाले, बिना अभ्यास और बिना शिक्षा के, किसी के लिए यह समझना कठिन है कि मैं अपने शिष्यों को किस प्रकार प्रशिक्षित करता हूँ, और जिसे वे, इस प्रकार प्रशिक्षित करते हैं कि उन्हें सुख मिलता है, अपना परम आधार और धर्म का मूल सिद्धांत मानते हैं।

9. "लेकिन निग्रोध, मुझसे अपने सिद्धांत के बारे में, जीवन की कठोर ईमानदारी के बारे में एक प्रश्न पूछोः इन आत्म–दंडों की पूर्ति, अपूर्ति किसमें निहित है?"

10. तब निग्रोध ने भगवान से इस प्रकार कहाः "हम, भगवान, आत्म–दंड तपस्या का दावा करते हैं; हम उन्हें आवश्यक मानते हैं; हम उनसे चिपके रहते हैं। उनकी पूर्ति, अपूर्ति किसमें निहित है?"

11. "मान लो निग्रोध, कि एक तपस्वी नंगा, कुछ हद तक आवारागर्दी करने वाला, अपने हाथ चाटने वाला, किसी के पास आने पर आदर नहीं करता, न ही रोकता है, सीधे लाई गई, सीधे तैयार की गई, या किसी आमंत्रण को स्वीकार नहीं करता। वह खाना पकाने के बर्तन के मुँह से ली गई कोई चीज स्वीकार नहीं करता, न ही दहलीज के भीतर रखी हुई, न ही ओखली में, न लकड़ियों के बीच, न ही चक्की में; न ही दो लोगों के साथ खाने से, न ही किसी गर्भवती महिला से, न ही किसी दूध पिलाने वाली माँ से, न ही किसी पुरुष के साथ संभोग करने वाली महिला से; न ही सूखे में इकट्ठा किया गया भोजन, न ही जहाँ कुत्ता हो, न ही जहाँ मक्खियाँ झुंड में हों, न ही वह मछली या मांस स्वीकार करेगा न तो कोई मादक पेय पीता है, न ही कोई मादक पदार्थ, न ही दलिया। वह या तो एक घर वाला, एक कौर वाला व्यक्ति होता है; या दो घर वाला, दो कौर वाला व्यक्ति होता है; या सात घर वाला, सात कौर वाला व्यक्ति होता है। वह एक भिक्षा, दो या सात पर अपना गुजारा करता है। वह दिन में एक बार, या हर दो दिन में एक बार, या हर

सात दिन में एक बार भोजन करता है। इस प्रकार वह नियमित अंतराल पर, यहां तक कि आधे महीने तक, नियम के अनुसार भोजन करने की प्रथा का आदी रहता है। वह या तो गमले की जड़ी–बूटियां, या जंगली चावल, या निवार के बीज, या चमड़े के छिलके, या हठ, या चावल के रस्क में पाउडर, चावल के मैल, आटे या तिलहन, घास, गोबर, या लकड़ी से फल और जड़ें या हवा से गिरे हुए फल खाता है। वह मोटे भांग के कपड़े, मोटे मिश्रण के कपड़े, फेंके गए शव–कपड़े, फेंके गए चिथड़े, या तिरीता की छाल के कपड़े पहनता है; या फिर वह मृग की खाल या उसी जालीदार कपड़े या कुसा के रेशे या छाल के कपड़े या शेल कपड़े या मानव बालों से बना कम्बल या घोड़े के बालों से बना कम्बल या उल्लू के पंखों से बना कपड़ा पहनता है। वह बाल और दाढ़ी उखाड़ने वाला है, दोनों को उखाड़ने की आदत में लिप्त है; खड़ा रहने वाला; एड़ियों पर दुबका हुआ, इस तरह बैठने के दौरान खुद को (आगे बढ़ने के लिए) जोर लगाने का आदीय कांटों का बिस्तर लगाने वाला, अपने सोफे पर लोहे की कीलें या कांटे लगाता है; वह तख्त का इस्तेमाल करता है; जमीन पर सोता है; केवल एक तरफ सोता है; धूल और गंदगी पहनने वाला और खुली हवा में रहने वाला व्यक्ति है जहां चाहो बैठ जाता है; गंदगी खाने वाला, ऐसी चीजें खाने की आदत में ;लिप्त; शराब न पीने वाला, शराब पीने का आदी (ठंडा पानी); और यहां तक कि तीसरी बार के लिए भी।

12. "यह सब करने के बाद, निग्रोध," भगवान ने कहा, "निग्रोध, तुम क्या सोचते हो? यदि ये बातें ऐसी हैं, तो क्या आत्म–दण्ड की तपस्या की जाती है, या नहीं?" "सचमुच, भगवान, यदि ये बातें ऐसी हैं, तो आत्म–दण्ड की तपस्या की जाती है।"

13. "अब मैं, निग्रोध, यह पुष्टि करता हूँ कि इस प्रकार आत्म–दण्ड द्वारा की गई तपस्या में अनेक प्रकार से दोष सम्मिलित हैं।"

14. "किस प्रकार से, भगवान, तुम पुष्टि करते हो कि दोष सम्मिलित हैं?"

15. "यदि निग्रोध, जब कोई तपस्वी तपस्या का मार्ग अपनाता है, तो वह उस मार्ग के माध्यम से आत्म–संतुष्ट हो जाता है, उसका लक्ष्य पूर्ण हो जाता है। अब यह, निग्रोध, तपस्वी में एक दोष बन जाता है।
16. "और फिर निग्रोध, जब कोई तपस्वी तपस्या का मार्ग अपनाता है, तो वह उस मार्ग के माध्यम से स्वयं को ऊंचा करता है और दूसरों को तुच्छ समझता है। यह भी तपस्वी में एक दोष बन जाता है।
17. "और फिर, निग्रोध, जब कोई तपस्वी तपस्या का मार्ग अपनाता है, तो वह उस मार्ग के माध्यम से नशे में धुत और मोहग्रस्त हो जाता है, और लापरवाह हो जाता है। यह भी तपस्वी में एक दोष बन जाता है।
18. "और फिर, निग्रोध, जब कोई तपस्वी तपस्या का मार्ग अपनाता है, तो उसे दान, ध्यान और प्रसिद्धि मिलती है। इस प्रकार वह संतुष्ट हो जाता है और उसका लक्ष्य संतुष्ट हो जाता है। यह भी तपस्वी में एक दोष बन जाता है।
19. "और फिर, निग्रोध, दान, ध्यान और प्रसिद्धि प्राप्त करके, तपस्वी स्वयं को ऊंचा उठाता है और दूसरों को तुच्छ समझता है। यह भी तपस्वी में एक दोष बन जाता है।
20. "और फिर, निग्रोध, दान, ध्यान और प्रसिद्धि प्राप्त करके, वह मदमस्त और मोहग्रस्त हो जाता है, और लापरवाह हो जाता है। यह भी तपस्वी में एक दोष बन जाता है।
21. "और फिर, निग्रोध, जब कोई तपस्वी तपस्या का मार्ग अपनाता है, तो वह भोजन में भेद करने लगता है, और कहता हैः यह मुझे सुविधाजनक करता है; यह मुझे सुविधाजनक नहीं करता। बाद वाले को वह जानबूझकर अस्वीकार करता है। पहले वाले के प्रति वह लालची और मोहग्रस्त हो जाता है, और उनमें खतरा न देखकर, उन्हें असुरक्षित न समझकर, उनका आनंद लेता है। यह भी तपस्वी में एक दोष बन जाता है।

22. "और फिर, निग्रोध, उपहार, ध्यान और प्रसिद्धि की अपनी लालसा के कारण, वह सोचता है: राजा लोग मुझ पर ध्यान देंगे, और उनके अधिकारी भी इसी तरह, कुलीन, ब्राह्मण, गृहस्थ और विद्यालयों के संस्थापक भी। यह भी तपस्वी में एक दोष बन जाता है।

23. "और फिर, निग्रोध, एक तपस्वी किसी संन्यासी या ब्राह्मण पर बड़बड़ाता है, कहता है: 'वह आदमी सभी प्रकार की चीजों पर रहता है: कंद, या अंकुर, या जामुन, या जोड़ों, या पाँचवें, बीजों से उगाई गई चीजें, उन सभी को उस पहिए रहित वज्र के जबड़े की हड्डी के साथ चबाता है—और वे उसे एक पवित्र व्यक्ति कहते हैं! यह भी तपस्वी में एक दोष बन जाता है।

24. "और फिर, निग्रोध, एक तपस्वी देखता है कि एक संन्यासी या ब्राह्मण को नागरिकों द्वारा सम्मान, आदर और भेंट दी जा रही है। और यह देखकर वह सोचता है: नागरिक इस व्यक्ति पर ध्यान देते हैं जो विलासिता में रहता है; वे उसका आदर और सम्मान करते हैं, और उसे भेंट देते हैं, जबकि मुझ तपस्वी पर, जो वास्तव में एक तपस्वी के रूप में जीवन जीता है, वे न तो ध्यान देते हैं, न ही सम्मान, न ही भेंट और देते हैं। और इसलिए वह नागरिकों के प्रति ईर्ष्या और द्वेष रखता है। यह भी तपस्वी में एक दोष बन जाता है।

25. "और फिर, निग्रोध, तपस्वी रहस्यमय बात को प्रभावित करता है। जब उससे पूछा जाता है: क्या आप इसे स्वीकार करते हैं? वह अनुमोदन न करते हुए कहता है, 'मैं करता हूँ' या अनुमोदन करते हुए कहता है, 'मैं नहीं करता।' इस प्रकार वह जान—बूझकर असत्य बोलता है। यह भी तपस्वी में एक दोष बन जाता है।

26. "और फिर, निग्रोध, तपस्वी अपना आपा खो सकता है और शत्रुता रख सकता है। यह भी तपस्वी में एक दोष बन जाता है।

27. "और फिर, निग्रोध, तपस्वी कपटी और धोखेबाज होने के साथ—साथ ईर्ष्यालु और द्वेषी भी हो सकता है; वह चालाक और धूर्त, कठोर हृदय और अभिमानी हो जाता है, वह बुरी इच्छाओं को पालता है और उनका बंदी बन जाता है; वह मिथ्या विचार रखता है,

अवास्तविक सिद्धांतों से ग्रस्त हो जाता है; अपने अनुभव की गलत व्याख्या करता है; लोभी होता है और त्याग से विमुख हो जाता है। यह भी तपस्वी में एक दोष बन जाता है।

28. "इस बारे में तुम्हारा क्या विचार है, निग्रोध? क्या ये चीजें आत्म–दण्ड की तपस्या में दोष हैं, या नहीं?"

29. "वास्तव में, प्रभु, ये चीजें आत्म–दण्ड की तपस्या में दोष हैं। यह संभव है, प्रभु, कि एक तपस्वी में ये सभी दोष भी हो सकते हैं, उनमें से एक या दूसरे से भी अधिक।"

30. भिक्षुओं को इन दोषों का दोषी नहीं माना जाना चाहिए।

3. भिक्षु और ब्राह्मण

1. क्या भिक्षु ब्राह्मण के समान है? इस प्रश्न का उत्तर भी नकारात्मक है।
2. विषय की चर्चा किसी एक स्थान पर केंद्रित नहीं की गई है। यह सभी जगह बिखरी हुई है। लेकिन अंतर के बिंदुओं को आसानी से संक्षेप में प्रस्तुत किया जा सकता है।
3. ब्राह्मण एक पुजारी है। उसका मुख्य कार्य जन्म, विवाह और मृत्यु से जुड़े कुछ समारोहों को संपन्न करना है।
4. ये अनुष्ठान मूल पाप के सिद्धांतों के कारण आवश्यक हो जाते हैं, जिसके लिए अनुष्ठान की आवश्यकता होती है, तथा ईश्वर और आत्मा में विश्वास के कारण।
5. इन अनुष्ठानों के लिए पुजारी की आवश्यकता होती है। एक भिक्षु मूल पाप, ईश्वर और आत्मा में विश्वास नहीं करता। इसलिए, कोई अनुष्ठान नहीं किया जाता। इसलिए, वह पुजारी नहीं है।
6. एक ब्राह्मण पैदा होता है। एक भिक्षु बनाया जाता है।
7. एक ब्राह्मण की एक जाति होती है। एक भिक्षु की कोई जाति नहीं होती।

8. एक बार ब्राह्मण बनने के बाद वह हमेशा ब्राह्मण रहता है। कोई पाप, कोई अपराध किसी ब्राह्मण को नष्ट नहीं कर सकता।
9. लेकिन एक बार भिक्षु बनने के बाद वह हमेशा भिक्षु नहीं रहता। एक भिक्षु बनाया जाता है। इसलिए यदि वह अपने आचरण से खुद को भिक्षु बने रहने के अयोग्य बनाता है, तो उसे नष्ट किया जा सकता है।
10. ब्राह्मण होने के लिए किसी मानसिक या नैतिक प्रशिक्षण की आवश्यकता नहीं है। उससे केवल यही अपेक्षा की जाती है (केवल यही अपेक्षा की जाती है) कि वह अपने धार्मिक ज्ञान को जाने।
11. भिक्खु का मामला बिलकुल अलग है, मानसिक और नैतिक प्रशिक्षण उसका जीवन–रक्त है।
12. ब्राह्मण अपने लिए असीमित मात्रा में संपत्ति अर्जित करने के लिए स्वतंत्र है। दूसरी ओर, भिक्खु ऐसा नहीं कर सकता।
13. यह कोई छोटा अंतर नहीं है। संपत्ति मनुष्य की मानसिक और नैतिक स्वतंत्रता पर विचार और क्रिया दोनों के संबंध में सबसे कठोर प्रतिबंध है। यह दोनों के बीच संघर्ष उत्पन्न करती है। इसीलिए ब्राह्मण हमेशा परिवर्तन का विरोध करता है। क्योंकि, उसके लिए परिवर्तन का अर्थ है शक्ति और धन की हानि।
14. जिस भिक्खु के पास कोई संपत्ति नहीं है, वह मानसिक और नैतिक रूप से स्वतंत्र है। उसके मामले में कोई भी व्यक्तिगत हित नहीं है जो ईमानदारी और निष्ठा के रास्ते में आ सकता है।
15. वे ब्राह्मण हैं। फिर भी प्रत्येक ब्राह्मण अपने आप में एक व्यक्ति है। ऐसा कोई धार्मिक संगठन नहीं है जिसके अधीन वह हो। एक ब्राह्मण अपने आप में एक कानून है। वे सामान्य हितों से बंधे हैं जो भौतिक हैं।
16. दूसरी ओर एक भिक्षु हमेशा संघ का सदस्य होता है। यह कल्पना से परे है कि संघ का सदस्य हुए बिना कोई भिक्षु हो सकता है। एक भिक्षु अपने आप में कानून नहीं है। वह संघ के अधीन है। संघ एक आध्यात्मिक संगठन है।

4. भिक्षु और उपासक

1. धम्म में भिक्षु के धम्म और उपासक या आम आदमी के धम्म के बीच एक स्पष्ट अंतर है।
2. भिक्षु ब्रह्मचर्य से बंधा हुआ है। उपासक ऐसा नहीं है। वह विवाह कर सकता है।
3. भिक्षु का कोई घर नहीं हो सकता। उसका कोई परिवार नहीं हो सकता। उपासक ऐसा नहीं है। उपासक का घर हो सकता है और परिवार हो सकता है।
4. भिक्षु के पास कोई संपत्ति नहीं होनी चाहिए। लेकिन उपासक के पास संपत्ति हो सकती है।
5. भिक्षु को जीवन लेने से मना किया गया है। उपासक ऐसा नहीं है। वह शायद कर सकता है।
6. पंचशील दोनों के लिए समान हैं। लेकिन भिक्षु के लिए वे व्रत हैं। वह दंड भुगते बिना उन्हें तोड़ नहीं सकता। उपासक के लिए वे पालन किए जाने वाले नियम हैं।
7. भिक्षु द्वारा पंचशीलों का पालन अनिवार्य है। उपासकों द्वारा उनका पालन स्वैच्छिक है।
8. भगवान ने ऐसा भेद क्यों किया? इसके लिए कोई अच्छा कारण अवश्य होगा। क्योंकि भगवान तब तक कुछ नहीं करते जब तक कि उसके लिए कोई अच्छा कारण न हो।
9. भगवान ने इस भेद का कारण कहीं भी स्पष्ट रूप से नहीं बताया है। इसे अनुमान के लिए छोड़ दिया गया है। फिर भी इस भेद का कारण जानना आवश्यक है।
10. इसमें कोई संदेह नहीं है कि भगवान अपने धम्म के माध्यम से पृथ्वी पर धर्म के राज्य की नींव रखना चाहते थे। इसीलिए उन्होंने बिना किसी भेदभाव के सभी को, भिक्षुओं के साथ–साथ आम लोगों को भी अपने धम्म का उपदेश दिया।

11. लेकिन भगवान यह भी जानते थे कि केवल आम लोगों को धम्म का उपदेश देने से धर्म पर आधारित आदर्श समाज का निर्माण नहीं होगा।
12. आदर्श व्यावहारिक होना चाहिए और उसे साध्य सिद्ध किया जाना चाहिए। तभी लोग उसके पीछे प्रयत्न करेंगे और उसे साकार करने का प्रयास करेंगे।
13. इस प्रयत्न को बनाने के लिए आदर्श के आधार पर काम करने वाले समाज की तस्वीर होनी आवश्यक है और इस तरह आम लोगों को यह साबित करना होगा कि आदर्श अव्यवहारिक नहीं बल्कि साकार करने योग्य है।
14. संघ भगवान द्वारा प्रचारित धम्म को साकार करने वाले समाज का एक आदर्श है।
15. यही कारण है कि भगवान ने भिक्षु और उपासक के बीच यह अंतर किया। भिक्षु बुद्ध के आदर्श समाज का पथप्रदर्शक था और उपासक को यथासंभव भिक्षु का अनुसरण करना था।
16. एक और प्रश्न भी है जिसका उत्तर देना आवश्यक है। भिक्खु का कार्य क्या है?
17. क्या भिक्षु को स्वयं को आत्म–संस्कृति के लिए समर्पित करना है या लोगों की सेवा करना और उनका मार्गदर्शन करना है?
18. उसे दोनों कार्य करने होंगे।
19. आत्म–संस्कृति के बिना वह मार्गदर्शन करने के योग्य नहीं है। इसलिए उसे स्वयं एक परिपूर्ण, श्रेष्ठ व्यक्ति, धार्मिक व्यक्ति और प्रबुद्ध व्यक्ति होना चाहिए। इसके लिए उसे आत्म–संस्कृति का अभ्यास करना चाहिए।
20. एक भिक्षु अपना घर छोड़ देता है। लेकिन वह संसार से संन्यास नहीं लेता। वह घर छोड़ता है ताकि उसे उन लोगों की सेवा करने की स्वतंत्रता और अवसर मिले जो अपने घरों से जुड़े हैं लेकिन जिनका जीवन दुःख, कष्ट और अप्रसन्नता से भरा है और जो खुद की मदद नहीं कर सकते।

21. करुणा जो धम्म का सार है, वह यह अपेक्षा करती है कि प्रत्येक व्यक्ति प्रेम करे और सेवा करे और भिक्षु इससे मुक्त नहीं है।

22. एक भिक्षु जो मानव जाति के दुःखों के प्रति उदासीन है, चाहे वह आत्म–संस्कृति में कितना भी परिपूर्ण क्यों न हो, वह भिक्खु नहीं है। वह कुछ और हो सकता है, लेकिन वह भिक्खु नहीं है।

भाग – III

भिक्षु के कर्तव्य

1. भिक्षु का कर्तव्य धर्म परिवर्तन करना है।
2. चमत्कारों से धर्म परिवर्तन नहीं होना चाहिए।
3. बलपूर्वक धर्म परिवर्तन नहीं होना चाहिए।
4. भिक्षु को सद्‌गुण (धम्म) फैलाने के लिए संघर्ष करना चाहिए।

1. भिक्षु का कर्तव्य धर्म परिवर्तन करना है।

1. यश और उसके चार मित्रों के धर्म परिवर्तन की खबर दूर–दूर तक फैल गई। इसका परिणाम यह हुआ कि देश के सर्वोच्च परिवारों से संबंधित सामान्य व्यक्ति और सर्वोच्च से अगले परिवार के लोग भी भगवान के सिद्धांत की शिक्षा लेने लगे और भगवान और उनके धम्म की शरण लेने लगे।
2. बहुत से लोग उनके पास धम्म की शिक्षा प्राप्त करने के लिए आ रहे थे। भगवान जानते थे कि उनके लिए प्रत्येक व्यक्ति को व्यक्तिगत रूप से शिक्षा देना कठिन था। उन्होंने परिव्राजकों को संगठित करने की भी आवश्यकता महसूस की, जिनकी संख्या प्रतिदिन बढ़ती जा रही थी, और एक धार्मिक संगठन के रूप में जिसे उन्होंने संघ कहा।
3. उन्होंने तदनुसार परिव्राजकों को संघ का सदस्य बनाया और विनय नामक अनुशासन के नियम बनाए और उन्हें संघ के सदस्यों के लिए बाध्यकारी बनाया।
4. बाद में भगवान ने भिक्षु बनने से पहले एक शिष्य द्वारा दो चरणों से गुजरने का निर्धारण किया। सबसे पहले एक शिष्य परिव्राजक बनता था और एक निश्चित संख्या में वर्षों तक एक भिक्षु से जुड़ा रहता था और उसके अधीन प्रशिक्षण लेता रहता था। प्रशिक्षण अवधि समाप्त होने के बाद उसे उपसम्पदा लेने की अनुमति दी जाती थी, यदि वह परीक्षकों के एक समूह को संतुष्ट कर देता था कि वह इसके लिए योग्य है। तभी उसे भिक्षु और संघ का सदस्य बनने की अनुमति दी जाती थी।
5. धम्म के शुरुआती दौर में ऐसी व्यवस्था करने का समय नहीं था। इसलिए भगवान ने उन्हें भिक्षु बनाया और उन्हें अपने धर्म को हर जगह फैलाने के लिए मिशनरी के रूप में भेजा।
6. और उन्हें भेजने से पहले भगवान ने भिक्षुओं से कहाः "हे भिक्षुओं, मैं सभी बंधनों से मुक्त हो गया हूँ, मानवीय और दैवीय। हे भिक्षुओं,

तुम सभी बंधनों से मुक्त हो, मानवीय और दैवीय। अब तुम जाओ और बहुतों के लाभ के लिए, बहुतों के कल्याण के लिए, संसार के प्रति करुणा से भलाई के लिए, लाभ के लिए और देवताओं और मनुष्यों के कल्याण के लिए विचरण करो।

7. "तुम में से दो लोग एक ही रास्ते पर न चलें। हे भिक्षुओं, उस सिद्धांत का प्रचार करो जो आरंभ में गौरवशाली है, मध्य में गौरवशाली है, अंत में गौरवशाली है, आत्मा में और अक्षर में; पवित्रता का एक संपूर्ण, परिपूर्ण और शुद्ध जीवन घोषित करो।
8. "इसलिए प्रत्येक देश में जाओ, उन लोगों को परिवर्तित करो जो अभी तक परिवर्तित नहीं हुए हैं; पूरे संसार में जो दुःख से जल रहा है, हर जगह शिक्षा दो (निर्देश दो) जिन्हें सही शिक्षा नहीं मिली है;
9. "वहाँ जाओ जहाँ महान ऋषि हैं, राजर्षि हैं, ब्राह्मण ऋषि भी हैं, ये सभी वहाँ रहते हैं, अपने–अपने मत के अनुसार लोगों को प्रभावित करते हैं:
10. "इसलिए जाओ, प्रत्येक व्यक्ति अकेले यात्रा करता है; करुणा से भरा हुआ, जाओ! बचाओ और ग्रहण करो।"
11. भगवान ने उनसे यह भी कहाः
12. "धम्म का दान सभी दानों से बढ़कर है; धम्म की मधुरता सभी मधुरता से बढ़कर हैः धम्म में आनंद सभी आनंदों से बढ़कर है;
13. "खेत खरपतवार से नष्ट हो जाते हैं, मानव जाति वासना से नष्ट हो जाती हैः इसलिए धम्म का दान महान पुरस्कार लाता है।
14. "खेत खरपतवार से नष्ट हो जाते हैं, मानव जाति घृणा से नष्ट हो जाती है, इसलिए धम्म का दान महान पुरस्कार लाता है।
15. "खेत खरपतवार से नष्ट हो जाते हैं; मानव जाति अभिमान से नष्ट हो जाती हैः इसलिए धम्म का दान महान पुरस्कार लाता है।
16. "खेत खरपतवार से नष्ट हो जाते हैं, मानव जाति वासना से नष्ट हो जाती हैः इसलिए धम्म का दान महान पुरस्कार लाता है।"
17. फिर धम्म के प्रचार के मिशन को आगे बढ़ाने के आदेश प्राप्त करने

वाले साठ भिक्षु हर देश में गए।

18. भगवान ने उन्हें धर्मांतरण के मामले में और निर्देश दिए।

2. चमत्कारों से धर्म परिवर्तन नहीं होता

1. एक बार भगवान मल्लों के बीच, उनके एक शहर अनापिया में ठहरे हुए थे।
2. अब भगवान ने वस्त्र धारण कर, लबादा ओढ़कर, कटोरा लेकर भिक्षा के लिए नगर में प्रवेश किया।
3. भगवान ने सोचाः "अब मेरे लिए भिक्षा के लिए अनापिया से होकर जाना बहुत जल्दी है। मैं उस स्थान पर जा सकता हूँ जहाँ भगव, पथिक रहते हैं, और उनसे प्रार्थना कर सकता हूँ।"
4. इसलिए भगवान उस स्थान पर गए जहाँ भगव, पथिक रहते थे।
5. तब भगव ने भगवान से इस प्रकार कहाः "मेरे प्रभु, भगवान को अपने पास आने दीजिए। भगवान का स्वागत है! बहुत समय हो गया है जब भगवान ने हमारे पास आने का अवसर लिया है। कृपया, श्रीमान, आप बैठें यहाँ एक आसन तैयार है।"
6. भगवान वहाँ बैठ गए, और भगव एक छोटी सी चौकी लेकर उनके पास बैठ गए। इस प्रकार बैठे हुए, भगवन, पथिक ने भगवान से इस प्रकार कहाः
7. "कुछ दिन पहले, भगवान, लिच्छवियों के सुनखट्ट ने मुझे बुलाया और इस प्रकार कहाः मैंने अब भगवान, भगव को त्याग दिया है। मैं अब उनके अधीन गुरु के रूप में नहीं रहूँगा। क्या यह सच है?"
8. "यह ठीक है, भगवन, जैसा कि लिच्छवियों के सुनखट्ट ने कहा था।
9. "कुछ दिन पहले, भगवन, बहुत दिन पहले, लिच्छवि सुनखट्ट मुझसे मिलने आए और इस प्रकार बोलेः श्रीमान। अब मैं भगवान को त्यागता हूँ, अब मैं उनके अधीन गुरु के रूप में नहीं रहूँगा। जब उन्होंने मुझे यह बताया। मैंने उनसे कहाः लेकिन, अब, सुनखट्ट,

क्या मैंने तुमसे कभी कहा है: आओ सुनखट्ट, मेरे शिष्य के रूप में मेरे अधीन रहो?"

10. "नहीं, श्रीमान, तुमने ऐसा नहीं किया है,' सुनखट्ट ने उत्तर दिया।

11. "क्या तुमने कभी मुझसे कहा है: श्रीमान, मैं भगवान के अधीन (अपने गुरु के रूप में) रहना चाहता हूँ?'

12. नहीं, श्रीमान, मैंने ऐसा नहीं किया,' सुनखट्टा ने कहा।

13. "लेकिन अगर मैंने एक नहीं कहा, और आपने दूसरा नहीं कहा, तो आप और मैं क्या हैं कि आप त्यागने की बात करते हैं?

14. "ठीक है, लेकिन, श्रीमान, भगवान ने मुझे कोई ऐसा रहस्यमय चमत्कार नहीं दिखाया जो सामान्य मनुष्यों की शक्ति से बढ़कर हो।'

28. "महाराज, चाहे वे प्रकट हों या नहीं, वास्तव में यही वह उद्देश्य है जिसके लिए भगवान द्वारा धम्म की शिक्षा दी जाती है।"

29. "तब हे सुनखट्टा, यदि उस वस्तु के लिए यह बात मायने नहीं रखती कि चीजों का आरंभ प्रकट हुआ है या नहीं, तो चीजों का आरंभ प्रकट होने से तुम्हें क्या लाभ होगा?"

30. हे सुनखत्त! तुमने अनेक प्रकार से वज्जिनों के बीच मेरी प्रशंसा की है।

31. "हे सुनखट्ट! तुमने अनेक प्रकार से वज्जिनों के बीच धम्म की प्रशंसा की है।"

32. "हे सुनखट्टा, तुमने अनेक प्रकार से वज्जिनों के बीच संघ की प्रशंसा की है।"

33. "मैं तुमसे कहता हूँ, सुनखट्ट, मैं तुम्हें यह बता देता हूँ कि ऐसे लोग होंगे जो तुम्हारे विषय में ऐसा कहेंगे: लिच्छवियों में से सुनखट्ट गौतम संन्यासी के अधीन पवित्र जीवन नहीं जी सका। और वह उसका पालन न कर पाने के कारण, इस प्रकार, भगव, लिच्छवियों में से सुनखत्त ने, जो मुझसे कहा था, इस सिद्धांत और अनुशासन को छोड़ दिया, जैसे कि वह विनाश के लिए अभिशप्त हो।

35. और इसके तुरंत बाद, बुद्ध के सिद्धांत और अनुशासन को छोड़कर, सुनखट्ट ने लोगों को बताना शुरू कर दिया कि बुद्ध के ज्ञान और अंतर्दृष्टि के महान उपहारों में कुछ भी अलौकिक नहीं था यह उनका अपना तर्क था जिसने उनके स्वयं के विकसित और उनके व्यक्तिगत आविष्कार के सिद्धांत को गढ़ा था, जो कि जो कोई भी अपने भले के लिए इसका उपदेश सुनता है, उसे केवल इसके अनुसार कार्य करना होता है, ताकि बुराई का पूर्ण अंत हो सके।

36. हालाँकि, सुनखट्टा बुद्ध की निंदा कर रहा था, लेकिन वह जो लोगों को बता रहा था वह सच था। क्योंकि, बुद्ध ने अपने सिद्धांत का प्रचार करने में कभी भी अलौकिक या चमत्कारी का सहारा नहीं लिया।

3. धर्म परिवर्तन बलपूर्वक नहीं किया जाएगा

1. एक बार भगवान् लगभग पाँच सौ बन्धुओं के एक बड़े समूह के साथ राजगृह और नालंदा के बीच के राजमार्ग पर जा रहे थे। भिक्षु सुप्पिया भी अपने शिष्य, युवा ब्रह्मदत्त के साथ राजगृह और नालंदा के बीच के राजमार्ग पर जा रहे थे।

2. अब, ठीक उसी समय। भिक्षुक सुप्पिया बुद्ध की, सिद्धांत की, संघ की निंदा करते हुए अनेक प्रकार से बोल रहे थे। लेकिन उनके शिष्य युवा ब्रह्मदत्त ने बुद्ध की, सिद्धांत की, संघ की प्रशंसा करते हुए अनेक प्रकार से भाषण दिए।

3. इस प्रकार वे दोनों, गुरु और शिष्य, एक दूसरे के बिल्कुल विपरीत विचार रखते हुए, कदम दर कदम, भगवान और उनके भाइयों के समूह का अनुसरण कर रहे थे।

4. अब भगवान अम्बालात्तिका के शाही विश्रामगृह में रात्रि विश्राम करने के लिए ठहरे, और उनके साथ उनके भाइयों का समूह भी था। और भिक्षुक सुप्पिया और उनके साथ उनके युवा शिष्य ब्रह्मदत्त भी वहीं ठहरे। और वहाँ, विश्रामगृह में, इन दोनों ने पहले की तरह ही चर्चा जारी रखी।

5. और भोर में बहुत से भाई लोग मंडप में इकट्ठे हुए, और उनके बीच जो बातचीत छिड़ी, उसका विषय सुप्पिया और ब्रह्मदत्त के बीच की बातचीत थी।

6. अब भगवान ने उनकी बातचीत का अर्थ समझ लिया, और मंडप में जाकर अपने लिए बिछाई गई चटाई पर बैठ गए। और जब वे बैठ गए, तो उन्होंने कहाः "आप लोग यहाँ बैठकर किस बात पर चर्चा कर रहे हैं, और आप लोगों के बीच किस विषय पर बातचीत हो रही है?" और उन्होंने भगवान को सब कुछ बता दिया। और उन्होंने कहाः

7. "भाइयों, यदि कोई बाहरी व्यक्ति मेरे विरुद्ध, सिद्धांत के विरुद्ध, या संघ के विरुद्ध कुछ बोले, तो आपको उस कारण से न तो द्वेष रखना चाहिए, न ही दिल जलाना चाहिए, न ही दुर्भावना रखनी चाहिए।

8. "यदि आप इस कारण से क्रोधित और दुःखी होते हैं, तो यह आपकी आत्म–विजय के मार्ग में बाध बनेगा। यदि, जब दूसरे लोग हमारे विरुद्ध बोलते हैं, तो आप उस पर क्रोधित होते हैं, अप्रसन्न होते हैं, तो क्या आप यह निर्णय करने के लिए कि उनका भाषण कितना अच्छा है या बुरा?"

9. "ऐसा नहीं होगा, महोदय"

10. "लेकिन जब बाहरी लोग मेरे, या सिद्धांत के, या आदेश के बारे में अपमान में बोलते हैं, तो आपको झूठ को उजागर करना चाहिए और इसे गलत के रूप में इंगित करना चाहिए, यह कहते हुए इस या उस कारण से यह सच नहीं है, ऐसा नहीं है, ऐसी बात हमारे बीच नहीं पाई जाती है, हमारे अंदर नहीं है।'

11. "लेकिन भाइयों, बाहरी लोग भी मेरी प्रशंसा में, सिद्धांत की प्रशंसा में, आदेश की प्रशंसा में बोल सकते हैं। जब वे मेरी प्रशंसा करेंगे तो आप क्या कहेंगे?

12. "वह कह सकता है कि जीवों की हत्या को दूर रखते हुए, गौतम संन्यासी जीवन के विनाश से दूर रहते हैं। उन्होंने डंडे और तलवार

को एक तरफ रख दिया है, और क्रूरता से शर्मिंदा हैं, और दया से भरे हुए हैं, वे सभी प्राणियों के लिए दयालु और दयालु रहते हैं जिनमें जीवन है। इस प्रकार अपरिवर्तित व्यक्ति, जब तथागत की स्तुति में बोलता है, बोल सकता है।

13. "या वह कह सकता हैः जो नहीं दिया गया है उसे लेने से दूर रहकर, गौतम संन्यासी ने जो अपना नहीं है उसे लेने से दूर रहा। वह केवल वही लेता है जो दिया जाता है, और आशा करता है कि उपहार मिलेगा। वह अपना जीवन ईमानदारी और ह्रदय की पवित्रता में बिताता है।"

14. "या वह कह सकता हैः अनैतिकता को दूर रखकर, गौतम संन्यासी पवित्र है। वह खुद को अश्लील व्यवहार से, यौन क्रिया से दूर रखता है।"

15. "या वह कह सकता हैः 'झूठे शब्दों को दूर रखकर, गौतम संन्यासी खुद को झूठ से दूर रखता है। वह सच बोलता है, सच से वह कभी विचलित नहीं होता वफादार और भरोसेमंद, वह दुनिया के सामने अपना वचन नहीं तोड़ता।'"

16. "या वह यह भी कह सकता हैः निंदा को दूर रखते हुए, संन्यासी गौतम स्वयं को निन्दा से दूर रखते हैं। वे जो कुछ यहां सुनते हैं, उसे यहां के लोगों के विरुद्ध झगड़ा खड़ा करने के लिए अन्यत्र नहीं दोहराते हैं; वे जो कुछ अन्यत्र सुनते हैं, उसे वहां के लोगों के विरुद्ध झगड़ा खड़ा करने के लिए यहां नहीं दोहराते हैं। इस प्रकार वे विभाजित लोगों को एक साथ जोड़ने वाले, मित्रों को प्रोत्साहित करने वाले, शांति स्थापित करने वाले, शांति के प्रेमी, शांति के लिए भावुक, शांति के लिए वचन बोलने वाले के रूप में जीवन जीते हैं।

17. "या वह कह सकता हैः वाणी की कठोरता को दूर रखते हुए, संन्यासी गौतम कठोर भाषा से दूर रहते हैं। जो वचन निर्दोष, कानों को प्रिय, मनोहर, ह्रदय को छूने वाले, सभ्य, लोगों को प्रिय, लोगों को प्रिय हों, वही वचन वे बोलते हैं।

18. "या वह यह भी कह सकता है: 'तुच्छ बातचीत को दूर रखते हुए, संन्यासी गौतम स्वयं को व्यर्थ वार्तालाप से दूर रखते हैं। समय आने पर वे तथ्यों के अनुसार, धर्म पर, संघ के अनुशासन पर अर्थपूर्ण वचन बोलते हैं। वे उचित समय पर, हृदय में धारण करने योग्य, उचित रूप से चित्रित, स्पष्ट रूप से विभाजित, सटीक वचन बोलते हैं।'

19. "या वह कह सकता है: गौतम संन्यासी बीजों या पौधों को नुकसान पहुंचाने से खुद को दूर रखते हैं।

'वह दिन में केवल एक बार भोजन करते हैं, रात में कुछ नहीं खाते, तथा दोपहर के बाद कुछ भी नहीं खाते।

'वह नाच–गाने, संगीत और प्रदर्शनियों में दर्शक बनने से परहेज करता है।

'वह माला, इत्र और उबटन पहनने, सजाने या खुद को सजाने से परहेज करता है।

'वह बड़े और ऊँचे बिस्तरों के प्रयोग से परहेज करते हैं।

'वह चांदी या सोना स्वीकार करने से परहेज करता है।

'वह कच्चा अनाज लेने से परहेज करता है।

'वह महिलाओं या लड़कियों को स्वीकार करने से परहेज करता है।

'वह दास–पुरुष या दास–स्त्री को स्वीकार करने से परहेज करता है।

'वह भेड़ या बकरी स्वीकार करने से परहेज करता है।

'वह मुर्गे या सूअर स्वीकार करने से परहेज करता है।

'वह हाथी, गाय, घोड़ा और घोड़ी स्वीकार करने से परहेज करता है।

'वह खेती की हुई जमीन या बंजर भूमि स्वीकार करने से परहेज करता है,

'वह मध्यस्थ या मध्यस्थ के रूप में कार्य करने से परहेज करता है।

'वह खरीद–बेच से दूर रहता है।

वह तराजू, कांसे या नाप–तोल से धोखा देने से दूर रहता है।

वह रिश्वतखोरी, धोखाधड़ी और जालसाजी के कुटिल तरीकों से दूर रहता है।

वह अपंग बनाने, हत्या करने, बंधन में डालने, डकैती और हिंसा से दूर रहता है।"

20. "भाइयों, ये वे बातें हैं जो एक अपरिवर्तित व्यक्ति, तथागत की प्रशंसा में बोलते समय कह सकता है। लेकिन आपको इस कारण से भी खुशी या प्रसन्नता से भर नहीं जाना चाहिए, या दिल में घमंड नहीं करना चाहिए। यदि आप ऐसा करते हैं, तो यह भी आपकी आत्म–विजय के रास्ते में बाधा बनेगा। जब बाहरी लोग मेरी, या सिद्धांत की, या संघ की प्रशंसा में बोलते हैं, तो आपको यह स्वीकार करना चाहिए कि जो सही है वह तथ्य है, यह कहते हुएः इस या उस कारण से यह तथ्य है, कि ऐसा है, ऐसी बात हमारे बीच पाई जाती है, हमारे अंदर है।"

4. भिक्षु को सद्गुण (धम्म) फैलाने के लिए संघर्ष करना चाहिए।

1. भिक्षुओं को संबोधित करते हुए भगवान ने एक बार कहाः
2. "मैं, हे शिष्यों, दुनिया से झगड़ा नहीं करता," भगवान ने कहा, "लेकिन दुनिया मुझसे झगड़ा करती है। सत्य का शिक्षक दुनिया में किसी से झगड़ा नहीं करता।"
3. "योद्धा, योद्धा, भगवान, हम खुद को कहते हैं। फिर हम किस तरह से योद्धा हैं?"
4. "हम युद्ध करते हैं, हे शिष्यों, इसलिए हमें योद्धा कहा जाता है।"
5. हे भगवान, हम युद्ध क्यों करते हैं?"
6. "उच्च गुणों के लिए, उच्च प्रयास के लिए, उत्कृष्ट ज्ञान के लिए हम इन चीजों के लिए युद्ध करते हैंः इसलिए हमें योद्धा कहा जाता है।"
7. जहाँ सद्गुण खतरे में हो, वहाँ लड़ाई से न बचें, चापलूसी न करें।

भाग – IV

भिक्खु और सामान्य जन

1. भिक्षा का बंधन।
2. पारस्परिक प्रभाव।
3. भिक्खु का धम्म और उपासक का धम्म।

1. भिक्षा का बंधन

1. संघ एक संगठित निकाय था
2. केवल परिव्राजक होना ही परिव्राजक को संघ की सदस्यता देने के लिए पर्याप्त नहीं था।
3. परिव्राजक को उपसम्पदा प्राप्त होने के बाद ही वह संघ का सदस्य बन सकता था।
4. संघ एक स्वतंत्र संस्था थीं। यह अपने संस्थापक से भी स्वतंत्र थीं।
5. यह स्वायत्त था। यह अपनी पसंद के किसी भी व्यक्ति को अपनी सदस्यता में शामिल कर सकता था। यह किसी भी सदस्य को विघटित कर सकता था, बशर्ते वह विनय पिटक के नियमों के अनुसार काम करे।
6. एकमात्र डोरी जो भिक्खु को आम लोगों से बांधती थी, वह थी भिक्षा।
7. भिक्खु भिक्षा पर निर्भर थे और आम लोग ही भिक्षा देते थे।
8. आम जनता संगठित नहीं थी।
9. संघ में किसी व्यक्ति को शामिल करने के लिए संघ–दीक्षा या समारोह आयोजित किया जाता था।
10. संघ–दीक्षा में संघ और धम्म दोनों की दीक्षा शामिल थीं।
11. लेकिन जो लोग धम्म में दीक्षित होना चाहते थे, लेकिन संघ के सदस्य नहीं बनना चाहते थे, उनके लिए कोई अलग से धम्म–दीक्षा नहीं थी, जिसका एक परिणाम यह था कि उन्हें घर से बेघर होना पड़ता था।
12. यह एक गंभीर चूक थी। यह उन कारणों में से एक था जो अंततः भारत में बौद्ध धर्म के पतन का कारण बने।
13. क्योंकि, दीक्षा समारोह के अभाव के कारण आम लोगों को एक धर्म से दूसरे धर्म में भटकने की स्वतंत्रता मिल गई, और इससे भी बुरी बात यह है कि वे एक ही समय में एक ही धर्म का अनुसरण करते रहे।

2. पारस्परिक प्रभाव

1. हालाँकि, भिक्खु के लिए भिक्षा का बंधन, आम जनता के किसी गलत काम करने वाले सदस्य को सुधारने के लिए पर्याप्त था।
2. इस संबंध में अंगुत्तर निकाय में उल्लिखित निम्नलिखित नियम ध्यान देने योग्य हैं।
3. इन निर्देशों के अतिरिक्त, आम लोगों को किसी भिक्षु के विरुद्ध किसी भी प्रकार की शरारत या दुराचार के विरुद्ध अन्य भिक्षुओं से शिकायत करने का सामान्य अधिकार था।
4. जैसे ही शिकायत बुद्ध के पास पहुँची और उन्होंने इसकी पुष्टि की, विनय पीठक में प्रासंगिक नियम में संशोधन किया गया, ताकि ऐसे आचरण की पुनरावृत्ति को संघ के विरुद्ध अपराध माना जाए।
5. विनय पीठक आम लोगों की शिकायतों के निवारण के अलावा और कुछ नहीं है।
6. भिक्षु और आम लोगों के बीच ऐसा ही संबंध था।

3. भिक्षुओं का धम्म और उपासक का धम्म

1. बौद्ध धर्म के कुछ आलोचक आरोप लगाते हैं कि बौद्ध धर्म कोई धर्म नहीं है।
2. ऐसी आलोचना पर ध्यान नहीं दिया जाना चाहिए। लेकिन यदि कोई उत्तर दिया जाना है, तो वह यह है कि बौद्ध धर्म ही एकमात्र वास्तविक धर्म है और जो लोग इसे स्वीकार नहीं करते, उन्हें धर्म की अपनी परिभाषा में संशोधन करना चाहिए।
3. अन्य आलोचक इस हद तक नहीं जाते। वे कहते हैं कि बौद्ध धर्म का संबंध केवल भिक्खु से है। यह आम आदमी से संबंधित नहीं है। बौद्ध धर्म ने आम आदमी को अपने दायरे से बाहर रखा।
4. बुद्ध के संवादों में भिक्खु का उल्लेख इतनी बार आता है कि वे आलोचना को और मजबूत करते हैं।

5. इसलिए, मामले को स्पष्ट करना आवश्यक हो जाता है।
6. क्या धम्म दोनों के लिए समान था? या क्या धम्म का कोई ऐसा हिस्सा है जो भिक्खु पर बाध्यकारी है लेकिन आम लोगों पर नहीं?
7. केवल इसलिए कि उपदेश भिक्खु की सभा को संबोधित थे, यह नहीं माना जाना चाहिए कि जो उपदेश दिया गया था वह केवल उन पर लागू होने के लिए था। जो उपदेश दिया गया वह दोनों पर लागू था।
8. जब बुद्ध ने उपदेश दिया तो उनके मन में आम लोग थे: (1) पंचशील, (2) अष्टांग मार्ग और (3) पारमिता में, वस्तुओं की प्रकृति से यह बात बिल्कुल स्पष्ट है और वास्तव में, किसी तर्क की आवश्यकता नहीं है।
9. ये वे लोग हैं जो अपना घर–बार छोड़कर नहीं गए हैं।

   जो सक्रिय जीवन में लगे हुए हैं, उनके लिए पंचशील, अष्टांग मार्ग और पारमिता आवश्यक हैं। वे ही इनका उल्लंघन कर सकते हैं, न कि वह भिक्षु जो घर छोड़ चुका है, जो सक्रिय जीवन में नहीं लगा हुआ है और जिसके इनका उल्लंघन करने की संभावना नहीं है।
10. अतः जब बुद्ध ने अपने धम्म का प्रचार आरम्भ किया तो वह मुख्यतः जनसाधारण के लिए रहा होगा।
11. हालाँकि, केवल अनुमान पर निर्भर रहना आवश्यक नहीं है। आलोचना को गलत साबित करने के लिए प्रत्यक्ष प्रमाण मौजूद हैं।
12. निम्नलिखित उपदेश का संदर्भ दिया जा सकता है।
13. एक बार जब भगवान अनाथपिंडिका की शरण में श्रावस्ती में जेतवन में निवास कर रहे थे, तब उनके पास एक उपासक धम्मिक अन्य पाँच सौ उपासकों के साथ आये, जिन्होंने विधिपूर्वक प्रणाम करने के बाद एक ओर अपना स्थान ग्रहण किया और भगवान से इस प्रकार कहा:
14. हे भगवन्! जो आचरण है, वह भिक्षुओं और उपासकों, अर्थात् गृहहीनों और गृहविहीनों, दोनों को ही सिद्ध करता है।

15. "इन आम अनुयायियों के साथ बैठे भिक्षा मांगने वालों को उद्धारकारी सत्य सीखना चाहिए।"

16. भगवान ने कहाः "हे भिक्षापात्रों, ध्यान दो। सुनो और बताए गए नियमों का पालन करो।

17. "दोपहर के बाद इधर–उधर मत घूमो समय रहते भिक्षा मांग लो। असमय आए अतिथि का स्वागत करता है।

18. "भोजन की तलाश करने से पहले अपना घर साफ कर लो। रूप, ध्वनि, गंध, स्वाद और भाग्य के प्रति उत्साहपूर्ण मन।

19. "तुम्हारी भिक्षा प्राप्त हो गई है, अकेले लौट जाओ, बैठो।

20. "हे भिक्षापात्रों, धर्मात्मा लोगों के साथ वार्तालाप करते समय तुम्हारा विषय धर्मसिद्धान्त ही हो।

21. "भिक्षा, कोठरी, बिस्तर, जल और कुल्ला को केवल साधन समझो, इसके अतिरिक्त कुछ नहीं।

22. "इस तरह के तर्कपूर्ण उपयोग से भिक्षा मांगने वाला व्यक्ति कमल के पत्ते की तरह निष्कलंक जिस पर पानी की एक बूँद भी नहीं टिकती।

23. "अब मैं उस आचरण की ओर जाता हूँ जो आम अनुयायियों को परिपूर्ण बनाता है। उनसे मैं कहता हूँः

24. "न मारो, न मौत के घाट उतारो, न वध की अनुमति दो। किसी भी जीवित प्राणी पर हिंसा न करो, चाहे वह बलवान हो या दुर्बल। सभी जीवित प्राणियों से प्रेम करो।

25. "कोई भी आम आदमी जानबूझकर चोरी न करे या चोरी का आदेश न दे, केवल वही ले जो दूसरे देते हैं।

26. "असंयम से दूर रहो, जैसे कि यह आग का गड्ढा हो, संयम न रख पाने पर किसी विवाहित पत्नी के साथ व्यभिचार न करो।

27. सभाओं, न्यायालयों में न रहो, झूठ को बढ़ावा न दो या स्वीकृति न दो असत्य का त्याग करो।

28. "इस नियम का पालन करो शराब से दूर रहो, किसी को शराब न पिलाओ शराब पीने की अनुमति न दो। देखो कि शराब कैसे पागलपन की ओर ले जाती है।
29. "शराब पीकर मूर्ख पाप करते हैं, और आलसी भाई पाप करते हैं। इसलिए इस पागल करने वाले दुर्गुण, इस मूर्खता, मूर्खों के आनंद से दूर भागो।
30. "हत्या मत करो, चोरी मत करो, झूठ मत बोलो, शराब से दूर रहो व्यभिचार से दूर रहो।
31. "इस प्रकार प्रत्येक सप्ताह अपने विश्रामदिन की प्रतिज्ञा करो, और पवित्र हृदय से इस आठ गुना पर्व को मनाओ।
32. "प्रातःकाल इन प्रतिज्ञाओं को पवित्र, कृतज्ञ हृदय से करो, बुद्धिमान बनो और अपने साधनों से दान–पानी दो।
33. "अपने माता–पिता का भला करो धर्मी व्यापार करो।
34. "इस प्रकार सामान्य व्यक्ति, दृढ़ निश्चयी होकर ऊपर प्रकाश के लोकों को प्राप्त करेगा।"
35. इस प्रकार यह देखा जाएगा कि दोनों के लिए धम्म एक ही था।
36. दोनों के आह्वान में निश्चित रूप से अंतर हैं।
37. एक भिक्षु को पाँच प्रतिज्ञाएँ लेनी चाहिए।
38. उसे यह प्रतिज्ञा लेनी चाहिए कि वह हत्या नहीं करेगा।
39. उसे यह शपथ लेनी चाहिए कि वह किसी दूसरे की संपत्ति को अपने लिए नहीं लेगा जो उसे नहीं दी गई है।
40. उसे यह शपथ लेनी चाहिए कि वह कभी झूठ नहीं बोलेगा।
41. उसे यह शपथ लेनी होगी कि वह किसी स्त्री के साथ शारीरिक संबंध बनाने की कोशिश नहीं करेगा।
42. उसे यह शपथ लेनी होगी कि वह कभी कोई नशीला पेय पदार्थ नहीं पीएगा।
43. ये सभी नियम आम आदमी पर भी बाध्यकारी हैं।

44. अंतर केवल इतना है कि भिक्षुओं के लिए ये व्रत हैं जिनका उल्लंघन नहीं किया जाना चाहिए, जबकि आम आदमी के लिए ये नैतिक दायित्व हैं जिनका स्वेच्छा से पालन किया जाना चाहिए।

45. इसके अलावा, दो अन्य अंतर भी हैं जो ध्यान देने योग्य हैं।

46. एक भिक्खु के पास निजी संपत्ति नहीं हो सकती। एक आम आदमी के पास हो सकती है।

47. एक भिक्खु को परिनिर्वाण में प्रवेश करने की स्वतंत्रता है। एक साधारण व्यक्ति के लिए परिनिर्वाण पर्याप्त है।

48. भिक्षु और सामान्य व्यक्ति के बीच समानताएं और अंतर ये हैं।

49. तथापि, धम्म दोनों के लिए एक ही है।

भाग – V

विनय लोकधर्मियों के लिए

1. धनवानों के लिए विनय।
2. गृहस्थ के लिए विनय।
3. बच्चों के लिए विनय।
4. विद्यार्थी के लिए विनय।
5. पति और पत्नी के लिए विनय।
6. स्वामी और सेवक के लिए विनय।
7. निष्कर्ष।
8. लड़कियों के लिए विनय।

1. धनवानों के लिए विनय

(i)

1. भगवान ने गरीबी को जीवन की धन्य अवस्था बताकर उसे ऊंचा नहीं किया।
2. न ही उन्होंने गरीबों से कहा कि वे संतुष्ट रहें क्योंकि उन्हें धरती विरासत में मिलेगी।
3. इसके विपरीत, उन्होंने कहा कि धन का स्वागत है। उन्होंने इस बात पर जोर दिया कि धन का अर्जन विनय के अधीन होना चाहिए।

(ii)

1. एक बार अनाथपिंडिका उस स्थान पर आया जहाँ भगवान थे। आकर उसने भगवान को प्रणाम किया और एक ओर बैठ गया तथा पूछा, "क्या ज्ञानी यह बताएँगे कि गृहस्थ के लिए कौन–सी वस्तुएँ स्वागत योग्य, सुखद, मनभावन हैं, लेकिन जिन्हें प्राप्त करना कठिन है।"
2. ज्ञानी ने उनसे पूछे गए प्रश्न को सुनकर कहा, "ऐसी वस्तुओं में से पहली वस्तु है विधिपूर्वक धन अर्जित करना।
3. "दूसरी वस्तु यह देखना है कि तुम्हारे सम्बन्धी भी विधिपूर्वक धन प्राप्त करें।
4. "तीसरी वस्तु है दीर्घायु होना तथा लम्बी उम्र होना।
5. "एक सच्चे गृहस्थ के लिए इन तीन वस्तुओं की प्राप्ति के लिए, जो संसार में स्वागत योग्य, सुखद, मनभावन हैं, लेकिन प्राप्त करना कठिन है, चार पूर्व शर्तें भी हैं। वे हैं श्रद्धा का आशीर्वाद, सदाचार का आशीर्वाद, उदारता का आशीर्वाद तथा ज्ञान का आशीर्वाद।
6. "श्रद्धा और विश्वास का आशीर्वाद तथागत के सर्वोच्च ज्ञान में निहित है, जो सिखाता है कि यह वही है, जो श्रेष्ठ है, पवित्र है, परम जागृत है, ज्ञान और आचरण में पूर्ण है, मंगलमय है, सभी लोकों का ज्ञाता है, मनुष्यों का अतुलनीय प्रशिक्षक है, देवताओं और मनुष्यों का शिक्षक है।'

7. "सदाचार का आशीर्वाद जो प्राण लेने, चोरी करने, व्यभिचार करने, झूठ बोलने और किण्वित मदिरा पीने से दूर रहता है।

8. "उदारता का आशीर्वाद वह है जो लोभ के कलंक से मुक्त मन से रहने वाला गृहस्थ, उदार, उपहारों में प्रसन्न रहने वाला, मांगने योग्य अच्छा व्यक्ति और उपहारों के वितरण के लिए समर्पित है।

9. "बुद्धि का आशीर्वाद कहाँ है? तुम जानते हो कि जो गृहस्थ लोभ, लोभ, दुर्भावना, आलस्य, तंद्रा, व्याकुलता और घबराहट से ग्रस्त मन से रहता है, वह गलत काम करता है और जो करना चाहिए उसे अनदेखा कर देता है, और ऐसा करके वह सुख और सम्मान से वंचित हो जाता है।

10. "लोभ, दुर्भावना, आलस्य और तंद्रा, व्याकुलता और घबराहट और संदेह मन के दाग हैं। जो गृहस्थ मन के ऐसे दागों से छुटकारा पा लेता है, वह महान बुद्धि, प्रचुर बुद्धि, स्पष्ट दृष्टि और पूर्ण बुद्धि प्राप्त करता है।

11. इस प्रकार, वैध और न्यायपूर्वक धन अर्जित करना, महान परिश्रम से कमाया हुआ, बाहुबल से संचित और (माथे के) पसीने से कमाया हुआ, एक महान आशीर्वाद है। गृहस्थ अपने आपको सुखी और प्रसन्नचित्त बनाता है तथा स्वयं को सुख से भरपूर रखता है; माता–पिता, पत्नी और बच्चों, नौकरों और मजदूरों, मित्रों और साथियों को भी सुखी और प्रसन्नचित्त बनाता है तथा उन्हें भी सुख से भरपूर रखता है।'

2. गृहस्थ के लिए विनय

इस विषय पर बुद्ध के विचार सिगला के साथ उनके प्रवचन में सन्निहित हैं।

1. एक समय भगवान राजगृह के वेलु वन में गिलहरियों के चरने के मैदान में थे।

2. अब इस समय गृहस्थ का पुत्र युवा सिगला, समय से पहले उठकर राजगृह से बाहर चला गया, और गीले बालों और गीले वस्त्रों के

साथ और हाथ जोड़कर, पूर्व, दक्षिण, पश्चिम और उत्तर, नीचे और ऊपर दिशा में पृथ्वी और आकाश के कई दिशाओं की पूजा की।

3. और भगवान ने उस दिन प्रातःकाल ही अपने वस्त्र पहने, अपना कटोरा और वस्त्र लिया और भिक्षा मांगने के लिए राजगृह में प्रवेश किया। उन्होंने युवा सिगला को पूजा करते हुए देखा और उससे पूछा, "तुम पृथ्वी और आकाश के विभिन्न भागों की पूजा क्यों करते हो?"

4. "मेरे पिता ने मरते समय मुझसे कहा थाः प्रिय पुत्र, तुम्हें पृथ्वी और आकाश की दिशाओं की पूजा करनी चाहिए। इसलिए, मैं, श्रीमान, अपने पिता के वचन का सम्मान करते हुए इस प्रकार पूजा करता हूँ।"

5. "लेकिन यह संसार के मनुष्य का सच्चा धर्म कैसे हो सकता है" भगवान ने पूछा। "मनुष्य का धर्म और क्या हो सकता है," सिगला ने उत्तर दिया। "यदि कोई है, तो यह बहुत अच्छी बात होगी यदि भगवान मुझे बताएं कि वह क्या है।"

6. "तो सुनो युवा गृहस्थ, मेरी बातें ध्यान से सुनो और मैं तुम्हें बताऊंगा कि यह क्या है।" "ऐसा ही हो, श्रीमान," युवा सिगला ने उत्तर दिया। और महापुरुष ने कहाः

7. "मनुष्य का धर्म होने के लिए उसे बुरे आचरण से दूर रहना सिखाना चाहिए। जीवन का नाश, जो न दिया गया हो उसे ले लेना, अनैतिकता और झूठ बोलना, ये चार बुरे आचरण हैं जिनसे उसे बचना चाहिए।

8. "हे सिगला, यह जान लो कि बुरे काम पक्षपात, शत्रुता, मूर्खता और भय के कारण किए जाते हैं। यदि वह इन उद्देश्यों से बहक न जाए, तो वह कोई बुरा काम नहीं करेगा।

9. "धर्म मनुष्य को यह सिखाना चाहिए कि वह अपने धन को बरबाद न करे। धन का बरबाद होना, शराब पीने की लत लग जाना, गलत समय पर सड़कों पर घूमना, मेलों में जाना, जुआ खेलने की लत

लग जाना, बुरे साथियों की संगति करना, आलस्य की आदत लग जाना।

10. "सिगला, मादक मदिरा के आदी होने से छः खतरे उत्पन्न होते हैं, धन की हानि, झगड़ों में वृद्धि, रोग की संभावना, अच्छे चरित्र की हानि, अभद्र व्यवहार, बुद्धि का क्षीण होना।

11. "अनियमित समय पर सड़कों पर घूमने से छः खतरे होते हैं: वह स्वयं बिना सुरक्षा के रहता है, उसकी पत्नी और बच्चे भी बिना सुरक्षा के रहते हैं, उसकी संपत्ति भी बिना किसी सुरक्षा के रहती है, इसके अतिरिक्त, उस पर अज्ञात अपराधों का संदेह किया जाता है, उसके बारे में झूठी अफवाहें फैलाई जाती हैं, तथा उसे अनेक प्रकार की परेशानियों का सामना करना पड़ता है।

12. "मेलों में जाने से छः खतरे होते हैं:

वह हमेशा सोचता रहता है कि नृत्य कहां है? गायन कहां है? संगीत कहां है? सस्वर पाठ कहां है? झांझ कहां हैं? टमटम कहां हैं?

13. "जो व्यक्ति जुए में आसक्त हो जाता है, उसके लिए छः संकट हैं – जीतने पर वह घृणा उत्पन्न करता है, पराजित होने पर वह अपनी खोई हुई सम्पत्ति पर शोक करता है, उसकी वास्तविक सम्पत्ति नष्ट हो जाती है, न्यायालय में उसकी बात का कोई महत्व नहीं होता, मित्र और अधिकारी उससे घृणा करते हैं, विवाह में देने या लेने वाले लोग उससे प्रेम नहीं करते, क्योंकि वे कहते हैं कि जो व्यक्ति जुआरी है, वह पत्नी रखने का जोखिम नहीं उठा सकता।

14. "बुरे साथियों की संगति से छः खतरे होते हैं: कोई भी जुआरी, कोई भी लुटेरा, कोई भी शराबी, कोई भी धोखेबाज, कोई भी ठग, कोई भी हिंसक व्यक्ति उसका मित्र और साथी है।

15. "आलस्य की आदत के छह खतरे हैं: वह कहता है कि बहुत ठंड है और कोई काम नहीं करता, वह कहता है कि बहुत गर्मी है और कोई काम नहीं करता, वह कहता है कि अभी बहुत जल्दी है या

बहुत देर हो चुकी है और कोई काम नहीं करता, वह कहता है कि मुझे बहुत भूख लगी है और कोई काम नहीं करता, वह कहता है कि मेरा पेट बहुत भर गया है और कोई काम नहीं करता। और जब वह सब कुछ जो उसे करना चाहिए, अधूरा रह जाता है, तो उसे नई संपत्ति नहीं मिलती, और वह संपत्ति जो उसके पास है, वह भी नष्ट हो जाती है।

16. "किसी धर्म को मनुष्य का धर्म होने के लिए उसे यह सिखाना चाहिए कि उसका सच्चा मित्र कौन है।

17. "चार लोग हैं जो मित्र के समान शत्रु माने जाने चाहिए – लालची, जो केवल बातें करता है, कर्म नहीं करता, चापलूस और साथी को बरबाद करने वाला।

18. "इनमें से पहला तो मित्र के समान शत्रु समझा जाना चाहिए, क्योंकि वह लोभी होता है, वह देता बहुत कम है और मांगता बहुत है, वह भय के कारण अपना कर्तव्य करता है, वह अपना स्वार्थ साधता है।

19. "जो वचनों वाला मनुष्य कर्म करने वाला नहीं है, वह मित्र के समान शत्रु माना जाएगा। क्योंकि वह भूतकाल के सम्बन्ध में मित्रता का वचन देता है, वह भविष्य के सम्बन्ध में मित्रता का वचन देता है, वह व्यर्थ की बातों से आपका पक्ष लेने का प्रयत्न करता है, और जब सेवा का अवसर आता है, तो वह अपनी इच्छा प्रकट कर देता है।"

20. "चापलूसी करने वाले को मित्र के समान शत्रु समझा जाना चाहिए, क्योंकि वह गलत काम करने में भी सहमत होता है और सही काम करने से भी कतराता है; वह आपके सामने आपकी प्रशंसा करता है; और दूसरों के सामने आपकी बुराई करता है।

21. इसी प्रकार साथी को भी मित्र के समान शत्रु समझना चाहिए; क्योंकि जब आप असमय सड़कों पर घूमते हैं तो वह आपका साथी होता है, जब आप शो और मेलों में जाते हैं तो वह आपका साथी होता है, जब आप जुए के नशे में होते हैं तो वह आपका साथी होता है।

22. "चार मित्र हैं जिन्हें हृदय से स्वस्थ समझना चाहिए सहायक मित्र जो सुख और विपत्ति में एक समान हो अच्छी सलाह देने वाला मित्र सहानुभूति रखने वाला मित्र।

23. "सहायक मित्र को हृदय से स्वस्थ समझना चाहिए क्योंकि जब आप सावधान नहीं होते तो वह आपकी रक्षा करता है, जब आप सावधान नहीं होते तो वह आपकी संपत्ति की रक्षा करता है, जब आप भयभीत होते हैं तो वह आपका आश्रय होता है, जब आपको कोई कार्य करना होता है तो वह आपकी आवश्यकता से दोगुनी आपूर्ति प्रदान करता है।

24. "जो मित्र सुख और विपत्ति में एक समान रहता है, वह हृदय से स्वस्थ माना जाता हैः क्योंकि, वह तुम्हें अपने रहस्य बताता है, वह तुम्हारे रहस्यों को गुप्त रखता है, तुम्हारे संकटों में वह तुम्हें नहीं छोड़ता, वह तुम्हारे लिए अपना जीवन भी दे देता है।

25. "जो मित्र तुम्हें बताता है कि तुम्हें क्या करना चाहिए, वह हृदय से स्वस्थ है; क्योंकि, वह तुम्हें गलत काम करने से रोकता है, वह तुम्हें सही काम करने का आदेश देता है, वह तुम्हें वह बताता है जो तुमने पहले नहीं सुना था, वह तुम्हें स्वर्ग का मार्ग बताता है।

26. "जो मित्र सहानुभूति रखता है, वह हृदय से स्वस्थ माना जाता है; क्योंकि, वह तुम्हारे दुर्भाग्य पर प्रसन्न नहीं होता, वह तुम्हारी समृद्धि पर प्रसन्न होता है, वह उन लोगों को रोकता है जो तुम्हारे बारे में बुरा बोलते हैं, वह उन लोगों की प्रशंसा करता है जो तुम्हारी प्रशंसा करते हैं।" ऐसा महान परमेश्वर कहते हैं।

27. "धर्म जो कि मनुष्य का धर्म है, उसे छः दिशाओं की पूजा करने की शिक्षा देने के स्थान पर उसे अपने माता–पिता, अपने गुरुओं, अपनी पत्नी और बच्चों, अपने मित्रों और साथियों, अपने सेवकों और कामगारों तथा अपने धार्मिक गुरुओं का आदर और सम्मान करना सिखाना चाहिए।"

3. बच्चों के लिए विनय

1. "एक बच्चे को अपने माता–पिता से यह कहते हुए सेवा करनी चाहिएः एक बार जब उन्होंने मुझे सहारा दिया तो मैं अब उनका सहारा बनूंगा, मैं उनके कर्तव्यों का पालन करूंगा, मैं अपने परिवार की वंशावली और परंपरा को बनाए रखूंगा, मैं अपने आप को अपनी विरासत के योग्य बनाऊंगा। क्योंकि, माता–पिता उसके प्रति अपना प्यार दिखाते हैं, वे उसे बुराई से रोकते हैं, वे उसे सद्गुणों के लिए प्रेरित करते हैं, वे उसे एक व्यवसाय के लिए प्रशिक्षित करते हैं, वे उसके लिए उपयुक्त विवाह का अनुबंध करते हैं, और उचित समय पर उसे विरासत सौंप देते हैं।

4. शिष्य के लिए विनय

1. "एक शिष्य को अपने शिक्षकों की सेवा अपने स्थान से उठकर, उनके पास जाकर उनका अभिवादन करके, सीखने की उत्सुकता से, व्यक्तिगत सेवा करके, तथा उनकी शिक्षा ग्रहण करते समय ध्यान देकर करनी चाहिए। क्योंकि, शिक्षक अपने शिष्य से प्रेम करते हैं, वे उसे उस विषय में प्रशिक्षित करते हैं जिसमें उसे अच्छी तरह प्रशिक्षित किया गया है, वे उसे उस विषय पर दृढ़ पकड़ दिलाते हैं जो अच्छी तरह से पकड़ लिया गया है, वे उसे हर कला की पूरी तरह से शिक्षा देते हैं, वे उसके मित्रों और साथियों के बीच उसकी प्रशंसा करते हैं। वे हर दिशा में उसकी सुरक्षा का प्रबंध करते हैं।

5. पति और पत्नी के लिए विनय

1. "एक पति को अपनी पत्नी की सेवा सम्मान, शिष्टाचार, निष्ठा, उसे अधिकार सौंपकर, उसे श्रृंगार प्रदान करके करनी चाहिए। क्योंकि, पत्नी उससे प्यार करती है, उसके कर्तव्य अच्छी तरह से निभाए जाते हैं, दोनों के रिश्तेदारों का आतिथ्य करके, निष्ठा से, उसके

द्वारा लाए गए सामान की देखभाल करके, और अपने सभी कामों को कुशलता और परिश्रम से पूरा करके। 2. "एक कुल के व्यक्ति को अपने मित्रों और साथियों की सेवा उदारता, शिष्टाचार और परोपकार से करनी चाहिए, उनके साथ वैसा ही व्यवहार करना चाहिए जैसा वह अपने साथ करता है, और अपने वचन के अनुसार खरा उतरना चाहिए। क्योंकि, उसके मित्र और परिचित उससे प्यार करते हैं, जब वह बेखबर होता है तो वे उसकी रक्षा करते हैं, और ऐसे अवसर पर उसकी संपत्ति की रक्षा करते हैं, वे उसकी रक्षा करते हैं, वे संकट में शरणस्थान बन जाते हैं, वे संकट में उसका साथ नहीं छोड़ते, और उसके परिवार के प्रति विचारशील होते हैं।

6. स्वामी और सेवक के लिए विनय

1. "स्वामी को अपने सेवकों और कर्मचारियों को उनकी शक्ति के अनुसार काम देकर, उन्हें भोजन और मजदूरी देकर, बीमारी में उनकी देखभाल करके, उनके साथ अनोखे व्यंजन बाँटकर, समय–समय पर छुट्टी देकर उनकी सेवा करनी चाहिए। क्योंकि, सेवक और कर्मचारी अपने स्वामी से प्रेम करते हैं, वे उसके सामने उठते हैं, उसके बाद आराम करने के लिए लेटते हैं, उन्हें जो दिया जाता है, उससे संतुष्ट रहते हैं, वे अपना काम अच्छी तरह करते हैं, और उसकी प्रशंसा और अच्छी ख्याति फैलाते हैं।
2. "कुल के व्यक्ति को चाहिए कि वह धार्मिक गुरुओं की सेवा अपने कर्म, वाणी और मन से स्नेहपूर्वक करे, उनके प्रति अपना घर खुला रखे, तथा उनकी सांसारिक आवश्यकताओं की पूर्ति करे। क्योंकि धार्मिक गुरु उसे बुराई से रोकते हैं, उसे अच्छाई की ओर प्रेरित करते हैं, उसे दयालु विचारों से प्रेम करते हैं, उसे वह सिखाते हैं जो उसने नहीं सुना है, तथा जो उसने सुना है उसे सुधारते और शुद्ध करते हैं।"

7. निष्कर्ष

1. जब भगवान ने इस प्रकार कहा, तो युवा गृहस्थ ने कहाः "सुंदर, भगवान, सुंदर! जैसे कि कोई जो गिरा दिया गया था उसे फिर से स्थापित कर दे, या जो छिपा हुआ था उसे प्रकट कर दे, या जो भटक गया था उसे मार्ग बता दे, या अंधेरे में दीपक ले जाए, यह कहते हुए जिनके पास आंखें हैं वे देखेंगे! इसी तरह भगवान ने सत्य को कई तरीकों से प्रकट किया है।
2. "और मैं, मैं ही, उनकी शरण में जाता हूँ, और सत्य और व्यवस्था की शरण में जाता हूँ। परमपिता परमेश्वर मुझे अपना शिष्य मानकर स्वीकार करें, जैसे कि मैंने आज से लेकर जब तक जीवन है, तब तक उनकी शरण ली है।"

8. लड़कियों के लिए विनय

1. एक बार भगवान भद्दिया के पास जटिया वन में रहते थे और वहाँ मेंडक के पोते उग्गाहा ने उनसे मुलाकात की और उन्हें प्रणाम करने के बाद एक तरफ बैठ गए। इस तरह बैठे हुए, उन्होंने भगवान से कहाः
2. "भगवान कल मेरे घर पर भोजन स्वीकार करें, वह चौथे (हम तीनों के साथ) हैं।"
3. भगवान ने अपनी चुप्पी से स्वीकार कर लिया।
4. तब उग्गाहा ने देखा कि भगवान ने स्वीकार कर लिया है, अपने आसन से उठे, प्रणाम किया, और भगवान को अपने दाहिने ओर रखते हुए विदा हुए।
5. अब जब रात हो गई, तो भगवान ने सुबह अपने कपड़े पहने, अपना कटोरा और लबादा लिया और उग्गाहा के घर गए, और वहाँ तैयार किए गए आसन पर बैठ गए। और उग्गाहा ने अपने हाथों से सेवा की और भगवान को भरपूर भोजन से संतुष्ट किया।

6. और जब भगवान ने अपना हाथ कटोरे से हटा लिया, तो वह एक तरफ बैठ गया। इस तरह बैठकर उसने कहाः

7. हे प्रभु, मेरी ये लड़कियाँ अपने पतियों के परिवारों के पास जाएँगी हे प्रभु, भगवान उन्हें सलाह दें, भगवान उन्हें सलाह दें, ताकि वे कई दिनों तक खुश रहें और खुश रहें!

8. तब भगवान ने उनसे बात की और कहाः "इसलिए, लड़कियों, अपने आप को इस तरह से प्रशिक्षित करोः 'हमारे माता–पिता हमें जो भी पति देंगे – हमारी भलाई की कामना करते हुए, हमारी खुशी की तलाश करते हुए, दयालु – उसके प्रति दया के कारण हम सुबह जल्दी उठेंगे, सबसे आखिर में सोएँगे, स्वेच्छा से काम करेंगे, सभी कामों को मधुरता से करेंगे और कोमल आवाज में बोलेंगे। लड़कियों, अपने आप को इस तरह से प्रशिक्षित करो।'

9. "और इस तरह से भी, लड़कियों हम अपने पति के सभी रिश्तेदारों का सम्मान, आदर, सम्मान और आदर करेंगे, चाहे वे माता हों या पिता, एकान्तवासी या धर्मपरायण व्यक्ति, और उनके आने पर उन्हें बैठने और पानी देने की पेशकश करेंगे। लड़कियों, अपने आप को इस तरह से प्रशिक्षित करें।'

10. और इस तरह से भी लड़कियों हम अपने पति के घरेलू कामों में निपुण और फुर्तीले होंगे, चाहे वे ऊनी हों या सूती, काम को समझना और उसे पूरा करना हमारा काम होगा। लड़कियों, अपने आप को इस तरह से प्रशिक्षित करें।

11. "और इस तरह से भी, लड़कियोंः 'संदेशवाहक और कार्यकर्ता हम प्रत्येक के काम को जानेंगे कि क्या किया गया है, उनकी लापरवाही, क्या नहीं किया गया है; हम रोगियों की ताकत और कमजोरी को जानेंगे हम कठिन और नरम भोजन को प्रत्येक को उसके हिस्से के अनुसार विभाजित करेंगे। लड़कियों, अपने आप को इस तरह प्रशिक्षित करें।'

12. "और इस तरह भी, लड़कियोंः पैसा, अनाज, चांदी और सोना जो हमारे पति घर लाते हैं, हम उसे सुरक्षित रखेंगे, उसकी निगरानी

करेंगे और उसे चोर, लुटेरा, रंगरेलियां मनाने वाला या बरबाद करने वाला नहीं मानेंगे। लड़कियों, इस तरह से खुद को प्रशिक्षित करो।

13. यह सलाह सुनकर उग्गा की पुत्रियाँ बहुत प्रसन्न हुईं और भगवान के प्रति कृतज्ञ हुईं।

पुस्तक – VI

वह और उनके समकालीन

भाग I–उनके हितैषी।

भाग II–उनके शत्रु।

भाग III–उनके सिद्धांतों के आलोचक।

भाग IV–मित्र और प्रशंसक।

भाग – I

उनके उपकारकर्ता

1. बिम्बिसार से उपहार।
2. अनाथपिंडिका से उपहार।
3. जीवक से उपहार।
4. अम्बरपाली से उपहार।
5. विशाखा की उदारता।

1. राजा बिम्बिसार से उपहार

1. राजा बिम्बिसार केवल भगवान के अनुयायी ही नहीं थेः वे एक महान भक्त भी थे और उनके धम्म के महान समर्थक भी थे।
2. एक साधारण शिष्य बनने के बाद बिम्बिसार ने पूछाः "क्या भगवान कल भिक्षुओं के समुदाय के साथ मेरे साथ भोजन करने की अनुमति देंगे?"
3. भगवान ने मौन रहकर अपनी सहमति व्यक्त की।
4. तब राजा बिम्बिसार ने जब यह समझा कि भगवान ने उनका निमंत्रण स्वीकार कर लिया है, तो वे अपने आसन से उठे, भगवान को आदरपूर्वक प्रणाम किया और उनके सामने अपना दाहिना भाग घुमाते हुए चले गए।
5. और जब रात बीत गई, तो बिम्बिसार ने उत्तम भोजन तैयार करने का आदेश दिया और समय पर भगवान को इन शब्दों में घोषणा कीः "समय हो गया है, भगवान, भोजन तैयार है।"
6. और प्रातःकाल में भगवान ने अपना अधेवस्त्र पहना, अपना भिक्षापात्र लिया, और अपने वस्त्र पहने हुए ही, भिक्षुओं के साथ राजगृह नगर में प्रवेश किया, जो पहले जतिल थे।
7. और भगवान राजा बिम्बिसार के महल में गए। वहाँ जाकर, वे अपने पीछे आने वाले भिक्षुओं के साथ, उनके लिए निर्धारित आसनों पर बैठ गए। फिर राजा बिम्बिसार ने अपने हाथों से बुद्ध की अध्यक्षता में भिक्षुओं के समुदाय को भोजन कराया और जब भगवान ने अपना भोजन समाप्त कर लिया और अपना कटोरा और अपने हाथ साफ कर लिए, तो वे उनके पास बैठ गए।
8. उनके पास बैठकर राजा बिम्बिसार ने सोचा, "मैं भगवान के रहने के लिए ऐसा स्थान कहां ढूंढ सकता हूँ, जो गांव से न अधिक दूर हो और न अधिक पास, आने–जाने के लिए उपयुक्त, जो उन्हें खोजने वाले लोगों के लिए आसानी से पहुंच योग्य हो, दिन में अधिक भीड़भाड़ न हो, जहां कम आवाज हो और रात में कम शोर

हो, एकांत हो, लोगों से छिपा हो, एक सेवानिवृत्त जीवन के लिए उपयुक्त हो?"

9. और राजा बिम्बिसार ने सोचा: "वहाँ वेलुवन है, मेरा आनंद उद्यान। जो शहर से बहुत दूर नहीं है और बहुत पास भी नहीं है, आने–जाने के लिए उपयुक्त है। क्या होगा यदि मैं बुद्ध की अध्यक्षता में भिक्षुओं के समुदाय को वेलुवन आनंद उद्यान भेंट करूँ? "
10. और राजा बिम्बिसार ने बुद्ध के हाथ पर डालने के लिए पानी से भरा एक सुनहरा बर्तन लिया और धन्य को एक उपहार देते हुए कहा, "मैं यह वेलुवन आनंद उद्यान, भगवान, बुद्ध की अध्यक्षता में भिक्षुओं के समुदाय को देता हूँ।" धन्य ने उद्यान स्वीकार कर लिया।
11. तब धन्य ने धार्मिक प्रवचन द्वारा राजा बिम्बिसार को शिक्षा देने, प्रेरित करने, उत्साहित करने और प्रसन्न करने के बाद, अपने आसन से उठे और चले गए।
12. और इस घटना के परिणामस्वरूप, धन्य ने एक धार्मिक प्रवचन देने के बाद, भिक्षुओं को संबोधित किया: मैं आप भिक्षुओं को एक उद्यान का यह दान स्वीकार करने की अनुमति देता हूँ।"

2. अनाथपिंडिका से उपहार

1. अपने धर्मांतरण के बाद अनाथपिंडिका एक बार धन्य भगवान के पास गए। अपने दाहिनी ओर आसन ग्रहण करते हुए उन्होंने कहा:
2. "भगवान जानते हैं कि मैं श्रावस्ती में रहता हूँ, जो कि उपज से भरपूर भूमि है, तथा शांति का आनंद ले रहा है; पसेंडी वहाँ का महान राजा है।
3. "अब मैं वहाँ एक विहार स्थापित करना चाहता हूँ, मैं आपसे प्रार्थना करता हूँ कि आप अपनी दया से श्रावस्ती आएँ और मुझसे इसे स्वीकार करें।"
4. भगवान चुप रहे और इस प्रकार उन्होंने उपहार स्वीकार करने की अपनी इच्छा प्रकट की।

5. अनाथों के मित्र और अनाथों के पोषक अनाथपिंडिका ने घर लौटकर उत्तराधिकारी जेत के बगीचे को देखा, जिसमें हरे–भरे पेड़–पौधे और स्वच्छ नदियाँ थीं, और उन्होंने सोचा: "यही वह स्थान है जो भगवान के भाईचारे के लिए विहार के रूप में सबसे उपयुक्त होगा।" और वे राजकुमार के पास गए और भूमि खरीदने की अनुमति माँगी।

6. राजकुमार बाग को बेचने के लिए तैयार नहीं था क्योंकि वह इसे बहुत कीमती मानता था। पहले तो उसने मना कर दिया लेकिन अंत में कहा: "अगर आप इसे सोने से मढ़ सकते हैं, तो, और किसी और कीमत पर नहीं, आप इसे ले लेंगे।"

7. अनाथपिंडिका खुश हुआ और अपना सोना फैलाने लगा लेकिन जेता ने कहा: "अपने आप को परेशानी से बचाओ क्योंकि मैं इसे नहीं बेचूंगा।" लेकिन अनाथपिंडिका ने जोर दिया। इस प्रकार वे मतभेद में पड़ गए और तब तक बहस करते रहे जब तक कि वे मजिस्ट्रेट के पास नहीं पहुँच गए।

8. इस बीच लोगों ने इस अप्रत्याशित घटना के बारे में चर्चा शुरू कर दी और राजकुमार ने और भी विवरण सुने, और यह जानते हुए कि अनाथपिंडिका न केवल बहुत धनी है, बल्कि सीधा और ईमानदार भी है, उसने उसकी योजना के बारे में पूछताछ की। भगवान का नाम सुनते ही राजकुमार नींव में हिस्सा लेने के लिए उत्सुक हो गया और उसने सोने का केवल आधा हिस्सा स्वीकार किया, और कहा: "जमीन आपकी है, लेकिन पेड़ मेरे हैं। मैं पेड़ों को भगवान को भेंट के रूप में अपना हिस्सा दूंगा।"

9. नींव तैयार करने के बाद उन्होंने हॉल का निर्माण शुरू किया, जो भगवान द्वारा दिए गए निर्देशों के अनुसार उचित अनुपात में ऊंचा उठा था; और इसे उपयुक्त नक्काशी के साथ खूबसूरती से सजाया गया था।

10. इस विहार को जेतवन कहा गया और अनाथों के मित्र ने भगवान को श्रावस्ती आकर उपहार प्राप्त करने के लिए आमंत्रित किया। और भगवान कपिलावस्तु छोड़कर श्रावस्ती आ गए।

11. जब भगवान ने जेतवन में प्रवेश किया, तो अनाथपिंडिका ने फूल बिखेरे और धूपबत्ती जलाई, तथा उपहार के प्रतीक के रूप में उन्होंने एक स्वर्ण ड्रैगन घड़े से जल डाला और कहा, "यह जेतवन विहार मैं विश्व भर के भाईचारे के उपयोग के लिए देता हूँ।"
12. धन्य व्यक्ति ने उपहार प्राप्त किया और उत्तर दिया सभी बुरे प्रभाव दूर हो जाएं। यह भेंट धार्मिकता के राज्य को बढ़ावा दे और सामान्य रूप से मानव जाति के लिए और विशेष रूप से देने वाले के लिए एक स्थायी आशीर्वाद हो।
13. अनाथपिंडिका उन अस्सी प्रमुख शिष्यों में से एक थे जिन्हें मुख्य भिक्षादाता की उपाधि प्राप्त थी।

3. जीवक से उपहार

1. जब भी भगवान राजगृह में होते थे, जीवक नामक वैद्य दिन में दो बार उनके पास आते थे।
2. जीवक को राजा बिम्बिसार द्वारा भगवान को उपहार स्वरूप दिया गया वेलुवन बहुत दूर मिला।
3. जीवक का राजगृह में अपना उद्यान था, जिसे अम्बावन के नाम से जाना जाता था, जो उसके स्थान से बहुत निकट था।
4. उन्होंने एक विहार बनाने तथा उसके सभी सहायक उपकरणों को भगवान के समक्ष प्रस्तुत करने का विचार किया।
5. यह विचार मन में लेकर वह भगवान के पास गया और उनसे अपनी इच्छा पूरी करने की प्रार्थना की।
6. भगवान ने मौन रहकर अपनी स्वीकृति दर्शाई।

4. अम्बरपाली से उपहार

1. अब भगवान नादिका में रह रहे थे और बदलाव की कामना कर रहे थे। उन्होंने आनंद को संबोधित करते हुए कहाः "आओ आनंद, हम वैशाली चलें।"

2. आनन्द ने सहमति में भगवान से कहा, "ऐसा ही हो, भगवन।"
3. तब भगवान अपने भाइयों के एक बड़े समूह के साथ वैशाली की ओर चले और वैशाली में भगवान अम्बरपाली के वन में ठहरे।
4. अब वेश्या अम्बरपाली ने सुना कि भगवान वैशाली पहुँच गए हैं और वहाँ अपने आम के बगीचे में ठहरे हुए हैं। उसने कई राजकीय वाहनों को तैयार करने का आदेश दिया और उनमें से एक पर सवार होकर वैशाली से अपने बगीचे की ओर चल पड़ी। वह गाड़ी में बैठकर वहाँ तक गई जहाँ तक जमीन गाड़ियों के लिए चलने लायक थी वहाँ वह उतर गई और पैदल ही उस स्थान पर पहुँची जहाँ भगवान बैठे थे और एक तरफ सम्मानपूर्वक बैठ गई। और जब वह इस तरह बैठ गई तो भगवान ने उसे धार्मिक प्रवचन सुनाए।
5. फिर उसने भगवान से कहा, "भगवान मुझे कल अपने घर पर भाइयों के साथ भोजन करने का सम्मान दें?"
6. और भगवान ने मौन रहकर अपनी सहमति दे दी। फिर जब वेश्या अम्बरपाली ने देखा कि भगवान ने सहमति दे दी है, तो वह अपने आसन से उठी और उनके सामने झुकी, और उनके पास से गुजरते समय उन्हें अपने दाहिने हाथ पर रखकर वहाँ से चली गई।
7. अब वैशाली के लिच्छवियों ने सुना कि भगवान वैशाली पहुँच गए हैं, और अम्बरपाली के उपवन में ठहरे हुए हैं। वे भी बुद्ध को अपने यहाँ भोजन के लिए आमंत्रित करना चाहते थे। और कई राजकीय गाड़ियों को तैयार करने का आदेश देकर, वे उनमें से प्रत्येक में सवार हो गए और अपनी गाड़ी के साथ वैशाली से निकल गए।
8. वे और अम्बरपाली रास्ते में पार हो गए।
9. और अम्बरपाली ने युवा लिच्छवियों पर धुरी से धुरी, पहिये से पहिये और जुए से जुए की तरह हमला किया, और लिच्छवियों ने वेश्या अम्बरपाली से कहा, "अम्बरपाली, तुम इस तरह हम पर हमला क्यों कर रही हो?"

10. "महाराज, मैंने अभी–अभी भगवान और उनके भाइयों को कल के भोजन के लिए आमंत्रित किया है," अम्बरपाली ने कहा।
11. "अम्बरपाली, यह सम्मान हमें एक लाख में बेच दो," उन्होंने कहा।
12. "महाराज, यदि आप वैशाली को उसके अधीन क्षेत्र के साथ दे भी दें, तो भी मैं इसे नहीं दूंगा।"
13. लिच्छवियों ने हाथ ऊपर उठाकर कहा: "हम इस आम की लड़की से हार गए हैं। हम इस आम की लड़की से पीछे रह गए हैं," और वे अम्बरपाली के बाग में चले गए।
14. यह जानते हुए कि वे पराजित हो चुके हैं, उन्होंने फिर भी भगवान के पास जाने का विचार किया, इस आशा में कि वे पुनर्विचार करेंगे और उनके निमंत्रण को प्राथमिकता देंगे। इसलिए वे अम्बरपाली के उपवन में चले गए।
15. जब भगवान ने दूर से लिच्छवियों को आते देखा, तो उन्होंने भाइयों को संबोधित किया और कहा: "भाइयों, जिन भाइयों ने कभी देवताओं को नहीं देखा है, वे लिच्छवियों के इस समूह को देखें, लिच्छवियों के इस समूह की तुलना करें क्योंकि वे वास्तव में परलोक के देवताओं के समूह हैं।"
16. और जब वे वहां तक चले गए जहां तक भूमि गाड़ियों के चलने योग्य थी, तब लिच्छवि वहां उतर गए, और फिर पैदल ही उस स्थान पर गए जहां भगवान बैठे थे, और उनके पास आदरपूर्वक बैठ गए।
17. तब उन्होंने प्रभु से कहा, "प्रभु, हमें यह सम्मान प्रदान करें कि आप कल हमारे घर पर भाइयों के साथ भोजन करें?"
18. उत्तर मिला, "मैंने वादा किया है, लिच्छवियों, कि कल अम्बरपाली के साथ भोजन करूंगा।"
19. तब लिच्छवियों को पता चला कि उन्होंने कल अम्बरपाली के साथ भोजन किया है। और परमपिता परमेश्वर के वचनों के प्रति अपना धन्यवाद और अनुमोदन व्यक्त करने के बाद, वे अपने आसन से

उठे और परमपिता परमेश्वर के सामने झुके, और उनके पास से गुजरते समय उन्हें अपने दाहिने हाथ पर रखते हुए, वहाँ से चले गए।

20. और रात्रि के अंत में अम्बरपाली नामक वेश्या ने अपने भवन में मीठे चावल और रोटियाँ तैयार कीं, और भगवान को समय बताते हुए कहाः हे प्रभु, समय आ गया है, और भोजन तैयार है।

21. और भगवान बुद्ध ने सुबह–सुबह ही अपने कपड़े पहन लिए थे, उन्होंने अपना कटोरा और अपना वस्त्र लिया और भाइयों के साथ उस स्थान पर गए जहाँ अम्बरपाली का भवन था और जब वे वहाँ पहुँचे तो अपने लिए तैयार किए गए आसन पर बैठ गए। और वेश्या अम्बरपाली ने बुद्ध को उनके सामने बैठाकर मीठे चावल और केक रखे और तब तक उनकी सेवा की जब तक उन्होंने और खाने से मना नहीं कर दिया।

22. और जब भगवान ने अपना भोजन समाप्त कर लिया और कटोरा तथा अपने हाथ धो लिए, तो वेश्या ने एक छोटा स्टूल मंगवाया और उनके पास बैठ गई, और भगवान से कहाः

23. "हे प्रभु, मैं तुझ से और व्यवस्था से प्रार्थना करती हूँ।" और सर्वशक्तिमान ने उपहार स्वीकार किया और धार्मिक प्रवचन देने के बाद वे अपने आसन से उठे और उनसे विदा ली।

5. विशाखा की उदारता

1. विशाखा श्रावस्ती की एक धनी महिला थी। उसके कई बच्चे और नाती–नातिन थे।
2. जब भगवान श्रावस्ती में ठहरे, तो विशाखा भगवान के घर गई और उन्हें अपने घर भोजन करने का निमंत्रण दिया, जिसे भगवान ने स्वीकार कर लिया।
3. रात और अगली सुबह भारी बारिश हुई और भिक्षुओं ने अपने शरीर को सूखा रखने के लिए अपने वस्त्र उतार दिए और बारिश को अपने शरीर पर गिरने दिया।

4. जब अगले दिन भगवान ने अपना भोजन समाप्त कर लिया, तो वह उनके पास बैठ गई और इस प्रकार बोली; "भगवान, मैं भगवान से आठ वरदान मांगती हूँ।"

5. तब भगवान ने कहाः "हे विशाखा, तथागत तब तक कोई वरदान नहीं देते जब तक वे यह न जान लें कि वे क्या हैं।"

6. विशाखा ने उत्तर दियाः "हे प्रभु, मैं जो वरदान मांग रही हूँ, वह उचित और आपत्तिजनक नहीं है।"

7. वरदान मांगने की अनुमति प्राप्त करने के बाद विशाखा ने कहाः "हे प्रभु, मैं अपने पूरे जीवन में संघ को वर्षा ऋतु के लिए वस्त्र, आने वाले भिक्षुओं के लिए भोजन, जाने वाले भिक्षुओं के लिए भोजन, बीमारों के लिए भोजन, बीमारों की सेवा करने वालों के लिए भोजन, बीमारों के लिए औषधि, संघ के लिए चावल–दूध की निरंतर आपूर्ति और भिक्षुणियों, बहनों के लिए स्नान वस्त्र प्रदान करना चाहती हूँ।"

8. "लेकिन," भगवान ने कहा, "हे विशाखा, तथागत से ये आठ वरदान मांगने में तुम्हारा क्या उद्देश्य है?"

9. और विशाखा ने उत्तर दिया "हे प्रभु! मैंने अपनी दासी को यह आदेश दिया था कि तुम जाकर बिरादरी में यह घोषणा करो कि भोजन तैयार है, और मेरी दासी गई, किन्तु जब वह विहार में आई, तो उसने देखा कि भिक्षुओं ने वर्षा होने के कारण अपने वस्त्र उतार दिए थे, और उसने सोचा ये भिक्षु नहीं हैं, लेकिन नग्न तपस्वी अपने ऊपर बारिश होने देते हैं। इसलिए वह मेरे पास लौटी और उसके अनुसार रिपोर्ट की और मुझे उसे दूसरी बार भेजना पड़ा।

10. "अशुद्ध, भगवान, नग्नता है, और घृणित है। यह वह परिस्थिति थी, भगवान, जिसे मैंने अपने पूरे जीवन में संघ को वर्षा ऋतु में उपयोग के लिए विशेष वस्त्र प्रदान करने की इच्छा के मद्देनजर देखा था।

11. "मेरी दूसरी इच्छा के अनुसार, भगवान, एक आने वाला भिक्षु, सीधे रास्ते पर जाने में सक्षम नहीं है, और उन स्थानों को नहीं जानता है जहाँ भोजन प्राप्त किया जा सकता है, भिक्षा माँगने में थक कर

अपने रास्ते पर आता है। यह वह परिस्थिति थी, भगवान, जिसे मैंने अपने पूरे जीवन में संघ को आने वाले भिक्षुओं के लिए भोजन प्रदान करने की इच्छा के मद्देनजर देखा था।

12. "तीसरी बात, हे प्रभु, एक बाहर जाने वाला भिक्षु, भिक्षा माँगते समय, पीछे छूट सकता है, या जहाँ वह जाना चाहता है, वहाँ बहुत देर से पहुँच सकता है, और थका हुआ होकर यात्रा पर निकल सकता है।

13. "चौथी बात, हे प्रभु, यदि एक बीमार भिक्षु को उपयुक्त भोजन नहीं मिलता है, तो उसकी बीमारी उस पर बढ़ सकती है, और वह मर सकता है।

14. "पाँचवीं बात, हे प्रभु, एक भिक्षु जो बीमार की सेवा कर रहा है, वह अपने लिए भोजन की तलाश करने के लिए बाहर जाने का अवसर खो देगा।

15. "छठी बात, हे प्रभु, यदि एक बीमार भिक्षु को उपयुक्त दवाइयाँ नहीं मिलती हैं, तो उसकी बीमारी उस पर बढ़ सकती है, और वह मर सकता है।

16. "सातवीं बात, भगवन, मैंने सुना है कि भगवान ने चावल के दूध की प्रशंसा की है, क्योंकि यह मन को तत्परता प्रदान करता है, भूख और प्यास को दूर करता है; यह स्वस्थ लोगों के लिए पौष्टिक आहार है और बीमार लोगों के लिए औषधि के रूप में है। इसलिए मैं अपने पूरे जीवन में संघ को चावल के दूध की निरंतर आपूर्ति करना चाहता हूँ।

17. "अंत में, भगवन, भिक्षुणियाँ अर्चिरावती नदी में वेश्याओं के साथ एक ही स्थान पर नग्न होकर स्नान करने की आदत रखती हैं। और वेश्याएँ, भगवन, भिक्षुणियों का उपहास करते हुए कहती हैं, "देवियों, जब तुम जवान हो तो सतीत्व बनाए रखने से क्या लाभ है? जब तुम बूढ़ी हो जाओगी, तब सतीत्व बनाए रखो; इस प्रकार तुम दोनों लक्ष्यों को प्राप्त करोगी।' हे प्रभु, स्त्री के लिए नग्नता अशुद्ध है, घृणित है, और विद्रोही है।

18. "ये वे परिस्थितियाँ हैं, प्रभु, जो मैंने देखी थीं।"
19. भगवान ने कहाः "लेकिन हे विशाखा, तथागत से ये आठ वरदान माँगने में तुम्हें अपने लिए क्या लाभ हुआ?"
20. विशाखा ने उत्तर दियाः "विभिन्न स्थानों पर वर्षा ऋतु बिताने वाले भिक्षु भगवान के दर्शन के लिए श्रावस्ती आएंगे। और भगवान के पास आकर वे पूछेंगेः भगवान, फलां भिक्षु की मृत्यु हो गई। अब उसका भाग्य क्या है? तब भगवान बताएंगे कि उसे धर्म परिवर्तन का फल प्राप्त हो गया है; कि वह निर्वाण में प्रवेश कर गया है या अर्हतत्व प्राप्त कर लिया है, जैसा भी मामला हो।
21. "और मैं उनके पास जाकर पूछूंगा, 'क्या वह भाई, श्रीमान, उन लोगों में से था जो पहले श्रावस्ती में थे,' तब मैं इस निष्कर्ष पर पहुंचूंगा, 'निश्चित रूप से उस भाई ने वर्षा ऋतु के लिए वस्त्र, या आने वाले भिक्षुओं के लिए भोजन, या जाने वाले भिक्षुओं के लिए भोजन, या बीमारों के लिए भोजन, या बीमारों की सेवा करने वालों के लिए भोजन, या बीमारों के लिए दवा, या निरंतर आपूर्ति का आनंद लिया था। चावल के दूध का।"
22. "तब मेरे भीतर प्रसन्नता उत्पन्न होगी इस प्रकार प्रसन्नतापूर्ण आनन्द मेरे पास आएगा और इस प्रकार आनन्दित होकर मेरा सारा शरीर शान्ति से भर जाएगा। इस प्रकार शान्ति में रहने पर मैं आनन्दमय तृप्ति का अनुभव करूँगा और उस आनन्द में मेरा हृदय विश्राम में रहेगा। यह मेरे लिए मेरी नैतिक शक्तियों का प्रयोग होगा, सात प्रकार की बुद्धि का प्रयोग होगा! हे प्रभु, यही वह लाभ था जो मैंने भगवान से उन आठ वरदानों को माँगकर अपने लिए देखा था।"
23. तब भगवान ने कहाः "यह ठीक है, यह ठीक है, विशाखा। तुमने तथागत से इन आठ वरदानों को इस प्रकार के लाभ के लिए माँगकर अच्छा किया है। जो लोग इसके पात्र हैं, उन्हें दिया गया दान अच्छी भूमि में बोए गए अच्छे बीजों के समान है जो प्रचुर मात्रा

में फल देता है। लेकिन जो लोग अभी भी वासनाओं के अत्याचारी जुए के अधीन हैं, उन्हें दिया गया दान खराब भूमि में बोए गए बीज के समान है। दान पाने वाले की वासनाएँ मानो गुणों की वृद्धि को रोक देती हैं।"

24. और भगवान ने इन श्लोकों में विशाखा को धन्यवाद दिया "जीवन में ईमानदार महिला, भगवान की शिष्या, हृदय की प्रसन्नता और बिना किसी कमी के जो भी दान करती है, उसका दान स्वर्गीय, दुःख का नाश करने वाला और आनंद देने वाला होता है।" "वह एक आनंदमय जीवन प्राप्त करती है वह मार्ग जो भ्रष्टाचार और अशुद्धता से दूर है।" अच्छाई की ओर लक्ष्य करके वह खुश रहती है; और वह अपने दान कार्यों में आनंदित होती है।"

25. विशाखा ने संघ को पूर्वा–आराम या पूर्वी उद्यान प्रदान किया, तथा वह संघ की प्रथम महिला थी जो संघ की धर्मबहन बनी।

भाग – II

उनके शत्रु

1. ग्लैमर द्वारा धर्मांतरण का आरोप।
2. परजीवी होने का आरोप!
3. खुशहाल घरों को तोड़ने का आरोप।
4. जैन और हत्या का झूठा आरोप।
5. जैन और अनैतिकता का झूठा आरोप।
6. देवदत्त एक चचेरा भाई और एक शत्रु।
7. ब्राह्मण और बुद्ध।

1. ग्लैमर द्वारा धर्मांतरण का आरोप

1. एक बार भगवान वैशाली में, महान वन में त्रिकोणीय छत वाले हॉल में रहते थे। तब लिच्छवि भद्दिया भगवान के पास आए और कहाः "भगवन! लोग कहते हैं कि गौतम संन्यासी एक जादूगर है और जादू की एक चाल जानता है, जिसके द्वारा वह अन्य संप्रदायों के अनुयायियों को लुभाता है।"

2. "जो लोग ऐसा कहते हैं, वे भगवान को गलत तरीके से प्रस्तुत करने की किसी भी इच्छा से इनकार करते हैं। वास्तव में, हे प्रभु, हम लिच्छवी इस आरोप पर विश्वास नहीं करते हैं। लेकिन हम जानना चाहते हैं कि भगवान इस बारे में क्या कहते हैं।"

3. भगवान ने कहाः "अब आओ, भद्दिय! सुनी–सुनाई बातों से, न परम्परा से, न लोगों के कहने से ग्रहण करो। न तो इसलिए ग्रहण करो कि वह शास्त्रों में है, न केवल तर्क से, न अनुमान से, न दिखावे के आधार पर, न इसलिए कि वह तुम्हारे मत से मेल खाता है, न इसलिए कि वह ठीक ही है, न इसलिए कि यह आदर के कारण ग्रहण करो, न इस विचार से ग्रहण करो कि संन्यासी का आदर करना चाहिए।"

4. "परन्तु हे भद्दिया, यदि कभी तुम स्वयं तथ्यों की परीक्षा करके जान लो कि जो कुछ किया जा रहा है वह पापपूर्ण या अनुचित है, बुद्धिमानों द्वारा उसकी निन्दा की गई है तथा उसका परिणाम हानि है, तो हे भद्दिया, तुम उनका परित्याग कर दो।

5. "अब आपके प्रश्न के संबंध में, भद्दिया, आप क्या सोचते हैं; क्या वे लोग जो मुझ पर मायावी धर्मांतरण का आरोप लगाते हैं, महत्वाकांक्षी व्यक्ति नहीं हैं?" "वे हैं, प्रभु," भद्दिया ने उत्तर दिया।

6. "भद्दिया, तुम क्या सोचते हो? क्या कोई महत्वाकांक्षी व्यक्ति लोभ से ग्रस्त होकर, अपने मन पर नियंत्रण करके, अपनी महत्वाकांक्षा की पूर्ति के लिए झूठ नहीं बोलता या अपराध नहीं करता?" "ऐसा ही है, प्रभु," भद्दिया ने उत्तर दिया।

7. "भद्दिया, आप क्या सोचते हैं कि जब ऐसे व्यक्ति के मन में दुर्भावना और प्रतिशोध के विचार उठते हैं, तो क्या वह दूसरों को उन लोगों के विरुद्ध आरोप लगाने के लिए नहीं उकसाता जो उसकी महत्वाकांक्षा के मार्ग में आते हैं?" "ऐसा ही है प्रभु," भद्दिया ने कहा।

8. "अब, भद्दिया, मैं अपने शिष्य को केवल इतना ही उपदेश देता हूँ कि आओ, मेरे प्रिय मनुष्य, लोभ के विचारों को नियंत्रित करते हुए निवास करो। इस प्रकार तुम लोभ से उत्पन्न होने वाले कार्य नहीं करोगे, चाहे शरीर से, काम से या विचार से। दुर्भावना और अज्ञान को नियंत्रित करते हुए निवास करो।

9. "अतः, भद्दिया! जो संन्यासी और ब्राह्मण मुझ पर यह आरोप लगाते हैं कि मैं इस प्रकार के विचारों का उपदेशक और प्रचारक हूँ, वे झूठे और खोखले झूठ बोलते हैं, जब वे कहते हैं कि संन्यासी गौतम मोहिनी हैं और जादू की ऐसी युक्ति जानते हैं, जिसके द्वारा वे अन्य सम्प्रदायों के अनुयायियों को अपने जाल में फंसा लेते हैं।"

10. "हे प्रभु, यह मायावी जादू सचमुच एक सौभाग्य है – एक अच्छी खोज है! प्रभु, काश मेरे प्रिय रक्त–सम्बन्धी भी इसी मायावी जादू के बहकावे में आ जाते! यह सचमुच उनके लिए लाभकारी और सुखदायी होता! प्रभु, काश सभी वर्ग – ब्राह्मण, खटिया, वेस्स और सुद्दा भी इसी मायावी जादू के बहकावे में आ जाते, यह सचमुच उनके लिए दीर्घकाल तक लाभकारी और सुखदायी होता।"

11. "ऐसा ही है भद्दिया! ऐसा ही है भद्दिया! यदि इस मायावी युक्ति से मोहित होकर सभी वर्ग पापमय परिस्थितियों से दूर हो जाएं, तो मेरी युक्ति से संसार को बहुत बड़ा लाभ और सुख प्राप्त होगा।"

2. परजीवी होने का आरोप!

1. भगवान पर यह आरोप लगाया गया कि वे परजीवी हैं, दूसरों पर निर्भर रहते हैं और दूसरों के लिए काम करके अपनी जीविका नहीं कमाते। यह आरोप और भगवान का उत्तर नीचे दिया गया हैः

2. एक बार भगवान एका–नाला के ब्राह्मण गांव में दक्खिना–गिरि में मगध लोगों के बीच रह रहे थे, उस समय ब्राह्मण काशी–भारद्वाज के पाँच सौ हल बुआई के लिए जुते हुए थे।
3. प्रातःकाल, विधिवत वस्त्र धारण कर, हाथ में कटोरा लेकर, भगवान उस समय, जब भोजन लाया गया था, वहां गए जहां ब्राह्मण व्यस्त था और वहीं एक ओर खड़े हो गए।
4. उसे वहाँ भिक्षा के लिए खड़ा देखकर ब्राह्मण ने कहाः "हे संन्यासी, मैं खाने से पहले हल चलाता हूँ और बोता हूँ; इसलिए तुम्हें भी खाने से पहले हल चलाना और बोना चाहिए।"
5. "मैं भी ब्राह्मण हूँ, खाने से पहले हल चलाता हूँ और बोता हूँ।"
6. "हालाँकि, मैं योग्य गौतम के जुए, या हल, या फाल, या अंकुश, या बैल–टीम को देखने में असफल रहा – यद्यपि, वह दावा करता है कि वह खाने से पहले हल चलाता है और बोता है।
7. "आप दावा करते हैं कि आप किसान हैं, हालाँकि हमने आपकी कोई खेती नहीं देखी। हमें बताइए कि आप कैसे खेती करते हैं; क्योंकि हम आपकी खेती के बारे में और अधिक सुनना चाहते हैं।"
8. प्रभु ने उत्तर दिया, "मेरा बीज विश्वास है; जीवन की तपस्या मेरी वर्षा है; बुद्धि मेरा जूआ और हल है; मेरा डंडा भटकने का भय है; जूए को कसने के लिए विचार है; और हल की फाल और लगाम के लिए सावधानी है।"
9. "मैं वचन और कर्म में सावधान रहता हूँ, तथा अपने आहार में संयम बरतता हूँ, और अपनी फसल को निराई–गुड़ाई के लिए तैयार रखता हूँ, और तब तक विश्राम नहीं करता जब तक कि अंतिम आनन्द की फसल न मिल जाए। प्रयास मेरा दृढ़ बैल है, जो किसी भी मोड़ पर पीछे नहीं हटता वह मुझे सीधे शांति की ओर ले जाता है, उस अंतिम स्थान तक, जहाँ कोई दुःख नहीं है। इस प्रकार, मैं फसल के लिए अमरता के साथ खेती करता हूँ। और जो मेरी तरह खेती करता है, वह बीमारियों से मुक्त हो जाता है।"

10. तब ब्राह्मण ने एक बड़े कांसे के बर्तन में दूध–चावल परोसकर भगवान को अर्पित करते हुए कहा, "हे गौतम, इसे खाओ, तुम सचमुच किसान हो, क्योंकि तुम अमर फसल उगा रहे हो।"
11. लेकिन भगवान ने कहाः "मैं भजनोपदेशक का शुल्क नहीं लेता। ऋषिगण इसका समर्थन नहीं करते; प्रबुद्ध लोग ऐसे शुल्कों की खोज करते हैं; और जब तक यह सिद्धांत कायम है, यह अभ्यास जारी रहना चाहिए। अन्य भोजन के साथ पवित्र शांत, पूर्ण, रोगरहित ऋषि का गुण प्राप्त करो, – वहाँ बोओ।"
12. ये शब्द सुनकर ब्राह्मण भगवान के पास गया और उनके चरणों में सिर झुकाकर बोला, "अद्भुत है गौतम! बहुत ही अद्भुत है। जिस प्रकार कोई व्यक्ति गिरे हुए को सीधा कर सकता है, या जो छिपा हुआ था उसे प्रकट कर सकता है, या गिरे हुए को बता सकता है, या जो छिपा हुआ था उसे प्रकट कर सकता है, या भटके हुए को बता सकता है कि उसे कौन सा मार्ग अपनाना है, या अंधकार में दीपक जला सकता है ताकि देखने वाले लोग अपने आस–पास की चीजों को देख सकें, उसी प्रकार गौतम ने भी अनेक प्रकार से अपना सिद्धांत स्पष्ट किया है।"
13. "मैं आदरणीय गौतम की शरण में आया हूँ, उनके उपदेश और उनके समुदाय में। भगवान के हाथों प्रवेश और पुष्टि प्राप्त करना मेरा कर्तव्य है!" इस प्रकार ब्राह्मण काशी–भारद्वाज को भगवान के भिक्षापात्र के रूप में प्रवेश और पुष्टि मिली।

3. खुशहाल घरों को तोड़ने का आरोप

1. यह देखकर कि कई प्रतिष्ठित युवा मगध कुलीन भगवान के शिष्य बन गए हैं, लोग नाराज और क्रोधित हो गए, और कहने लगेः "समान गौतम माता–पिता को संतानहीन कर देते हैं; समान गौतम पत्नियों को विधवा बना देते हैं; समान गौतम परिवारों को उजाड़ देते हैं।

2. "अब उन्होंने एक हजार जटिलाओं को दीक्षा दी है, और उन्होंने इन दो सौ पचास घुमक्कड़ तपस्वियों को दीक्षा दी है जो संजय के अनुयायी थे, और ये कई प्रतिष्ठित युवा मगध कुल के लोग अब समान गौतम के अधीन पवित्र जीवन जी रहे हैं। आगे क्या होगा? कोई नहीं कह सकता! "
3. और, इसके अलावा, जब उन्होंने भिक्षुओं को देखा तो उन्होंने उन्हें निम्नलिखित शब्दों में डांटाः "महान समाना मगध लोगों के गिरिभज (यानी, रागागहा) में आए हैं, उनके साथ संजय के सभी अनुयायी हैं; उनके द्वारा नेतृत्व करने वाला अगला कौन होगा?"
4. भिक्षुओं ने यह आरोप सुना और उन्होंने इसे धन्य को बताया।
5. धन्य ने उत्तर दियाः "भिक्षुओं, यह शोर लंबे समय तक नहीं रहेगा यह केवल सात दिनों तक रहेगा सात दिनों के बाद यह खत्म हो जाएगा।
6. "और यदि वे आपको डांटते हैं, भिक्षुओं, तो आपको जवाब देना चाहिए कि यह वास्तव में एक अच्छे धम्म द्वारा है जिसे महान नायक, तथागत नेतृत्व करते हैं। बुद्धिमानों पर कौन बड़बड़ाएगा, बुद्धिमानों को धर्मपूर्वक नेतृत्व करने से क्यों नाराज होना चाहिए? मेरे धम्म में कोई बाध्यता नहीं है। कोई भी घर छोड़ने के लिए स्वतंत्र है। कोई भी अपने घर से जुड़े रहने के लिए स्वतंत्र है।"
7. जब भिक्षुओं ने भगवान के आदेशानुसार निन्दकों को उत्तर दिया, तब लोगों को समझ में आयाः

   "शाक्यपुत्तीय समाना लोगों को अधर्म से नहीं, बल्कि धम्म से मार्गदर्शित करता है"; और उन्होंने भगवान पर आरोप लगाना बंद कर दिया।

4. जैन और हत्या का झूठा आरोप

1. तीर्थिकों को लगने लगा था कि लोग अब समाना गौतम के रूप के कारण उनका सम्मान नहीं करते और यहाँ तक कि कुछ लोग उनके अस्तित्व के बारे में भी नहीं जानते।

2. इसलिए, "चलो देखते हैं कि क्या किसी की मिलीभगत से हम उनकी प्रतिष्ठा को कम कर सकते हैं," तीर्थिकों ने सोचा। "शायद सुंदरी की मदद से हम सफल हो जाएँ।"

3. और वे सुंदरी के पास गए और उससे कहाः "बहन, तुम बहुत सुंदर और आकर्षक हो। यदि तुम समाना गौतम के बारे में कोई बदनामी फैलाओगी, तो लोग उस पर विश्वास कर लेंगे और इससे उनका प्रभाव कम हो जाएगा।"

4. सुंदरी हर शाम को माला, कपूर और सुगंधित सुगंध लेकर जेतवन की ओर जाती थी, जब लोग शहर लौटते थे और अगर कोई उससे पूछता था, "सुंदरी, तुम कहाँ जा रही हो?" वह उत्तर देती थी, "मैं समान गौतम के पास बगीचे के घर (गंध कुटीर) में रहने जा रही हूँ।"

5. और तीर्थिकों के कुछ बगीचों में रात बिताकर, वह सुबह वापस लौट आती थी, और अगर कोई उससे पूछता कि उसने रात कहाँ बिताई, तो वह कहती थी कि उसने गौतम के साथ रात बिताई है।

6. कुछ दिनों के बाद तीर्थिकों ने कुछ हत्यारों को काम पर रखा और उनसे कहाः "सुंदरी को मार डालो और उसके शरीर को गौतम के गंध कुटीर के पास कूड़े के ढेर पर फेंक दो।" हत्यारों ने ऐसा ही किया।

7. तब तीर्थिकों ने शांति और न्याय के अधिकारियों को यह बताया कि सुंदरी अक्सर जेतवन में आती थी और वह लापता है।

8. इसलिए अधिकारियों की सहायता से उन्होंने सुंदरी के शरीर को कूड़े के ढेर पर पाया।

9. और तीर्थिकों ने गौतम के शिष्यों पर अपने नेता की शर्म को छिपाने के लिए सुंदरी को मारने का आरोप लगाया।

10. लेकिन हत्यारे सुंदरी की हत्या के लिए पुरस्कार राशि के बंटवारे को लेकर शराब की दुकान में आपस में झगड़ने लगे।

11. अधिकारियों ने तुरंत उन्हें गिरफ्तार कर लिया और उन्होंने अपना अपराध स्वीकार कर लिया तथा उन तीर्थिकों को दोषी ठहराया जिनके कहने पर उन्होंने अपराध किया था।
12. इस प्रकार तीर्थिकों ने अपना बचा–खुचा प्रभाव भी खो दिया।

5. जैन और अनैतिकता का झूठा आरोप

1. जैसे सूर्योदय के साथ ही जुगनू गायब हो जाते हैं, वैसे ही तीर्थिकों की स्थिति दयनीय हो गई। लोगों ने उन्हें सम्मान या उपहार देना बंद कर दिया।
2. सार्वजनिक सड़कों पर खड़े होकर वे भाषण देते थेः "यदि समान गौतम प्रबुद्ध (बुद्ध) हैं, तो हम भी हैं। यदि आप बुद्ध पर उपहार बरसाकर पुण्य अर्जित करते हैं, तो हमें उपहार देकर भी आपको वही पुण्य प्राप्त होगा। इसलिए हमें उपहार दीजिए।"
3. लेकिन जनता ने इस पर कोई ध्यान नहीं दिया। इसलिए उन्होंने गुप्त रूप से षडयंत्र रचा कि कैसे समान गौतम के चरित्र पर कलंक लगाकर संघ को बदनाम किया जाए।
4. उस समय श्रावस्ती में एक ब्राह्मणी परिव्राजक रहती थी, जिसे चिंचा के नाम से जाना जाता था। शारीरिक बनावट और शारीरिक आकर्षण में वह एक मोहक सुन्दरी थी। वह अपनी शारीरिक हरकतों से कामुक शोभा बिखेरती थी।
5. तीर्थिकों में से एक धूर्त षडयंत्रकारी ने कहा कि चिंचा की मदद से गौतम के बारे में कलंक फैलाना और उसे बदनाम करना आसान होगा, जिस पर अन्य तीर्थिकों ने अपनी सहमति दे दी।
6. फिर, एक दिन चिंचा तीर्थिकों के पार्क में आई और उन्हें प्रणाम करके उनके पास बैठ गई। लेकिन किसी ने उससे बात नहीं की।
7. इस पर उसने आश्चर्यचकित होकर कहाः "मैंने आपको कैसे नाराज कर दिया है?

   "क्या तुमने तुम्हें नाराज किया? मैंने तुम्हें तीन बार प्रणाम किया है, यद्यपि तुमने मुझसे एक शब्द भी नहीं कहा।"

8. "बहन," तीर्थिकों ने कहा, "क्या तुम नहीं जानती कि समान गौतम अपनी लोकप्रियता से हमें हानि और नुकसान पहुँचा रहे हैं।" "मैं यह नहीं जानता। और क्या मुझे इसके समाधान के लिए कोई कर्तव्य निभाना है?"

9. "बहन, यदि तुम हमारा भला करना चाहती हो, तो अपने प्रयासों से गौतम के बारे में बदनामी फैलाओ, और इस तरह उसे अलोकप्रिय बनाओ।" "ठीक है; संतुष्ट रहो; और इस पर मुझ पर निर्भर रहो," ऐसा कहकर वह वहाँ से चली गई।

10. चिंचा स्त्री–सौंदर्य और व्यंग–क्रीड़ा में निपुण थी। जब श्रावस्ती के नागरिक जेतवन में धार्मिक चर्चाओं से लौटते थे, तो चिंचा लाल वस्त्र पहने, हाथों में इत्र और मालाएँ लेकर उस ओर जाती थी।

11. यदि कोई उससे पूछता था: "अब तुम कहाँ जा रही हो?" तो वह उत्तर देती थी, "यह तुम्हारा कोई काम नहीं है।" जेतवन के पास तीर्थकरमा के विश्रामगृह में रात बिताकर वह सुबह नगर में लौट आती थी, जब नागरिक बुद्ध को सम्मान देने के लिए जेतवन जाते थे।

12. यदि कोई उससे पूछता था, "तुमने रात कहाँ बिताई?" तो वह कहती थी, "यह तुम्हारा कोई काम नहीं है। मैंने जेतवन में समान गौतम के साथ उनके बगीचे के घर (गंध कुटीर) में रात बिताई।" यह टिप्पणी कुछ लोगों के मन में संदेह पैदा करती थी।

13. चार महीने के बाद वह अपने पेट के चारों ओर कुछ पुराने चिथड़े लपेटकर उसका आकार बढ़ा लेती थी, और कहती थी कि वह समान गौतम के द्वारा गर्भवती हुई है। कुछ लोग इस पर विश्वास करने लगे।

14. नौवें महीने में, वह अपने पेट के चारों ओर एक लकड़ी का उभार लटकाए और कीड़ों के काटने से सूजी हुई भुजाओं के साथ, बुद्ध के सामने प्रकट हुई, जब वे भिक्षुओं और आम लोगों के सामने धार्मिक प्रवचन कर रहे थे और कहा: "महान गुरु, आप कई लोगों को धार्मिक शिक्षा देते हैं। आपकी आवाज मधुर है, और आपके होंठ

बहुत कोमल हैं। आपके साथ सहवास के कारण मैं गर्भवती हुई हूँ, और मेरा प्रसव का समय निकट है।

15. "आपने मेरे लिए कोई प्रसव स्थान निर्धारित नहीं किया है, न ही मुझे उस आपातस्थिति के लिए कोई दवा दिखाई देती है। यदि आप स्वयं ऐसा नहीं कर सकते, तो आप अपने किसी शिष्य, कोसल के राजा अनाथपिंडिका या विशाखा को इस काम के लिए नियुक्त क्यों नहीं करते?

16. "ऐसा लगता है कि आप एक लड़की को बहकाना अच्छी तरह जानते हैं, लेकिन आप यह नहीं जानते कि बहकावे से पैदा हुए नवजात शिशु की देखभाल कैसे की जाए।" सभा चुप रही।

17. बुद्ध ने अपने व्याख्यान की निरंतरता को तोड़ते हुए, संयमित गरिमा के साथ उसका उत्तर दिया। "बहन, आपने जो कुछ भी कहा है, चाहे वह सच हो या झूठ, वह केवल हम दोनों को ही पता है।"

18. चिंचा ने जोर से खांसते हुए कहा। "हाँ, हे गुरु, ऐसी बात केवल हमें ही पता हो सकती है।"

19. उसके खांसने से वह गाँठ जिससे उसके पेट के चारों ओर लकड़ी का उभार बंधा हुआ था, ढीली हो गई, और वह उसके पैरों पर गिर गई जिससे वह असहज हो गई।

20. और उसे पत्थरों और डंडों से मार कर भगा दिया गया।

6. देवदत्त एक चचेरा भाई और एक शत्रु

1. देवदत्त बुद्ध का चचेरा भाई था। लेकिन शुरू से ही वह बुद्ध से ईर्ष्या करता था और उन्हें बहुत नापसंद करता था।
2. जब बुद्ध अपने घर से चले गए, तो देवदत्त ने यशोधरा से प्रेम करने की कोशिश की।
3. एक बार जब यशोधरा सेवानिवृत्त होने वाली थी, तो वह बिना किसी के रोके भिक्षु के वेश में उसके कक्ष में घुस गया। उसने

उससे पूछा, "भिक्षु, तुम क्या चाहते हो? क्या तुम्हारे पास मेरे पति का कोई संदेश है?"

4. "तुम्हारे पति, वह तुम्हारी बहुत परवाह करते हैं। तुम्हारे सुख के घर में उन्होंने क्रूरता और दुष्टता से तुम्हें त्याग दिया," देवदत्त ने कहा।
5. "लेकिन उसने यह बहुतों की भलाई के लिए किया," यशोधरा ने उत्तर दिया।
6. "जो भी हो, अब तुम अपने प्रति उसकी घृणित क्रूरता का बदला लो," देवदत्त ने सुझाव दिया।
7. "बंद करो, हे भिक्षु, आपके शब्द और विचार अशुद्ध हैं," यशोधरा ने जवाब दिया।
8. "क्या तुम मुझे नहीं पहचानती, यशोधरा? मैं देवदत्त हूँ जो तुमसे प्यार करता है।"
9. "देवदत्त, मैं जानता था कि तुम झूठे और नीच हो। मुझे लगा कि तुम एक बुरे साधु बनोगे, लेकिन मुझे नहीं लगा कि तुम इतने मतलबी हो।"
10. "यशोधरा, यशोधरा, मैं तुमसे प्यार करता हूँ" देवदत्त ने विनती की। "और तुम्हारा पति तुम्हारे प्रति घृणा के अलावा कुछ नहीं दिखाता। वह तुम्हारे साथ क्रूरता करता रहा है। मुझसे प्यार करो और उसकी क्रूरता का बदला लो।"
11. यशोधरा का पीला और क्षीण चेहरा बैंगनी रंग से रंग गया। उसके गालों पर आँसू बहने लगे।
12. "देवदत्त, यह तुम ही हो जो मेरे साथ क्रूरता करते हो। अगर तुम्हारा प्यार सच्चा भी होता, तो यह मेरा अपमान होता। तुम झूठ बोल रहे हो जब तुम कहते हो कि तुम मुझसे प्यार करते हो।
13. "जब मैं जवान और सुंदर थी, तो तुम शायद ही मेरी तरफ देखते थे। अब मैं बूढ़ा हो गया हूँ, दुःख और पीड़ा से टूट गया हूँ, तुम रात में अपने विश्वासघाती और दोषी प्रेम की घोषणा करने आए हो। तुम एक नीच कायर हो।"

14. और वह चिल्लाईः "देवदत्त, इस स्थान से चले जाओ," और देवदत्त उस स्थान से चला गया।
15. देवदत्त बुद्ध से बहुत क्रोधित था, जिन्होंने उसे संघ में प्रमुख न बनाकर सारिपुत्त और मोगलाना को संघ में प्रमुख व्यक्ति बनाया। देवदत्त ने बुद्ध के जीवन पर तीन प्रयास किए, लेकिन उनमें से किसी में भी सफल नहीं हुआ।
16. एक समय भगवान बुद्ध गिद्ध शिखर (गिरध्र कूट) नामक पहाड़ी के नीचे छाया में ऊपर–नीचे टहल रहे थे।
17. देवदत्त उस पर चढ़ गया और भगवान बुद्ध को उनके जीवन से वंचित करने के इरादे से एक बड़ा पत्थर नीचे फेंक दिया, लेकिन वह दूसरी चट्टान पर गिर गया और वहीं दफन हो गया केवल एक टुकड़ा गिरने से भगवान बुद्ध के पैर से खून बहने लगा।
18. दूसरी बार उसने बुद्ध का जीवन लेने का प्रयास किया।
19. इस बार देवदत्त राजकुमार अजातशत्रु के पास गया और कहाः "मुझे कुछ आदमी दे दो।" और राजकुमार अजातशत्रु ने अपने आदमियों को आदेश दियाः "जो भी योग्य देवदत्त तुमसे कहे, वही करो।"
20. तब देवदत्त ने एक व्यक्ति को आदेश दिया, "जाओ, मेरे मित्र समान गौतम अमुक स्थान पर रह रहे हैं। उन्हें मार डालो।" और वह व्यक्ति वापस लौट आया और उससे बोलाः "मैं भगवान को उनके जीवन से वंचित नहीं कर सकता।
21. उसने बुद्ध के जीवन पर तीसरी बार आक्रमण किया।
22. इस बार राजगृह में नलगिरि नामक एक हाथी था, जो भयंकर और मनुष्यों का वध करने वाला था।
23. और देवदत्त राजगृह में गया और हाथियों के अस्तबल में गया, और हाथियों के रखवालों से कहाः "मैं, मेरे मित्रों, राजा का रिश्तेदार हूँ, और निम्न पद पर बैठे व्यक्ति को उच्च पद पर नियुक्त करने और उसके राशन या वेतन में वृद्धि करने का आदेश देने में सक्षम हूँ।"

24. इसलिए, मेरे मित्रों, जब समान गौतम इस गाड़ी मार्ग पर पहुँच जाएँ, तो हाथी नलगिरि को छोड़ दें और उसे सड़क पर छोड़ दें।
25. देवदत्त ने बुद्ध को मारने के लिए धनुर्धरियों को नियुक्त किया। उसने पागल हाथी नलगिरि को भी अपने रास्ते पर छोड़ दिया था।
26. लेकिन वह सफल नहीं हुआ। जब इन प्रयासों के बारे में पता चला, तो देवदत्त ने सारा सार्वजनिक अनुदान खो दिया– देवदत्त को अजातशत्रु से बहुत से उपकार प्राप्त हुए, जिन्हें वह अधिक समय तक अपने पास नहीं रख सका। नलगिरि की घटना के बाद देवदत्त ने अपना सारा प्रभाव खो दिया। अपने कार्यों के कारण देवदत्त मगध में बहुत अलोकप्रिय हो गया और उसने यह सोचकर कोसल को छोड़ दिया कि प्रसेनजित उसका सौहार्दपूर्वक स्वागत करेगा। लेकिन प्रसेनजित ने उसे तिरस्कारपूर्वक बाहर निकाल दिया।

7. ब्राह्मण और बुद्ध

(i)

1. एक बार जब भगवान बुद्ध भिक्षुओं की एक बड़ी टोली के साथ कोसल देश में भ्रमण कर रहे थे, तो वे थूना नामक एक ब्राह्मण गाँव में पहुँचे।
2. थूना के ब्राह्मण गृहस्थों ने समाचार सुना, "उनके अनुसार समाना गौतम हमारे गांव के खेत में आए हैं।
3. अब ब्राह्मण गृहस्थ नास्तिक थे, गलत विचार रखते थे और स्वभाव से लोभी थे।
4. उन्होंने कहा, "यदि समाना गौतम इस गांव में प्रवेश करें और दो–तीन दिन रुकें, तो वे इन सभी लोगों का धर्म परिवर्तन कर देंगे। तब ब्राह्मण धर्म का कोई आधार नहीं रह जाएगा। इसलिए हमें उन्हें अपने गांव में प्रवेश करने से रोकना चाहिए।
5. गांव में पहुंचने के लिए एक नदी पार करनी पड़ती थी और ब्राह्मणों ने भगवान को गांव में प्रवेश करने से रोकने के लिए नावों को

उतरने के स्थानों से हटा दिया और पुलों और मार्गों को अनुपयोगी बना दिया।

6. उन्होंने एक को छोड़कर सभी कुओं को खरपतवार और इसी तरह की अन्य चीजों से भर दिया और पानी के स्थानों, विश्राम–गृहों और शेडों को छिपा दिया।
7. भगवान को उनके कुकर्मों का पता चला और उन पर दया करके वे अपने भिक्षुओं के साथ नदी पार करके आगे बढ़े और समय आने पर ब्राह्मणों के गांव थूना में पहुंचे।
8. वे सड़क छोड़कर एक वृक्ष के नीचे बैठ गए। उसी समय बहुत सी स्त्रियां जल लेकर भगवान के पास से गुजर रही थीं।
9. और उस गांव में एक समझौता हुआ था, "यदि समाना गौतम वहां आएं तो उनका स्वागत आदि कुछ नहीं किया जाएगा और जब वे किसी घर में आएं तो न तो उन्हें और न ही उनके शिष्यों को कुछ दिया जाएगा और न ही पानी।"
10. तभी एक ब्राह्मण की दासी जल का घड़ा लेकर जा रही थी। उसने भगवान और भिक्षुओं को देखा और पाया कि वे थके हुए और प्यासे हैं। उसने भक्त हृदय से उन्हें जल पिलाना चाहा।
11. उसने मन ही मन कहा, "यद्यपि इस गांव के लोगों ने यह निश्चय कर लिया है कि समान गौतम को कुछ भी नहीं देना है, तथा उनका सम्मान भी नहीं करना है, फिर भी यदि मैं इन श्रेष्ठ पुण्य क्षेत्रों तथा पुण्य दान के योग्य व्यक्तियों को पाकर भी, केवल जल देकर अपने उद्धार का आधार नहीं बनाऊंगी, तो फिर इसके बाद मैं दुःख से कब मुक्त होऊंगी? पुण्य दान के योग्य व्यक्तियों को पाकर भी, केवल जल देकर अपने उद्धार का आधार नहीं बनाऊंगी, तो फिर इसके बाद मैं दुःख से कब मुक्त होऊंगी?
12. "ऐसा ही हो, मेरे स्वामियों! गांव में रहने वाले सभी लोग मुझे पीटें या बांधें, फिर भी मैं इस तरह के पुण्य के खेत को जल का दान दूंगी।

13. जब उसने यह निश्चय कर लिया, तो यद्यपि जल ले जाने वाली अन्य स्त्रियों ने उसे रोकने का प्रयत्न किया, फिर भी उसने अपने प्राणों की परवाह किए बिना अपने सिर से जल का घड़ा उतारकर एक ओर रख दिया, और भगवान के पास जाकर उन्हें जल दिया भगवान ने अपने हाथ–पैर धोए और जल पीया।
14. उसके स्वामी ब्राह्मण ने भगवान को जल देने के बारे में सुना। उसने कहा, "उसने गांव के नियम को तोड़ा है और मैं दोषी हूं," और क्रोध से जलते हुए तथा दांत पीसते हुए उसने उसे जमीन पर पटक दिया और हाथ–पैरों से पीटा। इससे वह मर गई।

(ii)

1. अब ब्राह्मण डोना ने भगवान के पास जाकर उन्हें नमस्कार किया और अभिवादन के पारंपरिक शब्दों का आदान–प्रदान करने के बाद एक ओर बैठ गया। इस प्रकार बैठे हुए ब्राह्मण डोना ने भगवान से कहा:
2. "मैंने सुना है, भगवान गौतम, कि मास्टर गौतम वृद्ध, आदरणीय ब्राह्मणों को, जो बहुत बूढ़े हो चुके हैं, जीवन के पथ पर बहुत आगे बढ़ चुके हैं, न ही प्रणाम करते हैं, न ही उनके लिए खड़े होते हैं, न ही उन्हें बैठने के लिए स्थान देते हैं।
3. "मास्टर गौतम, यह बिलकुल ऐसा ही है; मास्टर गौतम वृद्ध, आदरणीय ब्राह्मणों के साथ ऐसा कुछ नहीं करते। यह ठीक नहीं है, मास्टर गौतम।"
4. "क्या तुम ब्राह्मण होने का दावा नहीं करते, डोना?"
5. "यदि कोई व्यक्ति, हे गौतम, सही बात कहता है, तो यह कहा जाना चाहिए वह ब्राह्मण दोनों पक्षों से सुयोग्य है, माता और पिता दोनों की सात पीढ़ियों तक की वंशावली में शुद्ध है, जन्म के मामले में निर्विवाद और निंदनीय है; अध्ययनशील है, मन में मंत्रों का स्मरण रखता है, तीनों वेदों का पूर्व ज्ञाता है, सूचकांक और अनुष्ठान में, ध्वनि विज्ञान में भी, और किंवदंतियों में भी छंद और

व्याकरण में विशेषज्ञ है, महापुरुष के चिह्नों को पढ़ने में कुशल है, ब्रह्मांड के बारे में चिंतन करने में कुशल है, मेरे बारे में, हे गौतम, सही बात कहना चाहिए; क्योंकि मैं, हे गौतम, इस तरह पैदा हुआ हूँ.... इतना कुशल हूँ।

6. "डोना, वे प्राचीन ब्राह्मण–ऋषि, मंत्र–निर्माता, मंत्र–वक्ता, जिनके मंत्र छंदों, भजनों और कथनों का प्राचीन संग्रह, ब्राह्मण हर भजन, हर कथन, हर शब्द को जानते हैं, हमेशा कहावतें कही गई हैं: अट्ठक, वामक, वामदेव। वासमित्त, यमदग्गी, अंगिरस, भारद्वाज, ने घोषित किया है: ब्रह्म–समान, देव–समान, सीमित, सीमाओं को तोड़ने वाला, और पाँचवाँ, ब्राह्मण बहिष्कृत, उनमें से तुम कौन हो, डोना?"

7. "हम इन पाँच ब्राह्मणों के बारे में नहीं जानते, मास्टर गौतम फिर भी हम जानते हैं कि हम ब्राह्मण हैं। यह मेरे लिए अच्छा होगा यदि मास्टर गौतम मुझे धम्म सिखाएँ ताकि मैं उन पाँचों के बारे में जान सकूँ।"

8. "तो सुनो, ब्रह्मा, ध्यान दो और मैं बोलूंगा!"

9. "हाँ श्रीमान," उन्होंने उत्तर दिया और महापुरुष ने कहा:

10. "और, डोना, एक ब्राह्मण ब्रह्मा जैसा कैसे बनता है?"

11. "डोना, एक ऐसे ब्राह्मण का उदाहरण लो जो दोनों पक्षों से सुसज्जित है, माता और पिता दोनों की सात पीढ़ियों तक वंश में शुद्ध है, जन्म के मामले में निर्विवाद और बिना किसी दोष के – वह अट्ठाईस वर्ष तक ब्रह्मा–जीवन का जीवन व्यतीत करता है, धम्म के अनुसार शिक्षा देने के लिए शिक्षक की फीस पर खुद को लगाता है, गैर–धम्म के अनुसार नहीं।

12. "और धम्म क्या है, डोना? कभी हल चलाने वाले के रूप में नहीं, न ही व्यापारी के रूप में, न ही ग्वाले के रूप में, न ही धनुर्धरी के रूप में, न ही राजा के आदमी के रूप में, न ही किसी भी शिल्प (अपनी आजीविका के लिए), बल्कि केवल भिक्षा के लिए घूमते हुए, भिखारी के कटोरे का तिरस्कार न करते हुए।

13. "और वह शिक्षक को पढ़ाने के लिए फीस सौंप देता है, अपनी दाढ़ी के बाल मुँड़वा लेता है, पीला वस्त्र पहनता है और घर से बेघर जीवन की ओर निकल जाता है।
14. "और इस प्रकार निकलकर, वह मन में एक दुनिया के कोने, दूसरे, तीसरे, चौथे कोने में मैत्री के साथ व्याप्त रहता है; फिर ऊपर, नीचे, बीच में, हर जगह, पूरे विश्व में वह मैत्री के विचारों से व्याप्त हो जाता है, दूरगामी, विस्तृत, अथाह, बिना किसी घृणा या दुर्भावना के।
15. "वह दया, सहानुभूति, शांति से व्याप्त मन में रहता है, एक दुनिया का एक चौथाई, तो दूसरा, तीसरा, चौथा फिर ऊपर, नीचे, बीच में, हर जगह, वह दया, सहानुभूति और शांति के विचारों से भरा हुआ है, दूरगामी, विस्तृत, असीम, बिना किसी घृणा या द्वेष के।
16. और इन चार ब्रह्म–निवासों को बनाकर, मृत्यु के बाद शरीर के टूटने पर, वह कल्याणकारी ब्रह्म लोक में उठता है। इस प्रकार, डोना, ब्राह्मण ब्रह्म–समान हो जाता है।
17. और कैसे, डोना, ब्राह्मण देव–समान कैसे हो जाता है?
18. "डोना, एक ऐसे ब्राह्मण का उदाहरण लो जिसका जन्म और आचरण समान हो। वह हल चलाने आदि से जीविका नहीं चलाता, बल्कि भिक्षा मांगकर जीविका चलाता है.... वह शिक्षक को पढ़ाने के लिए फीस देता है और धम्म के अनुसार पत्नी की तलाश करता है, गैर–धम्म के अनुसार नहीं।
19. "और फिर धम्म क्या है? खरीदे या बेचे गए व्यक्ति के साथ नहीं, बल्कि केवल उस ब्राह्मणी के साथ जिस पर जल डाला गया हो। और वह केवल ब्राह्मणी के पास जाता है, किसी बहिष्कृत, शिकारी, बांस–मजदूर, गाड़ी–निर्माता, या आदिवासी की बेटी के पास नहीं जाता, न ही गर्भवती महिला के पास जाता है, न ही दूध पिलाने वाली महिला के पास जाता है, न ही उसके पास जो अपने ऋतुकाल में नहीं है।

20. और क्यों, डोना, एक ब्राह्मण गर्भवती महिला के पास नहीं जाता? यदि वह जाता है, तो लड़का या लड़की निश्चित रूप से अशुद्ध जन्म लेंगे, इसलिए वह नहीं जाता। और क्यों वह दूध पिलाने वाली महिला के पास नहीं जाता? यदि वह जाता है, तो लड़का या लड़की निश्चित रूप से अशुद्ध दूध पिलाने वाला होगा, इसलिए वह नहीं जाता।
21. "और क्यों वह अपने ऋतुकाल में नहीं जाने वाली महिला के पास नहीं जाता? डोना, यदि एक ब्राह्मण अपने ऋतुकाल में नहीं जाने वाली महिला के पास जाता है, तो उसके लिए ब्राह्मणी कभी भी वासना, क्रीड़ा, आनंद का साधन नहीं बनती ब्राह्मण के लिए ब्राह्मणी केवल संतान उत्पन्न करने का साधन है।
22. और जब विवाह में वह दस (बच्चे) पैदा कर लेता है, तो वह अपने बाल–दाढ़ी मुंडवा लेता है... और बाहर चला जाता है
23. और इस प्रकार बाहर चला गया, कामुक इच्छाओं से दूर...वह पहले (से) चौथे चिंतन में प्रवेश करता है और रहता है वह पहले (से) चौथे चिंतन में प्रवेश करता है और रहता है।
24. "और इन चार चिंतन को बनाने के बाद, मृत्यु के बाद शरीर के टूटने पर, वह कल्याणकारी स्वर्ग लोक में उठता है।
25. "इस प्रकार, डोना, एक ब्राह्मण देव–समान हो जाता है।
26. और, डोना, एक ब्राह्मण कैसे बनता है?
27. "इसका उदाहरण लीजिए, डोना, एक ऐसे ब्राह्मण का, जिसका जन्म और आचरण समान है, विवाह करता है।
28. "और जब विवाह के बाद वह संतान को जन्म देता है, तो संतान के प्रति उसका प्रेम उसे ग्रस लेता है और वह परिवार की संपत्ति पर ही बस जाता है, तथा घर से बाहर बेघर जीवन नहीं बिताता।
29. "पुराने समय में ब्राह्मण अपनी सीमाओं में रहता है और उनका उल्लंघन नहीं करता और कहा जाता है: वह सीमाओं के भीतर रहता है और उनका उल्लंघन नहीं करता।' और इसलिए ब्राह्मण को सीमाबद्ध कहा जाता है।

30. इस प्रकार, डोना, ब्राह्मण सीमाबद्ध हो जाता है।
31. "और डोना, एक ब्राह्मण सीमा का उल्लंघन कैसे कर सकता है?
32. "डोना, उसी जन्म और आचरण वाले ब्राह्मण का उदाहरण लो। वह शिक्षक की फीस सौंप देता है और धम्म या अधम्म के अनुसार पत्नी की तलाश करता हैः खरीदी हुई या बेची हुई या ब्राह्मणी जिस पर जल चढ़ाने की रस्म हो चुकी हो।
33. "वह ब्राह्मणी के पास जाता है या कुलीन या निम्न जाति के व्यक्ति या दास की बेटी के पास जाता है; बहिष्कृत या शिकारी या बांस–मजदूर या गाड़ी बनाने वाले या आदिवासी की बेटी के पास जाता है; वह गर्भवती स्त्री के पास जाता है, दूध पिलाने वाली स्त्री के पास जाता है, अपने ऋतु में स्त्री के पास जाता है, अपने ऋतु में अऋतु में स्त्री के पास जाता है; और उसके लिए ब्राह्मणी केवल काम–वासना, क्रीड़ा और आनंद या संतान पैदा करने का साधन बन जाती है।
34. "और वह प्राचीन ब्राह्मण मर्यादाओं के भीतर नहीं रहता, बल्कि उनका उल्लंघन करता है; और ऐसा कहा जाता हैः 'वह मर्यादाओं के भीतर नहीं रहता, बल्कि उनका उल्लंघन करता है', और इसलिए उसे मर्यादा तोड़ने वाला कहा जाता है।
35. "इस प्रकार, डोना, ब्राह्मण मर्यादा तोड़ने वाला बन जाता है।
36. "और, डोना, ब्राह्मण बहिष्कृत कैसे हो जाता है?
37. "डोना, इसी जन्म के एक ब्राह्मण का उदाहरण लीजिए, वह चालीस–अठारह वर्ष तक ब्रह्म–कौमार्य का जीवन व्यतीत करता है, मंत्रों का अभ्यास करता है; फिर, उस पाठ्यक्रम को पूरा करके, वह शिक्षण के लिए शिक्षण शुल्क मांगता है; (वह धम्म या गैर–धम्म के अनुसार अपना जीवन–यापन करता है) हल चलाने वाले, व्यापारी, ग्वाले, धनुर्धर, राजा के आदमी के रूप में या किसी शिल्प से या, भिखारी के कटोरे की उपेक्षा न करते हुए, केवल भिक्षा मांगकर।
38. "शिक्षक की फीस लौटाने के बाद वह धम्म या अधम्म के अनुसार पत्नी की तलाश करता है; खरीदी हुई या बेची हुई, या ब्राह्मणी

जिस पर जल डाला गया हो। वह ब्राह्मणी या किसी अन्य स्त्री के पास जाता है जो गर्भवती हो, दूध पिलाती हो आदि...और वह उसके लिए कामवासना की पूर्ति...या संतान उत्पन्न करने का साधन होती है। वह ये सब करते हुए जीवन व्यतीत करता है।

39. "तब ब्राह्मण उसके बारे में इस प्रकार कहते हैं: "यह कैसे संभव है कि एक प्रतिष्ठित ब्राह्मण इस प्रकार का जीवन व्यतीत करता है?'

40. "और इस पर वह उत्तर देता है: जैसे अग्नि स्वच्छ या अशुद्ध चीजों को जला देती है, लेकिन इससे अग्नि अशुद्ध नहीं होती वैसे ही, सज्जनों, यदि कोई ब्राह्मण ये सब करते हुए जीवन व्यतीत करता है, तो इससे ब्राह्मण अशुद्ध नहीं होता।'

41. और यह कहा गया है: वह ये सब करते हुए जीवन व्यतीत करता है, और इसलिए उसे ब्राह्मण बहिष्कृत कहा जाता है।

42. "इस प्रकार, डोना, एक ब्राह्मण–बहिष्कृत हो जाता है।

43. "वास्तव में, डोना, वे प्राचीन ब्राह्मण ऋषि, मंत्र–निर्माता, मंत्र–कहने वाले, जिनके प्राचीन संग्रह स्तोत्र, कहते हैं, प्रत्येक शब्द विश्राम करते हैं ... ये पाँच ब्राह्मण घोषित करते हैं; ब्रह्म–समान, देव–समान, सीमाबद्ध, सीमाओं को तोड़ने वाले और पाँचवें, ब्राह्मण बहिष्कृत।

44. डोना, तुम उनमें से कौन हो?"

45. "यदि ऐसे हैं, मास्टर गौतम, तो हम कम से कम ब्राह्मण–बहिष्कृत के (तरीकों) को पूरा नहीं करते हैं?

46. "लेकिन यह आश्चर्यजनक है कि मास्टर गौतम, मास्टर गौतम ने मुझे एक साधारण शिष्य के रूप में स्वीकार कर लिया है, अब से जब तक जीवन है, तब तक उनकी शरण में चला गया है।"

भाग – III

उनके सिद्धांतों के आलोचक

1. संघ में खुले प्रवेश के आलोचक।
2. प्रतिज्ञा के नियम के आलोचक।
3. अहिंसा सिद्धांत के आलोचक।
4. सद्गुणों का उपदेश देने और निराशा पैदा करने का आरोप।
5. आत्मा और पुनर्जन्म के सिद्धांत के आलोचक।
6. विनाशवादी होने का आरोप।

1. संघ में खुले प्रवेश के आलोचक

1. संघ के लिए एक आम आदमी को प्रवेश देना खुला था जो केवल एक शिष्य था।
2. ऐसे लोग थे जिन्होंने संघ को किसी भी व्यक्ति के प्रवेश के लिए एक खुला मंदिर बनाने के लिए भगवान की आलोचना की।
3. उन्होंने तर्क दिया कि ऐसी योजना के तहत यह अच्छी तरह से हो सकता है कि संघ में प्रवेश करने के बाद वे इसे छोड़ दें, और फिर से निम्न अवस्था में लौट आएं और उनके पीछे हटने से लोगों को यह कहने के लिए प्रेरित किया जाएः "समान गौतम का यह धर्म व्यर्थ है, जिसे इन लोगों ने त्याग दिया है।"
4. आलोचना अच्छी तरह से स्थापित नहीं थी और इस तरह की योजना बनाने में धन्य भगवान के इरादे को पूरी तरह से नजरअंदाज कर दिया गया था।
5. धन्य भगवान ने उत्तर दिया कि अपने धर्म की स्थापना में उन्होंने मुक्ति के उत्कृष्ट जल से भरा एक स्नान तालाब बनाया था, जो अच्छे कानून का स्नान था।
6. भगवान की इच्छा थी कि जो कोई पाप के दागों से कलंकित हो, वह इसमें स्नान करके अपने सारे पाप धो ले।
7. और यदि कोई अच्छे नियम के स्नान–कुंड में जाकर उसमें स्नान न करे, बल्कि पहले की तरह ही कलंकित होकर फिर से अधोगति को लौट जाए, तो इसके लिए वह दोषी है, धर्म नहीं।
8. "या मैं," भगवान ने कहा, "लोगों को अपने पाप धोने के लिए इस स्नान–कुंड का निर्माण करने के बाद, यह कह सकता हूँ कि 'कोई भी गंदा व्यक्ति इस कुंड में न जाए! केवल वे ही लोग इस कुंड में उतरें जिनकी धूल और गंदगी धुल गई है, जो शुद्ध और निष्कलंक हैं।"
9. "ऐसी शर्तों पर मेरे धर्म का क्या भला होता?"

10. आलोचक भूल गए कि भगवान लाभ को केवल कुछ लोगों तक सीमित नहीं रखना चाहते थे। वे इसे सभी के लिए खुला रखना चाहते थे, सभी द्वारा परखा जाना चाहते थे।

2. प्रतिज्ञा के नियम के आलोचक

1. पाँच शील क्यों पर्याप्त नहीं हैं? व्रतों को क्यों आवश्यक माना जाता है? ये वे प्रश्न थे जो अक्सर उठाए जाते थे।
2. यह तर्क दिया गया कि यदि रोग औषधि के बिना कम हो सकते हैं, तो वमन, मल–त्याग तथा अन्य उपचारों द्वारा शरीर को दुर्बल करने से क्या लाभ हो सकता है?
3. ठीक इसी प्रकार, यदि गृहस्थ मनुष्य, जो इन्द्रियों के सुखों का आनंद लेते हुए घर पर रहते हैं, व्रतों को ग्रहण करके अपने भीतर शांति, परम कल्याण, निर्वाण की स्थिति का अनुभव कर सकते हैं, तो भिक्षु को इन व्रतों को ग्रहण करने की क्या आवश्यकता है?
4. भगवान ने व्रतों को उनमें निहित गुणों के कारण बनाया था।
5. व्रतों से बंधा हुआ जीवन निश्चित रूप से सद्‌गुणों में वृद्धि लाता है, यह स्वयं पतन के विरुद्ध सुरक्षा है।
6. जो व्रत लेते हैं तथा उन्हें आत्मनिर्भर के रूप में निभाते हैं, वे मुक्त हो जाते हैं।
7. व्रतों का पालन करने से काम, द्वेष, अभिमान का निषेध होता है, बुरे विचारों का नाश होता है।
8. जो व्रत लेते हैं और उनका पालन करते हैं, वे वास्तव में बहुत सुरक्षित होते हैं और उनके आचरण और मन पूरी तरह से शुद्ध होते हैं।
9. केवल उपदेश लेने से ऐसा नहीं है।
10. व्रतों के मामले में नैतिक पतन के विरुद्ध कोई सुरक्षा नहीं है, जैसा व्रतों के मामले में है।

11. व्रतों का जीवन बहुत कठिन है, लेकिन उपदेशों का जीवन कठिन नहीं है। मनुष्य के लिए व्रतों का जीवन जीने वाले कुछ लोगों का होना आवश्यक है। इसलिए भगवान ने दोनों का ही विधान किया है।

3. अहिंसा सिद्धांत के आलोचक

1. कुछ लोग अहिंसा के सिद्धांत पर आपत्ति करते थे। उनका कहना था कि इसमें बुराई के प्रति समर्पण या प्रतिरोध न करना शामिल है।
2. यह भगवान ने अहिंसा के सिद्धांत द्वारा जो सिखाया था, उसका पूर्णतः गलत प्रस्तुतीकरण है।
3. भगवान ने विभिन्न अवसरों पर अपनी स्थिति स्पष्ट की है, ताकि अस्पष्टता या गलतफहमी के लिए कोई स्थान न बचे।
4. ऐसा पहला अवसर जिसका उल्लेख किया जाना चाहिए, वह वह अवसर है जब उन्होंने संघ में एक सैनिक के प्रवेश के संबंध में एक नियम बनाया था।
5. एक समय मगध राज्य के सीमावर्ती प्रांतों में अशांति थी। तब मगध के राजा सेनिया बिम्बिसार ने सेनापति को आदेश दियाः अच्छा, अब जाओ और अपने अधिकारियों से कहो कि वे सीमावर्ती प्रांतों में अपराधियों की खोज करें, उन्हें दण्डित करें और शांति स्थापित करें। सेनापति ने तदनुसार कार्य किया।
6. सेनापति का आदेश सुनकर अधिकारी दुविधा में पड़ गए। वे जानते थे कि तथागत ने सिखाया है कि जो लोग युद्ध में जाते हैं और लड़ने में आनन्द पाते हैं, वे पाप करते हैं और महान पाप उत्पन्न करते हैं। दूसरी ओर, यहाँ राजा का आदेश था कि अपराधियों को पकड़कर मार डाला जाए। अब हम क्या करें, अधिकारियों ने आपस में पूछा।
7. तब इन अधिकारियों ने सोचाः "यदि हम बुद्ध के संघ में प्रवेश कर सकें तो हम दुविधा से बच सकेंगे।"

8. इस प्रकार ये अधिकारी भिक्षुओं के पास गए और उनसे दीक्षा माँगी भिक्षुओं ने उन्हें पब्बज्जा और उपसम्पदा की दीक्षाएँ प्रदान कीं और अधिकारी सेना से गायब हो गए।
9. सेनापति ने पाया कि अधिकारी नहीं थे सैनिकों ने पूछाः "क्यों, ऐसा कैसे हो गया कि अधिकारी कहीं नजर नहीं आ रहे हैं?" "अधिकारियों ने, प्रभु, भिक्षुओं का धार्मिक जीवन अपना लिया है," सैनिकों ने उत्तर दिया।
10. तब सेना का कमांडर नाराज हो गया, और बहुत क्रोधित हो गयाः "भिक्षु शाही सेना में लोगों को कैसे नियुक्त कर सकते हैं?"
11. सेना के कमांडर ने राजा को बताया कि क्या हुआ था। और राजा ने न्याय के अधिकारियों न्याय के अधिकारी से पूछाः "मुझे बताओ, मेरे अच्छे सज्जनों, वह व्यक्ति किस दंड का पात्र है जो किसी व्यक्ति को राजसी सेवा में नियुक्त करता है?"
12. "महाराज, उपध्याय का सिर काट दिया जाना चाहिए; जो (कम्मवाक) पढ़ता है, उसकी जीभ फाड़ दी जानी चाहिए; जो अध्याय बनाते हैं, उनकी आधी पसलियाँ तोड़ दी जानी चाहिए।"
13. तब राजा उस स्थान पर गया जहाँ भगवान थे और प्रणाम करने के बाद उन्हें बताया कि क्या हुआ था।
14. "भगवान अच्छी तरह जानते हैं कि ऐसे राजा भी हैं जो धम्म के विरुद्ध हैं। ये शत्रुतापूर्ण राजा तुच्छ कारणों से भी भिक्षुओं को परेशान करने के लिए हमेशा तैयार रहते हैं। यह कल्पना करना असंभव है कि वे भिक्षुओं के साथ दुर्व्यवहार करने की किस हद तक जा सकते हैं यदि उन्हें पता चले कि भिक्षु सैनिकों को सेना छोड़ने और संघ में शामिल होने के लिए बहका रहे हैं। भगवान से प्रार्थना करें कि वे आपदा को टालने के लिए आवश्यक कार्य करें।"
15. भगवान ने उत्तर दियाः "अहिंसा की आड़ में या अहिंसा के नाम पर सैनिकों को राजा या अपने देश के प्रति अपने कर्तव्य का परित्याग करने की अनुमति देना मेरा कभी इरादा नहीं था।"

16. तदनुसार भगवान ने संघ में राजसी सेवा में व्यक्तियों के प्रवेश के विरुद्ध एक नियम बनाया और भिक्षुओं को यह कहते हुए इसकी घोषणा कीः "हे भिक्षुओं, जो राजसी सेवा में है, उसे पब्बज्जा दीक्षा नहीं लेनी चाहिए। जो व्यक्ति ऐसे व्यक्ति को पब्बज्जा दीक्षा प्रदान करता है, वह दुक्कता अपराध का दोषी होगा।"

17. सेना में एक जनरल और महावीर के अनुयायी सिन्हा ने अहिंसा के विषय पर भगवान से दूसरी बार जिरह की।

18. सिन्हा ने पूछाः "भगवान के सिद्धांत के बारे में मेरे मन में अभी भी एक संदेह छिपा हुआ है। क्या भगवान बादल को दूर करने की अनुमति देंगे ताकि मैं भगवान द्वारा सिखाए गए धम्म को समझ सकूं।"

19. तथागत ने अपनी सहमति देते हुए सिन्हा से कहाः "हे भगवान, मैं एक सैनिक हूँ और राजा द्वारा उनके कानूनों को लागू करने और युद्ध लड़ने के लिए नियुक्त किया गया हूँ। क्या तथागत, जो अनंत दया और सभी पीड़ितों के प्रति करुणा की शिक्षा देते हैं, अपराधी को दण्डित करने की अनुमति देते हैं? और इसके अलावा, क्या तथागत यह घोषणा करते हैं कि हमारे घरों, हमारी पत्नियों, हमारे बच्चों और हमारी संपत्ति की सुरक्षा के लिए युद्ध करना गलत है? क्या तथागत पूर्ण आत्म–समर्पण का सिद्धांत सिखाते हैं, ताकि मैं दुष्ट को जो चाहे करने दूँ और जो हिंसा द्वारा मेरा अपना छीनने की धमकी देता है, उसके सामने विनम्रतापूर्वक झुक जाऊँ? क्या तथागत का मानना है कि सभी संघर्ष, जिसमें धर्म के लिए किया जाने वाला युद्ध भी शामिल है, निषिद्ध होना चाहिए?"

20. भगवान ने उत्तर दियाः "तथागत कहते हैंः जो दण्ड के योग्य है, उसे दण्डित किया जाना चाहिए, और जो अनुग्रह के योग्य है, उस पर अनुग्रह किया जाना चाहिए। फिर भी उसी समय वे किसी भी जीवित प्राणी को कोई नुकसान नहीं पहुँचाना सिखाते हैं, बल्कि प्रेम और दया से भरे रहना सिखाते हैं। ये आदेश विरोधाभासी नहीं हैं, क्योंकि जो कोई भी अपने किए गए अपराधों के लिए दंडित होना चाहिए, उसे न्यायाधीश की दुर्भावना के कारण नहीं बल्कि अपने बुरे

कर्मों के कारण चोट पहुँचती है। उसके अपने कर्मों ने ही उसे वह चोट पहुँचाई है जो कानून के निष्पादक ने पहुँचाई है। जब कोई न्यायाधीश दंड देता है, तो उसे अपने हृदय में घृणा नहीं रखनी चाहिए, फिर भी जब एक हत्यारे को मृत्युदंड दिया जाता है, तो उसे यह विचार करना चाहिए कि यह उसके अपने कर्मों का फल है। जैसे ही वह समझ जाएगा कि दंड उसकी आत्मा को शुद्ध करेगा, वह अपने भाग्य पर विलाप नहीं करेगा, बल्कि उस पर प्रसन्न होगा।"

21. इन उदाहरणों की उचित समझ से पता चलेगा कि धन्य भगवान द्वारा सिखाई गई अहिंसा मौलिक थी। लेकिन यह पूर्ण नहीं थी।
22. उन्होंने सिखाया कि अच्छाई के बदले बुराई को ठीक किया जाना चाहिए। लेकिन उन्होंने कभी यह उपदेश नहीं दिया कि बुराई को अच्छाई पर हावी होने दिया जाना चाहिए।
23. वे अहिंसा के पक्ष में खड़े हुए। उन्होंने हिंसा की निंदा की। लेकिन उन्होंने इस बात से इनकार नहीं किया कि हिंसा बुराई द्वारा नष्ट की जा रही अच्छाई को बचाने का अंतिम उपाय हो सकता है।
24. इसलिए ऐसा नहीं है कि भगवान ने कोई खतरनाक सिद्धांत सिखाया। यह आलोचक हैं जो इसके महत्त्व और इसके दायरे को समझने में विफल रहे।

4. सद्‌गुणों का उपदेश देने और निराशा पैदा करने का आरोप

(1) *दुःख उदासी का कारण*

1. कपिल द्वारा दिए गए मूल अर्थ में दुःख का अर्थ है अशांति, हंगामा।
2. शुरू में इसका आध्यात्मिक अर्थ था।
3. बाद में इसने दुःख और शोक का अर्थ प्राप्त कर लिया।
4. ये दोनों अर्थ बहुत अलग नहीं थे। ये बहुत करीब थे।
5. अशांति दुःख और पीड़ा लाती है।

6. जल्द ही इसने सामाजिक और आर्थिक कारणों से दुःख और पीड़ा का अर्थ प्राप्त कर लिया।
7. बुद्ध ने दुःख और पीड़ा शब्द का प्रयोग किस अर्थ में किया?
8. अभिलेखों में एक उपदेश है जिससे यह स्पष्ट है कि बुद्ध इस बात से अच्छी तरह वाकिफ थे कि गरीबी दुःख का कारण है।
9. उस उपदेश में वे कहते हैं, "भिक्षुओं, क्या गरीबी एक सांसारिक आवारा के लिए एक दुःखद बात है?"
10. अवश्य ही, प्रभु।"
11. "और जब कोई व्यक्ति गरीब, जरूरतमंद, संकटग्रस्त होता है, तो वह कर्ज में डूब जाता है, और क्या यह भी दुःखद है?"
12. अवश्य ही, प्रभु।"
13. और जब वह कर्ज में डूब जाता है, तो वह उधार लेता है, और क्या यह भी दुःखद है?"
14. अवश्य ही, प्रभु।"
15. "और जब बिल देने की बारी आती है, तो वह भुगतान नहीं करता और वे उस पर दबाव डालते हैं; क्या यह भी दुःखद है?"
16. "निश्चित रूप से, प्रभु।"
17. "और जब दबाव डाला जाता है, तो वह भुगतान नहीं करता और वे उसे घेर लेते हैं, क्या यह भी दुःखद है?"
18. अवश्य ही, प्रभु।"
19. "और जब घेर लिया जाता है, तो वह भुगतान नहीं करता और वे उसे बांध देते हैं; क्या यह भी दुःखद है?"
20. अवश्य ही, प्रभु।"
21. इस प्रकार, भिक्षु, गरीबी, कर्ज, उधर लेना, सांसारिक उच्छृंखलता के लिए दबाव, घिरे रहना और बंधे रहना सभी दुःख हैं।
22. "दुनिया में गरीबी और कर्ज दुखदायी हैं।"
23. इस प्रकार बुद्ध की दुःख की अवधारणा भौतिक है।

(2) *अस्थायित्व उदासी का कारण है*

1. इस आरोप का दूसरा आधार इस सिद्धांत से उत्पन्न होता है कि जो कुछ भी मिश्रित है वह अनित्य है।
2. कोई भी सिद्धांत की सच्चाई पर सवाल नहीं उठाता।
3. सब कुछ अनित्य है, यह सभी स्वीकार करते हैं।
4. सिद्धांत, यदि यह सत्य है, तो इसे वैसे ही बताया जाना चाहिए जैसे सत्य को बताया जाना चाहिए, चाहे वह कितना भी अप्रिय क्यों न हो।
5. लेकिन निराशावादी निष्कर्ष क्यों निकाला जाए?
6. यदि जीवन छोटा है तो यह छोटा है और किसी को इसके बारे में उदास होने की आवश्यकता नहीं है।
7. यह केवल व्याख्या का विषय है।
8. बर्मी व्याख्या बहुत अलग है।
9. बर्मी लोग परिवार में मृत्यु की घटना को ऐसे मनाते हैं जैसे कि यह कोई खुशी की घटना हो।
10. मृत्यु के दिन गृहस्थ सार्वजनिक भोज देते हैं और लोग शव को नाचते हुए कब्रिस्तान ले जाते हैं। कोई भी मृत्यु की परवाह नहीं करता क्योंकि वह तो आनी ही थी।
11. यदि अनित्यता निराशावादी है तो इसका कारण केवल यह है कि अनित्यता को सत्य माना गया, यद्यपि वह मिथ्या थी।
12. इसलिए बुद्ध के उपदेशों पर निराशा फैलाने का आरोप नहीं लगाया जा सकता।

(3) *क्या बौद्ध धर्म निराशावादी है?*

1. बुद्ध के धम्म पर निराशावाद पैदा करने का आरोप लगाया गया है।
2. यह आरोप प्रथम आर्य सत्य से उत्पन्न होता है जो कहता है कि संसार में दुःख (दुःख–पीड़ा) है।

3. यह आश्चर्यजनक है कि दुःख का उल्लेख इस तरह के आरोप का कारण बनता है।
4. कार्ल मार्क्स ने भी कहा था कि दुनिया में शोषण है और अमीर और अमीर बनते जा रहे हैं तथा गरीब और गरीब बनते जा रहे हैं।
5. और फिर भी किसी ने यह नहीं कहा कि कार्ल मार्क्स का सिद्धांत निराशावाद है।
6. फिर बुद्ध के सिद्धांत के प्रति अलग दृष्टिकोण क्यों दिखाया जाना चाहिए?
7. ऐसा इसलिए हो सकता है क्योंकि बुद्ध ने अपने पहले उपदेश में कहा था, जन्म दुःखमय है, बुढ़ापा दुःखमय है, मृत्यु दुःखमय है, इसलिए उनके धम्म को एक गहरा निराशावादी रंग दिया गया है।
8. लेकिन जो लोग बयानबाजी जानते हैं, वे जानते हैं कि यह अतिशयोक्ति की एक युक्ति है और इसका अभ्यास कुशल साहित्यिक हाथों द्वारा प्रभाव पैदा करने के लिए किया जाता है।
9. बुद्ध का यह कहना कि जन्म दुःखमय है, एक अतिशयोक्ति है, यह उनके एक उपदेश के संदर्भ से सिद्ध हो सकता है जिसमें उन्होंने उपदेश दिया है कि मनुष्य के रूप में जन्म लेना बहुत ही मूल्यवान वस्तु है।
10. फिर, यदि बुद्ध ने केवल दुःख का उल्लेख किया होता तो ऐसा आरोप टिक सकता था।
11. लेकिन बुद्ध का दूसरा आर्य सत्य इस बात पर जोर देता है कि इस दुःख को अवश्य दूर किया जाना चाहिए। दुःख को दूर करने के कर्तव्य पर जोर देने के लिए उन्होंने दुःख के अस्तित्व की बात की।
12. बुद्ध ने दुःख को दूर करने को बहुत महत्व दिया। ऐसा इसलिए हुआ क्योंकि उन्होंने पाया कि कपिल ने केवल यह कहा कि दुःख है और इसके बारे में और कुछ नहीं कहा, इसलिए वे असंतुष्ट महसूस कर रहे थे और उन्होंने मुनि आरादा कलाम का आश्रम छोड़ दिया।

13. इस धम्म को निराशावादी कैसे कहा जा सकता है?
14. निश्चित रूप से एक शिक्षक जो दुःख को दूर करने के लिए उत्सुक है, उस पर निराशावाद का आरोप नहीं लगाया जा सकता।

5. आत्मा और पुनर्जन्म के सिद्धांत के आलोचक

1. भगवान ने उपदेश दिया कि आत्मा नहीं है। भगवान ने यह भी पुष्टि की कि पुनर्जन्म होता है।
2. ऐसे लोगों की कमी नहीं थी जो भगवान की आलोचना करते थे क्योंकि वे दो ऐसे विरोधाभासी सिद्धांतों का प्रचार कर रहे थे।
3. उन्होंने पूछा कि आत्मा नहीं है तो पुनर्जन्म कैसे हो सकता है।
4. कोई विरोधाभास नहीं है। आत्मा नहीं होने पर भी पुनर्जन्म हो सकता है।
5. एक आम की गुठली है। गुठली से आम का पेड़ निकलता है। आम का पेड़ आम पैदा करता है।
6. यहाँ आम का पुनर्जन्म है।
7. लेकिन आत्मा नहीं है।
8. इसलिए आत्मा नहीं होने पर भी पुनर्जन्म हो सकता है।

6. विनाशवादी होने का आरोप

1. एक बार जब भगवान श्रावस्ती में जेत के उपवन में ठहरे हुए थे, तो उन्हें सूचना मिली कि अरिट्ठ नाम का एक भिक्षु भगवान द्वारा सिखाए गए सिद्धांतों के बारे में कुछ विचार रखता है, जिन्हें भगवान के विचार मानते हैं, हालाँकि वे भगवान के विचार नहीं थे।
2. जिन सिद्धांतों के बारे में अरिट्ठ भगवान को गलत तरीके से प्रस्तुत कर रहे थे, उनमें से एक यह था कि क्या वे विनाशवादी थे।
3. धन्य भगवान ने अरिट्ठ को बुलाया। अरिट्ठ आए। पूछे जाने पर वे चुप और उदास बैठे रहे।

4. तब भगवान ने उनसे कहाः "कुछ संन्यासी और ब्राह्मण–गलत तरीके से, गलत तरीके से और झूठे तरीके से– तथ्यों की अवहेलना करते हुए, विनाशवादी होने और मौजूदा प्राणियों के विघटन और विनाश का उपदेश देने का आरोप लगाते हैं।
5. यह सिर्फ वही है जो मैं नहीं हूं और जिसकी मैं पुष्टि नहीं करता हूँ।
6. अतीत और आज दोनों में मैंने जो लगातार उपदेश दिया है, वह है बुराई का अस्तित्व और बुराई का अंत।

भाग – IV

मित्र और प्रशंसक

1. धनंजननी–एक ब्राह्मणी की भक्ति।
2. विशाखा की अडिग आस्था।
3. मल्लिका की भक्ति।
4. गर्भवती माँ की उत्कट इच्छा।
5. केनिया का स्वागत।
6. गुरु की स्तुति में पसेंडी।

1. धनंजननी—एक ब्राह्मणी की भक्ति

1. भगवान के कई मित्र और प्रशंसक थे। उनमें धनंजननी भी थी।
2. वह एक भारद्वाज ब्राह्मण की पत्नी थी। उसका पति भगवान से घृणा करता था। लेकिन धनंजननी भगवान की भक्त थी। उसकी भक्ति का उल्लेख करना उचित है।
3. भगवान एक बार राजगृह के पास बांस के जंगल में विहार में रह रहे थे, जिसे गिलहरियों का चारागाह कहा जाता था।
4. उस समय धनंजननी, एक ब्राह्मणी, भारद्वाज परिवार के एक ब्राह्मण की पत्नी, अपने पति के साथ राजगृह में रह रही थी।
5. जबकि उसका पति बुद्ध का बहुत बड़ा विरोधी था, धनंजननी बुद्ध, धम्म और संघ में गहरी आस्था रखती थी। उसे त्रिरत्न की प्रशंसा करने की आदत थी। जब भी वह इस तरह से प्रशंसा करती, तो उसका पति अपने कान बंद कर लेता।
6. अनेक ब्राह्मण साथियों को एक भव्य भोज देने की पूर्व संध्या पर, उन्होंने उससे विनती की कि वह जो चाहे करे, बशर्ते कि वह बुद्ध की प्रशंसा करके उसके अतिथियों को नाराज न करे।
7. धनंजननी ने ऐसा कोई वचन नहीं दिया और उसने उसे अपने खंजर से केले की तरह काट डालने की धमकी दी। उसने स्वयं को कष्ट सहने के लिए तैयार घोषित किया, इसलिए उसने अपनी बोलने की स्वतंत्रता बनाए रखी और अपने विषय पर पाँच सौ श्लोकों का उच्चारण करना शुरू कर दिया, ताकि वह बिना शर्त आत्मसमर्पण कर दे।
8. कटोरा और सोने का चम्मच रखा गया और अतिथि भोजन के लिए बैठ गए। अतिथियों को परोसते समय प्रबल आवेग उत्पन्न हुआ। बीच में ही वह बाँस के झुरमुट की ओर मुड़ी और त्रिरत्न की स्तुति करने लगी।
9. अपमानित अतिथि जल्दी से चले गए, एक विधर्मी की उपस्थिति से दूषित भोजन को थूक दिया और पति ने अपने भोज के बीच उसे डांटा।

10. और वह, भारद्वाज को भोजन परोसते हुए, उनके समक्ष आई और मणि की प्रशंसा की। उस महान् पुरुष, अरहंत, सर्वोच्च बुद्ध की जय हो! आदर्श की जय हो! संघ की जय हो!

11. और जब उसने ऐसा कहा तो भारद्वाज ब्राह्मण क्रोधित हो गया और बोलाः "अब तो! दुष्ट! तुम्हें हर अवसर पर उस मुंडा भिक्षु की प्रशंसा करनी चाहिए? अब, दुष्ट, क्या मैं तुम्हारे उस गुरु को अपनी बात कहूँगा!"

12. "हे ब्राह्मण," धनंजननी ने उत्तर दिया, "मैं देवताओं, मारास, या ब्रह्मा, संन्यासियों या ब्राह्मणों, किसी भी मानव या दैवीय की दुनिया में किसी को नहीं जानता, जो उस महान् पुरुष को इस तरह से उपदेश दे सके। अरहंत, सर्वोच्च बुद्ध। फिर भी, तुम जाओ, ब्राह्मण, और तब तुम्हें पता चलेगा।"

13. तब भारद्वाज, परेशान और नाखुश होकर, महान् पुरुष को खोजने गए और उसके सामने आकर, उसके साथ मित्रतापूर्ण और विनम्र अभिवादन और बधाई का आदान–प्रदान किया, और एक तरफ बैठ गए।

14. इस तरह बैठे हुए, उन्होंने महापुरुष से निम्नलिखित प्रश्न पूछेः "यदि हम सुखी रहना चाहते हैं तो हमें क्या मारना चाहिए? यदि हम और रो न सकें तो हमें क्या मारना चाहिए? अन्य सभी चीजों से ऊपर क्या है, जिसके वध को तुम स्वीकार करते हो, गौतम?"

15. महापुरुष ने इस प्रकार उत्तर दियाः "यदि तुम सुखी रहना चाहते हो तो तुम्हें क्रोध को मारना होगा यदि तुम और रोना नहीं चाहते हो तो तुम्हें क्रोध को मारना होगा। क्रोध, ब्राह्मण, अपने विषैले स्रोत और ज्वर के चरम के साथ, जानलेवा रूप से मीठा है। यह आर्यों द्वारा किया गया वध है। तुम्हें इसे सच में मारना चाहिए, ताकि तुम और न रो सको।"

16. भगवान के उत्तर की श्रेष्ठता को समझकर भारद्वाज ब्राह्मण ने उनसे कहाः "हे भगवन्! हे भगवन्! जिस प्रकार कोई गिरा हुआ खड़ा कर दे, या छिपा हुआ प्रकट कर दे, या भटके हुए को सही

मार्ग दिखा दे, या अंधेरे में दीपक जलाकर नेत्र वाले बाह्य वस्तुओं को देख लें – उसी प्रकार हे भगवन्! भगवान् गौतम ने मुझे अनेक प्रकार से अपना सिद्धांत बताया है। हे भगवन्! मैं भी उन भगवान् की शरण में जाता हूँ, जो आदर्श और व्यवस्था के लिए मेरे शरणस्थल हैं। मैं गौतम के शासन के अधीन संसार को छोड़ दूँगा मैं आज्ञा लूंगा।"

17. इस प्रकार धनंजननी न केवल बुद्ध की भक्त थी, बल्कि उसने अपने पति को भी बुद्ध का भक्त बना लिया।

2. विशाखा की अडिग आस्था

1. विशाखा का जन्म अंग देश के भदिया शहर में हुआ था।
2. उसके पिता का नाम धनंजय था और उसकी माता का नाम सुमना था।
3. एक बार बुद्ध ब्राह्मण सेला के निमंत्रण पर भिक्षुओं की एक बड़ी टोली के साथ भदिया आए। उनकी पोती विशाखा उस समय सात वर्ष की थी।
4. विशाखा ने, यद्यपि केवल सात वर्ष की थी, अपने दादा मेंडक से बुद्ध के दर्शन की इच्छा व्यक्त की। मेंडक ने उसे ऐसा करने की अनुमति दी और उसे पाँच सौ साथी, पाँच सौ दास और पाँच सौ रथ दिए, ताकि वह बुद्ध के दर्शन कर सके।
5. उसने कुछ दूरी पर रथ रोका और पैदल ही बुद्ध के पास पहुँची।
6. बुद्ध ने उसे धम्म का उपदेश दिया और वह उनकी शिष्या बन गई।
7. अगले पखवाड़े मेंडक ने प्रतिदिन बुद्ध और उनके अनुयायियों को आमंत्रित किया अपने घर ले गया, जहाँ उसने उन्हें खाना खिलाया।
8. बाद में, जब पासेन्डी के अनुरोध पर, बिम्बिसार ने धनंजय को कोसल में रहने के लिए भेजा, तो विशाखा अपने माता–पिता के साथ साकेत में रहने लगी।

9. श्रावस्ती के एक धनी नागरिक मिगरा अपने बेटे पुन्नवधन का विवाह करना चाहते थे। उन्होंने कुछ लोगों को एक उपयुक्त दुल्हन खोजने के लिए भेजा था।
10. दुल्हन की तलाश में पार्टी श्रावस्ती आई। उन्होंने विशाखा को एक पर्व के दिन स्नान करने के लिए झील की ओर जाते देखा।
11. उस समय बहुत तेज बारिश हुई। विशाखा के साथी शरण के लिए भागे। लेकिन विशाखा नहीं भागी। वह अपनी सामान्य गति से चलती हुई उस स्थान पर पहुँची जहाँ दूत थे।
12. उन्होंने उससे पूछा कि वह क्यों नहीं भागी और अपने कपड़े क्यों नहीं बचाए। उसने उत्तर दिया कि उसके पास बहुत सारे कपड़े हैं, लेकिन अगर वह भागी तो उसके अंग को चोट लग सकती है जिसे वह बदल नहीं सकती। उसने कहा, "अविवाहित लड़कियाँ," "बिक्री के लिए तैयार माल की तरह होती हैं, उन्हें विकृत नहीं किया जाना चाहिए।"
13. जो पार्टी पहले से ही उसकी सुंदरता से प्रभावित थी, वह उसकी बुद्धिमत्ता से बहुत प्रभावित हुई। पार्टी ने उसे फूलों का गुलदस्ता भेंट किया जिसे उसने विवाह के प्रस्ताव के रूप में स्वीकार कर लिया।
14. विशाखा के घर लौटने के बाद बारात उसके पीछे गई और धनंजय के सामने पुन्नवधना का प्रस्ताव रखा। पत्रों के आदान–प्रदान द्वारा प्रस्ताव स्वीकार कर लिया गया और पुष्टि की गई।
15. जब पासेंदी को इसके बारे में पता चला, तो उसने सम्मान के प्रतीक के रूप में पुन्नवधना के साथ साकेत जाने की पेशकश की। धनंजय ने राजा और उसके अनुचरों, मिगर, पुन्नवधना और उनके अनुयायियों का पूरे सम्मान के साथ स्वागत किया, तथा आतिथ्य के सभी विवरणों का व्यक्तिगत रूप से ध्यान रखा।
16. दुल्हन के लिए आभूषण बनाने के लिए पाँच सौ सुनार नियुक्त किए गए। धनंजय ने अपनी पुत्री को दहेज के रूप में पाँच सौ गाड़ियाँ धन से भरी, पाँच सौ गाड़ियाँ सोने के बर्तन और मवेशी आदि दिए।

17. जब विशाखा के जाने का समय आया, तो धनंजय ने उसे दस उपदेश दिए, जिन्हें मिगर ने अगले कमरे से सुन लिया। ये उपदेश थे घर के बाहर से अग्नि न देना बाहर से अग्नि घर में न लाना केवल उन्हीं को देना जिन्होंने बदले में दिया, उन लोगों को नहीं देना जिन्होंने बदले में नहीं दिया, जो देता है उसे देना और जो नहीं देता है उसे भी देना, बैठना, खाना और खुशी से खानाय और अग्नि की देखभाल करना और घर के देवताओं का सम्मान करना।

18. अगले दिन धनंजय ने आठ गृहस्थों को अपनी पुत्री का प्रायोजक नियुक्त किया तथा उसके विरुद्ध लगाए जाने वाले किसी भी आरोप की जांच करने को कहा।

19. मिगरा चाहता था कि उसकी पुत्रवधू को श्रावस्ती की जनता देखे। विशाखा ने अपने रथ पर खड़ी होकर श्रावस्ती में प्रवेश किया, तथा दोनों ओर जनता खड़ी थी। जनता ने उस पर उपहारों की वर्षा की, लेकिन उसने उपहारों को लोगों में बांट दिया।

20. मिगरा निगंठों का अनुयायी था और विशाखा के उसके घर आने के तुरंत बाद, उसने उन्हें बुलाया तथा उसे उनकी सेवा करने के लिए कहा। लेकिन विशाखा को उनकी नग्नता से घृणा हो गई, उसने उन्हें प्रणाम करने से इनकार कर दिया।

21. निगंठों ने आग्रह किया कि उसे भेज दिया जाए, लेकिन मिगरा ने समय का इंतजार किया।

22. एक दिन जब मिगरा भोजन कर रहा था, विशाखा उसे पंखा झल रही थी, तो घर के बाहर एक साधु खड़ा दिखाई दिया। विशाखा एक तरफ खड़ी हो गई, ताकि मिगरा उसे देख सके। लेकिन मिगरा साधु को देखे बिना ही भोजन करता रहा।

23. यह देखकर विशाखा ने साधु से कहा, "जाओ महाराज, मेरे ससुर बासी भोजन खाते हैं।" मिगरा क्रोधित हो गया और उसे दूर भेजने की धमकी दी, लेकिन उसके अनुरोध पर मामला उसके प्रायोजकों के पास भेज दिया गया।

24. उन्होंने उसके खिलाफ लगाए गए कई आरोपों की जांच की और उसे दोषी नहीं ठहराया।

25. विशाखा ने तब आदेश दिया कि उसे उसके माता–पिता के पास वापस भेजने की तैयारी की जाए। मिगरा और उसकी पत्नी दोनों ने क्षमा मांगी जिसे उसने इस शर्त पर स्वीकार कर लिया कि वह बुद्ध और उनके भिक्षुओं को घर पर आमंत्रित करेगा।

26. उसने ऐसा किया, लेकिन निगंथों पर प्रभाव के कारण, उसने विशाखा को उनका मनोरंजन करने के लिए छोड़ दिया, और केवल भोजन के अंत में पर्दे के पीछे से बुद्ध के उपदेश को सुनने के लिए सहमत हुआ।

27. हालाँकि, वह उपदेश से इतना आश्वस्त था कि वह धर्मांतरित हो गया।

28. विशाखा के प्रति उसकी कृतज्ञता असीम थी। इसके बाद से उसने उसे अपनी माँ माना और एक माँ के सभी सम्मानों की हकदार थी। इस समय से उसे मिगरमाता कहा जाने लगा।

29. विशाखा की ऐसी ही अडिग आस्था थी।

3. मल्लिका की भक्ति

1. एक बार जब भगवान श्रावस्ती में जेत के वन में ठहरे हुए थे, तो एक गृहस्थ के लाडले पुत्र की मृत्यु हो गई, और इस क्षति ने पिता को अपने व्यवसाय और भोजन की उपेक्षा करने पर मजबूर कर दिया।

2. वह हमेशा शमशान भूमि पर जाता था और जोर–जोर से विलाप करता था, "तुम कहाँ हो, मेरे बेटे, तुम कहाँ हो?"

3. शोक संतप्त पिता धन्य भगवान के पास आया और उचित अभिवादन के बाद एक तरफ बैठ गया।

4. यह देखकर कि उसका मन बिल्कुल खाली था और किसी भी चीज में कोई दिलचस्पी नहीं दिखा रहा था, वह यह भी नहीं बता रहा

था कि उसके पास किस उद्देश्य से कुछ था, धन्य भगवान ने उसकी स्थिति को देखते हुए कहा, "तुम अपने आप में नहीं हो तुम्हारा मन पूरी तरह से अस्त–व्यस्त है।"

5. "मेरा मन कैसे अस्त–व्यस्त नहीं हो सकता, श्रीमान्, जब मैंने अपने प्यारे और इकलौते बेटे को खो दिया है?"

6. हाँ, गृहस्थ हमारे प्रियजन दुःख, विलाप, पीड़ा, कष्ट और क्लेश लेकर आते हैं?"

7. "कौन ऐसा विचार रख सकता है?", क्रोधित गृहस्थ ने कहा, "नहीं, हमारे प्रियजन हमारे लिए आनन्द और खुशी हैं।"

8. और इन शब्दों के साथ गृहस्थ ने भगवान की घोषणा को अस्वीकार करते हुए, क्रोध से उठकर प्रस्थान किया।

9. पास ही में कई जुआरी पासा खेल रहे थे और गृहस्थ उनके पास अपनी कहानी लेकर आया कि उसने कैसे अपने दुःखों को संन्यासी गौतम को सुनाया था, उसका कैसे स्वागत किया गया था और कैसे वह क्रोधित होकर चला गया था।

10. जुआरियों ने कहा, आप बिल्कुल सही कह रहे थे, क्योंकि हमारे प्रियजन हमारे लिए आनन्द और खुशी का स्रोत हैं। इसलिए गृहस्थ को लगा कि उसने जुआरियों को अपने पक्ष में कर लिया है।

11. अब यह सब, समय के साथ, महल के निजी कक्षों में पहुंच गया जहां राजा ने रानी मल्लिका को बताया कि उनके संन्यासी गौतम ने कहा था कि प्रियजनों दुःख और विलाप, दर्द, पीड़ा और क्लेश लाओ।

12. "ठीक है, श्रीमान, यदि भगवान ने ऐसा कहा है, तो ऐसा ही है।"

13. "जिस प्रकार एक शिष्य अपने गुरु की कही हुई हर बात को यह कहकर स्वीकार कर लेता है, 'ऐसा ही है, श्रीमान; ठीक उसी प्रकार मल्लिका, तुम भी संन्यासी गौतम की हर बात को यह कहकर स्वीकार कर लो कि 'यदि भगवान ने ऐसा कहा है, तो ऐसा ही है'; तुम चले जाओ और चले जाओ!"

14. तब रानी ने ब्राह्मण नलि ध्यान से कहा कि वह भगवान के पास जाए और उसके नाम पर, भगवान के चरणों में अपना सिर झुकाए और उनके स्वास्थ्य के बारे में पूछने के बाद, पूछे कि क्या उसने वास्तव में वही कहा था जो उसके लिए कहा गया था।
15. उसने कहा, "और सावधान रहना," "मुझे ठीक–ठीक बताना कि भगवान क्या उत्तर देते हैं।"
16. रानी की आज्ञा का पालन करते हुए ब्राह्मण चला गया और भगवान से विधिवत पूछा कि क्या उन्होंने वास्तव में ऐसा कहा था।
17. "हाँ, ब्राह्मणय हमारे प्रियजन दुःख और विलाप, दर्द, पीड़ा और क्लेश लाते हैं। यहाँ इसका प्रमाण है।
18. "एक बार, यहाँ श्रावस्ती में, एक महिला की माँ मर गई और बेटी, पागल और पागल, गली–गली, चौराहे–चौराहे पर घूमती रही और कहती रहीः 'क्या तुमने मेरी माँ को देखा है? क्या तुमने मेरी माँ को देखा है?'
19. "एक और प्रमाण है श्रावस्ती की एक महिला जिसने अपने पिता–भाई–बहन–बेटा–बेटी–पति को खो दिया। वह पागल और पागल सी महिला गली–गली और चौराहे–चौराहे पर यह पूछती फिर रही थी कि क्या किसी ने उसके खोए प्रियजनों को देखा है।
20. "एक और प्रमाण है श्रावस्ती का एक आदमी जिसने अपनी माँ–पिता–भाई–बहन–बेटा–बेटी–पत्नी को खो दिया। वह पागल और पागल सी महिला गली–गली और चौराहे–चौराहे पर यह पूछती फिर रही थी कि क्या किसी ने उसके खोए प्रियजनों को देखा है।
21. "एक और प्रमाण है श्रावस्ती की एक महिला जो अपने लोगों के घर गई थी और वे उसे उसके पति से अलग करके किसी और से उसकी शादी करवाना चाहते थे जिसे वह पसंद नहीं करती थी।
22. "उसने अपने पति को इस बारे में बताया, जिसके बाद उसने उसे दो टुकड़ों में काट दिया और फिर खुद को मार डाला, ताकि वे दोनों एक साथ मर जाएं।

23. "ब्राह्मण नलि ध्यान ने यह सब रानी को विधिवत बताया।
24. "तब रानी राजा के पास गई और पूछा क्या आप अपनी इकलौती बेटी राजकुमारी वजिरा से प्रेम करते हैं? हाँ, मैं करती हूँ, राजा ने उत्तर दिया।
25. यदि आपकी वजिरा को कुछ हो जाए तो आपको दुःख होगा या नहीं?' 'यदि उसे कुछ हो जाए तो मेरे जीवन में बहुत बड़ा परिवर्तन आएगा।"
26. क्या आप मुझसे प्रेम करते हैं, श्रीमान, मल्लिका ने पूछा। हाँ, मैं करती हूँ।"
27. "यदि मुझे कुछ हो जाए तो आपको दुःख होगा या नहीं? यदि आपको कुछ हो जाए तो मेरे जीवन में बहुत बड़ा परिवर्तन आएगा।"
28. क्या आप काशी और कोसल के लोगों से प्रेम करते हैं?' 'हाँ,' राजा ने उत्तर दिया। यदि उन्हें कुछ हो जाए तो आपको दुःख होगा या नहीं?'
29. यदि उन्हें कुछ हो जाए तो बहुत बड़ा परिवर्तन आएगा– अन्यथा क्या हो सकता है?'
30. "क्या भगवान ने कुछ अलग कहा?" 'नहीं मल्लिका,' राजा ने पश्चाताप में कहा।

4. गर्भवती माँ की उत्कट इच्छा

1. एक बार जब भगवान भग्ग देश में सुमसुमार–गिरा में भेसकाल के उपवन में रह रहे थे, वहाँ के मृग–पार्क में राजकुमार बोधि का महल, जिसे कमल कहा जाता था, अभी–अभी बनकर तैयार हुआ था, लेकिन अभी तक वहाँ संन्यासी, ब्राह्मण या कोई अन्य व्यक्ति नहीं रहा था।
2. राजकुमार ने संकिका–पुत्त नामक एक युवा ब्राह्मण से कहा: "भगवान के पास जाओ और मेरे नाम पर उनके चरणों में अपना सिर झुकाओ, उनके स्वास्थ्य के बारे में पूछो और उन्हें आमंत्रित

करो कि वे कल मेरे साथ भोजन करें और अपने भाई–बहनों को भी साथ लाएँ।"

3. संदेश भगवान को दिया गया, जिन्होंने मौन रहकर स्वीकृति का संकेत दिया–जैसा कि राजकुमार को विधिवत बताया गया।
4. जब रात्रि बीत गई, तो राजकुमार ने अपने महल में उत्तम भोजन तैयार करने का आदेश दिया और कमल महल की सीढ़ियों के नीचे सफेद कपड़े का कालीन बिछाने का आदेश दिया, तथा युवा ब्राह्मण से कहा कि वह भगवान को यह बता दे कि सब कुछ तैयार है।
5. ऐसा ही हुआ और उस दिन सुबह–सुबह भगवान, विधिवत वस्त्र पहने और हाथ में कटोरा लिए, महल में आए, जहाँ राजकुमार द्वार के बाहर उनका इंतजार कर रहा था।
6. भगवान को आते देख, राजकुमार आगे बढ़ा और उन्हें प्रणाम किया तथा उनके साथ महल की ओर चल पड़ा।
7. सीढ़ियों के नीचे भगवान स्थिर खड़े रहे। राजकुमार ने कहा: "मैं भगवान से कालीन पर चढ़ने की विनती करता हूँ; मैं भगवान से ऐसा करने की विनती करता हूँ, ताकि मेरा स्थायी कल्याण हो।" लेकिन भगवान चुप रहे।
8. राजकुमार ने दूसरी बार अपील की, और फिर भी भगवान चुप रहे। तीसरी बार उन्होंने अपील की, और अब भगवान ने आनंद की ओर देखा।
9. आनंद समझ गया कि समस्या क्या थी और उसने कहा कि कालीन को लपेटकर हटा दिया जाना चाहिए क्योंकि भगवान उस पर पैर नहीं रखेंगे क्योंकि वह उन लोगों को देख रहे हैं जो इसके बाद आएंगे।
10. इसलिए राजकुमार ने कालीन को लपेटकर हटाने का आदेश दिया, जिसके बाद उसने महल में ऊपर की मंजिल पर सीटें लगाने का आदेश दिया।
11. फिर भगवान ऊपर की मंजिल पर गए, और अपने लिए निर्धारित सीट पर भाईचारे के साथ बैठ गए।

12. राजकुमार ने अपने हाथों से भगवान और भाईचारे के लिए बिना किसी संकोच के वह उत्तम भोजन परोसा।

13. भगवान का भोजन समाप्त हो जाने पर, राजकुमार बोधि एक तरफ एक नीची सीट पर बैठते हुए, भगवान से बोलेः "मेरा विचार है, श्रीमान, कि सच्ची भलाई सुखद चीजों के माध्यम से नहीं बल्कि अप्रिय चीजों के माध्यम से खोजी जानी चाहिए।"

14. "राजकुमार, बीते दिनों में," भगवान ने कहा, "ज्ञान प्राप्ति से पहले के दिनों में मैं भी यही विचार रखता था। एक समय था जब मैं काफी युवा था – कोयले के समान काले बाल और अपनी युवावस्था की सारी सुंदरता के साथ – अपने माता–पिता की इच्छा के विरुद्ध, जो रोते और विलाप करते थे, मैंने बाल और दाढ़ी कटवा दी, पीले वस्त्र धारण किए और एक तीर्थयात्री की तरह घर से बेघर होकर निकल पड़ा। अब एक तीर्थयात्री, अच्छाई की खोज में और उस परम शांति के मार्ग की खोज में, जिसकी तुलना किसी भी चीज से नहीं की जा सकती।

15. "अब मेरा दृष्टिकोण अलग है। यदि कोई व्यक्ति सिद्धांत को जानता है तो वह सभी बुराइयों का नाश पा लेगा।"

16. राजकुमार ने भगवान से कहाः "क्या सिद्धांत है! सिद्धांत की क्या व्याख्या है! इसे समझना कितना आसान है।"

17. यहाँ युवा ब्राह्मण संकिका–पुत्त ने राजकुमार से कहा कि, यद्यपि उसने इस प्रकार गवाही दी थी, फिर भी उसने यह नहीं कहा कि वह भगवान और उनके सिद्धांत और उनके भाईचारे को शरण के रूप में चाहता है जैसा कि उसे कहना चाहिए था।

18. "ऐसा मत कहो, मेरे मित्र; ऐसा मत कहो" राजकुमार ने कहाः "क्योंकि, मैंने अपनी माँ के मुँह से सुना है कि, जब एक बार भगवान घोसिटा की शरण में कोसंबी में रह रहे थे, तो वह गर्भवती होने के कारण भगवान के पास आई, उन्हें प्रणाम किया और एक ओर बैठ गई, और बोलीः 'चाहे वह लड़का हो या लड़की जिसे मैं अपने गर्भ में ले जा रही हूँ, मेरा अजन्मा बच्चा भगवान और उनके सिद्धांत

और उनके भाईचारे की शरण चाहता है; और मैं भगवान से प्रार्थना करती हूँ कि वे इस बच्चे को एक अनुयायी के रूप में स्वीकार करें, जिसने इस समय से लेकर जब तक जीवन है, एक स्थायी शरण पा ली है।

19. "एक और बार, जब भगवान यहाँ भग्गा देश में सुमसुमरा–गिरा में, भेसकला के उपवन में, वहाँ के मृग उद्यान में रह रहे थे, मेरी धाय मुझे भगवान के पास ले गई, और उनके सामने खड़ी होकर बोली यहाँ राजकुमार बोधि हैं जो भगवान और उनके सिद्धांत और उनके भाईचारे की शरण चाहते हैं।'

20. अब, तीसरी बार मैं व्यक्तिगत रूप से ऐसी शरण चाहता हूँ और भगवान से प्रार्थना करता हूँ कि वे मुझे एक अनुयायी के रूप में स्वीकार करें, जिसने जीवन रहते हुए एक स्थायी शरण पा ली है।"

5. केनिया का स्वागत

1. अपनाथ में एक ब्राह्मण सेला रहता था, जो तीनों वेदों का जानकार था, वह भाष्यों, स्वर विज्ञान और व्युत्पत्ति विज्ञान में निपुण था, पाँचवीं शाखा के रूप में इतिहास के साथ वह व्याख्या जानता था, और कैसुइस्ट्री और सुपरमैन को चिह्नित करने वाले संकेतों में पारंगत था उसके पास तीन सौ युवा ब्राह्मण थे, जिन्हें उसने रूण सिखाया था।

2. अग्नि–पूजक केनिया इस ब्राह्मण सेला का अनुयायी था। अपने तीन सौ शिष्यों के साथ, सेला गया और वहाँ सभी अग्नि–पूजकों को अपने–अपने कार्यों में व्यस्त देखा, और केनिया स्वयं आरक्षित वृत्तों को चिह्नित कर रहा था।

3. यह देखकर ब्राह्मण ने केनिया से कहा: "यह सब क्या है? क्या यह कोई विवाह भोज है? या कोई महान यज्ञ होने वाला है? या क्या तुमने मगध के राजा सेनिया बिम्बिसार को कल अपने पूरे दल के साथ भोज के लिए आमंत्रित किया है?"

4. "यह कोई विवाह भोज नहीं है, सेला, न ही राजा अपने पूरे दल के साथ आ रहे हैं। लेकिन मेरे पास एक महान यज्ञ होने वाला है। क्योंकि, संन्यासी गौतम बारह सौ पचास भिक्षा–कर्मियों के साथ भिक्षा–तीर्थ यात्रा पर अपान पहुँचे हैं।
5. "अब, रिपोर्ट के अनुसार, इस गौतम की इतनी उच्च प्रतिष्ठा है कि उन्हें ज्ञान का स्वामी माना जाता है।
6. "यह वही है जिसे मैंने कल के भोजन के लिए अपने भाईचारे के साथ यहाँ आमंत्रित किया है। जो भोज तैयार किया जा रहा है, वह उसके लिए है।"
7. "क्या तुमने उसे ज्ञान का श्रेय दिया है, केनिया," सेला ने पूछा। "हाँ, मैंने दिया," केनिया ने उत्तर दिया। "क्या तुमने दिया?" "हाँ, मैंने दिया।"

6. गुरु की स्तुति में पासेंडी

1. एक बार भगवान श्रावस्ती के पास, जेत के उपवन में, अनाथपिंडिका के उद्यान में ठहरे हुए थे।
2. उस समय कोसल के राजा पासेंडी एक दिखावटी युद्ध से लौटे थे, जिसमें वे विजयी हुए थे, और अपना उद्देश्य पूरा कर लिया था। और उद्यान में पहुँचकर वे उसी ओर मुड़ गए। जहाँ तक गाड़ी का रास्ता था, वे अपने रथ पर सवार हुए, और फिर उतरकर उद्यान में पैदल चले गए।
3. उस अवसर पर कई भाई खुले वातावरण में इधर–उधर टहल रहे थे। तब कोसल के राजा पासेन्डी उन भाइयों के पास गए और उनसे इस प्रकार पूछाः "आदरणीय सज्जनों, अब वह महान् अरिहंत, सर्वोच्च बुद्ध कहाँ रह रहे हैंः क्योंकि मैं उन्हें देखने के लिए लालायित हूँ? "
4. "वहाँ, महाराज, उनका निवास है, और दरवाजा बंद है। क्या आप चुपचाप ऊपर जाते हैं, बिना घबराए–नेस, बरामदा में प्रवेश करते

हैं, खांसी करते हैं, और दरवाजे पर खड़खड़ाते हैं। एक्साल्टेड एक आपके लिए दरवाजा खोलेगा। "

5. इसलिए कोसाला के राजा, पासेंदी, ठहरने के लिए ऊपर गए, जैसा कि उन्हें बताया गया था, खांसी हुई और दरवाजे को बार–बार छीन लिया। और ऊँचे दगें वाले ने दरवाजा खोला।

6. तब पसेंडी ने आवास में प्रवेश किया, अपने सिर के साथ एक के पैरों पर गिर गया, उसके पैरों को चूमा और उन्हें अपने हाथों से झटका दिया, और उन्होंने अपने नाम की घोषणा करते हुए कहा, "भगवान, मैं कोसाला का राजा, मैं पासेंदी हूँ।"

7. "लेकिन, महाराजा, यह देखकर कि उसमें क्या महत्व है, क्या आप मुझे यह गहन मानवता दिखाते हैं और इस शरीर के लिए इस तरह के स्नेही आज्ञाकारिता का भुगतान करते हैं," प्रभु ने कहा!

पुस्तक – VII

भटकने वाले की अंतिम यात्रा

भाग I–अपने निकट और प्रिय लोगों से मिलना।

भाग II–वैशाली छोड़ना।

भाग III–उसका अंत।

भाग – I

निकट और प्रिय लोगों की मुलाकात

1. उनके उपदेशों के केंद्र।
2. वे स्थान जहाँ वे गए।
3. माँ और बेटे के बीच और पत्नी और पति के बीच अंतिम मुलाकात।
4. पिता और बेटे के बीच अंतिम मुलाकात।
5. बुद्ध और सारिपुत्त के बीच अंतिम मुलाकात।

1. उनके उपदेशों के केन्द्र

1. ऐसा नहीं है कि मिशनरियों की नियुक्ति के बाद भगवान एक ही स्थान पर बैठे रहे। वे भी अपने स्वयं के मिशनरी बने रहे।
2. ऐसा प्रतीत होता है कि भगवान ने कुछ स्थानों को अपने मिशनरी कार्य का मुख्य केन्द्र बनाया था।
3. ऐसे केन्द्रों में से प्रमुख थे श्रावस्ती और राजगृह।
4. वे लगभग 75 बार श्रावस्ती और लगभग 24 बार राजगृह गए।
5. कुछ अन्य स्थानों को छोटे केन्द्र बनाया गया।
6. वे थे कपिलावस्तु, जहाँ वे 6 बार गए, वैशाली, जहाँ वे 6 बार गए, और कामसधम्म, 4 बार।

2. वे स्थान जहाँ वे गए

1. इन मुख्य और छोटे केन्द्रों के अलावा धन्य भगवान ने अपने मिशनरी दौरे के दौरान कई अन्य स्थानों का भी दौरा किया।
2. उन्होंने उक्कथ, नादिका, साल, अस्सपुरा, घोषितारम, नालंदा, अप्पन, एतुमा का दौरा किया।
3. उन्होंने ओपसद, इच्छा–नौकल, चांडाल कुप्पा, कुशीनारा का दौरा किया।
4. उन्होंने देवदह, पावा, अंबासंडा, सेतव्या, अनुपिया और उगुनमा का दौरा किया।
5. उन्होंने जिन स्थानों का दौरा किया उनके नाम से पता चलता है कि उन्होंने शाक्य देश, कुरु देश और अंग देश की यात्रा की।
6. मोटे तौर पर, उन्होंने पूरे उत्तरी भारत की यात्रा की।
7. ये कुछ स्थान प्रतीत होते हैं। लेकिन वे कितनी दूरी तय करते हैं? लुंबिनी से राजगृह 250 मील से कम नहीं है। इससे बस दूरी का अंदाजा लगता है।

8. ये दूरियाँ भगवान ने पैदल ही तय कीं। उन्होंने बैलगाड़ी का भी इस्तेमाल नहीं किया।
9. अपने भ्रमण के दौरान उनके पास रहने के लिए कोई स्थान नहीं था, जब तक कि बाद में उनके शिष्यों ने विहार और विश्राम स्थल नहीं बना लिए, जिनका उपयोग वे और उनके भिक्षु अपनी यात्राओं में पड़ाव के रूप में करते थे। वे अक्सर सड़क के किनारे पेड़ों की छाया में रहते थे।
10. वे एक स्थान से दूसरे स्थान पर, कभी–कभी एक गाँव से दूसरे गाँव जाते थे, उन लोगों की शंकाओं और कठिनाइयों का समाधान करते थे जो उनके संदेश को स्वीकार करने के लिए तैयार थे, उनके विरोधियों के तर्कों का खंडन करते थे और उन लोगों को अपना सुसमाचार सुनाते थे जो बच्चों की तरह मार्गदर्शन के लिए उनके पास आते थे।
11. धन्य भगवान जानते थे कि जो लोग उन्हे सुनने आते थे, वे सभी बुद्धिमान नहीं थे, वे सभी खुले और स्वतंत्र मन से नहीं आते थे।
12. उन्होंने भाइयों को यह भी चेतावनी दी थी कि श्रोता तीन प्रकार के होते हैं।
13. मूर्ख, मूर्ख जो देख नहीं सकता, – यद्यपि वह अक्सर भाइयों के पास जाता है, वह उनकी बातें सुनता है, आरंभ, मध्य, अंत, लेकिन कभी समझ नहीं पाता। बुद्धि उसके पास नहीं है।
14. उससे बेहतर है वह व्यक्ति जिसकी बुद्धि बिखरी हुई है, जो बार–बार भाइयों के पास जाता है, उनकी सारी बातें सुनता है, शुरू से लेकर बीच तक, अंत तक, और वहीं बैठकर शब्दों को समझ सकता है, फिर भी उठते हुए कुछ भी याद नहीं रहता। उसका दिमाग खाली है।
15. इनसे बेहतर है वह व्यक्ति जो बुद्धिमान है। वह बार–बार भाइयों के पास जाता है, उनकी सारी बातें सुनता है, शुरू से लेकर बीच तक, अंत तक, और वहीं बैठकर शब्दों को समझ सकता है, सब

कुछ ध्यान में रखता है, दृढ़, अविचल, आदर्श और उसके अनुरूप क्या है, इस बारे में कुशल है।

16. इसके बावजूद, भगवान अपने सुसमाचार का प्रचार करने के लिए जगह–जगह जाने से कभी नहीं थकते थे।

17. एक भिक्षु के रूप में भगवान के पास कभी भी तीन से अधिक कपड़े नहीं होते थे। वे दिन में एक बार भोजन करके गुजारा करते थे और हर सुबह वे घर–घर जाकर अपना भोजन मांगते थे।

18. उनका मिशन किसी भी इंसान को सौंपा गया सबसे कठिन काम था। उन्होंने इसे बहुत प्रसन्नतापूर्वक पूरा किया।

3. माता और पुत्र के बीच तथा पत्नी और पति के बीच अंतिम मुलाकात

1. अपनी मृत्यु से पहले महाप्रजापति और यशोधर ने भगवान से मुलाकात की।
2. संभवतः यह उनकी उनसे अंतिम मुलाकात थी।
3. महाप्रजापति ने जाकर सबसे पहले उनकी पूजा की।
4. उसने भगवान को धन्यवाद दिया कि उसने उसे अच्छे सिद्धांत का सुख दिया है, उसके द्वारा आध्यात्मिक रूप से जन्म लिया है, उसके द्वारा सिद्धांत उसके अंदर विकसित हुआ है, उसके द्वारा उसे दूध पिलाया है, उसके द्वारा धम्म–दूध पिया है, उसके द्वारा बनने के सागर में डुबकी लगाई है और उसे पार किया है – बुद्ध की माता के रूप में जाना जाना कितना गौरवशाली है!
5. और फिर उसने अपनी दलील दीः–

   "मैं इस शव को हटाकर अंत में मरना चाहती हूँ। हे दुःख–निवारक, मुझे अनुमति दें।"
6. यशोधरा ने भगवान को संबोधित करते हुए कहा कि वह अपने सत्तरवें वर्ष में है। भगवान ने उत्तर दिया कि वह अस्सी वर्ष के हैं।

7. उसने उससे कहा कि उसे उसी रात मरना है। उसका स्वर महाप्रजापति की तुलना में अधिक आत्मनिर्भर था। उसने न तो मरने की अनुमति मांगी और न ही वह उसे शरण देने के लिए उसके पास गई।
8. इसके विपरीत, उसने उससे कहा (मे शरणं अथानो), "मैं स्वयं अपनी शरण हूँ।"
9. उसने अपने जीवन के सभी कष्टों पर विजय प्राप्त कर ली थी।
10. वह उसका धन्यवाद करने आई थी क्योंकि उसने ही उसे मार्ग दिखाया था और उसे शक्ति दी थी।

4. पिता और पुत्र के बीच अंतिम मुलाकात

1. एक बार जब भगवान राजगृह में बांस के बाग में रह रहे थे, तब राहुल अम्बालाथिका में रह रहे थे।
2. भगवान अपने ध्यान से उठकर शाम के समय राहुल के पास गए, जिन्होंने भगवान को कुछ दूर देखकर उनके लिए आसन और उनके पैर धोने के लिए जल रखा।
3. भगवान ने अपने लिए निर्धारित आसन पर बैठकर अपने पैरों पर जल डाला, जबकि राहुल ने प्रणाम करके एक ओर आसन ग्रहण किया।
4. भगवान ने राहुल को संबोधित करते हुए कहा– "जो व्यक्ति जानबूझकर झूठ बोलने से नहीं कतराता, उसने कभी यह नहीं कहा कि मैंने कोई बुरा काम नहीं छोड़ा है। इसलिए तुम्हें अपने आपको यह सिखाना चाहिए कि मजाक में भी कभी झूठ मत बोलो।
5. "इसी प्रकार तुम्हें प्रत्येक कार्य करते समय, प्रत्येक शब्द बोलते समय और प्रत्येक विचार सोचते समय बार–बार विचार करना चाहिए।
6. "जब तुम कुछ करना चाहते हो, तो तुम्हें यह विचार करना चाहिए कि क्या यह तुम्हारे या दूसरों के लिए हानिकारक होगा या दोनों

के लिए, और इसलिए गलत कार्य दुःख का कारण बनता है और दुःख में ही परिपक्व होता है। यदि विचार तुम्हें बताता है कि उस विचारित कार्य की प्रकृति यही है, तो तुम्हें उसे नहीं करना चाहिए।

7. "लेकिन यदि विचार तुम्हें आश्वस्त करता है कि इसमें कोई हानि नहीं है, बल्कि अच्छाई है, तो तुम उसे कर सकते हो।
8. "प्रेममय दया में बढ़ो; क्योंकि ऐसा करने से द्वेष दूर हो जाएगा।
9. "करुणा में बढ़ो क्योंकि ऐसा करने से द्वेष दूर हो जाएगा।
10. "दूसरों के कल्याण पर प्रसन्नता में बढ़ो क्योंकि ऐसा करने से द्वेष दूर हो जाएगा।
11. "संतुलित समता में बढो क्योंकि ऐसा करने से सभी द्वेष दूर हो जाएंगे।
12. "शरीर के भ्रष्टाचार के चिंतन में बढ़ो; क्योंकि ऐसा करने से वासना दूर हो जाएगी।
13. "वस्तुओं की क्षणभंगुर प्रकृति की धारणा में बढ़ो क्योंकि ऐसा करने से अहंकार दूर हो जाएगा।"
14. भगवान ने ऐसा कहा। भगवान ने जो कहा था, उससे राहुल हृदय से प्रसन्न हुए।

5. बुद्ध और सारिपुत्त के बीच अंतिम मुलाकात

1. धन्य भगवान श्रावस्ती में जेतवन में गौधकुटी विहार में रह रहे थे।
2. सारिपुत्त पाँच सौ भाइयों के समूह के साथ वहाँ पहुँचे।
3. भगवान को नमस्कार करने के बाद सारिपुत्त ने उनसे कहा कि पृथ्वी पर उनके जीवन का अंतिम दिन आ गया है। क्या भगवान उन्हें अपने नश्वर शरीर को त्यागने की अनुमति देंगे?
4. भगवान ने सारिपुत्त से पूछा कि क्या उन्होंने अपने परिनिर्वाण के लिए कोई स्थान चुना है।

5. सारिपुत्त ने भगवान से कहा, "मैं मगध के नलका गाँव में पैदा हुआ था। जिस घर में मैं पैदा हुआ था, वह आज भी मौजूद है। मैंने अपने परिनिर्वाण के लिए अपना घर चुना है।"
6. भगवान ने उत्तर दिया, "प्रिय सारिपुत्त! जो तुम्हें अच्छा लगे, वही करो।"
7. सारिपुत्त भगवान के चरणों में गिर पड़ा और बोला, "मैंने एक हजार कल्पों तक केवल एक ही इच्छा से पारमिताओं का अभ्यास किया है, कि आपके चरणों में गिरने का सौभाग्य प्राप्त हो। मैंने वह लक्ष्य प्राप्त कर लिया है और मेरी खुशी का कोई अंत नहीं है।"
8. "हम पुनर्जन्म में विश्वास नहीं करते। इसलिए यह हमारी अंतिम मुलाकात है। भगवान मेरे दोषों को क्षमा करें। मेरा अंतिम दिन आ गया है।"
9. "सारिपुत्त! क्षमा करने योग्य कुछ भी नहीं है," भगवान ने कहा।
10. जब सारिपुत्त जाने के लिए उठे, तो भगवान उनके सम्मान में उठे और गौधकुटी विहार के बरामदे में खड़े हो गए।
11. तब सारिपुत्त ने भगवान से कहा, "जब मैंने आपको पहली बार देखा था, तब मुझे खुशी हुई थी। अब मैं आपको देखकर खुश हूँ। मैं जानता हूँ कि यह आपके अंतिम दर्शन हैं। मैं आपके दर्शन फिर कभी नहीं करूँगा।"
12. अपने दोनों हाथों को जोड़कर वह भगवान को पीठ दिखाए बिना ही चल दिया।
13. तब भगवान ने एकत्रित भाइयों से कहा, "अपने बड़े भाई के पीछे चलो" और सभा ने पहली बार भगवान को छोड़ दिया और सारिपुत्त के पीछे चल पड़ी।
14. सारिपुत्त अपने गांव पहुंचकर अपने घर में उसी कमरे में मर गया, जिसमें उसका जन्म हुआ था।
15. उनका अंतिम संस्कार किया गया और उनकी राख को भगवान के पास ले जाया गया।

16. राख प्राप्त करने पर भगवान ने भाइयों से कहा, "वे सबसे बुद्धिमान थे, उनमें कोई लालची प्रवृत्ति नहीं थी, वे ऊर्जावान और मेहनती थे, उन्हें पाप से नफरत थी, हे भाइयों, उनकी राख को देखो। वे अपनी क्षमा में पृथ्वी के समान मजबूत थे, उन्होंने कभी क्रोध को अपने मन में प्रवेश नहीं करने दिया, वे कभी किसी इच्छा से नियंत्रित नहीं हुए, उन्होंने अपनी सभी भावनाओं पर विजय प्राप्त की थी, वे सहानुभूति, संगति और प्रेम से भरे थे।"
17. उस समय महामोगलन राजगृह के पास एकांत विहार में रह रहे थे। भगवान के शत्रुओं द्वारा नियोजित कुछ हत्यारों द्वारा उनकी हत्या कर दी गई।
18. उनके अंत का दुःखद समाचार भगवान को सुनाया गया। सारिपुत्त और महामोगलन उनके दो प्रमुख शिष्य थे। उन्हें धर्म–सेनापति–विश्वास के रक्षक कहा जाता था। धन्य प्रभु अपने सुसमाचार के प्रसार को जारी रखने के लिए उन पर निर्भर थे।
19. धन्य प्रभु अपने जीवनकाल में उनकी मृत्यु से बहुत प्रभावित हुए।
20. उन्हें श्रावस्ती में रहना पसंद नहीं था और अपने मन को शांत करने के लिए उन्होंने आगे बढ़ने का फैसला किया।

भाग – II

वैशाली छोड़कर

1. वैशाली को विदाई।
2. पावा में पड़ाव।
3. कुशीनारा में आगमन।

1. वैशाली को विदाई

1. अपनी अंतिम यात्रा पर निकलने से पहले भगवान राजगृह में गिद्ध की चोटी पर ठहरे हुए थे।
2. वहाँ कुछ समय रुकने के बाद उन्होंने कहाः "आनंद, आओ हम अम्बालाथिका चलें।"
3. "ऐसा ही हो प्रभु!" आनंद ने सहमति में कहा, और भगवान अपने भाइयों के एक बड़े समूह के साथ अम्बालाथिका चले गए।
4. अम्बालाथिका में रुकने के बाद वे नालंदा चले गए।
5. नालंदा से वे मगध की राजधानी पाटलिगामा गए।
6. पाटलिगामा से वे कोटिगाम गए और कोटिगाम से वे नादिका गए।
7. इनमें से प्रत्येक स्थान पर वे कुछ दिनों के लिए रुके और भाइयों या गृहस्थों को धार्मिक प्रवचन दिया।
8. नादिका से वे वैशाली गए।
9. वैशाली महावीर का जन्म स्थान था और इसलिए यह उनके धर्म का गढ़ था।
10. लेकिन भगवान जल्दी ही वैशाली के लोगों को अपने धर्म में परिवर्तित करने में सफल हो गए।
11. कहा जाता है कि सूखे के कारण वैशाली शहर में अकाल ने इस हद तक तबाही मचा दी कि बड़ी संख्या में लोग मर गए।
12. वैशाली के लोगों ने उनके द्वारा बुलाई गई एक आम सभा में इसकी शिकायत की।
13. सभा ने बहुत विचार–विमर्श के बाद भगवान को शहर में आमंत्रित करने का निर्णय लिया।
14. राजा बिम्बिसार के मित्र और वैशाली के पादरी के पुत्र महालि नामक लिच्छवि को निमंत्रण देने के लिए भेजा गया।
15. भगवान ने निमंत्रण स्वीकार किया और पाँच सौ भिक्षुओं के साथ चल पड़े। जैसे ही वे वज्जिनों के क्षेत्र मंथ पहुँचे, वहाँ तेज आंधी आई, मूसलाधार बारिश हुई और अकाल गायब हो गया।

16. यही वह स्वागत है जो वैशाली के लोगों ने भगवान को दिया।
17. उनके दिलों को जीतने के बाद यह स्वाभाविक था कि वैशाली के लोग उन्हें गर्मजोशी से जवाब दें।
18. फिर वासा आया। भगवान वासा के लिए बेलुना गए और भाइयों से कहा कि वे अपना वासा वैशाली में बनाएं।
19. वासा समाप्त करने के बाद भगवान वैशाली से विदा लेने और अपनी यात्रा पर जाने के इरादे से वैशाली आए।
20. इसलिए भगवान ने एक सुबह जल्दी ही अपने वस्त्र पहने और अपना कटोरा लेकर भिक्षा के लिए वैशाली में प्रवेश किया और जब वे वैशाली से गुजरे और अपना भोजन किया तो उन्होंने हाथी की तरह वैशाली को देखा और आदरणीय आनंद को संबोधित करते हुए कहा: "आनंद, यह आखिरी बार होगा जब तथागत वैशाली को देखेंगे।"
21. ऐसा कहकर उन्होंने वैशाली के लोगों को विदा किया।
22. जब लिच्छवियों ने उनसे उत्तरी सीमा पर पुराने शहर में विदा ली, तो उन्होंने उन्हें अपना भिक्षा–पात्र स्मृति चिन्ह के रूप में दिया।
23. यह वैशाली की उनकी अंतिम यात्रा थी। वे फिर वहाँ नहीं लौटे।

2. पावा में पड़ाव

1. वैशाली से भगवान भण्डागम गए।
2. भण्डागम से वे हट्ठी–गाम होते हुए भोग–नगर गए।
3. और भोग–नगर से वे पावा गए।
4. पावा में भगवान चुण्डा नामक एक लोहार के आम के बगीचे में ठहरे।
5. अब चुण्डा को पता चला कि भगवान पावा आए हैं और उनके आम के बगीचे में ठहरे हैं।
6. चुण्डा आम के बगीचे में गया और भगवान के पास बैठ गया, जिन्होंने उसे धार्मिक प्रवचन दिया।

7. इससे प्रसन्न होकर चुण्डा ने भगवान से कहाः "भगवान मुझे कल मेरे घर पर भाइयों के साथ भोजन करने का सम्मान दें।"
8. और भगवान ने मौन रहकर अपनी सहमति दर्शाई। भगवान से सहमति जताते हुए चुण्डा वहाँ से चला गया।
9. अगले दिन चुण्डा ने अपने घर में मीठे चावल, पकौड़े तथा कुछ सूकर–माधव की तैयारी की। उसने भगवान को समय बताते हुए कहा, "हे प्रभु, समय आ गया है, तथा भोजन तैयार है।"
10. तब भगवान ने वस्त्र पहने तथा अपना कटोरा लेकर भाइयों के साथ चुण्डा के घर गए और उसके द्वारा बनाए गए भोजन को खाया।
11. भोजन के पश्चात भगवान ने चुण्डा को धर्म पर प्रवचन दिया, फिर अपने आसन से उठे तथा वहाँ से चले गए।
12. चुण्डा द्वारा दिया गया भोजन भगवान को पसंद नहीं आया। उन्हें भयंकर रोग हुआ, पेचिश की बीमारी, तथा तेज दर्द के कारण उनकी मृत्यु भी हो गई।
13. परन्तु भगवान ने सचेतन तथा संयमी होकर बिना किसी शिकायत के इसे सहन किया।
14. आम के बाग में वापस आकर और प्रकृति से राहत मिलने के बाद, भगवान ने आनंद से कहाः आओ हम कुशीनारा चलें" और पार्टी पावा से चल पड़ी।

3. कुशीनारा में आगमन

1. भगवान कुछ दूर तक पैदल चले। उन्हें जल्द ही आराम की जरूरत महसूस हुई।
2. रास्ते में भगवान रास्ते से हटकर एक पेड़ के नीचे चले गए और आनंद से कहाः "आनंद, मैं तुमसे प्रार्थना करता हूँ, इस वस्त्र को मोड़ो और मेरे लिए फैला दो। मैं थक गया हूँ, आनंद, और मुझे थोड़ा आराम करना चाहिए!"

3. ऐसा ही है, प्रभु!" आदरणीय आनंद ने भगवान से सहमति जताते हुए कहा और चार तहों में मोड़ा हुआ वस्त्र फैला दिया।
4. और भगवान उनके लिए तैयार किए गए आसन पर बैठ गए।
5. और जब वे बैठ गए, तो भगवान ने आदरणीय, ला दो" मैं तुमसे प्रार्थना करता हूँ, आनंद, थोड़ा पानी। मुझे प्यास लगी है, आनंद, और मैं पीना चाहता हूँ।"
6. आनंद ने उत्तर दियाः "यह ककुत्था नदी बहुत दूर नहीं है, यह साफ और सुखद है, ठंडी और पारदर्शी है, इसमें उतरना आसान है और यह आनंददायी है। वहाँ भगवान जल पी सकते हैं और अपने अंगों को ठंडा कर सकते हैं। इस नदी का पानी गंदा और मैला है।"
7. भगवान इतने कमजोर थे कि नदी तक नहीं जा सकते थे। उन्होंने पास की नदी का पानी पीना पसंद किया।
8. आनंद पानी लेकर आए और भगवान ने उसे पी लिया।
9. कुछ देर आराम करने के बाद भगवान अपने भाइयों के साथ ककुत्था नदी पर चले गएय और जब वे वहां पहुंचे, तो वे पानी में उतरे, स्नान किया और पानी पिया। और फिर दूसरी तरफ से निकलकर वे आम के बाग में चले गए।
10. और जब वे वहां पहुंचे, तो उन्होंने फिर से अपने वस्त्र को फैलाने के लिए कहा, और कहाः "मैं थका हुआ हूं और लेटना चाहता हूँ।" वस्त्र को तदनुसार फैलाया गया और भगवान उस पर लेट गए।
11. कुछ देर आराम करने के बाद भगवान उठे और आनंद से कहाः "चलो हम मल्लों के शाल बाग में चलते हैं, जो नदी के दूसरी तरफ कुशीनारा का उपवन है हिरण्यवती।"
12. आनंद के साथ उस स्थान पर पहुँचकर, उन्होंने फिर आनंद से जुड़वां शाल वृक्षों के बीच अपना वस्त्र बिछाने के लिए कहा। "मैं थका हुआ हूँ और लेटना चाहता हूँ।"
13. आनंद ने वस्त्र बिछाया और भगवान उस पर लेट गए।

भाग – IIII

उसका अंत

1. उत्तराधिकारी की नियुक्ति।
2. अंतिम धर्मांतरित व्यक्ति।
3. अंतिम शब्द।
4. दुःख में आनंद।
5. मल्लों का विलाप और एक भिक्षु का आनंद।
6. अंतिम संस्कार।
7. राख को लेकर झगड़ा।
8. बुद्ध के प्रति निष्ठा।

1. उत्तराधिकारी की नियुक्ति

1. महापुरुष एक समय शाक्यों के बीच धनुर्धरी शाक्यों परिवार के आम के बाग में निवास कर रहे थे।

2. अब उस समय पावा में नतापुत्त निगंठ की मृत्यु हो गई थी। और उसकी मृत्यु के बाद निगंठ दो दलों में बंट गए, आपसी कलह और संघर्ष में, एक दूसरे से झगड़ते हुए और शब्दों के हथियारों से एक दूसरे को घायल करते हुए।

3. अब चूंडा, जो नौसिखिया था, पावा में वर्षा ऋतु व्यतीत करने के बाद, आदरणीय आनंद से मिलने आया और कहा: "नतापुत्त, श्रीमान, निगंठ की मृत्यु पावा में ही हुई थी। और उसके मर जाने के बाद निगंठ बिखर गए और विभाजित हो गए और झगड़ते हुए एक दूसरे को घायल कर रहे हैं। ऐसा इसलिए है क्योंकि वे बिना किसी रक्षक के हैं।"

4. तब आदरणीय आनंद ने कहा, "मित्र चूंडा, यह विषय भगवान के समक्ष लाने योग्य है। चलो, हम उनके पास चलें और उन्हें इसके बारे में बताएं।"

5. "बहुत अच्छा, श्रीमान," चूंडा ने उत्तर दिया।

6. तब आदरणीय आनंद और नवयुवक चूंडा ने भगवान को खोज निकाला और उन्हें प्रणाम करके निगंठों के बारे में बताया तथा उत्तराधिकारी नियुक्त करने की आवश्यकता बताई।

7. चूंडा की बात सुनकर भगवान ने उत्तर दिया: "लेकिन चूंडा, इस संसार में एक ऐसा गुरु उत्पन्न हुआ है, जो परमज्ञानी है, अरहत है; जहां एक सिद्धांत अच्छी तरह से प्रस्तुत किया गया है, अच्छी तरह से वितरित किया गया है, मार्गदर्शन के लिए प्रभावी है, शांति के लिए अनुकूल है; लेकिन जहां उसके शिष्य अच्छे आदर्श में निपुण नहीं हुए हैं, न ही यह उनके लिए एक उद्धारक अनुग्रह की बात बन गई है, जो उनके गुरु के निधन के बाद लोगों के बीच अच्छी तरह से घोषित की गई है।

8. "अब ऐसे शिक्षक का मरना, चूंडा, अपने शिष्यों के लिए एक बड़ा दुःख और उनके धम्म के लिए एक बड़ा खतरा है।
9. "लेकिन चूंडा, इस संसार में एक ऐसा शिक्षक उत्पन्न हुआ है जो सर्वज्ञानी है; जहां आदर्श अच्छी तरह से प्रस्तुत किया गया है, अच्छी तरह से वितरित किया गया है, मार्गदर्शन के लिए प्रभावी है, शांति के लिए अनुकूल है, और जहां शिष्य अच्छे आदर्श में निपुण हो गए हैं, और जहां उच्च जीवन का पूरा दायरा उनके लिए प्रकट हो गया है जब वह शिक्षक गुजर गया है।
10. "अब ऐसे गुरु, चूंडा, का मर जाना उसके शिष्यों के लिए कोई दुःख की बात नहीं है। फिर उत्तराधिकारी की क्या आवश्यकता है?"
11. जब आनंद ने एक अन्य अवसर पर यही प्रश्न उठाया, तो भगवान ने कहाः "आनंद, तुम क्या सोचते हो? क्या तुमने देखा है कि एक–दो भिक्षु भी मेरी शिक्षाओं के बारे में असहमत हैं?"
12. "नहीं। लेकिन जो लोग भगवान के निकट हैं, वे उनकी मृत्यु के पश्चात, नियम या आचार संहिता के संबंध में बिरादरी में झगड़ा पैदा कर सकते हैं और ऐसे झगड़े सामान्य दुःख का कारण बन सकते हैं।
13. "आनंद, नियम या आचार संहिता की कठोरता के संबंध में झगड़े बहुत कम चिंता की बात हैं; यह संभव है कि बिरादरी में मार्ग के बारे में झगड़े हों, जो वास्तव में महत्वपूर्ण हैं," धन्य भगवान ने कहा।
14. "मार्ग के बारे में ये विवाद एक तानाशाह द्वारा सुलझाए नहीं जा सकते। फिर एक उत्तराधिकारी क्या कर सकता है जब तक कि वह एक तानाशाह के रूप में कार्य न करे।
15. "मार्ग के बारे में विवाद एक तानाशाह द्वारा सुलझाए नहीं जा सकते।
16. "किसी विवाद का निर्णय बिरादरी द्वारा किया जाना चाहिए। पूरे संयुक्त निकाय को इकट्ठा होना चाहिए और मामले को तब तक सुलझाना चाहिए जब तक कि सहमति न हो जाए और फिर उस सहमति के अनुरूप इसे सुलझाना चाहिए।

17. "विवादों को निपटाने का तरीका बहुमत का समझौता है, न कि उत्तराधिकारी की नियुक्ति।"

2. अंतिम धर्मांतरित व्यक्ति

1. अब उस समय सुभद्दा पथिक कुशीनगर में रह रहे थे। और सुभद्दा पथिक ने अफवाह सुनी, "इसी दिन, ऐसा कहा जाता है, रात के अंतिम प्रहर में गौतम संन्यासी का अंतिम निधन होगा।" तब यह विचार पथिक सुभद्दा के मन में आया।
2. "ऐसा मैंने अन्य पथिकों से कहते सुना है जो वृद्ध हैं और जिनकी आयु बहुत अधिक हो चुकी है, वे गुरु और शिष्य दोनों हैं; संसार में तथागत विरले ही होते हैं, वे, जो अरहत हैं, पूर्णतः प्रबुद्ध हैं, और आज रात, अंतिम प्रहर में, संन्यासी गौतम का अंतिम परिनिर्वाण होगा। अब मेरे मन में संदेह उत्पन्न हो गया है और मैं संन्यासी गौतम के बारे में आश्वस्त हूँ। संन्यासी गौतम मुझे कोई शिक्षा दे सकते हैं, ताकि मैं अपनी इस संदेहपूर्ण स्थिति को दूर कर सकूँ।"
3. तब सुभद्द पथिक शाखा मार्ग की ओर मल्लों के शाल उपवन की ओर चले गए, जहाँ आदरणीय आनंद थे, और वहाँ आकर उन्होंने आदरणीय आनंद को अपने विचार बताए और उन्होंने कहा: "हे गुरु आनंद! काश मैं संन्यासी गौतम के दर्शन कर पाता!"
4. इन शब्दों पर आदरणीय आनंद ने पथिक सुभद्द से कहा: "बस, मित्र सुभद्द! गुरु को कष्ट न दो! भगवान थक गए हैं।"
5. फिर दूसरी और तीसरी बार भी सुभद्द पथिक ने वही अनुरोध किया और वही उत्तर मिला।
6. अब भगवान ने आदरणीय आनंद और सुभद्द पथिक के बीच की यह बातचीत सुन ली। और उन्होंने आदरणीय आनंद को पुकारा और कहा, "बस, आनंद! सुभद्द को मत रोको। सुभद्द को तथागत के दर्शन करने दो। सुभद्द मुझसे जो कुछ भी पूछेंगे, वह सब जानने की इच्छा से पूछेंगे, मुझे परेशान करने की इच्छा से नहीं। और मैं जो कुछ भी उत्तर में कहूंगा, वह तुरंत समझ में आ जाएगा।"

7. तब आदरणीय आनंद ने सुभद्द पथिक से कहा, "मित्र सुभद्द, तुम अंदर जाओ। भगवान तुम्हें जाने की अनुमति देते हैं।"
8. इस प्रकार सुभद्द पथिक भगवान के पास गया, और उनके पास आकर उन्हें सप्रेम नमस्कार किया, और मैत्रीपूर्ण बधाई के आदान–प्रदान के बाद वह एक ओर बैठ गया। इस प्रकार बैठे हुए सुभद्द पथिक ने भगवान से इस प्रकार कहा:
9. "गुरु गौतम, वे सभी संन्यासी और ब्राह्मण जिनके पास अनुयायी और श्रोताओं की टोली है, जो टोलियों के शिक्षक हैं, सुविख्यात हैं, संप्रदायों के प्रसिद्ध संस्थापक, जन–समुदाय द्वारा पवित्र पुरुषों के रूप में सम्मानित, पुराण कश्यप, ग्वालिन के मक्खलि, जटाधारी अजित, पकुध वृक्ष के कच्छायन, बेलट्ठि के पुत्र संजय, तथा नाथ वंश के निगंठ जैसे पुरुष, जैसा कि वे कहते हैं, इन सभी ने अपने ज्ञान से चीजों के सत्य को महसूस किया है, या सभी ने ऐसा महसूस नहीं किया है, या कुछ ने महसूस किया है और अन्य ने अपने ज्ञान से इसे महसूस नहीं किया है?"
10. छोड़ो, सुभद्दा! ऐसी चीजों के बारे में अपने आप को परेशान मत करो, कि क्या एक और सभी या कुछ ने महसूस किया है या नहीं। मैं तुम्हें आदर्श बताता हूँ, सुभद्दा। तुम ध्यान से सुनो। अपना दिमाग लगाओ। मैं बोलूँगा।"
11. "फिर भी, भगवान," सुभद्दा ने कहा और महान व्यक्ति पर ध्यान दिया। तब भगवान ने यह कहा:
12. "जिस भी नियम–अनुशासन में, सुभद्दा, आर्य अष्टांगिक मार्ग नहीं पाया जाता, उसमें भी कोई संन्यासी नहीं पाया जाता। और जिस भी नियम–अनुशासन में, सुभद्दा, आर्य अष्टांगिक मार्ग पाया जाता है, उसमें भी संन्यासी पाया जाता है।
13. "अब इस नियम–अनुशासन में (मेरे), सुभद्दा, आर्य अष्टांगिक मार्ग पाया जाता है। संन्यासियों से रहित हैं विवादियों के अन्य संप्रदाय। लेकिन, सुभद्दा, यदि इस एक में, भाईयों को पूर्ण जीवन जीना पड़े, तो दुनिया अरहतों से रहित नहीं होगी।

14. "जब मैं भलाई की खोज में निकला था, तब मेरी आयु उनतीस वर्ष थी।
15. "अब पचास वर्ष से अधिक बीत चुके हैं, सुभद्दा, जब से मैंने धर्म के आदर्श की खोज में संसार छोड़ा था।"
16. और जब उसने ऐसा कहा, तो सुभद्दा पथिक ने भगवान से कहाः "आपके मुख के ये वचन बहुत उत्तम हैं, बहुत उत्तम हैं।
17. "जैसे कोई व्यक्ति गिराए गए को ठीक कर दे, या जो छिपा हुआ है उसे प्रकट कर दे, या भटके हुए को सही मार्ग दिखा दे, या अंधेरे में दीपक जला दे, ताकि आंखें रखने वाले देख सकें।
18. "ठीक इसी प्रकार, भगवान ने मुझे सत्य का ज्ञान कराया है। और मैं, मैं भी, भगवान की शरण में जाता हूँ, सत्य और व्यवस्था की।"
19. "जो कोई भी, सुभद्दा, पहले किसी अन्य मत का अनुयायी रहा है और उसके बाद संघ में प्रवेश करना चाहता है, उसे चार महीने तक परिवीक्षा पर रहना पड़ता है।"
20. यदि यही नियम है तो मैं भी परिवीक्षा पर रहूँगा।"
21. लेकिन भगवान ने कहा, "मैं व्यक्तियों में अंतर को स्वीकार करता हूँ।" ऐसा कहकर उन्होंने आदरणीय आनंद को बुलाया और आनंद से कहा, "जैसा है, आनंद, सुभद्दा को संघ में स्वीकार करो।"
22. ऐसा ही है, प्रभु!" भगवान को सहमति देते हुए आदरणीय आनंद ने कहा।
23. और सुभद्दा पथिक ने आदरणीय आनंद से कहाः मित्र आनंद, तुम्हारा लाभ बहुत बड़ा है, मित्र आनंद, तुम्हारा सौभाग्य बहुत बड़ा है, क्योंकि तुम सभी को इस बिरादरी में स्वयं गुरु के हाथों शिष्यत्व का आशीर्वाद मिला है।"
24. "यही बात तुम्हारे लिए भी सच है, सुभद्दा," आनंद ने उत्तर दिया।
25. इस प्रकार सुभद्दा पथिक को परम पूज्य के आदेश के तहत संघ में शामिल किया गया। वह अंतिम शिष्य था जिसे परम पूज्य ने स्वयं परिवर्तित किया था।

3. अंतिम शब्द

1. तब परम पूज्य ने परम पूज्य आनंद से कहाः
2. "हो सकता है, आनंद, तुम कहो गुरु का वचन चला गया अब हमारे पास कोई गुरु नहीं है! लेकिन तुम्हें इसे ऐसा नहीं मानना चाहिए, आनंद क्योंकि मेरे द्वारा सिखाए गए और आनंदित किए गए मानदंड और अनुशासन, मेरे जाने के बाद तुम्हारे शिक्षक होंगे।
3. "अब, आनन्द, जबकि भाइयों को एक दूसरे को मित्र कहने की आदत है, मेरे चले जाने के बाद यह आदत नहीं अपनानी चाहिए। एक बड़े भाई द्वारा, आनंद, एक भाई जो नौसिखिया है उसे उसके नाम या कुल के नाम से या मित्र शब्द से पुकारा जाना चाहिए, लेकिन एक नौसिखिया, आनंद, एक बड़े भाई को 'भगवान' या आपका सम्मान कहकर संबोधित किया जाना चाहिए।'
4. "फिर से, आनंद, यदि आदेश ऐसा चाहता है, तो जब मैं चला जाऊँ, तो उसे छोटे और मामूली आरोपों को समाप्त कर देना चाहिए।
5. "आप जानते हैं, आनंद, भाई चन्ना। वह कितना जिद्दी, विकृत और अनुशासन की भावना से रहित है।
6. "और उसके लिए, आनंद, जब मैं चला जाऊँ तो चरम दंड लागू किया जाना चाहिए।"
7. "क्या, भगवान, चरम दंड से आपका क्या मतलब है?"
8. "भाई चन्ना, आनंद, वह चाहे जो भी कहे, उससे बात नहीं की जानी चाहिए, उसे नसीहत नहीं दी जानी चाहिए, भाइयों द्वारा उसे निर्देश नहीं दिया जाना चाहिए। उसे अकेला छोड़ दिया जाना चाहिए। इससे उसका सुधार हो सकता है।"
9. तब भगवान ने भाइयों को संबोधित कियाः
10. "हो सकता है, भाइयों, किसी एक भाई के मन में बुद्ध के बारे में, या आदर्श के बारे में, या आदेश के बारे में, या मार्ग के बारे में, या मार्ग के बारे में संदेह या उलझन हो। यदि ऐसा है, भाइयों, तो अब पूछो। इस विचार से आगे से पश्चाताप मत करो, यहाँ हमारे गुरु

हमारे सामने थे, और फिर भी हमारे पास भगवान से सवाल करने का दिल नहीं था, हालाँकि हम उनकी उपस्थिति में थे।"

11. इन शब्दों पर भाई चुप हो गए।
12. फिर दूसरी बार और फिर तीसरी बार भगवान ने भाइयों को उन्हीं शब्दों में संबोधित किया। और तीसरी बार भाई चुप हो गए।
13. तब भगवान ने कहाः "हो सकता है, भाइयों, यह गुरु के सम्मान के कारण हो कि तुम नहीं पूछ रहे हो। तो, भाइयों, मुझसे मित्र के मित्र की तरह बात करो।"
14. इस पर वे भाई चुप हो गए।
15. तब आदरणीय आनंद ने भगवान से कहाः "यह अजीब है, भगवान! यह एक चमत्कार है, भगवान! इस प्रकार मैं, भगवान, भाइयों के इस संघ के बारे में आश्वस्त हूँ। ऐसा कोई भी भाई नहीं है जिसे बुद्ध, आदर्श, संघ, या मार्ग या मार्ग के बारे में एक भी संदेह या उलझन हो।"
16. "आनंद, तुम निश्चिंत होकर बोलते हो। लेकिन तथागत में इस तथ्य का ज्ञान है। किसी भी भाई में इस बारे में एक भी संदेह या उलझन नहीं है। आनंद, मेरे इन पाँच सौ भाइयों में से जो सबसे पिछड़ा हुआ है, वह भी एक धारा–विजेता है, वह पतन से सुरक्षित है, परम ज्ञान तक पहुँचने के लिए आश्वस्त है।"
17. तब महापुरुष ने भाइयों से कहाः
18. अब आओ, भाइयों, मैं तुम्हें याद दिलाता हूँ, सभी मिश्रित चीजें क्षय के अधीन हैं। तुम सावधान रहो।"
19. ये भगवान के अंतिम शब्द थे।

4. दुःख में आनंद

1. उम्र बढ़ने के साथ भगवान को उनकी देखभाल के लिए एक निजी परिचारक की आवश्यकता हुई।

2. उन्होंने सबसे पहले नन्द को चुना। नन्द के बाद उन्होंने आनंद को चुना जो उनकी मृत्यु तक उनके निजी परिचारक के रूप में काम करते रहे।

3. आनंद उनका स्थायी और सबसे प्रिय साथी था, न कि केवल एक परिचारक।

4. जब भगवान कुशीनारा आए और शाल वृक्षों के बीच विश्राम किया, तो उन्होंने देखा कि उनका अंत निकट आ रहा है, और उन्हें लगा कि अब समय आ गया है कि वे आनंद को विश्वास में लें।

5. इसलिए उन्होंने आनंद को बुलाया और कहाः "और अब यह आनंद, रात के तीसरे पहर, कुशीनारा के उपवन में, जुड़वां शाल वृक्षों के बीच, तथागत का पूर्ण निधन हो जाएगा।"

6. और जब उन्होंने ऐसा कहा तो आदरणीय आनंद ने भगवान को संबोधित किया, और कहाः "हे प्रभु! कल्प के दौरान रहने की कृपा करें, हे धन्य!, महान जनों के कल्याण और सुख के लिए, संसार के प्रति दया के कारण, देवताओं और मनुष्यों के कल्याण और लाभ और कल्याण के लिए।"

7. आनंद ने तीन बार अपनी विनती की। उत्तर मिला, "अब बहुत हो गया, आनंद, तथागत से विनती मत करो!" "ऐसी विनती करने का समय बीत चुका है।"

8. "मैं, आनंद, अब बूढ़ा हो गया हूँ, और मेरी आयु पूरी हो गई है, मेरी यात्रा समाप्त होने को है। मैं अपने जीवन के दिनों की कुल संख्या तक पहुँच गया हूँ। मैं अस्सी वर्ष का हो रहा हूँ; और जिस प्रकार एक घिसी–पिटी गाड़ी एक दिन अवश्य ही टूट जाती है, मुझे लगता है, वैसा ही तथागत के शरीर के साथ भी होगा।" यह सुनकर आनंद वहाँ से चला गया।

9. आनंद को न देखकर भगवान ने भाइयों को बुलाया और कहाः "तो आनंद कहाँ है?" भाइयों ने कहा, "आदरणीय आनंद चला गया है और रो रहा है।"

10. और भगवान ने एक भाई को बुलाया और कहाः "अब जाओ भाई, और मेरे नाम से आनंद को पुकारो और कहो, भाई आनंद, गुरु तुम्हें बुला रहे हैं।"

11. ऐसा ही है, प्रभु!" उस भाई ने कहा।

12. जब आनंद वापस आया तो वह भगवान के पास बैठ गया।

13. तब भगवान ने आनंद से कहाः "बस, आनंद! रोओ मत! क्या मैंने पहले भी तुमसे नहीं कहा था कि जो चीजें हमारे लिए सबसे प्रिय और निकट हैं, उनका स्वभाव ही यही है कि हमें उनसे अलग हो जाना चाहिए, उन्हें छोड़ देना चाहिए, उनसे अलग हो जाना चाहिए?

14. "आनंद, बहुत समय से तुम प्रेम, दयालुता और भलाई के कार्यों के कारण मेरे बहुत निकट रहे हो, जो किसी भी सीमा से परे है।

15. "आनंद, तुमने अच्छा किया! प्रयास में लगनशील रहो और तुम भी महान बुराइयों से मुक्त हो जाओगे – कामुकता से, व्यक्तित्व से, भ्रम से और अज्ञानता से।"

16. फिर आनंद के बारे में भाइयों को संबोधित करते हुए भगवान ने कहाः "भाइयों, वह एक बुद्धिमान व्यक्ति है, आनंद है।

17. "वह जानता है कि तथागत के पास आने और उनसे मिलने का सही समय कब है, और संघ के भाइयों और बहनों के लिए, भक्त पुरुषों और भक्त महिलाओं के लिए, एक राजा के लिए, या एक राजा के मंत्रियों के लिए, अन्य शिक्षकों और शिष्यों के लिए तथागत से मिलने का सही समय कब है।

18. "भाइयों, आनंद के बारे में ये चार विशेष बातें हैं,

19. "सभी आनंद से मिलने के लिए खुश हैं। वे उसे देखकर आनंद से भर जाते हैं; उसे सुनकर प्रसन्न होते हैं। जब आनंद चुप रहता है, तो वे बेचैन हो जाते हैं।"

20. इसके बाद आनंद फिर से तथागत के निधन के विषय पर लौट आए। भगवान को संबोधित करते हुए उन्होंने कहाः "भगवान को जंगल के बीच में इस घास–फूस से भरे शहर में मरने न दें।

भगवान के लिए चंपा, राजगृह, सावती, साकेत, कोसंबी और बनारस जैसे महान शहर हैं। भगवान को उनमें से किसी एक में मरने दें।"

21. "ऐसा मत कहो, आनंद! ऐसा मत कहो, आनंद। यह कुशीनगर, आनंद, केशवती के नाम से राजा महा–सुदस्सान की राजधानी थी।

22. इसके बाद भगवान ने आनंद को दो काम दिए।

23. उन्होंने आनंद से कहा कि ध्यान रखो कि यह विश्वास न फैले कि भगवान की मृत्यु चूंडा द्वारा दिए गए भोजन के परिणामस्वरूप हुई थी। उन्हें डर था कि चूंडा को कष्ट हो सकता है। उन्होंने आनंद से कहा कि वे इस बारे में लोगों के मन से भ्रम दूर करें।

24. दूरारी बात जो उन्होंने आनंद से कही वह यह थी कि वे कुशीनगर के मल्लों को सूचित करें कि भगवान वहां आ चुके हैं और रात के अंतिम पहर में उनका निधन हो जाएगा।

25. "अपने आप को धिक्कारने का कोई अवसर मत दो। मल्ल लोग कह सकते हैं: हमारे अपने गाँव में हमारे तथागत की मृत्यु हुई और हमें पता नहीं चला और उनके अंतिम समय में उन्हें देखने का अवसर भी नहीं मिला।"

26. तत्पश्चात पूज्य अनुरुद्ध और पूज्य आनंद ने शेष रात्रि धार्मिक प्रवचन में बिताई।

27. और रात्रि के तीसरे पहर में, जैसा कि पहले ही घोषित किया जा चुका था, भगवान ने अंतिम सांस ली।

28. जब भगवान की मृत्यु हुई, तो भाई और आनंद ने अपनी भुजाएँ फैलाकर रोए, और कुछ तो सिर के बल जमीन पर गिर पड़े, पीड़ा में इधर–उधर लुढ़कते हुए, यह कहते हुए: "भगवान बहुत जल्दी मर गए! बहुत जल्दी खुशकिस्मत इस दुनिया से चले गए! बहुत जल्दी दुनिया से प्रकाश चला गया!"

29. वैशाख पूर्णिमा की मध्यरात्रि को भगवान ने कि धन्य प्रभु ने अपनी अंतिम सांस ली। उनकी मृत्यु का वर्ष 483 ईसा पूर्व था।
30. जैसा कि पाली पाठ में सच कहा गया है:
31. "सूर्य केवल दिन में चमकता है और चंद्रमा रात को उज्ज्वल बनाता है। योद्धा तब चमकता है जब वह अपने कवच में होता है। और ब्राह्मण तब चमकता है जब वह ध्यान कर रहा होता है। लेकिन बुद्ध अपने तेज से दिन और रात में भी चमकते हैं।
32. "वे निस्संदेह दुनिया के प्रकाश थे।"

5. मल्लों का विलाप और एक भिक्षु का आनंद

1. भगवान की इच्छा के अनुसार, आनंद ने जाकर मल्लों को घटना की जानकारी दी।
2. और जब उन्होंने यह सुना तो मल्ल, उनकी पत्नियाँ, उनके युवक और युवतियाँ दुःखी और दुःखी हो गए और दिल से दुःखी हो गए।
3. उनमें से कुछ रो पड़े, अपने बाल बिखेर दिए, अपनी भुजाएँ फैला दीं और जमीन पर गिर पड़े।
4. तब मल्ल अपने युवकों, युवतियों और अपनी पत्नियों के साथ उपवन में शाल वन में भगवान के अंतिम दर्शन करने गए।
5. तब पूज्य आनंद ने सोचा: "यदि मैं कुशीनारा के मल्लों को एक–एक करके जाने दूँ तो उन्हें भगवान के शव को श्रद्धांजलि देने में बहुत समय लगेगा।
6. इसलिए उन्होंने उन्हें समूहों में, परिवार दर परिवार व्यवस्थित करने का निर्णय लिया। प्रत्येक परिवार ने तब भगवान के चरणों में नम्रतापूर्वक प्रणाम किया और विदा हो गया।
7. अब उस समय पूज्य महाकश्यप अपने भाइयों के एक बड़े समूह के साथ पावा से कुशीनारा तक उच्च मार्ग से यात्रा कर रहे थे।
8. ठीक उसी समय एक नग्न तपस्वी मुख्य मार्ग से पावा की ओर आ रहा था।

9. और पूज्य महाकश्यप ने उस नग्न तपस्वी को दूर से आते देखा; और जब उन्होंने उसे देखा तो नग्न तपस्वी से कहा: "हे मित्र! क्या तुम हमारे गुरु को जानते हो?"
10. "हाँ, मित्र! मैं उन्हें जानता हूँ।" "आज समाना गौतम को मरे हुए एक सप्ताह हो गया है!"
11. समाचार सुनते ही भाईगण शोक से अभिभूत हो गए और रोने लगे।
12. अब उस समय सुभद्दा नामक एक भाई, जो अपनी वृद्धावस्था में संघ में शामिल हो गया था, उनके साथ बैठा हुआ था।
13. और इस सुभद्दा ने भाइयों को संबोधित करते हुए कहा: "बस, भाइयों! रोओ मत, विलाप मत करो! हम महान समाना से अच्छी तरह से छुटकारा पा चुके हैं। हमें यह कहते हुए गुस्सा आता था, 'यह तुम्हें शोभा देता है, यह तुम्हें शोभा नहीं देता।' लेकिन अब हम जो चाहें कर सकेंगे और जो हमें पसंद नहीं है, वह हमें नहीं करना पड़ेगा! क्या यह अच्छा नहीं है कि वह मर गया? क्यों रोना, क्यों विलाप करना? यह खुशी की बात है।"
14. धन्य एक महान और कठोर अनुशासनवादी थे।

6. अंतिम संस्कार

1. तब कुशीनगर के मल्लों ने आदरणीय आनंद से कहा: "तथागत के अवशेषों के साथ क्या किया जाना चाहिए? "
2. "जैसा लोग राजाओं के राजा के अवशेषों के साथ व्यवहार करते हैं, वैसा ही आपको तथागत के अवशेषों के साथ व्यवहार करना चाहिए" आनंद ने उत्तर दिया।
3. "और वे राजाओं के राजा के अवशेषों के साथ कैसा व्यवहार करते हैं?"
4. आनंद ने उन्हें बताया: "वे राजाओं के राजा के शरीर को एक नए कपड़े में लपेटते हैं। जब यह हो जाता है तो वे इसे रूई में लपेटते हैं। जब यह हो जाता है तो वे इसे एक नए कपड़े में लपेटते हैं और

इसी तरह तब तक करते हैं जब तक कि वे शरीर को दोनों तरह की पाँच सौ क्रमिक परतों में लपेट नहीं लेते। फिर वे शरीर को लोहे के एक तेल के बर्तन में रखते हैं और उस बंद हिस्से को लोहे के एक दूसरे तेल के बर्तन से ढक देते हैं। फिर वे सभी प्रकार के अंतिम संस्कार के लिए ढेर बनाते हैं। राजाओं के राजा के अवशेषों के साथ ऐसा ही व्यवहार किया जाता है।"

5. "ऐसा ही हो," मल्लों ने कहा।
6. तब कुशीनारा के मल्लों ने कहाः "आज भगवान के शरीर को जलाने के लिए बहुत देर हो चुकी है। अब हम कल दाह संस्कार करेंगे।"
7. और कुशीनारा के मल्लों ने अपने सेवकों को आदेश दिया, "तथागत के अंतिम संस्कार की तैयारी करो और सुगन्धित द्रव्य, माला और कुशीनारा के संगीतकारों को इकट्ठा करो।"
8. लेकिन तथागत के अवशेषों को नृत्य, भजन और संगीत और माला और सुगन्धित द्रव्य के साथ सम्मान, श्रद्धा, आदर और श्रद्धांजलि देने में; और उनके वस्त्रों की छतरियां बनाने और उन्हें सौंपने के लिए सजावटी माला तैयार करने में, उन्होंने दूसरा दिन भी बिताया, और फिर तीसरा दिन, और चौथा, पाँचवां और छठा दिन भी।
9. फिर सातवें दिन कुशीनारा के मल्लों ने सोचाः "चलो हम धन्य व्यक्ति के शरीर को ले जाएं और दाह संस्कार करें।"
10. और इसके बाद मल्लों के आठ सरदारों ने अपने सिर धोए, और धन्य व्यक्ति के शरीर को ले जाने वाले कफन–वाहक के रूप में कार्य करने के इरादे से नए वस्त्र पहने।
11. वे शव को मल्लों के मंदिर में ले गए, जिसे मकुताबंधन कहा जाता है; शहर के पूर्व में और वहाँ उन्होंने भगवान के शव को रखा और उसमें आग लगा दी.
12. कुछ समय बाद भगवान के पार्थिव शरीर को राख में बदल दिया गया.

7. राख को लेकर झगड़ा

1. भगवान के शरीर को आग में भस्म कर दिए जाने के बाद, कुशीनगर के मल्लों ने भगवान की राख और हड्डियों को इकट्ठा किया और उन्हें भालों की जाली और धनुष की प्राचीर के साथ अपने परिषद् हॉल में रख दिया और उन्हें किसी के द्वारा चुराए जाने से बचाया.
2. सात दिनों तक मल्लों ने नृत्य, गीत और संगीत और माला और इत्र के साथ उनका सम्मान और आदर किया।
3. अब मगध के राजा अजातशत्रु को यह समाचार मिला कि भगवान की मृत्यु कुशीनगर में हुई है।
4. इसलिए, उन्होंने भगवान की अस्थियों के एक भाग के लिए अनुरोध करते हुए मल्लों के पास एक दूत भेजा।
5. इसी प्रकार वैशाली के लिच्छवियों, कपिलावस्तु के शाक्य, अट्टाकप्पा के बुलियों, रामगामा के कोलिय और पावा के मल्लों से भी दूत आए।
6. अस्थियों के दावेदारों में वेथादीपा का एक ब्राह्मण भी था।
7. जब उन्होंने ये दावे सुने, तो कुशीनगर के मल्लों ने कहा: "भगवान की मृत्यु हमारे गांव में हुई थी। हम भगवान की अस्थियों का कोई भी भाग किसी को नहीं देंगे। वे हमारे हैं।"
8. स्थिति को तनावपूर्ण देखकर द्रोण नामक एक ब्राह्मण ने हस्तक्षेप किया और कहा: "आदरणीय महोदय, मेरी एक बात सुनिए।"
9. द्रोण ने कहा: "हमारे बुद्ध को धैर्य की शिक्षा देनी थी; यह अनुचित है कि जो सर्वश्रेष्ठ प्राणी था, उसके अवशेषों के विभाजन पर कलह, घाव और युद्ध हो!
10. "हम सब, सज्जनों, एकमत होकर मैत्रीपूर्ण सद्भावना के साथ आठ भाग बनाएं। हर देश में व्यापक स्तूप बनाए जाएं ताकि सभी भागों से प्रबुद्ध व्यक्ति का सम्मान किया जा सके।"

11. कुशीनगर के मल्लों ने सहमति व्यक्त की और कहा:
"तो हे ब्राह्मण, आप स्वयं अवशेषों को आठ भागों में समान रूप से विभाजित करें, उचित विभाजन के साथ।"
12. "ऐसा ही हो, महोदय!" द्रोण ने सहमति में कहा।
13. और उन्होंने धन्य व्यक्ति के अवशेषों को आठ भागों में समान रूप से विभाजित किया।
14. विभाजन करने के बाद द्रोण ने उनसे कहा: "महाशय, मुझे यह बर्तन दे दो। मैं इस पर एक स्तूप स्थापित करूंगा।"
15. और वे उसे बर्तन देने के लिए सहमत हो गए।
16. इस प्रकार धन्य की राख साझा की गई और झगड़ा शांतिपूर्वक और सौहार्दपूर्ण ढंग से सुलझाया गया।

8. बुद्ध के प्रति निष्ठा

1. श्रावस्ती (इन घटनाओं का) अवसर था...
2. अब उस अवसर पर कई भिक्षु भगवान् के लिए एक वस्त्र बनाने में व्यस्त थे, इस विचार के साथ कि जब वस्त्र तैयार हो जाएगा, तीन महीने के समय में, भगवान् अपने भ्रमण पर निकलेंगे।
3. अब उस समय इसिदत्त और पुराण, जो कि चेम्बरलेन थे, किसी न किसी काम से साधुका में ठहरे हुए थे। तब उन्होंने यह समाचार सुना: "वे कहते हैं कि कई भिक्षु भगवान् के लिए एक वस्त्र बनाने में व्यस्त हैं, इस विचार के साथ किरू जब वस्त्र तैयार हो जाएगा, तीन महीने के समय में, भगवान् अपने भ्रमण पर निकलेंगे।"
4. इसलिए इसिदत्त और पुराण, जो कि एक कक्षपाल थे, ने एक व्यक्ति को मुख्य मार्ग पर खड़ा किया (उसे इस प्रकार निर्देश देते हुए): "अब, अच्छे साथी, जैसे ही तुम उस महान व्यक्ति, उस अरहत, उस पूर्णतया प्रबुद्ध व्यक्ति को आते हुए देखो, तुम आकर हमें सूचित करो।"

5. इसलिए वहाँ दो या तीन दिन खड़े रहने के बाद उस व्यक्ति ने महान व्यक्ति को आते हुए देखा, जो अभी कुछ दूरी पर था, और वह कक्षपालों, इसिदत्त और पुराण को सूचित करने के लिए गया, और कहाः "यहाँ मेरे स्वामी, महान व्यक्ति, वह अरहत, वह पूर्णतया प्रबुद्ध व्यक्ति आ रहे हैं! अब समय आ गया है कि तुम जो करना चाहते हो करो!"
6. इसलिए इसिदत्त और पुराण, जो कि एक कक्षपाल थे, महान व्यक्ति की ओर बढ़े, और उनके पास आकर उन्हें प्रणाम किया, और महान व्यक्ति के पीछे–पीछे कदम से कदम मिलाकर चले।
7. तब भगवान् मुख्य मार्ग से हटकर एक वृक्ष के नीचे चले गए और वहाँ एक आसन पर बैठ गए। और इसिदत्त और पुराण नामक सेवक भगवान् को नमस्कार करके एक ओर बैठ गए। इस प्रकार बैठते हुए उन्होंने भगवान् से यह कहाः
8. "हे प्रभु, जब हमने भगवान् के विषय में सुना कि वे कोसलवासियों के बीच भ्रमण पर निकलेंगे, तो उस समय हम यह सोचकर निराश और उदास हो गए थे कि भगवान् हमसे दूर चले जाएँगे।
9. "और जब हे प्रभु, हमें पता चला कि भगवान् श्रावस्ती से कोसलवासियों के बीच भ्रमण पर निकल रहे हैं, तो हम फिर यह सोचकर निराश और उदास हो गए थे कि भगवान् हमसे दूर चले जाएँगे।
10. "फिर से, प्रभु, जब हमें पता चला कि भगवान कोसलवासियों को छोड़कर मल्लों के बीच भ्रमण पर जाएँगे। ऐसा वे वास्तव में कर रहे थे, तो हम निराश और उदास हो गए।
11. "यह सुनकर कि भगवान मल्लों को छोड़कर वज्जि के बीच भ्रमण पर जाएँगे, वे वास्तव में ऐसा कर रहे थे...कि वे वज्जि को छोड़कर काशी जा रहे थे। कि वह ऐसा कर रहा था...कि वह काशी के लोगों को छोड़कर मगध में अपनी यात्रा पर निकल जाएगा कि वह वास्तव में फिर से ऐसा कर रहा था हम निराश और उदास थे।

12. "लेकिन, भगवान, जब हमने सुना कि भगवान मगध को छोड़कर काशी जा रहे हैं और ऐसा कर रहे हैं, तो हम इस विचार से प्रसन्न और उत्साहित थेः भगवान हमारे बहुत निकट होंगे।

13. "और जब हमने सुना कि वह वास्तव में मगध के बीच काशी में अपनी यात्रा पर निकल रहे है, तो हम भी प्रसन्न और उत्साहित थे।

14. (वे काशी से वज्जि मल्लों तक गुरु के पदचिह्नों का पता लगाना जारी रखते हैं।) वज्जि से मल्लों से कोसलों तक।

15. "लेकिन, हे प्रभु, जब हमने सुना कि भगवान कोसलों से सावत्थी तक अपनी यात्रा पर जा रहे हैं, तो हम इस विचार से प्रसन्न और उत्साहित हुए अब भगवान हमारे बहुत निकट होंगे!

16. "फिर, जब हमने सुनाः 'भगवान श्रावस्ती में, जेतवन में, अनाथपिंडिका के उद्यान में रह रहे हैं। तब, हे प्रभु, इस विचार से हमारी खुशी और खुशी असीम थी भगवान हमारे निकट हैं!"

पुस्तक – VIII

वह व्यक्ति जो सिद्धार्थ गौतम था

भाग I–उनका व्यक्तित्व।

भाग II–उनकी मानवता।

भाग III–उनकी पसंद और नापसंद।

उपसंहार।

भाग – I

उनका व्यक्तित्व

1. उनका व्यक्तिगत रूप।
2. प्रत्यक्षदर्शियों की गवाही।
3. नेतृत्व करने की उनकी क्षमता।

1. उनका व्यक्तिगत स्वरूप

1. सभी विवरणों से धन्य प्रभु एक सुंदर व्यक्ति थे।
2. उनका रूप स्वर्ण पर्वत की चोटी जैसा था। वे लंबे और सुडौल शरीर वाले थे; उनका रूप मनभावन था।
3. उनकी लंबी भुजाएँ और सिंह जैसी चाल, उनकी बैल जैसी आँखें, और उनका सौंदर्य, जो सोने जैसा चमकीला था, उनका चौड़ा सीना, सभी को उनकी ओर आकर्षित करता था।
4. उनकी भौंहें, उनका माथा, उनका मुँह या उनकी आँखें, उनका शरीर, उनके हाथ, उनके पैर या उनकी चाल, उनका जो भी अंग कोई भी देखता था, वह तुरंत उनकी आँखों को आकर्षित कर लेता था।
5. जो कोई भी उन्हें देखता था, वह उनके ऐश्वर्य और उनकी शक्ति, उनकी शानदार सुंदरता से प्रभावित हुए बिना नहीं रह सकता था, जो अन्य सभी पुरुषों से बढ़कर थी।
6. उन्हें देखकर, जो कहीं और जा रहा था, वह रुक गया और जो खड़ा था, वह उसके पीछे चला गया जो धीरे–धीरे और गंभीरता से चल रहा था, वह तेजी से भाग गया, और जो बैठा था, वह तुरंत उठ खड़ा हुआ।
7. उनसे मिलने वालों में से कुछ ने उन्हें हाथों से प्रणाम किया, दूसरों ने सिर से प्रणाम किया, कुछ ने उन्हें स्नेह भरे शब्दों से संबोधित किया, कोई भी उन्हें श्रद्धांजलि दिए बिना नहीं गया।
8. सभी लोग उनसे प्यार करते थे और उनका सम्मान करते थे।
9. पुरुष और महिलाएँ हमेशा उन्हें सुनने के लिए तैयार रहते थे।
10. उनकी आवाज एक ढोल की तरह अनोखी मधुर और गहरी थी, प्यारी, जीवंत और वाक्पटु। इससे उनका भाषण ऐसा लगता था मानो वह स्वर्गीय संगीत हो।
11. उनके स्वर ही श्रोता को आश्वस्त कर देते थे, और उनके चेहरे पर विस्मय की भावना होती थी।

12. उनका व्यक्तित्व ही उन्हें न केवल एक नेता बल्कि अपने साथियों के दिलों में एक देवता बनाने के लिए पर्याप्त था।
13. जब वे बोलते थे तो उनको श्रोता मिल जाते थे।
14. वे क्या कहते थे, इससे कोई फर्क नहीं पड़ता था। वे भावनाओं को प्रभावित करते थे और जो कोई भी सुनता था उसे अपनी इच्छा के अनुसार झुका लेते थे।
15. वह अपने श्रोताओं के मन में यह बात बिठा सकते थे कि वह जो सिखाता है, वह न केवल सत्य है, बल्कि उनके उद्धार की आशा भी है।
16. उसके श्रोता उसके शब्दों में उस सत्य को पहचान सकते थे जो दासों को स्वतंत्र मनुष्य बनाता है।
17. जब वह पुरुषों और महिलाओं से बात करता था, तो उसका शांत रूप उन्हें विस्मय और श्रद्धा से भर देता था और उसकी प्यारी आवाज उन्हें आनंद और विस्मय से भर देती थी।
18. कौन डाकू अंगुलीमाला या अटावी के नरभक्षी को बदल सकता था? कौन राजा पसेनजित को उसकी रानी मल्लिका के साथ एक शब्द से मिला सकता था। उसके प्रभाव में आ जाना हमेशा के लिए उसका हो जाना है। उसका व्यक्तित्व इतना आकर्षक था।

2. प्रत्यक्षदर्शियों की गवाही

1. यह पारंपरिक दृष्टिकोण उन प्रत्यक्षदर्शियों की गवाही से समर्थित है जिन्होंने उसे देखा और उसके जीवित रहते उससे मिले थे।
2. ऐसा ही एक प्रत्यक्षदर्शी साले नाम का ब्राह्मण है। भगवान को प्रत्यक्ष देखने के पश्चात उसने उनकी स्तुति में निम्नलिखित भाव व्यक्त किए।
3. भगवान के समक्ष पहुँचकर, ब्राह्मण ने अभिवादन के पश्चात आसन ग्रहण किया, भगवान के शरीर पर महामानव के दो और तीस चिह्नों की खोज की, तथा समय रहते उन्हें देख लिया।

4. अब दो और तीस चिह्नों की उपस्थिति के बारे में पूर्णतः आश्वस्त होने के बावजूद, सेल को अभी भी यह पता नहीं था कि उसे आत्मज्ञान हुआ है या नहीं। लेकिन उसे वृद्ध ब्राह्मणों, गुरुओं के गुरुओं से यह सुनना याद आया कि जो लोग अरहत बन गए हैं, वे सभी आत्मज्ञानी हैं, जब उनकी स्तुति गाई जाती है, तो वे स्वयं को प्रकट करते हैं, और इसलिए उसने भगवान के समक्ष स्तुति की निम्नलिखित पंक्तियों में उनकी स्तुति करने का मन बना लिया।
5. "पूर्ण शरीर, सुदर्शन, हे प्रभु, आप सुविकसित, सुशोभित, स्वर्ण–वर्ण वाले, चमकते हुए दांतों वाले हैं; शरीर में शक्ति भरी हुई है; शरीर की पूर्ण पूर्णता महामानव के प्रत्येक चिह्न को प्रकट करती है।
6. "साफ–सुथरी आँखें और सुंदर, लंबे। तुम ईमानदार हो, अपनी टोली के बीच एक सूरज की तरह चमकते हो, इतने विनम्र, इतने सुनहरे रंग के बेघर भिक्षु की तरह अपनी सुंदरता का सर्वश्रेष्ठ क्यों बर्बाद करते हो।
7. "विश्वव्यापी सम्राट के रूप में तुम्हें राज्य में सवार होना चाहिए; और वास्तव में समुद्र से समुद्र तक तुम्हारा शासन होना चाहिए। गर्वित राजकुमार तुम्हारे गाँव के मुखिया होंगे, राजाओं के राजा के रूप में, तुम मानवजाति पर शासन करो।"
8. आनंद ने उनके शरीर के रंग को इतना स्पष्ट और उज्ज्वल बताया है कि जब भगवान के शरीर पर सोने का जोड़ा रखा जाता है तो ऐसा लगता है कि उसकी चमक चली गई है।
9. कोई आश्चर्य नहीं कि उनके विरोधियों ने उन्हें ग्लैमर बॉय कहा था।

3. नेतृत्व करने की उनकी क्षमता

1. संघ का कोई आधिकारिक प्रमुख नहीं था। भगवान का संघ पर कोई अधिकार नहीं था। संघ एक स्वशासी निकाय था।
2. हालाँकि, संघ और उसके सदस्यों पर भगवान की क्या स्थिति थी?

3. इसमें हमें भगवान के समकालीन सकुलदई और उदय का प्रमाण मिलता है।

4. एक बार भगवान राजगृह में बांस के जंगल में ठहरे हुए थे।

5. एक सुबह भगवान भिक्षा के लिए राजगृह गए; लेकिन, समय बहुत जल्दी समझकर, उन्होंने सकुलदई के पास जाने का विचार किया। पथिकों की कृपा से और वह वहाँ गया।

6. उस समय, सकुलदई पथिकों के एक बड़े समूह के साथ बैठा था, जो होने और न होने के बारे में बहुत शोर मचा रहे थे।

7. जब कुछ दूर से सकुलदई ने भगवान को आते देखा, तो उसने यह कहकर अपने समूह को चुप करा दिया "चुप रहो, सज्जनों शोर मत करो यहाँ वैरागी गौतम आ रहे हैं, जो मौन के प्रेमी हैं।"

8. इसलिए वे चुप हो गए और भगवान ऊपर आए। सकुलदई ने कहाः "मैं भगवान से प्रार्थना करता हूं कि वे हमारे साथ आएं उनका वास्तव में स्वागत है; बहुत समय हो गया जब से वह आखिरी बार आए थे। कृपया बैठ जाइए; यहाँ भगवान के लिए आसन है।"

9. भगवान तदनुसार बैठ गए, और सकुलदई से पूछा कि उनका विषय क्या था और वह चर्चा क्या थी जो बाधित हुई थी।

10. "इस क्षण को छोड़ दें," सकुलदई ने उत्तर दिया; "आप इसे बाद में आसानी से समझ सकते हैं।"

11. हाल ही में, जब अन्य पंथों के संन्यासी और ब्राह्मण चर्चा हॉल में एकत्र हुए, तो विषय पर चर्चा हुई, अंग में मगध लोगों के लिए यह कितनी अच्छी बात है, कितनी अच्छी बात है, कि ऐसे संन्यासी और ब्राह्मण सभी संघों या अनुयायियों के प्रमुख हैं, सभी प्रसिद्ध शिक्षक हैं, सभी उद्धारक पंथों के संस्थापक हैं, कई लोगों द्वारा उच्च प्रतिष्ठा प्राप्त हैं, राजगृह में वर्षा ऋतु बिताने आए हैं।

12. पुराण कस्सप्पा, मखलि घोषाल, अजित केशकंबल, पकुध कच्छायन, संजय बेलईपुत्त और नट–पुत्त निगंठ थे, सभी प्रतिष्ठित व्यक्ति और सभी वर्षा ऋतु में यहाँ आकर उन्हें प्रसन्न किया जाता हैः और

उनमें से एक संन्यासी गौतम भी हैं, जो अपने बन्धुत्व और अनुयायियों के शीर्ष पर हैं, एक सुप्रसिद्ध और प्रसिद्ध शिक्षक हैं, एक उद्धारक पंथ के संस्थापक हैं, जिन्हें बहुत से लोग बहुत सम्मान देते हैं।

13. अब, इनमें से कौन से स्वामी, इन संन्यासियों और शिक्षकों के रूप में इतने प्रतिष्ठित ब्राह्मणों में से कौन से अपने शिष्यों द्वारा सम्मानित, आदरणीय, पूजनीय और पूज्य हैं? और वे उनके साथ किस सम्मान और आदर की शर्तों पर रहते हैं?

14. कुछ लोगों ने कहा: "पुराण कस्सप्पा को अपने शिष्यों से कोई सम्मान या आदर नहीं मिलता कोई श्रद्धा या आराधना नहीं; वे उनके साथ किसी सम्मान और आदर की शर्तों पर नहीं रहते।"

15. एक बार, जब वे अपने सैकड़ों अनुयायियों को अपने सिद्धांत का उपदेश दे रहे थे, तो एक शिष्य ने बीच में कहा, "पुराण कस्सप्पा से सवाल मत करो, जो इसके बारे में नहीं जानते हैं वे मुझसे पूछें; मैं आपके भक्तों को सब कुछ समझा दूँगा।"

16. पूरण कस्सप्पा ने रोते हुए हाथ फैलाकर कहा, "चुप रहो, महाराज! शोर मत मचाओ।"

भाग – I

उनकी मानवता

1. उनकी करुणा–महाकारुणिक।
2. पीड़ितों की चिकित्सा।
3. बीमारों के प्रति उनकी चिंता।
4. असहिष्णु लोगों के प्रति उनकी सहिष्णुता।
5. समानता और समान व्यवहार की उनकी भावना।

1. उनकी करुणा – महाकारुणिक

1. जब एक बार भगवान श्रावस्ती में रह रहे थे, तो भिक्षा मांगने वाले आए और उन्हें बताया कि उन्हें लगातार देवता परेशान कर रहे हैं और वे उनके ध्यान में बाधा डाल रहे हैं।
2. उनके उत्पीड़न की कहानियाँ सुनने के बाद भगवान ने उन्हें निम्नलिखित निर्देश दिएः–
3. "वह, जो अपने ईश्वरत्व में कुशल है, जो उस शांत अवस्था को प्राप्त करना चाहता है, उसे इस प्रकार कार्य करना चाहिएः उसे योग्य, ईमानदार, लगभग पूरी तरह से ईमानदार, महान वाणी वाला, सौम्य और विनम्र होना चाहिए।
4. संतुष्ट, आसानी से पालन करने योग्य, कम कर्तव्यों वाला, हल्का आजीविका वाला, इंद्रियों पर नियंत्रण रखने वाला, विवेकशील, निर्लज्ज नहीं, परिवारों से लालची नहीं।
5. "उसे ऐसी कोई तुच्छ बात नहीं करनी चाहिए जिससे अन्य बुद्धिमान लोग उसकी निंदा करें। उसे कामना करनी चाहिए, सभी प्राणी सुखी और सुरक्षित रहें, उनका हृदय पवित्र हो।
6. "चाहे कोई भी प्राणी दुर्बल हो या बलवान, लम्बा हो, मोटा हो या मध्यम, छोटा हो, छोटा हो या बड़ा, बिना किसी अपवाद के;
7. "देखा या न देखा, दूर रहने वाले हो या पास, जो पैदा हुए हैं या जो पैदा होने वाले हैं, सभी प्राणी सुखी हों।
8. कोई किसी को धोखा न दे, किसी भी स्थान पर किसी भी व्यक्ति का तिरस्कार न करे, क्रोध या द्वेष से किसी का अहित न चाहे।
9. "जिस प्रकार माता अपने प्राणों की बाजी लगाकर अपने इकलौते बच्चे की रक्षा करती है, उसी प्रकार उसे सभी प्राणियों के प्रति असीम हृदय विकसित करना चाहिए।
10. "उसके असीम प्रेम के विचार पूरे संसार में, ऊपर, नीचे और पार, बिना किसी बाधा के, बिना किसी शत्रुता के व्याप्त होने चाहिए।

11. "चाहे वह खड़ा हो, चले, बैठे, लेटे, जब तक वह जागता रहे, उसे यह मनःस्थिति विकसित करनी चाहिए, वे कहते हैं कि यह यहाँ रहने का सबसे उत्तम तरीका है।

12. "भ्रम में न पड़ने वाला, पुण्यात्मा और अन्तर्दृष्टि से युक्त होकर, इन्द्रिय–वासनाओं में आसक्ति का त्याग करके, वह फिर कभी गर्भाधन के लिए नहीं आता।"

13. संक्षेप में, उन्होंने उनसे कहा "अपने शत्रुओं से प्रेम करो।"

2. पीड़ितों का उपचार दुःख का एक उत्कृष्ट उपचारक।

(i) *विशाखा को सांत्वना देना*

1. विशाखा एक उपासिका थी। भिक्षुओं को दान देना उसका नियमित कार्य था।

2. एक दिन उसकी पोती, सुदत्ता, जो उसके साथ रहती थी, बीमार पड़ गई और मर गई।

3. विशाखा दुःख सहन करने में असमर्थ थी।

4. दाह संस्कार के बाद वह बुद्ध के पास गई और एक ओर उदास होकर आंसू भरी आँखों से बैठ गई।

5. "हे विशाखा," धन्य ने पूछा, "तुम क्यों उदास और शोकाकुल होकर आंसू बहा रही हो?"

6. उसने अपनी पोती की मृत्यु के बारे में उन्हें बताया, "वह एक कर्तव्यपरायण लड़की थी, और मैं उसके जैसा कोई नहीं पा सकती।"

7. "कितने युवा बुद्ध हैं? हे विशाखा, बताओ, क्या श्रावस्ती में कोई और रहता है?"

8. "भगवान, लोग कहते हैं कि वहाँ कई कोटि (कई लाख) हैं।"

9. "यदि ये सभी तुम्हारी पोती के समान होतीं, तो क्या तुम उनसे प्रेम नहीं करती?"

10. सचमुच, भगवान," विशाखा ने उत्तर दिया।

11. और श्रावस्ती में प्रतिदिन कितने लोग मरते हैं?"
12. बहुत से, भगवान।"
13. तो फिर ऐसा कोई क्षण नहीं है जब तुम किसी के लिए शोक न करती हो?"
14. "सच है, भगवान।"
15. क्या तुम अपना जीवन दिन–रात रोते हुए बिताओगी?"
16. "मैं समझती हूँ भगवान यह ठीक कहा!"
17. तो फिर शोक मत करो।"

(i) *किसा गौतमी को सांत्वना देना*

1. किसा गौतमी का विवाह श्रावस्ती के एक व्यापारी के बेटे से हुआ था।
2. विवाह के तुरंत बाद ही उनके एक बेटे का जन्म हुआ।
3. दुर्भाग्य से उनका बच्चा चलने से पहले ही सांप के काटने से मर गया।
4. उसे विश्वास ही नहीं हुआ कि उसका बच्चा सचमुच मर गया है, क्योंकि उसने पहले कभी मृत्यु नहीं देखी थी।
5. सांप के काटने से लाल रंग का छोटा सा धब्बा ऐसा नहीं लग रहा था कि वह बच्चे की मौत का कारण हो सकता है।
6. इसलिए वह अपने मृत बच्चे को लेकर घर–घर भटकती रही, उसकी मनोदशा इतनी उग्र थी कि लोगों को लगा कि वह पागल हो गई है।
7. अंत में एक बूढ़े व्यक्ति ने उसे गौतम को खोजने की सलाह दी, जो उस समय श्रावस्ती में थे।
8. इसलिए वह भगवान के पास आई और उनसे अपने मृत बच्चे के लिए कोई औषधि मांगी।
9. भगवान ने उसकी कहानी और विलाप सुना।

10. तब भगवान ने उससे कहा, "जाओ और शहर में जाओ, और जिस घर में अभी तक कोई मृत्यु नहीं हुई है, वहाँ से थोड़ा सा सरसों का बीज ले आओ और उससे मैं तुम्हारे बच्चे को जीवित कर दूँगा।"
11. उसने सोचा कि यह आसान है और अपने बच्चे के मृत शरीर के साथ वह शहर में प्रवेश कर गई।
12. लेकिन उसे जल्द ही पता चला कि वह असफल हो गई थी क्योंकि वह जिस भी घर में गई थी, वहाँ किसी न किसी सदस्य की मृत्यु के कारण नुकसान हुआ था।
13. जैसा कि एक गृहस्थ ने उससे कहा, "जीवित लोग कम हैं और मृतक बहुत हैं।"
14. इसलिए वह निराश और खाली हाथ भगवान के पास लौट आई।
15. तब भगवान ने उससे पूछा कि क्या उसे तब एहसास नहीं हुआ कि मृत्यु सभी का सामान्य भाग्य है और क्या उसे इस तरह शोक करना चाहिए जैसे कि यह उसका विशेष दुर्भाग्य हो।
16. फिर वह गई और बच्चे का दाह संस्कार किया, और कहा: "सब कुछ अनित्य है; यही नियम है।"

3. बीमारों के प्रति उनकी चिंता

(i)

1. अब एक बार एक भाई पेचिश से पीड़ित था और जहाँ वह अपने मल में गिरा था, वहीं पड़ा था।
2. और परम पूज्य आनंद के साथ अपने आवासों का चक्कर लगाते हुए, परम पूज्य आनंद उस भाई के आवास पर पहुँचे।
3. अब परम पूज्य भगवान ने उस भाई को अपने मल में गिरे हुए स्थान पर पड़ा देखा और उसे देखकर उसके पास गए, और कहा: "भाई, तुम्हें क्या तकलीफ है?"
4. "मुझे पेचिश है, प्रभु।"

5. "लेकिन क्या कोई है जो तुम्हारी देखभाल कर रहा है, भाई?"
6. "नहीं, प्रभु।"
7. "भाई, ऐसा क्यों है कि भाई तुम्हारी देखभाल नहीं करते?"
8. "मैं भाइयों के लिए बेकार हूँ, प्रभु, इसलिए भाई मेरी परवाह नहीं करते।"
9. तब परम पूज्य आनंद से बोलेः "आनंद, तुम जाओ और पानी लाओ। मैं इस भाई को नहला दूँगा।"
10. "हाँ, प्रभु," परम पूज्य आनंद ने प्रभु से कहा। जब वह पानी लेकर आया, तो परम पूज्य आनंद ने उसे उडेल दिया, जबकि परम पूज्य आनंद ने उस भाई को पूरी तरह से नहलाया। तब परम पूज्य आनंद ने उसे सिर से पकड़ कर और प्रभु ने उसे पैरों से पकड़ कर, दोनों ने मिलकर उसे बिस्तर पर लिटा दिया,
11. तब परम पूज्य आनंद ने इस संबंध में और इस अवसर पर भाइयों के समूह को इकट्ठा किया, और भाइयों से पूछाः
12. "भाइयों, क्या ऐसे–ऐसे आवास में कोई भाई बीमार है?"
13. "हाँ, प्रभु।"
14. "और उस भाई को क्या परेशानी है?"
15. "हे प्रभु, उस भाई को पेचिश है।"
16. "लेकिन, भाइयों, क्या कोई है जो उसकी देखभाल कर रहा है?"
17. "नहीं, प्रभु।"
18. क्यों नहीं? भाई उसकी देखभाल क्यों नहीं करते?"
19. "भाई भाइयों के लिए बेकार है, प्रभु। इसलिए भाई उसकी देखभाल नहीं करते।"
20. "भाइयों, तुम्हारी देखभाल करने के लिए तुम्हारे माता–पिता नहीं हैं। यदि तुम एक–दूसरे की देखभाल नहीं करोगे, तो मैं पूछता हूँ, और कौन करेगा? भाइयों, जो मेरी सेवा करना चाहता है, वह बीमारों की सेवा करे।

21. "यदि उसका कोई गुरु हो, तो जब तक वह जीवित रहे, तब तक उसका गुरु उसकी देखभाल करे और उसके स्वस्थ होने की प्रतीक्षा करे। यदि उसका कोई शिक्षक या किरायेदार, कोई शिष्य या सह–आवासक या सह–शिष्य हो, तो उसे उसकी देखभाल करनी चाहिए और उसके स्वस्थ होने की प्रतीक्षा करनी चाहिए। यदि कोई उसकी देखभाल नहीं करता, तो यह अपराध माना जाएगा।"

(ii)

1. एक बार भगवान राजगृह के पास विशाल उपवन में गिलहरियों के चरने के स्थान पर ठहरे हुए थे।
2. उस अवसर पर पूज्य वक्कलि कुम्हार के शेड में रह रहे थे, क्योंकि वे बीमार, व्यथित और भयंकर रोग से ग्रसित थे।
3. अब पूज्य वक्कलि ने अपने सेवकों को पुकारा और कहा–"मित्रों, यहाँ आओ! भगवान के पास जाओ और मेरे नाम से भगवान के चरणों में पूजा करते हुए उनसे कहो, भगवन, भाई वक्कलि बीमार है, व्यथित है, भयंकर रोग से ग्रसित है। वह भगवान के चरणों में पूजा करता है' और इस प्रकार कहो, 'अच्छा, हे प्रभु, यदि भगवान दया करके भाई वक्कलि से मिलने आते।"
4. भगवान ने मौन रहकर सहमति दे दी। इस पर भगवान ने वस्त्र पहने और कटोरा तथा वस्त्र लेकर भगवान वक्कलि से मिलने चले गए।
5. अब पूज्य वक्कलि ने भगवान को आते देखा, जबकि वे अभी दूर थे, और उन्हें देखकर वे अपने बिस्तर पर हिलने लगे।
6. तब भगवान ने पूज्य वक्कलि से कहा: "बस, वक्कलि! अपने बिस्तर पर मत हिलो! ये आसन तैयार हैं। मैं वहाँ बैठूँगा।" और वह तैयार आसन पर बैठ गए। तब भगवान बैठ गए और पूज्य वक्कलि से कहा:
7. "ठीक है, वक्कलि, मुझे आशा है कि तुम सहन कर रहे हो। मुझे आशा है कि तुम सहन कर रहे हो। क्या तुम्हारी पीड़ा कम हो

रही है और बढ़ नहीं रही है? क्या उनके कम होने और बढ़ने के संकेत हैं?"

8. "नहीं, प्रभु, मैं सहन नहीं कर रहा हूँ। मैं सहन नहीं कर रहा हूँ। मुझे तीव्र पीड़ाएँ आ रही हैं। वे कम नहीं हो रही हैं। उनके कम होने का कोई संकेत नहीं है, बल्कि उनके बढ़ने का है।"
9. "क्या तुम्हें कोई संदेह है, वक्कलि? क्या तुम्हें कोई पश्चाताप है।"
10. "वास्तव में, प्रभु, मुझे कोई संदेह नहीं है। मुझे कोई पश्चाताप नहीं है।"
11. "क्या तुम्हारे पास कुछ भी नहीं है, वक्कलि, जिसके लिए तुम नैतिकता के बारे में खुद को दोषी ठहराते हो?"
12. "नहीं, प्रभु, ऐसा कुछ भी नहीं है जिसके लिए मैं नैतिकता के बारे में खुद को दोषी ठहराता हूँ।"
13. "तो, वक्कलि, अगर ऐसा है, तो तुम्हें कुछ चिंता होनी चाहिए, तुम्हारे पास कुछ ऐसा होना चाहिए जिसका तुम्हें पछतावा हो।"
14. "हे प्रभु, मैं बहुत समय से परमपिता परमात्मा को देखने के लिए लालायित हूँ, लेकिन मेरे पास इस शरीर में इतनी शक्ति नहीं थी कि मैं परमपिता परमात्मा को देख सकूँ।"
15. "चुप रहो, वक्कलि मेरे इस नीच शरीर को देखने में क्या है? जो आदर्श को देखता है, वह मुझे देखता है: जो देखता है, वक्कलि, वह आदर्श को देखता है। वास्तव में, आदर्श को छोड़कर, वक्कलि, कोई मुझे देखता है, कोई आदर्श को देखता है।"

(iii)

1. मैंने ऐसा सुना है कि एक समय भगवान् भेसकाल के मृगवन में मगरमच्छों के निवास स्थान पर भग्गियों के बीच निवास कर रहे थे। तब गृह–पिता नकुलपिता भगवान् के पास आये, उन्हें प्रणाम किया और एक ओर बैठ गये।
2. जब वह वहाँ बैठा था, गृहपिता नकुलपिता ने भगवान से कहा: "गुरुजी, मैं एक टूटा–फूटा बूढ़ा आदमी हूँ, मेरी उम्र बहुत कम हो

गई है, मैं जीवन के अंत पर पहुँच गया हूँ, मैं बीमार हूँ और हमेशा बीमार रहता हूँ। इसके अलावा, गुरुजी, मैं एक ऐसा व्यक्ति हूँ जिसे भगवान और पूज्य भाइयों के दर्शन बहुत कम ही मिलते हैं। भगवान मुझे खुश करें और मुझे सांत्वना दें, ताकि यह मेरे लिए कई दिनों तक लाभदायक और आशीर्वाद हो।"

3. "यह सच है, यह सच है, गृहपिता, कि आपका शरीर कमजोर और बोझिल है! इस शरीर को लेकर चलने वाले के लिए, गृहपिता, एक पल के लिए भी स्वास्थ्य का दावा करना सरासर मूर्खता होगी। इसलिए, गृहपिता, आपको अपने आप को इस तरह प्रशिक्षित करना चाहिए: भले ही मेरा शरीर बीमार हो, लेकिन मेरा मन बीमार नहीं होगा। इस तरह, गृहपिता, आपको अपने आप को प्रशिक्षित करना चाहिए।"

4. तब गृहपिता नकुलपिता ने भगवान् का स्वागत किया और उनके वचनों को सुनकर प्रसन्नतापूर्वक अपने आसन से उठकर भगवान् को दाहिनी ओर से प्रणाम किया और चले गए।

(iv)

1. एक बार भगवान् कपिलावस्तु में शाक्यों के बीच अंजीर के वृक्ष के उद्यान में ठहरे हुए थे।

2. उस अवसर पर बहुत से भाई भगवान के लिए वस्त्र बनाने में व्यस्त थे, उन्होंने कहा, "क्योंकि," "जब तीन महीने पूरे हो जाएंगे, तो भगवान अपने वस्त्र तैयार करके अपने भ्रमण पर निकलेंगे।"

3. अब शाक्यों महानाम ने यह सुना, "बहुत से भाई वस्त्र बनाने में व्यस्त हैं, इत्यादि".. और वह भगवान के पास गए, उन्हें प्रणाम किया और एक ओर बैठ गए। इस प्रकार बैठे हुए, शाक्य महानाम ने कहा:

4. "मैंने सुना है, प्रभु, कि बहुत से भाई भगवान के लिए वस्त्र बनाने में व्यस्त हैं, और कह रहे हैं, जब वस्त्र तैयार हो जाएंगे, तीन महीने के अंत में, भगवान अपने भ्रमण पर निकलेंगे। अब, प्रभु, हमने कभी

भी भगवान के मुंह से यह नहीं सुना कि कैसे एक समझदार आम आदमी जो बीमार है, दर्द में है, गंभीर रूप से पीड़ित है, उसे एक दूसरे समझदार आम भाई द्वारा खुश किया जाना चाहिए।"

5. "एक विवेकशील भाई, महानामा, जो बीमार है, को दूसरे विवेकशील भाई द्वारा चार सुखदायी आश्वासनों के साथ इस प्रकार प्रसन्न किया जाना चाहिए हे सज्जन, नॉर्म में तथा भाइयों के समूह में सुखदायी बनोरू इसी प्रकार नॉर्म को प्रिय गुणों में भी, जो अखंडित तथा अदूषित हैं, जो मन के संतुलन को बढ़ाते हैं।'

6. तब, महानामा, जब एक विवेकशील भाई, जो बीमार है, को दूसरे विवेकशील भाई द्वारा चार सुखदायी आश्वासनों के साथ प्रसन्न किया जाता है, तो उस दूसरे के शब्द इस प्रकार होने चाहिए:

7. "मान लीजिए कि बीमार व्यक्ति को अपने माता–पिता के लिए लालसा है। तब यदि बीमार व्यक्ति कहता है, मुझे अपने माता–पिता के लिए लालसा है, तो दूसरे को उत्तर देना चाहिए, 'मेरे प्रिय सज्जन, तुम मृत्यु के अधीन हो। चाहे तुम्हें अपने माता–पिता के लिए लालसा हो या न हो, तुम मर जाओगे। तुम्हारे लिए यह अच्छा ही होगा कि तुम अपने माता–पिता के लिए सभी लालसाओं को त्याग दो।

8. "और मान लीजिए कि बीमार आदमी कहता है, मेरे माता–पिता के लिए मेरी लालसा अब समाप्त हो गई है, तो दूसरे को कहना चाहिए, 'फिर भी मेरे अच्छे महोदय, आपको अभी भी अपने बच्चों के लिए लालसा है। चूँकि आपको किसी भी हालत में मरना ही है, तो आपके लिए अपने बच्चों के लिए लालसा को त्याग देना ही उचित है।'

9. "और इसी तरह उसे इंद्रियों के पाँच सुखों के संबंध में भी बोलना चाहिए। मान लीजिए कि बीमार आदमी कहता है, 'मुझे इंद्रियों के पाँच सुखों की लालसा है, तो दूसरे को कहना चाहिए, मेरे मित्र, इंद्रियों के पाँच सुखों की तुलना में स्वर्गीय सुख अधिक श्रेष्ठ हैं, और अधिक विकल्पपूर्ण हैं। 'आपके लिए अच्छा है कि आप अपने

मन को मानवीय सुखों से हटाकर चार महान देवराजाओं के सुखों पर केंद्रित करें।'

10. "फिर, यदि बीमार व्यक्ति कहे, मेरा मन इतना स्थिर है, तो दूसरे को कहना चाहिए, अपना मन ब्रह्म जगत पर लगाना बेहतर है, और फिर यदि बीमार व्यक्ति का मन इतना स्थिर है, तो दूसरे को कहना चाहिए:

11. "मेरे अच्छे महोदय, ब्रह्म जगत भी अनित्य है, स्थायी नहीं है, व्यक्तित्व के अधीन है। आपके लिए अच्छा है, प्रिय महोदय, यदि आप अपना मन ब्रह्म जगत से ऊपर उठाते हैं और व्यक्तिगत से निवृत्ति पर ध्यान केंद्रित करते हैं।'

12. "और यदि बीमार व्यक्ति कहता है कि उसने ऐसा किया है, तो मैं महानामा की घोषणा करता हूँ कि जो व्यक्ति ऐसा कह सकता है, तथा जो शिष्य आसवों से मुक्त हो गया है, उनके बीच कोई अंतर नहीं है: अर्थात्, जहाँ तक मुक्ति की बात है।"

4. असहिष्णु के प्रति उनकी सहिष्णुता

1. एक बार भगवान अलवी नगर में यक्ष अलवक के राज्य में निवास कर रहे थे। तब यक्ष अलवक भगवान के पास गया, तथा उनके पास आकर इस प्रकार कहा: "हे भिक्षु, बाहर निकल जाओ!"
2. भगवान यह कहते हुए चले गए: "बहुत अच्छा, मित्र।"
3. तब यक्ष ने आदेश दिया "हे भिक्षु, अंदर आओ।"
4. भगवान यह कहते हुए अंदर आए: "बहुत अच्छा, मित्र।"
5. दूसरी बार भी यक्ष अलवक ने भगवान से कहा, "हे भिक्षु, बाहर निकल जाओ!"
6. भगवान यह कहते हुए चले गए: "बहुत अच्छा, मित्र।"
7. "हे भिक्षु, अंदर आओ!" यक्ष ने दूसरी बार कहा।
8. भगवान यह कहते हुए चले गए: "बहुत अच्छा, मित्र।"

9. तीसरी बार भी यक्ष अलवक ने भगवान से कहा,"हे भिक्षु, बाहर निकल जाओ! "
10. भगवान यह कहते हुए चले गएः "बहुत अच्छा, मित्र।"
11. "हे भिक्षु, अंदर आओ!" यक्ष ने फिर कहा।
12. भगवान यह कहते हुए चले गएः "बहुत अच्छा, मित्र।"
13. चौथी बार यक्ष ने भगवान से कहा, "हे भिक्षु, बाहर निकल जाओ!"
14. इस बार भगवान ने उत्तर दियाः "मैं बाहर नहीं निकलूंगा, मित्र, तुम जो चाहो करो।"
15. क्रोधित यक्ष ने कहा, "मैं तुमसे एक प्रश्न पूछता हूँ, भिक्षु यदि तुम मेरे प्रश्न का उत्तर नहीं दोगे तो मैं तुम्हें पागल कर दूँगा या तुम्हारा हृदय फाड़ दूँगा, या तुम्हारे पैर पकड़कर नदी के दूसरी ओर फेंक दूँगा।"
16. "मित्र, मुझे संसार में ऐसा कोई नहीं दिखाई देता जो मुझे पागल कर सके, मेरा हृदय चीर सके, या मुझे पैरों से पकड़कर नदी के पार फेंक सके। फिर भी मित्र, तुम जो चाहो पूछ सकते हो।"
17. तब यक्ष अलवक ने भगवान से निम्नलिखित प्रश्न पूछेः
18. "इस संसार में मनुष्य के लिए सबसे उत्तम धन क्या है? कौन–सा शुद्ध कर्म सुख लाता है? सभी स्वादों में सबसे मधुर क्या है? किस प्रकार का जीवन जीना सबसे उत्तम कहा जाता है?"
19. भगवान ने उत्तर दियाः "इस संसार में मनुष्य के लिए श्रद्धा सबसे उत्तम धन है। अच्छी तरह से पालन किया गया धम्म सुख लाता है। सत्य सभी स्वादों में सबसे मधुर है। ज्ञान से संपन्न जीव सबसे उत्तम कहा जाता है।
20. यक्ष अलवक ने पूछाः "कोई बाढ़ (पुनर्जन्म) को कैसे पार करता है? कोई समुद्र (अस्तित्व) को कैसे पार करता है? दुःख पर विजय कैसे मिलती है?"
21. भगवान ने उत्तर दिया विश्वास से बाढ़ पार होती है। सतर्कता से समुद्र पार होता है। परिश्रम से दुःख पर विजय मिलती है। बुद्धि से शुद्धि होती है।

22. यक्ष अलवक ने पूछाः "ज्ञान कैसे प्राप्त होता है? धन कैसे प्राप्त होता है? यश कैसे मिलता है? मित्र कैसे मिलते हैं? मृत्यु के पश्चात इस लोक से परलोक में जाते हुए, पश्चाताप कैसे नहीं होता?"

23. भगवान ने उत्तर दियाः "निर्वाण प्राप्ति के लिए अरहत और धम्म में विश्वास रखते हुए तथा आज्ञाकारिता से, परिश्रमी, चौकस व्यक्ति ज्ञान प्राप्त करता है।

24. "जो उचित कार्य करता है, जो दृढ़ निश्चयी है, जो जागृत है, वह धन प्राप्त करता है। जो दान करता है, उसे मित्र मिलते हैं।

25. "जिस निष्ठावान गृहस्थ में सत्य, धर्म, धैर्य और उदारता पाई जाती है, वह मृत्यु के पश्चात पश्चाताप नहीं करता।

26. चलो! अन्य अनेक साधुओं और ब्राह्मणों से भी परामर्श करें कि क्या सत्य, संयम, दान और धैर्य से बढ़कर कोई अन्य गुण हैं?

27. यक्ष अलवक ने कहाः "अब, मैं विभिन्न ब्राह्मणों और भिक्षुओं से परामर्श क्यों करूँ? आज मैं उस समृद्धि को जानता हूँ जो मेरे भविष्य के लिए है।

28. "वास्तव में! बुद्ध मेरे लाभ के लिए अलवी के निवास पर आए थे। आज मैं जानता हूँ कि किसे दिया जाए तो वह सबसे बड़ा फल देता है।

29. आज से मैं गांव–गांव, शहर–शहर घूमकर पूर्ण ज्ञानी और उनके सिद्धान्त को नमन करूंगा।

5. समानता और समान व्यवहार की उनकी भावना

1. संघ के सदस्यों के लिए जो भी नियम भगवान ने बनाए थे, उन्हें भगवान ने स्वेच्छा से और जानते हुए अपने ऊपर भी लागू किया।

2. उन्होंने कभी इस आधार पर कोई छूट या विशेष व्यवहार नहीं मांगा कि वे बिरादरी के स्वीकृत मुखिया थे और बिरादरी उनके प्रति असीम प्रेम और सम्मान के कारण उन्हें कोई भी रियायत देने को तैयार थी।

3. संघ के सदस्य दिन में केवल एक बार भोजन कर सकते हैं, यह नियम भगवान ने भिक्षुओं की तरह ही स्वीकार किया और उसका पालन किया।
4. संघ के सदस्यों के पास कोई निजी संपत्ति नहीं होनी चाहिए, यह नियम भगवान ने भिक्षुओं की तरह ही स्वीकार किया और उसका पालन किया।
5. संघ के किसी भी सदस्य के पास तीन से अधिक वस्त्र नहीं होने चाहिए, यह नियम भगवान ने भी भिक्षुओं की तरह ही स्वीकार किया और उसका पालन किया।
6. एक बार, जब भगवान शाक्य देश में कपिलावस्तु के बरगद के जंगल में रह रहे थे, भगवान की माता महाप्रजापति गौतमी दो नए वस्त्र लेकर भगवान के पास आईं और उन्होंने भगवान से प्रार्थना की कि वे उन्हें स्वीकार कर लें, क्योंकि यह उनके ही हाथों से बना कपड़ा था, जो उन्होंने भगवान के लिए ही बनाया था।
7. भगवान ने उसे उत्तर दिया, "इसे बिरादरी को दे दो।"
8. गौतमी ने दूसरी और तीसरी बार भी अपना अनुरोध दोहराया, लेकिन उसे वही उत्तर मिला।
9. तब आनंद ने हस्तक्षेप करते हुए कहा, "श्रीमान्, गौतमी द्वारा दिया गया वस्त्र स्वीकार करें। जब उसकी माँ मर गई, तो उसने अपने भतीजे को दूध पिलाने के लिए धय और पालक–माता के रूप में भगवान की बहुत सेवा की।" लेकिन भगवान ने आग्रह किया कि वस्त्र बिरादरी को दिया जाए।
10. मूल रूप से संघ का नियम था कि सदस्यों के वस्त्र गोबर के ढेर से उठाए गए चिथड़ों से बने होने चाहिए। यह नियम धनी वर्ग को संघ में शामिल होने से रोकने के लिए बनाया गया था।
11. एक बार जीविका ने भगवान को नए बने कपड़े से बने वस्त्र को स्वीकार करने के लिए राजी कर लिया। जब भगवान ने इसे स्वीकार कर लिया, तो उन्होंने उसी समय मूल नियम को शिथिल कर दिया और भिक्षु को भी वही विशेषाधिकार दे दिया।

भाग – III

उसकी पसंद और नापसंद

1. दरिद्रता के प्रति उनकी नापसंदगी।
2. अधिग्रहण की प्रवृत्ति के प्रति उसकी नापसंदगी।
3. सुन्दरता पर उनका आनन्द।
4. सुंदर चीजों के प्रति उसका प्यार।

1. दरिद्रता के प्रति उनकी नापसंदगी

1. एक बार भगवान श्रावस्ती के निकट जेत के उपवन में अनाथपिंडिका के उद्यान में निवास कर रहे थे और वहाँ गृहस्थ अनाथपिंडिका उनके पास आए और उन्हें प्रणाम करके एक ओर बैठ गए। इस प्रकार बैठे हुए उन्होंने भगवान से पूछा कि हमें धन क्यों अर्जित करना चाहिए।
2. "चूँकि आप मुझसे पूछ रहे हैं, इसलिए मैं समझाता हूँ।
3. "आर्य शिष्य का उदाहरण लें, जो परिश्रम और उत्साह से अर्जित धन, भुजाओं की शक्ति से एकत्रित धन, माथे के पसीने से अर्जित धन प्राप्त करता है; विधिपूर्वक प्राप्त धन से वह स्वयं को सुखी, प्रसन्न रखता है, और उस महान सुख को बनाए रखता है; वह अपने माता–पिता को सुखी, प्रसन्न रखता है, और उन्हें प्रसन्न रखता है; इसी प्रकार उसकी पत्नी और बच्चे, उसके दास, कर्मचारी और पुरुष भी सुखी रहते हैं। धन प्राप्त करने का यह पहला कारण है।
4. "जब इस प्रकार धन प्राप्त हो जाता है, तो वह अपने मित्रों और साथियों को प्रसन्न और खुश रखता है। यह दूसरा कारण है।
5. "फिर, जब इस प्रकार धन प्राप्त हो जाता है, तो अग्नि और जल, राजाओं और लुटेरों, शत्रुओं और उत्तराधिकारियों से दुर्भाग्य दूर हो जाता है, और वह अपने माल को सुरक्षित रखता है। यह तीसरा कारण है।
6. "फिर, जब इस प्रकार धन प्राप्त हो जाता है, तो वह पाँच आहुति देता है, अर्थात्, स्वजनों, अतिथियों, पितरों, राजाओं और देवताओं को आहुति देता है। यह चौथा कारण है।
7. "इसके अतिरिक्त, जब इस प्रकार धन प्राप्त हो जाता है, तो गृहस्थ उन सभी संन्यासियों और धर्मपरायण पुरुषों के लिए, जो अभिमान और आलस्य से दूर रहते हैं, जो सब कुछ धैर्य और विनम्रता से सहते हैं, प्रत्येक अपने आप को वश में करते हैं, प्रत्येक अपने आप

को शांत करते हैं, प्रत्येक अपने आप को पूर्ण करते हैं, उच्च उद्देश्य से, दिव्य सुख की ओर ले जाने वाले, स्वर्ग की ओर ले जाने वाले प्रसाद की स्थापना करता है। यह धनवान बनने का पाँचवां कारण है।"

8. अनाथपिंडिका ने अच्छी तरह समझ लिया था कि भगवान ने गरीबों की गरीबी की प्रशंसा करके उन्हें सांत्वना नहीं दी, न ही उन्होंने गरीबी को मनुष्य के लिए सुखमय जीवन की स्थिति के रूप में प्रस्तुत किया।

2. अधिग्रहण की प्रवृत्ति के प्रति उनकी नापसंदगी

1. भगवान एक बार कुरु देश के कम्मासदम्मा नामक शहर में ठहरे हुए थे।
2. आदरणीय आनंद भगवान के पास आए, उन्हें प्रणाम किया और एक तरफ बैठ गए।
3. और इस तरह बैठे हुए उन्होंने कहा, "यह कार्य–कारण का नियम अद्‌भुत है जिसे भगवान ने सिखाया है। यह बहुत गहरा है। मुझे यह जितना स्पष्ट हो सकता है, उतना स्पष्ट लगता है।"
4. "ऐसा मत कहो, आनंद, ऐसा मत कहो! कारणों से उत्पन्न होने वाली घटनाओं का यह सिद्धांत बहुत गहरा है। इस सिद्धांत को न समझने के कारण ही यह पीढ़ी एक उलझी हुई गाँठ, धागे की एक उलझी हुई गेंद बन गई है, जो दुःख के मार्ग को पार करने में असमर्थ है।
5. "मैंने कहा है कि तृष्णा ही लोभ का कारण है। जहाँ किसी के द्वारा किसी भी प्रकार की किसी भी वस्तु के लिए कोई लालसा नहीं होती, वहाँ क्या लोभ की कोई उत्पत्ति होगी?"
6. "नहीं होगी, प्रभु।"
7. "लालसा लाभ की खोज को जन्म देती है।
8. "लाभ की खोज इच्छा और जुनून को जन्म देती है।

9. "इच्छा और जुनून दृढ़ता को जन्म देते हैं।
10. दृढ़ता स्वामित्व को जन्म देती है।
11. "स्वामित्व लोभ और अधिक स्वामित्व को जन्म देता है।
12. "स्वामित्व संपत्ति पर निगरानी और रखवाली की ओर ले जाता है।
13. "स्वामित्व पर निगरानी और रखवाली करने से कई बुरी और दुष्ट परिस्थितियाँ उत्पन्न होती हैं, जैसे मारपीट और घाव, कलह, झगड़ा, बदनामी और झूठ।
14. "यह कार्य–कारण की श्रृंखला है, आनंद। यदि कोई लालसा नहीं होती, तो क्या लाभ की खोज उत्पन्न होती? यदि लाभ की खोज नहीं होती, तो क्या जुनून उत्पन्न होता? अगर जुनून न हो, तो क्या दृढ़ता पैदा होगी? अगर दृढ़ता न हो, तो क्या निजी संपत्ति के प्रति प्रेम पैदा होगा? यदि कोई संपत्ति नहीं होती, तो क्या अधिक संपत्ति के लिए लोभ उत्पन्न होता?"
15. "नहीं होता, प्रभु।"
16. "यदि निजी संपत्ति के लिए प्रेम नहीं होता, तो क्या शांति नहीं होती?"
17. शांति होती, प्रभु।"
18. "मैं पृथ्वी को पृथ्वी के रूप में पहचानता हूँ। लेकिन मुझे इसकी कोई लालसा नहीं है," प्रभु ने कहा।
19. "इसलिए, मैं कहता हूँ, कि सभी लालसाओं को मिटाकर, उनकी लालसा न करके, बल्कि उन्हें नष्ट करके, त्यागकर और त्याग करके मैंने आत्मज्ञान प्राप्त किया।
20. "भाइयों, संसार की वस्तुओं के नहीं, बल्कि मेरे सिद्धांतों के भागीदार बनने का प्रयास करो। क्योंकि तृष्णा आसक्ति उत्पन्न करती है और आसक्ति मन को गुलाम बना लेती है।"
21. इन शब्दों में भगवान ने आनंद और भाइयों को लोभ की प्रवृत्ति के दोषों के बारे में समझाया।

3. सुन्दरता पर उनका आनन्द

1. बुद्ध सुन्दरता के इतने शौकीन थे कि उन्हें एक उपनाम भी दिया जा सकता था और उन्हें सुन्दरता का प्रेमी बुद्ध कहा जा सकता था।
2. इसलिए उन्होंने अपने अनुयायियों को उपदेश दियाः "सुन्दरता की संगति में रहो।"
3. भिक्षुओं को संबोधित करते हुए उन्होंने कहाः
4. भिक्षुओं, मैं ऐसी कोई दूसरी चीज नहीं जानता जो सुन्दरता के साथ मित्रता के समान अच्छी अवस्थाओं को उत्पन्न कर सके, यदि अभी तक उत्पन्न नहीं हुई हैं, या पहले से उत्पन्न बुरी अवस्थाओं को कम कर सके।
5. "जो सुन्दरता का मित्र है, उसमें जो अच्छी अवस्थाएँ उत्पन्न नहीं हुई हैं, वे उत्पन्न होती हैं और जो बुरी अवस्थाएँ उत्पन्न हो चुकी हैं, वे क्षीण हो जाती हैं। बुरी अवस्थाएँ और बुरी अवस्थाओं के प्रति भक्ति क्षीण हो जाती है, अच्छी अवस्थाओं के प्रति भक्ति का अभाव समाप्त हो जाता है, अच्छी अवस्थाएँ और उनके प्रति भक्ति उत्पन्न होती है; दुष्ट अवस्थाओं के प्रति समर्पण की कमी बढ़ती जाती है।
6. "भिक्षुओं, मैं ऐसी किसी अन्य शक्ति के बारे में नहीं जानता जो ज्ञान के अंगों के उदय को रोक सके, यदि वे अभी तक उत्पन्न नहीं हुए हैं, या, यदि वे पहले से ही उत्पन्न हो चुके हैं, तो उनकी साधना द्वारा पूर्णता तक पहुँचने में बाधा उत्पन्न कर सके, जैसे अव्यवस्थित ध्यान।
7. "जो भिक्षुओं, अव्यवस्थित ध्यान का अभ्यास करता है, उसमें यदि बुद्धि के अंग अभी तक उत्पन्न नहीं हुए हैं, तो वे उत्पन्न नहीं होते हैं और यदि उत्पन्न होते हैं, तो वे साधना द्वारा पूर्णता तक नहीं पहुँचते हैं।
8. "भिक्षुओं, रिश्तेदारों जैसी चीजों का खो जाना मामूली बात है। हानियों में बुद्धि का खो जाना वास्तव में दुःखद है।

9. "भिक्षुओं, रिश्तेदारों जैसी चीजों का बढ़ जाना मामूली बात है। सभी वृद्धियों में सबसे प्रमुख वृद्धि बुद्धि की है।
10. "इसलिए मैं कहता हूँ, भिक्षुओं, तुम्हें अपने आप को इस प्रकार प्रशिक्षित करना चाहिए हम बुद्धि में बढ़ेंगे। तुम्हें इसे जीतने के लिए अपने आप को प्रशिक्षित करना चाहिए।
11. "भिक्षुओं, धन–संपत्ति जैसी चीजों की वृद्धि बहुत कम महत्व की है। सभी वृद्धियों में सबसे प्रमुख है बुद्धि की वृद्धि। इसलिए मैं कहता हूँ, भिक्षुओं, इस प्रकार तुम्हें अपने आपको प्रशिक्षित करना चाहिए। हम बुद्धि में वृद्धि करेंगे।" तुम्हें इसे जीतने के लिए अपने आपको प्रशिक्षित करना चाहिए।
12. "भिक्षुओं, प्रतिष्ठा जैसी चीजों की हानि बहुत कम महत्व की है। बुद्धि की हानि वास्तव में बहुत दुःखद है।"

4. सुंदर चीजों के प्रति उसका प्यार।

1. एक बार भगवान शाक्यों के बीच शाक्यों के एक कस्बे सक्कर में ठहरे हुए थे।
2. तब आदरणीय आनंद भगवान के पास आए, उन्हें प्रणाम किया और एक तरफ बैठ गए। इस तरह बैठे हुए, आदरणीय आनंद ने यह कहा:
3. "पवित्र जीवन का आधा हिस्सा, भगवान, जो सुंदर है उसके साथ दोस्ती, जो सुंदर है उसके साथ संगति, जो सुंदर है उसके साथ अंतरंगता है!"
4. "ऐसा मत कहो, आनंद! ऐसा मत कहो, आनंद! यह पवित्र जीवन का आधा नहीं, बल्कि सम्पूर्ण स्वरूप है, यह मित्रता, यह संगति, जो कुछ भी प्यारा है उसके साथ यह अंतरंगता।
5. "एक भिक्षु से जो मित्र है, सहयोगी है, जो कुछ भी प्यारा है उसका अंतरंग है, हम यह अपेक्षा कर सकते हैं कि वह आर्य अष्टांगिक मार्ग का विकास करेगा, वह आर्य अष्टांगिक मार्ग का भरपूर लाभ उठाएगा।

6. "और आनंद, ऐसा भिक्षु आर्यन अष्टांगिक मार्ग का विकास कैसे करता है और उसका अधिकाधिक उपयोग कैसे करता है?
7. "इसमें, आनंद, वह सही दृष्टिकोण विकसित करता है, जो वैराग्य, वैराग्य, निरोध पर आधारित है, जो आत्म–समर्पण में समाप्त होता है। वह सही लक्ष्य विकसित करता है, जो इस प्रकार आधारित और संबंधित हैः इसी प्रकार सही भाषण, सही कार्य, सही जीवन, सही प्रयास, सही ध्यान और सही एकाग्रता, जो आत्म–समर्पण में समाप्त होता है।
8. आनंद, यह है कि कैसे एक भिक्षु जो मित्र है, एक सहयोगी है, जो सुंदर चीजों का अंतरंग है, वह आर्यन अष्टांगिक मार्ग का विकास करता है और उसका अधिकाधिक उपयोग करता है।
9. "आनंद, यही वह विधि है जिसके द्वारा तुम्हें समझना है कि यह पवित्र जीवन किस प्रकार मित्रता, संगति और जो कुछ भी सुंदर है उसके साथ अंतरंगता में निहित है।
10. "वास्तव में, आनंद, जो प्राणी क्षय, मृत्यु, शोक, पीड़ा, विलाप और निराशा के लिए उत्तरदायी हैं, वे उन सभी से मुक्त हो जाते हैं क्योंकि वे जो कुछ भी सुंदर है उसके साथ मित्रता रखते हैं।
11. "आनंद, इसी विधि के द्वारा तुम्हें समझना है कि यह पवित्र जीवन किस प्रकार मित्रता, संगति और जो कुछ भी सुंदर है उसके साथ अंतरंगता में निहित है।"

उपसंहार

1. बुद्ध की महानता को श्रद्धांजलि।
2. उनके धम्म को फैलाने का संकल्प।
3. उनकी जन्मभूमि पर वापसी के लिए प्रार्थना।

1. बुद्ध की महानता को श्रद्धांजलि

1. बुद्ध का जन्म 2500 वर्ष पूर्व हुआ था।
2. आधुनिक विचारक और वैज्ञानिक उनके और उनके धम्म के बारे में क्या कहते हैं? इस विषय पर उनके विचारों का संकलन उपयोगी होगा।
3. प्रो. एस.एस. राघवाचार कहते हैं:
4. "बुद्ध के जीवन से ठीक पहले का काल भारत के इतिहास में सबसे अंधकारमय युगों में से एक था।
5. "यह बौद्धिक रूप से पिछड़ा हुआ युग था। उस समय के विचार शास्त्रों के अधिकार के लिए निहित श्रद्धा से चिह्नित थे।
6. "नैतिक रूप से यह अंधकारमय युग था।
7. "आस्थावान हिंदुओं के लिए नैतिकता का अर्थ पवित्र ग्रंथों में बताए गए अनुष्ठानों और समारोहों का सही ढंग से पालन करना था।
8. "आत्म–बलिदान या इच्छा की पवित्रता जैसे वास्तविक नैतिक विचारों को उस समय की नैतिक चेतना में उचित स्थान नहीं मिला।"
9. श्री आर. जे. जैक्सन कहते हैं:
10. "बुद्ध की शिक्षाओं का अनूठा चरित्र भारतीय धार्मिक विचारों के अध्ययन में सामने आता है।
11. "ऋग्वेद के भजनों में हम देखते हैं कि मनुष्य के विचार बाहर की ओर, स्वयं से दूर, देवताओं की दुनिया की ओर मुड़ गए हैं।
12. "बौद्ध धर्म ने मनुष्य की खोज को उसके भीतर छिपी क्षमता की ओर निर्देशित किया।
13. "वेदों में हमें प्रार्थना, स्तुति और आराधना मिलती है।
14. "बौद्ध धर्म में पहली बार हम मन को सही तरीके से कार्य करने के लिए प्रशिक्षित करते हैं।"
15. विनवुड रीड कहते हैं:

16. "जब हम प्रकृति की किताब खोलते हैं, जब हम लाखों वर्षों के विकास की कहानी पढ़ते हैं, जो खून और आंसुओं में लिखी गई है, जब हम जीवन को नियंत्रित करने वाले नियमों, विकास के उत्पादक नियमों का अध्ययन करते हैं, तो हम स्पष्ट रूप से देखते हैं कि ईश्वर प्रेम है, यह सिद्धांत कितना भ्रामक है।

17. "हर चीज में दुष्टता, अपव्यय और परित्यक्त अपशिष्ट है। सभी जानवरों में से केवल बहुत कम प्रतिशत ही जीवित रहते हैं।

18. "खाओ और खाए जाओ, यही समुद्र, हवा, जंगल का नियम है। हत्या विकास का नियम है।"

19. रीड ने अपनी "शहादत ऑफ मैन" में यही कहा है। बुद्ध का धम्म कितना अलग है।

20. डॉ. रंजन रॉय कहते हैं:

21. "उन्नीसवीं सदी के उत्तरार्ध में संरक्षण के तीन नियम हावी रहे। किसी ने उन्हें चुनौती नहीं दी।

22. "वे पदार्थ, द्रव्यमान और ऊर्जा के नियम थे।

23. वे उन आदर्शवादियों के ट्रम्प कार्ड थे जो उनके अविनाशी होने के विचार को पोषित करते थे।

24. "उन्नीसवीं सदी के वैज्ञानिकों ने उन्हें सृष्टि के नियामक कारकों के रूप में स्वीकार किया।

25. "उन्नीसवीं सदी के वैज्ञानिकों ने उन्हें ब्रह्मांड की मौलिक प्रकृति का गठन करने वाला माना।

26. "उन्होंने कल्पना की कि ब्रह्मांड अविनाशी परमाणुओं से भरा हुआ है।

27. "जैसे ही उन्नीसवीं सदी समाप्त होने वाली थी, सर जे. जे. थॉम्पसन और उनके अनुयायियों ने परमाणुओं पर प्रहार करना शुरू कर दिया।

28. "आश्चर्यजनक रूप से परमाणु टुकड़ों में टूटने लगे।

29. "इन टुकड़ों को इलेक्ट्रॉन कहा जाने लगा, जो सभी समान थे और नकारात्मक विद्युत से आवेशित थे।

30. "मैक्सवेल द्वारा ब्रह्मांड या वास्तविकता के अविनाशी आधार–पत्थर के रूप में प्रशंसित परमाणु टूट गए।

31. "वे क्रमशः सकारात्मक और नकारात्मक बिजली से चार्ज किए गए छोटे कणों, प्रोटॉन और इलेक्ट्रॉनों में टूट गए।

32. "एक निश्चित अपरिवर्तनीय द्रव्यमान की अवधारणा ने विज्ञान को हमेशा के लिए त्याग दिया। इस सदी में सार्वभौमिक विश्वास यह है कि पदार्थ हर पल नष्ट हो रहा है।

33. "बुद्ध के अनिच्चा (क्षणभंगुरता) के सिद्धांत की पुष्टि हुई है।

34. "विज्ञान ने सिद्ध कर दिया है कि ब्रह्मांड का क्रम समूहीकरण, विघटन और पुनर्समूहीकरण है।

35. "आधुनिक विज्ञान की प्रवृत्ति एक परम वास्तविकता, अहंकार की एकता और विविधता की प्रवृत्ति है।

36. आधुनिक विज्ञान बौद्धों के क्षणभंगुरता (अन्निका) और अहंकारहीनता (अनत्ता) के सिद्धांतों की प्रतिध्वनि है।"

37. श्री ई. जी. टेलर ने अपनी पुस्तक "बौद्ध धर्म और आधुनिक विचार" में कहा हैः

38. "मनुष्य पर बहुत समय से बाहरी सत्ता का शासन रहा है। यदि उसे वास्तव में सभ्य बनना है, तो उसे अपने सिद्धांतों द्वारा शासित होना सीखना होगा। बौद्ध धर्म सबसे प्रारंभिक नैतिक प्रणाली है, जहाँ मनुष्य को स्वयं द्वारा शासित होने के लिए कहा जाता है।

39. "इसलिए एक प्रगतिशील दुनिया को यह सर्वोच्च पाठ सिखाने के लिए बौद्ध धर्म की आवश्यकता है।"

40. यूनिटेरियन मंत्री रेवरेंड लेस्ली बोल्टन कहते हैंः

41. "मैं बौद्ध धर्म के आध्यात्मिक मनोविज्ञान में इसका सबसे शक्तिशाली योगदान देखता हूँ।

42. "बौद्धों की तरह एकतावादी ईसाई चर्च की पुस्तकों या पंथों के बाहरी अधिकार को अस्वीकार करते हैं और मनुष्य में ही मार्गदर्शक दीपक पाते हैं।

43. "एकतावादी ईसा और गौतम में जीवन के मार्ग के महान प्रतिपादक देखते हैं।"

44. प्रो. ड्वाइट गोडार्ड कहते हैं:

45. "दुनिया के धार्मिक शिक्षकों में से, बुद्ध को ही यह गौरव प्राप्त है कि उन्होंने बिना किसी बाहरी सहायता के अपने उद्धार के लिए काम करने की मनुष्य की क्षमता की आंतरिक महानता का सही–सही आकलन किया है।"

46. "यदि किसी सच्चे महान व्यक्ति का मूल्य सभी मानव जाति के मूल्य को बढ़ाने में निहित है, तो धन्य व्यक्ति से बेहतर कौन सच्चा महान कहलाने का हकदार है।

47. "जिसने किसी अन्य व्यक्ति को उसके ऊपर रखकर उसे नीचा दिखाने के बजाय, उसे ज्ञान और प्रेम के सर्वोच्च शिखर पर पहुँचाया है।"

48. "बौद्ध धर्म" के लेखक श्री ई. जे. मिल्स कहते हैं:

49. "किसी अन्य धर्म में ज्ञान के मूल्यों और अज्ञान की बुराई पर इतना जोर नहीं दिया जाता जितना बौद्ध धर्म में दिया जाता है।"

50. "कोई अन्य धर्म अपनी आँखें खुली रखने पर इतना जोर नहीं देता।

51. "किसी अन्य धर्म ने मानसिक संस्कृति के लिए इतनी गहरी योजनाएँ नहीं बनाई हैं।"

52. प्रो. डब्ल्यू. टी. स्टेस अपने बौद्ध नैतिकता में कहते हैं:

53. "बौद्ध नैतिक आदर्श, अर्हत, नैतिक और बौद्धिक दोनों रूप से महान होना चाहिए।

54. "उसे एक दार्शनिक होना चाहिए, साथ ही साथ अच्छे आचरण वाला व्यक्ति भी होना चाहिए।

55. "बौद्ध धर्म में हमेशा ज्ञान को मोक्ष के लिए आवश्यक माना जाता था, और अज्ञान को इसे प्राप्त करने में विफलता के दो मुख्य कारणों में से एक माना जाता था (लालसा या आसक्ति दूसरा कारण है)।

56. "इसके विपरीत, ज्ञान कभी भी ईसाई आदर्श व्यक्ति का हिस्सा नहीं रहा है।"
57. "ईसाई विचारधारा में इसके संस्थापक के दार्शनिक न होने के कारण मनुष्य का नैतिक पक्ष बौद्धिक पक्ष से अलग हो गया है।
58. "दुष्टता की अपेक्षा मूर्खता और अंधविश्वास के कारण संसार में बहुत अधिक दुःख हैं।
59. "बुद्ध ने ऐसा नहीं होने दिया।"
60. यह दिखाने के लिए पर्याप्त है कि बुद्ध और उनका धम्म कितना महान और अद्वितीय है।
61. कौन नहीं कहेगा कि ऐसे व्यक्ति को हमारा गुरु होना चाहिए?

2. उनके धम्म को फैलाने का संकल्प

1. "अनंत प्राणी हैं, आइए हम उन्हें सभी तक पहुँचाने की शपथ लें।
2. हमारे अंदर असंख्य दुर्गुण हैं, आइए हम उन्हें समाप्त करने की शपथ लें।
3. अनंत सत्य हैं, आइए हम उन्हें समझने की शपथ लें।
4. बुद्ध का मार्ग अतुलनीय है,
   आइए हम उसे पूर्ण रूप से पूरा करने की शपथ लें।"

धर्म और नैतिकता का विश्वकोष,
खंड X, पृष्ठ 168.

3. उनकी जन्मभूमि पर वापसी के लिए प्रार्थना

1. "हे महान! मैं अपने आप को पूरी तरह से तथागत पर भरोसा करता हूँ, जिनका प्रकाश बिना किसी बाधा के, दसों दिशाओं में व्याप्त है, और आपकी भूमि में जन्म लेने की अपनी हार्दिक इच्छा व्यक्त करता हूँ।
2. आपकी भूमि के दर्शन में, मैं जानता हूँ कि यह त्रिगुणात्मक अस्तित्व में सभी क्षेत्रों से बढ़कर है।

3. यह आकाश की तरह है, जो सबको अपने में समेटे हुए है, बिना सीमाओं के विशाल और विस्तृत है।
4. धर्म के मार्ग के अनुसार आपकी दया और करुणा, आपके द्वारा संचित पुण्यों के भंडार का परिणाम है, जो सभी सांसारिक अच्छाइयों से परे है;
5. और आपका प्रकाश हर जगह व्याप्त है, सूर्य और चंद्रमा के दर्पणों की तरह।
6. मैं प्रार्थना करता हूँ कि सभी प्राणी, वहाँ जन्म लेकर, घोषणा करें सत्य को, स्वयं बुद्ध की तरह।
7. इसके साथ मैं यह निबंध लिख रहा हूँ और ये श्लोक बोल रहा हूँ, और प्रार्थना करता हूँ कि मैं आपको, हे बुद्ध, आमने–सामने देख सकूँ,
8. और मैं अपने सभी साथियों के साथ, आनंद की भूमि में जन्म प्राप्त कर सकूँ।"

धर्म और नैतिकता का विश्वकोश,
खंड X, पृष्ठ 169.